rororo

ro
ro
ro

Zu diesem Buch

Martin Geck behandelt die Musik von Beethoven, Schubert, Mendelssohn, Schumann, Liszt, Wagner, Bruckner, Brahms und Mahler im ideengeschichtlichen Zusammenhang des 19. Jahrhunderts.

«Ein großes, ein wichtiges, ein empfehlenswertes Buch, verfaßt in einer klaren, verständlichen Sprache, die kein einziges Mal in jene affektierte ‹Geistreichelei› verfällt, die einem die Lektüre vieler neuerer musikalischer Publikationen so unerträglich macht. Der behandelte Stoff ist sozusagen ein Allerweltsthema: die deutsche Musik der Klassik und Romantik, jene musikalische Speisekammer, von deren Vorräten unsere Konzert- und Schallplattenprogramme am ausgiebigsten zehren …» *Fonoforum 7/94*

Der Autor

Martin Geck, geb. 1936; seit 1976 Professor für Musikwissenschaft an der Universität Dortmund; Mitherausgeber des «Parsifal» der neuen Wagner-Gesamtausgabe; Veröffentlichungen u. a. zu D. Buxtehude, J. S. Bach, Beethoven, Mendelssohn und Wagner sowie zu musiksoziologischen Fragestellungen.

Im Rowohlt Verlag liegt von Martin Geck vor: Bach. Leben und Werk. Reinbek 1999.

Martin Geck

VON BEETHOVEN BIS MAHLER

Leben und Werk
der großen Komponisten
des 19. Jahrhunderts

Rowohlt Taschenbuch Verlag

Veröffentlicht im Rowohlt Taschenbuch
Verlag GmbH, Reinbek bei Hamburg,
März 2000

Die Erstausgabe des Buches erschien 1993
unter dem Titel «Von Beethoven bis Mahler.
Die Musik des deutschen Idealismus»
im Verlag J. B. Metzler, Stuttgart
Umschlaggestaltung Ingrid Albrecht
(Abbildung: «Die Symphonie», Moritz von Schwind;
Bayerische Staatsgemäldesammlungen,
Neue Pinakothek)
Gesamtherstellung Clausen & Bosse, Leck
Printed in Germany
ISBN 3 499 60891 X

INHALT

Vorwort

KAPITEL 1

Der Ideenkomponist, von dem alles ausgeht:
Beethoven und seine Sinfonien *1*

Der Musikdenker aus Leidenschaft *1*

Der ›neue Weg‹ zum neuen Menschen:
Von der *Ersten* zur *Dritten* *12*

Erhabenheit des Schicksals, Schönheit der Natur:
Die *Fünfte* und *Sechste* *34*

Freudenfest mit Satyrspiel: Die *Siebte* und *Achte* *55*

Die philosophische Kraftkonzentration der *Neunten* *70*

Der biographische Hintergrund *70* · Der philosophisch-ästhetische Horizont *80*
Das ästhetische Dilemma des Finales *89* · Exkurs: Zur philosophischen Gesamtkonzeption der *Neunten* *93*

KAPITEL 2

Im Zeichen deutscher Innerlichkeit:
Schubert - Schumann - Brahms *100*

Im Schatten Beethovens *100*

Das übermächtige Erbe *100* · Das Ringen um sinfonische Größe *108*

Die widersprüchliche Botschaft der absoluten Musik:
»Frei, aber einsam« *124*

»Absolute Musik« - zur Geschichte des Begriffs *126* · Absoluter Schmerz im 1. Satz der *Unvollendeten* *130* · Absolute Poesie in den *Kreisleriana* *137*
Versteckspiel in Brahms' »absoluter« Klavier- und Kammermusik *154*

Romantik im Lied *175*

Volkston *175* · Musikalische Rhetorik und romantische Poetik *177*
Rhetorische und romantische Ironie *188*

Die Biographien im Kontext des gesellschaftlichen Wandels *199*

KAPITEL 3

Im Dienst der Volksbildung:
Franz Liszt und Felix Mendelssohn Bartholdy *212*

Franz Liszt - Streiter für den Fortschritt *212*

Der junge Liszt: *Lyon* oder: Engagement zwischen Revolution und Religion *213*
Der romantische Liszt: *Vallée d'Oberman* oder: Der Komponist als Tondichter *221*
Der Schöpfer der Sinfonischen Dichtung: *Prometheus* oder: Macht und Ohnmacht der Ideen *238* · Der Komponist und sein moderner Kritiker oder: Programmusik als Politikum *251* · Epilog: Der Abbé Liszt *256*

Religiöse Musik »im Geist der gebildeten Gesellschaft«:
Mendelssohn und sein *Elias* *256*

Geistliche Oratorien im säkularen Zeitalter? *256*
Ein *Elias* aus nazarenischem Geist *264* · Sichtbar auch im *Elias:* Zwei Seiten eines Mendelssohn-Bildes *274*

KAPITEL 4

Wagner - Vom ›Ring‹ her gesehen *280*

Der philosophische Horizont *281*

Die Handlung *281* · Die Urszene vom erlösten Erlöser *286*
Der zeitgeschichtliche Rahmen *292*

Mythos und Dichtung *311*
Die ersichtlich gewordenen Taten der Musik *318*

Die musikästhetischen Maximen von Oper und Drama *318* · Der Umgang mit dem »Material« *322* · Die Gesangsmelodie *332* · »Leitmotiv« und Orchestermelodie *339*
Form *347*

Der *Ring* - Lebenswerk und Vermächtnis *356*

KAPITEL 5

Die Welt noch einmal: Bruckners und Mahlers sinfonischer Monumentalismus *368*

Das Zeitalter Nietzsches: Abschied von Beethoven *368*

Die Erstarrung idealistischer Ästhetik in der Sinfonik Bruckners *379*
Das mühselige Leben für die große Sendung *379* · Mystiker oder Kind seiner Zeit? Bruckner aus dem Blickwinkel seiner *Achten* *391*

Triumph und Ende romantischer Ästhetik in der Sinfonik Mahlers *408*
Entgrenzung der Form *408* · Sinfonische Traumzeit *422*

Epilog: Die Musik des 19. Jahrhunderts in der Spannung zwischen Idealismus und Romantik *429*

ESSAYS

Mozart und Beethoven: Initium und Peripetie *18*
Beethoven: Beethoven, op.28, Scherzo *31*
Schumann: Komponieren am Klavier *139*
Brahms: Erinnerung *159*
Schubert: Vom Leiermann zum Doppelgänger *181*
Liszt: Grandioso *247*
Mendelssohn Bartholdy: Gruß *259*
Wagner: Parsifal, Hitler und das *Drama des begabten Kindes* *363*
Bruckner: Das Persönliche ist unwiderlegbar *400*
Mahler: Melancholie *424*

Anmerkungen *438*
Namenregister *462*
Werkregister *470*
Bildquellennachweis *476*

Vorwort

Die Werke der großen deutschen Komponisten von Beethoven bis Mahler sind uns auf eigentümliche Weise vertraut: Sie faszinieren nicht – wie die Musik Bachs oder Mozarts – als das *Andere,* sondern als Teil des *Eigenen.* Sie sind Zeugnisse einer Epoche, die wir – ob einverständlich oder widerstrebend – beerbt haben. Sie stammen von Künstlern, die durch ihr und unser 19. Jahrhundert erst selbstbewußt vorangeschritten, dann zunehmend geirrt sind; je deutlicher die Erfahrung gesellschaftlicher oder invididueller Begrenztheit, desto dringlicher der Wunsch, im Medium vor allem der Musik Sinndefizite auszugleichen, Freiheit zu erleben, Widerstrebendes zusammenzubringen, Unsagbares mitzuteilen.

Das unaufhörlich sich seiner selbst vergewissernde bürgerliche Subjekt bediente sich der Sprache des deutschen Idealismus. Dieser hatte seine philosophische und literarische Blüte in der Goethezeit, wirkte aber in den Künsten und Wissenschaften über Generationen hinweg fort. So wurden beispielsweise die musikästhetischen Diskussionen um »absolute« und »Programmmusik« seit der Jahrhundertmitte weitgehend innerhalb eines vom Idealismus bestimmten Begriffssystems geführt. Für mich ist die Kategorie »Idealismus« somit nicht identisch mit dem Epochenbegriff »Klassik«; vielmehr verwende ich sie heuristisch: Die Leserinnen und Leser mögen selbst urteilen, wie weit sie trägt, um Wesenszüge deutscher Musik im 19. Jahrhundert zu bündeln und in ihrem Zusammenhang plausibel zu machen.

Mit »deutscher« Musik vor allem des 19. Jahrhunderts ist auf unheilvolle Weise Deutschtum verfochten und weltanschaulicher Krieg geführt worden – nicht nur im Sinne eines törichten Mißbrauches, sondern auch auf Grund von Zügen, die in der Musik selbst angelegt sein mögen. In diesem Sinne ist der Text zwar von Bewunderung für deren ästhetischen Reichtum getragen, deshalb aber nicht blind für ideologische Hypertrophien, die den Kompositionen auf unterschiedliche Weise eingeschrieben sind.

Im Mittelpunkt stehen Werke, die zum Fundus des heutigen Musiklebens gehören und in unserem Gedächtnis mehr oder weniger präsent sind: Auf diese Weise läßt sich leichter nachvollziehen und überprüfen, was der Autor über sie mitzuteilen hat. Auch er hat sich »seine« Musik *hörend* angeeignet, ehe er sie als Musikforscher und Hochschullehrer nach Noten zu analysieren und im historischen Kontext zu interpretieren begann. Er will Musikgeschichte vortragen, wie sie sich *ihm* im jeweiligen Werk darstellt. Daß in solcher Perspektive – beispielsweise – Bruckner schlechter als Mahler wegkommt, muß er bedauern, ohne es doch ändern zu wollen oder zu können.

Jedes Kapitel ist aus einem anderen Blickwinkel konzipiert. Erst die Summe der einzelnen Aspekte vermag ein Gesamtbild davon zu vermitteln, was unter der Musik des deutschen Idealismus zu verstehen sei. Daß der Verfasser auf eine ausführliche Methodendebatte verzichtet und sogleich mit seinem Kronzeugen Beethoven beginnt, hat System und entspricht seinem Credo: Wer Musik als eine geistes- und ideengeschichtliche Macht untersucht, muß nicht – wie dies seit Wilhelm Dilthey als geradezu selbstverständlich angenommen worden ist – beständig die höheren Instanzen von Philosophie und Literatur anrufen; er kann Musik vielmehr als eine Kunst betrachten, die *für sich* spricht, durch andere Künste und Wissenschaften nicht erklärt, wohl aber nähergerückt werden kann. Zur Diskussion steht nicht die zweiflerische Frage, ob und inwieweit man von einer Musik des Idealismus überhaupt sprechen könne, sondern ein Vorschlag zur Erweiterung der Kategorie »Idealismus« um spezifische Beiträge der Musik.

Auch wenn dieses Buch nicht im eigentlichen Sinne dem Strukturalismus verpflichtet ist, nimmt es doch dessen Impuls auf, anstatt vermeintlich logischen Deduktionen nachzuhängen, von einer nur *diskursiv* zu erfassenden, unendlich reichhaltigen und lebendigen Ordnung der Dinge auszugehen.

Man kann lange darüber streiten, ob an einer Komposition Satzweise, ästhetischer Eindruck, semantischer Gehalt, biographischer Kontext, ideengeschichtlicher Zusammenhang oder gesellschaftlicher Sinn vorrangig oder ausschließlich zu beschreiben seien. Für den Autor sind diese Momente insgesamt wichtig: Der Historiker kann ein Kunstwerk nicht erklären, sondern nur erhellen. Das aber hat im Sinne Benedetto Croces gewiß ebenso viel mit *Kunst* wie mit Wissenschaft zu tun – etwa mit der Kunst des »Beleuchtens«: wohl dem, der die charakteristischen Differenzen seiner Kunstobjekte phantasievoll ins Licht zu rücken weiß! Daß wissenschaftliches Reflektieren und künstlerisches Nacherleben einander nicht ausschließen müssen, sollen die in den Text eingestreuten *Essays* belegen: In ihnen wird über jeden Komponisten in spezieller literarischer Verdichtung gesagt, was zuvor ausführlich erörtert worden ist oder dem Ganzen noch einmal eine neue Wendung geben soll.

Dieses Buch ist für Hörerinnen und Hörer geschrieben, die dem Kunstwerk eingeschriebene Differenzen nicht nur wahrnehmen, sondern auch reflektieren wollen: Immer wieder begegnet uns ein Werk trotz seiner Einladung zu sinnlichem Genuß auf eine Weise unabgeschlossen und interpretationsbereit, die das Gespräch nahelegt. Insbesondere für die zunehmend komplexe und nuancierte Musik des 19. Jahrhunderts ist es geradezu wesensbestimmend, daß sie nicht nur gehört, sondern jeweils neu gedacht und diskutiert werden will; eben das gibt ihr jene Spannung, aus der auch dieser Text kritische Energie schöpft.

Kapitel 1

Der Ideenkomponist, von dem alles ausgeht: Beethoven und seine Sinfonien

Der Musikdenker aus Leidenschaft

Selten hat es einen Menschen gegeben, der so stark und konzentriert wie Ludwig van Beethoven sein Werk als das schöpferische Andere dem allgemeinen Sein gegenübergestellt hätte. Bach und Mozart hatten sich bei aller Genialität noch ganz selbstverständlich vom breiten Strom der musikalischen Überlieferung tragen lassen; ihre Werke blieben bei aller Individualität tendenziell Ausformungen der primären Vorstellung von Musik als Lied und Tanz. Wenn demgegenüber Beethoven am Anfang der *Neunten Sinfonie* musikalische Energie zu einer kritischen Masse werden und in einem an die Weltschöpfung erinnernden Prozeß sich entladen läßt, so tut er zwar auch dies mit den Mitteln der traditionellen Musiksprache, ohne die der Sinn unverständlich bliebe; doch zugleich ersetzt er Hingabe an das musikalische Sein durch Konfrontation.

Beethovens Taubheit – was kann paradoxer sein als ein ertaubter Musiker, und wie hätte sich ein solcher in den Jahrhunderten davor überhaupt legitimieren können? – mag da Symbol sein: Ein Mensch, der die Welt im wahrsten Sinne des Wortes nicht versteht, schafft sie sich in seiner Kunst. Und dies nicht im Zeichen eines vordergründigen Wunsches nach Ordnung und Schönheit, sondern auf der Suche nach dem Sein selbst, wie es Musik erlebbar macht: in großen Weiten und engen Räumen, im Höchsten und im Tiefsten, im Gleichmaß der Bewegung und in der Abruptheit des Augenblicks, in Gewalt und Zartheit, in Harmonie und Disharmonie. Dabei geht es nicht immer um ›große Ideen‹, wie sie etwa in der *Neunten* verfolgt werden: Auch an einem kleinen, nur eine Notenseite umfassenden Scherzo wie dem aus der Klaviersonate op. 28 kann Beethoven deutlich machen, wie sich aus den Ur-Elementen der Oktave und des Dreiklangs musikalisches Sein auf denkerisch höchstem Niveau neu konstruieren läßt.

Angesichts solcher Ansprüche war Prometheus, der den Göttern die Erde abtrotzte und aus deren Rohstoff mit dem Feuer seiner Sendung liebende und leidende Menschen machte, Beethovens Leitbild (in der *Eroica* künstlerisch belebt). Und Napoleon Bonaparte, der den Völkern bürgerliche Freiheiten schenken wollte und ihnen dann doch nur sein eigenes Gesetz aufzwang, blieb zeitlebens sein Idol und großer Bruder (gleichviel, ob Beethoven das Widmungsblatt der *Eroica* zerrissen hat oder nicht).

So wie Napoleon aus kleinen Verhältnissen allein durch sein Genie und durch ständige ›Arbeit‹ im Dienste seiner Sendung zu höchsten Höhen aufgestiegen war, so hatte Beethoven dies auch für sich selbst im Sinn. Vertritt Prometheus in Beethovens Ideen-Welt den Mythos, so Bonaparte die lebendige Geschichte: Und auch das ist charakteristisch für seine Musik – die Polarität von Archetypischem und aktuell Gesellschaftlichem.

Sendungsbewusstsein im Kontext der Zeit. Obwohl Beethoven in Bonn bei seinem Lehrer Christian Gottlob Neefe nicht nur das Kompositions-'Handwerk' erlernt, sondern geradezu eine musikalische Bildung erworben hat, setzt er nach seiner Übersiedelung nach Wien im Jahr 1792 noch einmal neu an: Joseph Haydn, der berühmteste unter den lebenden Komponisten, wird nun sein Lehrmeister; und als der alte Mann zu lax ist, sucht Beethoven zusätzlich Johann Schenk auf. Doch damit nicht genug: Kontrapunkt und italienische Gesangskomposition studiert er noch eigens bei den Spezialisten Johann Georg Albrechtsberger und Antonio Salieri. Es hat in der Musikgeschichte vor und nach Beethoven wohl keinen Komponisten gegeben, der vergleichbar gründlich Musik ›studiert‹ und zugleich von Anfang an ganz auf sich selbst gebaut hat. Einige, wie Schütz und Bach, haben das, was sie in der Fremde gelernt haben, sehr direkt in ihre eigene Musik umgesetzt. Andere haben sich überhaupt nur die notwendigsten Regeln des Kompositionshandwerks angeeignet, um hernach ihren eigenen Stil entwickeln zu können. Beethoven hatte mehr im Sinn, nämlich seiner Zeit die Maßstäbe zu setzen. Deshalb hätte er mit der Zählung seiner Opera gar nicht angefangen, bevor er sich nicht bewußt gewesen wäre, auf der Höhe seiner Zeit und deren ›Wissen‹ zu sein. Als Napoleon der Musik wollte er die Kunst der Komposition beherrschen wie dieser die Strategie des Kriegführens.

Im Sinne der Aufklärung davon überzeugt, daß gerade im Zeitalter der französischen Revolution nicht nur die Gewalt der Waffen, sondern auch die Macht des Geistes vonnöten sei, um die Höherentwicklung der Menschheit durchzusetzen, gab er alles dafür, um der Feldherr im Reich des Geistes zu werden.

Nach seiner Vorstellung ist Musik ein unersetzbares Medium für geistige Prozesse. Über »enharmonische Ausweichungen« notiert Beethoven um 1811/12: »Sie sollen wirkliche Veränderungen in jedem Hörenden hervorbringen«. »Heißt das nicht Handeln bey Ihnen: Componiren?« wird er dementsprechend einmal in den Konversationsheften gefragt.[1]

Beethoven ist der erste Komponist, der ›Musik‹ mit solcher Bewußtheit als eigengesetzlichen Ausdruck des Geistigen schlechthin aufgefaßt hat, also weder nur als Funktion von Religion und gesellschaftlicher Ordnung noch allein als eine bloß ›schöne‹ Kunst, die – jedenfalls wenn das erklärende Wort fehlte – allein die Sinne reizen und das Gemüt bewegen würde. In diesem Sinne trifft Friedrich Schlegels *Athenäums*-Fragment auf ihn zu:

»Es pflegt manchem seltsam und lächerlich aufzufallen, wenn die Musiker von den Gedanken in ihren Composizionen reden; und oft mag es auch so geschehen, daß man wahrnimmt, sie haben mehr Gedanken in ihrer Musik als über dieselbe. Wer aber Sinn für die wunderbaren Affinitäten aller Künste und Wissenschaften hat, wird ... eine gewisse Tendenz aller reinen Instrumentalmusik zur Philosophie an sich nicht unmöglich finden. Muß die reine Instrumentalmusik sich nicht selbst einen Text erschaffen? und wird das Thema in ihr nicht so entwickelt, bestätigt, variirt und kontrastirt, wie der Gegenstand der Meditazion in einer philosophischen Ideenreihe?« [2]

Beethoven knüpft an die Anschauung der Frühromantiker vom ›absoluten Wesen‹ der Musik an – eine Anschauung, die freilich bis in unsere Gegenwart hinein zu Ungunsten Beethovens mißverstanden worden ist: Sie tendiert nämlich nicht etwa zu der einschränkenden Vorstellung, der »Inhalt« von Musik könne im Sinne der Vorstellungen Eduard Hanslicks (vgl. S. 128 ff.) einzig in »tönend bewegten Formen« erfahren werden, deren Sinn in ihnen selbst liege. Sie erweitert vielmehr den Musikbegriff dahingehend, daß Musik einen Kristallisationspunkt des Geistes sui generis darstellt und in diesem Sinne absolut ist: Musik geht nicht auf in den Sujets, Bildern, Assoziationen und Erklärungen, deren sie gleichwohl bedarf, um überhaupt rezipiert werden zu können.

Auch der gleichfalls romantische Begriff der ›Kunstkritik‹ vermag Beethovens Werk, dessen Einordnung in die ›Klassik‹ demgegenüber wenig Erkenntniswert hat, schärfere Konturen zu geben: Seine Musik existiert von vornherein als klingende Erscheinung und Reflexion dieser Erscheinung. Man muß nicht zugespitzt behaupten, Beethoven mache – wie tatsächlich in der *Achten* – Musik über Musik: Deutlich ist auf jeden Fall, daß das Nachdenken darüber, was durch und in Musik möglich sei, dem Kompositionsakt nicht im Sinne eines Klärungsprozesses jeweils vorausgeht, vielmehr der Komposition eingeschrieben ist. Wenn Beethoven im 1. Satz der *Eroica* der Coda solches Gewicht gibt, daß sie den Charakter einer zweiten Durchführung (und damit zugleich den der Reprise zu einer zweiten Exposition) erhält, so kann man diese neue ›Logik‹ nur nachvollziehen, wenn man mitbedenkt, daß Beethoven sich hier augenscheinlich an dem Prinzip des Sonatenhauptsatzes reibt, demzufolge die Ausgewogenheit eines solchen Satzes dadurch gewährleistet ist, daß die Gedanken der Exposition nach einer Durchführung in der Reprise wieder aufgegriffen werden. Beethoven macht aus dieser formal-starren Dreigliederung eine Zweiteilung mit innerer Dynamik: Der Prozeß Exposition-Durchführung, der in einem ersten Durchgang unfertig oder unbefriedigend geblieben ist, wird neu aufgerollt und führt auch zu einem neuen Ergebnis.

Geisteswissenschaften wie Philosophie und Geschichte waren für Beethoven keine Disziplinen, die er hätte studieren wollen, um in vordergründigem Sinne zu ›lernen‹. Besser ist der Sachverhalt mit der Vorstellung getroffen, Beethoven habe an der Diskussion des Geistes teilgenommen, um in seiner Sprache mitzureden. In diesem Sinne sind seine Ideen-Kunstwerke zu verstehen, von denen die *Eroica* wohl das erste der Musikgeschichte überhaupt ist: Sie verkünden in ihrer ›absoluten‹ Sprache den Weg, den die Menschheit zu gehen hat, und das Ethos, dessen sie dabei bedarf. Es verwundert nicht, daß Beethoven sich nicht zu komponierenden Zeitgenossen wie Johann Friedrich Reichardt, Carl Maria von Weber oder E.T.A. Hoffmann gesellt hat, die durch literarische Tätigkeit ein Forum zur Vermittlung neuer, ästhetisch fundierter Wertvorstellungen im Reich der Tonkunst zu schaffen bemüht waren: Beethoven propagierte seine Ideen-Musik nicht – er schuf sie.

Die Botschaft vom Ethos, mit dem die Krise der Menschheit zu überwinden sei, hat durchaus auch politische Dimensionen. Beethoven, der zeitlebens glühend an Politik – auch an der Tagespolitik – interessiert war, hat bis ins Alter die Hoffnung gehegt, mit seiner Geistigkeit auf das Leben einwirken und damit aktiv am gesellschaftlichen Prozeß seiner Zeit teilnehmen zu können. Auch das gehört zu einem Sendungsbewußtsein, wie es seinen Nachfolgern im Verlauf des Jahrhunderts zunehmend fremd geworden ist.

Daß Beethoven sich von Anfang an als freier Künstler – der erste seiner Art im Bereich der Musik – verstand, war freilich Konsequenz nicht allein seines Selbstverständnisses: Es gehörte vielmehr eine Gesellschaft dazu, die ihn beauftragte, ihr ›freier Künstler‹ zu sein. Inzwischen gab es ja die bürgerliche Institution des Konzerts; und deren Träger waren zunehmend auf eine Musik begierig, die nicht nur schön oder kunstreich klingen, sondern zugleich Angebote zur Legitimation und Sinndeutung bürgerlicher Existenz machen sollte. In diesem Sinne konstituierte sich eine Öffentlichkeit als Forum für Diskurse über den Sinn von Kunst; es fanden sich Mäzene, die unter solchen Vorzeichen ein ›Genie‹ gleich einem Philosophen im alten Athen zu unterhalten bereit waren; und es gab Verlage, die es – wiederum zum ersten Mal in der Musikgeschichte – riskierten, das Werk eines Komponisten von Anbeginn, also von Opus 1 an, öffentlich zu machen.

An Beethoven erprobte die Gesellschaft, was ihr die Vorstellung eines besseren Ichs in der musikalischen Kunst wert sei – immerhin so viel, daß er materiell und ideell es sich hätte wohlgehen lassen können, wenn er ein ›Lebenskünstler‹ gewesen wäre.

Moral und Leidenschaft in Leben und Werk. Beethoven war jedoch kein Lebenskünstler, so daß Goethe unter dem Eindruck eines Aufeinandertreffens am 2. September 1812 zu Recht aus Karlsbad schreiben konnte:

»Er ist leider eine ganz ungebändigte Persönlichkeit, die zwar gar nicht unrecht hat, wenn sie die Welt detestabel findet, aber sie freilich dadurch weder für sich noch für andere genußreicher macht.«[3]

Er verbrannte sein Leben um der Kunst willen zu seinem Werk. Alles Materielle, mit dem er in Berührung kam, sollte durch beständige Arbeit zu reinem Geist werden. In der Kunst über das bloß sinnlich Angenehme hinaus zum Schönen und Erhabenen zu gelangen, war ihm nicht nur abstrakte Verpflichtung im Sinne Kants und seiner in der *Kritik der Urteilskraft* niedergelegten Ästhetik, sondern Lebenssinn.

Ständig führte er seine Skizzenbücher mit sich: »Nicht ohne meine Fahne darf ich kommen«, sagte er in Anspielung an die *Jungfrau von Orleans.*[4] Nichts sollte verloren gehen, auch nicht der roheste Gedanke. (Und wer sich vergewissern will, daß auch ein Beethoven nicht von einem anderen Stern war, betrachte die Simplizität mancher erster Einfälle!) Denn darauf kam es ihm an: das rohe, unbehauene Material solange zu bearbeiten und zu veredeln, bis es wie reiner Geist erschien. Das geschah – für Mozart undenkbar – oftmals in jahrelangen Prozessen und im Sinne einer intellektuellen Planung, die nebeneinander gleich mehrere Denkrichtungen verfolgte – so etwa im Fall der *Fünften* und *Sechsten*, die etwa gleichzeitig entstanden.

Dementsprechend strotzen die Werke vor motivischer Arbeit: ›Entwicklung‹ ist alles; und dabei hängt eins mit dem anderen vorder- und hintergründig zusammen, auch wo dies erst im Nachhinein deutlich wird. Das ist Ausdruck eines bürgerlichen Arbeitsethos, demzufolge in der Arbeit an sich ein wohltätiger Sinn liege: So wie im ökonomischen Bereich durch Mehrarbeit Mehrwert erzielt wird, dient die ›Arbeit an sich selbst‹ im ideologischen Bereich der zunehmenden Vervollkommnung. In solcher Arbeitsmoral hat sich Beethoven buchstäblich verzehrt, wobei sich die Sorge um ein musterhaftes Leben und um Werke, die musterhaft die Veredelung des Menschen darstellen, gegenseitig durchdringen.

Das Publikum hätte solche ›Moral‹, die sich in Beethovens persönlichem Leben und nicht zuletzt im Umgang mit Verwandten und Freunden oftmals verheerend ausgewirkt hat, wohl nicht ertragen, wenn sie sich nicht mit mit einem Höchstmaß an persönlichem Ausdruck und kompositorischem Feuer verbunden hätte: Moralische Appelle nimmt man ernster, wenn sie mit Leidenschaft und Leidensbereitschaft vorgetragen werden! Daß Werke wie etwa die drei *Rasumowsky*-Streichquartette op. 59 dem Hörer gleichwohl ausdrucksstark oder gar spontan erscheinen, obwohl auch sie das Produkt langen Grübelns und Kombinierens sind, könnte damit zusammenhängen, daß sie einen Gestus von persönlicher Betroffenheit aus sich heraustreiben, der später gewiß zum Allgemeinplatz wurde, zur Zeit Beethovens aber noch weithin als Ausdruck eines Originalgenies verstanden wurde, das Leben und Werk auf neuartige Weise in sich vereinte.

Immer wieder zeigt sich Beethoven als ein Tondichter, der seine Gefühle und Empfindungen überhaupt nur in Musik zu äußern vermag. Vermutlich aus dem Jahr 1809 stammt eine Episode, die ein Licht auf seine Lebensaufgabe, »in Tönen zu reden«, wirft. Damals starb ein Kind der Baronin Dorothea Ertmann, die als erste Pianistin Wiens galt und von Beethoven als Interpretin seiner Werke hochgeschätzt wurde. Anton Schindler, Beethovens Schüler und Vertrauter, bemerkt dazu:

> »Was sie hierin geleistet, war schlechterdings unnachahmlich. Selbst die verborgensten Intentionen in Beethovens Werken errieth sie mit solcher Sicherheit, als ständen selbe geschrieben vor ihren Augen«.[5]

Beethoven stand zu Dorothea in einem freundschaftlich-herzlichen Verhältnis, bezeichnete sie 1816 anläßlich der Widmung seiner Klaviersonate op. 101 als seine

»Caecilia«. Doch nachdem die Baronin mit dem Tod ihres offenbar einzigen Sohnes einen tiefen Verlust erlitten hatte, fand Beethoven nicht den Weg zu ihr. Ihre Enttäuschung darüber scheint sie Beethoven über Dritte übermittelt zu haben. Über Beethovens weitere Reaktion erzählte sie später einer Nichte:

»Endlich nach mehreren Wochen erschien er. Doch statt sein Beileid in Worten auszudrükken, setzte er sich sogleich, mich stumm grüßend, an das Clavier und phantasierte während langer Zeit. Wer könnte diese Musik mit Worten beschreiben! Man glaubte Engelschöre zu hören, welche den Einzug meines Kindes in die höh'ren Sphären feierten. Als Beethoven geendet hatte, drückte er mir stumm die Hand, er selbst war zu aufgeregt, um sprechen zu können, und verschwand.«

In gleichem Sinn, wenn auch mit anderen Details, gab Felix Mendelssohn Bartholdy die Begebenheit wieder, nachdem er Dorothea im Jahr 1831 besucht hatte: Beethoven bat sie zu sich, setzte sich ans Klavier und sagte nur: »Wir werden nun in Tönen miteinander sprechen«. »Er sagte mir alles und gab mir auch zuletzt den Trost.«[6]

Der Vorgang ist charakteristisch für einen Beethoven, der bewegenden Gefühlen kaum einmal in Worten und Handlungen Ausdruck zu geben vermag (die Briefe an die ›Unsterbliche Geliebte‹ von 1812 sind in dieser Hinsicht eine große Ausnahme), sondern dafür früh die Musik ›gewählt‹ hat. »Jeden Tag gelange ich mehr zu dem Ziel, was ich fühle, aber nicht beschreiben kann«, so schreibt er in charakteristischer Formulierung am 16. November 1801.

Seine Gefühle verbergen und einsam sein zu müssen, sah Beethoven augenscheinlich als sein ›Schicksal‹ an, und in gewissem Sinne ›machte‹ er es damit zu seinem Schicksal. Schon der Knabe, Kind eines saufenden und in seiner Lebensführung zwielichtigen Vaters und einer depressiven Mutter, wird als Einzelgänger geschildert: Er blickt aus der Dachkammer mit dem Fernrohr auf das Siebengebirge. Er hat keine Kindheit im positiven Verständnis dieses Begriffs, wird vom Vater früh zum Wunderkind gepreßt, ist schon als Elfjähriger Hilfsorganist, als Dreizehnjähriger regulärer 2. Hoforganist und muß angesichts des beruflichen und menschlichen Abstiegs seines Vaters schon früh die Verantwortung für seine Familie übernehmen.

Schon in seiner Jugend leidet Beethoven unter depressiven Stimmungen. Bereits bei dem 28jährigen macht sich das Gehörleiden bemerkbar, das einmal zur vollständigen Taubheit führen wird. Es gibt ernstzunehmende tiefenpsychologische Deutungen, denen zufolge Beethoven sich dieses Leiden aus ihm nicht bewußten Antrieben gleichsam selbst ›angeschafft‹ hat, um einen ›vorzeigbaren‹ Anlaß zu haben, Enttäuschungen infolge mißglückter Kommunikation aus dem Wege zu gehen, und damit zugleich einen Antrieb, nur seinem ›inneren Ohr‹ und damit seiner künstlerischen Sendung zu folgen.

Im sogenannten *Heiligenstädter Testament* hatte er 1802 geschrieben:

»O ihr Menschen die ihr mich für feindselig, störisch oder misantropisch haltet oder erkläret, wie unrecht thut ihr mir, ihr wißt nicht die geheime urßache von dem...«.

In dem *Bettina*-Brief vom 11. August 1810 trauert er um den Verlust seines Gehörs:

»Meine Ohren sind leider, leider eine Scheidewand, durch die ich keine freundliche Communikation mit Menschen leicht haben kann.«

Zugleich beklagt er dort im gleichen Atemzug »diese absurde [Welt], der man mit dem besten Willen die Ohren nicht aufthun kann«, leidet also augenscheinlich ebenso darunter, daß die Welt nicht auf ihn ›hört‹ als daß er sie nicht hört.

Selbst wenn man solche Deutungen für gesucht hält, kann man doch keinesfalls übersehen, daß Beethoven nicht nur mit seinem lädierten Gehörssinn, sondern mit seinem ganzen Körper auf das Rücksichtsloseste umging und es gerade zu seinem Lebens-Programm erhob, körperliche Zufriedenheit, Sinnenfreude und konkrete Glückserlebnisse auf der einen Seite und die künstlerische Sendung auf der anderen Seite als einen Gegensatz zu sehen und zu erleben:

»Und wenn ich hätte meine Lebenskraft mit dem Leben so hingeben wollen, was wäre für das Edle, Bessere geblieben?«[7]

Die reale sinnliche Welt, die für Beethoven früh Versagungen bereithielt, wird für ihn zu einer gering zu achtenden, ja verachtenswerten Ebene des Daseins, ja zur Versuchung für einen Menschen, der Moral und Ethos auf seine Fahnen geschrieben hat. Eine in diesem Zusammenhang bezeichnende Geschichte erzählt Beethovens Jugendfreund, der Hofmusiker und spätere Verleger Nicolaus Simrock aus dem Jahr 1791. Damals begleiteten Simrock und Beethoven die Häusslersche Schauspielertruppe auf einer Tournee, die mit Hilfe gemieteter Rheinschiffe durchgeführt wurde:

»An einem Orte, wo die Gesellschaft zu Mittag aß, stachelten einige der jungen Leute das Aufwartemädchen an, ihre Reize Beethoven gegenüber geltend zu machen. Beethoven nahm ihre Herausforderungen mit zurückweisender Kälte auf, und als sie, von den anderen ermutigt, nicht abließ, verlor er die Geduld und machte ihren Zudringlichkeiten schließlich durch eine Ohrfeige ein Ende.«[8]

1793, seit einigen Monaten in Wien ansässig, schreibt der 23jährige Beethoven dem Nürnberger Kaufmann Vocke Verse aus Schillers *Don Carlos* und – als zweiten Absatz – einen offenbar selbst formulierten eigenen Wahlspruch in sein Stammbuch:

»Ich bin nicht schlimm – heißes Blut ist meine Bosheit – mein Verbrechen Jugend – schlimm bin ich nicht – schlimm wahrlich nicht – wenn auch so oft wilde Wallungen – mein Herz verklagen – mein Herz ist gut. –

Wohltun, wo man kann – Freiheit über alles lieben, Wahrheit nie – auch sogar am Throne nicht verleugnen!«

Freilich wäre die platte Behauptung unzulässig, Beethovens leidenschaftliche Musik reflektiere die Not seines Lebens; vielmehr müßte sie ihre Ergänzung zumindest in der entgegengesetzten Deutung finden, nach der Beethoven sein Leben so stilisiert hätte, daß es zu seiner Kunstauffassung paßte.

Allenthalben zeigt sich eine Dialektik von ›Leben‹ und ›Werk‹. Der Eingangsphrase der Klaviersonate op. 110 kann man, einem Vorschlag Marie-Elisabeth Tellenbachs folgend, mit guten Gründen die Worte »liebe Josephine« also eine Art Motto und Anrede unterlegen – steht dieses Werk doch augenscheinlich in engem Zusammenhang mit Josephine Brunsvik, die in Beethovens Leben – vielleicht auch als die noch nicht zweifelsfrei identifizierte ›unsterbliche Geliebte‹ – eine wichtige Rolle spielte. (vgl. S. 76) Umgekehrt schaffen formale Bündigkeit und prägnante Gestik der ja auch in sich sinnvollen musikalischen Phrase erst den Rahmen, den Beethoven braucht, um seinem leidenschaftlichen Verzicht auf Josephine überhaupt den reifen Ausdruck geben zu können, der ihn über ›alltägliches‹ Leid hinaushebt.

Ludwig van Beethoven: Klaviersonate As-Dur op. 110, Anfang

Am Beispiel des *Arioso dolente* aus eben dieser Sonate läßt sich derselbe Gedankengang vom anderen Ende her entwickeln: Der Beginn dieses *Arioso dolente* entspricht ziemlich genau dem Anfang der Arie *Es ist vollbracht* aus Bachs *Johannespassion.* Falls Beethoven nicht dieses Werk gekannt hat, so jedenfalls den über Jahrhunderte hinweg im Tombeau überlieferten Gestus der Totenklage, den die Arie nachzeichnet. Indem Beethoven in die Musikgeschichte eintaucht, klärt er möglicherweise zugleich sein Verhältnis zu Josephine vermutlich kurz nach deren Tode in einer Weise, wie sie direkter und persönlicher kaum denkbar ist. Mit anderen Worten: Die Kunst ist für Beethoven einerseits eine Chance, das Leben ohne Verhärtung zu ›erleben‹; sie verfestigt andererseits Einstellungen, die dem direkten Lebensgenuß hinderlich sind. In dieser Dialektik erfährt nicht nur Beethoven die Kunst – sie ist seither die bürgerliche Kunstproblematik schlechthin.

Universalität und Intensität des künstlerischen Anspruchs. Daß Komponisten in allen wesentlichen Gattungen ihrer Zeit zuhause sind, ist damals nichts Besonderes. Neu ist jedoch die Intensität, mit der Beethoven das jeweils Gattungsspezifische von Sinfonie, Klaviersonate und Streichquartett über Jahrzehnte hinweg in immer neuen Zugriffen herauszuarbeiten versucht. Die Wegstrecke, die er von der *Ersten* bis zur *Neunten*, von der Sonate op. 2,1 bis bis zu derjenigen op. 111, von den *Lobkowitz*-Quartetten op. 18 bis zu den späten Quartetten ab op. 127 zurücklegt, führt durch eine solche Vielfalt charakteristischer Landschaften, daß man vergeblich nach

Entsprechungen bei anderen Komponisten des 19. Jahrhunderts sucht: Möchten diese – zugespitzt gesagt – sich in der Welt finden, so sucht Beethoven die Welt, in der er sich findet. Das eine führt zur Ausbildung von Personalkonstanten (ganz deutlich bei Bruckner, der seine eine Sinfonie neunmal geschrieben hat), das andere zu Expeditionen bis an die äußersten Grenzen.

Es wäre lohnend, einmal zu untersuchen, wie vielfältig allein die *Neunte*, an der niemand mehr ›vorbeikam‹, von nachfolgenden Komponisten wie Schumann, Brahms, Bruckner und Mahler rezipiert worden ist: In Beethovens Universalität fand jeder das, was er brauchen konnte.

Vor allem in den drei instrumentalen Hauptgattungen hat Beethoven auf neue Weise das instrumentenspezifische Moment herausgearbeitet. Seine Klaviersonaten sind dem modernen Klavier mit seinen unendlichen Klang-Regionen auf den Leib geschrieben. Die Streichquartette reflektieren, obwohl sie vordergründig gelegentlich mehr gegen als für ihre Interpreten geschrieben zu sein scheinen, ein Fülle von Möglichkeiten im Spannungsfeld von dialogischer und orchestraler Setzweise. In Beethovens Sinfonik hat das Orchester nicht allein die Aufgabe, eine Partitur in Klang umzusetzen: Es hat vielmehr schon bei der Komposition, bei der Organisation des thematischen Materials ›mitgeredet‹ und dafür Sorge getragen, daß seine spezielle Sprachgewalt im Sinne von ›auskomponierten‹ Steigerungen, Klangballungen, Klangflächen usw. gebührend berücksichtigt werde. Das ist zugleich die Geburtsstunde des Dirigenten: Konzertbesucher haben es nicht länger mit einem Musiker-Ensemble zu tun, das sie aus beliebigem Abstand wahrnehmen können (Richard Wagner fühlte sich noch angesichts von Mozart-Sinfonien an Tafelmusik erinnert); der Dirigent führt vielmehr einen zentral stimulierten und gesteuerten ›Klangkörper‹ vor, der in den unmittelbaren Dialog mit den Hörern eintritt und dabei geradezu Unterwerfung erwartet.

Beethovens Vielfalt zeigt sich freilich nicht nur in extremer Ausdifferenzierung gattungsspezifischer Möglichkeiten, sondern zugleich im Artikulieren charakteristischer Ausdrucksformen, die – gleichsam quer zu den Gattungen – seine ganze Musik überziehen. Ähnliches hatte es sicher schon vorher gegeben, aber doch weitgehend standardisiert im Sinne der Affektenlehre, Genre-Komposition und Opern-Typologie. Beethovens Ausdrucks-Charaktere lassen sich zum einen von der Thematik her über keinen traditionellen Leisten schlagen; zum anderen ist die Spannweite größer als bei jedem anderen Komponisten.

Die im folgenden genannten Charaktere zeigen sich nicht in ganzen Werken, meist nicht einmal in einzelnen Sätzen ungemischt; das Spätwerk ist geradezu dadurch gekennzeichnet, daß sie wie Gedankenfetzen oftmals schnell und abrupt wechseln:

Revolution: die Sinfonien 1-3; die erste und – in einem umfassenderen Sinne – die dritte *Leonoren*-Ouverture; manches aus dem *Fidelio*; das zweite und dritte Klavierkonzert; die Klaviersonaten op. 2, 1, op. 10,1 und op. 57 (*Appassionata*).

Schicksal: die *Fünfte*: 1. Satz der *Neunten*; die *Egmont*-Ouverture; die Streichquartette op. 95 und op. 130; die Klaviersonate op. 13 (*Pathétique*).

Konzentration und Stärke: 1. Satz der *Siebten*; die Klaviersonaten op. 53 (*Waldstein*) und op. 106 (*Hammerklavier*); das *Erzherzog-Trio* op. 97.

Natur: die *Sechste*; das *Molto Adagio* aus dem Streichquartett op. 59, 2, zugleich Ausdruck des vollkommenen Friedens.

Schmerz, Düsternis, Melancholie: Trauermarsch aus der *Siebten*; die Klaviersonaten op. 81 a (*Les adieux*) und op. 110; die Streichquartette op. 18, 1 und op. 59, 1.

Vollkommener Friede: 4. Klavierkonzert; Violinkonzert; Klaviersonate op. 90; die langsamen Sätze der *Hammerklaviersonate* op. 106; die *Arietta* aus der Klaviersonate op. 111; manche Sätze aus den späten Quartetten.

Religiöse Ergebung: *Missa solemnis*, Streichquartette op. 59, 2 und op. 132.

Humor, lakonische Knappheit: die *Achte*, viele Scherzi, z.B. das der Klaviersonate op. 28 oder der *Neunten*, die Bagatellen.

Diese Übersicht ist so grob, unvollständig und anfechtbar, daß sie eigentlich nur zum Widerspruch reizen kann. Doch sie mag die Leserinnen und Leser anregen, sich selbst Gedanken darüber zu machen, in welchen Gefühls- und Assoziationsbereichen sie Beethovens Musik erleben. In diesem Zusammenhang wird immer wieder bezweifelt, daß man ›absolute‹ Musik mit solchen Vorstellungen überhaupt angemessen hören und beurteilen könne. Das ist die Frage nach der ›Hermeneutik‹: Was will Beethovens Musik, was will Musik überhaupt sagen? Von dieser Kardinalfrage nicht nur des nicht spezialisierten Hörers, der über den Klangeindruck hinaus etwas von Musik begreifen will, wird im folgenden immer wieder die Rede sein.

DEUTUNG DER MUSIK ALS GESTALTENDER KRAFT AN SICH. Goethe hat im 9. Buch von *Dichtung und Wahrheit* seine Bewunderung für die Ästhetik des Straßburger Münsters in Worte zu fassen und zu verallgemeinern versucht:

»Ein Kunstwerk, dessen Ganzes in großen, einfachen, harmonischen Teilen begriffen wird, macht wohl einen edlen und würdigen Eindruck, aber der eigentliche Genuß, den das Gefallen erzeugt, kann nur bei Übereinstimmung aller entwickelten Einzelheiten stattfinden.« Entscheidend ist dabei »die Verknüpfung dieser mannigfaltigen Zierarten unter einander, die Hinleitung von einem Hauptteile zum andern, die Verschränkung zwar gleichartiger, aber doch an Gestalt höchst abwechselnder Einzelnheiten.«[9]

Diese Beobachtungen lassen sich in einem mehr als vagen Sinn auf die Musik der Wiener Klassik, speziell auf deren Sonatensatz übertragen: Proportionalität, die in der von italienischem Geschmack bestimmten Barockmusik als unstrittiges Gestaltungsprinzip wie selbstverständlich vorausgesetzt ist, wird unter dem Einfluß deutschen Denkens in spannungsreichen und hochdifferenzierten Formungsprozessen bewußt und jeweils neu hergestellt. Vor allem Haydn hat in dieser Hinsicht in seinen Quartetten und späten Sinfonien wahre Wunderwerke vollbracht, die nur deshalb nicht immer als solche erkannt werden, weil sie sich so spielerisch geben. Mehr von ihm als von dem vor allem an italienischer Musik geschulten Mozart hat Beethoven die von Goethe bewunderten Fähigkeiten gelernt.

Darüber hinaus erscheint ein Moment in der Musik Beethovens vor allen anderen das nur ihm eigene, vor ihm nicht gedachte, nach ihm nicht wieder verwirklichte: Musik will nicht nur singen, tanzen, reden, darstellen, abbilden, bauen; sie ist vielmehr Inbegriff gestaltender Kraft. Es fällt schwer, diesen Gedanken in philosophische Kategorien der Zeit zu fassen, denn Beethoven ist hier sein eigener Philosoph. Am nächsten stünde ihm Arthur Schopenhauer mit seiner Auffassung, daß Musik – dadurch vor allen anderen Künsten ausgezeichnet – »das Ursein und Ansich von Welt und Dasein überhaupt zu eigener direkter Aussprache bringt: den in allem Seienden waltenden, im Menschen zur Bewußtheit kommenden ›Willen‹«.[10] (Daß Schopenhauer den 1. Band seines Hauptwerks, *Die Welt als Wille und Vorstellung*, erst 1819 hat erscheinen lassen und daß seine Ideen von der Zunft der Musikästhetiker vor allem mit der Musik Richard Wagners in Verbindung gebracht worden sind, schließt den Bezug auf Beethoven nicht aus, macht den Gedanken vielmehr geschichtsunabhängiger und damit grundsätzlich bedeutsamer.)

Nicht nur Philosophen, sondern auch Musikdenker und -forscher haben sich schwergetan, das zu spezifizieren, was aus der Musik selbst so deutlich zu sprechen scheint. Ernst Bloch redet im *Prinzip Hoffnung* von einer besonderen »Kategorie Beethoven«: »Sie ist im Medium des Klangs aus Fausts Geschlecht, ein riesig geladenes, riesig nach vorwärts drängendes Wesen«.[11] August Halm spricht unter Berufung auf Alfred Einstein von Beethovens »gigantischem Wollen«: »Es ist uns dabei oft so, als ob ein Wunder vor uns geschähe.«[12] Hans Mersmann beobachtet »die Wucht einer inneren Dynamik, deren Äußerungen nicht mehr allein von der Musik verständlich sind. Das sind die Eingriffe des Schaffenden in den Organismus musikalischer Kräfte«.[13]

Diese Umschreibungen wollen besagen, daß Beethoven musikalische Kraftfelder aufbaut, die man zwar erleben und sogar analytisch weitgehend ›nacherzählen‹ kann, deren ›Sinn‹ man jedoch weder mit den Mitteln der formalen Logik noch denen der semantischen Deutung auf die Spur kommt. Vielleicht ist es gerade diese »Kategorie Beethoven«, die den Komponisten vor anderen Vertretern der »klassischen« deutschen Musik in allen Musikkulturen der Erde zu einer Identifikationsfigur hat werden lassen: Auch wer den geschichtlichen Kontext seiner sinfonischen Werke nicht kennt, vermag deren Umrisse als in weitestem Sinne ›klassische‹ Ausprägung von Vorstellungen zu vernehmen, die als allgemeinere Prägung in seinem kollektiven Unbewußten angelegt sind.

Was im einzelnen gemeint ist, läßt sich fast an jedem Werk Beethovens belegen, besonders eindringlich an den Sinfonien. Daß die Eingangsmotive von *Eroica*, *Fünfter* und *Neunter* weniger als ›Thema‹ denn als Kraftkonzentration zu betrachten sind, aus denen der ganze Satz, ja das ganze Werk seine Dynamik erhält, ist geradezu eine Binsenwahrheit. Doch selbst wo Beethoven so entspannt musiziert wie im Kopfsatz der *Pastorale*, läßt sich der Aufbau von Kraftfeldern im skizzierten Sinne nachweisen: Die Durchführung ist ein Lehrstück darüber, wie man im spielerischen Betasten eines griffigen Bausteines aus dem Kopfmotiv ohne die Mühsal motivisch-thematischer Arbeit allein mit den Mitteln der Harmonik und Instrumentation den Eindruck eines genießerisch Sich-Reckens und -Streckens oder – um noch einmal August Halm zu zitieren – der »Lebenskraft und Körperlichkeit« erweckt.[14] In seinen Sonaten und Quartetten baut Beethoven auf vergleichbare Weise Kraftfelder auf, freilich subtiler und damit noch unerklärlicher. So schafft der Anfang der Klaviersonate d-moll op. 31, 2 (*Der Sturm*) mit dem Übergang des aus dem A-Dur-Sextakkord wie aus einem Urnebel aufsteigenden *Largo* zum rhythmisch-melodisch scharf konturierten, atemlosen *Allegro* auf engstem Raum eine kaum auszuhaltende, aber eben auch kaum in Worte zu fassende Spannung:

Ludwig van Beethoven: Klaviersonate d-moll op. 31 Nr. 2, Anfang

Der ›neue Weg‹ zum neuen Menschen: von der *Ersten* zur *Dritten*

Daß er in einer für die Menschheit entscheidenden Epoche des allgemeinen geistigen und politischen Aufbruchs lebe, in der auch der Musik ihre besondere Bedeutung zukomme, hat der junge Beethoven gewiß deutlicher empfunden als Mozart und Haydn. Obwohl beider Lebenszeit in diejenige Beethovens zwei und mehr Jahrzehnte hineinragt, sind sie doch vor einem wesentlich begrenzteren Bildungshorizont als Beethoven groß geworden. Mozart und Haydn erhielten eine für das 18. Jahrhundert typische, nämlich auf das reine Musikhandwerk begrenzte und in ihrem Verlauf eher unsystematische Ausbildung ›von der Hand in den Mund‹; und sobald sie sich als ›Gesellen‹ fühlten, begannen sie in Ausübung des traditionellen Musikhandwerks mit der Komposition von Gebrauchsmusik für Kirche, Kammer und Konzert.

Ähnliches trifft auch für den jungen Beethoven in Bonn zu; doch es umreißt nur das eine, das traditionelle Moment seiner Ausbildung. Das andere, neue Moment liegt in Beethovens energischem Drang nach einer Bildung, die ihn in einem umfassenden Sinne seiner Zeit gewachsen machen soll. Dieses zweite Moment drückt sich zum einen in der Bewußtheit aus, mit der Beethoven im europäischen Musikzentrum Wien noch einmal Komposition ›studiert‹, nachdem er nach den Maßstäben der Zeit doch schon ein junger ›Meister‹ ist. Zum anderen aber – das ist in diesem Zusammenhang noch wichtiger – kommt es in der augenscheinlichen Leidenschaft zum Ausdruck, mit der Beethoven sich in Bonn auf Philosophie, Literatur und Politik einläßt. Dabei ist mit dem Begriff des ›Sich-Einlassens‹ weniger und mehr als mit dem des ›Studierens‹ gemeint. Weniger insofern, als Beethoven an der Bonner Universität, in deren Listen er sich im Revolutionsjahr 1789 eingeschrieben hatte, gewiß kein planmäßiges Studium betrieben hat. Mehr in dem Sinne, daß er von der Aufgabe, die der aufgeklärte Kurfürst Maximilian Franz der Hochschule bei ihrer Gründung vier Jahre zuvor gestellt hatte, voll überzeugt war: »die Menschen denken zu lehren«.

Der junge Beethoven ist ja nicht nur ein engagierter Verehrer Schillers und seiner Ideen von Freiheit und Brüderlichkeit, welche die politische Parteinahme für die französische Revolution zunächst noch durchaus einschlossen. Durch seinen Lehrer Neefe ist er auch mit den Vorstellungen der Freimaurer und Illuminaten vertraut, die auf eine vernunftgelenkte Höherentwicklung der Menschheit hinauslaufen. Und den Philosophieprofessor Eulogius Schneider, der nach Bonn berufen worden ist, nachdem er sein Priesteramt in Württemberg wegen offener Parteinahme für die französische Revolution verloren hat, scheint er besonders geschätzt zu haben; jedenfalls subskribiert er Schneiders Sammlung überwiegend politischer Gedichte aus dem Jahr 1790.

Gewiß haben der Kampf gegen Fürstenwillkür, der Ruf nach Freiheit und Gerechtigkeit in Beethoven auch ganz persönliche Saiten zum Schwingen gebracht. In den drückenden und beengenden Verhältnissen eines Hofbediensteten aufgewachsen, müssen ihm die Revolutionsfanfaren vernehmlich in den Ohren geklungen haben. Konkrete Äußerungen zur französischen Revolution sind aus seinem Munde allerdings nicht überliefert. Da er ein Verächter des ›Pöbels‹ ist und auf den Adel des Geistes setzt, mag er zu den konkreten Vorgängen in Frankreich Abstand gehalten und sich – gleich anderen deutschen Dichtern und Denkern – von der französischen Revolution direkt abgewandt haben, als diese in ihre Schreckens-Phase eintritt. Betrachtet man die für Beethovens Anschauungen bestimmende Ära jedoch als den Dreischritt von ›philosophischer Aufklärung‹, ›französischer Revolution‹ und ›napoleonischer Gesellschafts-Ordnung‹, so kann man jedoch mit Sicherheit sagen, daß der erste und dritte Schritt von Beethoven engagiert nachvollzogen worden ist.

Zwei Werke der bildenden Kunst mögen verdeutlichen, woher dieser seine Anregungen erhält. Das eine zeigt eine von Benoît-Louis Prévost nach einem Entwurf von Charles-Nicolas Cochin d.J. hergestellte Radierung, die 1772 an die Subskribenten der berühmten, von Diderot und d'Alembert herausgegebenen *Encyclopédie ou Dictionnaire* gratis verschickt wurde: Eine allegorische Darstellung versinnbildlicht in Gestalt der strahlenden *Wahrheit* den weltgeschichtlichen Sieg des Lichtes über die Finsternis. Von rechts kommt die *Vernunft* und befreit die Wahrheit von ihrem Schleier, von links nähert sich die *Einbildungskraft*, um ihre Nacktheit mit

Allegorie der *Wahrheit*
Frontispiz der *Großen Enzyklopädie* von 1772. Radierung von Benoît-Louis Prévost

Blumen zu schmücken. Die knieende *Theologie* hofft noch demütig auf das Licht, das senkrecht vom Himmel fällt, aber von der Leuchtkraft der Wahrheit überstrahlt wird. Darunter versammeln sich in schöner Eintracht alle Glieder des Zivilisationsgedankens, denen das neue Licht den wahren Weg weisen wird. Der Kommentar zählt sie auf: die alte und die neue Geschichte, die Naturwissenschaften, den Ackerbau, die verschiedenen Dichtungsarten und die Künste.[15]

Das andere Bildwerk, eine Bronzestatuette Damerats, zeigt Napoleon in antikisierender Manier als Herrscher und Künstler: mit (inzwischen verlorengegangenem) Szepter in der Linken sowie Pinsel und Palette in der Rechten. »Es ist dies die Konkretisierung der Metapher vom Staatskünstler.« [16]

Ist Napoleon Bonaparte für Beethoven der *Staats*künstler, so sieht der Komponist sich selbst als Staats*künstler* – bezogen auf den platonischen Idealstaat, in dem der Geist und die Kunst zum Besten der Menschen regieren. Das politische Tagesgeschehen wird an dem Kriterium gemessen, ob es solch große Ideen fördert oder hemmt. Auch Beethovens Auseinandersetzung mit der Musik der französischen Revolution, die ja vor allem in den drei ersten Sinfonien zu vielen Übernahmen geführt hat, ist unter diesem Gesichtspunkt zu sehen. Es geht nicht um eine Identifikation mit einzelnen politischen Vorstellungen dieser Revolution, sondern um das Aufgreifen des revolutionären Gestus, der als Gestus des Heldischen – als Inbegriff von ›Ethos‹ und ›Pathos‹ – verstanden wird: entschlossen im Kampf, triumphal in der Festfreude, würdig im Tod.

Als Medium seiner ›großen‹ Ideen wählt Beethoven die Sinfonik. Eins bedingt das andere: Die Dimension des Sinfonischen bietet sich zur ›Übersetzung‹ großer und abstrakter Gedanken in Musik geradezu an; ihrerseits erfordern solche Gedanken die Ausdrucksmöglichkeiten wortloser Kunst. Im Bereich der vokalen Musik stößt der Drang nach Erhabenheit an die Grenzen eines gleichsam ›menschlichen‹ und ›natürlichen‹ Maßes: Mehr als ein Sänger oder eine Sängerin in ihrer Person und mit ihrer Sinnlichkeit verkörpern können, vermag Vokalmusik nicht auszudrücken; deshalb berühren uns in Mozart-Opern auch eher ›menschliche‹ Regungen der Liebe und des Leids als die – dort auch nur selten anzutreffenden – ›übermenschlichen‹ Kraftanspannungen von Helden. Kann man sich Beethoven als Sänger seiner Opernfiguren vorstellen, was im Blick auf Mozart oder Wagner nicht schwerfällt?

Das Medium der wortlosen Instrumentalmusik hat nicht zuletzt den Vorzug, daß sich die Festlegung auf einengende Textaussagen erübrigt. Konkret gesagt: Eine Kantate mit einem ›revolutionären‹ Text kommt einer politischen Parteinahme gleich; eine Sinfonie mit einem rein musikalischen Zitat partizipiert allein am revolutionären Geist. Gleichsam aus der Not eine Tugend machend, hat Beethoven für seine Sinfonik eine spezifische Textur entwickelt, durch welche die bis dahin standardisierten Formgesetze der Gattung Sinfonie hinsichtlich ihrer Sprachmächtigkeit sich auch ohne Bindung an einen Text gewaltig erweitert. (Gewiß hat Beethoven auch im *Fidelio* die Möglichkeiten seiner Musiksprache reflektiert. Doch auch

Napoleon, in antikisierender Manier als Staatskünstler dargestellt
Bronzestatuette Damerats

Beethoven, in antikisierender Manier als Kunstheros seines napoleonischen Zeitalters dargestellt. Gemälde Joseph Willibrord Mählers von 1804

in dieser seiner einzigen Oper spielt die sinfonische Dimension eine entscheidende Rolle, wie man allein an dem ›Kommentar‹ zur Oper sieht, den er in Form von vier Ouverturen schreibt!)

Essay

Initium und Peripetie

Geheimnisvoll ertönen am Anfang der *Zauberflöten*-Ouverture die Akkorde Es-Dur, c-moll, Es-Dur[VI]. Jedem folgt eine Pause, die sich unter der Fermate irrational dehnt. Das ist kein traditionelles »Habt-Acht« für ein noch unruhiges Opernpublikum, sondern ein feierliches *initium* außerhalb der Theaterzeit – die »Signatur« des ganzen Werks, um mit Stefan Kunze zu sprechen.

Diese Signatur wird im Verlauf der Handlung nur ein einziges Mal real heraufbeschworen, freilich zur Hervorhebung eines bedeutsamen Vorgangs: Die nunmehr in reinem B-Dur und allein von den Bläsern vorgetragenen Akkorde stehen für die Initiation Taminos in das Heiligtum von Isis und Osiris und verdeutlichen, daß das musikalische *initium* seinen Namen auch in höherem Sinne verdient. Sarastro fragt seine Priester, ob sie den edlen Jüngling für tugendhaft, verschwiegen und wohltätig genug ansähen, um »ins Heiligtum des größen Lichtes zu blikken«. Die darauffolgende Regiebemerkung lautet: *Sie blasen dreimal in die Hörner.*

Man hört die Trompete auf dem Turme lautet der Hinweis auf einen ebenso wichtigen Augenblick im *Fidelio*. Vordergründig geht es nur um ein Signal bei der Ankunft des Ministers. Doch mit ihm wird die *Peripetie* des musikalischen Dramas angezeigt: Der Gang der Dinge nimmt seine entscheidende Wendung, die Machtverhältnisse kehren sich um, die Gerechtigkeit nimmt ihren Lauf.

Auch diese Bühnenmusik ist bereits in der Ouverture vorweggenommen. Jedoch bringt Beethoven die energische Trompetenfanfare - in der zweiten *Leonoren*-Ouverture leicht modifiziert, in der dritten notengetreu – nicht zu Beginn, sondern auf dem Höhepunkt des Satzes, nämlich als Energiequelle für die Emphase des Schlußjubels; in dieser Funktion gibt es nicht dem gesamten Werk die Signatur, zeigt dafür aber den Durchbruch des Geschehens zugunsten der guten Sache an.

Humanität – diese Kategorie verbindet die *Zauberflöte* mit dem *Fidelio*. Beide Werke preisen Verantwortungsbewußtsein und Würde des Menschen. »Mann und Weib und Weib und Mann reichen an die Gottheit an«, heißt es bei Mozart; und angesichts Leonorens Standhaftigkeit komponiert Beethoven den Schlußchor auf die Worte: »Wer ein holdes Weib errungen, stimm' in unsern Jubel ein! Nie wird es zu hoch besungen, Retterin des Gatten sein.« Doch wie Humanität aussehen, wie man ihr zum Sieg verhelfen könne und solle – an dieser Frage scheiden sich die Geister.

Mozart läßt die Sonne über Gute und Böse, über Gerechte und Ungerechte scheinen. Zu dem genannten Duett, welches das Wesen des Göttlichen als die

Vereinigung von Männlichem und Weiblichem preist, findet sich das ungleiche Paar von Pamina und Papageno zusammen: Letzterer hat ob seines in diesem Moment reinen Herzens das gleiche Maß an Erleuchtung wie diejenigen, welche nach höheren Weihen streben. Der Weltlauf ist nicht gradlinig, und der Gang der Dinge gleicht einem Kreislauf: Alles ist in allem enthalten, ein jedes schon einmal dagewesen. In diesem Sinne bilden die drei Akkorde der *Zauberflöte* das *initium* zu einer Handlung, die schon geschehen ist, ehe man eine ihrer möglichen Spielarten auf der Bühne bestaunen kann: Die Opernfiguren und ihre Handlungen stehen für Konfigurationen, die ohnehin »in der Welt« sind; und die feierlichen Akkorde bedeuten, daß über diese Welt und ihre Bewegungen eine Ordnung wacht, deren Dauer die Auswechselbarkeit unserer persönlichen Dramen offenkundig werden läßt.

Beethoven muß die Ordnung der Welt aus eigener Kraft und immer aufs Neue schaffen: Der Mensch wirkt nicht an seinem Schicksal mit, sondern stellt es her. Ihn können weder Rituale noch kollektive Handlungsmuster vom Übermaß individueller Verantwortung entlasten. Auch das sinnverwirrende und gleichwohl bestrickende Neben- und Ineinander von einfältiger und verrätselt sinnbildlicher Handlungen, das die *Zauberflöte* auszeichnet, bleibt dem ungeduldig auf den Sieg der guten Sache drängenden Komponisten des *Fidelio* fremd. Und während Mozart als Genie des Augenblicks hohe und niedere Mitglieder seines Ensembles ganz selbstverständlich zusammenbringt, wirkt Beethoven hilflos, sobald er seine Personen nicht nur ideelle Entscheidungen treffen, sondern als widersprüchliche Menschen gemeinsam agieren lassen soll: Papageno hört man gern im naiven Dialog mit Tamino; hingegen ist Roccos singspielhafte Geschwätzigkeit gegenüber Leonore kaum zu ertragen. Beethovens Rettungsoper erzählt ja auch keine Geschichte, führt vielmehr heroische Haltungen vor, durch welche die Peripetie des Dramas nach dem Motto »Wie könnte Gott solcher Tugend widerstehen« vom Himmel geradezu herabgezwungen wird.

Zauberflöte und *Fidelio*: Zwei knappe Bläsersignale markieren eine bedeutende Differenz – diejenige zwischen Mozarts gewährendem Humanismus und Beethovens forderndem Idealismus.

Mit drei Riesenschritten geht Beethoven in nur fünf Jahren den Weg von der *Ersten* zur *Eroica.* »So gut wie Haydn bin ich allemal« – könnte über der 1799/1800 entstandenen *Ersten* stehen. Der Sinfonietypus des späten Haydn ist das Maß, was ausgewogene Proportionen im ganzen bei Buntheit, Kontrastreichtum und individueller Charakteristik im einzelnen angeht: Der Hörer sollte auf hohem Niveau anregend, oft geradezu humorvoll, unterhalten werden.

Entsprechende Vorstellungen hat Beethoven übernommen, in der *Ersten* zum Beispiel im Themenkontrast und der individuellen Bläserbehandlung des 1., in der Liedhaftigkeit des 2. und im witzigen Beginn des 4. Satzes. Doch zugleich erfährt die Vorstellung dessen, was sinfonisch zu nennen sei, eine außerordentliche Schärfung vor allem im Sinne einer Dynamisierung des musikalischen Ablaufs. Das ist nicht mehr, wie so oft bei Haydn, ungezwungene Unterhaltung, sondern bereits kalkulierte Ansprache, die stets den Hörer im Auge hat und ihn Schritt für Schritt den vorgesehenen Weg führt: Jeder Augenblick ist zugleich ein Vorgriff auf den nächsten.

Das wird schon mit dem ersten Akkord der Komposition deutlich. Nach Jahrhunderte alter Tradition müßte er c-e-g lauten, denn die ganze Sinfonie steht in C-Dur, und darüber sollte der Hörer von Rechts wegen gleich zu Anfang informiert werden. Stattdessen beginnt Beethoven die den Satz eröffnende langsame Einleitung mit einer C^7-Dissonanz, löst diese in die Unterdominante F-Dur auf, um über die Dominante G-Dur erst mit dem Beginn des Hauptthemas definitiv C-Dur zu erreichen.

Eine Dissonanz zu Anfang eines Stücks hatte es im Bereich der Vokalmusik in Ausnahmefällen schon früher gegeben: So beginnt Johann Sebastian Bach seine Kantate BWV 54, *Widerstehe doch der Sünde*, symbolträchtig mit einem lang auskomponierten Vorhalt. Doch als Anfang einer Sinfonie und im Sinne eines harmonischen Verwirrspiels über mehrere Stationen hinweg ist dieses Beispiel in seiner Zeit gewiß ein einmaliger Geniestreich, auch wenn Beethoven später noch andere Werkanfänge – etwa die der Klaviersonaten op. 31,2 und 3 oder des Streichquartetts op. 59,3 – ähnlich spannungsreich gestaltet hat.

Beethoven macht mit dem ersten Akkord seines sinfonischen Werks im ersten Jahr des neuen Jahrhunderts deutlich, daß im Haus der Musik ein neuer Wind weht. Bis dahin hatte das Komponieren im Bewußtsein der Zeitgenossen der Arbeit an einem Modell geglichen, dessen Umrisse durch Natur und Tradition festgelegt waren: Wie kunstreich, phantasievoll und innovatorisch der Komponist auch vorging – er blieb diesem Modell verpflichtet. Beethoven schafft demgegenüber immer neue Modelle. Seine Vorgabe an die Hörer lautet nicht: »Ihr hört eine Sinfonie in der festlichen Tonart C-Dur mit Hörnern und Trompeten; der Rahmen ist vertraut, die Einzelheiten überraschen durch Originalität!« Sie heißt vielmehr: »Laßt euch durch mein Ton-Drama führen, spannend vom ersten bis zum letzten Moment; erlebt, was alles man aus einer Sinfonie machen kann!«

Mit der Vorstellung eines Ton-Dramas ist das Moment der Prozeßhaftigkeit verbunden, das Beethovens musikalisches Denken ja in der Tat in hohem Maße bestimmt. Auch dieses Moment läßt sich an den ersten Takten der Sinfonie darstellen. Die langsame Einleitung hat weniger die Funktion, ›Stimmung‹ zu machen, als vielmehr den fulminanten Einsatz des Hauptthemas zu ›begründen‹. Mit einem solch explosiven Thema kann man nicht einfach loslegen: Zunächst muß man Energie ansammeln, welche die anschließende Entladung überhaupt erst möglich erscheinen läßt – ein Problem, das Beethoven bis zur *Neunten* nicht wieder losgelassen hat.

Es lohnt sich, genauer zu betrachten, wie genial Beethoven diese Phase der Entladung komponiert hat. Der Zeitpunkt – und damit der Beginn des ›Hauptthemas‹ – lassen sich nicht eindeutig bestimmen. Im letzten Viertel von Takt 12 geht offensichtlich etwas los – doch eher im Sinne einer Kettenreaktion, die es schwer macht, den ›wirklichen‹ Beginn nachträglich zu rekonstruieren: Man hat weniger darauf geachtet, ›wie es anfing‹, als darauf, ›wie es weiterging‹. Dieses »Weitergehen«, in dem Beethoven ausdrücklich den »Zweck« der »Kunstwelt« wie der »ganzen großen Schöpfung« sah, ist dem Hauptthema geradezu programmatisch eingeschrieben. Für Carl Dahlhaus hat es das Fortreißende einer Pindarischen Ode, die den Kennern damals als Inbegriff des Erhabenen galt[17] und von Wolfgang Robert Griepenkerl schon 1838 zur Deutung des 1. *Eroica*-Satzes herangezogen wurde.[18]

Arnold Schmitz erinnert es frappant an das Hauptthema aus Rodolphe Kreutzers *Ouverture de la journée de Marathon* von 1795/96, also an eine offizielle Revolutions-Festmusik, welche in der Zeit der Koalitionskriege die Idee heldenhafter Vaterlandsverteidigung aufgreift.[19] Beide Deutungen ergänzen sich auf das Beste: Es geht um die Größe der Ideen und um die Dynamik ihrer Verwirklichung. Musik nimmt an den großen Aufgaben der Zeit teil und findet dafür eine zugleich heroische und revolutionäre Sprache.

Freilich wäre es verfehlt, nur das Neuartige an der *Ersten*, ihren durchgehend dynamischen Zug, hervorzuheben: Im autonom-spielerischen Ausgleich von Form und Inhalt ist sie zugleich beste Wiener Klassik in der Tradition Haydns und Mozarts und noch ohne den Tiefsinn und die Bedeutungsschwere des späteren Beethoven. So gesehen, fällt sie geradezu hinter den sinfonischen Gestus des etwas älteren 1. Klavierkonzertes C-Dur zurück. Während das Finale der *Ersten* letztendlich durchaus als solider, grundständiger Kehraus gedeutet werden kann, klingt am Schluß des Klavierkonzerts – im *Adagio* der Oboen und dem daraus erwachsenden Schlußjubel des Tuttis – jener emphatisch an die Menschheit appellierende, verklärende Ton an, der für den späteren Beethoven so charakteristisch werden sollte.

Diesen Ton nimmt Beethoven in der *Zweiten* auf, die innerhalb eines Zeitraums von weniger als drei Jahren einen gewaltigen Schritt in Richtung Ideen-Kunstwerk darstellt. »Ich bin die Avantgarde meiner Zeit« – so könnte über der *Zweiten* stehen: Haydn ist nunmehr vergessen und mit ihm alles Spielerische und Heitere. Die Musik ist fast durchgängig von dem Gestus eines edlen Pathos beherrscht. In Anbetracht der Konvention, daß ›Größe‹ und ›Bedeutsamkeit‹ auch etwas mit Quantitäten zu tun haben, sind auch die Dimensionen größer geworden. Das dynamische Potential des Orchesterklanges findet stärkere Berücksichtigung; so gibt es längere Partien, die weniger thematische Arbeit vorführen als Klangflächen darstellen, in denen neue Energie ›geladen‹ wird.

Die Frage der langsamen Einleitung und ihres Überganges in das Hauptthema – also das Problem, ›wie man überhaupt anfängt‹ – stellt Beethoven noch einmal ganz neu: Diesmal ist die Lösung nicht provokativ in der Intention und gedrungen in der Form; das heroische Panorama, das Beethoven im ersten Satz entwirft, ist vielmehr insgesamt breit angelegt und routiniert, geradezu elegant ausgeführt. Und um gleich in den Schlußsatz zu springen: Aus dem liebenswürdigen Humor Haydnscher Prägung, wie man ihn im Finale der *Ersten* findet, ist in der *Zweiten* der lakonisch-unwirsche Humor Beethovens – eine seiner Autorenmarken – geworden. Insgesamt zeigt das Werk eine Mischung von Beethovenscher ›Grobheit‹, deutschem Tiefsinn und heroisch-französischem Stil à la Cherubini. Man könnte sich vorstellen, daß Beethoven die Sinfonie in Anbetracht seiner Pläne geschrieben hat, nach Paris überzusiedeln oder doch jedenfalls im Herrschaftsbereich Napoleons den ihm als Künstler gebührenden Platz einzunehmen.

Doch kaum nach Vollendung der *Zweiten* stellt Beethoven grundsätzlich die Vorstellung in Frage, man könne mit Sinfonien traditionellen Zuschnitts – und als solche wertet er trotz aller Neuerungen offensichtlich auch die seinen – nicht nur auf der Höhe der Zeit sein, dieser vielmehr seinen Stempel aufdrücken. Er entscheidet sich für einen »neuen Weg«, da er – wie er dem älteren Freund Wenzel Krumpholtz »um das Jahr 1803« mitteilt – mit seinen bisherigen Arbeiten »nur wenig zufrieden« gewesen ist.[20]

Dieser von Beethoven selbst so bezeichnete neue Weg hat nach Meinung der Forschung vor allem in der Klaviersonate op. 31,2 und in der *Eroica* seinen Niederschlag gefunden. Er entfernt sich entschiedener als bisher von den Konventionen der jeweiligen Gattung weg und erschließt dadurch neue Ausdrucksmöglichkeiten. Das instrumentale Rezitativ inmitten des 1. Satzes von op. 31, 2 ist in diesem Sinne wie ein Hinweisschild an diesem neuen Weg: Aus dem kompositorischen Gesamtzusammenhang nur mit Mühen zu erklären, will es augenscheinlich etwas Bedeutsames ›sagen‹, ohne es doch mit Worten auszusprechen.

Und eben dies ist die dialektische Grundkonstellation der *Eroica*: Entschiedener als in den vorausgegangenen Sinfonien will Beethoven in seiner Musik bestimmte, ihm wesentlich erscheinende Ideen vorstellen. Doch Ideen, die im Medium der Musik und nur in ihm Wirksamkeit zu entfalten vermögen, lassen sich nicht in Worten darstellen, die man der Musik als Gesangstext unterlegt oder in Form von programmatischen Erklärungen beifügt; sie müssen ›tönen‹. Da die Problemstellung neuartig ist, darf man keine abgeschlossenen Lösungen erwarten; die *Eroica* spiegelt deshalb vor allem die Auseinandersetzung mit der Frage, inwieweit sich die Konzeption eines Ideenkunstwerks innnerhalb der traditionellen Gattung der Sinfonie verwirklichen lasse.

Der 1. Satz müßte von Rechts wegen als Sonatenhauptsatz angelegt sein. Von dessen Schema weicht Beethoven jedoch so weitgehend ab, daß man kaum behaupten kann, daß er es lediglich erweitere. Allein die Länge verhindert, daß man das aus der Choreographie des Tanzes stammende Formschema A-B-A', welches dem regulären Sonatensatz idealtypisch zugrundeliegt, noch wahrnimmt: Beim Eintritt der Reprise hätte man die Exposition kaum mehr angemessen im Kopf, so daß der Reiz des Reprisen-Moments weitgehend ausbliebe. Außerdem folgt der Kopfsatz der *Eroica* auch gar nicht diesem Schema. Besser spräche man von zwei ›Durchführungen‹ über ein und dieselbe ›Exposition‹.[21] Dieser Exposition fehlt allerdings ein prägnantes Hauptthema. Daß das am Anfang erklingende Motiv nicht mehr als die erste Formulierung eines weiterreichenden Gedankens ist, wird nach einem langen Prozeß definitiv im Finale klar, wo es als ein klar umrissenes, am Typus des Kontretanzes orientiertes Thema erscheint:

Ludwig van Beethoven: Sinfonie Nr. 3, Finale, T. 75-83, Oboe

Das erste diesen Namen im engeren Sinne verdienende »Thema« des 1. Satzes taucht ausgerechnet in der Durchführung auf, um fortan in den ›Denkprozeß‹ mit einbezogen zu werden. Es steht in e-moll, also in einer Tonart, die um Lichtjahre von der Ausgangstonart Es-Dur entfernt ist.

Ludwig van Beethoven: Sinfonie Nr. 3, 1. Satz, Durchführungsthema T. 284-288, Oboe

Reicht für all das die Begründung aus, es gehöre zum Wesen des Generationswechsels und des geschichtlichen Fortschritts, traditionelle Formschemata zu erweitern oder gar in Frage zu stellen? Oder ist eine ganz andere Form intendiert, für die das Sonatensatzschema nur eher notgedrungen die Basis abgibt? Immerhin wird das Werk vom Korrespondenten der Leipziger *Allgemeinen Musikalischen Zeitung* schon in einer frühen Besprechung vom 13. Februar 1805 als eine »sehr weit ausgeführte, kühne und wilde Phantasie« bezeichnet! Der musikalische Detektiv wird stutzig: Wenn er nicht mit der Blindheit des Formalismus geschlagen ist, geht er auf Spurensuche.

Die erste Spur: Das Selbstzitat. Das erwähnte Kontretanz-Thema des Finales stammt aus dem Finale zu dem Ballett *Die Geschöpfe des Prometheus* op. 43. Beethoven komponierte die Musik in den Jahren 1800/1801 für eine Aufführung im Wiener Hofburgtheater. Die Gattung des Balletts diente damals nicht nur der Entfaltung von Pracht und tänzerischer Virtuosität, sondern war zugleich eine wichtige Möglichkeit, leitende Ideen der Zeit in eine künstlerisch attraktive Form zu bringen. Mit dem Prometheus-Stoff hatte sich der aufgeklärte Wiener Ballettmeister

Salvatore Viganò ein für die Epoche zentrales Thema gesucht: Der geniale Einzelne – verkörpert durch den Titanen Prometheus – emanzipiert sich von der Bevormundung durch die Götter und formt sich ein Geschlecht freier Menschen. Gewiß hat Beethoven Goethes *Prometheus*-Gedicht gekannt – eine von vielen künstlerischen Ausarbeitungen dieser Idee:

Wer rettete vom Tode mich,
Von Sklaverei?
Hast Du's nicht alles selbst vollendet,
Heilig glühend Herz? ...
Hier sitz' ich, forme Menschen
Nach meinem Bilde,
Ein Geschlecht, das mir gleich sei,
Zu leiden, zu weinen,
Zu genießen und zu freuen sich,
Und dein nicht zu achten,
Wie ich!

Die von Beethoven vertonte Ballett-Handlung bringt in antikisierender Einkleidung wesentliche Elemente der aufklärerischen Prometheus-Idee auf die Bühne. In zwei Anläufen versucht sich Prometheus an der Erschaffung des Menschengeschlechts. Seinem ersten Menschenpaar fehlt noch »der bessere Teil«, nämlich die Vernunft. Darüber wird Prometheus betrübt und zornig; eine »innerlich vernommene höhere Stimme« hält ihn immerhin davon ab, das unbefriedigende Werk zu vernichten. In einem zweiten Anlauf, auf dem Parnaß, gelingt es ihm unter dem Einfluß der schönen Künste, seinen Geschöpfen Vernunft, Sinn für die Schönheiten der Natur und menschliche Gefühle einzupflanzen. (1) – In der anschließenden, auf dem Parnaß spielenden Szene führt Melpomene, die tragische unter den Musen, den ersten Vertretern des Menschengeschlechts vor, wie schnell der Tod an sie herantreten kann: Im Verlauf einer »tragischen Szene« ersticht sie ihren »Vater« Prometheus. (2) – Eine »scherzhaft spielerische Szene« zeigt nachfolgend, wie Prometheus zu einem Tanz, den Pan an der Spitze seiner Faune vorführt, ins Leben zurückgerufen wird. (3) – Das Stück endet »unter festlichen Tänzen«. (4)

Bei allem Gewicht, das Beethoven seiner ersten *Prometheus*-Komposition beigelegt hat, scheint es ihm doch nicht als der Weisheit letzter Schluß erschienen zu sein, seine Ideen innerhalb der Gattung des Balletts niederzulegen: Die Musik kommt aus der dienenden Rolle nicht heraus, bleibt illustrativ und geht insofern weniger direkt »zu Herzen«, als Beethoven es sich vermutlich gewünscht hatte. Der Komponist ist mehr ausführendes Organ als Ideenschöpfer. Den »neuen Weg«, den Beethoven bald nach der Fertigstellung der Ballett-Musik zu gehen ankündigt, kann man demgegenüber als die Suche nach einer Musiksprache verstehen, die auf die ›Krücken‹ einer Handlung verzichtet und doch Ideen ausspricht. Die *Eroica* stellte dann eine neuerliche Auseinandersetzung mit dem Prometheus-Sujet dar – diesmal im Bereich der ›absoluten‹ Musik.

Die Tatsache, daß das Prometheus-Thema aus dem Finale der Ballett-Musik nicht allein den letzten Satz der *Eroica* bestimmt, daß vielmehr das ganze Werk von Anbeginn auf die abschließende Prometheus-«Hymne« in Gestalt des festlichen Kontretanzes hinsteuert, läßt es ausgeschlossen erscheinen, daß das Selbst-Zitat – in dieser Deutlichkeit bei Beethoven eine Ausnahme – nur beiläufig gewählt worden sein könnte. Wie in Ansätzen Paul Bekker und nach ihm Harry Goldschmidt und Constantin Floros herausgearbeitet haben, ist die *Dritte* vielmehr insgesamt eine Prometheus-Sinfonie.[22]

Peter Schleuning ist in seiner Deutung einen wesentlichen Schritt weiter gegangen: Er hat die überlieferte Ballett-Handlung in vier Abschnitte gegliedert und im Detail den vier Sätzen der *Eroica* zugeordnet. Die Hauptlast der ›Handlung‹ trägt dabei der 1. Satz: In der Abfolge Exposition – Durchführung – Reprise (besser: neue Exposition) – Coda (besser: veränderte Durchführung) spiegeln sich die beiden Versuche des Prometheus der Menschenschöpfung. Die rätselhafte e-moll-Episode in der Durchführung deutet Schleuning als die »innerlich vernommene höhere Stimme«, die Prometheus von gewaltsamem Handeln abbringt.

Auch wer kein Freund programmatischer Deutungen ›absoluter‹ Musik ist, wird von Schleunings Zuordnungen vor allem im Blick auf den 1.Satz erstaunt sein, doch möglicherweise zugleich die Frage stellen: Falls Beethoven wirklich so detailliert nach einem Plan gearbeitet hat: Warum hat er dann von diesem Plan nichts verlauten lassen und auch in anderen Zusammenhängen wenig Neigung gezeigt, sich zu möglichen ›Inhalten‹ seiner Musik zu äußern?

Diese Frage ist im Kontext des »neuen Weges« weniger schwer zu beantworten, als es zunächst den Anschein hat. Unzweifelhaft hat Beethoven im Zusammenhang mit Kompositionsplänen sein Leben lang Vorstellungen und Ideen im Kopf gehabt, die sich in Worte und Bilder fassen ließen. Je detaillierter, dramaturgisch ausgefeilter, ›argumentativer‹ die Ideen waren, desto besser konnten sie zur wirklichen Erziehung und Bildung der Zuhörer beitragen. Doch auch das Umgekehrte gilt: Das Medium der Instrumentalmusik sträubt sich nicht nur gegen jede Art inhaltlichen Argumentierens; ein Zuviel an ›Argumentation‹ ruiniert geradezu diejenige Fähigkeit der Musik, die immer ihr Charisma ausgemacht hat: Zugang zu vorsprachlichen, nicht-intellektuellen leib-seelischen Erlebnisbereichen des Menschen zu finden – zu seiner ›rechten Gehirnhälfte‹, wie man heute zu sagen pflegt. Doch gerade in der wortlosen Instrumentalmusik erblickt Beethoven die Krone für einen Musik-Prometheus und -Napoleon, der nicht bei anderen Künsten abkupfern, sondern die Ausdrucks-Macht *seiner* Kunst vorstellen will.

Ein solches Unterfangen gleicht der Quadratur des Kreises; und in der Tat hat sich Beethoven gerade im Bereich der Sinfonik bis hin zur *Neunten* mit derlei Problemen produktiv herumgeschlagen, während seine Nachfolger Liszt und Wagner auf dem Weg größerer Eindeutigkeit zur *Sinfonischen Dichtung* bzw. zum *Musika-*

lischen Drama fanden. Vor der Quadratur des Kreises stehen in fast noch höherem Maße die Hörer: Sie sollen Ideen mitbekommen, ohne das Sujet zu kennen, aus denen diese abstrahiert sind; sie sollen den Geist der Epoche ohne intellektuelle Zwischenstation gleichsam atmosphärisch aufsaugen. Das Unmögliche soll möglich werden durch die suggestive Gestaltungskraft des epochalen Künstlers, der seinerseits durch die Lösung dieser Aufgabe eine Identität zu finden hofft, zu der er auf dem Feld direkter menschlicher Kommunikation augenscheinlich nicht in befriedigender Weise gefunden hat.

Letztendlich feiert Beethoven in Prometheus auch sich selbst: *Er* ist der charismatische Künstler, der geniale Tondichter, der Prometheus der Musik. Die darin liegende Tendenz zum Hybriden mag ihm wohl bewußt gewesen sein. Wie der junge Goethe seine *Prometheus*-Ode – in *Dichtung und Wahrheit* rückblickend das »Zündkraut einer Explosion« genannt[23] – zunächst nicht zu veröffentlichen wagte, hat Beethoven seinen Anspruch in ›absoluter‹ Musik eher verschlüsselt als offenbart.

Er ist das umrissene Problem – wie mir scheint – nicht noch einmal auf so hohem Niveau angegangen wie zu Anfang des »neuen Weges« in der *Eroica.* Um seinen freiheitlichen Ideen Ausdruck zu geben, hat er .als nächstes auf die Gattung der Oper zurückgegriffen und den *Fidelio* komponiert. Auch wenn die eindeutige Semantik des Wortes vielleicht manches einfacher machte, so sah Beethoven damit seine ›Lebensaufgabe‹ nicht gelöst: Die Folge weiterer Sinfonien zeigt es.

Die zweite Spur: Der ursprünglich vorgesehene Titel. Am 22. Oktober 1803 schreibt Beethovens Schüler Ferdinand Ries an den Verleger Simrock über die *Eroica*:

> »Er hat viel Lust, selber Bonaparte zu dedizieren, wenn nicht, weil Lobkowitz sie auf ein halb Jahr [in zeitüblicher Manier für Aufführungen mit seiner Privatkapelle] haben und 400 Gulden geben will, so wird sie Bonaparte genannt.«

Dem entsprechen ausgekratzte bzw. heute kaum noch lesbare Eintragungen auf der Titelseite der handschriftlichen Original-Partitur: »intitulata Bonaparte« bzw. »Geschrieben auf Bonaparte«. Auf der Titelseite einer für Paris bestimmten Partitur-Abschrift sollen nach Ries nur die Namen »Bonaparte« und »Luigi van Beethoven« gestanden haben.

Zwischen einer Widmung der Sinfonie an Bonaparte und ihrer Titulierung »Bonaparte« gibt es erhebliche Unterschiede: Ersteres kann man als einen bloß äußerlichen Vorgang verstehen; letzteres läßt Rückschlüsse auf den Inhalt des Werkes zu. Und in der Tat ist die *Dritte* augenscheinlich nicht allein eine Prometheus-, sondern auch eine Napoleon-Sinfonie. Diese zweifache Zuordnung bedeutet für Beethoven keinerlei Zielkonflikt: Bonaparte gilt als Prometheus der Epoche; in Dichtungen und anderen Kunstwerken aller Art wird er als solcher gefeiert, und vermutlich muß man schon die Wiener Aufführung des Prometheus-Balletts als versteckte Huldigung an Napoleon verstehen.

Die Idee ›Napoleon‹ ist ein Schlüssel zu weiterem Verständnis des Werks. Sie ermöglicht eine präzisere Deutung des an zweiter Stelle der Sinfonie stehenden Trauermarsches. Dessen zahllose Anklänge an Motive aus offiziellen Festhymnen und Trauermärschen der ersten Französischen Republik, von Claude V. Palisca in Einzelheiten nachgewiesen,[24] sind augenscheinlich als eine direkte Huldigung an Napoleon als den wahren Repräsentanten der revolutionären Epoche zu verstehen.

Im gleichen Sinne ließe sich auch das Trio des 3. Satzes deuten: Es ist – für eine Sinfonic der Beethoven-Zeit ungewöhnlich – mit drei Hörnern besetzt, die über weite Strecken unbegleitet blasen und mit ihrem munter schmetternden Ton den Eindruck vermitteln, es müsse sich um das musikalische Genre »Jagd« handeln. Alexander Ringer hat darauf hingewiesen, daß dieses Genre im Zuge der französischen Revolution einen Wertewandel durchgemacht und von einer feudalen Angelegenheit zu einer Sache des Citoyen geworden ist.[25] Dazu paßt, daß an dem im Zuge der französischen Revolution gegründeten Pariser Konservatorium die Ausbildung von Hornisten eine ungewöhnlich große Rolle spielte.

Eine *Jagd*-Sinfonie von Etienne-Nicolas Méhul, einem der »offiziellen« Komponisten der französischen Revolution, konnte Beethoven in einem Konzert hören, das der gleichfalls als Revolutions-Anhänger bekannte Hornist Wenzel Stich, genannt Punto, am 18. April 1800 in Wien gab; er selbst schrieb nämlich für dieses Konzert die Punto gewidmete Hornsonate op. 17. Einzelheiten wie diese weisen darauf hin, wie verschwommen unser Wissen von der möglicherweise auch im Detail für »große« Kompositionen relevanten Zeitgeschichte ist.

Schließlich könnte auch auf das formal zerstückelte, durch zwei ausgedehnte Fugen rätselhaft verkünstelte, semantisch keineswegs entschlüsselte Finale der *Eroica*, das schon den Zeitgenossen die größten Schwierigkeiten machte, ein neues Licht fallen: Es ließe sich – zumindest auf einer der denkbaren semantischen Ebenen – als Vision eines europäischen Vielvölkerstaats unter Napoleonischer Führung deuten: Beethoven exponiert das Prometheus-Thema zunächst im Genre des damals volkstümlichen Kontretanzes, wobei Anklänge an den Melodietypus der französischen Revolutionshymne *Veillons au salut de l'empire* das französisch-demokratische Moment deutlich machen; er kontrastiert es sodann mit einem ungarischen Csardas; und gegen Ende läßt er es im Sinne einer deutsch-österreichischen Nationalmusik erst seelenvoll choralmäßig und dann in wuchtiger Feierlichkeit mit dem vergrößerten Thema im Baß erscheinen.

Die dritte Spur: Die Huldigung für einen ›grand Uomo‹. Der Überlieferung von Ferdinand Ries zufolge hat Beethoven das Titelblatt der *Eroica* mit der Widmung an Napoleon zerrissen, als er die Nachricht empfing, dieser habe sich am 2. Dezember 1804 in Paris in Gegenwart des Papstes selbst zum Kaiser gekrönt:

»Ist er auch nichts anderes, wie ein gewöhnlicher Mensch! Nun wird er auch alle Menschenrechte mit Füßen treten, nur seinem Ehrgeize frönen«[26].

Peter Schleuning hat dazu eine »blasphemisch klingende« Interpretation: Möglicherweise war die Kunde von der Kaiserkrönung, so sehr sie ihn aktuell empört haben mag, für Beethoven auch ein willkommener Anlaß, um die Sinfonie von dem Odium eines engen Zusammenhangs mit seiner Napoleon-Verehrung zu befreien. Dafür könnte es einen speziellen und allgemeinen Grund gegeben haben. Beethoven befindet sich damals in großer Abhängigkeit vom Fürsten Lobkowitz, der nicht nur Mäzen, sondern auf Beethoven als Künstler in gewissem Sinne geradezu fixiert ist. Ohne das ›Instrument‹ der Lobkowitzschen Privatkapelle hätte Beethoven das schwierige Werk, das in einer unvorbereiteten öffentlichen Aufführung vermutlich durchgefallen wäre, in angemessener Weise gar nicht herausbringen können. Lobkowitz aber ist österreichischer Patriot und sieht Beethovens Enagagement für den Kriegsgegner Napoleon gewiß ebenso kritisch wie andere einflußreiche Wiener, deren diesbezügliche Äußerungen konkret überliefert sind.

Ganz abgesehen von dieser speziellen Situation kann es kurz vor Ausbruch des 3. Koalitionskrieges Beethovens Ruf in der nicht-französischen Kunstszene Europas nicht dienlich sein, sich als Napoleon-Verehrer auszuweisen. Und so wenig Beethoven damals mit Napoleon brechen will – immerhin hat er ja noch 1810 daran gedacht, ihm die C-Dur-Messe op. 86 zu widmen –, so wenig scheint er sich weiterhin auf eine vordergründig politische Napoleon-Gefolgschaft haben festlegen lassen wollen. Das hat wiederum eine ästhetische Dimension: Ein »Bonaparte« genanntes Stück würde in der Öffentlichkeit zweifellos jene platte Suche nach programmatischen Inhalten auslösen, die Beethoven ja gerade vermeiden will.

So wird denn der im Herbst 1806 erscheinende Stimmendruck – die Partitur erscheint erst später – dem Fürsten Lobkowitz gewidmet. Und mögliche ›programmatische‹ Hinweise schmelzen auf der Titelseite zu der Gattungs-Bezeichnung *Sinfonia Eroica* zusammen. Besagt diese für die Zeitgenossen vermutlich nicht viel mehr als die Bezeichnung des Prometheus-Balletts als *ballo serio* oder *ballo eroico*, so trägt sie doch dazu bei, die weitere Rezeption der *Dritten* in unheilvolle Bahnen zu lenken: Spätere Generationen haben immer wieder ›heroisch‹ umstandslos mit ›kriegerisch‹ gleichgesetzt und sich damit die Möglichkeit geschaffen, das Werk als Ausdruck germanisch-deutschen Kampfesmutes zu feiern.

Was mag der verschlüsselte Hinweis »composta per festeggiare il sovvenire di un grand Uomo« besagen? Wer mag der große Mann gewesen sein, dessen Andenken durch dieses große Werk wachgehalten werden sollte? Es ist merkwürdig, wie wenig sich die Beethovenhörer und -forscher mit dieser Frage beschäftigt haben; denn Napoleon Bonaparte konnte ja keinesfalls gemeint sein: Allzu deutlich weist die Formulierung auf einen Verstorbenen hin.

Es gibt gute Gründe dafür, daß der kurz vor der Partitur-Veröffentlichung im Befreiungskampf gegen Frankreich gefallene, später bald zu einer ›Kultfigur‹ gewordene preußische Prinz Louis Ferdinand gemeint ist: Mit einer spontanen Geste drückt Beethoven aus, daß sein lebenslanger Wahlspruch »Freiheit über alles lieben« bei dem derzeitigen Napoleon (den er dann später in die insgesamt positive Idee

›Napoleon‹ eingehen läßt) in schlechten Händen sei und besser durch den Volkshelden Louis Ferdinand und seinen Kampf gegen Napoleons Willkürherrschaft vertreten werde. Dazu muß man wissen, daß Louis Ferdinand von Beethovens Musik so fasziniert war, daß er sich die *Eroica* in einer Privataufführung von der Lobkowitzschen Kapelle dreimal hintereinander hatte vorführen lassen, und daß Beethoven ihn seinerseits als einen genialischen Komponisten schätzte.

Die bisher verfolgten Spuren führen zu keinem geschlossenen, widerspruchsfreien Bild der *Eroica*; sie können nur Annäherungen an ein Werk bieten, dessen ästhetischer Konzeption Vieldeutigkeit von vornherein eingeschrieben ist. Die Zeitgenossen haben dieses im Bereich der Musik grundstürzend neue Moment eines Problem-Kunstwerks durchaus erkannt, jedoch unterschiedlich bewertet. Friedrich Rochlitz, Musiktheoretiker und Goethe-Freund, versucht am 18. Februar 1807 in dem von ihm redigierten Fachorgan, der Leipziger *Allgemeinen Musikalischen Zeitung*, durch eine formale »Zergliederung« der Komposition – die bis dahin längste in der erst kurzen Geschichte der Werkanalyse – darzutun, daß Beethoven ungeachtet aller Kühnheiten und Künstlichkeiten die Grenzen einer klassizistischen Ästhetik zwar bedenklich streife, letztendlich jedoch nicht überschreite und deshalb als Genie im positiven, Goetheschen Sinne gefeiert werden könne.

Anders sehen dies die Berichterstatter des *Freimüthigen*, der *Zeitung für die elegante Welt*, des *Morgenblatts für gebildete Stände* und des *Badischen Magazins*, der in dieser Zeit tonangebenden Kultur-Tageszeitungen. Sie schreiben für ein Publikum, welches, um mitreden zu können, tendenziell über alles Bescheid wissen will, was sich in den kulturellen Zentren Europas tut; und es ist bemerkenswert genug, daß sie – wie auf Verabredung – mit der *Eroica* erstmals ein Stück wortloser Musik für würdig erachten, in ihren Feuilletonspalten ausführlich besprochen zu werden. Das ist gleichsam die Premiere der Sinfonik im Salon der Bildungsbürger: Ein Instrumentalkomponist wird mit seinen Ideen Gesprächs- und Diskussionsgegenstand wie sonst nur Philosophen, Dichter oder bildende Künstler, während aus dem Bereich der Musik bis dahin vor allem Virtuosen und Opernkomponisten Erwähnung gefunden hatten.

Die Rezensenten dieser Publikumszeitungen unterscheiden sich in ihrer Sichtweise grundlegend vom Musikexperten Rochlitz. Sie sind nicht an einer Analyse der musikalischen Form und dem Nachweis von Klassizität interessiert, betonen vielmehr gerade umgekehrt das Neue und Ungewöhnliche vor dem Hintergrund der allgemeinen kunst- und speziellen literaturtheoretischen Diskussion. »Durch seltsame Modulationen und gewaltsame Übergänge, durch das Zusammenstellen der heterogensten Dinge«, so heißt es am 7. April 1805 im *Freimüthigen*, hinterlasse »diese längste, vielleicht auch schwierigste aller Symphonien« bei den Hörern ein »unangenehmes Gefühl der Ermattung«.

In der Ausgabe des *Morgenblatts* vom 9. Juli 1807 wird derselbe Sachverhalt von dem ehemals recht bekannten, inzwischen fast in Vergessenheit geratenen Dichter

Ernst Wagner nicht nur freundlicher beurteilt, sondern auch konkret mit Jean Pauls genuin romantischer Kategorie des »Humors« verknüpft. Der Rezensent, welcher ganz offensichtlich ein Gegenstück zu Rochlitz' vor allem formal argumentierender *Eroica*-Würdigung in der *AMZ* bieten will, hält die Sprache der Musik generell noch nicht für differenziert genug, um Humor im Sinne des Dichters zu zeigen; immerhin stellt er in Beethovens Werk, speziell in der *Eroica*, »ein unverkennbares Annähern zum Humoristischen« im Sinne »seltsamer und romantischer« Wendungen fest. Neue Forschungen Ulrich Taddays haben ergeben, daß Ernst Wagner ein Musik- und speziell Beethoven-Enthusiast war, der die *Eroica* nach eigenem Zeugnis nach dreimaligem Hören auswendig kannte.[27]

Seinem Freund und Gönner Jean Paul trug er die Idee vor, einen »Dietrich zu Jean Paul Richters humoristischen Himmeln« zu verfassen. Nachdem er dem Dichter berichtet hatte, erste Versionen seines Werks wieder vernichtet zu haben, mahnte ihn dieser in einem Brief vom 4. August 1804, mit seinem Vorhaben nicht zu lange zu warten: Die »Mißtöne« seines Humors bedürften dringend der Entschlüsselung.[28] Wenn Jean Paul seine Romane in diesem Zusammenhang mit den Stükken eines Tonsetzers vergleicht und für den ästhetischen Zugang zu ihnen einen »Musikschlüssel« empfiehlt, so darf man in dieser Formulierung ein auf die Musikbegeisterung Wagners zielendes und eher scherzhaft gemeintes Bild sehen; zugleich macht dieses Bild jedoch indirekt deutlich, daß Jean Paul die Musik bei der Entwicklung seiner ästhetischen Kategorien durchaus ernstnimmt.

Gottfried Weber, ein sowohl komponierender als auch über Musik schreibender Zeitgenosse, gibt dem Vergleich Beethoven - Jean Paul einen kritischen Akzent, wenn er in einer zunächst im *Badischen Magazin* vom 22. November und 31. Dezember 1811 erschienenen Besprechung *Eroica* und *Pastorale* – letztere vermutlich vor allem im Blick auf das *Scherzo* – mit Kategorien wie »Haydenschem Humor, Beethovenscher Bizarrerie oder Jean Paulschem »Bocksfuß« in Zusammenhang bringt.[29]

Insgesamt sehen Beethovens Zeitgenossen seine Gemeinsamkeiten mit Jean Paul vor dem Hintergrund einer Schaffensweise, die dem Phantastischen und damit Regelwidrigen Raum gibt, hohen mit niederem Stil mischt und den überraschenden Wechsel extremer Gefühlslagen liebt. Sie verstehen dies als Ausdruck romantischen Humors, der mit einer Welt fertigzuwerden versucht, die rätselhaft, verworren, erhaben und lächerlich zugleich, insgesamt voller Gegensätze, vom Verstand nicht zu bändigen, unregierbar ist. Das steht im Gegensatz zur klassizistischen Auffassung, nach der Kunst dem Leben vorgibt, wie es sein sollte: geordnet, sinnerfüllt, dem Höheren zugewandt.

Beethoven, eifriger Zeitungsleser, mag von seiner Apostrophierung als ›Jean Paul der Musik‹ gewußt haben. Daß sie ihm gefallen hat, ist gewiß mehr als fraglich; denn er versteht sich als Idealist, will Botschaften absetzen, die zwar – wie besonders im Fall der *Eroica* – differenziert und schwierig zu vermitteln sein mögen, aber keinen Anlaß geben, ihren Urheber als »bocksfüßig«, d.h. als einen Satyr oder Pan darzustellen, also als Gegenbild des von Kultur und Sitte geprägten Menschen. Anzunehmen ist freilich, daß er die Parallelsetzung von Musik und Literatur generell akzeptiert hätte. »Lesen Sie nur Shakespeare's *Sturm*« – diese Einladung an Anton Schindler, der ihn nach dem »Schlüssel« zu den Klaviersonaten op. 31,2 und op. 57 fragt,[30] ist ja wertvoll vor allem als allgemeiner Hinweis darauf, daß seine Musik in Analogie zur Literatur zu verstehen sei – ein heute zwar nicht unumstrittener, aber doch geläufiger, damals aber durchaus neuartiger Gedanke: Nachdem Musik von einer Repräsentations- und Gebrauchskunst zu einer autonomen geworden ist, bedarf sie in erhöhtem Maße der Deutung; und ersichtlich hält gerade die Literatur ein Kategoriensystem bereit, das die neuen Erfahrungen mit Musik als autonomem System zwar nicht auszudrücken, aber doch zu veranschaulichen vermag.

Rochlitz hat das noch nicht erkannt, wenn er der Erklärungsbedürftigkeit Beethovenscher Musik durch detaillierte Betrachtungen ihres »technischen Teils« und ihrer »mechanischen Seite« genügen zu können glaubt. Die »Literaten« unter den Kritikern sind eher auf der Höhe der Zeit, enthüllen freilich auch ihrerseits den dieser Musik innewohnenden Widerspruch: Sie versteht sich als autonom, bedarf der Deutung und sperrt doch die Zugänge zu einer solchen. Beethoven selbst mag sich dieses Problems bewußt gewesen sein: Jedenfalls geht er mit der *Vierten, Fünften* und *Sechsten* einen Weg, der teils mehr Klassizität, teils mehr semantische Eindeutigkeit verheißt.

Essay

Beethoven, op. 28, Scherzo

Ein in Sekundenschnelle vorübereilendes *Allegro vivace* scheucht das in die Jahre gekommene Menuett von seinem angestammten Platz im Sonatenzyklus, ohne ihn selbst einzunehmen. Es ist keines jener zwar kapriziösen, formal jedoch eher unauffälligen *Scherzo*-Sätze, die damals das Menuett abzulösen beginnen: Es ist vielmehr ein Scherz über das Scherzo, das von Beethoven als Neuheit hier nicht auftrumpfend präsentiert, sondern in der Laune des selbstbewußten Schöpfers gleich wieder zur Disposition gestellt wird.

Eine Oktave und ein Dreiklang – aus diesem gewöhnlichen Material baut Beethoven eine faßliche, geradezu peinlich regelmäßige Form, wie sie einem Tanzsatz wohl anstehen könnte: Bis zum Doppelstrich summieren sich 4 Takte Oktavfall, 4 Takte Dreiklang, 4 Takte Oktavfall, 4 Takte Dreiklang usw. zur vollkommenen Periode von 32 Takten. Es folgen – als eine Art B-Teil mit durchführungsartigen Zügen – 4 mal 4 Takte, in denen die beiden Motive gleichsam aufeinander losgelassen werden. Danach kehrt, mit schärferen Pointen, der Anfangsteil zurück, zunächst auf 16 Takte verkürzt, dann aber noch einmal um 6 »irreguläre« Takte verlängert, die zum guten Schluß die schöne Anordnung über den Haufen werfen: Der Künstler, der die symmetrische Form herbeizitiert hat, kann sie auch urplötzlich wieder entlassen.

Wer Herr im Haus ist, wird von Anfang an offenkundig: Da zieht kein traditioneller Tanzsatz wie von selbst seine choreographischen Kreise; vielmehr zwingt ein souverän disponierender Künstler zwei ganz unterschiedliche motivische Charaktere unter das Dach ein- und desselben viertaktigen »Themas« zusammen; den bedeutungsschwangeren, aber vagen Oktavfall und den stabilen, jedoch nichtssagenden »Walzer«-Schritt, der wegen seines abrupten Innehaltens auf der dritten Zählzeit gehemmt, infolge seiner quintigen Dreiklangsfolge klapprig wirkt. Den stärkeren Charakter läßt er gewinnen: Anfänglich weder tonal noch rhythmisch zu fassen, entwickelt der Oktavfall ungeahnte Dynamik, übernimmt auf dem Quintsextakkord in Takt 47 ersichtlich die Führung und räumt danach in zweifachem Forte und verdreifachter Tondichte die »Walzer«-Reste regelrecht aus dem Wege.

Hier spricht kein humorvoller Haydn, der – nicht zuletzt in seinen *Scherzi* – mit Formkonventionen spielt, sie aber nicht generell in Frage stellt, sondern sein kompromißloser Schüler Beethoven, der dreinhaut, bis die Formteile auseinanderstieben und sich auf Kommando neu aufstellen. Das Ganze ist ein Diskurs mit den Hörern über Bindung und Freiheit, Machtwillen und Demut, Spaß und Ernstfall, Natur und Kunst – ein Stück Musik über Musik. Es bedarf keines »großen« oder »reifen« Werks, um zu demonstrieren, wie dieser Revolutionär der neueren Musik komponiert: Schon zu Anfang seiner Laufbahn und selbst in Bagatellsachen ist er vollkommen präsent.

... Übrigens nicht nur als Baumeister, sondern auch als Redner: Daß sich das *Scherzo* mit einem rhetorischen Gestus, ja geradezu als Dialog mit streng stilisierter Rede und Gegenrede präsentiert, läßt sich kaum überhören: Wo traditionelle, auf Lied und Tanz beruhende Formen an Autorität einbüßen, profitieren neue rhetorische Formen, welche regelhaft, jedoch flexibel genug sind, um den Ansprüchen musikalischer Prosa zu genügen.

Hierzu der Kommentar des Zeitgenossen Heinrich von Kleist, welcher die Regelhaftigkeit der eigenen Prosa in einem Brief an Heinrich Joseph von Collin mit den Worten hervorhebt: »In der Kunst kommt es überall auf die Form an, und alles was eine Gestalt hat, ist meine Sache.« An der kleinsten Anekdote arbeitet er mit Leidenschaft, um die Totalität des Geschehens womöglich in einem einzigen atemlosen Satz zusammenzudrängen, der einen Vorfall oder Dialog mit der Verläßlichkeit und Detailtreue eines Chronisten nachzuerzählen scheint, indessen von einer Formkraft lebt, die das Bedeutsame im Beiläufigen Gestalt werden läßt.

Die Dimension, in welcher der Künstler triumphiert, heißt Form. Je alltäglicher die Objekte der Wahrnehmung, desto größer die Herausforderung für den Geist, der sich an ihnen bewährt. Je absurder die Wirklichkeit, desto zwingender der Blick, der Sinn stiftet, indem er dieser Wirklichkeit Struktur gibt. Je heftiger die Skepsis des Subjekts, sich in Sprache identisch ausdrücken und vermitteln zu können, desto trotziger sein Anspruch, aus Widersprüchen Sprachkraft zu gewinnen.

In diesem Sinne ist die Sprache des *Scherzo* aus op. 28 die der Kleistschen Anekdote. Kleists Anekdote aber birgt Musik aus dem Geist des Beethovenschen *Scherzo*. Beider Gestalt erscheint als dialektische Konstruktion, nicht als organische Formung. Das muß und soll querstehen zu allzu gängigen Vorstellungen sowohl »klassischer« als auch »romantischer« Ästhetik.

Scherzo
Allegro vivace
p
f
pp
cresc.
decresc.
ff
sf
Fine

Erhabenheit des Schicksals, Schönheit der Natur: die *Fünfte* und *Sechste*

Bereits im Jahre 1804, noch vor Vollendung der *Eroica,* beginnt Beethoven mit Arbeiten an einer neuen Sinfonie, die einmal die *Fünfte* werden wird. Erste Skizzen – etwa die zum nachmals berühmt gewordenenen Klopfmotiv – zeigen, wie unspezifisch seine ersten Einfälle sind, und in welchem Maße er um die endgültige Gestalt namentlich dieser Sinfonie im Sinne lapidarer Größe ringt. Gerade Motive, die nicht Schönheit und Ausgewogenheit an sich ausdrücken, sondern als Material für weitreichende Formungen dienen sollen, lassen sich offenbar nur in langen Prozessen der Läuterung bündig formulieren. Und bündig ist die neue Sinfonie in der Tat geworden: Schon der erste Satz verzichtet auf Gedankenfülle und komplizierte Formung zugunsten einer gedrungenen, fast monothematischen Struktur, die erstaunlich weitgehend am traditionellen Sonatensatz orientiert ist; und im weiteren Verlauf der Sinfonie wird den Hörern vollends klar, daß sie das musikalische Geschehen nicht im einzelnen zu deuten brauchen, da es sich – zumindest vordergründig – aus Form und Typus der einzelnen Sätze wie von selbst zu verstehen scheint.

Ludwig van Beethoven: Skizze zum Anfang der 5. Sinfonie

Ludwig van Beethoven: Sinfonie Nr. 5, 1. Satz, Anfang, Klavierauszug

Doch ehe Beethoven die *Fünfte* im Frühjahr 1808 vollendet, zieht er neben weiteren wichtigen Werken auch eine andere Sinfonie vor: die konzeptionell offenbar weniger problematische *Vierte* von 1806. Daß diese – um mit einem Bild Robert Schumanns zu sprechen – als »griechisch schlanke Maid zwischen zwei Nordlandriesen« konzipiert worden ist, mag zu einem guten Teil äußere Gründe haben. Beethoven entwickelt gerade im ersten Jahrzehnt des Jahrhunderts eine rege »musikalische Politik« und sieht sich dabei als »halber Handelsmann«, wie er in Briefen an die Verleger Breitkopf & Härtel und Hofmeister vom 22. April 1801 bzw. vom Januar 1801 schreibt; und demgemäß versucht er, seine Werke in der Öffentlichkeit möglichst erfolgreich und gewinnbringend zu plazieren. Das bedeutet nicht nur ein trickreiches Taktieren mit Verlagen; es schließt auch die intensive Ausnutzung des zeitüblichen Brauchs ein, ein bestimmtes Werk vor der Veröffentlichung einem großzügig honorierenden adeligen Mäzen für einige Monate zum exklusiven Gebrauch zu überlassen. Im konkreten Fall mag es sich als notwendig erwiesen haben, den Grafen Franz von Oppersdorff, der auf Grund einer Vorschußzahlung mit einer Sinfonie bedient werden mußte, nicht länger auf die ihm zugedachte, jedoch in Kürze nicht fertigzustellende *Fünfte* warten zu lassen und ihn mit einem anderen Werk zu befriedigen; außerdem konnte es sinnvoll sein, der Öffentlichkeit nach einer so »schweren« Sinfonie wie der *Eroica* zunächst eine »leichtere« zu bieten.

Die in dieser Sache erhaltenen Briefe und Quittungen sind im Detail erklärungsbedürftig, insofern aber eindeutig, als sie belegen, wie wichtig Beethoven solche Überlegungen waren. Dabei könnte er uns als das in ökonomischer und emotionaler Hinsicht bedauernswerte Genie erscheinen, welches sich mit den Banalitäten des Lebensunterhaltes herumschlagen muß; er mag dies auch selbst so gesehen haben. Deshalb arbeitet er auf einen im Frühjahr 1809 tatsächlich unterzeichneten, freilich nur über einige Jahre hinweg realisierten Kontrakt mit seinen Gönnern – dem Erzherzog Rudolph sowie den Fürsten Lobkowitz und Kinsky – hin, der ihm im Falle fehlender Anstellung lebenslang eine jährliche Rente von 4.000 Gulden garantiert, damit keine finanziellen Mängel »sein kraftvolles Genie hemmen sollen«.[31] Bedenkt man freilich, daß Beethoven von seiner Wiener Zeit an weitreichende Sorgen um ein gutes Auskommen objektiv nicht hätte haben müssen, so scheint auch eine andere Sicht der Dinge möglich: Beethoven erschiene dann als derjenige, der den bürgerlichen Existenzkampf – das ist etwas anderes als der Kampf der Armen ums Überleben – als zweite Natur des Menschen verinnerlicht hätte.

In diesem Licht erschienen Beethovens mehr oder weniger erfolgreiche Versuche, in- und ausländische Verleger gegeneinander auszuspielen oder Adelsvertreter wie den ihm ergebenen Fürsten Lobkowitz um den Finger zu wickeln, als Bemühen, im Reich der Musik ein durchaus irdisches Imperium aufzurichten, wobei das Erringen geistiger Macht nur Mittel zum Zweck, nämlich Herstellung begehrter oder doch wertvoller Ware, wäre. Beethoven – der verschämte, aber doch zu allem entschlossene Bourgeois mit den Höhen und Tiefen seines Geschäftslebens? Ein blasphemischer Gedanke, den freilich die Rezeption seiner Musik nicht ganz abwegig erscheinen läßt! Peter Schleuning schreibt in einem Aufsatz unter dem ernst und provozierend zugleich gemeinten Titel *Warum wir von Beethoven erschüttert werden*:

»Die frühen Unternehmer fühlten sich tatsächlich als Pioniere, deren Leistungen oft des Tragischen, Entsagungsvollen und Märtyrerhaften nicht entbehrten. So sah sich auch Beethoven, und so sahen ihn seine Hörer. Er war ihnen gleich, wenn auch in einer anderen Branche. Er war der Prototyp des selbständigen Unternehmers, der mit seinem Pfunde wucherte, in Krisen geriet, unbeirrt weiterfocht, ein Pionier und Einzelkämpfer, der allen Gefahren und Widersprüchen zum Trotz seinen Weg ging, selbstbewußt und unabhängig ... Wenn seine Sinfonien nach allen Wechselfällen, Gefühlsbrüchen und Gefahren immer wieder in siegreichen Reprisen und Dur-Schlüssen endeten, so war das im Verständnis der bürgerlichen Hörer ein Hinweis auf die Fruchtbarkeit und den letztendlichen Erfolg ihres harten, schweren Unternehmerdaseins, so reich an Kämpfen und Enttäuschungen.«[32]

Doch das sind nur äußere Gründe, und auch als solche zum Teil nur insofern stichhaltig, als man die *Vierte* tatsächlich als »leicht« einschätzt. Dagegen erheben sich jedoch angesichts des Kopfsatzes einige Bedenken. Dieser ist trotz der in der Tat sehr einfach strukturierten Durchführung von beträchtlichem Gewicht. Das liegt vor allem an der ausgedehnten langsamen Einleitung, die auf ein eher stürmisch als beschaulich anhebendes *Allegro vivace* zusteuert und den Satzbeginn mit besonderer Bedeutsamkeit ausstattet. Im Nachdenken über die Möglichkeiten, Introduktion und Hauptsatz zu verknüpfen, ist Beethoven über die *Zweite* weit hinausgekommen. Ist die Introduktion dort gewichtiger und weithin eigenständiger Vorspann zum Hauptsatz, so sind nunmehr Introduktion und Hauptsatz so eng miteinander verzahnt, daß man sie kaum gegeneinander abgrenzen kann. Darin zeigt sich besonders deutlich die ›neue‹ Funktion der Introduktion: bei aller nicht zu leugnenden Selbständigkeit soll sie doch vor allem auf den Hauptsatz hinführen und zusammen mit seinem Beginn einen großen Spannungsbogen bilden.

Merklicher als in der *Zweiten* ist das in jedem Ton spürbare Moment des Suchens und Tastens. Kompositorisches Korrelat dazu sind Diskontinuität der melodischen und Instabilität der tonalen und harmonischen Prozesse. Carl Maria von Weber, kein sonderlicher Freund Beethovens, hat diese Züge im Jahrgang 1808 des *Morgenblatts für die gebildeten Stände* in novellistischer Brechung und ironischer Übertreibung herausgearbeitet. In seiner Beschreibung einer Beethoven-Sinfonie – es kann sich trotz widersprüchlicher Einzelheiten nur um die *Vierte* handeln – heißt es:

»Erstens, ein langsames Tempo, voll kurzer abgerissener Ideen, wo ja keine mit der andern Zusammenhang haben darf; alle Viertelstunden drei oder vier Noten! – das spannt! dann ein dumpfer Paukenwirbel und mysteriöse Bratschensätze, alles mit der gehörigen Portion General=Pausen und Halte geschmückt; endlich, nachdem der Zuhörer vor lauter Spannung schon auf das Allegro Verzicht gethan, ein wüthendes Tempo ...«[33]

Der Erlebnishorizont des Suchens und Tappens im Finstern vor einem – wie immer zu verstehenden – »Ausbruch« erinnert an *Fidelio* und Florestans Kerker-Szene »Gott, welch Dunkel hier«; und damit ist ein indirekter Hinweis auf den kompositorischen und semantischen Hintergrund des Kopfsatzes der *Vierten* gegeben: Beethoven reflektiert im Rahmen eines Sinfoniesatzes Möglichkeiten, die er zur gleichen Zeit an seinen Ouverturen ausprobiert. Drei Elemente gilt es zu verbinden: Aufbau von Spannung, wie er zur traditionellen Funktion der Ouverture gehört; Einstimmung in eine Handlung, wie dies mehr oder minder abbildhaft in Programm-Ouverturen geschieht; Berücksichtigung der Sonatenform, auf deren maßstabsetzendes und regulierendes Moment Beethoven augenscheinlich nicht grundsätzlich verzichten will. Ob man im Kopfsatz der *Vierten* mit Harry Goldschmidt »alle Züge einer vierten *Leonoren*-Ouverture«[34] aufzufinden vermag, sei dahingestellt; jedenfalls aber zeigt sich eine Vermischung der Gattungen, die mir für den Beethoven des »neuen Weges« charakteristisch erscheint, für einen Komponisten also, der – wie in der *Eroica* – darum ringt, inhaltliche Botschaften abzusetzen, ohne den Idealen formaler Stimmigkeit Gewalt anzutun und umgekehrt.

Experimentiert Beethoven in den *Leonoren*-Ouverturen mit der Möglichkeit, eine Opern-Ouverture trotz programmatischer Tendenz formal im Sinne des Sonatensatzes zu gestalten, so könnte die vermutlich kurz darauf entstandene *Vierte* umgekehrt den Versuch spiegeln, in einem Sinfonie-Hauptsatz programmatische Elemente im Sinne der Opern-Ouverture zu berücksichtigen. Wieder einige Monate später, Anfang 1807, schreibt Beethoven dann seine erste Konzert-Ouverture, nämlich die zu Heinrich Joseph v. Collins Trauerspiel *Coriolan* op. 62. Daß zugleich auch die Hauptarbeit an der *Fünften* beginnt, könnte darauf hindeuten, daß Beethoven »gefunden« hat, wonach er suchte: die Differenzierung des sinfonischen Stils in Konzert-Ouverture und Sinfonie. Beide Gattungen geben spezifische Antworten auf die Frage, wie sich »dichterische« Vorstellungen in wortlose, »autonome« Instrumentalmusik fassen lassen. Freilich kann es sich, wenn überhaupt, nur um eine Augenblickslösung handeln; abgeschlossen ist das Problem noch lange nicht: In den Folgejahren komponiert Beethoven, gattungsüberschreitend, Werke von so unterschiedlicher programmatischer Ausrichtung wie die *Sechste* von 1807/08, die *Egmont*-Ouverture op. 84 von 1809/10 und die *Schlachten-Sinfonie* ›Wellingtons Sieg‹ von 1813.

Bietet der Kopfsatz der *Vierten* reichlich Gelegenheit, über Beethovens formale und dichterische Absichten nachzudenken, so ist im Blick auf die Sinfonie als ganze Schumanns Bild von der »griechisch schlanken Maid zwischen zwei Nordlandriesen« nicht abwegig. Matthias Walz hat die Meinung vertreten, in der *Vierten* zeige sich ein »Restaurationsprozeß der traditionellen Formen und Inhalte der Gattung«, Beethoven habe in ihr das Neue der *Eroica* geradezu widerrufen und sie »von der Problematik des Überbaus« freigehalten.[35] Anstatt von »Restauration« spräche man allerdings besser von einer Auseinandersetzung Beethovens mit der Frage, wie er innerhalb der Gattung der Sinfonie bei seinem Anspruchsniveau zu bleiben und mit traditionellen Mitteln zu disponieren vermag. So gesehen, harren sicherlich viele kompositorische Entscheidungen Beethovens noch der Entschlüsselung. Allein die Tatsache, daß die *Vierte* mit einer Flöte anstelle des üblichen Flötenpaares besetzt ist, läßt neugierig fragen, was Beethoven in puncto ›Musikgeschichte‹ in der *Vierten* wohl alles durch den Kopf gegangen ist.

In diesem Sinne könnte man *Eroica* und *Vierte* als ein in ihrer Ungleichheit zusammengehöriges Paar verstehen. Beethoven läßt sich nicht festlegen: Auf den Ausdruck von Phantastischem und Bizarrem folgt der beruhigende Gestus des Klassizistischen. Und wenn nicht bereits die *Dritte* und *Vierte,* so versteht Beethoven jedenfalls die *Fünfte* und *Sechste* als Werkpaar. Doch diesmal ist es kein ungleiches, sondern ein charakteristisches Paar. An die *Eroica* anknüpfend, jedoch ein Moment von Radikalität zurücknehmend, beschäftigt sich Beethoven in zwei Richtungen mit der Frage, wie die dichterische Absicht einer Sinfonie herausgearbeitet werden kann, ohne daß sie ihr klassisches Maß verliere.

Das programmatische Moment ist in der *Fünften* eindeutiger zu benennen als in der *Vierten.* Auffällig sind zunächst Idiome, die an die Musik der französischen Revolution erinnern. Beethoven selbst erwähnt in einem Brief an den Grafen von Oppersdorf vom März 1808 Besonderheiten in der Instrumentation des hymnischen Schlußsatzes:

»Das letzte Stück der Sinfonie ist mit 3 Posaunen und Flautino [besetzt] – zwar nur 3 Pauken, wird aber mehr Lärm als 6 Pauken und zwar besseren Lärm machen«.

Mit der Verwendung von drei Posaunen, einer Piccoloflöte und einem Kontrafagott verstärkt Beethoven das traditionelle Orchester in Richtung zeremonieller Militärmusik. Gemeinsamkeiten mit der Musik der französischen Revolution werden noch deutlicher, wenn man sich die Thematik des Finales ansieht. Peter Gülke verweist auf einen Freiheitschor von François Joseph Gossec aus dem Jahr 1792 und eine Siegeshymne von Lacombe / Adrien aîné aus der gleichen Zeit, die beide Typengemeinschaft mit Beethovens Finalthema aufweisen.

Ludwig van Beethoven: Sinfonie Nr. 5, 4. Satz, T. 1-8

Freiheitschor von François Joseph Gossec aus dem Jahr 1792

Siegeshymne von Lacombe / Adrien aîné

In einer Art, die deutlich an ein weiteres Motiv aus dem Finale erinnert, deklamiert Rouget de l'Isle, der Komponist der Marseillaise, das zentrale Losungswort der französischen Revolution »La liberté« in seiner *Hymne dithyrambique.*[36]

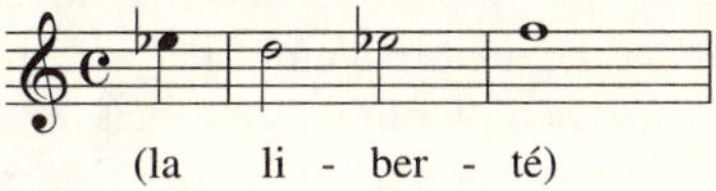

Ludwig van Beethoven: Sinfonie Nr. 5, 4. Satz, T. 115-117, Horn

Rouget de l'Isle, *Hymne dithyrambique*

Auf die überraschende Entsprechung, die das Klopfmotiv des 1. Satzes in der *Hymne du Panthéon* von Luigi Cherubini hat, ist bereits von Arnold Schmitz hingewiesen worden.[37] Die entsprechende Stelle aus einem Chor, der 1792 als offizielle Musik der französischen Revolution aufgeführt wurde, handelt von dem feierlichen Schwur, für die Republik und die Rechte des menschlichen Geschlechts zu sterben:

Luigi Cherubini, *Hymne du Panthéon*

Robert Schumann, der viel näher an der Zeit Beethovens war, als wir es heute sein können, hat schon 1837/38 auf die Ähnlichkeit der *Fünften* mit der 1. Sinfonie von Etienne Nicolas Méhul hingewiesen[38] – einem Werk, das im *Magazin de Musique* erschien, einer Art Staatsverlag für die offiziellen Festmusiken der französischen Revolution.

Die Zahl der thematischen Bezüge zur Musik der französischen Revolution ließe sich über die genannten Beispiele hinaus noch vergrößern. Insgesamt ist die *Fünfte* diejenige unter Beethovens Sinfonien, in welcher der entsprechende Gestus am deutlichsten spürbar ist. Das gilt natürlich nicht zuletzt für das sieghafte Finale: Von diesem soll – nach einem Bericht des russischen Beethoven-Biographen Alexander Ulibischef – ein alter Grenadier anläßlich einer Pariser Aufführung kurz nach dem Tode Beethovens so mitgerissen worden sein, daß er »C'est l'Empereur, vive l'Empereur« rief und mit dieser spontanen Assoziation seinem Kaiser Napoleon huldigte.[39] Andere haben den ›éclat triomphal‹ freilich auf ihre Weise gedeutet. So berichtet Richard Wagner aus dem Revolutionsjahr 1848 über ein von ihm geleitetes Hofkonzert mit einem nur aus Moll-Stücken bestehenden Programm:

»König und Hof waren trübe gestimmt; auf dem ganzen Publikum lastete der düstere Druck einer Ahnung von nahen Gefahren und Umwälzungen ... Wie die Stimmung im Saale immer drückender ward, frug ich endlich ganz entsetzt vom Dirigentenpult herab meine zunächst sitzenden Musiker: ›Mein Himmel, was sollen wir tun?‹ ... Da raunte mir der Geiger Lipinski zu: ›Warten Sie nur – beim ersten Strich der C-Moll ist alles fort!‹ Und richtig: die Symphonie beginnt, welches Aufjauchzen, welche Begeisterung! Aller Druck gehoben, Lebehochs auf den König – und wie erlöst verließ die jubelnde Menge das Haus... Das ist das Unsägliche dieser Kunst!«[40]

Die *Fünfte*, so scheint es, vermag nicht nur alte Revolutionäre mit Begeisterung zu erfüllen, sondern auch revolutionsgefährdete Könige. Das weist auf ein Drittes hin: auf die Massenwirksamkeit der Sinfonie, die von der Musik der französischen Revolution zwar entscheidende Impulse erhält, jedoch zugleich ihren eigenen, nicht an eine bestimmte historische Situation gebundenen Ausdruck findet. Paul Bekker vertritt die Auffassung, daß seit Beethoven »die Aufführung einer Sinfonie gleichbedeutend mit einer musikalischen Volksversammlung« sei – »einer Versammlung, in der ein durch die Musik zum Ausdruck gelangendes Gemeingefühl lebendig und tätig« werde.[41] Das trifft speziell auf die *Fünfte* zu, in der – weit stärker noch als in der *Eroica* – der Orchesterapparat – um im Bilde zu bleiben – zur handelnden Person wird, die vor die Volksversammlung tritt und weniger argumentativ als suggestiv ihre Botschaft verkündet.

Im Blick auf die ›Sinfonik‹ vor Beethoven kann man – idealtypisch gesehen – von der Vorstellung ausgehen, daß der Komponist zunächst einen musikalischen Satz schafft, den er dann instrumentiert. Spätestens in der 5. Sinfonie ist das nur noch die eine Wahrheit, der eine andere, komplementäre, gegenübersteht: Der Orchesterapparat treibt bestimmte musikalische Entwicklungen aus sich heraus. Das gilt für Steigerungen, Klangflächen, lapidare Wiederholungen usw., die ohne die Gewalt des Orchesterklangs keinen Sinn und keine Wirkung hätten. Paul Bekker mag sein Bild von der »Volksversammlung« vor dem Hintergrund einer Äußerung Goethes entworfen haben, der die Handlungen eines Streichquartetts als die »Unterhaltung vier vernünftiger Leute« bezeichnete. Ist das instrumentale Aufgebot so machtvoll wie in der 5. Sinfonie, wird aus einer partnerschaftlichen Unterhaltung das Gegenüber von kalkulierter Macht (Orchester) und gleichgerichteter Masse (Zuhörer) – um mit einem Buchtitel von Elias Canetti zu sprechen. Zeitgenössische Zuhörer haben die darin liegende Neuheit durchaus als solche empfunden: Goethe fand die Sinfonie im Jahr 1830, als Mendelssohn sie ihm aus dem Klavierauszug vorspielte, »sehr groß, ganz toll! man möchte sich fürchten, das Haus fiele ein.«[42]

Dieser Eindruck ist freilich nur möglich, weil sich Beethoven in der *Fünften* dem entsprechenden kompositorischen Problem in einer bis dahin nicht gekannten Radikalität stellt: dem Problem nämlich, wie man die Satzfolge einer Sinfonie so gestalten kann, daß ein triumphales, erlösendes Finale als plausible Quintessenz von Arbeit und Ringen in den vorangegangenen Sätzen erscheint, daß also, um mit Peter Gülke zu sprechen, die »Identität des Abgehandelten« durch alle Wandlungen und Aufhellungen hindurch gewahrt bleibt.[43] (Die *Eroica* zeigt Ansätze in dieser Richtung, ist aber in ihren Intentionen viel zu differenziert, um in der lapidaren Kampf-Sieg- oder Nacht-Licht-Formel aufzugehen, die man auf die *Fünfte* nicht ohne Berechtigung angewendet hat.) Es ist aufschlußreich, in diesem Zusammenhang Formung und Funktion des Klopfmotivs im 1. Satz zu betrachten. Ein liedhaftes, in sich abgerundetes ›erstes Thema‹ wäre nicht geeignet, einem ganzen Satz, ja einer ganzen Sinfonie jenen vorwärtstreibenden, durch fast tanzmäßig klare Taktgruppengliederung besonders eindeutigen Impuls zu geben, der die *Fünfte* bestimmt. Es müßte nach einer angemessenen Strecke von Wiederholungen und Abwandlungen irgendwann verlassen und mit einem neuen Gedanken kontrastiert werden. Das Klopfmotiv, in seiner Essenz rein rhythmisches Material, hat entsprechende Qualitäten: Einmal in die Welt gesetzt, wird man es so schnell nicht wieder los; fast wider Willen muß man sich mit ihm kontinuierlich auseinandersetzen.

Beethoven tut dies auf eine Art, die erkennen läßt, wie deutlich er auf das Finale zusteuert. Der erste Satz steht ganz im Zeichen des Klopfmotivs; an seinem drängenden Anspruch arbeitet er sich im Sinne einer dichtgefügten, gleichsam ›innere‹ Prozesse spiegelnden Satzweise ab. In die Variationen des liedhaften *Andante con moto* bringt das Klopfmotiv in der 1. Variation einen drohenden Unterton. Als Horn-Signal, das machtvoll in die ›Idylle‹ des Scherzos hineinfährt, erscheint es noch einmal als treibende Kraft. Im Finale wird es, in einem Seitengedanken zunächst noch einmal in schwungvoller Version herbeizitiert, letztendlich vom Marsch-Rhythmus aufgezehrt: Es verschmilzt mit dessen triumphierend in der Dur-Oktave aufsteigenden Achteln. Dieses Finale läßt sich weder als Sonatensatz noch als Rondo, Sonatenrondo oder Variationssatz eindeutig festlegen. Es ist ein instrumentaler Hymnus ohne ausdrücklich erklärten Anspruch auf formale Kunstfertigkeit: Wie in einem Opernfinale versammelt sich das Ensemble auf der Bühne, um das Ende der Verwicklungen, d.h. den Sieg zu feiern und unter Heranziehung ›militärischer‹ Instrumente einen Schlußpunkt zu setzen, dessen Losung über kunstimmanente Logik hinaus ›Optimismus‹ schlechthin lautet.

»So hat Beethoven die kausale Verknüpfung von produktiver, Konflikte bewältigender Arbeit und thematischer Postulierung ins Nacheinander der Satzfolge auseinandergelegt, hat in den ersten drei Sätzen musikalisch die Losungen begründet, die er im Finale ausgibt, denen er hier, als Tribun auftretend, Gehör und Wirkung verschafft. Er artikuliert in Musik den Übergang von der Theorie zur Praxis, von der Interpretation der Welt zu ihrer tätigen Veränderung.«[44]

Peter Gülke bietet für die solcherart von ihm beschriebene Verfahrensweise weitere Belege: Er demonstriert sie etwa an Beethovens Umgang mit dem Rahmen-Intervall der Quarte, welches das Klopfmotiv und danach die Themen aller weiteren Sätze bestimmt – bis hin zum Finale, dessen vier wesentliche Gedanken allesamt von der Quarte mitgeprägt sind. Den Moment des Durchbruchs vom Suchen zum Finden, vom Denken zum Tun hat Beethoven geradezu exemplarisch im Übergang vom 3. zum 4. Satz eingefangen: Hatten sich seine musikalischen Truppen innerhalb des *Scherzos* in sicherem und übersichtlichem Gelände befunden, so ergeht nunmehr der Befehl, dem Feldherrn blind auf anderes, unbekanntes Terrain zu folgen. Als sie – ohne zu wissen, was geschehen ist – die Augen wieder öffnen, erstrahlt ihnen die Sonne des neuen, gelobten Landes.

Daß der Enthusiasmus des Finales tatsächlich durch die in den vorausgegangenen Sätzen geleisteten Anstrengungen legitimiert, geradezu deren Resultat sei, läßt sich freilich mit demselben Recht bezweifeln, mit dem man es durch analytische Anstrengungen nachweisen zu können glaubt: Allzu deutlich ist der affirmative Gestus, der die gehobene Beethovenliteratur von »Gemeinplätzen der Militärmusik«, »Trivialität« und »bedenklicher Volkstümlichkeit« sprechen läßt.[45] Das Ganze dürfte weniger ein kompositorisches als ein psychologisches oder philosophisches Problem zu sein: Wo ergibt sich schon ›Finden‹ selbstverständlich aus ›Suchen‹, ›Handeln‹ stimmig aus ›Denken‹, ›Siegen‹ organisch aus ›Kämpfen‹? Um beides voneinander abzuheben, finden unter den Menschen Setzungen statt: und nur im Sinne einer solchen Setzung scheint mir das Finale der *Fünften* plausibel: Beethoven agitiert zugunsten des Findens, Handelns, Siegens. In diesem Sinne ist das Finale der *Fünften* nicht allein Resultat, sondern zugleich das Andere, Höhere. Wie dieses »Höhere« seinen musikalischen Ausdruck finden solle, hat Beethoven weiterhin auf das heftigste beschäftigt. Für die *Pastorale* hat er den Skizzen zufolge ein vokales Finale in Erwägung gezogen, also möglicherweise bezweifelt, daß ein rein instrumentales ›Dankgebet‹ aussagekräftig genug sei. Im furiosen Tanz-Finale der *Siebten* geht der Anspruch auf eine sittlich läuternde Finalwirkung geradezu unter. Und in der *Neunten* hat Beethoven die Probleme der Final-Lösung im einleitenden Orchester-Rezitativ gleichsam öffentlich diskutiert.

»Den Schlüssel zu diesen Tiefen [der *Fünften*] gab dessen Schöpfer selber, als er eines Tages mit dem Verfasser über die denselben zum Grunde liegende Idee sprach, mit den Worten: ›So pocht das Schicksal an die Pforte!‹ indem er auf den Anfang des ersten Satzes hinwies.«[46]

So schreibt Anton Schindler, der sich als Beethoven-Schüler und -Biograph zwar zeitlebens wichtig gemacht, vermutlich jedoch keine Veranlassung gehabt hat, einen solch charakteristischen Ausspruch gänzlich zu erfinden. Daß dieser im Zuge der Beethoven-Rezeption gelegentlich zur Anekdote degradiert worden ist, besagt nichts über seine einstige Bedeutungsschwere. »Es geschehen Schläge an die Tür«, so heißt es in *Wallensteins Tod* – »Schicksalsschläge«, wie Alfons Glück sie nennt.[47] Das ist nicht das Klopfen eines Boten, der eine einzelne, als solche nicht handlungsentscheidende Hiobsbotschaft überbringt: Es geschieht etwas mit Wallenstein, das ihn auf den Weg der Katastrophe zwingt.

Nun beläßt es Beethoven in der *Fünften* nicht bei der Darstellung solchen Schicksals, es geht zugleich um die Auseinandersetzung mit ihm – eine Auseinandersetzung, die ich vor dem Hintergrund der von Hegel in die Geschichtsphilosophie eingebrachten Kategorie des »Weltgeistes« sehe. Der Weltgeist garantiert nach Hegel den Sinn der Menschheitsgeschichte – einen Sinn, den die Aufklärer und Befürworter der französischen Revolution voranzutreiben sich zur Aufgabe gestellt hatten. Die welthistorischen Individuen betrachtet der Philosoph als »Geschäftsführer des Weltgeistes«. In diesem Verständnis mag sich Beethoven als ein welthistorisches Individuum und vor die Aufgabe gestellt gesehen haben, den Sinn der Geschichte durch die Höherentwicklung und Veredelung der Menschheit mitzuerfüllen. Was Peter Sloterdijk über Hegel sagt, ließe sich trefflich auf den Beethoven der *Fünften* anwenden:

»Für ihn ist die Weltgeschichte ein blutiges, brausendes, zuletzt in strahlender Selbsterkenntnis der Selbsterkenntnis gipfelndes Streitgespräch des Weltgeistes, der durch eine gewaltige Kette von Selbst-Entzweiungen und -Überwindungen hindurch, auf der Suche nach dem Begriff seiner selbst, dem Augenblick entgegenstrebt, wenn er, in Hegel, nicht mehr nur sucht, sondern gefunden hat, nicht mehr vorwärtstreibt, sondern in den erfüllten Augenblick des ›absoluten Wissens‹ einmündet.«[48]

Unter solchem Vorzeichen verlöre das Bild des an die Pforte klopfenden Schicksals vollends seine trivialen Züge. Der Eingangssatz würde zeigen, wie der einzelne hinter dem Gang des nicht aufzuhaltenden ›Schicksals‹ oder ›Weltgeistes‹ zurückzutreten hätte. Das triumphale Finale ließe sich als Aufhebung der Widersprüche im Sinne eines emphatischen Aufgehens des zunächst noch bedenklichen Einzelnen im Weltgeschehen deuten. Daß dieses Finale deutlicher als die anderen Sätze der Sinfonie von zeitgeschichtlich determiniertem Material, nämlich dem der französischen Revolution, geprägt ist, gibt auch unter diesen Prämissen einen guten Sinn: Allgemein menschliches Kämpfen und Ringen mündet in die befreiende Tat. Das wäre von Beethoven her gesehen, der dann an seinem in der *Eroica* begonnenen Napoleon-Mythos auf höherer Ebene fortgesponnen hätte. Von den Hörern späterer Generationen, von der Rezeptionsgeschichte her betrachtet, ließe sich derselbe Vorgang aus entgegengesetzter Blickrichtung sehen: Das geschichtlich konkrete, als solches triviale Material des Finales erhält im Kontext der übrigen Sätze jene Allgemeingültigkeit, die die Sinfonie zum Inbegriff einer Durch-Nacht-Zum-Licht-Metaphorik hat werden lassen.

Ist innerhalb dieser faustischen, typisch abendländischen Metaphorik auch Platz für die Leiden, Seufzer und Hoffnungen des Einzelnen, oder soll dieser mit seinen persönlichen Erfahrungen im großen Ganzen aufgehen – gemäß dem später berühmt-berüchtigten Motto ›Du bist nichts, dein Volk ist alles‹, zu dessen Bestätigung gerade die *Fünfte* hat herhalten müssen? Wie immer – der Dimension persönlichen Erlebens hat Beethoven im 2. Satz Raum gegeben, einem *Andante con moto*, das nicht als eine die dynamische Grundtendenz der Symphonie unnötig aufhaltende Idylle zu verstehen ist, sondern als »Hoffnungsgesang«, wie Harry Goldschmidt ihn nennt.[49] Denselben Anspruch auf Humanität, um deren willen die *Fünfte* ideell konzipiert ist, spiegelt – vielleicht noch markanter als der ganze zweite Satz – ein einziger, frei ausschwingender und die Unerbittlichkeit des Schicksals-Rhythmus für einen Augenblick außer Kraft setzender Takt zu Anfang der Reprise des ersten Satzes: Gleich einem spontanen Seufzer der menschlichen Stimme artikuliert die Oboe eine Kadenz, deren Innigkeit die Erlösungssehnsucht des Individuums auszudrücken scheint. Diesem ›Weichen‹ im ›Harten‹ entspricht im 2. Satz das ›Harte‹ im ›Weichen‹: der martialische Klang der Trompeten- und Hornstöße und der schon erwähnte drohende Unterton, welcher mit dem Rhythmus des Schicksalsmotivs laut wird.

Während sich die Arbeit an der *Fünften* über Jahre hinzieht, entsteht die *Sechste* in der relativ kurzen Zeit zwischen Sommer 1807 und Sommer 1808. Schon an äußeren Faktoren wird deutlich, daß die beiden Sinfonien als Schwesternwerke anzusehen sind: Beethoven beschäftigt sich über längere Zeiträume parallel mit ihnen, widmet sie denselben Gönnern, nämlich Fürst Lobkowitz und Graf Rasumowsky, und stellt sie dem Publikum an ein- und demselben Abend vor: im Rahmen seiner großen Akademie vom 22. Dezember 1808. Auch an kompositorischen Details wird deutlich, daß beide Werke zusammen zu sehen sind: Beider Kopfsätze sind von einem »Motto« bestimmt, das durch eine Fermate auf dem letzten Ton in seiner Funktion deutlich von dem weiteren motivisch-thematischen Geschehen abgegrenzt wird; beider Finali stellen einen Hymnus dar, der aus dem vorausgegangenen Satz am Ende eines Überleitungs-Prozesses wie ein zwingendes Ergebnis hervorzugehen scheint. Über solchen Gemeinsamkeiten ist die Sonderstellung der *Sechsten* freilich nicht zu übersehen; vordergründig zeigt sie sich bereits an den programmatischen Überschriften, welche die einzelnen Sätze tragen:

1. *Erwachen heiterer Empfindungen bei der Ankunft auf dem Lande*
2. *Szene am Bach*

3. *Lustiges Zusammensein der Landleute*
4. *Gewitter, Sturm*
5. *Hirtengesang. Frohe und dankbare Gefühle nach dem Sturm.* (In Quellen, die zeitlich vor der Druckfassung liegen, ist ausführlicher von »wohlthätigen, mit Dank an die Gottheit verbundenen Gefühlen« die Rede.)

Daß die Sinfonie ein ›Programm‹ haben sollte, stand für Beethoven augenscheinlich von vornherein fest: Die ersten erhaltenen Skizzen beziehen sich auf das Murmeln des Bachs, das »lustige Zusammensein der Landleute« und den »Donner«. Größere Zweifel scheinen Beethoven angesichts der Frage gekommen zu sein, ob er das ›Programm‹ offenbaren solle. In dem zentralen Skizzenbuch zur *Sechsten* finden sich gleich dreimal entsprechende Überlegungen, darunter die folgenden:

»Wer auch nur je eine Idee vom landleben erhalten, kann sich ohne überschriften selbst denken, was der autor [der Satz bricht ab] ... Jede Mahlerei nachdem sie in der Instrumentalmusik zu weit getrieben, verliehrt«.

In einem anderen Skizzenbuch artikuliert Beethoven seine Intentionen hinsichtlich der inzwischen fertiggestellten Sinfonie mit Worten, die schon den Formulierungen der Druckausgabe nahekommen:

»Pastoral Sinfonie Worin keine Malerej sondern die Empfindungen ausgedrückt sind welche der Genuß des Landes im Menschen hervorbringt...« [50]

Um die Diskussion, die Beethoven gleichsam mit sich selbst führt, richtig einschätzen zu können, muß man sich zwei Sachverhalte vor Augen halten: Zum einen waren Naturschilderungen in der Musikgeschichte vor Beethoven keine Seltenheit. 1784 hatte der damals in Biberach als Lehrer und Musiker wirkende Justin Heinrich Knecht unter dem Titel *Le Portrait musicale de la Nature* eine ganze Sinfonie komponiert, deren Programm dasjenige der *Pastorale* in wesentlichen Zügen vorwegnimmt und die Darstellung u.a. von schöner Landschaft, Bächen, zwitschernden Vögeln, Gewitter, klarem Himmel und Dankgebet ankündigt. Es gibt in der *Pastorale* Beethovens kein Sujet der Naturschilderung, das nicht vor ihm schon in vielfältiger Weise in Musik gesetzt worden wäre. Zum anderen gab es damals eine aktuelle Diskussion über die ästhetische Berechtigung ›malender‹ Musik, von der so populäre Werke wie Haydns Oratorien nicht ausgenommen waren. Die entsprechende Debatte war zwar wesentlich älter und u.a. um die Mitte des 18. Jahrhunderts bereits mit den Vertretern der französischen Aufklärungsästhetik geführt worden; nunmehr aber entwickelte sich vor allem im deutschsprachigen Raum daraus geradezu *die* populärästhetische Streitfrage, von den allgemeinbildenden Kulturblättern neuen Typs wie der *Zeitung für die elegante Welt* und dem *Morgenblatt für die gebildeten Stände* gern aufgegriffen. [51]

Beethoven steht, was ›malende‹ Musik angeht, in einer langen Tradition und zugleich in einer aktuellen Diskussion. Die Ambivalenz in seinen eigenen Vorstellungen spiegelt eine Erinnerung seines Schülers Ferdinand Ries:

»Beethoven dachte sich bei seinen Compositionen oft einen bestimmten Gegenstand, obschon er über musikalische Malereien häufig lachte und schalt, besonders über kleinliche der Art.«[52]

Seine Zweifel gehen nicht um die Frage, ob er sich eines ›Programms‹ oder – vorsichtiger gesagt – einer ›Idee‹ bedienen soll, vielmehr darum, wieviel davon den Hörern preisgegeben werden soll. Das hat etwas mit Vorstellungen zu tun, wie sie Friedrich Schiller 1795 im 22. seiner Briefe *Über die ästhetische Erziehung des Menschen* entwickelt:

»Darinn also besteht das eigentliche Kunstgeheimniß des Meisters, daß er den Stoff durch die Form vertilgt; und je imposanter, anmaßender, verführerischer der Stoff an sich selbst ist, je eigenmächtiger derselbe mit seiner Wirkung sich vordrängt, oder je mehr der Betrachter geneigt ist, sich unmittelbar mit dem Stoff einzulassen, desto triumphirender ist die Kunst, welche jenen zurückzwingt und über diesen die Herrschaft behauptet. Das Gemüth des Zuschauers und Zuhörers muß völlig frey und unverletzt bleiben, es muß aus dem Zauberkreise des Künstlers rein und vollkommen, wie aus den Händen des Schöpfers gehn.«[53]

In demselben Sinne, aber unter spezieller Bezugnahme auf die musikalische Kunst, äußert sich Christian Gottfried Körner in dem fast gleichzeitig für Schillers *Horen* geschriebenen Aufsatz *Über Charakterdarstellung in der Musik*. All das ist Beethoven sicher geläufig; vermutlich kennt er auch die Gedankengänge, die Schiller innerhalb einer – seit 1802 in den *Sämtlichen Werken* zugänglichen – Besprechung der Gedichte Friedrich Matthissons entwickelt. Dort schneidet der Dichter auf seine Weise das Kernproblem der *Pastorale* an: Von den zu rezensierenden Landschaftsgedichten ausgehend, kommt er zu der Feststellung, daß sich der Künstler mit der Darstellung der »landschaftlichen Natur« immer schwer tun werde. Denn nur insoweit sind die »Gegenstände« einer künstlerischen Bearbeitung würdig, »als sich in der Verknüpfung der Erscheinungen Notwendigkeit entdecken läßt«. Dies trifft zwar auf die »menschliche Natur« zu:

»Aber die landschaftliche Natur zeigt uns diese strenge Notwendigkeit nicht in allen ihren Teilen, und bei dem tiefsten Studium derselben wird noch immer sehr viel Willkürliches übrig bleiben, was den [bildenden] Künstler und Dichter in einem niedrigern Grade von Vollkommenheit gefangen hält.«

Bei dem Vorhaben, »seinen Gegenstand« in das »Reich der höchsten Schönheit« hinüberzuspielen und »aus einem Bildner gemeiner Natur zum wahrhaften Seelenmaler« zu werden, ist der Komponist – dies macht Schiller in einer seiner wenigen ausführlichen Äußerungen zur Musik geradezu zum Programm – dem Maler und Dichter überlegen:

»Es gibt zweierlei Wege, auf denen die unbeseelte Natur ein Symbol der menschlichen werden kann: entweder als Darstellung von Empfindungen oder als Darstellung von Ideen. Zwar sind Empfindungen, ihrem Inhalt nach, keiner Darstellung fähig; aber ihrer Form nach sind sie es allerdings, und es existiert wirklich eine allgemein beliebte und wirksame Kunst, die kein anderes Objekt hat als eben diese Form der Empfindungen. Diese Kunst ist die Musik, und insofern also die Landschaftsmalerei und Landschaftspoesie musikalisch wirkt, ist sie Darstellung des Empfindungsvermögens, mithin Nachahmung menschlicher Natur.«[54]

Beethovens ausdrücklicher Hinweis im Programmzettel der Erstaufführung, »mehr Ausdruck der Empfindung als Mahlerey«, erscheint angesichts dieser Textstelle als ein Glückfall. Er macht an einem konkreten Fall deutlich, daß der Komponist seinen Anspruch, die Menschheit im Zuge ästhetischer Erziehung zum Höheren fortschreiten zu lassen, an der aktuellen philosophischen Diskussion mißt und an dem ästhetischen Diskurs auf dem Niveau Schillers teilnimmt. Zugleich wird noch klarer, warum er sich keinesfalls als Komponist von Programmusik verstanden wissen will: Das Erlebnis »höchster Schönheit« kann niemals ein Sujet herbeiführen, sondern allein die Kunst, mit welcher der Komponist dieses Sujet behandelt. Diese Kunst als eine genuin musikalische betrieben zu haben, ist Beethovens spezifischer Beitrag zur Ästhetik der klassischen Epoche.

Je mehr »Programm« den Hörern mitgegeben wird, desto größer ist die Gefahr, daß sie in naivem Beifall für die Programmschilderung verharren, anstatt sich von dem seelischen Reichtum der Komposition einnehmen und der gedanklichen Anstrengung des Komponisten mitreißen zu lassen. Was Beethoven diesen Hörern damals zugetraut zu haben scheint, könnte indirekt aus einem Gespräch hervorgehen, das Anton Schindler im Jahr der *Neunten* mit ihm geführt zu haben sich erinnert:

»Er äußerte sich dahin, daß die Zeit, in welcher er die meisten Sonaten geschrieben, poetischer (sinniger?) gewesen, als die gegenwärtige, (1823), daher Angaben der Idee nicht nöthig waren.«[55]

In der *Pastorale* hat Beethoven programmatische »Andeutungen« – wenn auch offenbar nach langer Überlegung – für notwendig oder jedenfalls sinnvoll gehalten, und man kann nur spekulieren weshalb: Vielleicht erschien ihm der Anteil an direkter Genre-Malerei – Vogelstimmen, Bauerntanz, Gewitter – so hoch, daß es ›ehrlicher‹ war, ihn von vornherein als solchen auszuweisen, zugleich aber deutlich zu machen, daß es eigentlich um die ›Empfindungen‹ gehe. Man kann freilich noch einen Schritt zurückgehen und fragen, warum sich Beethoven überhaupt der »musikalischen Malerei« bedient hat, obwohl sie für ihn nicht der Weisheit letzter Schluß zu sein schien. Die Antwort lautet: Wo es um »Natur« geht, kann diese nur als reale zitiert werden. Denn der »Genuß«, den »das Land im Menschen hervorbringt«, liegt ja gerade darin, daß er kein Hirngespinst, keine bloße Idee ist, sondern beglückende Wirklichkeit. Was die Vögel singen und die Bauernkapelle musiziert, erquickt, wie es ist: Es muß nicht bearbeitet oder sublimiert werden. Letzteres wird erst notwendig, wenn »Empfindungen« dargestellt werden sollen, die der Genuß des Landlebens nach sich zieht; bearbeitet und sublimiert werden kann seinerseits nur, was zugleich identifizierbar vorgestellt wird.

Was ist, verallgemeinernd gefragt, das Pastorale am Kopfsatz der *Pastorale*? Rudolf Bockholdt nennt drei Ebenen, auf denen sich das Genre des Pastoralen – wörtlich: des Hirtenmäßigen – zeige: diejenigen der Tonart, der Klanggestaltung und der zeitlichen Organisation.[56]

Seit den Anfängen der Mehrstimmigkeit dienen der lydische F-Modus und die Tonart F-Dur zur Darstellung des Naturhaften; in diesem Sinne prägt das Lydische schon den aus dem 13. Jahrhundert stammenden *Sommer-Kanon.* Spätestens im 18. Jahrhundert wird die nunmehr meist im 6/8-Takt stehende *Pastorale* in F-Dur zu einem festumrissenen Genre; Beispiele bieten Corellis *Concerti grossi*, Bachs *Weihnachtsoratorium*, Händels *Messias* und Haydns *Jahreszeiten.* Interessant, wenn auch nur in Ansätzen belegt, ist die Meinung, daß sich in der Bevorzugung der Tonart F-Dur reale Naturkonstanten niedergeschlagen haben. Schon im 19. Jahrhundert glaubte der Naturforscher Albert Heim herausgefunden zu haben, daß in den akustischen Eindrücken von Wasserfällen und anderen Gewässern der Schweiz das F der großen Oktave und über ihm der Dreiklang c-e-g regelmäßig und deutlich in Erscheinung träten. Er verwies in diesem Zusammenhang ausdrücklich auf eben diese Akkordstruktur zu Anfang des Schlußsatzes der *Pastorale*, wo sie den harmonischen Hintergrund der Rigi-Alphornweise bildet.[57] (Mit derselben Akkordschichtung arbeitet später Franz Liszt in seiner Klavierkomposition *Le Lac de Wallenstadt*, in der er seinerseits u.a. Schweizer Lokalkolorit reflektiert.)

Klanggestaltung und zeitliche Organisation der *Pastorale* zeigen viele Einzelheiten, die als charakteristisch für das Genre ›Natur‹ gelten können. Der Anfang des Kopfsatzes ist quasi pentatonisch. Eine wesentliche Erweiterung des Tonraums erfolgt eigentlich erst in der Durchführung. Dazu paßt das geringe Maß an Leittönigkeit und Modulation; insgesamt tritt das funktionsharmonische Moment zurück. Auch auf motivisch-thematische Arbeit im Sinne dramatischer Entwicklungen und Zuspitzungen, wie sie sich in der *Fünften* finden, verzichtet Beethoven weitgehend. Er breitet das Material bedächtig aus, um es danach auszufasern und in einen Klangteppich neu zu verweben. Schon das Eingangsmotto ist – im Vergleich zu dem der *Fünften* – friedlich, gelassen, in sich ruhend, zugleich freilich des »Auswachsens« bedürftig.[58] Dieses Bild, dessen Hans Pfitzner sich in anschaulichen Anmerkungen zur *Pastorale* bedient hat, weist den Weg zu einer unmittelbar aus der Natur genommenen Vorstellung: der eines Neugeborenen, das zunächst ›einfach da‹ ist, um alsbald zu wachsen und sich die Welt zu erobern.

In der Durchführung erlaubt es sich Beethoven, einen Abschnitt von 46 Takten einfach zu wiederholen: Natur arbeitet nicht, sie verströmt sich. Gar 32mal erklingt, aus dem Eingangsmotto gewonnen und die Durchführung beherrschend, ein und dieselbe rhythmische Spielfigur, freilich in unterschiedlicher harmonischer Schattierung und Orchestrierung. Bringt die Instrumentation an dieser Stelle Farbe in eine gleichmäßige Struktur, so dient sie am Ende des 2. Satzes dazu, »Natur« möglichst scharf zu charakterisieren; und das macht Beethoven augenscheinlich so viel Vergnügen, daß er noch in der endgültigen Partitur die Namen der diese Natur bevölkernden Vögel – Nachtigall, Wachtel und Kuckuck – im einzelnen in den Stimmen derjenigen Bläser notiert, von denen sie ›dargestellt‹ werden. (Vorbild für dieses Detail dürfte, wie Adolf Sandberger vermutet, die *scène champêtre* in Boccherinis Streichquintett op. 13, Nr. 6 gewesen sein, wo der Gesang von Lerche, Wachtel und Kuckuck nachgezeichnet wird.) [59]

Auch an anderen Stellen wird das Genre ›Natur‹ im Sinne durchaus realistischer Darstellung behandelt. So ist etwa das Eingangsmotto – im Gegensatz etwa zum ›Naturmotiv‹ zu Beginn des *Rheingolds* – naturhaft nicht nur in einem ideellen Sinn; die Dudelsack-Quinte, von der es bestimmt wird, ist vielmehr realer Bauernmusik abgelauscht. Darüber hinaus ist dieses Motto nahezu identisch mit dem Anfang des serbischen Kinderliedes *Sirvonja*, das Franz Xaver Kuhač um 1880 in einer Sammlung slavischer Volksweisen veröffentlicht hat.[60]

Serbisches Kinderlied *Sirvonja*, nach Nef, S. 168

Beethoven übernimmt die Melodie – gewiß mit Bedacht ohne den dritten Ton – freilich nicht als ›Thema‹ oder ›Motiv‹ des Satzes, sondern als Zitat, also als vorgefundenes Material; diesem gibt er im Verlauf des Satzes unterschiedlichen ›Sinn‹, ohne daß man je einmal sagen könnte, man höre die ›endgültige‹ Fassung seines eigenen Themas (was in der *Eroica* immerhin im Finale geschieht).

Alphornweise von der Rigi, nach: Szadrowsky, S. 306

Die von Klarinette und Horn eingeführte Hirtenweise zu Beginn des letzten Satzes stimmt in den ersten Takten notengetreu mit einer von H. Szadrowsky 1855 aufgezeichneten *Alphornweise von der Rigi* überein;[61] dieser Autor verweist auch auf die Verwandtschaft des am Ende der Exposition des 1. Satzes von Bratschen und Celli vorgetragenen Dreiklang-Ostinatos mit einer Alphornweise aus dem Wallis. Selbst die Instrumentierung entspricht an dieser Stelle durchaus volksmusikalischer Tradition.

Beethoven hat die Alpen zwar nie besucht, konnte aber Alphornklänge in Genreszenen der zeitgenössischen Oper hören. In der *Schweizerfamilie*, einem verbreiteten Singspiel des Wiener Hofkapellmeisters Joseph Weigl aus dem Jahr 1809, heilt der ›Appenzeller Kuhreigen‹ die Geistesverwirrung der Emmeline, spielt also eine fast musiktherapeutische Rolle.[62] Auch von solchen in der zeitgenössischen medizinischen Wissenschaft eifrig diskutierten Zusammenhängen mag Beethoven gewußt haben; auf jeden Fall gibt es viele Indizien dafür, daß er in der *Pastorale* die heilenden Kräfte von Natur und Musik in eins sah. »Ist es nicht, als hielte der Postwagen und der aussteigende Mensch atmete die gute Landluft ein?« – so charakterisiert Hans Pfitzner drastisch den Anfang der *Pastorale*.[63]

In der eher freundlichen als geringschätzigen Verspottung der Bauernmusik und ihrer Satzfehler folgt Beethoven ersichtlich traditionellen Mustern, wie sie u.a. bei Bach, Telemann sowie bei Vater und Sohn Mozart zu finden sind: Die Oboe kommt einen Zähler zu früh, das 2. Horn greift nur ganz sporadisch in das Geschehen ein, das 2. Fagott schläft über seinen stereotypen Wendungen fast ein usw. Indessen bleibt das Ensemble in einer Mischung von Routine und improvisatorischer Geistesgegenwart zusammen, bis das Gewitter einsetzt – das schönste und genaueste Gewitter der in diesem Punkt nicht armen Musikgeschichte.

Die ›Geräuschhaftigkeit‹ des Gewitters ist geradezu zukunftsweisend. Beethoven erreicht sie durch den Kunstgriff, eine sich wiederholende schnelle Aufwärtsbewegung in Celli und Bässen zwar jeweils auf dem gleichen Ton beginnen, jedoch die Bässe Sechzehntel, die Celli Sechzehntel-Quintolen spielen zu lassen: Getrennt sind beide Stimmen nicht zu verfolgen; sie verschmelzen zu einem dumpfen Schwirren. Ähnlich geräuschhaft läßt Wagner zu Anfang des 2. *Tristan*-Aufzugs Streicher und Klarinetten 4 gegen 3 spielen. Dies geschieht zu den Worten »Nicht Hörnerschall tönt so hold, des Quelles sanft rieselnde Welle rauscht«. Die rhythmische Uneindeutigkeit steht hier nicht nur ›naturalistisch‹ für das Murmeln der Quelle, sondern auch ›psychologisch‹ für die Verwirrtheit der unruhig in die Nacht lauschenden Isolde.

Die *Pastorale* bezeichnet keine Phantasielandschaft. Der ›Ort des Geschehens‹ ist näher zu identifizieren: Bei der »Ankunft auf dem Lande« und beim »Lustigen Zusammensein der Landleute« erklingen bäuerliche Weisen aus dem Donauraum, und in der »Szene am Bach« kann man die im Wiener Umland heimischen Vögel hören. Das schließt freilich die Interpretation der *Pastorale* als Idylle im Sinne Schillers nicht aus. In dessen Abhandlung *Über naive und sentimentalische Dichtung* heißt es:

»Die poetische Darstellung unschuldiger und glücklicher Menschheit ist der allgemeine Begriff dieser Dichtungsart.[...] Der Zweck selbst ist überall nur der, den Menschen im Stand der Unschuld, d.h. in einem Zustand der Harmonie und des Friedens mit sich selbst und von aussen darzustellen.«[64]

In diesem Sinne könnte man die »Malerei« als den *Weg* und den »Ausdruck der Empfindungen« als das *Ziel* der *Pastorale* bezeichnen. Beethoven sieht sich in der Rolle dessen, der durch seine Kunst zu vermitteln vermag, was die Natur dem Menschen an Lösungsmöglichkeiten und Identifikationsangeboten bereithält. Das ist weit mehr als Zerstreuung oder Erholung: Stellvertretend für eine Vielzahl seiner diesbezüglichen Äußerungen sei das Postskriptum zum *Heiligenstädter Testament* genannt. In Heiligenstadt, vor den Toren Wiens, hielt Beethoven sich bevorzugt auf. Und wenn ihn auch im Herbst 1802, bei der Abfassung des Testaments, »die geliebte Hofnung« trog, auf dem Land »wenigstens bis zu einem gewissen Punckte geheilet zu sejn«, so harrte er doch weiter der Zeit, wo er »im Tempel der Natur« der »wahren Freude innigen Widerhall« erleben kann. Im September 1815 schreibt er auf ein Notenblatt:

»Allmächtiger / im walde / ich bin selig / glücklich im / Wald jeder / Baum spricht / durch dich / o Gott welche / Herrlichkeit / in einer / solchen Waldgegend / in den Höhen / ist Ruhe/ Ruhe ihm zu / dienen.«[65]

Für Beethovens Haltungen zur Natur gibt es Traditionen. Es ist einerseits die in die Frühaufklärung zurückreichende Tradition physiko-theologischer Vorstellungen, denen zufolge sich Gott dem Menschen in der Natur offenbare. Schon in seiner Bonner Zeit dürften Beethoven die damals weit verbreiteten *Betrachtungen der Werke Gottes im Reiche der Natur und der Vorsehung* von Christian Sturm, ein anschaulich geschriebenes Erbauungsbuch für alle Tage des Jahres, beschäftigt haben. Einige Ausgaben der *Betrachtungen*, deren Auflage von 1811 in seiner Bibliothek stand, enthielten als *Zugabe* das von Beethoven 1803 innerhalb des op. 48 vertonte Gellert-Gedicht *Die Ehre Gottes aus der Natur* mit der Anfangszeile »Die Himmel rühmen des Ewigen Ehre«.

Beethoven ist andererseits empfänglich für Erfahrungen der neueren Zeit. Berühmtes Beispiel für einen empfindsamen Umgang mit der Natur ist Salomon Geßners Vorrede zu den *Idyllen* von 1756. Der Dichter beschwört dort die Stunden der Einsamkeit, die er vor den Toren der Stadt in Zwiesprache mit der Natur zugebracht habe: Nur eigene Erfahrung läßt die Natur emphatisch erleben.[66] Darüber hinaus geht der von Wilhelm Dilthey so bezeichnete »objektive Idealismus« Goethes; ihm ist ein Moment kosmovitaler Einsfühlung eigen: Naturerlebnis wird zur Ich-Erfahrung. Faust preist in seinem Monolog *Wald und Höhle* das Glück, Natur »zu fühlen, zu genießen«:

»Nicht kalt staunenden Besuch erlaubst du nur,
Vergönnest mir, in ihre tiefe Brust,
Wie in den Busen eines Freunds zu schauen.
Du führst die Reihe der Lebendigen
Vor mir vorbei, und lehrst mich meine Brüder
Im stillen Busch, in Luft und Wasser kennen.«

Die Musikgeschichte kennt kaum vergleichbare Fälle, in denen ein Komponist gleichzeitig in zwei so unterschiedliche Richtungen gedacht hätte, wie sie durch die *Fünfte* und die *Sechste* markiert werden. Dergleichen erscheint nur bei einem Menschen möglich, der bei der Ausübung seiner Kunst das im philosophischen Verständnis Ganze seiner Zeit vor Augen hat.[67] In seinem Essay *Über das Erhabene* spricht Schiller in der ästhetischen Tradition der Aufklärung und im Anschluß an Kant von den »zwey Genien«, »die uns die Natur zu Begleitern durchs Leben gab«: dem Gefühl des Schönen und dem des Erhabenen:

»Bey dem Schönen stimmen Vernunft und Sinnlichkeit zusammen, und nur um dieser Zusammenstimmung willen hat es Reiz für uns. Durch die Schönheit allein würden wir also ewig nie erfahren, daß wir bestimmt und fähig sind, uns als reine Intelligenzen zu erweisen. Beim Erhabenen hingegen stimmen Vernunft und Sinnlichkeit nicht zusammen, und eben in diesem Widerspruch zwischen beiden liegt der Zauber, womit es unser Gemüth ergreift. Der physische und der moralische Mensch werden hier aufs schärfste von einander geschieden, denn gerade bey solchen Gegenständen, wo der erste nur seine Schranken empfindet, macht der andere die Erfahrung seiner Kraft und wird durch eben das unendlich erhoben, was den anderen zu Boden drückt.«[68]

Solche Äußerungen lassen sich vortrefflich auf die *Fünfte* und *Sechste* anwenden. Ist die *Sechste* – namentlich in ihrer oben erläuterten Bestimmung als Idylle – vom Genius des Schönen geleitet, so die *Fünfte* von dem des Erhabenen. Die letztere beschwört einerseits den »physischen«, vom Schicksal niedergedrückten, feiert aber andererseits den »moralischen«, durch die Erfahrung seiner Kraft unendlich gehobenen Menschen.

Dieser Mensch ist zum Beispiel Wallenstein zum Zeitpunkt seines Unglücks. Hermann August Korff spricht von Wallensteins »innerer Erhebung über seine äußere Erniedrigung, kurz jener Erhabenheit des großen Menschen über das Schicksal«, mit dem zu kämpfen er nun endlich entschlossen ist, und zitiert Schillers Abhandlung *Über das Pathetische*:

»Zum Erhabenen der Handlung wird erfodert, daß das Leiden eines Menschen auf seine moralische Beschaffenheit nicht nur keinen Einfluß habe, sondern vielmehr umgekehrt das Werk seines moralischen Charakters sei.«[69]

Aus solchen Sätzen scheint Beethoven selbst zu sprechen, der sein Schicksal immer neu als Möglichkeit verstanden hat, sein Leben in den Dienst einer Höherentwicklung der Menschheit zu stellen. Und wie auf die *Fünfte* gemünzt scheinen Schillers Gedanken *Über den Grund des Vergnügens an tragischen Gegenständen.* Sie stellen den ideellen Horizont dieser Sinfonie dar: Ihre Ästhetik des Durchbruchs – mit Hilfe des Mottos ›Durch Nacht zum Licht‹ wenigstens skizziert – wirkt auf uns Heutige wie die Nachzeichnung eines naturwüchsigen Prozesses; Beethoven jedoch mußte die Möglichkeit, komplexe Charaktere darzustellen und ein Gefühl in das andere zu transformieren, wofür die traditionelle musikalische Affektenlehre keine Handhabe bot, im Kontext zeitgenössischer Philosophie und Dichtung überhaupt erst entdecken. Wichtige Gedanken dazu konnte er in Schillers Abhandlungen *Über den Grund des Vergnügens an tragischen Gegenständen* und *Über das Erhabene* lesen:

»Das Gefühl des Erhabenen besteht einerseits aus dem Gefühl unsrer Ohnmacht und Begrenzung, einen Gegenstand zu umfassen, anderseits aber aus dem Gefühl unsrer Uebermacht, welche vor keinen Grenzen erschrickt und dasjenige sich geistig unterwirft, dem unsre sinnlichen Kräfte unterliegen.« Als ein »gemischtes Gefühl« ist es »eine Zusammensetzung von Wehseyn, das sich in seinem höchsten Grad als ein Schauer äußert, und von Frohseyn, das bis zum Entzücken steigen kann«. Die »Verbindung zweyer widersprechender Empfindungen in einem einzigen Gefühl beweist unsere moralische Selbständigkeit auf eine unwiderlegliche Weise«. »Das Erhabene verschafft uns also einen Ausgang aus der sinnlichen Welt, worinn uns das Schöne gern immer gefangen halten möchte.« [70]

Die beiden von Schiller apostrophierten Genien des Erhabenen und des Schönen beflügeln Beethoven auf unterschiedliche Weise. Auf der einen Seite vollendet er mit der *Fünften* ein Werk, das als ein herausragender Vertreter »absoluter« Musik verstanden werden kann, sofern man diesen Terminus nicht im Sinne ideologischer Abstraktionen versteht: Unter Verwendung semantisch deutlichen, aber nicht in platt assoziativem Sinne eindeutigen Materials ist die Sinfonie formal so plastisch, so schnörkellos gearbeitet, daß auch unvorgebildete Hörer sie ohne weitere Erklärung als Ausdruck erhabenen Charakters wahrzunehmen vermögen. Auf der anderen Seite malt Beethoven in der *Sechsten* Schönheit im Detail; und das Ergebnis mag man in einem unpolemischen Sinne durchaus »Programmusik« nennen.

Fünfte und *Sechste* gehören ideell zusammen, indem sie komplementär den Sinn menschlicher Existenz deuten: Was sich der Mensch in langem Ringen unter hohem Einsatz erkämpfen muß, erhält er zugleich als göttliches Geschenk, sofern er sich nicht nur seiner Einzigartigkeit als Individuum gewiß ist, sondern sich jenseits seiner Persönlichkeit auch als Teil einer emphatisch verstandenen ›Natur‹ wahrnimmt. Dem Begriffspaar ›Kampf – Triumph‹ in der *Fünften* ist dasjenige von ›Erquickung – Dank‹ in der *Pastorale* gleichzuordnen.

Das zwischen dem Ideengehalt beider Sinfonien vermittelnde Moment ist das der ›Natur‹, die dem Menschen nach Schillers Darstellung die Genien des Schönen und des Erhabenen als Begleiter mitgegeben hat. Natur ist nicht nur als göttlicher Zusammenhang der Dinge zu verstehen, sondern auch als menschliche Natur, als Walten des persönlichen Schicksals. In diesem Sinne bezeichnet Goethe im Brief an

Schiller vom 26. April 1797 das Schicksal als »die entschiedne Natur des Menschen, die ihn blind da- oder dorthin führt«.[71]

Beethoven selbst bringt beide Momente des Naturbegriffs im *Heiligenstädter Testament* zusammen: Dort spricht er ja nicht nur vom »Tempel der Natur« als Ort der »wahren Freude«, sondern auch von den »Hindernissen der Natur«, denen er das »harte Schicksal« zunehmender Ertaubung und dadurch bedingter Vereinsamung verdankt. Es ist mehr als populärästhetische Verkürzung, den Beethoven der *Fünften* als Menschen zu verstehen, der dem »Schicksal« – wie es im Brief an den Freund Wegeler vom 16. November vermutlich des Jahres 1801 im Blick auf das Gehörleiden heißt – »in den Rachen greifen« und die persönlichkeitsgefährdenden und -zerstörenden Anteile der eigenen »Natur« besiegen will. Letzteres soll im Zeichen des über den Leib siegenden Geistes geschehen. Schon in den Jahren vor 1800, als erste Anzeichen seines Ohrenleidens auftreten, trägt Beethoven in sein Notizbuch ein:

»Muth. Auch bei allen Schwächen des Körpers soll doch mein Geist herrschen... Dieses Jahr muß den völligen Mann entscheiden. Nichts muß übrig bleiben.«

Beobachtet man, mit welchen Gewaltkuren Beethoven in der Folgezeit bei der »Behandlung« der Leibesschwäche sich über seinen Körper mehr hinwegsetzt als sich auf ihn einläßt, so erscheint der Gestus der *Fünften* noch einmal in neuem Licht: Weshalb sollte das »blutige, brausende Streitgespräch«, innerhalb dessen der Weltgeist nach Peter Sloterdijk mit sich ins Reine kommt, nicht auch im Sinne persönlichen Erlebens ausgetragen werden – mit dem Ziel einer Überwindung der widrigen Natur des Leibes! So gesehen, trüge das ebenso prägnante wie ungeschliffene Klopfmotiv die Signatur des persönlichen Schicksals als einer Natur, die solange zu bearbeiten wäre, bis »nichts übrig bliebe« als eine Herrschaft des Geistes, die ebenso unangefochten wäre wie der strahlende Schlußhymnus am Ende der *Fünften.* Und um die Brücke zur *Pastorale* zu schlagen: Natur, die als menschliche und damit für Beethoven widrige in der *Fünften* überwunden werden muß, darf als göttliche, als »Mutter Natur«, in der *Sechsten* ihre Rettung verheißende Funktion wahrnehmen.

Eroica, Fünfte und *Sechste* sind große Beispiele dafür, daß eine Sinfonie vom ersten bis zum letzten Satz von ein- und derselben thematischen Substanz zusammengehalten, wenn nicht geradezu gespeist wird. Als kompositionsgeschichtliches Phänomen wäre dieser Vorgang unzureichend beschrieben: Daß die Fähigkeit gewachsen ist, Musik als Prozeß zu gestalten, macht zwar einerseits die musikalische Auseinandersetzung mit den Ideen von »Prometheus«, »Schicksal« und »Natur« überhaupt erst möglich; andererseits aber fordert die Versinnlichung solcher Ideen neue kompositorische Verfahren. Das gemeinsame Dritte formuliert die Naturphilosophie im Zeitalter des Idealismus, indem sie künstlerisches Schaffen im Sinne organischer Gestaltung – anstelle mechanischer Reihung – fordert.

Goethes Bild von der Urpflanze als Grundgestalt allen Lebens bietet ein anschauliches Modell für Vorstellungen, die u.a. von Hegel, August Wilhelm Schlegel und

Schelling in allgemein philosophischem Kontext, von Christian Friedrich Michaelis auch speziell im Blick auf die Musik diskutiert werden.[72] Freilich liegen die Gesetze der Organik nicht offen zu Tage: »Was wir Natur nennen, ist ein Gedicht, das in geheimer wunderbarer Schrift verschlossen liegt«, schreibt Schelling 1800 in seinem *System des transcendentalen Idealismus.* Zugleich feiert er die Kunst als »das einzige wahre und ewige Organon«, das »die unsichtbare Scheidewand« zwischen der »wirklichen und idealischen Welt« aufzuheben vermag.[73]

Solche abstrakt anmutenden Gedanken gewinnen im Blick auf die Musik Beethovens unmittelbare Anschaulichkeit: Die organische Entfaltung des thematischen Materials, aus dem der Komponist seine Werke schafft, steht einerseits für die Evolution der ›wirklichen Welt‹, indem sich dieses Material als Ausschnitt der hörbaren Natur zu erkennen gibt – als einfacher Dreiklang, elementare rhythmische Formel, schlichter Gesang. Angesichts des Maßes an aufgewendeter Arbeit erscheint sie andererseits als Entwicklung einer ›idealen Welt‹ und ihrer Vorstellungen etwa von menschlicher Würde, gemeistertem Schicksal und beglückender Natur. Die entsprechende, uns heute fast selbstverständlich vorkommende ästhetische Konzeption hat Beethoven im Sinne eines beeindruckenden, ihn von seinen Vorgängern Bach, Mozart und selbst Haydn deutlich abhebenden Denkens neu geschaffen; erst der Blick auf die Philosophie macht eine Leistung auch begrifflich deutlich, welche durch die Anschauung der Kunst selbst längst ihre Würdigung gefunden hat.

Freudenfest mit Satyrspiel: Die *Siebte* und *Achte*

»Aller Ungestüm, alles Sehnen und Toben des Herzens wird hier zum wonnigen Übermuthe der Freude, die mit bacchantischer Allmacht uns durch alle Räume der Natur, durch alle Ströme und Meere des Lebens hinreißt, jauchzend selbstbewußt überall, wohin wir im kühnen Takte dieses menschlichen Sphärentanzes treten. Diese Symphonie ist die Apotheose des Tanzes selbst: sie ist der Tanz nach seinem höchsten Wesen, die seligste That der in Tönen gleichsam idealisch verkörperten Leibesbewegung. Melodie und Harmonie schließen sich auf dem markigen Gebeine des Rhythmus wie zu festen, menschlichen Gestalten, die bald mit riesig gelenken Gliedern, bald mit elastisch zarter Geschmeidigkeit, schlank und üppig fast vor unseren Augen den Reigen schließen, zu dem bald lieblich, bald kühn, bald ernst, bald ausgelassen, bald sinnig, bald jauchzend, die unsterbliche Weise fort und fort tönt, bis im letzten Wirbel der Lust ein jubelnder Kuß die letzte Umarmung beschließt.«[74]

Diese Deutung der in den Jahren 1811/12 komponierten *Siebten* gibt Richard Wagner 1849 nicht zufällig innerhalb seines Essays *Das Kunstwerk der Zukunft*: Die »seligen Tänzer«, die er beim Hören der Sinfonie vor Augen sieht, sind »Menschen der Zukunft«, deren Land der »Freude« Beethoven »zu entdecken« sich vorgenommen habe, um es doch erst im »Freuden«-Chor der *Neunten* sicher zu finden.

In der Tat: So unverkennbar das Thema ›Freude‹ die *Siebte* beherrscht, so unausgesprochen bleibt doch ihr konkreter Inhalt. Deutlich ist freilich ein für Beethoven ungewohntes Maß an Ungehemmtheit in der Darstellung der Freude. Beethoven-Deuter des 19. Jahrhunderts haben sich von Anbeginn mit Bildern zu helfen versucht, welche Ausgelassenheit suggerieren: Wilhelm von Lenz spricht von einer Dorfhochzeit mit Bauerntänzen, Alexander Ulibischeff von Maskentreiben und Kurzweil einer freude- und weintrunkenen Menge, Richard Wagner vom Dionysosfest.

Dem Impuls des Tanzens geht Beethoven konsequent vom ersten bis zum letzten Satz nach. Doch was die genannten Autoren als Gegenstand der Freude erlebt und interpretiert haben – vielleicht muß es gar nicht im einzelnen benannt werden, vielleicht äußert sich diese Freude in Bewegung schlechthin: wie bei einer Tänzerin oder einem Tänzer, die tanzen, was sie sind! ›Tanz‹ bedeutete dann nicht die gezirkelte Bewegung, sondern Bewegung als Lebensimpuls schlechthin. In diesem Sinne preist Goethe in *Mahomets Gesang*, einem Preislied auf den Religionsstifter unter dem Bilde des sich beständig vergrößernden Flusses, dessen mitreißende Vitalität:

Seht den Felsenquell,
Freudehell,
Wie ein Sternenblick!
Über Wolken
Nährten seine Jugend
Gute Geister
Zwischen Klippen im Gebüsch.
Jünglingfrisch
Tanzt er aus der Wolke
Auf die Marmorfelsen nieder,
Jauchzet wieder
Nach dem Himmel.

Goethes Verse erscheinen wie zugeschnitten auf das Hauptthema des 1. Satzes, dessen rhythmische Quintessenz in den Skizzen zur *Siebten* zu allererst auftaucht – abgesehen vom Allegretto-Thema, das schon während der Komposition der Rasumowsky-Quartette op. 59 zur Disposition gestanden hat:

Ludwig van Beethoven: Sinfonie Nr. 7, 1. Satz, T. 67-74, Flöte

Doch ehe es im Stile einer volkstümlichen Tarantella mit ihrem charakteristischen Doppelschlag aus der Wolke herniedertanzt, erklingt eine langsame Einleitung, die ob ihrer Länge und Selbständigkeit noch mehr als die der *Vierten* an den pathetischen Auftakt einer Ouverture erinnert. Als den Hauptsatz einer solchen könnte man den sich anschließenden Hauptteil des Satzes durchaus verstehen, da die Gestaltungsprinzipien des Sonatenhauptsatzes alles andere als wörtlich genommen sind: Während es in der hierin vergleichbaren *Fünften* immerhin ein zwar schwaches, aber doch kontrastierendes Seitenthema und eine Durchführung gibt, in der Beethoven mit dem Haupt-Thema arbeitet, fehlen diese Merkmale im 1. Satz der *Siebten* weitgehend: Das Seitenthema erwächst ganz aus der Rhythmik des Hauptthemas und fällt als solches kaum auf. Die Durchführung ist recht knapp; abgesehen von einem einleitenden Fugato dient sie weniger der motivisch-thematischen Arbeit als der weiteren Ausbreitung des satzbeherrschenden Hauptrhythmus'. Dieser wird mit so viel Energie aufgeladen, daß er das Hauptthema in der Reprise in vollem Fortissimo-Jubel wie auf einem Podest präsentieren kann.

Die Tendenz, das musikalische Geschehen von der vorbereitenden Einleitung bis zur hymnischen Zusammenfassung in der triumphalen Coda als eine einzige Steigerung anzulegen, ist für einen ersten Satz einer Sinfonie ungewöhnlich; kaum auffallen würde es hingegen, wenn man ihn als in sich geschlossene Ouverture ausgäbe. Das wäre dann gewiß eine Programm-Ouverture; jedenfalls hat ja gerade der Kopfsatz der *Siebten* ungewöhnlich viele programmatische Deutungen erfahren.

Sind diese insgesamt so spekulativ, daß sie hier im Detail nicht referiert zu werden brauchen, so erscheint es lohnend, auf die Semantik des 2. Satzes einzugehen. Um den Vorstellungsgehalt dieses *Allegretto* näher zu bestimmen, hat Wolfgang Osthoff auf das Litanei-Singen – vor allem bei Prozessionen und Wallfahrten – verwiesen, welches »für den Rheinländer Beethoven zu den Grunderfahrungen, mit denen man aufwuchs«, gehörte.[75] In auffälliger Weise dominiert das Metrum gemessenen Schreitens (lang, kurz, kurz). Auch die unendliche Wiederholung ein und derselben Phrase ist dem Prozessionsgesang und dem *Allegretto* gemeinsam: Bis zum Einsetzen des kurzen Majore-Teils läuft das 24 Takte lange Thema viermal glatt durch; und selbst diesen Majore-Teil, der die Hoffnung auf Trost und Frieden spiegelt, prägt der Rhythmus des Hauptthemas, das mehr als zwei Drittel des ganzen Satzes bestimmt – eines Variationssatzes, der den Hörern freilich weniger ›Abwechslung‹ bieten, als sie vielmehr durch das immer Gleiche geradezu in Trance versetzen soll.

Ludwig van Beethoven: Sinfonie Nr. 7, 2. Satz, T. 3-10, Particell

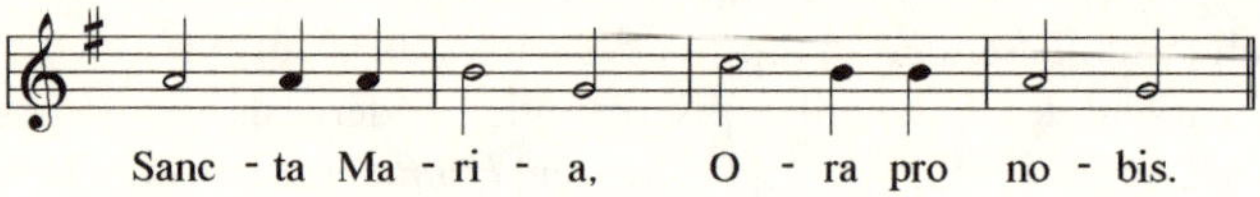

Litanei *Sancta Maria,* nach Osthoff, S. 168

Franz Schubert: *Der Tod und das Mädchen* D 531, T. 22-25

Eine schneidende Dissonanz, mit der die 1. Violinen eine Seufzer-Figur über dem Schlußakkord der Bläser artikulieren, macht deutlich, daß die Leiden noch nicht ausgestanden sind, vielmehr auf den weiteren Weg der Sinfonie mitgenommen werden. Die Tonsprache erinnert hier an den Aufschrei »Es ist genug« im Schlußchoral der Bach-Kantate *O Ewigkeit, du Donnerwort.* Doch man braucht zur Deutung gar nicht auf ältere Traditionen zurückzugreifen; es genügt, mit Wolfgang Osthoff einen Blick auf die Vertonung zentraler Worte und Textphrasen aus dem *Fidelio* zu werfen: »Gott! Welch' Dunkel hier«, »O schwere Prüfung«, »Schmerzen«, »Euch werde Lohn in bessern Welten, der Himmel hat euch mir geschickt«. Dort zeigen sich in der musikalischen Idiomatik genügend Parallelen zum *Allegretto.*

Peter Gülke spricht von einem Thema »im Lapidarstil«, welches Beethoven die Möglichkeit gebe, das »Erlebnis der steigernden Entfaltung, den Eindruck des immer höher sich türmenden Baus« zu vermitteln.[76] Diese Beobachtung führt zu weiteren Überlegungen: So deutlich die kirchliche Herkunft des Bewegungs- oder »Tanz«-Musters ist, das dem *Allegretto* zu Grunde liegt, so deutlich ist doch auch der Gestus des Trauermarsches: Derjenige aus der *Eroica* liegt nicht so weit zurück, als daß er sich nicht rasch in Erinnerung rufen ließe. Hatte Beethoven dort aber eine Vielfalt differenzierter Aussagen innerhalb eines komplizierten Satzgefüges gemacht, so spricht er nunmehr als ein Volkstribun, der seine Hörer zu *einem* Körper zusammenschweißen will. Es geht nicht darum, ein tragisches Geschehen starr zu bestaunen; stattdessen ist und wird das Publikum im Wortsinn »mitgenommen«: Es formiert sich zu seinem eigenen feierlichen Zug. Das ist der Bittgang demütiger Christen, die Gnade erflehen, und es ist zugleich der Zug selbstbewußter Bürger, die sich ihrer gemeinsamen Kraft bewußt sind und erhobenen Hauptes ihrer eigenen Helden gedenken.

In keinem seiner Sinfoniesätze dürfte es Beethoven besser gelungen sein, solch ambivalentem Lebensgefühl Ausdruck zu geben. Vielleicht trifft er – zur Zeit der Befreiungskriege – die Stimmung der österreichischen und Wiener Bevölkerung auf ganz spezielle Weise. Jedenfalls mußte das *Allegretto* bei einer Aufführung am 29. November 1814 auf Verlangen des gänzlich mitgerissenen Publikums zweimal wiederholt werden – eine für den Komponisten nicht alltägliche Erfahrung. (Es ist interessant zu beobachten, daß der Satz, so einfach und ausgewogen er proportioniert ist, kein eigentliches Thema ›zum Mitsingen‹ hat: Das Liedhaft-Schlichte tritt in den Hintergrund angesichts der Wucht des Sinfonischen, wie sie im Einklang von Metrik, Harmonik, Instrumentation und Dynamik zum Ausdruck kommt.)

Wie beiläufig verlebendigt Richard Wagner wenige Wochen vor seinem Tode das tänzerische Element der *Siebten*: Als sein Gast Franz Liszt der Hausgesellschaft im Palazzo Vendramin-Calergi das *Allegretto* vorspielt, zuckt es ihm in den Gliedern. Siegfried Wagner, damals dreizehnjährig, erinnert sich:

> »Plötzlich ... sehen wir unseren Vater eintreten und unbemerkt von Liszt und den Zuhörenden in der geschicktesten und anmutigsten Weise tanzen. Man hätte meinen können, einen Jüngling von zwanzig Jahren vor sich zu sehen. Wir hatten Mühe, unsere Freude an diesem Tanze nicht durch lautes Lachen kundzutun.«[77]

Das tänzerische Moment des Scherzos versteht sich fast von selbst; indessen geht der Satz an grober Ausgelassenheit über das in früheren Sinfonien anzutreffene Maß noch hinaus. Nunmehr wird endgültig deutlich, daß sich für Beethoven mit der Bezeichnung *Scherzo* geradezu eine spezifische Weltsicht verbindet: Mit grimmigem Humor blickt der Olympier auf das Weltgetümmel hinab. Die ernste, zugleich schwebende Feierlichkeit des Trios nimmt noch einmal den Ton des vergangenen *Allegretto* auf; daß es, wie der Wiener Kirchenkomponist Maximilian Stadler 1832 mitgeteilt hat, einem niederösterreichischen Wallfahrtsgesang gleicht, den er selbst habe singen hören, spricht für sich.[78]

Über den Charakter des Finale äußert sich Hermann Kretzschmar in seinem um die Jahrhundertwende weitverbreiteten *Führer durch den Konzertsaal* nahezu entrüstet:

»Wir stehen hier ganz in der Nähe des Maßlosen und tun gut, im Interesse unserer Jugend zu bemerken und zu bekennen, daß Beethoven zuweilen geneigt war, seine Intentionen mit übermütiger Hartnäckigkeit auf die Spitze zu treiben. Eine ›ungebändigte‹ Persönlichkeit nennt ihn Goethe in einem Brief an Zelter. Es läßt sich nicht leugnen, daß darunter auch die klangliche Klarheit und Ausführbarkeit unsres Finales gelitten hat.«[79]

Man kann über die moralisierende Sichtweise des noch heute angesehenen Musikforschers lächeln und doch zugleich gemeinsam mit ihm feststellen, daß im Finale ein Moment hintansteht, das für Beethovens zentrales Werk geradezu unabdingbar erscheint: die Verkündigung des Ethos. Ob es sich um die *Eroica*, die *Fünfte*, die *Sechste* oder die *Neunte* handelt – ihre Finali stellen jeweils eine emphatische Lösung der in den Sätzen zuvor bearbeiteten Themen dar: Aus Konfrontation und Kampf mit bedrängenden Mächten oder – wie in der *Pastorale* – aus intensiver Begegnung mit der Natur geht der Mensch als ein geläuterter, zu höherem Bewußtsein gelangter hervor. Anders der Schlußsatz der *Siebten*: Mit seinem Hauptthema »monomanisch-taumelnden Charakters«[80] wendet es sich eher an die Sinne als an den Geist, fordert eher zum Sich-Gehenlassen als zur Sammlung auf, ist eher auf körperlichen Ausdruck denn auf innere Sublimierung gerichtet. In diesem Sinne vergleicht Hans Mersmann die Finalsätze der *Fünften* und der *Siebten* mit den Worten:

»Dort war es Formung, Ausdruckswille, Gestalt – hier ist es Chaos, tönend gemachte, formlose Urkraft.«[81]

Ludwig van Beethoven: Sinfonie Nr. 7, Finale, Hauptthema, T. 5-12, 1. Violine

Freilich ist das zumeist als orgiastisch eingeschätzte Hauptthema keineswegs als zeitlos oder kulturell unspezifisch zu bezeichnen: Identifizierbare Idiome der Volksmusik sind nicht zu überhören. Schon früh hat die Beethoven-Forschung die irischen Weisen untersucht, die der Verleger George Thomson Beethoven zur Entstehungszeit der *Siebten* zur Bearbeitung als Klavierlieder zugesandt hat. Unter den von Beethoven nicht berücksichtigten Liedern befindet sich mit *Nora Creina* eines, das deutliche Übereinstimmung mit dem Finalthema der *Siebten* zeigt.[82] Außerdem ist man an die »ungarischen« Variationen aus dem *Eroica*-Finale erinnert, deren Cárdás-Töne nach Peter Schleuning möglicherweise als »Preislied auf die ungarische republikanische Bewegung« zu verstehen sind.[83]

Bleiben solche Hinweise vage, so eröffnet sich eine greifbare semantische Perspektive, wenn man auf die Diszipliniertheit des fanfarenhaften Nebengedankens und die militärische Straffheit der an François Joseph Gossecs Revolutionsmarsch *Le Triomphe de la République* erinnernden punktierten RhythmenT. 52 ff. hört.[84] Immerhin standen die Konzerte vom 8. und 12. Dezember 1813, in denen die *Siebte* erstmals öffentlich erklang, ganz im Zeichen der jüngsten militärischen Siege, mit denen die europäischen Koalitionsmächte das Ende des napoleonischen Systems eingeläutet hatten.

Ludwig van Beethoven: Sinfonie Nr. 7, Finale, Nebengedanke, T. 20-31

Ludwig van Beethoven: Sinfonie Nr. 7, Finale, T.52-55, Particell

Gossec, *Le Triomphe de la République,* nach A. Schmitz, S. 169

In einem aus dem Sommer 1823 stammenden Konversationsheft sind Bruchstücke einer Unterhaltung Beethovens und Schindlers über die *Siebte* aufgezeichnet.[85] Schindler fragt nach den »Intentionen« des *Allegretto* und resumiert das Gespräch später mit den Worten:

»Bei der Herausgabe sämtlicher Werke muß das alles angezeigt werden, denn das sucht ja niemand darin.«

Da Beethovens Antworten auf die in den Konversationsheften gestellten Fragen zumeist mündlich erfolgten, sind sie selten überliefert; auch in diesem Fall enthalten die Aufzeichnungen keine Hinweise darauf, *was* zu suchen sein könnte. Lohnend wäre es sicherlich, die Kategorie ›Tanz‹ näher zu untersuchen. In der *Siebten* geht es um das Tanzen an sich, doch möglicherweise auch um eine differenzierte Auseinandersetzung mit konkreten Traditionen der Volksmusik und -frömmigkeit im Medium des Tanzes.

Zumindest was den Schlußsatz angeht, ist auch eine politische Tendenz nicht von der Hand zu weisen, zumal die Sinfonie zunächst im Kontext der Befreiungskriege gehört und als aktuelle Freudenfeier verstanden worden ist: In den ersten Wiener Aufführungen erklang sie grundsätzlich gemeinsam mit dem Schlachtengemälde *Wellingtons Sieg oder die Schlacht bei Vit(t)oria* op. 91, in dem Beethoven es nicht verschmäht, mit dem Knallen von Kanonen- und Gewehrschüssen Wirkung zu machen. Anton Schindler erinnert sich einer besonders eindrucksvollen Aufführung im Wiener Redoutensaal:

»Erst in diesem Raume bot sich Gelegenheit dar, die mancherlei Intentionen der Schlacht-Sinfonie in Ausführung zu bringen. Aus langen Corridoren und entgegengesetzen Gemächern konnte man die feindlichen Heere gegen einander anrücken lassen, wodurch die erforderliche Täuschung in ergreifender Weise bewerkstelligt wurde. Der Verfasser dieser Schrift, mit unter den Zuhörern, darf die Versicherung geben, daß der dadurch hervorgerufene Enthusiasmus in der Versammlung, gesteigert noch durch die patriotische Stimmung der großen Tage, ein überwältigender gewesen.«[86]

Die Vorgeschichte von op. 91 zeigt freilich, wie sich ökonomische Interessen und vaterländische Aufwallungen mischen können. Am Anfang steht der Wunsch des kaiserlichen Hofkammermaschinisten Johann Nepomuk Mälzel, für sein unter dem Namen »Panharmonikon« neu geschaffenes großes Musikautomatenwerk eine Komposition des großen Meisters zu erhalten. Beethoven seinerseits erhofft sich von Mälzel die Konstruktion eines Apparates zur Milderung der Schwerhörigkeit und geschäftlichen Vorteil im Blick auf eine nunmehr gemeinsam geplante Englandreise. Mit diesen Erwartungen komponiert er ein Stück unter dem Titel *Die Schlacht*; und nachdem die Nachricht vom Sieg des englischen Generals Wellington über das napoleonische Heer in der Schlacht bei Vitoria im Juni 1813 in Wien eingetroffen ist, läßt er sich von dem geschäftstüchtigen Mälzel dazu bestimmen, das Stück zu aktualisieren. Da die Walze bereits bestiftet ist, komponiert Beethoven nur das Ende um, stellt dem Werk aber je einen Armeemarsch als Signum der Franzosen und Engländer voran.

Die neue Version soll eigentlich in England Furore machen; das aktuelle Tagesgeschehen gibt Mälzel jedoch die Möglichkeit, direkt in Wien aktiv zu werden und Wohltätigkeitskonzerte zu initiieren, denen das neue Werk Glanz verleihen soll: Die Österreicher treten in den Krieg ein; Mitte Oktober sind sie in der Völkerschlacht bei Leipzig als Teil der Koalitionstruppen erfolgreich, Ende des Monats müssen sie zusammen mit den Bayern in der Schlacht bei Hanau schwere Verluste hinnehmen. Noch einmal wird Beethoven tätig: Für seine vielleicht schon länger, zur Aufführung der *Siebten* und *Achten* geplante Akademie, die nun zu einer Wohltätigkeitsveranstaltung in Mälzels Regie wird, fügt er der *Schlacht* – wohl auf dessen Anregung – als zweite Abteilung eine marschartige *Siegessymphonie* an und arrangiert das ganze für großes Orchester. Nach dem glänzenden Erfolg des Konzerts, bei dem die bedeutendsten Musiker Wiens sowie die vorübergehend dort weilenden Giacomo Meyerbeer, Louis Spohr, Ignaz Moscheles und Anton Romberg um des guten Zweckes willen als Subdirigenten und Instrumentalisten mitwirken, macht Beethoven in einer für die Wiener Presse entworfenen *Danksagung* deutlich, daß er durchaus hinter der *Schlachten-Sinfonie* steht und sie als eine »größere Arbeit« ansieht, die er gern »auf dem Altare des Vaterlandes« niederlegt.[87]

Ganz wohl mag Beethoven bei dem massenwirksamen Unternehmen freilich nicht gewesen sein – schon gar nicht, nachdem er bemerken muß, daß ihn der geschäftstüchtige Mälzel in vieler Hinsicht ausgenutzt hat. So ließe sich die Schlachten-Sinfonie etwas boshaft als – ungeplantes – Satyrspiel zur heroischen *Siebten* bezeichnen. Doch es gibt auch ein absichtsvoll komponiertes Satyrspiel: die unmittelbar im Anschluß an die *Siebte* im Sommer 1812 rasch konzipierte *Achte*, welche mit dieser zusammen uraufgeführt worden wäre, hätte sie nicht dem aktuellen Sensationswerk den Vortritt lassen müssen. Zwischen *Schlachten-Sinfonie* und *Achter* besteht eine Verbindung, die zunächst nur äußerlich erscheint, jedoch ihre tiefere Bedeutung hat: Ist die erstere direkt für Mälzels Automatenwerk komponiert, so reflektiert das *Allegretto scherzando* der letzteren auf gebrochene Weise dessen Mechanik. Anton Schindler hat die Anekdote überliefert, das Thema des *Allegretto scherzando* gehe auf den sogenannten *Mälzel-Kanon* WoO 162 zurück, den Beethoven im Frühjahr 1812 bei einem geselligen Abschiedsmahl auf die Worte »Ta ta ta ta ta... lieber Mälzel, leben Sie wohl, sehr wohl! Banner der Zeit, großer Metronom« komponiert habe.

Inzwischen geht die Beethovenforschung davon aus, daß es zu dem angegebenen Zeitpunkt eine Abschiedsrunde in der von Schindler geschilderten Form nicht gegeben haben kann, daß Mälzel seine Metronom-Erfindung damals zumindest unter diesem Namen der Öffentlichkeit noch gar nicht präsentiert hat, ja daß nicht einmal der Kanon als solcher von Beethoven stammt. Mag Schindler mit der Wahrheit

Ludwig van Beethoven: Sinfonie Nr. 8, 2. Satz, T. 2-8, Particell

somit auch in diesem Fall großzügig umgegangen sein, so müßte es doch verwundern, wenn er den Vorgang gänzlich aus der Luft gegriffen hätte.[88] Mit Arnold Schering darf man von einem historischen Kern ausgehen,[89] der dem Sachverhalt sogar einen besseren Sinn zu geben vermöchte: Bei der Komposition des *Allegretto scherzando* hat Beethoven nicht oder nicht nur an einen Taktmesser gedacht, dafür umso mehr an eines der vielen mechanischen Musikinstrumente, für die Mälzel berühmt war und die er in seinem Wiener *Kunstkabinett* ausstellte – etwa an den mechanischen Trompeter, der in den genannten Wohltätigkeitskonzerten zwischen den beiden sinfonischen Werken zwei Märsche blies, zu denen so angesehene Komponisten wie Dussek und Pleyel die Orchesterbegleitung geschrieben hatten.

Was Beethoven abbildet, ist freilich alles andere als ein insgesamt gleichmäßig ablaufendes Spielwerk, wie man nach dem Hören der ersten Takte noch meinen könnte. Es ist vielmehr eine Mechanik mit Tücken: ›Melodie‹ und ›Begleitung‹ sind weder homogen in sich, noch passen sie zueinander. Es gibt Überlappungen, Dehnungen, Stauungen, Verzerrungen. Gegen Ende scheint der Apparat entzweizugehen, um ganz am Ende – wie durch das sprichwörtlich gewordene »Draufhauen, damit's wieder läuft« – noch einmal kurz in eine gespenstische, selbstläufige Geschäftigkeit zu geraten, die Alexander Ulibischeff und andere Interpreten nach ihm an den auftrumpfenden Schluß einer italienischen Opern-Arie im modernen Stil erinnerte.[90] Robert Schumann sah dabei den Komponisten »ordentlich die Feder wegwerfen«, während Diether de la Motte angesichts des ganzen Satzes an ein »Kuriositätenkabinett« im Sinne von etwas »Unerlaubtem, Verwirrendem, Schockierendem, in seiner formalen Funktion Fragwürdigem« und damit an Strawinsky sich erinnert fühlte.[91] Das hat etwas mit dem Beethoven ja des öfteren attestierten »Mutwillen« zu tun, reicht aber doch weiter, wenn man vom zweiten Satz aus auch die übrigen Sätze auf ihr Verhältnis zur ›Form‹ hin betrachtet.

Schon der 1. Satz der Sinfonie ist ein ›Unding‹ an sich: Sein Kopfthema setzt sich, anders als in den übrigen Sinfonien, von vornherein als kompakte ›klassische‹ 12taktige Periode in Szene, was die Frage aufwirft, wie Beethoven angesichts eines so geschlossenen Gebildes überhaupt noch Gedanken entwickeln und Widersprüche bearbeiten konnte. In der Tat stoßen sich zwei Momente hart im Raum: Ein Moment des Harmlosen, wie es das erste Thema in seiner Gefälligkeit sowie der ganze Satz in seiner Kleindimensioniertheit darstellen, und ein Moment des Leidenschaftlichen, das in wilden Klangballungen – bereits in der Exposition, noch stärker in der Durchführung – zum Ausdruck kommen soll. Doch eben nur zum Ausdruck kommen *soll*: Die Wanderung des eintaktigen Themenkopfes durch die Instrumente (ab Takt 120), die sogenannte »Schusterflecken« produzierende primitive Sequenzierungs- und Engführungstechnik (ab Takt 144) sind in ihrer Schematik für den späteren Beethoven alles andere als charakteristisch. Zugespitzt gesagt: »Viel Lärm um Nichts!« Doch als Resultat dieses Lärms erklingt (ab Takt 190) in – bei Beethoven seltenem – dreifachem Forte eine hymnische Wendung, die eher für seine Finali typisch ist. Man weiß allerdings nicht recht, wie ernst sie vom Komponisten genommen wird; jedenfalls kann sie sich nur schwer gegen die Bässe durchsetzen, die zur gleichen Zeit an das Hauptthema erinnern – so, als wollten sie ja nicht den Beginn der Reprise zu versäumen. Fazit: Auf engem Raum ist in jähem Wechsel der Erlebnisebenen alles ›angerissen‹: Liebliches, Verhaltenes, Leidenschaftliches, Wildes, Feierliches.

Den Platz, den Beethoven sonst mit einem Scherzo – einem seiner Markenzeichen – besetzt, überläßt er einem Satz mit der distanzierenden Bezeichnung *Tempo di Menuetto* – als wolle er sagen, daß auch in diesem Genre nichts mehr gehe: Man mag zwar auf das Alte zurückgreifen, sollte jedoch nicht meinen, damit im Jahre 1812 eine heile Welt des Tanzes beschwören zu können. Dementsprechend kommt der Satz nicht liebenswürdig altmodisch daher, sondern mit deutlichen Zeichen von ›Desorientiertheit‹. Gleich zu Anfang treten Trompeten und Pauken zu früh auf; in Takt 26 setzt die 1. Violine mit Verzögerung ein, findet aber noch den Anschluß; in Takt 37 verspäten sich die Pauken, anstatt mit Hörnern und Trompeten unisono zu gehen, um zwei Zähler und rufen dadurch unter den Instrumenten weitere Verunsicherung hervor.[92] Man fühlt sich an die Bauernmusik im 3. Satz der *Pastorale* erinnert; doch was dort genrehaft und humorig gemeint sein mochte, wirkt nunmehr eher als grundsätzlicher Zweifel am Sinn des Ganzen.

Geradezu den Ausdruck von Verstörtheit trägt das Finale, in dem bereits dem Rezensenten der Leipziger *Allgemeinen Musikalischen Zeitung* vom 4. März 1818

»chaotische Verwirrung« und irrwischhaft schneller Wechsel der Gedanken auffielen. Schon den Rhythmus des Hauptthemas kann man als eine Verdrehung desjenigen aus der *Siebten* ansehen; im weiteren Verlauf des Satzes gibt es dann groteske Bewegungsabläufe und Stauungen in Serie. Als – erstmals von Wilhelm von Lenz so genannte – Schreckensnote ist das in ein dreifaches Piano derb hineinfahrende cis in Takt 17/18 geradezu sprichwörtlich geworden; Louis Spohr empfand es so, als ob einem jemand mitten im Gespräch die Zunge herausstreckte.[93] Man könnte auch meinen, am Horizont eine Gesellschaft sich merkwürdig aufführender ›Wilder‹ zu erblicken – das wäre dann vielleicht zugleich der Blick des Komponisten auf das Weltgetriebe um ihn herum. Der angestrengten, in einem Finalsatz geradezu übertrieben wirkenden Durchführungsarbeit fehlt streckenweise der logische Zusammenhang. Jedenfalls bleibt sie ohne Konsequenz: Befreiende Finalwirkung stellt sich nicht ein. Carl Dahlhaus spricht vorsichtig von einer »eher ... humoristischen Demonstration der Unmöglichkeit einer Lösung«.[94] Constantin Floros nennt das Finale der *Achten* »das wohl glänzendste Beispiel für die Kunst des *Imprévu* aus der Zeit vor Berlioz«.[95]

Deutlich ist in der *Achten* ein Nachhall Haydnschen Humors spürbar. Im Andante der Sinfonie Nr. 101, *Die Uhr*, scheint das *Allegretto scherzando* vorweggenommen, im Paukenschlag der nach ihm benannten Sinfonie Nr. 94 die »Schreckensnote«. Und auch die Tatsache, daß Beethoven den dritten Satz der *Achten* als Menuett, nicht als Scherzo komponiert, weist deutlich auf Haydn hin. Allerdings wäre es zu kurz gegriffen, von einer Sinfonie über eine Sinfonie oder mit Dahlhaus von einem »eher ... nachklassischen als klassischem Werk« und einer »humoristischen Distanzierung« von der »Gattungstradition« zu sprechen:[96] Hier setzt einer an, die Idee nicht nur *der*, sondern zugleich *seiner* Sinfonie in Frage zu stellen, alles in seine Bestandteile zu zerlegen und falsch wieder zusammenzusetzen, auf daß man nicht die Würde und Größe des idealen Ziels, sondern Unzulänglichkeit, ja Erbärmlichkeit des Materials vor Augen habe, mit der dieses Ziel – bisher vergeblich? – erreicht werden sollte.

Gewiß hat Beethoven in allen seinen Sinfonien die ›Form‹ zur Diskussion gestellt, um zu erproben, in welchem Maße sich dieses spezifische Medium der ›absoluten Musik‹ zur Darstellung von Ideen eigne. Von der *Ersten* bis zur *Siebten* versucht er immer aufs Neue, ›sinfonische‹ Lösungen für die Vorstellung von Kämpfen, Ringen, Nachdenken, von Mut, Freude, Trauer zu finden, aber auch – wie in *Eroica* und *Pastorale* – für detailliertere programmatische Vorstellungen. Und immer aufs Neue ist er bestrebt, in den Finali zu einer ›Lösung‹ der in den Sätzen davor entwikkelten Gedanken zu kommen.

Mit der *Siebten*, zumindest mittelbar in die aktuelle politische Aufbruchsstimmung vor Beginn der Befreiungskriege hineingeschrieben, macht Beethoven auf dieser Bahn einen letzten Anlauf – und erlebt sich mit seinem ästhetischen Credo als gescheitert. Das jedenfalls muß man annehmen, wenn man sein Verhalten nach der

Siebten ins Auge faßt: Zunächst folgt postwendend, außerordentlich rasch niedergeschrieben, geradezu hingewischt, die *Achte*, welche dem pessimistischen Gedanken Ausdruck gibt, daß aller Enthusiasmus ja doch keinen Zweck habe, da die Botschaft im Medium der absoluten Musik formal nicht schlüssig zu formulieren und semantisch den Hörern nicht zu vermitteln sei. Die *Achte* wäre dann die traurige – sich übrigens bis heute bestätigende – Beweisführung dafür, daß eine Sinfonie in Konzertsälen selbst dann noch als ›Sinfonie‹ akzeptiert wird, wenn man ihre nackten Mechanismen verzerrt vorführt. Das mag als Eingeständnis des Komponisten verstanden werden, vor der komplizierten Dialektik versagt zu haben, die zwischen grenzenlosem Willen zu einer die Welt bezwingenden Botschaft und den begrenzten Möglichkeiten seines ausgelaugten oder spröden Materials besteht. Und es mag den bösen Blick auf Zeitgenossen einschließen, welche die entsprechenden Probleme, anstatt an ihrer Lösung mitzuwirken, nicht einmal erkennen; darauf könnte die Parodie des italienischen Opernstils am Ende des *Allegretto scherzando* hinweisen.

Nachdem Beethoven sich und der Welt im Kunstwerk der *Achten* vorgeführt hat, wie realistisch er seine Situation einschätzt, unterbricht er das Sinfonienschreiben für mehr als ein Jahrzehnt, um danach in der *Neunten* das Final- und damit in gewissem Sinne sein Sinfonie-Problem schlechthin durch Zuhilfenahme des gesungenen Wortes zu lösen. Was dies musikästhetisch bedeutet, sei hier schon vorweg angedeutet. Bisher konnte die Musik stolz sein auf ihre strahlenden Final-Lösungen: Welchem Drama, Roman oder Gedicht – von Werken der bildenden Kunst ganz zu schweigen – gelänge es, so suggestiv aus Nacht Licht, aus Kampf Sieg zu machen, so überwältigend das Erleben von Not und Zweifel in Gefühle reinen Glücks zu überführen, wie Beethoven dies in den Finalsätzen der *Fünften* oder *Siebten* vorführt! Nicht zuletzt dieses Moment war und ist es bis heute, das der musikalischen Kunst beim Publikum ihren Vorsprung an gern wahrgenommenen Identifikationsangeboten verleiht; Da wird am Ende nicht mehr geredet und argumentiert, sondern nur noch gefeiert! Und diese Waffe aus der Schmiede der sancta simplicitas schlägt sich Beethoven nunmehr selbst aus der Hand, um stattdessen zur Dichtung zu greifen, mit deren Hilfe man genauer, jedoch nicht überzeugender sein kann – bei der Besprechung der *Neunten* wird weiter davon die Rede sein.

Einzelne humoristische Züge hat die Beethovendeutung und -forschung in der *Achten* seit Anbeginn festgestellt. Hingegen ist kaum der Versuch gemacht worden, die Sinfonie als solche mit der philosophischen Kategorie des Humors zu konfrontieren. Nachdenklichkeit beweist allerdings schon Robert Schumann, wenn er in seinem Essay *Das Komische in der Musik* schreibt, in der *Achten* sei Beethovens Feder »schlecht genug gewesen«.[97] Das weist auf ein Verständnis von Humor hin, wie es dem von Schumann so verehrten Jean Paul eigen war; und deshalb erscheint es lohnend, an dieser Stelle noch einmal die im Zusammenhang mit der *Eroica* schon erwähnte Diskussion um Beethoven als ›Jean Paul der Musik‹ (vgl. S. 30) aufzugreifen.[98] Dieser Topos wird seit 1807 im Schrifttum über Beethoven kontinuierlich gebraucht, freilich vor allem von Autoren, die weniger dem Lager der musikalischen

Kenner als dem der allgemein gebildeten Literaten und Ästhetiker zuzurechnen sind. Unter anderem daran mag es liegen, daß die musikwissenschaftliche Rezeptionsforschung diese Seite ›romantischer‹ Beethoven-Deutung kaum berücksichtigt und stattdessen E. T. A. Hoffmanns berühmte Rezension der *Fünften* aus dem Jahr 1810 als deren zentrale Äußerung herausgestellt hat. Dadurch ist der falsche Eindruck entstanden, ›romantische‹ Beethoven-Deutung sei, wenn man von der blumenreichen Sprache abstrahiere, vom Ideal des Klassizismus nicht weit entfernt und feiere wie dieser die Fähigkeit der Musik, die Differenz von Ideal und Leben aufzuheben und durch ihre Zauberkraft den Menschen mit sich zu versöhnen.

Diese Vorstellung ist in ihrer Absolutheit nicht aufrechtzuerhalten, sofern man den Topos von Beethoven als Jean Paul der Musik im Sinne eines ästhetischen Orientierungspunktes der Zeitgenossen ernst nimmt. Das soll hier speziell im Blick auf die *Achte* geschehen. Der Beethoven, welcher sie im Jahre 1812 komponiert, ist ein anderer als derjenige der *Eroica*: Hatte er damals beschlossen, einen »neuen Weg« zu gehen, so scheint er nunmehr – zumindest vorläufig – mit seiner sinfonischen Sendung abschließen zu wollen. Deutlicher als ehedem leidet er, wie es im Brief an Bettina Brentano vom 11. August 1810 heißt, unter einer »absurden [Welt], der man mit dem besten Willen die Ohren nicht aufthun kann«. Und gerade das, so möchte man zugespitzt sagen, bringt ihn in puncto ›Humor‹ auf das Niveau Jean Pauls, so daß die Kritiker, die ihm angesichts der *Eroica* den »Jean Paulschen Bocksfuß« in eher vagen Assoziationen beilegten, in der Rückschau geradezu hellsichtig genannt werden können. Nunmehr lohnt es sich, in Jean Pauls *Vorschule der Ästhetik* von 1804 zu schauen und in § 33 nachzulesen, was er über den »zweiten Bestandteil des Humors, als eines umgekehrten Erhabnen« schreibt. Immerhin führt der Dichter hier als Beispiel für »Welt-Verachtung« die Musik an – freilich diejenige Joseph Haydns, »welche ganze Tonreihen durch eine fremde vernichtet und zwischen Pianissimo und Fortissimo, Presto und Andante wechselnd stürmt«.[99]

Der Hinweis auf Vater Haydn ist auf den ersten Blick enttäuschend: Was kann er erhellen, wenn Jean Pauls Ästhetik auf dessen Musik ebenso anwendbar ist wie auf die in musikalischer Syntax und invividueller Semantik ja weitaus schroffere Musik Beethovens? Immerhin war Jean Paul in späteren Jahren – wie der Mediziner Karl Bursy aus dem Jahr 1816 im Anschluß an ein Gespräch mit ihm zu berichten weiß – von der Aufführung einer Beethoven-Sinfonie »innigst ergriffen« und darüber hinaus bereit, die ihm von Bursy nahegebrachte Parallele zwischen sich und Beethoven »recht wohlgefällig anzuhören«.[100] Von diesem biographischen Detail abgesehen, stellt sich die grundsätzliche Frage, ob ›Ästhetik‹ als philosophische Kategorie überhaupt einen Weg zur Erklärung von Kunstwerken zeigen kann, oder sie nicht besser mit einer Lichtquelle verglichen werden sollte, welche diese Kunstwerke – möglicherweise im Sinne eines Anachronismus – charakteristisch beleuchtet.

Daß Anton Schindler Beethoven posthum gegen die Apostrophierung als musikalischer Jean Paul in gewisser Weise in Schutz nehmen zu müssen geglaubt hat,[101] muß deshalb in diesem Zusammenhang nicht bedenklich stimmen; es unterstreicht vielmehr, daß dieser Topos vielen Zeitgenossen geläufig war, auch wenn er nicht mit der vorherrschenden Würdigung Beethovens als Erfüller der Klassik übereinstimmte.

Zwar läßt sich aus der Kategorie der »humoristischen Totalität«, die in § 32 der *Vorschule der Ästhetik* entwickelt wird, keine Ästhetik der *Achten* ableiten; doch könnte in der Tat eines das andere beleuchten. Jean Paul beruft sich u.a. auf den »halbwahnsinnigen [Jonathan] Swift, der zuletzt schlechte Sachen am liebsten las und machte, weil ihm in diesem Hohlspiegel die närrische Endlichkeit als die Feindin der Idee am meisten zerrissen erschien und er im schlechten Buche, das er las, ja schrieb, dasjenige genoß, welches er sich dachte«. (Man erinnere sich an die »schlechte Feder«, die Schumann in der *Achten* am Werk sah!) Die gemeine Satire mag Gefallen daran finden, einzelne Geschmacklosigkeiten an den Pranger zu stellen – für den Humor gibt es »keine einzelne Torheit, keine Toren, sondern nur Torheit und eine tolle Welt«, »nicht die bürgerliche Torheit, sondern die menschliche«. »Humor, als das umgekehrt Erhabene, vernichtet nicht das Einzelne, sondern das Endliche durch den Kontrast mit der Idee«. In diesem Sinne gelingt es dem Humor auch, dasjenige allgemein zu machen, was nur in einem besonderen Falle gilt. Oder mit den Worten Laurence Sternes: »Große Männer schreiben ihre Abhandlungen über lange Nasen nicht umsonst.«[102]

Im Gegensatz zu Jean Paul ist Beethoven zu sehr Idealist, um auf die *Siebte* verzichten zu können, während ihm doch schon die *Achte* als Ausdruck des Überdrusses an der Welt im Kopf herumschwirrt. Doch gemeinsam mit Jean Paul ist er insoweit Humorist, als er selbige *Achte* gleich mitliefert und mit ihr den Blick auf die »tolle Welt« und die »menschliche Torheit«. Und er mag sich im Geiste des Dichters gewünscht haben, daß man im halbwahnsinnigen Genuß des Endlichen und seiner ganzen Toll- und Torheit die unendliche Idee des Erhabenen in einer umso strahlenderen Vision vor Augen hätte. So gesehen, wäre die *Achte* nicht bitterer Nachgeschmack auf die *Siebte*, sondern beide gehörten zusammen wie Drama und Satyrspiel. Doch die »Satire« hat das zunächst letzte Wort – so als wäre nun auch für Beethoven das ›humoristische‹ Genre nicht länger eines unter vielen, sondern das einzig noch mögliche.

Was Max Kommerell 1933 im hochgestimmten Ton der Stefan-George-Schule über Jean Paul geäußert hat, mag verdeutlichen, wie erhellend ein Vergleich Beethoven/Jean Paul auch über das spezielle Beispiel der *Achten* hinaus sein kann. Dabei muß sich der Musikhistoriker klarmachen, daß das Publikum, welches sich mit Beethoven auseinandersetzte, mit der Prosa Jean Pauls vielleicht auf vertrauterem Fuß stand als mit derjenigen Goethes oder Schillers:

»Die Klassik legte einen zu schmalen Ring um die Kräfte. Jean Paul ist wie Beethoven Zeuge, wie die riesigen vor Schmerz knirschend ins Unendliche auseinanderfuhren. Der Meister des *Titan* hat den Mut zum Unmaß, erlaubt der Einsamkeit der philosophischen Vernunft, dem Weltverlachen, der Lüge der Person mit sich, der Selbstanbetung der Leidenschaft, dem bengalischen Licht der Phantasie, dem Griff des Geistes nach den Geistern, der Selbstherrlichkeit des Handelnden eine drohende, dem Blitz benachbarte Höhe. Dann hat er wieder alles zusammengedacht. Und nur darum, weil nichts allein und alles zusammen war, blieb das Ganze heil und hielt Maß: ein schöner Riese. Während er so die Krankheitsgeschichte des neueren Menschen schrieb, wurde sie ihm unter dem Schreiben auch zur Gesundungsgeschichte. Denn als er sich besann, worauf die Erscheinungen wiesen, war es nicht der schöne, war es der zusammenfassende Mensch.«[103]

Nachlese: Das nachfolgende Urteil über den von ihm generell hoch verehrten Beethoven schreibt der neunzehnjährige Franz Schubert am 16. Juni 1816 in sein Tagebuch – sicherlich in Kenntnis aller Sinfonien des Meisters bis hin zur *Achten*. Wie aus dem Kontext der Eintragung hervorgeht, dürfte er in diesem speziellen Fall seinem Lehrer Anton Salieri nach dem Munde geredet haben. Immerhin wird deutlich, wie schwer es ein Beethoven mit Bocksfuß im klassizistischen, biedermeierlichen Wien haben mußte:

»Diese Bizzarrerie, welche das Tragische mit dem Komischen, das Angenehme mit dem Widrigen, das Heroische mit Heulerey, das Heiligste mit dem Harlequin vereint, verwechselt, nicht unterscheidet den Menschen in Raserey versetzt statt in Liebe auflöst zum Lachen reitzt, anstatt zum Gott erhebt«.[104]

Die philosophische Kraftkonzentration der *Neunten*

Der biographische Hintergrund

Pläne für Sinfonien hat Beethoven zeitlebens gehabt; in Gestalt seiner Skizzenbücher hat er sie im wahrsten Sinne des Wortes mit sich herumgetragen. Indessen ist es unübersehbar, daß ihm die Ausführung der Werke zunehmende Anstrengung bereitet. Die ersten sechs Sinfonien werden in dem relativ kurzen Zeitraum von 1800 bis 1808 abgeschlossen und aufgeführt. Bis zur Fertigstellung der *Siebten* und *Achten* vergehen dann jedoch an die vier Jahre – ein deutliches Indiz dafür, daß Beethoven dem eigenen Anspruch, in seiner Kunst fortlaufend ›weiterzugehen‹, als Sinfonienkomponist immer schwerer gerecht werden zu können glaubt. Das nimmt nicht wunder, denn es ist leichter, in Gattungen privateren Zuschnitts wie Klaviersonate oder Streichquartett bestimmte Probleme von Inhalt und Form weiterzutreiben, als innerhalb der Gattung der Sinfonie, wo der Erwartungsdruck enorm ist: Schreibt man Sonaten und Quartette vor allem für die Spieler selbst, die bereits Freude über ein bemerkenswertes Stück an sich zeigen mögen, so fragen Konzertpublikum und öffentliche Meinung angesichts einer neuen Sinfonie viel fordernder, was sie wohl gegenüber einer *Eroica*, einer *Fünften* oder *Pastorale* ideell Neues bringe. (Die *Vierte*, zwischen den ›großen‹ Sinfonien plaziert, hat unter dieser Position stark leiden müssen.)

In der *Siebten* hat sich Beethoven noch einmal zu dem entsprechenden Kraftakt aufgeschwungen; doch die fast gleichzeitige *Achte* wirkt wie ein Abgesang auf die bisherige Art des Sinfonienschreibens. An Vorhaben fehlt es auch weiterhin nicht; schon unter den Skizzen zur *Siebten* und *Achten* befinden sich Hinweise auf neue Sinfonien, und es ist typisch für die neue Schaffensphase, daß er seine Vorhaben oft nicht in Noten, sondern mit Worten skizziert.

»Das ist so seine Art: er bezeichnet sich gewöhnlich mit Worten den Ideengang für dieses oder jenes Tonstück und setzt höchstens einige Noten dazwischen«,

soll Schubert über Beethoven gesagt haben.[105] Dazu paßt die folgende Eintragung in ein Skizzenbuch aus dem Jahr 1818: So wesentlich die musikalischen Einfälle bis hin zu detaillierten Klangvorstellungen (»Violinen verzehnfacht«) sind, so entscheidend sind doch die ideellen und gedanklichen Klärungsprozesse:

»Adagio Cantique – frommer Gesang in einer Sinfonie in den alten Tonarten – Herr Gott dich loben wir – alleluja – entweder für sich allein oder als Einleitung in eine Fuge. Vielleicht auf diese Weise die ganze 2te Sinfonie charakterisirt, wo alsdann im letzten Stück oder schon im Adagio die Singstimmen eintreten. Die Orchester Violinen etc. werden beim letzten Stück verzehnfacht. Oder das Adagio wird auf gewisse Weise im letzten Stücke wiederholt wobei alsdann die Singstimmen nach u. nach eintreten – im Adagio Text griechischer Mithos Cantique Eclesiastique – im Allegro Feier des Bachus.«[106]

Vom Zeitpunkt dieser Eintragung an laufen die Überlegungen allmählich auf eine d-moll-Sinfonie mit einem Chorfinale über Schillers Ode *An die Freude* zu, dessen Vertonung ihm seit seiner frühen Bonner Zeit eine Herzensangelegenheit gewesen zu sein scheint. Aus dem Jahr 1822 ist dieser Plan zweifelsfrei belegt; die beiden darauffolgenden Jahre dienen der endgültigen Ausarbeitung. Die Uraufführung vom 7. Mai 1824 wird von einem Publikum, das in Beethoven inzwischen den größten, wenn auch gewiß nicht den zugänglichsten Meister seiner Zeit sieht, enthusiastisch gefeiert: Beethoven ist bereits bei Lebzeiten zum Klassiker geworden. Dasselbe Konzert zeigt ihn freilich zugleich als zutiefst einsamen Menschen. Einem der Mitwirkenden, dem Geiger Joseph Böhm, ist in lebhafter Erinnerung geblieben, daß der Meister nicht nur nichts gehört, sondern von dem, was um ihn herum vorging, vor Aufregung auch nichts gesehen habe:

»Man mußte es ihm immer sagen, wenn es an der Zeit war, dem Publikum für den gespendeten Beifall zu danken, was Beethoven in linkischster Weise that.«[107]

Ähnliches haben auch andere Augenzeugen mit Rührung erlebt und weitererzählt. Freilich geht es hier nicht nur um die sprichwörtliche menschliche Tragik, welche es mit sich bringt, daß der Komponist sein Werk, das doch der Freude geweiht ist, nicht hören, daß er sich zumindest sichtbar kaum freuen kann und körperlich erst reagiert, als man ihm den enttäuschenden Kassenreport überreicht – da bricht er zusammen. Die Szene hat darüber hinaus Symbolcharakter: Nach über zehnjähriger Vorbereitung kommt mit der *Neunten* ein Werk heraus, das in einer für die weitere deutsche Musikgeschichte exemplarischen Weise die Überwindung von Einsamkeit, Leiden und Erniedrigung zu einem, ja *dem* philosophischen Thema der Musik macht.

Natürlich haben schon Komponisten vor Beethoven ihrem persönlichen Leid Ausdruck in Musik gegeben; Bachs *Chromatische Fantasie*, die möglicherweise auf den Tod seiner ersten Frau geschrieben ist, oder Mozarts Klaviersonate a-moll KV 310, in Paris nach dem Tod der Mutter komponiert, sind einzelne prägnante Beispiele, die sich durch solche von Beethoven selbst ergänzen ließen. Doch es ist etwas anderes, ob man einen aktuellen Schmerz – darin durchaus in der Tradition der musikalischen Affektenlehre – in Musik nachklingen läßt, oder ob man in der Musik ein Medium sieht, in dem man auf das Leiden an der Welt höchst differenzierte, eben philosophische Antworten zu geben vermag: Musik ist dann nicht mehr oder nicht nur Aufschrei, sondern im wahrsten Sinne des Wortes Ausarbeitung – jenen von Beethoven als so tröstlich empfundenen Schriften des Plutarch vergleichbar, die in Form beispielhafter Lebensbeschreibungen oder philosophisch-moralischer Traktate zur Heiterkeit der Seele auch angesichts schwerer Schicksale einladen.

Werke wie die *Eroica* oder die *Fünfte* mögen hier zwar vorangegangen sein, verblassen aber vor dem philosophischen Gemälde der *Neunten*. Für diese gibt es nicht nur – wie ja bereits für die beiden anderen genannten Sinfonien – eine längere Zeit der Planung und Skizzierung; man muß vielmehr von einer geradezu exzeptionell ausgedehnten Latenzzeit sprechen, in welcher der Komponist ein um das andere Mal erwägt, ob und wie sich das, was er ›erlebt‹, in Musik fassen lasse. Und wenn er dabei schließlich zu der Überzeugung gelangt, daß dies mit den Mitteln der absoluten Musik allein nicht möglich sei, daß vielmehr der Gesang hinzutreten müsse, so ist die daraufhin geschaffene *Neunte* keine Variante zu traditionelleren Lösungen des sinfonischen Problems, sondern Ausdruck einschneidenden Verzichts auf solche. Mag die *Eroica* als das erste Ideen-Kunstwerk der Musikgeschichte zu verstehen sein, so die *Neunte* als das erste philosophische.

Die Sinfonie hat nunmehr für ihn nicht allein als Gebrauchsgattung zu existieren aufgehört, sie ist vielmehr auch als Folie zur Darstellung bestimmter Ideenkreise – wie ›Schicksal‹ oder ›Natur‹ – untauglich geworden: Allein der Versinnlichung einer Idee von ›Mensch‹ und ›Welt‹ schlechthin vermag sie noch zu dienen – und dies auch nur unter der Voraussetzung, daß sie die Grenzen ihres Terrains, das bisher der Artikulierung musikalisch ›absoluter‹ Gedanken vorbehalten war, für Tugendpredigten öffnet. Indiz, wie ernst Beethoven es damit meint, ist weniger die Verwendung der Ode *An die Freude* als die – bei ihm selbst lange umstrittene – Entscheidung für den Rezitativ-Vortrag »O Freunde, nicht diese Töne«: Hier dringen moralphilosophische Argumentationen, die zur Zeiten der *Eroica* noch außermusikalischen Äußerungen wie dem Heiligenstädter Testament vorbehalten gewesen waren, die dann später Aufnahme in Skizzen- und Projektbücher gefunden hatten, in die komponierte Musik selbst ein – von Wagner mit Bedacht als Höhepunkt und Ende der Sinfonie als ernstzunehmender Gattung gedeutet.

Doch bevor von der Philosophie der *Neunten* die Rede ist, sei ein Blick auf die vorangegangene Latenzzeit geworfen, da sie für die Ausprägung charakteristischer Einstellungen und Haltungen von großer Wichtigkeit ist.

»Ergebenheit, innigste Ergebenheit in dein Schicksal, nur diese kann dir die Opfer - - - zu dem Dienstgeschäft geben – o harter Kampf! [...] Du darfst nicht Mensch seyn, für dich nicht, nur für andre; für dich gibts kein Glück mehr als in dir selbst, in deiner Kunst – O Gott! gib mir Kraft, mich zu besiegen; mich darf ja nichts an das Leben fesseln.«

Dieser Eintrag eröffnet ein Tagebuch, das wichtige Aufschlüsse über Beethovens Denkungsart in den Jahren 1812 bis 1818 gibt. Vom Herausgeber Maynard Solomon als »journal intime« bezeichnet,[108] enthält es in der Tat – neben manchem Alltäglichem – Monologe des zunehmend Vereinsamenden über den Sinn des Lebens und Zitate oder frei formulierte Auszüge aus Schriften, in denen er in diesem Kontext Trost und Anregung findet. Genannt seien der *Rigveda* und andere Zeugnisse indischer oder ägyptischer Weisheit, die beiden großen Epen Homers, die »Biographien« des Plutarch, die *Allgemeine Naturgeschichte und Theorie des Himmels* von Immanuel Kant, die schon anläßlich der *Pastorale* erwähnten *Betrachtungen über die Werke Gottes im Reiche der Natur* von Christoph Christian Sturm (zeitweilig Beethovens tägliche Lektüre) sowie Werke von Herder und Schiller und die damals in Wien viel aufgeführten *Schicksalstragödien* von Zacharias Werner und Adolf Müllner.

Die Zitate aus den genannten, zum guten Teil in Beethovens Bibliothek nachweisbaren und mit Unterstreichungen versehenen Schriften lassen sich durch Hinweise in den Konversationsheften ergänzen. Dort finden sich zum Beispiel die berühmten Eintragungen aus dem Jahr 1820 »Socrates u. Jesus waren mir Muster« sowie »Das moralische Gesetz in uns und der gestirnte Himmel über uns! Kant!!!«,[109] wobei Sokrates für den sittlichen Ernst der antiken Philosophie, Jesus für die christliche Lehre von Liebe und Brüderlichkeit, Kant für den Vernunftglauben der Aufklärung stehen dürften. Aus dem gleichen Jahr 1820 überliefern die Konversationshefte ein Gespräch mit dem Literaten Friedrich August Kanne über Platons Staatsidee, die ihn ja schon seit *Eroica*-Zeiten fesselt; 1826 unterhält er sich mit dem Geiger Karl Holz über die drei großen griechischen Dramatiker Aischylos, Sophokles und Euripides. All diese Geistestätigkeiten sind im Sinne einer Lebensmaxime zu verstehen, die Beethoven im Brief an Breitkopf & Härtel vom 2. November 1809 in die Worte faßt:

»...habe ich mich doch bestrebt von Kindheit an, den Sinn der Besseren und Weisen jedes Zeitalters zu fassen«.

Bei aller Vielfalt sind einige wenige Ideenkreise bestimmend. Es geht zum ersten um die Möglichkeit der Erkenntnis Gottes: Dieser ist einerseits – so lehrt es die Weisheit des Orients – im Mysterium erfahrbar; er hinterläßt andererseits – das besagt die aufgeklärte Physico-Theologie des Occidents – in den Wundern der Schöpfung seine Spuren. In diesem Sinne schreibt sich Beethoven für sein Tagebuch Stellen aus einer ganzen Reihe wissenschaftlicher Veröffentlichungen heraus, so zum Beispiel aus Johann Friedrich Kleukers Werk *Das brahmanische Religionssystem* von 1779. Mehrfach übernimmt er Abschnitte aus Kants *Allgemeiner Naturgeschichte und Theorie des Himmels* von 1755, und zwar in auffälliger Weise vor allem die gesperrt gedruckten – als ob Kant für ihn eine Autorität darstelle, von der zu lernen schon an sich lohne. Ihn interessieren die Gesetzmäßigkeiten des Laufes der Planeten, aber auch Theorien über deren stoffliche Beschaffenheit, Bewohner, Tier- und Pflanzenwelt. Als eine für ihn sicherlich zentrale Äußerung Kants notiert er sich:

»Nicht der ohngefähre Zusammenlauf der Atomen des Lukrez [Beethoven schreibt versehentlich und doch sehr bezeichnend: ›des Akkords‹ anstatt ›des Lukrez‹] hat die Welt gebildet; eingepflanzte Kräfte und Gesetze, die den weisesten Verstand zur Quelle haben, sind ein unwandelbarer Ursprung derjenigen Ordnung gewesen, die aus ihnen nicht von ohngefähr, sondern nothwendig abfließen mußte ... Wenn in der Verfassung der Welt Ordnung und Schönheit hervorleuchten [Beethoven schreibt: ›Wetterleuchten‹]: so ist ein Gott.«[110]

Dazu paßt eine Äußerung Beethovens gegenüber dem Harfenisten Johann Andreas Stumpff während eines gemeinsamen Ausflugs ins Helenental im Jahr 1824. Auf einer Rasenbank sitzend, erklärt er:

»Hier, von diesen Naturprodukten umgeben, sitze ich oft stundenlang, und meine Sinne schwelgen in dem Anblick der empfangenden und gebärenden Kinder der Natur. Hier verhüllt mir die majestätische Sonne kein von Menschenhänden gemachtes Dreckdach, der blaue Himmel ist hier mein sublimes Dach. Wenn ich am Abend den Himmel staunend betrachte und das Heer der ewig in seinen Grenzen sich schwingenden Lichtkörper, Sonnen oder Erden genannt, dann schwingt sich mein Geist über diese soviel Millionen Meilen entfernten Gestirne hin zur Urquelle, aus welcher alles Erschaffene strömt und aus welcher ewig neue Schöpfungen entströmen werden. Wenn ich dann und wann versuche, meinen aufgeregten Gefühlen in Tönen eine Form zu geben – ach, dann finde ich mich schrecklich getäuscht: ich werfe mein besudeltes Blatt auf die Erde und fühle mich fest überzeugt, daß kein Erdgeborener je die himmlischen Bilder, die seiner aufgeregten Phantasie in glücklicher Stunde vorschwebten, durch Töne, Worte, Farbe oder Meißel darzustellen imstande sein wird.«[111]

Solche Gedanken waren der Zeit geläufig. In der viel gelesenen und auch Beethoven bekannten *Anleitung zur Kenntniß des gestirnten Himmels* des Astronomen Johann Elert Bode heißt es im Schlußkapitel:

»Wenn man mit solchen erhabenen Begriffen und Vorstellungen von der Majestät Gottes, der Größe und Vortrefflichkeit des Weltgebäudes, der Würde und den frohen Aussichten des Menschen, seine ganze Seele erfüllt, so giebt der nächtliche Anblick eines heiter gestirnten

Himmels ein unnennbares Vergnügen. Hier lasse ich ungestört meiner Einbildungskraft, meinen Hoffnungen und Ahndungen freyen Lauf, und die Stille der Nacht erhöht und schärft meine Vorstellungen. Hier beleben mich Empfindungen, die die Welt nicht kennt. Hier sammlet mein Geist Stoff zum Denken.«[112]

Ein zweiter Ideenkreis umfaßt Fragen nach der Bestimmung des Menschengeschlechts, die im wesentlichen im Geist des Idealismus – im Sinne einer Höherentwicklung und Veredelung – beantwortet werden. In diesem Kontext ist zum Beispiel ein Zitat aus der *Ilias* zu verstehen: »nun aber erhascht mich / das Schicksal / daß ich nicht arbeitlos in den Staub sinke / noch ruhmlos / Nein erst großes vollendet, wovon auch / Künftige hören«.[113] Drittens setzt sich Beethoven mit den ethischen Konsequenzen seines persönlichen Schicksals auseinander: In stoischer Tradition fordert er von sich selbst die Beherrschung der Leidenschaften; und im Konflikt zwischen kreatürlichen Neigungen – etwa dem Wunsch nach Kommunikation und Geselligkeit – und künstlerischem Auftrag entscheidet er sich für den letzteren.

Was im Tagebuch und in den Konversationsheften als Gedankengut Beethovens dokumentiert ist, stellt keineswegs eine Feierabendphilosophie dar, spiegelt vielmehr seine Welt, die ja – für einen fast Ertaubten nicht unverständlich – in hohem Maß eine Welt des Geistes und der Ideen ist. Wieviel diese Ideen mit seiner künstlerischen Praxis zu tun haben, zeigt sich an der Tatsache, daß sie gelegentlich unmittelbar – also nicht erst im Zuge langwieriger Klärungsprozesse – in Musik gesetzt werden. Das gilt zum Beispiel für das *Abendlied unterm gestirnten Himmel* WoO 150, das 1820 als Musikbeilage zur *Wiener Zeitschrift für Kunst, Literatur, Theater und Mode* erscheint: Wenige Wochen zuvor hat Beethoven in diesem Blatt *Kosmologische Betrachtungen* des Wiener Sternwartendirektors Joseph Littrow lesen können. Deren Lektüre schlägt sich nicht allein in einer Hinwendung zu Kant nieder, dessen Satz vom »gestirnten Himmel« er in den Konversationsheften nach Littrows Aufsatz zitiert, sondern auch in dem genannten Lied, das er der Redaktion offenbar spontan einsendet. Ganz allgemein zeigt der Vorgang, daß Beethoven in Wien mit seinen Gedanken nicht völlig isoliert ist, sie vielmehr in Maßen mit einem Kreis Interessierter teilen kann; erst das hat die Fertigstellung auch großer Werke wie der *Neunten* möglich gemacht, so wenig diese letzten Endes aus einem solchen geistigen Umfeld zu erklären sein mögen.

Auch das 1813 geschriebene Lied *An die Hoffnung* op. 94 ist in diesem Zusammenhang zu sehen. Den Text Christian August Tiedges hatte Beethoven schon einmal, als op. 32 im Jahr 1805 komponiert, damals jedoch den Anfang weggelassen, den er nunmehr als Rezitativ vertont:

»Ob ein Gott sei? ob er einst erfülle,
was die Sehnsucht
weinend sich verspricht?
Ob, vor irgendeinem Weltgericht
sich dies räthselhafte Sein enthülle?
Hoffen soll der Mensch! er frage nicht!«

Im ganzen Lied ist, einer Beobachtung Marie-Elisabeth Tellenbachs zufolge, »schon bedeutende Substanz für den letzten Satz der neunten Symphonie angelegt«.[114] Jedenfalls macht es deutlich, in welchem Maße ihm der Inhalt eine Herzensangelegenheit ist und mit Maximen übereinstimmt, die er sich durch eigene Lektüre noch einmal neu erschließt.

Worin bestehen Leiden und Einsamkeit, die Beethoven mit dem Blick des Philosophen zu betrachten und in seiner Kunst aufzuheben trachtet? Auch wenn er selbst dies anders gesehen haben mag – sie sind nicht oder nicht allein Ausdruck eines widrigen Schicksals, sondern machen deutlich, was Beethoven aus seinem Leben macht. Das zu wissen ist wichtig für eine Ideengeschichte der Musik, hier im Blick auf die *Neunte*: Aufgrund welcher Welterfahrung, vor welchem lebensgeschichtlichen Hintergrund entstehen solche exorbitanten Werke, die von den Hörern einerseits als das ganz Andere der Kunst, andererseits aber als ein Stück des eigenen Selbst erlebt werden? Oder, anders gefragt: Welchem Lebensgefühl muß man zugänglich sein, um sich mit dieser Musik identifizieren zu können?

Die Antwort könnte ansetzen bei der Fortsetzung des oben mitgeteilten Tagebucheintrags »Ergebenheit, innigste Ergebenheit...« aus der zweiten Hälfte des Jahres 1812. Sie lautet: »Auf diese Art mit A geht alles zugrunde.« Mit einiger Wahrscheinlichkeit bezieht sie sich auf die »unsterbliche Geliebte«, welcher der zweiundvierzigjährige Beethoven am 6. und 7. Juli 1812 aus dem Badeort Teplitz – Zeit und Ort scheinen auf Grund geradezu kriminalistisch zu nennender Detailforschungen festzustehen – jenen leidenschaftlichen Fortsetzungsbrief schrieb, der zu so vielen Mutmaßungen Anlaß gegeben hat und mit den Worten beginnt:

»Mein Engel, mein alles, mein Ich. – nur einige Worte heute, und zwar mit Blejstift (mit deinem) – erst bis morgen ist meine Wohnung sicher bestimmt – welcher Nichtswürdige Zeitverderb in d.g. – warum dieser tiefe Gram, wo die Nothwendigkeit spricht – Kann unsre Liebe anders bestehn als durch Aufopferungen, durch nicht alles verlangen, Kannst du es ändern, daß Du nicht ganz mein, ich nicht ganz dein bin ...«

Sollte sich die Abkürzung »A« überhaupt auf die »unsterbliche Geliebte« beziehen, so könnte Antonie Brentano gemeint gewesen sein, wie Maynard Solomon dies in seinem klugen Beethovenbuch zu begründen versucht.[115] Der Buchstabe »A« könnte freilich auch einen Lesefehler in der sehr flüchtigen Abschrift des Tagebuchs – dessen Original ist verschollen – darstellen. In diesem Fall spräche nichts dagegen, Josephine Brunsvik als Adressatin der Brieffolge zu identifizieren, wie dies Harry Goldschmidt und Marie-Elisabeth Tellenbach in zwei eigens diesem Thema gewidmeten Büchern getan haben.[116] Beide Frauen verehrten den Künstler Beethoven hoch, ohne daß sie damals – wegen ihrer Ehepflichten – eine formale Verbindung mit ihm hätten eingehen können, selbst wenn sie dies in Erwägung gezogen haben sollten. Freilich darf man nicht übersehen, daß der Brief, in dem Beethoven seiner Verzweiflung über die Schwierigkeiten einer Verbindung Ausdruck gibt, sich in seinem Nachlaß befand, also vielleicht nie abgeschickt worden ist. Das erschwert die Beweisführung darüber, ob es sich um die eine, die andere oder keine der beiden Frauen gehandelt hat.

Im Kontext dieses Buches ist diese Frage auch nicht wesentlich. Selbst wenn Beethoven, was man ihm nicht unterstellen muß, die Vorgänge in Teplitz weit dramatischer angesehen haben sollte als die Adressatin seiner Briefe, wenn sein emotionaler Aufruhr also nicht »realitätsgerecht« gewesen sein sollte, so würde dies nichts an seinem eigenen, inneren Erleben ändern, auf das es vor allem ankommt – hier konkret bezogen auf sein Verhältnis zu Frauen in der Zeit ab 1812. Dieses läßt sich exemplarisch an seiner Verbindung zu Josephine Brunsvik verdeutlichen, gleichviel ob diese als »unsterbliche Geliebte« zu identifizieren ist oder nicht.

Josephine hatte – gemeinsam mit ihrer Schwester Therese – seit 1799 mit Beethoven einen intensiven freundschaftlichen Umgang und künstlerischen Austausch. Es gibt Indizien dafür, daß sie 1804, nach dem Tod ihres ersten Mannes, des Grafen Deym, Beethovens Werbungen Gehör geschenkt hätte, wenn nicht ihre Familie strikt gegen eine Ehe mit diesem gewesen wäre und wenn eine solche Verbindung nicht die Erziehung ihrer Kinder erschwert hätte. Jedenfalls ist es gut denkbar, daß sie im Jahr 1812, als ihre zweite Ehe mit dem baltischen Baron von Stackelberg auch nach außen sichtbar zerrüttet war, eine bei Beethoven neu entflammte Leidenschaft erwidert hätte.

Insgesamt konnte die Beziehung nur dazu angetan sein, eine in Beethoven ohnehin ausgebildete Wesensstruktur zu verstärken: die des vergeblichen Hoffens. Josephine stand exemplarisch für den Typus der von ihm bewunderten Frau ›adeligen Standes‹, die ihn als Künstler verstand wie sonst niemand auf der Welt, die unter ihren ehelichen Verhältnissen litt, die sich Beethoven vielleicht in einem herausgehobenen Lebensmoment ›hingab‹ und ihm damit unmißverständlich zu signalisieren schien, ›erlöst‹ werden zu wollen – und die doch unerreichbar blieb.

Verzicht auf eine Verbindung schließt übrigens eine Seelenfreundschaft bis zum Tode Josephines im Jahr 1821 nicht aus. Marie-Elisabeth Tellenbach bringt interessante Hinweise darauf, daß Beethoven zumindest mit der Schwester Therese die Lektüre geteilt hat, zum Beispiel Kants *Theorie des Himmels*, Rousseaus *Julie oder die neue Héloïse* – einen Roman, der die Verwandlung sinnlicher Leidenschaft in Seelenfreundschaft schildert, sowie alte indische Texte, die zum Sieg über falsche Begierden anleiteten.[117] In der Klaviersonate op. 110 aus dem Jahr 1821 sieht sie einen wichtigen künstlerischen Niederschlag der sich zum Verzicht durchringenden Haltung Beethovens; und dem Anfangsmotto der Sonate, das ja in der Schlußfuge in einer wie von aller irdischen Sehnsucht erlösten Gestalt erscheint, unterlegt sie, wie erwähnt, den Seufzer »Liebe Josephine« kühn, aber angesichts der hierin vergleichbaren Klaviersonate op. 81a, *Les Adieux,* nicht ohne Berechtigung.[118]

Man kann Beethovens Verhalten in Liebesdingen, wie ich es am Beispiel Josephine Brunsviks zu skizzieren versucht habe, als unwillkürliche Lebensklugheit verstehen – wie hätte man sich ihn, so wie er war, als Ehemann vorstellen können? Man kann sie zugleich als Zeichen eines tiefen, in früher Kindheit fundierten Zerwürfnisses mit dem »Prinzip Leben« deuten und als Ausdruck einer existenziellen Verbitterung, die sich den »kleineren« Glücksmöglichkeiten, welche die alltägliche Existenz hätten bereithalten können, hochmütig-schwach versagt. Letzteres ist jedenfalls die innere Wirklichkeit Beethovens, wie sie ihm nunmehr definitiv erscheint: Es gibt kein privates Lebensglück, sondern nur das geistige Ringen um jene bessere Welt, die seine Musik vorausgeahnt.

Dem Verzichtjahr 1812 folgt das »Katastrophenjahr« 1813, das schon die frühen Beethoven-Biographen so nannten, um zugleich möglichst alle Spuren zu verwischen, die auf den Heros ein schlechtes Licht hätten werfen können. Beethovens Äußeres wird in dieser Zeit als nachlässig und schmutzig geschildert; er will sich das Leben nehmen und wechselt mit dem Freund Nikolaus von Zmeskall anzügliche Briefe über das Thema ›Dirnenbesuch‹. Diesbezügliche Schuldgefühle schlagen sich – das ist die Interpretation Solomons – in einer Tagebuch-Notiz wie der folgenden nieder:

»Sinnlicher Genuß ohne Vereinigung der Seelen ist und bleibt viehisch, nach selben hat man keine Spur einer edlen Empfindung, vielmehr Reue«.[119]

Was an Enttäuschungen im Verhältnis zu Frauen unverarbeitet geblieben sein mag, lebt Beethoven in geradezu verhängnisvoller Weise in der tyrannischen Fürsorge für seinen Neffen Karl aus. Fanny del Rio überliefert eine Äußerung Beethovens vom März 1816, nach der »er nie ein heiligeres Band knüpfen würde, als das ist, welches ihn jetzt an seinen Neffen bindet«;[120] damit wählt der Komponist in der Sicht Elisabeth Tellenbachs Formulierungen, mit denen zuvor Josephine ihm selbst zu verdeutlichen versucht hatte, warum sie ihren Kindern zu stark verpflichtet sei, um auf sein Werben eingehen zu können.[121] Augenscheinlich kennt Beethoven in dieser Zeit keine Hoffnung mehr auf frei erlangtes Glück, sondern nur noch gewaltsame Versuche, in den Besitz eines Liebesobjekts zu kommen.

Obwohl sein Bruder Caspar Carl vor seinem Tode im November 1815 ausdrücklich verfügt hat, nicht Beethoven, sondern seine Frau Johanna solle das Sorgerecht über den damals neunjährigen Sohn Karl erhalten, setzt Beethoven alle Hebel in Bewegung, um das Kind seiner Mutter wegzunehmen. Es gibt herzzerreißende Szenen, als Karl, von Beethoven einer ›guten‹ Erziehungsanstalt überantwortet, nachhause flüchtet und zurückgebracht werden muß. Beethoven führt langwierige Prozesse um das Sorgerecht und scheut sich nicht, seiner Schwägerin einen schlechten, zur Kindeserziehung disqualifizierenden Lebenswandel zu unterstellen. Nachdem Beethoven den Neffen aus der Erziehungsanstalt genommen hat, um ihn bei sich wohnen zu lassen, scheint sich beider Verhältnis im Laufe der Jahre im Sinne enger familiärer Bindung zu normalisieren; doch 1826 schießt sich Karl eine Kugel in den Kopf. Er überlebt; dafür stirbt Beethoven selbst im darauffolgenden Jahr – voller Kummer über das Scheitern seiner Erziehungspläne.

Steuern Beethovens persönliche Lebensverhältnisse nach 1812 in vielen Hinsichten in eine krisenhafte Phase, so zeigen sich um dieselbe Zeit im politischen Bereich

Silberstreifen am Horizont, um freilich alsbald wieder zu verschwinden und umso größerer Enttäuschung Platz zu machen. Zunächst setzt im Zuge der Befreiungskriege Euphorie ein. Beethoven komponiert nicht nur, wie erwähnt, die Schlachten-Sinfonie *Wellingtons Sieg*; er bedankt sich für die öffentlichen Ehrungen, die ihm nunmehr verstärkt zuteil werden, auch mit einem neuen Gelegenheitswerk: der Ende 1814 komponierten Kantate *Der glorreiche Augenblick* op. 136, einer Huldigung an den Wiener Kongreß mit den optimistischen Anfangsworten »Europa steht!«

Wie und wo Europa steht, wird freilich nach Beendigung des Wiener Kongresses rasch deutlich: Die alten europäischen Fürsten, die sich wieder in ihre Herrschaft eingesetzt haben, denken nicht daran, dem Volk, das für sie gekämpft und geblutet hat, seinerseits Freiheitsrechte einzuräumen. Vielmehr folgt, ausdrücklich besiegelt durch die Karlsbader Beschlüsse von 1819, die Ära der sprichwörtlich gewordenen ›Reaktion‹, die Beethoven – nun auch politisch – in Resignation und Verzweiflung treibt: Wo sind die Ideale, für die es sich einzusetzen lohnt, nachdem der Befreiungskampf zunächst mit und dann gegen Napoleon so traurige Folgen gezeitigt hat? Entsprechend enttäuscht lauten alsbald seine Kommentare zur aktuellen politischen Lage. Während der Hundert-Tage-Herrschaft Bonapartes schreibt er, am 8. April 1815, an den Juristen Johann von Kanka:

»Womit soll ich Ihnen in meiner Kunst dienen? Sprechen Sie, wollen Sie das Selbstgespräch eines geflüchteten Königs [Ludwigs XVIII.] oder den Meineid eines Usurpators [Bonapartes] besungen haben?«

»Die elendesten alltäglichsten unpoetische Scenen umgeben mich – und machen mich verdrießlich«, klagt er bald darauf Joseph Xaver Brauchle. Später äußert er sich grimmig über die Folgen der vom Wiener Kongreß eingeleiteten Restauration.

»Wenn jetzt N[apoleon] wieder käme, so würde derselbe ein[en] bessere[n] Empfang in Europa zu erwarten haben«,

schreibt er im Januar 1820 in ein Konversationsheft, um zugleich Bonaparte zu rühmen, der nur durch seine Hybris gescheitert sei:

»Er hatte Sinn für Kunst und Wissenschaft und haßte die Finsterniß. Er hätte die Deutschen mehr schätzen und ihre Rechte schützen sollen ... Doch stürzte er überall das *Feudal* System, und war Beschützer des Rechtes und der Gesetze.«[122]

Solche Äußerungen kommen damals Hochverrat gleich, und deshalb warnt man Beethoven immer wieder davor, in Lokalen allzu offen und laut zu sprechen. Über sein unbotmäßiges Reden schreibt der Bremer Musikliebhaber Wilhelm Christian Müller nach einem Besuch bei Beethoven im Herbst 1820:

»Die Polizei wußte es, aber man ließ ihn, sei es nun als einen Phantasten oder aus Achtung für sein glänzendes Kunstgenie, in Ruhe«.[123]

Der philosophisch-ästhetische Horizont

An ein so komplexes, auf vielen Ebenen deutbares Werk wie die *Neunte* kann es kaum mehr als Annäherungen geben. Das empfindet Beethoven augenscheinlich selbst, wenn er der Sprachmächtigkeit der reinen Instrumentalmusik nicht vertraut, vielmehr im Finale das gesprochene Wort zur Hilfe nimmt. Dieser Schlußsatz bietet denn auch den besten Schlüssel zum Verständnis der vollständigen Satzfolge; denn zu Anfang, nach einer schrill-dissonanten, von Richard Wagner so genannten ›Schreckensfanfare‹, läßt Beethoven die Themen der drei vorangegangenen Sätze Revue passieren und jeweils von einem Orchester-Rezitativ ›kommentieren‹. In seinen Skizzen hat Beethoven diese Orchester-Rezitative zwar nicht zweifelsfrei und silben-genau textiert, ihnen jedoch Worte unterlegt, die wichtige Hinweise auf den ›Sinn‹ der in der Endfassung wortlosen Szene zu Beginn des Chor-Finales gegeben.

Die betreffende, zusammenhängende Sequenz aus dem Berliner Skizzenbuch *Landsberg 8* ist im folgenden nach Gustav Nottebohm unter Berücksichtigung einzelner Lesarten-Verbesserungen durch Hugo Riemann und Antony Hopkins mitgeteilt:[124]

Schreckensfanfare
Rezitativ mit der Textunterlegung: »Heute ist ein feierlicher Tag... dieser sei gefeiert mit/ durch Gesang und Tanz[?]«
Anfang des ersten Satzes
Rezitativ mit der Textunterlegung: »o nein, dieses nicht, etwas anderes gefälliges ist es was ich fordere«
Anfang des zweiten Satzes
Rezitativ mit der Textunterlegung: »auch dieses nicht, ist nur Possen... sondern nur etwas heiterer... etwas schöners u. bessers«
Anfang des dritten Satzes
Rezitativ mit Textunterlegung: »auch dieses [nicht] es ist zu zärtl. etwas aufgewecktes [?] muss man suchen wie die... ich werde sehn dass ich selbst euch etwas vorsinge alsdann stimmt nur nach«.
Anfang der Freudenmelodie des vierten Satzes
Rezitativ mit Textunterlegung: »Ha dieses ist es. Es ist nun gefunden Freude ...«

Vor diesem zusammenhängenden Passus befindet sich außerdem ein Rezitativ mit der Textunterlegung: »Nein dieses Chaos [?] erinnert an unsre Verzweifl.« Vielleicht bezieht es sich auf die Schreckensfanfare. Damit scheint bei aller notwendigen Vorsicht eine bestimmte Grundidee deutlich durchzuscheinen: Auf die Schrecknisse der Gegenwart, wie sie in der schrillen Fanfare zu Beginn des Finales zum Ausdruck kommen, geben die drei ersten Sätze spezifische Antworten, die im Finale keineswegs entwertet, jedoch als definitive Lösung zurückgewiesen werden: Eine solche bringt erst der Rundgesang der Freuden-Ode »Freude, schöner Götterfunken«. In demselben Skizzenbuch »Landsberg 8« stehen acht Seiten vorher in einer

Zeile nebeneinander die Wörter »Entschlossenheit«, »Leichtsinn«, »Erhabenheit«;[125] auch damit sollen möglicherweise die drei ersten Sätze der Reihe nach charakterisiert werden.

Sicherlich lassen die Skizzen nicht ohne weiteres auf das fertige Werk schließen; sie geben jedoch Anhaltspunkte, wie die Sinfonie in ihrer spezifischen Satzfolge gedeutet werden könnte. In diesem Sinne spielen sie in den folgenden Betrachtungen eine Rolle.

ALLEGRO MA NON TROPPO, UN POCO MAESTOSO. Mit der Bezeichnung *maestoso* ging Beethoven sehr sparsam um. Läßt man einige Beispiele eher konventioneller Verwendung innerhalb der Gattungen Ballett, Ouverture und Oratorium außer acht, so bleiben nur die *Neunte* und die Kopfsätze zweier in ihrem Umkreis entstandenen Werke: der Klaviersonate op. 111 und des Streichquartetts op. 127. Beethoven scheint sich das *Maestoso* für die Zeit der *Neunten* geradezu aufgespart zu haben; und der Zusatz *un poco* im ersten Satz stellt schon fast eine Untertreibung dar. Paul Bekker meint, hier sei die Darstellung des Kampfes mit dem Schicksal, welche den ersten Satz der *Fünften* bestimme, »einer Schilderung dieser Schicksalsmacht selbst ... ohne den Versuch eines Widerstandes« gewichen.[126] Ähnliches könnte Richard Wagner empfunden haben: Er hat nicht nur der *Neunten* eine Art Programm nach Goethes *Faust* unterlegt, sondern auch seine eigene *Faust-Ouverture*, die ursprünglich als erster Satz einer *Faust*-Sinfonie gedacht war, in einem ideellen Zusammenhang mit der *Neunten* konzipiert und ihr ein *Faust*-Motto gegeben:

»Der Gott, der mir im Busen wohnt,
kann tief mein Innerstes erregen;
der über allen meinen Kräften thront,
er kann nach außen nichts bewegen;
und so ist mir das Dasein eine Last,
der Tod erwünscht, das Leben mir verhaßt.«

Die Urgewalt des Göttlich-Erhabenen meint man schon gleich am Anfang zu hören: Blitze zucken an einem »Gewitterhorizont« archaisch-leerer Quinten,[127] um ihre Energie alsbald auf die Formung des von der Majestät des Weltschöpfers kündenden Hauptthemas zu konzentrieren:

Ludwig van Beethoven: Sinfonie Nr. 9, Hauptthema, T. 17-22

»Urlandschaft: Vorgeschichte. Es könnte die Vorstellung von einem Raubvogel entstehen, der in der Höhe kreist und kreist, bis er plötzlich sich vehement auf das D-Moll des Hauptthemas herabstürzt, das er von Anfang an im Auge gehabt hatte.«[128]

Mit diesen Worten charakterisieren Jens Brockmeier und Hans Werner Henze den Beginn der Sinfonie. Nach den acht vorangegangenen, das Problem des Beginnens immer neu thematisierenden Sinfonie-Anfängen überrascht Beethoven noch einmal mit einer ganz neuen Lösung – es ist die vielleicht schlagendste für das Thema des Erhabenen: Aus dem bewegten Chaos formt sich eine Idee des Weltenganges als unwidersprochene und alleinbestimmende. Man könnte an das bleibende Sein, die ewige Bahn der Gestirne denken. Für deren Ordnung bürgt – auf kompositorischer Ebene – eine erstaunlich konsequent durchgehaltene Gliederung des Satzes in regelmäßige Viertaktgruppen, die zu seinem dramatischen Gestus merkwürdig quer steht. Doch gerade »eine Simplizität, die es erträgt, mit Emphase vorgetragen zu werden, ohne in leere Rhetorik zu verfallen«, ist nach Carl Dahlhaus geeignet, die Monumentalität zu garantieren, die den Satz auszeichnet.[129]

Ludwig van Beethoven: Sinfonie Nr. 9, 1. Satz, T. 25-31, Partiturausschnitt

Robert Schumann hat bereits 1835, also noch ganz zu Anfang der Beethoven-Rezeption, den Gedanken geäußert,

»die Symphonie stelle [im ersten Satz] die Entstehungsgeschichte des Menschen dar – erst Chaos – dann der Ruf der Gottheit: ›es werde Licht‹ – nun ginge die Sonne auf über den ersten Menschen, der entzückt wäre über solche Herrlichkeit«.

Und was Schumann mit dieser Formulierung seiner literarischen Figur Florestan innerhalb einer *Fastnachtsrede* auf die *Neunte* in den Mund gelegt hat, hat er im gleichen Jahr auch direkt, nämlich anläßlich einer Besprechung der *Weihe der Töne* von Louis Spohr benannt: Beide ersten Sätze enthielten »vielleicht denselben poetischen Grundgedanken«.[130] (Spohrs Sinfonie beginnt mit dem »starren Schweigen der Natur vor der Erschaffung des Tons«, um danach zu schildern, wie Musik den Menschen auf charakteristischen Stationen seines Lebensgangs begleitet.)

Doch nicht nur der »gestirnte Himmel über uns«, sondern auch das von Beethoven gleichfalls nach Kant beschworene »moralische Gesetz in uns«[131] sprechen aus dem ersten Satz der *Neunten*: Es geht in ihm auch um den Menschen und seine heroische Tat. Immer wieder ist ein in Takt 102 erstmals erklingender kämpferischer Rhythmus zu hören. Einen speziellen, dem Trauermarsch der französischen Revolution eigenen Gestus hört Martin Cooper aus der Fortsetzung des Hauptthemas ab Takt 25 und aus der Überleitung zum 2. Thema ab Takt 74 heraus.[132]

Ludwig van Beethoven: Sinfonie Nr. 9, 1. Satz, T. 74-78, Flöte

In diesem Zusammenhang kann man auch auf die gleichfalls dem Typus des Trauermarsches eigenen gedämpften Bläserklänge in der Coda ab Takt 513 verweisen. Unüberhörbar ist jedenfalls ein Moment, das Donald Francis Tovey veranlaßt hat, den ganzen ersten Satz als eine *Tragödie* zu bezeichnen.[133] Diese Zuweisung gäbe dann einen Sinn, wenn man über den Horizont des schon im Trauermarsch der *Eroica* und im *Allegretto* der *Siebten* anzutreffenden Topos der ›Heldenfeier‹ hinausblickte und sich dem antiken Begriff der Tragödie näherte: In dieser ist eine göttliche, schicksalhafte Urgewalt verantwortlich für die ›tragischen‹ Verwicklungen, innerhalb derer der Mensch seine Existenz erleidend begreift und letztendlich im aktiven Willensakt annimmt – eine Verhaltensweise, die sich zwischen *pathos* und *ethos* bewegt. So gesehen, stellt der erste Satz der *Neunten* eine Grundkonstellation dar: das kosmische, das göttliche Gesetz mit dem Menschen in seinen Fängen.

Das heißt freilich nicht, daß dem Satz das lebensbejahende und vorwärtsgewandte Moment fehlte. Für dieses steht zum Beispiel das Hornmotiv Takt 469 ff., welches – gewiß nicht zufällig und möglicherweise als optimistischer Ausblick – der Coda vorbehalten ist. Als Dur-Variante aus dem Hauptthema entwickelt, war es, wie die Skizzen zeigen, von Anfang an als selbständiges Element »mit dabei«: optimistischer Natur- und Revolutionsklang zugleich und ein wenig auf Richard Wagners Siegfried-Motiv vorausweisend:

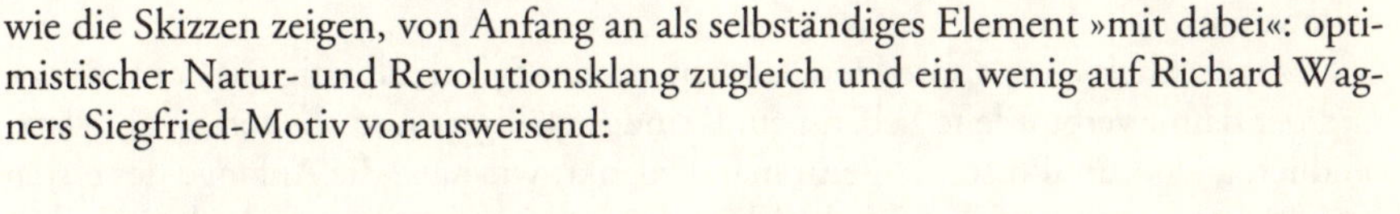

Ludwig van Beethoven: Sinfonie Nr. 9, 1. Satz, T. 469-477, Horn

Molto vivace. Auch wenn in der Partitur nicht ausdrücklich so genannt, ist der Satz ein Scherzo. Als solches ist er in der Beethoven-Literatur immer wieder mit der Vorstellung des Burlesken und Bacchantischen in Verbindung gebracht worden, und das umso mehr, als Beethoven ja nicht nur im Vorfeld der Arbeit an der *Neunten* Begriffe wie »griechischer Mythos« und »Bacchus-Feier« notiert, sondern sich darüber hinaus 1815 ausdrücklich mit dem Plan einer *Bacchus*-Oper getragen hat. In unmittelbarer Nähe zu den wenigen musikalischen Skizzen zu dieser Oper befindet sich eine mit »Fuge« überschriebene Vorform des späteren Scherzo-Themas der *Neunten.* Und bei den Opern-Skizzen selbst steht der Satz:

»Dissonanzen vielleicht in der ganzen Oper nicht aufgelöst oder ganz anders da sich in diesen wüsten Zeiten unsere verfeinerte Musik nicht denken läßt«.[134]

Man kann somit mit einiger Sicherheit davon ausgehen, daß in das fugierte Thema des Scherzos etwas von dem Ideen-Kreis des Bacchantisch-«Wüsten« eingegangen ist. Das wäre freilich vor dem Hintergrund des enthusiastischen Antike-Verständnisses der Goethezeit zu interpretieren: Wie schon aus der für die Deutung der *Eroica* wichtigen Handlung des *Prometheus*-Balletts ersichtlich, sieht Beethoven in Bacchus keinesfalls im heutigen primitiven Sinn einen Gott des Weines, sondern – speziell unter seinem griechischen Namen Dionysos – einen Repräsentanten griechischer Kultur schlechthin. Dionysos war für die Dichtkunst und Musik begeistert; auf seinen im weitesten Sinne berauschenden Festen wurde der Dithyrambos gepflegt, seinerseits eine Voraussetzung für die Entstehung von Tragödie und Satyrspiel.

In diesem Sinne kann man das Scherzo der *Neunten* als eine weitere Antwort auf die Schrecknisse der Gegenwart verstehen: An die Stelle der Auseinandersetzung mit dem unabänderlich erscheinenden Lauf des Kosmos, welche den ersten Satz gekennzeichnet hatte, tritt die Vorstellung eines dionysischen Festes, das zunächst grotesk-übermütig und unter ordinären Bocksprüngen – von der Pauke unmittelbar verkörpert – abläuft, um im geradtaktigen Trio menschlichere Züge zu zeigen. Dieses Trio, eine freundliche, anfänglich von den Rohrblatt-, also den traditionellen Schalmeien-Instrumenten über einem Bordun vorgetragene Hirtenweise, weist vom Melodietypus her gewiß nicht von ungefähr auf den Freuden-Hymnus des Finales voraus.

Das rauschhaft entspannte Heraustreten aus der Schicksalhaftigkeit der Existenz und der damit verbundene Lebensgenuß sind »gefälliger« und »heiterer«, aber letztendlich doch nur »Possen«. Wenn man bedenkt, wie nahe die Anfänge des ersten und zweiten Satzes vom motivischen Material her miteinander verwandt sind, liegt die Vorstellung nahe, daß Beethoven der Tragödie des *Allegro un poco maestoso* das Satyrspiel des *Molto vivace* habe folgen lassen.

ADAGIO MOLTO E CANTABILE. Orgiastischer Taumel ist nicht der Weisheit letzter Schluß gewesen. Es folgt – um noch einmal mit den Skizzen zu sprechen – etwas »Schöneres«, »Besseres«, »Zärtlicheres«, das selbst den aus Grundsatz strikt formal analysierenden und beschreibenden Heinrich Schenker zu poetischer Redeweise veranlaßt hat: Der Übergang von Streichern zu Bläsern in Takt 6 erweckt in ihm den Eindruck, »als würden, bildlich gesprochen, menschliche Arme begehrend nach einem Gegenstande langen, der so nah erreichbar ist«. Und die figurierte Violinfigur Takt 55 ff. vergleicht er mit »vor Seligkeit so hold verworrenen Atemzügen«.[135]

Damit ist viel über den Grundcharakter des *Adagio* gesagt, das als Variationssatz über ein liedhaftes, an den Zeilenschlüssen jeweils von Bläsern aufgenommenes Streicherthema gestaltet ist. Mit Schenker läßt sich dieses Thema – ohne die Bläsereinwürfe – folgendermaßen in 13 Takten darstellen:

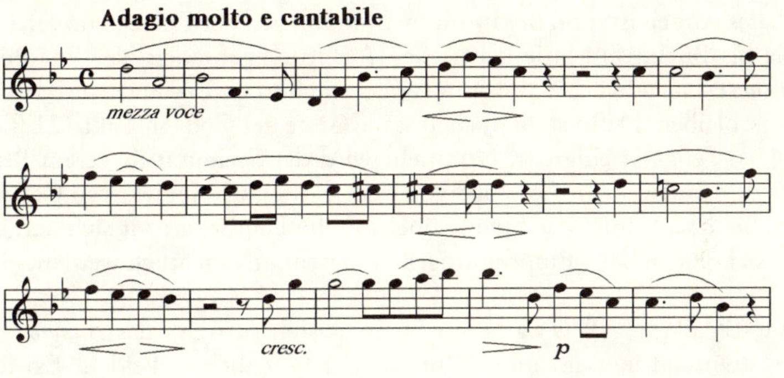

Ludwig van Beethoven: Sinfonie Nr. 9, 3. Satz, Streicherthema, T. 3-18

Damit es nicht alleinbeherrschend und die Folge seiner Variationen nicht monoton würde, hat Beethoven zwischen die Satzglieder zweimal ein weiteres Thema eingefügt, das – in den Skizzen mit *Grazioso alla Menuetto* assoziert – doch eher an ein Wiegenlied erinnert, mit dem es auch die Endlos-Form teilt. Gemeinsames Moment zwischen Ländler und Wiegenlied wäre das Gefühl seliger Geborgenheit in gleichmäßiger Bewegung und Gemeinsamkeit mit dem Partner.

Ludwig van Beethoven: Sinfonie Nr. 9, 3. Satz, T. 25-29, 2.Violine

Aus der Extrovertiertheit des Scherzos ist die Introvertiertheit des Adagios geworden – ein Rückzug ins Persönliche, ins Innere, unmittelbar auf den oft so zerbrechlichen Ton der letzten Streichquartette vorausweisend. Ein Ausdruck von Versunkenheit, ja Entrücktheit kennzeichnet die Musik. Hatten sich innerhalb der naiven Vitalität des Scherzos Sinnlichkeit und heftige Emotionalität entwickeln können, so erscheint die hochdifferenzierte, in kleinsten Regungen schwingende Tonsprache des *Adagio* eher vergeistigt als von primärem Lebenswillen gesteuert. Unwillkürlich taucht die Erinnerung an die ›unsterbliche Geliebte‹ auf: ein Nachzittern dessen, was damals an ›heiligen Gütern‹ gewesen ist oder hätte sein können, und der gleichzeitige Verzicht darauf.

Der Satz hat etwas von der Gelöstheit, ja Heiterkeit des Wahnsinns, für den ›schon alles vorbei‹ ist, und der in Bühnenmonologen der Frauen von Shakespeares Ophelia bis Büchners Marie klassischen Ausdruck gefunden hat. Für Beethoven gibt es diesen ›gnädigen Wahnsinn‹ freilich nicht; der Zustand von Entrücktheit darf nicht bleiben. Dafür steht die heroische Geste der Coda in Takt 121 ff., welche in die Lied-Seligkeit eingreift. Nunmehr wird der Seele mit düsterem Blech und Pauken zum endgültigen Abschied von den »zärtlichen« subjektiven Gefühlen der ›Marsch geblasen‹. Eine machtvolle überirdische Landschaft tut sich auf, in deren Weiten sich persönliche Empfindungen verlieren, unwesentlich werden.

CHORFINALE: PRESTO. Wie kann ein Finale aussehen, wenn das *Adagio*, Inbegriff geistiger Durchdringung und Läuterung menschlicher Leidens-Existenz, als Schlußsatz offenbar nicht ausreicht? Kann es anders weitergehen als im Sinne eines mystischen Schlußsatzes à la *Faust*, 2. Teil, wie ihn Generationen später Gustav Mahler in Musik gesetzt hat? Oder als Neuauflage der *Missa solemnis*, indem der Mensch sich letztendlich der göttlichen Gnade anempfiehlt?

Der späte Beethoven ist – das mag man als die eigentliche Überraschung dieses Finales ansehen – diesen Lösungsweg nicht gegangen, er ist Idealist und Aufklärer genug geblieben, um auf das Humanum, auf Freiheit und Würde des Menschen und die darin liegenden Möglichkeiten für dieses Leben zu bauen: So eindringlich und hymnisch auch im dritten Teil des Finales der »Schöpfer« und »liebe Vater überm Sternenzelt« aus Schillers Ode *An die Freude* besungen wird, so deutlich macht doch Beethovens Strophenauswahl, daß es ihm um die Erfüllung irdischer Glücksvorstellungen geht: um Brüderlichkeit und um Einklang mit der Natur im Zeichen der Freude; um ein neues, besseres Zeitalter. Freude ist für Schiller »der tätige Affekt der Sympathie, der die Wesen in der Schaffung und im Genusse vernünftiger Ordnung und Harmonie miteinander vereinigt«.[136] »Elysium«, Heimat der Freude, ist das gelobte Land der Zukunft, welches die Menschheit gemäß ihrer Bestimmung in einem langen Bewußtwerdungs- und Reifungsprozeß zu finden hat, nachdem eine Rückkehr zur Unschuld Arkadiens nun einmal nicht mehr möglich ist.

Die 1786 in der von Schiller selbst herausgegebenen Zeitschrift *Thalia* erschienene Freuden-Ode ist als stilisiertes, vermutlich durch freimaurerische Denkart und Praxis angeregtes Trinklied für hochgestimmte Männerrunden zu verstehen. Ihr Appell an die Brüderlichkeit mag – konkreter – auf die französische Revolution vorausweisen, der Schiller zunächst anhing; jedenfalls dürften Beethovens frühe Pläne zur Vertonung vor diesem aktuellen politischen Hintergrund zu sehen sein. Französische Revolution und Gottglaube mußten einander ja nicht ausschließen: So sang im Rahmen der *Fête de l'Etre Suprême* am 8. Juni 1794 ein Chor von 2400 Stimmen die *Hymne auf das höchste Wesen* in der Musik von Gossec und Desorgues; und danach stimmte das ganze Volk die *Marseillaise* an.[137]

Der Verweis auf das freimaurerische Trinklied und das revolutionäre Massenlied macht deutlich, was an dieser Final-Gestaltung der qualitative Sprung, das Zerschlagen des gordischen Knotens ist: Beethoven tritt aus der Ebene der Kunstdarbietung, deren Differenzierungsmöglichkeiten in der Folge der ersten drei Sätze geradezu in extenso erprobt worden ist, heraus. Er zieht kein Resümee, denn er hätte keines, sondern setzt ganz neu an: mit der Hymne, dem ›Glaubenslied‹ von Aufklärung und Idealismus.

Nun wird nicht mehr argumentiert, entwickelt, abgeleitet – es wird bekannt. Aus der Ansammlung von Konzertbesuchern und Musikkennern, die schweigend und jeder für sich ihre Auseinandersetzung mit der Kunst betreiben, wird eine Versammlung von Menschen, die nach einem höheren, elysischen Leben streben: Einer stimmt an, die anderen fallen ein. Der Komponist Beethoven hat das Heft aus der Hand und an den Sänger Beethoven weitergegeben.

Dieser Sänger führt den Chor einer Menschheit an, die sich nicht länger – wie in den drei vorausgegangenen Sätzen geschehen – als Objekt der über sie hereinbrechenden Prozesse erlebt, sondern als verantwortliches, zielgerichtetes Subjekt. Man mag, beides mit gutem Grund, den Chor der attischen Tragödie oder die Massenchöre der französischen Revolution als Vorbilder des Freudenchores der Neunten Sinfonie sehen – deutlich ist, daß man hier nicht bloß einer Komposition folgt, sondern an einer Feier teilnimmt, die ästhetische Grenzen sprengt. Es ist faszinierend zu beobachten, wie es diesem im persönlichen Bereich isolierten, verzweifelten und todwunden Menschen – man stelle ihn sich noch einmal im Schlußbeifall der Erstaufführung vor – gelungen ist, in »angenehmen und freudenvollen« Tönen eine Hymne zu schaffen, die es im Lauf der Geschichte sogar zu einer Art Nationalhymne gebracht hat.

Mit Händen zu greifen und damit gleichfalls die Distanzierung von der Vorstellung ›absoluter Musik‹ verdeutlichend ist das szenische Moment des Chorfinales der *Neunten.* Während es Beethoven im Finale der *Eroica* im wesentlichen bei der bloßen Reihung, höchstens Gruppierung von festlichen Tänzen belassen hat, denkt er in der *Neunten,* die ja ohnehin das abschließende Stockwerk auf einem mit der *Eroica* begründeten Ideen-Bau ist, augenscheinlich dramatisch. Da er in seinen späten Sinfonieplänen ausdrücklich mit Vorstellungen und Formen aus der Antike ›gespielt‹ hat, spricht nichts gegen den Versuch, das Finale als Chorszene der attischen Tragödie zu deuten.

Maynard Solomon hat auf eine mögliche Quelle für Beethovens Chor-Ästhetik hingewiesen: Friedrich Schillers Vorrede zum *Trauerspiel mit Chören* mit dem Titel *Die Braut von Messina,* veröffentlicht mit der Überschrift »Über den Gebrauch des

Chors in der Tragödie«.[138] Schiller spricht dem Chor die Aufgabe zu, das tragische Gedicht dadurch zu »reinigen«, daß er »die Reflexion von der Handlung absondert, und eben durch diese Absonderung sie selbst mit poetischer Kraft ausrüstet«. Er bedauert, daß der Chor auf der modernen Bühne mangels geeigneter Praxis nicht im Zusammenwirken von Musik und Tanz auftreten könne, appelliert aber an die Einbildungskraft des Dichters und der Zuschauer:

»Der Chor ist selbst kein Individuum, sondern ein allgemeiner Begriff, aber dieser Begriff repräsentiert sich durch eine sinnlich mächtige Masse, welche durch ihre ausfüllende Gegenwart den Sinnen imponiert. Der Chor verläßt den engen Kreis der Handlung, um sich über Vergangenes und Künftiges, über ferne Zeiten und Völker, über das Menschliche überhaupt zu verbreiten, um die großen Resultate des Lebens zu ziehen, und die Lehren der Weisheit auszusprechen. Aber er thut dieses mit der vollen Macht der Phantasie, mit einer kühnen lyrischen Freiheit, welche auf den hohen Gipfeln der menschlichen Dinge wie mit Schritten der Götter einhergeht – und er thut es von der ganzen sinnlichen Macht des Rhythmus und der Musik in Tönen und Bewegungen begleitet.«[139]

Es ist zu vermuten, daß Beethoven nicht nur das Schauspiel, sondern auch die Vorrede gekannt hat; ging doch seine Sympathie für Schiller so weit, daß er sich zur Zeit der *Neunten* für Supplementbände zur Schiller-Ausgabe interessierte. Doch die Einzelheiten sind in diesem Fall nicht einmal von besonderer Wichtigkeit. Wesentlich zu erkennen ist vielmehr, daß Beethoven augenscheinlich erfüllt, was Schiller sich wünscht: Im Finale der *Neunten* ist das Zusammenwirken lyrischer Freiheit mit der ganzen sinnlichen Macht von Rhythmus und Musik verwirklicht; und es gibt dort auch durchaus den Chor als sinnlich mächtige Masse, welche die Reflexion von der Handlung absondert. Eine solche Säuberung der Handlung von Reflexion nimmt Beethoven expressis verbis vor, indem er in der Einleitung des Finales den »engen Kreis« traditionellen und gattungstypischen Agierens, welches die drei ersten Sätze kennzeichnet, für den Chor öffnet, der nunmehr über die Zeiten und geschichtlichen Bedingtheiten hinweg die »großen Resultate des Lebens« zieht und die »Lehren des Weisheit« ausspricht.

Der Schaffensprozeß, innerhalb dessen die *Neunte* entstanden ist, macht allein durch die überlieferten Skizzen exemplarisch deutlich, daß Beethovens Einfälle musikalische und – im allgemeinsten Sinne – philosophische Gedanken umfaßt haben und daß Themen beider Kategorien in einem langwierigen, vielfach gewiß auch unbewußten, jedenfalls windungsreichen Präzisierungsprozeß zusammengebracht worden sind: An der fortschreitenden Musik entwickelt er seine Philosophie und an der fortschreitenden Philosophie seine Musik. Am Ende steht ein Werk da, das tönende Philosophie *ist*, nicht *darstellt*.

Implizit weist Beethoven die Anmaßung Hegels zurück, der in seinem Denken wie selbstverständlich von der Vorstellung ausgeht, die Philosophie verkörpere den Geist einer Zeit am unmittelbarsten, und am Ende seiner Vorlesungen über die griechische Philosophie formuliert:

»Die Philosophen sind die mystai, die beim Ruck im innersten Heiligthum mit und dabei gewesen«.[140]

Vielmehr steht er auf Seiten Hölderlins, der von den großen Dichtern und heiligen Sängern als denen spricht, welche auf den Spuren des Dionysos/Bacchus die Völker vom Schlaf wecken, um ihnen Gesetz und Leben zu geben: »Heroen! ihr nur habt der Eroberung Recht«![141]

Das ästhetische Dilemma des Finales

Kritik vor allem am Finale der *Neunten* ist so alt wie dieses selbst. Dafür einige Beispiele aus unterschiedlichen Lagern und Zeiten. Richard Wagner, wiewohl ein großer Verehrer der *Neunten*, teilt seinem Freund Franz Liszt am 7. Juni 1855 – im Hinblick auf dessen Plan einer *Dante*-Sinfonie mit Chören – seine ästhetischen Bedenken mit:

»Für die 9te Symphonie (als Kunstwerk) ist der letzte Satz mit den Chören entschieden der schwächste Theil, er ist bloss kunstgeschichtlich wichtig, weil er uns auf sehr naive Weise die Verlegenheit eines wirklichen Tondichters aufdeckt, der nicht weiss, wie er endlich (nach Hölle und Fegefeuer) das Paradies darstellen soll«.[142]

Karl Nef übt Kritik unter formalem Gesichtspunkt: Ihm fehlt »die völlig ausgeglichene, organische Verbindung mit den drei ersten Sätzen«; auch »läßt sich nicht sagen, es sei keine Note zu wenig oder zu viel, die unbedingte formale Abrundung fehlt«.[143]

Thomas Mann läßt den Komponisten Adrian Leverkühn, den Helden seines *Doktor Faustus*, vor dessen paralytischen Zusammenbruch die *Neunte* als Symbol für die zweifelhaften Erfolge des mit der Aufklärung verbundenen und zusammen mit ihr gescheiterten Humanitätsgedankens »zurücknehmen«:

»Ich habe gefunden, ... es soll nicht sein ...- das Gute und Edle, was man das Menschliche nennt, obwohl es gut ist und edel. Um was die Menschen gekämpft, wofür sie Zwingburgen gestürmt, und was die Erfüllten jubelnd verkündigt haben, das soll nicht sein. Es wird zurückgenommen. Ich will es [in meinem Werk] zurücknehmen.«[144]

Der Philosoph Herbert Marcuse spinnt Thomas Manns – von Theodor W. Adorno beeinflußten – ideologiekritischen Gedanken weiter, wenn er sich in einem Essay aus dem Jahr 1969 am affirmativen Charakter des Schlußchors stößt und dessen Werte geradezu umwertet: Vor allem die »Rebellen gegen die etablierte Kultur« sind es, die gegenwärtig zu Recht »O Freunde, nicht diese Töne« ausrufen dürften; und dieser Einspruch gälte dann gerade nicht der Schreckensfanfare, die doch nur die Welt zeigt, wie sie ist, sondern dem Chor, »der das Lied an die Freude singt, das Lied, das in der Kultur, die es singt, null und nichtig wird«; denn diese, die herrschende Kultur, definiert, was menschlich ist, um zugleich von der Unmenschlichkeit abzulenken, unter der die in ihrem Schatten lebenden Opfer leiden.[145]

Michael Gielen, damals Generalmusikdirektor in Frankfurt a. M., hat aus dieser Kritik Ende der siebziger Jahre eine bemerkenswerte Konsequenz gezogen: Damit man auch wirklich wahrnehme, was die Schreckensfanfare heute ausdrücke, stellte er innerhalb eines Abonnementskonzerts vor diesen »Aufschrei der Unbrüderlichkeit«, also zwischen dritten und vierten Satz der *Neunten*, Arnold Schönbergs *Überlebenden aus Warschau.* Es war der Versuch, Beethoven produktiv weiterzudenken, wie dies im Bereich des Theaters mit seinen weitreichenden Inszenierungsmöglichkeiten längst geschieht.

Im Finale der *Neunten* ist das Deutsche an der deutschen Musik verzweifelt auf den Punkt gebracht. Sehnsüchtig und zwanghaft zugleich ist diese Musiksprache, schwankend zwischen volkstümlicher Hymne und kunstvoller Doppelfuge (selbst in höchster Ekstase sollte ein gebildeter Mensch mindestens zwei Subjekte gleichzeitig verfolgen können!), zwischen Vernichtungs- und Omnipotenzgefühlen, zwischen einem Gespür für die eigenen Qualen und reflexionsloser Überzeugung von der eigenen Sendung.

Diese Gegensätze sind nicht – wie man dies sonst von Beethoven gewohnt ist – Bestandteil eines dialektischen Prozesses, der im Werk vom ersten Satz an konsequent vorangetrieben wird. Man könnte vielmehr meinen, der Komponist habe diesmal die Geduld, ja die Fassung verloren, könne das Elysium nur noch mit allen verfügbaren Mitteln beschwören. Das Dilemma beginnt mit der Entscheidung für ein vokales Finale: Damit läßt Beethoven von seinem Anspruch ab, Philosoph in Tönen zu sein. Mir ist dies besonders deutlich geworden, nachdem ich die vorangegangenen acht Sinfonien und die drei ersten Sätze der *Neunten* auf ihren Ideengehalt hin befragt hatte: Da war auf semantischer Ebene vieles offengeblieben; und am Ende stand immer wieder der Verweis auf einen Komponisten, der sich in Musik als einer Kunst sui generis äußerte.

Anders im Chor-Finale: Dort gibt es einen Text, der semantische Überlegungen nicht nur lenkt, sondern fast überflüssig macht. Das Wort beherrscht – fast wie in der griechischen Tragödie – die Szene, sei es noch so vielschichtig vertont: als strophischer Rundgesang mit geradezu volkstümlichem Instrumental-Ritornell (»Freude, schöner Götterfunken«, »Wem der große Wurf gelungen«, »Freude trinken alle Wesen«), als türkischer Marsch (»Froh wie seine Sonnen fliegen«) mit anschließendem Orchesterfugato über das ›Freuden‹-Thema, als majestätisches Unisono (»Seid umschlungen, Millionen«) als Doppelfuge (»Freude, schöner Götterfunken« / »Seid umschlungen«), als alles zusammenfassende und steigernde Coda.

Dürfte man nicht rätseln, was das türkische Kolorit oder das Orchesterfugato an ihrem jeweiligen Platz bedeuten – es gäbe nichts zu verstehen, es wäre alles nur nachzuvollziehen. Gewiß können wir Schillers Dichtung interpretieren, doch dann interpretieren wir Schiller, nicht Beethoven! Dieser hat gespürt, in welches Dilemma er sich begibt, wenn er im letzten Satz gleichsam Schiller statt seiner auf die Bühne bittet und bescheiden ins begleitende Orchester zurücktritt,; er hat deshalb geradezu verbissen an einem Übergang von den drei ersten Sätzen zum Finale gearbeitet.

Anton Schindler berichtet aus der 2. Hälfte des Jahres 1823, als die Komposition schon weit gediehen ist:

»An die Ausarbeitung des vierten Satzes gekommen, begann ein selten bemerkter Kampf. Es handelte sich um die Auffindung eines geschickten Modus zur Einführung der Schiller'schen Ode. Eines Tages in's Zimmer tretend rief er mir entgegen: ›Ich hab‹s, ich hab's!' Damit hielt er mir das Skizzenheft vor, wo notirt stand: ›Laßt uns das Lied des unsterblichen Schiller singen,‹ worauf eine Solo-Stimme unmittelbar den Hymnus ›an die Freude‹ begann. – Allein diese Idee mußte später einer unstreitig zweckentsprechenderen weichen.«[146]

Die Formulierungen sind, selbst wenn sie im einzelnen auf Schindler zurückgehen sollten, verräterisch: Der Komponist kann in diesem hoffnungslosen Fall nicht anders verfahren als »geschickt«. Doch ein geschickter Übergang ist zu wenig, um eine Klammer um zwei gleich mächtige, aber heterogene Blöcke zu legen. »Laßt uns das Lied des unsterblichen Schiller singen« – das ist die Aufforderung eines Präses an seine Sängerrunde; und die endgültige Version »O Freunde, nicht diese Töne! Sondern laßt uns angenehmere anstimmen und freudenvollere« ist – auch in der musikalischen Diktion – zwar höhergestimmt, aber letztlich nicht besser: Mit seiner Ankündigung durch das Rezitativ verliert der nachfolgende Gesang den Nimbus einer Freudenfeier schlechthin, wird zur beliebigen Oratorien- oder Opernszene. Was ›absolute‹ Instrumentalmusik – gerade durch Beethoven – vermag: in ihrer Unverfügbarkeit einzigartig zu sein, geht verloren.

Nun steht das Bariton-Rezitativ ja nicht am Beginn des Finales. Ihm geht vielmehr eine Orchester-Einleitung voraus, die eine kleine Szene für sich ist: Auf die »Schreckensfanfare« reagieren Celli und Bässe mit einem instrumentalen Rezitativ, worauf das volle Orchester den Anfang des 1. Satzes zitiert. Nach demselben Schema werden auch der 2. und 3. Satz vorgeführt; und nach einem weiteren rezitativischen Einwurf der Bässe erklingt die »Freuden«-Melodie, erst von diesen allein, dann leicht variiert vom ganzen Orchester vorgetragen: Auf die Schrecknisse, mit denen der Mensch konfrontiert ist, vermögen die drei ersten Sätze nicht angemessen zu antworten – allein die »Freuden«-Hymne kann es.

Ein ausgeklügelter Gedanke! Vor allem die Funktion der Rezitative ist unklar. Einerseits können sie schwerlich – wie so eindrucksvoll in den beiden Klaviersonaten op. 31, 2 und op. 110 oder im Streichquartett op. 132 – als eine ›Rede‹ verstanden werden, bei der es nicht auf den Sinn der Worte, sondern auf den Gestus leidenschaftlichen Sprechens ankommt; denn sie plädieren ja: gegen den Ausdrucksgehalt der drei ersten Sätze und für den Zauber der »Freuden«-Melodie. Andererseits bleibt dieses Plädoyer ohne Begründung: Zwangsläufig muß der Hörer rätseln, was die Bässe wohl sagen wollten. Und als ob Beethoven entsprechende Skrupel selbst gehabt hätte, beläßt er es nicht bei dieser rein instrumentalen Einleitung der »Freuden«-Ode, wiederholt vielmehr die »Schreckensfanfare«, auf daß der Sänger mit seinem Rezitativ »O Freunde« nunmehr mit Worten verdeutliche, was an dem vorausgegangenen Dialog der Instrumente vielleicht unklar geblieben ist. Doch letzten Endes wird dieser Dialog dadurch mehr ab- als aufgewertet.

Indem Beethoven mit intellektuellen Anspielungen und verbalen Erklärungen arbeitet, demonstriert er: Es geht hier nicht um Musik; jedenfalls geht es um mehr als um Musik – es geht um die Rettung des Menschengeschlechts. Das freilich ist sein Offenbarungseid als eines Komponisten, der sich einmal vorgenommen hatte, die Welt qua Musik aus den Angeln zu heben: Nun droht ihm Musik zur Magd der Ideologie zu werden. In diesem Sinne hat Theodor W. Adorno Skepsis gegenüber der »auftrumpfenden Humanität« eines Sinfonien-Komponisten geäußert,

> »der seine Hörer mit ›O Freunde‹ anredet und mit ihnen zusammen ›angenehmere Töne‹ anstimmen will.«[147]

Doch vielleicht ist das Arrangement der *Neunten* nicht Ausdruck eines unvermeidlichen Dilemmas, sondern – im Blick auf dieses Werk in dieser geschichtlichen Situation – Absicht: Als Sinfonien-Komponist legt Beethoven die Feder aus der Hand. Die drei ersten Sätze der *Neunten* mögen ihm so viel bedeuten wie alle zuvor komponierten Sinfoniesätze oder noch mehr – die Lösung sind sie nicht. So mag denn der »unsterbliche Schiller« mittels seiner Kunst vollenden, was durch Musik allein nicht zu vollenden ist. Was dabei auseinanderklafft, wird auffällig genug verklammert, um keinen Zweifel daran zu lassen, daß der Komponist ›sein‹ Zeitalter der Sinfonie mit Gesängen abfeiere, die nicht weniger, aber auch nicht mehr anzubieten haben als den utopischen Ausblick auf das ideale Gesamtkunstwerk aller für alle.

Der Moment, in dem sich Beethoven linkisch und desorientiert vor dem jubelnden Premierenpublikum der *Neunten* verbeugt, hat Symbolcharakter, ist Abschied von der Idee, Wirklichkeit und Kunst seien – wie vermittelt auch immer – miteinander zu versöhnen: Der da auf der Bühne erscheint, vermag sein Werk nicht mehr selbst zu verantworten; es ist ihm enteilt. Werk und Aufführungsumstände zusammengenommen, erschließt sich der Sinn der Szene in romantischer Brechung: Ohne daß es Identität geben könnte, stößt sich das Endliche am Unendlichen. Nur wenige Jahre nach Beethovens Tod, im Jahre 1831, materialisiert Hector Berlioz diesen Widerspruch auf seine Weise – nicht so sehr in der *Symphonie fantastique*, in der ja allen programmatischen Momenten zum Trotz die Illusion des Kunstwerks als einer geschlossenen Welt für sich aufrecht erhalten wird, wohl aber in deren wenig bekannter Fortsetzung, einem *monodrame lyrique* mit dem Titel *Lélio, ou le retour à la vie*. Hier macht der Komponist aus dem inzwischen weitergegangenen Monolog über Kunst und Leben eine komplexe Szene, in der er dem Publikum wesentliche Momente seiner Künstlerexistenz im Wortsinn mitteilt; dabei sind Sprache und Musik, Anrufungen Shakespeares und Beschimpfungen eines verständnislosen Kritikers, musikalische Obsessionen und ›reale‹ Orchesterproben, Selbstzitate und Stilkopien wie in einer Fantasieskizze vereint.

Solche Wege geht der späte Beethoven nicht. Stattdessen kommt er in der Subjektivität der letzten Streichquartette auf eine Weise zu sich, die Leiden und Erlösungssehnsucht in fast realistischer Tonsprache artikuliert. Dieser schroffe, vielfach unpopuläre Ausdruck von Humanität übermittelt gleichwohl Werte, deren Verlust schwerer wiegen könnte als der des *song of joy*, den die Herrschenden aller Zeiten und Systeme für ihre Zwecke vereinnahmt haben.

Exkurs: Zur philosophischen Gesamtkonzeption der *Neunten*

»Potpourriartig werden in kurzen Perioden alle bisher gehörten Hauptthemata, wie aus einem Spiegeln reflectirt, uns noch einmal in bunter Reihenfolge vorgeführt; da brummen die Contrabässe ein Recitativ, das gleichnissweise wie die Frage klingt: ›Was soll nun geschehen?‹«[148]

So heißt es in einer 1824 in der Leipziger *Allgemeinen musikalischen Zeitung* erschienenen Besprechung der Erstaufführung der *Neunten* über den Eingangsteil des Finales: Schon damals hat man – auch ohne Kenntnis der in den Skizzen enthaltenen Hinweise – die Gesamtkonzeption der Sinfonie augenscheinlich in dem Sinne gedeutet, daß die drei ersten Sätze als Stationen eines Weges zu verstehen seien, über dessen Ziel im Finale neu zu entscheiden ist.

Am einfachsten wäre es, die drei ersten Sätze als Repräsentanten der Gattung Sinfonie zu betrachten, die auf Grund ihres spezifischen So-Seins selbst in Anbetracht ihrer Aufwertung durch Beethoven als Medium für die Präsentation der dem Komponisten vorschwebenden Ideen nicht oder nicht länger konkurrenzlos bleibt: Mit dem Chorfinale werden die traditionellen Grenzen der Gattung gesprengt. Das ließe sich vereinbaren mit einer allgemein ideengeschichtlich orientierten Sichtweise, wie sie in Wilhelm Diltheys Studie über Lessings *Nathan den Weisen* zu finden ist; die aus den drei rein instrumentalen Sätzen sprechende »partikulare Leidenschaft« geht im Chorfinale in einer »universellen Stimmung« auf:

»Von Lessings Gedankendrama gehen Linien der Wirkung zu Schillers Don Carlos, zu Kants Religionsschrift, zu Herders Humanität, zu Goethes Plan der Geheimnisse, ja selbst Hegels ersten theologischen Schriften. Zu mächtigstem Ausdruck aber gelangte der Gehalt dieses Gedichtes in der neunten Sinfonie Beethovens. Auch sie führt hindurch durch die partikulare Leidenschaft und ihre Schmerzen zu der universellen Stimmung, in der sich ganz im Geiste der Lessingschen Aufklärung die Harmonie der Welt, die Güte des göttlichen Wesens, die allgemeine Menschenliebe und eine das ganze Leben durchdringende, verklärte Heiterkeit verbinden.«[149]

Bei solchen Deutungen könnte man es belassen, wenn nicht manche Details zu weiterem Nachforschen einlüden. Zum einen machen die verbalen Notizen in den Skizzen deutlich, daß Beethoven den ersten drei Sätzen jeweils einen spezifischen Charakter geben wollte. Zum anderen haben diese Sätze, die zu Anfang des Finales wie zu einem Kurzauftritt noch einmal auf die Bühne kommen, ja tatsächlich einen recht präzise zu bestimmenden Charakter. Nähme man – beispielsweise – den Ausdruck unterschiedlicher Welterfahrung als Fluchtpunkt der Betrachtungsweise, so zeigte der erste Satz den Menschen gegenüber dem Elementar-Erhabenen, der zweite ihn in seiner naturhaften Sinnlichkeit, der dritte ihn auf dem Wege zur Vergeistigung. Und augenscheinlich liegt in dieser Folge eine Art Aufwärtsentwicklung, die einerseits erklären könnte, weshalb Beethoven das *Scherzo* vor das *Adagio* gerückt hat, andererseits eine Deutung der drei Sätze als Darstellung einzelner Genera des Schönen oder unterschiedlicher Stile, Dichtungsarten, Temperamente usw. eher unwahrscheinlich macht.

Es liegt nahe, nach geschichtsphilosophischen Mustern zu suchen. Beethoven nimmt ja nicht nur generell für sich in Anspruch, »den Sinn der Bessern und Weisen jedes Zeitalters zu fassen«;[150] sein spezielles Interesse an der Universalgeschichte, deren Studium er in späteren Jahren – einer Erinnerung des Komponisten und Freundes Ignaz Xaver von Seyfried zufolge – zu seiner Erholung betreibt,[151] macht darüber hinaus deutlich, wie sehr er Kind einer Zeit ist, die geradezu leidenschaftlich an teleologischen Entwürfen arbeitet, welche Fortschritt und Sinn der Geschichte sicherstellen und die Menschheit ihrer wahren Bestimmung erst entgegengehen sehen.

Solche Entwürfe existieren nicht nur in den großen philosophischen Abhandlungen Herders, Kants oder Hegels; sie verbreiten sich auch über Dichtung und Literatur. Schillers Werk steht in dieser Hinsicht pars pro toto; es bietet einerseits Gedichte wie *Die vier Weltalter* und den *Spaziergang*, andererseits die großen theoretischen Arbeiten *Über naive und sentimentalische Dichtung* und *Über die ästhetische Erziehung des Menschen*, deren letztere immerhin so populär ist, daß kleinere Auszüge in der Leipziger *Allgemeinen Musikalischen Zeitung* erscheinen. Über die unter dem Titel *Elegie* konzipierte Frühfassung des *Spaziergangs* schreibt Johann Gottfried Herder im Brief an Schiller vom 10. Oktober 1795 Worte, die verdeutlichen, wie entschieden man damals mit und in entsprechenden Gedankengängen lebte:

»Die *Elegie* ist eine Welt von Scenen, ein fortgehendes, geordnetes Gemählde aller Scenen der Welt und Menschheit. Wenn sie gedruckt ist, soll sie mir eine Landcharte seyn, die ich an die Wand schlage.«[152]

Bei näherer Beschäftigung mit den genannten kunsttheoretischen Schriften Schillers und mit der *Kunstlehre* August Wilhelm Schlegels stellt man freilich fest, daß deren Konzeptionen nicht wirklich schlüssig auf die der *Neunten* übertragbar sind. So gewinnt ein Hinweis des Philosophen und Beethovenforschers Otto Baensch an Interesse, der in seiner 1930 erschienenen Studie über Beethovens *Neunte* auf Friedrich Wilhelm Schellings Abhandlung *Über die Gottheiten von Samothrake* aus dem Jahre 1815 aufmerksam gemacht hat. Dort preist dieser die Götterlehre der Samothraker, Bewohner der gleichnamigen ägäischen, als »thrakisches Samos« bezeichneten Insel und Anhänger eines in der Antike berühmten Mysterienkultes, als »das eigentliche Ursystem der Menschheit«. Nach Baensch stehen die vier im nachfolgenden Zitat zunächst genannten Gottheiten – der über allem thronende »freie Gott« ist nicht in Begriffen oder Kategorien zu fassen – für die vier Sätze der *Neunten*:

»Das Tiefste Ceres, deren Wesen Hunger und Sucht, und die der erste entfernteste Anfang alles wirklichen, offenbaren Seyns ist. Die nächste Proserpina, Wesen oder Grundanfang der ganzen sichtbaren Natur; dann Dionysos, Herr der Geisterwelt. Ueber Natur und Geisterwelt das die beiden sowohl unter sich als mit dem Ueberweltlichen vermittelnde, Kadmilos oder Hermes. Über diesen allen der gegen die Welt freie Gott, der Demiurg.«[153]

Baensch kann, in biographischer Perspektive, immerhin darauf verweisen, daß Beethoven im Sommer 1823, während der Arbeit an der *Neunten*, Anton Schindler in einigen Briefen und Nachrichten scherzhaft einen »Samotrazischen Lumpenkerl« nennt.[154] Das mag zwar einerseits nur dartun, daß ihm dessen Eingeweihtheit in allerlei – vermutlich eher alltägliche – Geheimnisse nicht ganz geheuer ist, andererseits aber deutlich machen, wie intensiv Beethoven in fremden Welten tatsächlich »gelebt« haben muß. (Daß er damals sogar für allerlei »arithmetische Speculationen« im Sinne zahlenmystischer Weisheit zu haben war, dürfte durch Schindler glaubwürdig überliefert sein.)

Ich halte Baenschs Zuordnung im Detail für reine Spekulation, im Prinzip jedoch für bedenkenswert, denn Beethoven hat sich in erstaunlichem Ausmaß mit religionsphilosophischen Fragen beschäftigt. Eintragungen in den Konversationsheften legen nahe, daß er durch Kenner wie Friedrich August Kanne und Ignaz Paul Troxler mit den naturphilosophischen und theosophischen Vorstellungen Schellings vertraut gemacht worden ist; jedenfalls wird ihm dort die Lektüre Schellings angelegentlich empfohlen. Dessen *Weltalter* entfalten diese Vorstellungen grundsätzlicher und deshalb einleuchtender als die Detailstudie über die *Gottheiten von Samothrake*, die ursprünglich als Beilage zu diesem unvollendeten Hauptwerk Schellings dienen sollte: Dieser unterscheidet »Äonen« im Sinne von Seinsstufen, die einen Aufstieg von der absoluten Unentfaltetheit des Göttlichen über dessen Materialisierung in den Widersprüchen der realen Welt bis zur kommenden Vereinigung von Gott und Welt bedeuten – ein teleologisches Denken, das man vom Ansatz her durchaus in die Satzfolge der *Neunten* hineinlesen könnte.[155]

»Vielleicht kommt der noch, der das größte Heldengedicht singt, im Geist umfassend, wie von den Sehern der Vorzeit gerühmt wird, was war, was ist und was seyn wird.«[156]

Diese in den *Weltaltern* ausgesprochene Erwartung zielt auf einen Menschen, der Theosophie und Philosophie, Natur und Geschichte in genialer Weise ebenso zusammenzuschauen wie zusammenzudenken vermöchte, und läßt sich damit kaum aussagekräftig auf Beethoven anwenden. Gleichwohl stellt sie eine sinnvolle Verbindung zu diesem her: Anstatt nach dem ›richtigen‹ Anschauungsmodell für die Satzfolge der *Neunten* zu suchen, sollte man in Beethoven vielleicht besser den Musiker sehen, der sein »Heldengedicht schafft« und damit seinen Beitrag zu Philosophie und Theosophie leistet. Daß er die in den Skizzenbüchern ja durchaus flüchtig niedergelegten Gedanken über den Charakter der drei ersten Sätze der *Neunten* nicht weiter bekannt gemacht hat, könnte dafür sprechen, daß er zwar in Ansehung bestimmter Modelle, nicht aber unter Berufung auf sie komponiert und insofern seinen Anspruch gewahrt hat, Philosoph in Tönen zu sein.

Innerhalb der *Phantasien über die Kunst für Freunde der Kunst*, die Ludwig Tieck 1799 aus dem Nachlaß seines Freundes Wilhelm Heinrich Wackenroder herausgab, befindet sich ein von Tieck selbst stammender Beitrag *Symphonien*, der, obwohl im Erfahrungshorizont der Instrumentalwerke Mozarts, Haydns und Reichardts geschrieben, zu Recht als Vorahnung einer Gattung ›Sinfonie‹ gelesen worden ist, deren Idee sinnlich scheinen zu lassen sich Beethoven damals gerade erst anschickt:

»Der Komponist hat hier ein unendliches Feld, seine Gewalt, seinen Tiefsinn zu zeigen; hier kann er die hohe poetische Sprache reden, die das Wunderbarste in uns enthüllt, und alle Tiefen aufdeckt, hier kann er die größten, die groteskesten Bilder erwecken und ihre verschlossene Grotte öffnen, Freude und Schmerz, Wonne und Wehmut gehn hier nebeneinander, dazwischen die seltsamsten Ahndungen, Glanz und Funkeln zwischen den Gruppen, und alles jagt und verfolgt sich und kehrt zurück, und die horchende Seele jauchzt in dieser vollen Herrlichkeit. Diese Symphonien können ein so buntes, mannigfaltiges, verworrenes und schön entwickeltes Drama darstellen, wie es uns der Dichter nimmermehr geben kann; denn sie enthüllen in rätselhafter Sprache das Rätselhafteste, sie hängen von keinen Gesetzen der Wahrscheinlichkeit ab, sie brauchen sich an keine Geschichte und an keine Charakter zu schließen, sie bleiben in ihrer reinpoetischen Welt.«[157]

Angesichts dieser schönen, an Vorstellungskraft von keiner schulmäßigen Analyse zu erreichenden Sätze möchte man sich einen Zeitgeist vorstellen, welcher Denker und Dichter ahnen und enthusiastisch vorwegerleben läßt, was Tondichter wie Beethoven bald darauf mit ihren Sinfonien vollbringen werden. Daß diese Tondichter die »reinpoetische Welt« der Sinfonie nicht als Resultat denkerischer Anstrengung und kompositorischen Kalküls, sondern intuitiv, wie aus einer zweiten Natur heraus zu schaffen vermöchten, war gewiß die Idealvorstellung jener Denker und Dichter. Doch wenn schon der Zeitgeist bemüht wird, dann im Blick nicht nur auf Intuition, sondern auch auf bewußte philosophische Arbeit. Denn von einer solchen kann man bei Beethoven wahrlich sprechen: Die Liste einschlägiger Bücher, die sich Beethoven zwischen 1819 und 1826 in den Konversationsheften notiert, enthält viele Dutzende von Titeln zu Philosophie, Religion, Literatur, Altertumskunde, Geschichte und Geographie.[158]

Vieles davon wird er gelesen haben, denn manches hat er abgeschrieben. Die Tatsache, daß er zumindest im Umfeld der *Neunten* ästhetische und philosophische Gedankensplitter neben musikalischen Skizzen notiert, macht überdies deutlich, in welchem Maß das philosophische Moment die Konzeption der Werke mitbestimmt. Beethoven hat ein musikalisches Gedankengebäude hinterlassen, an dem es für die Komponisten des weiteren 19. Jahrhunderts kein bloßes Vorbeikommen mehr geben konnte. Mußten sich die Repräsentanten der Philosophie schon immer aneinander abarbeiten, so gilt dies nunmehr auch für Komponisten, die am Fortschritt der Zeit teilhaben wollen.

Was man in kompositionsgeschichtlicher Sichtweise gern als Fortschritt der Materialbehandlung oder gar als einen im Material selbst angelegten Fortschritt ansieht, ist – in dialektischer Verschränkung – ein Fortschritt des Denkens. Die Verästelungen einer Beethovenschen Sinfonie zeigen nicht nur, was Musik bei fortgeschrittenem Materialstand leisten kann, sondern auch, was sie dem Material abverlangen soll, um als Geist vom Geist der Zeit verstanden zu werden. So gesehen, ist die ›Vorahnung‹ von Wackenroder/Tieck begrenzt: Die Romantiker können nicht wissen, daß erst Beethoven dem Idealismus den bis dahin fehlenden Beitrag der Tonkunst nachliefern wird, nämlich den von Musik als Philosophie. Als solche ist sie nicht begriffslos und nicht von jener unschuldsvollen Reinheit, die man an ihr – gleichsam im Rück- und Vorblick auf das Paradies – genießen möchte: Sie ist ihre eigene Differenz, setzt Gedanken frei und hinterläßt Fragen.

»Die Französische Revoluzion, Fichte's Wissenschaftslehre, und Goethe's [Wilhelm] Meister sind die größten Tendenzen des Zeitalters.«[159]

So lautet Friedrich Schlegels berühmtes 216. *Athenäums*-Fragment aus dem Jahr 1798. In Beethovens Werk, speziell in seinen Sinfonien, sind diese »Tendenzen« kaum weniger stringent nachzuweisen, auch wenn dies, weil Musik ohne Worte auskommt, nur indirekt geschehen kann – etwa unter Bezugnahme auf die von Schlegel genannten drei säkularen Ereignisse. Daß Beethoven sich in seinen Sinfonien – von der ersten bis zur letzten – mit der französischen Revolution auseinandersetzt, bedarf am wenigsten der Erläuterung: Die verwendeten musikalischen Idiome sprechen für sich. Sie stehen für die großen, von der Aufklärung aufgebrachten oder neu gefaßten Themen von Freiheit, Fortschritt, Selbstbestimmung, Verantwortlichkeit, Kampfesmut, Würde und Glück.

Doch auch die Philosophie Fichtes, von diesem als *Wissenschaftslehre* seit 1794 in zahlreichen Fassungen vorgelegt, wirft ein charakteristisches Licht auf Beethovens Musik. Eine zentrale Kategorie Fichtes ist das »absolute Ich«, dessen Wesen in seiner Tätigkeit besteht. Das Ich produziert mittels seiner Einbildungskraft die Welt der Dinge, die an sich kein Gegenstand der Erfahrung sein können. Die Existenz der Welt läßt sich aus der Vorstellung des freien Handelns ableiten, die der Idealismus Fichtes zum obersten Prinzip erhebt. Welt ist Material für die Tätigkeit des Ichs, oder – wie Schiller am 28. Oktober 1794 gegenüber Goethe bemerkt – »nur ein Ball, den das Ich geworfen hat und den es bei der Reflexion wiederfängt«.[160] Fichtes Ich darf nicht mit dem Individuum gleichgesetzt werden; es ist vielmehr überindividueller Inbegriff von Geist, Wille, Sittlichkeit und Glaube.

Wenn ich im Verlauf dieses Kapitels den Anfang der *Neunten* im Bild der Weltschöpfung zu fassen und Beethovens Werk insgesamt als spannungsreiche Auseinandersetzung des Einzelnen mit dem allgemeinen musikalischen Sein zu deuten versucht habe, so zwar nicht im unmittelbaren Rückgriff auf die Kategorie des Fichteschen Ich, wohl aber in wachsendem Erstaunen darüber, wie gut sich diese zum musikalischen Denken Beethovens in Beziehung setzen läßt. Beethovens Ringen mit den Mächten von Natur, Geschichte und Schicksal ist als Selbstkonstituierung des Ich zu deuten: Der Komponist, welcher – um in dem von Schiller verwendeten Bild zu bleiben – sein Werk wie einen Ball ins All wirft, erfährt seine Identität im Wiederauffangen dieses zu ihm zurückkehrenden Werks. Ein solcher Gedanke will mehr besagen als die triviale Feststellung, ein Künstler gewönne Selbstbewußtsein durch sein Werk, zielt vielmehr durchaus auf das Besondere im künstlerischen Selbstverständnis Beethovens: So radikal dieser in jedem seiner Werke die Musik – insofern tatsächlich als autonome – neu schafft, so grundsätzlich konstituiert er sich jeweils selbst als Subjekt. Damit setzt er Maßstäbe, an denen sich vor allem die großen deutschen Komponisten des 19. Jahrhunderts nicht ohne Schwindelgefühle orientiert haben.

Eine Verbindung zu Goethes *Wilhelm Meister* ist kaum weniger prägnant zu benennen. In demselben *Athenäums*-Jahrgang, in dem Friedrich Schlegel den Roman als zu den »größten Tendenzen des Zeitalters« gehörig erklärt, hat er in einer Studie *Über Goethe's Meister* dargelegt, was vor allem ihn fasziniert, nämlich »die Organisazion des Werks« und »die Mittel der Verknüpfung und der Fortschreitung«: »Hier enthält jedes Buch die Keime des künftigen und verarbeitet den reinen Ertrag des vorigen mit lebendiger Kraft in sein eigenthümliches Wesen«:

»Die gewöhnlichen Erwartungen von Einheit und Zusammenhang täuscht dieser Roman eben so oft als er sie erfüllt. Wer aber ächten systematischen Instinkt, Sinn für das Universum, jene Vorempfindung der ganzen Welt hat, die Wilhelmen so interessant macht, fühlt gleichsam überall die Persönlichkeit und lebendige Individualität des Werks, und je tiefer er forscht, je mehr innere Beziehungen und Verwandtschaften, je mehr geistigen Zusammenhang entdeckt er in demselben.«[161]

Friedrich Schlegel beschreibt diese Art der »Organisazion« bevorzugt in musikalischen Bildern, spricht vom Ende des ersten Buches im Sinne »einer geistigen Musik..., wo die verschiedensten Stimmen, wie eben so viele einladende Anklänge aus der neuen Welt, deren Wunder sich vor uns entfalten sollen, rasch und heftig wechseln«; von der Intention zu Beginn des zweiten Buches, »die Resultate des ersten musikalisch zu wiederhohlen«; von einer »Harmonie von Dissonanzen« der »streitenden Stimmen« im »Finale« dieses zweiten Buches; von »Hauptfiguren« des Romans, die »den Ton angeben« usw.

Die Auffassung des Kunstwerks als Organismus, das »Streben nach stetiger Motivation im Detail« bei gleichzeitiger Vorstellung des Ganzen[162] muß im Zeitalter Schlegels wie eine Charakterisierung der Musik Beethovens klingen, die ja in der Tat die Herstellung geistiger Beziehungen durch motivisch-thematische Verknüpfung zum Kriterium des integralen Kunstwerks macht; und nicht von ungefähr wählt Friedrich Rochlitz eine Sinfonie Beethovens, die *Eroica*, als Gegenstand der musikgeschichtlich ältesten Analyse, die sich in solcher Ausführlichkeit mit der »Organisation« eines Musikwerkes beschäftigt – etwa mit der Frage, wie Beethoven seine nach zeitgenössischem Urteil ungewöhnlich ausgedehnte und verzweigte Komposition mit größter »Sorgsamkeit zur Einheit« zusammenhalte, obwohl doch der »Reichthum an Mitteln, so wie die Kunsterfahrenheit und Originalität in der Verwendung derselben« zu groß seien, um sich bereits bei einmaligem Hören ganz zu erschließen.[163]

Ohne unzulässige Vereinfachung, freilich auch ohne Anspruch auf letzte Gültigkeit läßt sich sagen, daß die Konstituierung des Menschen als Subjekt, wie sie in Fichtes Kategorie des absoluten Ich erfolgt, den *Maßstab,* die französische Revolution die *Themen,* Goethes *Wilhelm Meister* das *Strukturprinzip* für Beethovens Sinfonik abgegeben haben – gewichtige Pfunde, die das Zeitalter dem Komponisten anvertraut und mit denen er gewuchert hat. Mehr noch: Die Spezifica der musikalischen Kunst machen es möglich, daß alle drei Momente in jeweils ein- und demselben Werk Eingang finden können. Während, philosophisch gesehen, die Ziele der französischen Revolution und die Ambitionen des Fichteschen Ichs trotz gemeinsamer Wurzeln kaum mehr unter einen Hut zu bringen sind, kann Beethoven seine Sinfonien auf den Ton der französischen Revolution stimmen und dem Autonomieverständnis des Fichteschen Ichs folgen; und während das Organisationsprinzip von *Wilhelm Meister* zu seiner philosophischen Würdigung wiederum ganz eigener Denkkategorien bedarf, ist es beim Hören einer Beethovenschen Sinfonie unmittelbar nachzuerleben. Daß bei deren Erklingen noch heute Millionen von Zuhörern aufhorchen, während zur *Wissenschaftslehre* oder zum *Wilhelm Meister* nur mehr speziell Gebildete Zugang finden, mag damit zusammenhängen, daß Beethovens Musik die Kraft hat, partikulare Tendenzen seines Zeitalters, wie Goethe es formuliert, »zusammenzufassen«. Sie läßt ahnen, daß Philosophie, die in Tönen spricht, nicht undeutlich werden muß, sondern den unvoreingenommenen Sinnen sich besonders verständlich zu machen vermag.

Kapitel 2

Im Zeichen deutscher Innerlichkeit: Schubert - Schumann - Brahms

Im Schatten Beethovens

Das übermächtige Erbe

Als Ludwig van Beethoven am 29. März 1827 zu Grabe getragen wird, geht FRANZ SCHUBERT als Fackelträger neben dem Sarg. Obwohl jahrzehntelang Bürger derselben Stadt, sind sich beide augenscheinlich kaum begegnet. Es steht nicht einmal fest, ob der oft erwähnte Besuch Schuberts an Beethovens Sterbebett stattgefunden hat. Zu diesem Zeitpunkt liegt die möglicherweise erste intensive Beschäftigung Beethovens mit Schuberts Musik erst einige Wochen zurück: Eine Sammlung von etwa sechzig Liedern, mit der Anton Schindler im Februar 1827 am Krankenlager Beethovens erscheint, kommentiert dieser mit den Worten: »Wahrlich, in dem Schubert wohnt der göttliche Funke.«[1]

Aus der Sicht des Jüngeren sieht das natürlich ganz anders aus: Schon in seiner Zeit als Hofsängerknabe von 1808 bis1813 lernt Schubert Haydns, Mozarts und Beethovens Werke durch das Hoforchester, aber auch durch das ausgezeichnete Orchester des Stadtkonvikts kennen. In diesem außen und innen freudlosen Internat, das seinen Zöglingen allerdings eine solide musikalische Ausbildung anzubieten hat, dürfte der Wunsch des Jungen entstanden sein, nicht wie der Vater als Schulmeister zu enden, sondern ein bedeutender Komponist und Kapellmeister zu werden, der alle wesentlichen musikalischen Gattungen seiner Zeit beherrscht: Sinfonie, Ouverture, Streichquartett, Klaviersonate, Lied, Kirchenmusik, Oper.

Schon früh begibt sich Schubert auf den Weg: Als er »Finis et fine« unter seine 1. Sinfonie schreiben kann, ist er sechzehn Jahre alt; und in den weiteren ihm verbleibenden fünfzehn Lebensjahren erreicht er als Komponist alle Ziele, die er sich gesteckt haben mag: keine Gattung, die er nicht bestellt hat, und insgesamt ein Oeuvre, vor dessen Umfang das von Beethoven fast zurückstehen muß. Mit dessen Namen verbindet sich für Schubert freilich eine große Bedrängnis.

»Heimlich im Stillen hoffe ich wohl selbst noch etwas aus mir machen zu können, aber wer vermag nach Beethoven noch etwas zu machen?«[2]

So sagt der damals vielleicht Achtzehnjährige zu seinem Freund Joseph von Spaun. Künftig läßt ihn der Maßstab ›Beethoven‹ nicht mehr zur Ruhe kommen, und die Zeit ersten unbekümmerten Komponierens ist schon wieder vorbei: Bereits seit etwa 1813 fesseln Schubert – im Doppelsinn dieses Wortes – Probleme des Sonatensatzes und der gründlichen motivisch-thematischen Arbeit. Größter Einfallsreichtum hält ihn in der mittleren Schaffensphase nicht davon ab, das Schema der Sonatensatzform so genau einzuhalten, daß die Reprisen gelegentlich gar nicht ausgeschrieben werden müssen.

In den um 1818 einsetzenden Jahren der schöpferischen Krise bahnt sich Schubert zwar einen Weg, der ihm das Komponieren nach selbstverantworteten Formgesetzen ermöglichen soll: Die erste von siebzehn Klaviersonaten, die er auf seinem neuen Weg der Veröffentlichung für würdig befindet, die a-moll-Sonate D 845 von 1825, wird von der Kritik bezeichnenderweise in die Nähe der freieren Form einer Fantasie gerückt. Vor allem im sinfonischen Bereich aber mißt er sich weiterhin an seinem Über-Ich. Daß Schubert kurz vor seinem Tod zu einem regelrechten Kontrapunktstudium bei Simon Sechter ansetzt und in dem Sinfoniefragment D 936a entgegen eigener Gewohnheit mit doppeltem Kontrapunkt, Kanon und Fugato arbeitet, verdeutlicht, wie ernsthaft und vielseitig die Auseinandersetzung mit den Möglichkeiten motivisch-thematischer Arbeit vor allem in großdimensionierten Werken bis zum Ende bleibt. Allerdings zeigt sich gerade in der allerletzten Schaffensphase ein solches Maß an Produktivität und Veröffentlichungsdrang, daß man fast glauben möchte, Schubert sei durch den Tod Beethovens von dem Druck, beständig vergleichen zu müssen und verglichen zu werden, befreit worden.

Robert Schumann ist beim Tod Beethovens siebzehn Jahre alt und bereits leidenschaftlicher Beethovenianer. Seine erste, Beethoven betreffende Tagebucheintragung stammt aus dem Sommer 1828:

»Wenn ich Beethovensche Musick höre, so ists, als läse mir jemand Jean Paul vor.«

Während Schubert Beethovens physische und künstlerische Nähe als bedrückend oder gar bedrohlich empfunden haben mag, ist Beethoven für Schumann der verehrungswürdige und geheimnisvolle Große, der das Tor zu einem neuen, poetischen Zeitalter der Musik aufstößt. Unbefangen nennt er Beethoven und Schubert in einem Atemzug als seine Leitfiguren: Sie gehören, wie er 1830 in sein Tagebuch einträgt, zu der »neuen Schule«, die »von den Leidenschaften hingerißen [wird], so daß man jene mit einem hohen, tiefgegründeten Jüngling vergleichen müßte«. Klug faßt er am 14. Juni 1832 den Reiz ihrer Werke in ein Paradoxon:

»Je specieller eine Musik ist, je mehr einzelne Bilder im Ganzen sie vor dem Hörer ausbreitet, desto mehr erfaßt sie, u. desto ewiger wird sie seyn u. neu für alle Zeiten.«

Als Beethovenianer ist Schumann freilich nicht nur schwärmender Romantiker im Sinne E.T.A. Hoffmanns, sondern zugleich profunder Kenner. 1828 zieht er in die Beethovenstadt Leipzig – offiziell, um nach dem Geheiß von Mutter und Pate Jura zu studieren, intentional, um sich zum Musiker auszubilden. Nun hat er reichlich Gelegenheit, Beethovens Sinfonien, Ouverturen, Konzerte und Quartette in für die damalige Zeit mustergültigen Aufführungen der Gewandhausmusiker zu hören. Mit Clara, seiner Mitschülerin beim Klavierpädagogen Friedrich Wieck, studiert er die Sinfonien vierhändig, und die Liste der Klaviersonaten, die er sich zum Studium vornimmt, ist beachtlich. Den Plan, sich gleich Beethoven und Schubert nach Kapellmeisterart in allen einschlägigen Gattungen zu bewähren, gibt er allerdings nach einigen frühen Versuchen im Bereich größer besetzter Vokal- und Instrumentalmusik auf: Zunächst wirft er sich auf das ›Komponieren am Klavier‹; selbst einer so intimen Gattung wie dem Klavierlied wendet er sich erst im Jahre 1840 zu.

Der lebens- und sozialgeschichtliche Horizont, vor dem Schumann seit 1841 Orchester- und Kammermusik in beträchtlichem Ausmaß komponiert, ist später zu umreißen. Hier geht es vor allem Feststellung, daß er sich damit vom Schatten Beethovens einholen läßt: Ein denkender Komponist wie Schumann kann um die Jahrhundertmitte keine konventionellen Sinfonien, Quartette und Trios komponieren, ohne sich zuvor seiner Legitimation zu versichern; denn auf der Höhe der Zeit scheint sich ja vor allem das Dreigestirn Berlioz, Liszt und Wagner zu bewegen – dies aber mit ganz neuen Gattungen und Stilen, die für das konservative Lager geradezu einen Bruch mit der Tradition darstellen.

Die Legitimation, die Schumann für sich findet, ist eine zweifache. Zum einen liegt sie im Wert der Tradition allgemein: Das »Meisterliche« – eines seiner Lieblingsworte – soll in den »Widersprüchen der Zeit«, von denen er anläßlich einer Rezension von Mendelssohns Klaviertrio op. 49 spricht, Maßstäbe setzen.[3] Zum anderen geht es um die Bewahrung, ja Steigerung eines spezifischen musikalischen Arbeitsethos. Gewiß hat Schumann schon in seinen Klavierwerken – davon ist anläßlich der *Kreisleriana* ausführlich die Rede – viel ›gearbeitet‹; doch solche Arbeit war Ausdruck romantischer Geisteshaltung: Sie galt der Überwindung oberflächlicher Aufklärungsästhetik durch die Hinwendung zu verschütteten Tiefendimensionen der Musik. So galt Schumann das »Tiefcombinatorische«, welches er vor allem im Instrumentalwerk Johann Sebastian Bachs vorzufinden meinte, als wichtiges Teilmoment jeder ernsthaften Kunst. Speziell die »Charakterstücke höchster Art«, welche das *Wohltemperierte Klavier* bot, dienten seinem frühen Klavierschaffen als untergründige Quelle der Inspiration.

Seine generell schwärmerische Verehrung für Bach und seine nicht systematische, aber dennoch gelegentlich erstaunlich detaillierte Kenntnis des Bachschen Werks hat Schumann in bestimmten Lebensphasen in hartes Kontrapunktstudium umgemünzt: Bach war von Anbeginn nicht allein die weise Sphinx der Vorzeit, sondern auch der strenge Beichtvater. Wenn es mit dem Komponieren nicht weitergehen wollte, mußten Fugen aus dem *Wohltemperierten Klavier* abgeschrieben und strenge Kontrapunktübungen durchgeführt werden. Eine intensive Beschäftigung mit der *Kunst der Fuge* und den vierstimmigen Chorälen in den Jahren 1837/38 geschah vermutlich auch aus dem Wunsch, sich an polyphoner Meisterschaft mit dem gleichfalls in Leipzig wirkenden Konkurrenten Mendelssohn messen zu können.

Die Arbeit an den überwiegend aus ein und demselben Jahr (1845) stammenden kontrapunktischen Klavier- und Orgelwerken, darunter Fugen über den Namen BACH, ist ihm teilweise so sauer geworden, daß man fast von einer Selbstgeißelung sprechen kann.

Unter einem anderen Blickwinkel gesehen, wird der Umgang mit dem Kontrapunkt für einen nicht nur genialen, sondern zugleich mit der Materie andauernd befaßten Komponisten zunehmend zur Selbstverständlichkeit und conditio sine qua non – selbst innerhalb populärer Vokalgattungen: Das zu den Worten »Die Frühlingslüfte bringen den Liebesgruß der Welt« *fröhlichen Tons* zu singende Eingangsthema aus der 1851 entstandenen Kantate op. 112, *Der Rose Pilgerfahrt,* offeriert Märchenidylle für Singvereine und wird dabei von Anbeginn als strenger Kanon durchgeführt. Dergleichen Kunstbeweise bleibt ein Schumann niemals schuldig, doch wirken sie bei ihm meistens weniger aufgesetzt als bei Brahms oder gar Reger.

»Oft schwinden mir die Sinne. Elender Mensch – erheb dich zur Arbeit« – diese Tagebucheintragung vom 18. September 1832 könnte geradezu als Überschrift über Schumanns Leben stehen. Nicht zu Unrecht hat man seine Arbeitswut, die mit als quälend erlebten Arbeitsstörungen korrespondierte, als den angestrengten Versuch gewertet, dissoziierende Gemütskräfte durch zwanghaftes Tun zusammenzuhalten. Es ist jedoch beherzigenswert, was Ludwig Finscher angesichts der C-Dur-Sinfonie schreibt: Schumann habe in ihr nicht nur »nach seinem eigenen Zeugnis ...die ersten Anzeichen physischer und psychischer Bedrohung durch musikalische Arbeit zu überwinden« gesucht, sondern zugleich den »Begriff der musikalischen Arbeit thematisiert«.[4]

So wichtig lebensgeschichtliche und schaffenspsychologische Blickrichtungen sind, so anmaßend wäre es, über Ursache und Wirkung bestimmen zu wollen. So bleibt als Quintessenz, daß Schumann ein Problem, das ihn schon immer beschäftigt haben mag, mit seiner Hinwendung zu Sinfonik und Kammermusik gleichsam veröffentlicht und zu einem allgemein kompositionsgeschichtlichen macht: In seiner Nachfolge wird es Brahms, Reger und Schönberg, aber auch Bruckner und Mahler beschäftigen, ja geradezu beherrschen: Wieviel ›strukturelle‹ Autonomie muß ein Komponist durch unablässige motivisch-thematische Arbeit erringen, um seiner Verantwortung vor der großen Tradition deutscher Musik gerecht zu werden. (Daß sich im Phantasieren solcher ›Verantwortung‹ überhöhtes Sendungsbewußtsein und übertriebene Versagensangst die Hand reichen, ist offenkundig und durch das Lebenswerk der genannten Komponisten eindrucksvoll dokumentiert.)

Es ist hier nicht der Ort, das Prinzip der motivisch-thematischen Arbeit in Schumanns Kammermusik – von den Sinfonien ist im nächsten Abschnitt ausführlich die Rede – im Detail nachzuweisen. Vielmehr geht es um die Frage, inwieweit Schumanns Auseinandersetzung mit den Kategorien der klassischen Sonate und der motivisch-thematischen Arbeit in der Tradition Beethovens und über ihn hinaus produktiv, in welchem Maße sie lähmend gewesen ist. Gustav Mahler meinte, Schumann sei in der Betonung des Formalen hinter Beethoven zurückgefallen:

»Eine Durchführung hat noch Mozart geschrieben. Er nahm seine Themen vor und mischte sie meisterhaft durcheinander. Nichts Ähnliches finden Sie aber bei Beethoven. Der hatte immer etwas Bestimmtes zu sagen. Daß Mendelssohn und Schumann wieder ›Durchführungen‹ zu schreiben begannen, ist ihre Sache. Gewiß haben sie gefehlt.« [5]

Recht verräterisch sind die windungsreichen Formulierungen, mit denen Edward A. Lippmann Schumanns Kammermusikwerken 1965 in der repräsentativen Enzyklopädie *Die Musik in Geschichte und Gegenwart* gerecht zu werden versucht:

»[Sie haben] ständig eine positive Bewertung erfahren. Wenn man an ihnen etwas tadeln will, so könnte es Schumanns erregungsloses Gleiten sein, sein gleichmäßiges und vorhersehbares Dahinfließen, das sich mit beschränkter Ausdruckskraft verbindet.«[6]

Diese Charakterisierung trifft freilich am wenigsten auf diejenigen kammermusikalischen Werke oder Sätze zu, in denen Schumann – sei es in der Auseinandersetzung, sei es in der Überwindung Beethovens – seine eigenen Wege geht. Pars pro toto mag dies ein Vergleich des Klavierquintetts op. 44 mit dem Klavierquartett op. 47 zeigen. In beiden, jeweils 1842 entstandenen Werken brütet Schumann über der Aufgabe, das Erbe von Mozart, Haydn, Beethoven und Schubert in puncto Sonatensatz und motivisch-thematischer Arbeit gewissenhaft zu verwalten, die traditionelle Viersätzigkeit unter konventioneller Beibehaltung selbst des Scherzos zu beachten *und* sich selbst treu zu bleiben. Doch so intelligent auch Friedhelm Krummacher in seinem programmatischen Aufsatz *Schwierigkeiten des ästhetischen Urteils über historische Musik* versucht, Schumanns Problem nachzuvollziehen, ihm speziell in op. 47 »absichtsvolle Reduktion eines klassischen Verfahrens« zu unterstellen und dem dort gefundenen Weg freundliche Seiten abzugewinnen:[7] Schumanns Lösungsversuche stoßen ins Leere, sofern sie überwiegend klassizistisch orientiert sind.

Die entscheidende Differenz zwischen Klavierquintett und -quartett läßt sich mit Hilfe eines Begriffspaars sichtbar machen, das die neuere Geschichts- und Sozialwissenschaft verwendet: ›Struktur‹ und ›Ereignis‹. Beide Werke haben ihre ›Struktur‹, die man je nach ästhetischem Standort als mehr oder weniger geglückt bezeichnen kann. Darüber hinaus gibt es im Quintett ein ›Ereignis‹, das aus der allgemeinen ›Struktur‹ nicht nur herausragt, sondern sie mit einem Schlage vergessen läßt. Das ist der zweite, *in modo d'una marcia* überschriebene, formal als Rondo zu bezeichnende Satz. Stockenden Schritts zieht der Trauerzug in c-moll vorüber; ihm folgt eine Weise des Trostes, von der 1. Violine in C-Dur vorgetragen und in den Anfang zurückführend. Ein als Tombeau erkenntliches Zitat aus Bachs *Johannespassion* (»Es ist vollbracht«) leitet zu einem von wildem Schmerz geprägten *Agitato*-Abschnitt in f-moll über; noch einmal erklingen Trauermarsch und Trostmelodie, jetzt in F-Dur/ f-moll; danach kehrt der Satz in den Anfang zurück. Das alles erscheint unangestrengt liedhaft erfunden und ist in seiner Semantik so eindeutig, daß es für den Hörer zum unmittelbaren ›Ereignis‹ wird.So gesehen, handelt Schumann hier – und in vergleichbaren Situationen – nicht Musikgeschichte ab, formt vielmehr aus geschichtlich eindeutig vorgeprägtem Material eine musikalische Gestalt, die – gleich einer menschlichen Person – identifiziert werden kann und zur Identifikation einlädt. Auch der Trauermarsch hat Vorläufer, etwa in demjenigen der *Eroica*; doch der ist *Vorbild* und nicht *Muster*. Insgesamt beeindruckt das Klavierquintett durch die große Ereignisdichte, die ein Nachdenken über ›Struktur‹ kaum notwendig, nicht einmal sinnvoll erscheinen läßt.

Bei JOHANNES BRAHMS sieht alles noch einmal ganz anders aus: Schon in jungen Jahren bekommt er die Rolle eines zweiten Beethoven zugewiesen. Daß Schumann in der von ihm gegründeten *Neuen Zeitschrift für Musik* nach zehnjährigem Schweigen im Jahr 1853 letztmalig das Wort ergreift, um den damals Zwanzigjährigen nach einer persönlichen Begegnung unter der Überschrift *Neue Bahnen* in hymnischen, inzwischen legendär gewordenen Worten wie einen neuen Messias der Musik anzukündigen, hätte diesen nicht unbedingt zu einem solchen zweiten Beethoven machen müssen. Wenn Schumann die damals noch unveröffentlichten Klaviersonaten op. 1 und 2 als »verschleierte Symphonien« bezeichnet, so äußert sich darin freilich bereits deutlich die verpflichtende Erwartung, daß Brahms das Erbe des Sinfonikers Beethoven antreten werde. Daß ein solcher Hinweis zumindest in eingeweihten Kreisen verstanden wurde, zeigt eine Tagebuchnotiz von Hedwig von Holstein, geborener Salomon. Sie empfängt Brahms Ende des Jahres 1853 mit ihrer Schwester in ihrem für Musikgesellschaften offenen Leipziger Haus und schreibt über das op. 1:

»Er saß nun mir gegenüber, dieser junge Held des Tages, dieser von Schumann verheißene Messias; blond, anscheinend zart und hat doch im 20. Jahr schon durchgearbeitete Züge, obgleich rein von aller Leidenschaft. Reinheit, Unschuld, Natur, Kraft und Tiefe – das bezeichnet sein Wesen [...] Seine Musik ist durchaus Beethovensch, hat eine ungeheure Tiefe und Kraft, einen großen Ernst und weniger gährende Momente im Vergleich zu anderen Künstlern der Jetztzeit. [Damit meint die Schreiberin vor allem Berlioz, dessen Genie sie drei Tage zuvor fasziniert, jedoch nur aufgeregt und von sich selbst losgerissen, nicht aber beseligt und zu Gott geführt habe.] Und zu all dieser freien Kraft ein dünnes Knabenstimmchen, das noch nicht mutirt hat!«[8]

Die Apostrophierung als zweiter Beethoven hat Brahms ein Leben lang begleitet. Bereits 1862 feiert ihn der Wiener Quartett-Primarius Joseph Hellmesberger nach einer Aufführung des g-moll-Quartetts op. 25 als »Erben Beethovens«.[9] Noch entschiedener apostrophiert Hans von Bülow die 1. Sinfonie nach ihrer Erstaufführung im Jahre 1877 als die »Zehnte« (von Beethoven);[10] und Hugo Wolf bezeichnet Brahms im Jahre 1884 anläßlich einer Besprechung der 2. Sinfonie nicht ohne Süffisanz als den »Beethoven Nr. 2«. Richard Wagner bestätigt diese Urteile auf seine Weise, wenn er schon 1869 in seiner Schrift *Über das Dirigiren* beklagt, daß »unser großer lebendiger Beethoven« in Brahms auf eine Weise verkleidet worden sei, die an die Steifheit mittelalterlicher Heiligenfiguren erinnere.[11]

Brahms hat sich über solche Festlegungen bitter beklagt und doch mit Sicherheit das Seine dazu beigetragen. Weiter führt die Frage, warum die Zeit offfenbar einen zweiten Beethoven so gut brauchen konnte, daß sie ihn sich geradezu schuf. Für welches Flaggschiff benötigte man damals einen Kapitän oder – aus der Sicht des Antipoden Wagner gesehen – eine Galionsfigur? Es ist zu früh, darauf schon an dieser Stelle eine Antwort zu versuchen.

Jedenfalls ist es erstaunlich, mit welcher Konsequenz Brahms alle Kompositionen vor seinem Opus 1 nicht nur zurückgezogen, sondern radikal vernichtet hat: Da sollten keinerlei Spuren von Unfertigkeit oder Unsicherheit zurückbleiben. Daß er nicht nur abstrakt in seinem Anspruch, sondern auch konkret in seinen Werken Beethoven nachfolgt, ist vom op. 1 an in fast jedem seiner Werke so deutlich hörbar, daß es kaum mehr sinnvoll erscheint, einzelne Fälle oder Beispiele herauszuheben. Noch spürbarer als Schubert und Schumann hält er sich an das von Beethoven gesetzte Maß: Er widmet sich vor allem den Gattungen, die für Beethoven zentral waren, verändert in seinen sinfonischen Werken das Beethovensche Orchester kaum und verhält sich auch hinsichtlich der Proportionierung der einzelnen Werke und Sätze geradezu klassizistisch, sofern man Beethoven als Kronzeugen eines solchen Klassizismus betrachtet.

Als der junge Alexander Zemlinsky Brahms 1896 sein Streichquintett vorlegt und eine Stelle in der Durchführung, die ihm selbst »im Brahmsischen Sinne als ziemlich gelungen« erscheint, gegen die Kritik des Meisters verteidigt, wird dieser energisch wie nur ein musikalischer *Praeceptor Germaniae:*

»[Brahms] schlug das Mozartsche Streichquintett auf, erklärte mir die Vollendung dieser ›noch nicht übertroffenen Formengestaltung‹ und es klang ganz sachlich und selbstverständlich, als er dazu sagte: ›So macht man's von Bach bis zu mir‹!«[12]

In der Äußerung von Brahms sind zwei Momente enthalten: Zum einen geht es um die Erfüllung eines bestimmten geschichtlichen Auftrags, zum anderen um die Einhaltung und Weiterentwicklung bestimmter Formprinzipien, von denen nicht zufällig im Zusammenhang mit der Durchführung die Rede ist.

Der geschichtliche Auftrag beruht darin, das Erbe der deutschen Musik zu wahren. Das tut Brahms in einem für einen Komponisten so ungewöhnlichen Maß, daß er zu Philipp Spitta halb kokett, halb ernsthaft sagen kann, wenn er so gescheit wie dieser wäre und mehr gelernt hätte als Komponieren, wäre es seine Passion, sich »mit Musikforschung zu befassen«.[13] Seine Bibliothek enthält nicht nur eine beträchtliche Zahl von Originaldrucken und Handschriften vor allem deutscher Meister des 16. bis 18. Jahrhunderts, sondern auch die damals neu entstehenden Gesamtausgaben von Heinrich Schütz und Johann Sebastian Bach, die er regelrecht durcharbeitet. Daß Brahms zur Musikgeschichte ein geradezu professionelles Verhältnis hat, findet in seinen Werken reichen Niederschlag. So bemerkenswert die kompositorische Bach-Rezeption Beethovens gewesen ist – Brahms geht viel weiter: Es genügt ihm nicht, auf die alten Meister in bestimmten semantischen Zusammenhängen zurückzukommen, er lebt mit ihnen.

Wenn er in den mit den Worten »Unsere Väter hofften auf Dich« beginnenden *Fest- und Gedenksprüchen*, die einen Dank für die Verleihung der Ehrenbürgerschaft durch die Stadt Hamburg im Jahr 1889 darstellen, die mehrchörigen Motetten von Gabrieli und Schütz reflektiert, so verschmilzt er als Komponist mit dem historischen Horizont, wird geradezu eins mit der Geschichte. Mit dem Terminus ›Historismus‹ wäre der Vorgang nicht zutreffend gedeutet; denn vor allem geht es Brahms um einen Beitrag zur Definition ›idealistischer‹ deutscher Musik. Musik im emphatischen Wortsinn kann für ihn keine Gebrauchsmusik mehr sein, die sie bei Beethoven – in polarer Spannung – noch und zugleich nicht mehr war. Sie ist nicht länger Dienstleistung für die Hörer sondern die Idee von dem, was sie sein soll.

Der zur Nachfolge Beethovens berufene Komponist mißt seine Musik nicht an den Erwartungen des Publikums oder an irgendeinem Zeitgeschmack. Er nimmt vielmehr für sich in Anspruch, aufgrund desselben Selbstverständnisses an der Spitze der musikgeschichtlichen Entwicklung zu stehen, das einen Philosophen behaupten läßt, die Summe allen vorangegangenen philosophischen Denkens in seinem eigenen System zu vereinen und zugleich aufzuheben. Fortschritt kann es nach dieser Vorstellung nur dort geben, wo das geschichtliche Erbe in seiner Gesamtheit in das musikalische Denken einbezogen und damit abgearbeitet wird – ein Anspruch, dem sich Brahms als erster Komponist der Musikgeschichte in solcher Konsequenz stellt. Schon der junge Brahms schreibt sich Sätze aus Eckermanns *Beiträgen zur Poesie* für sein *Schatzkästlein des jungen Kreisler* ab, in dem er Aussprüche von Dichtern, Philosophen und Künstlern sammelt:

»Die Form ist etwas durch tausendjährige Bestrebungen der vorzüglichsten Meister Gebildetes, das sich jeder Nachkommende nicht schnell genug zu eigen machen kann. – Ein höchst törichter Wahn übelverstandener Originalität würde es sein, wenn da jeder wieder auf eigenem Wege herumsuchen und herumtappen wollte, um das zu finden, was schon in großer Vollkommenheit vorhanden ist.«[14]

Die selbstgestellte Aufgabe zieht ein polares Verhältnis von ›musikalischem Erbe‹ und ›Fortschritt‹ nach sich: Das gelungene Werk muß einerseits den Formgesetzen gerecht werden, die ihm von der Tradition vorgegeben sind. Es vermag andererseits seine Existenz nur dadurch zu rechtfertigen, daß es eine jeweils individuelle, einmalige Anwendung dieser Formgesetze darstellt und diese dadurch ihrerseits zu jeweils neuem Leben erweckt. Gerade für Brahms, der sich vielfach in diesem Sinne geäußert hat, zeigt sich das ›ingenium‹ nicht oder nicht nur in der Originalität der Einfälle und im Reichtum der Gedanken, sondern in der Zucht der motivisch-thematischen Arbeit und der Fähigkeit, stimmig zu komponieren. Gegenüber dem Sänger Georg Henschel erklärt er:

»Das, was man eigentlich Erfindung nennt, also ein wirklicher Gedanke, ist sozusagen höhere Eingebung, Inspiration, d.h. dafür kann ich nichts. Von dem Moment an kann ich dies ›Geschenk‹ gar nicht genug verachten, ich muß es durch unaufhörliche Arbeit zu meinem rechtmäßigen, wohlerworbenen Eigentum machen.«[15]

Mit einer ähnlichen Tendenz zur Verdinglichung spricht Brahms gegenüber Gustav Jenner von seinem Ideal einer »dauerhaften Musik«.[16] Beide Äußerungen lassen sich als Erfahrung eines Künstlers deuten, der die Hoffnung aufgegeben hat, mit seinem Werk unmittelbar angenommen und verstanden zu werden, der stattdessen – und dies unter größten Skrupeln – den Wert seiner Arbeit verteidigt. Da nimmt es nicht wunder, daß der eher sparsame Mann ein kleiner Aktionär ist: Bereits seit 1869 kann er im Taschenkalender Zinserträge für seine Kapitalien verbuchen; und 1877 vermittelt ihm sein Verleger Fritz Simrock auf einen Schlag ein Aktiengeschäft über immerhin 26.000 Goldmark.

Das Ringen um sinfonische Größe

Was man als ›große abendländische Musik‹ ansieht, verbindet sich in hohem Maße mit einem Begriff von Sinfonik, der von Beethoven geprägt worden ist. Größe wird hier nicht nur verstanden als Tiefsinn der Ideen oder Scharfsinn der Ausarbeitung; sie ist zugleich eine Frage der Größenordnung: Die Dauer der Werke, die Größe der Orchester, die theatralischen Auftritte seiner Leiter und der Kult, den die Öffentlichkeit zunehmend mit ihnen treibt, das zahlreiche Publikum, die imposanten Säle – das alles suggeriert, das ›Entscheidende‹ auf dem Feld der Musik erfolge im sinfonischen Genre. So gesehen ist es kein Zufall, daß sich von der bis dahin vielfältig und vor allem in der Oper verwendbaren ›Kapelle‹ im Laufe des Jahrhunderts das auf diese ›große Musik‹ spezialisierte ›Sinfonieorchester‹ abspaltet, und daß zugleich aus dem Kapellmeister der Stardirigent wird: Letzterer macht sich – gleichsam stellvertretend für die öffentlichkeitsscheuen oder dahingeschiedenen Komponisten – zum personifizierten Vermittler jener großen Ideen, die Entscheidendes zur Sinnfindung der Menschheit beitragen.

So bescheiden SCHUBERT innerlich und äußerlich gewesen ist – gleich Beethoven müssen auch ihn höchste Ansprüche umgetrieben haben. Anders ist es kaum zu deuten, daß er dem Freund Kupelwieser im Brief vom 31. März 1824 erklärt, er wolle sich – unter anderem mit dem stark an Beethovens Septett op. 20 orientierten Oktett D 803 – »den Weg zur großen Sinfonie bahnen«, obwohl er doch hätte wahrnehmen können, daß er zu diesem Zeitpunkt längst ein großer Sinfoniker ist. Aus dem Tenor des Briefes wird deutlich, daß es Schubert allerdings auch um äußere Erfolge mit seinem dem Publikum ja fast unbekannten sinfonischen Werk geht. Er berichtet von Beethovens Vorhaben, in einem Konzert seine *Neunte* und Teile der *Missa solemnis* uraufzuführen, und fährt fort: »Wenn Gott will, so bin ich auch gesonnen, künftiges Jahr ein ähnliches Concert zu geben.« Nur die dafür geeignete Sinfonie hat er nach eigener Einschätzung noch nicht geschrieben.

Dabei ist der als Meister des Liedes apostrophierte Schubert zugleich genuiner Sinfoniker. Seine frühen, für das eigene Konvikts-Orchester komponierten Sinfonien brauchen sich vor denen des gleichaltrigen Mozarts nicht zu verstecken, zeigen freilich, daß Schubert wie selbstverständlich in der Tradition der Wiener Sinfonik verwurzelt ist. Er muß nicht eigens Haydn, Mozart und den Beethoven der 1. Sinfonie studieren, um zu wissen, wie man ›so etwas macht‹. Doch er tut es: In den frühen Sinfonien ist der Geist der ›Klassiker‹ zunehmend deutlicher vernehmbar, ohne daß deshalb der Seitenblick auf damals populärere Meister wie Rossini gescheut würde.

Die Produktion im sinfonischen Bereich – bis 1818 entsteht Jahr für Jahr eine Sinfonie – scheint fast mühelos vonstatten zu gehen. In der im Februar 1818 fertiggestellten *Sechsten*, der sogenannten kleinen C-Dur-Sinfonie, zeigt sich vielleicht erstmals ein Problembewußtsein hinsichtlich der Möglichkeiten, im Schatten Beethovens eine Sinfonie zu schreiben. Doch das ist nichts gegenüber den Irrungen und Wirrungen der nachfolgenden, von der neueren Schubertforschung sogenannten Jahre der Krise von 1818 bis 1823.

Im Juli 1818 beginnt für Schubert äußerlich eine neue Lebensphase: Er zieht endgültig aus dem elterlichen Haus aus, gibt den Lehrerberuf auf und tritt beim Grafen Esterházy auf Schloß Zseliz in Ungarn eine befristete Stelle als Hauslehrer an. Die damit gewonnene Unabhängigkeit, die Schubert solange als befreiend erlebt haben mag, wie ihn der mit den Jahren zerfallende Freundeskreis trägt, erscheint ihm in künstlerischer Hinsicht von vornherein als Bürde: Nun ist er Komponist von Hauptberuf; er muß den Erwartungen seines Vaters, der ihn nach Ende der Hauslehrerzeit zum Wiedereintritt in den Schuldienst bewegen will, gerecht werden; vielleicht sieht er gar die Augen der Welt auf sich gerichtet. Der schon zitierte Stoßzeufzer: »Wer vermag nach Beethoven noch etwas zu machen!« bekommt drängende Aktualität. Charakteristisch ist die Äußerung in einem undatierten, um 1823 geschriebenen und vermutlich an seinen früheren Lehrer Peitl gerichteten Brief: Schubert, um die Überlassung eines Orchesterwerks, vielleicht einer Ouverture, gebeten, antwortet rigoros, er besitze »fürs ganze Orchester eigentlich nichts«, das er mit ruhigem Gewissen in die Welt hinausschicken könne, zumal »so viele Stücke von großen Meistern vorhanden sind, z. B. von Beethoven: Ouverture aus Prometheus, Egmont, Coriolan etc. etc.«

Schubert beginnt zu zögern, zu zweifeln und zu verwerfen. Walter Dürr hat eindrucksvoll belegt, wie die Produktion – abgesehen von den augenscheinlich weniger heiklen Bereichen ›Bühnenmusik‹ und ›Messe‹ – zurückgeht und problematisiert wird. Auf dem Gebiet der Sinfonie gibt es verschiedene bemerkenswerte Entwürfe, die soweit gediehen sind, daß man sie neuerdings mit einiger Berechtigung vervollständigt und auf Tonträger eingespielt hat, die aber eben dennoch Torsi bleiben.[17]

Bemerkenswert ist die langsame Einleitung zum ersten Satz einer D-Dur-Sinfonie D 615 vom Frühjahr 1818, die damals neutönerisch anmuten mußte: Scheint Schubert mit den ersten Tönen – wie nach ihm Schumann in seiner C-Dur-Sinfonie – an Haydn anzuknüpfen, so öffnet er mit dem Tritonussprung des 6./7. Taktes die Tür geradewegs zu Gefilden, in denen sich ein oder zwei Jahrzehnte später Berlioz und Liszt aufhalten werden.

Franz Schubert: Entwurf zu einer Sinfonie D-Dur D 615, Anfang (nach der Skizze)

Allein angesichts dieses Einfalls kann man verstehen, daß Schubert diese D-Dur-Sinfonie unvollendet liegengelassen hat. Ein solcher »Material«-Einfall hat ja unabsehbare – wir würden heute sagen ›strukturelle‹ – Folgen. Indem der Komponist ihn an exponierter Stelle einbringt und damit das ganze Kategoriensystem der traditionellen Kompositionslehre sprengt, fordert er – hierin Romantiker im philosophischen Sinne – eine Ästhetik allein für dieses Werk: eine Ästhetik nämlich, in der Fortschreitungen dieser Art Berechtigung und Sinn haben. Das aber bedeutet, daß es so unkonventionell weitergehen müßte, wie es angefangen hat! Ein Schauspieler, der beim ersten Auftritt dadurch auf sich aufmerksam macht, daß er die von ihm dargestellte Figur mit einem charakteristischen Tic ausstattet, muß zusehen, wie er mit diesem weiterhin umgeht; das kann im Extremfall die Anlage der ganze Rolle bestimmen. Ein Komponist, der mit einem Tritonus-Sprung anfängt, setzt gleichfalls Maßstäbe, die er im weiteren Verlauf des Stückes erfüllen muß; und da es dafür keine Vorbilder gibt, müßte er eine Komposition sui generis schaffen.

Man stellt den historischen Sachverhalt oft so dar, daß Komponisten wie Berlioz und Liszt neue, konkretere Inhalte in ihre Musik einbringen wollten und zur Erreichung dieses Ziels neue Formen finden mußten. Stattdessen könnte man auch argumentieren, daß sie neuen kompositorischen Ideen nachgingen, mit deren Verwirklichung sich dann fast zwangsläufig die semantischen Möglichkeiten der Musik erweiterten und differenzierten. In Wahrheit gehen beide Momente ineinander auf: Sobald eine avancierte, die Norm sprengende Materialerfindung und -behandlung als Konsequenz eines bestimmten kompositionsgeschichtlichen Prozesses denkbar geworden ist, ist auch eine differenziertere, etwa zur Programmusik tendierende Musiksprache da, die einer fortgeschrittenen Materialbehandlung erst ihren Sinn gibt. Und umgekehrt: Indem man sich vorzustellen wagt, daß Musik kein selbstbezügliches System, vielmehr nur innerhalb eines interkulturellen Kontextes voll verständlich sei, wagt man das bisher gültige musiktheoretische Kategoriensystem zu sprengen.

Beethoven hat wohl gewußt, warum er in der in manchem avanciertesten seiner Sinfonien, der *Eroica*, den Anfangsgedanken zwar aus der Haupttonart Es-Dur nach Cis leitet, es damit aber in puncto Kühnheit genug sein läßt: Dieses Cis eröffnet genug an neuem Raum, der ausgefüllt sein will. – Schubert seinerseits ist zu diesem Zeitpunkt mit dem Tritonus-Sprung (vermutlich auch mit anderen Einfällen) noch nicht fertig geworden: Das der großartigen und hochbedeutenden *Adagio*-Einleitung folgende *Allegro* ist zu gefällig, um die notwendigen Konsequenzen aus dem Anfang ziehen zu können. In einigen späten Liedern, aber auch im Streichquartett G-Dur D 887 ist er in dieser Beziehung wesentlich weiter.

Nach weiteren Entwürfen im Bereich der Kammermusik und Sinfonik komponiert Schubert im Herbst 1822 das Wunder eines Torso – die *Unvollendete.* Bekanntlich sind die beiden ersten Sätze dieser Sinfonie in h-moll bis in die Einzelheiten vollendet. Da vom *Scherzo* immerhin Teile vorliegen, ist deutlich, daß eine viersätzige Sinfonie im traditionellen Sinne geplant war. Die Tatsache, daß Schubert die Partitur der beiden abgeschlossenen Sätze im Jahre 1823 – vermutlich im Zusammenhang mit der Verleihung der Ehrenmitgliedschaft – dem Grazer Musikverein übereignet hat, macht zugleich deutlich, daß er diese Sätze für vollendet hält. Das Werk ist abgeschlossen und unabgeschlossen zugleich.

Auch die h-moll-Sinfonie beginnt der Komponist mit einer langsamen Einleitung. Doch er ist klüger geworden und disponiert von vornherein für den ganzen Satz. Diesmal ist der Vorspann nur 8 Takte lang, sanglich, freilich auch drängend und ob der »slavischen« kleinen Septime und des Unisono in tiefer Lage geheimnisvoll und bedeutungsschwer. Später wird sich zeigen, was in dieser bedeutungsschweren Einleitung steckt: Sie läßt sich nicht nur als Folie für ›Stimmung‹, sondern auch strukturell benutzen; sie beherrscht die Durchführung und taugt – in eindrucksvoller, auf Tschaikowskys *Pathétique* vorausweisender harmonischer Einkleidung – auch als Satzschluß.

Franz Schubert: Sinfonie h-moll, 1. Satz, Anfang, bis T.9, Violoncello und Kontrabaß

Franz Schubert: Sinfonie h-moll, 1. Satz, Durchführung, T. 124-127, Fagott

Äußerlich gesehen, ist das Sonatensatzschema gewahrt: Es gibt ein 1. und 2. Thema sowie den Dreischritt von Exposition, Durchführung und Reprise. Indessen kann man weder von einem Dualismus der Themen noch von zielstrebiger Durchführungsarbeit sprechen. Schubert versteht den Sonatensatz nicht als konsequent fortschreitenden Prozeß, der einen Anfang setzt und einem Ziel entgegenstrebt; er will nicht im Sinne Beethovens durch Bewältigung der Form Sinn stiften, sondern eine ihn bewegende Dramatik vorführen. In diesem Sinne weiß er den Orchesterapparat hervorragend zu bedienen: Die Durchführung ist ein einziger, glänzend disponierter Orchesterausbruch, in der Exposition frühzeitig angekündigt durch den Bläserakkord, der unheilschwanger in die Lieblichkeit des 1. Themas hineinfährt, und durch das noch drohendere Fortissimo, welches – nach einer vielsagenden Generalpause – den Gesang des zweiten Themas zum Schweigen bringt.

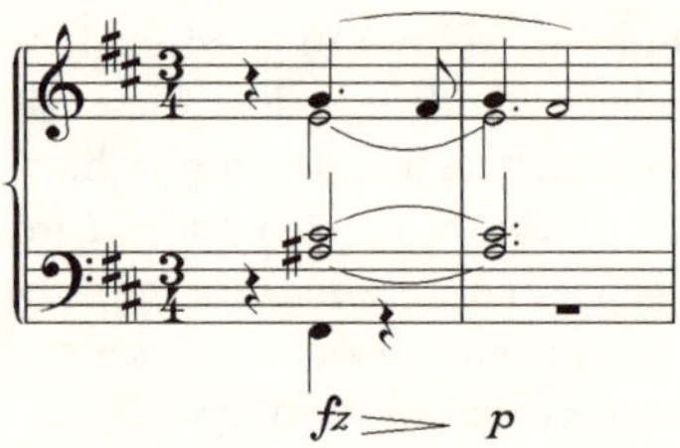

Franz Schubert: Sinfonie h-moll, 1. Satz, Bläserakkord, T. 20-21, Particell

Dergestalt einem unmittelbaren Impuls zu folgen, ist generell nicht die Sache Beethovens: Es könnte von zielgerichteter Arbeit an der großen Sache ablenken. Doch Schubert denkt nicht an eine finale Lösung, hat sie jedenfalls nicht zur Verfügung. Stattdessen formt er einen Ausschnitt seines Erlebens, in dem sich die Eindrükke überlagern und eins im anderen aufgeht. In diesem Sinne ließe sich auch die kreisförmige Anlage des 1. Satzes der *Unvollendeten* deuten: Ein durch das Eingangsmotto bezeichneter Urgrund, von dem alles ausgeht, entläßt zwei ›Themen‹ als feste Gestalten, setzt aber zugleich ›störendes‹ Material im Sinne von Ausbrüchen der Leidenschaft, Besorgnis und Qual frei; am Ende sinkt alles in den Urgrund zurück.

Daß dies alles leicht nachvollziehbar ist, liegt an den Potenzen des Sängers Schubert: Dieser reiht in überschaubaren Phrasen Gedanken aneinander, die sich wiederholen oder von einem zum anderen Mal jeweils nur wenig wandeln. Solches kommt wie in Wellen oder in Atemzügen beim Hörer an und entspricht damit dessen natürlichem Wahrnehmungsvermögen. Während Beethoven motivisch-thematisch arbeitet, Überleitungsteile konstruiert etc., um den sinfonischen Prozeß voranzutreiben, setzt Schubert thematische Blöcke oftmals fast ohne Überleitung nebeneinander. So gibt es als Bindeglied zwischen erstem und zweitem Thema allein den langausgehaltenen, sehnsüchtigen Ruf der (von Fagotten verstärkten) Hörner. Wie die Skizzen zeigen, hat Schubert nachdenken müssen, bis ihm diese genial-einfache

Lösung eingefallen ist. (Interessant ist ein Vergleich mit Beethovens *Fünfter.* Auch dort verbindet ja eine – ganz andersartige – Hornfanfare die beiden Themen.)

Auffällig ist die Gleichzeitigkeit verschiedener semantischer Ebenen – etwa im ersten Themenkomplex des 1. Satzes: Die tiefen Streicher geben in pochendem Pizzicato den dunklen Grund; die in Terzen und Sexten geführten Violinen sorgen mit ihren Sechzehntel-Repetitionen für drängende Bewegung; auf dieser Begleitfolie erheben die Holzbläser- wie später so oft bei Bruckner – ihren träumerisch-sehnsüchtigen Gesang. Bemerkenswert daran ist nicht die bloße Tatsache, daß der Zusammenhang des musikalischen Satzes auf drei voneinander relativ unabhängigen Ebenen realisiert wird; das gibt es bei Beethoven – und sicherlich nicht nur bei ihm – allenthalben. Bei Schubert steht die Vielgestaltigkeit des Satzes jedoch nicht im Dienste einer übergeordneten Idee, die möglichst sinnfällig und plastisch herauszuarbeiten wäre; sie drückt vielmehr differenzierend die Vielschichtigkeit einer Stimmung aus, die nicht beherrscht, sondern beschworen werden soll.

Vermutlich hat Schubert in der Durchführung regelrecht motivisch-architektonisch arbeiten wollen. Daß ihm das Ergebnis im Sinne Beethovens mißlungen erschien, dürfte ihn dazu verleitet haben, sich weiterhin erst auf dem *Weg* zur großen Sinfonie zu wähnen. Indessen lassen sich die ohnmächtigen Orchesterausbrüche der Durchführung, die der Komponist selbst als Ausdruck strukturellen Scheiterns verstanden haben mag, mit dem gleichen Recht als leidenschaftlicher Ausdruck menschlicher Ohnmacht und als authentischer Gestus erleben. Hier setzt die – im nächsten Kapitel diskutierte – Frage nach einem ›Programm‹ der *Unvollendeten* ein.

Schubert hat seine ›große Sinfonie‹ dann doch noch geschrieben, und dies, wie die neuere Forschung herausgefunden hat, schon 1825. In einer kurzen, vergleichsweise glücklichen Phase seines Lebens wirft er die Beethoven-Last ab und gibt eine ganz neue Antwort auf die von Beethoven gestellte sinfonische Frage. Was in der h-moll-Sinfonie noch sehr kompakt erscheinen mußte, streckt sich in der neuen C-Dur-Sinfonie nach Belieben. Schon die Einleitung signalisiert den Drang ins Freie: statt einer in sich kreisenden Baß-Bewegung ein Hornruf, der aus der Natur zu kommen und in die Natur einzuladen scheint. (Harry Goldschmidt gibt dieser Assoziation eine spezielle Zielrichtung, indem er den Gestus dieses Hornrufs mit demjenigen des gleichzeitig entstandenen Liedes D 852 vergleicht, das den Titel *Die Allmacht* trägt und Gott in der Natur verherrlicht.[18]) Die federnden Rhythmen des 2. Satzes suggerieren geradezu das Bild der Wanderschaft. Und nachdem Schubert sich von dem Anspruch befreit hat, in einer Sinfonie die Probleme der Welt lösen zu müssen, kann er nun auch endlich *sein* Finale schreiben: Da braucht nichts mehr unter Aufbietung aller Kräfte gesteigert und zusammengefaßt werden; da darf die Musik gelöst und zugleich festlich ausklingen.

In seiner letzten vollendeten Sinfonie scheut Schubert sich nicht länger, Instrumentalmusik als wortlosen Gesang zu verstehen und die zauberischen Kräfte, welche das Lied durch seine selbstverständliche und unwiderlegbare Geschlossenheit in sich birgt, für die große Form der Sinfonie nutzbar zu machen. Der Volkston, den er in der *Unvollendeten* zwar angeschlagen, aber doch immer wieder hatte verstummen lassen, kann sich diesmal vor allem in den Seitengedanken aussingen; und die Seligkeit des Wiederholens, die bei Bruckner gelegentlich in Qual umschlägt, wirkt derart gelöst, daß Schumanns Wort von den »himmlischen Längen« der Sinfonie gewiß sein Recht hat.

Daß er die C-Dur-Sinfonie gleichwohl nicht als das letzte Wort angesehen hat, könnte der vieldeutige Charakter des Sinfonie-Fragments in D-Dur aus dem Todesjahr belegen: Es dokumentiert nicht nur, wie schon erwähnt, Schuberts Arbeit im Blick auf eine reife kontrapunktische Schreibart, sondern hat vielmehr auch Raum für fahle, hohle Töne, die eine Brücke zu den späten Liedern schlagen und im sinfonischen Kontext fast auf Mahler vorausweisen. – Welch eigentümlicher Gang der Geschichte, daß Schubert seine Sinfonien, von den frühen abgesehen, niemals selbst gehört hat!

Am 11. Dezember 1839 schreibt Robert SCHUMANN seiner Verlobten:

»Klara, heute war ich selig. In der Probe wurde eine Symphonie von Franz Schubert gespielt. Wärst Du da gewesen! Die ist Dir nicht zu beschreiben; das sind *Menschenstimmen*, alle Instrumente, und geistreich über die Maßen, und diese Instrumentation trotz Beethoven – und diese Länge, diese himmlische Länge, wie ein Roman in vier Bänden, länger als die 9te Symphonie. Ich war ganz glücklich, und wünschte nichts, als Du wärest meine Frau und ich könnte auch solche Symphonien schreiben.«

Es ist die Zeit, in der Schumann in einer Mischung von Leidenschaft und Fanatismus gerichtlich erzwingen will, daß ihm Friedrich Wieck die Hand seiner Tochter gebe. Vor diesem biographischen Hintergrund kann man ermessen, wieviel es ihm bedeutet haben muß, innerhalb des Genres der Sinfonie als Nachfolger Beethovens und Schuberts zu wirken und zu gelten.

Schumanns Begeisterung gilt Schuberts großer C-Dur-Sinfonie, die er einige Monate zuvor selbst in dessen Nachlaß kennengelernt und Felix Mendelssohn Bartholdy zur Erstaufführung im Leipziger Gewandhaus übergeben hatte. Wie stark der durch dieses Werk ausgelöste Impuls gewesen ist, verdeutlicht ein Vergleich mit seiner 1841 niedergeschriebenen *Frühlingssinfonie*: Bereits die Anfänge ähneln sich stark. Darüber hinaus ist es freilich Beethovens B-Dur-Sinfonie, die in Schumanns ja gleichfalls in B-Dur stehender 1. Sinfonie bis in Einzelheiten – etwa die unübliche Paukenstimmung B-Ges – deutlich nachwirkt.

Auch in Schumanns weiteren Sinfonien lassen sich klassische Vorbilder feststellen, auch wenn ›Fremdes‹ und ›Eigenes‹ weitgehend miteinander verschmolzen sind. Die Erstfassung der d-moll-Sinfonie, der Entstehung nach die Zweite, beginnt mit einem A-Dur-Akkord, der an Beethovens *Siebte* gemahnt; Parallelen weisen auch die Anfänge der jeweils zweiten Sätze auf. Das Modell zum Anfang der C-Dur-Sinfonie ist recht eindeutig als Haydns *Londoner Sinfonie* Nr. 104 zu identifizieren. Doch darüber hinaus spuken auch in diesem Werk Bach, Beethoven und Schubert, dessen C-Dur-Sinfonie Schumann in einer Aufführung durch Ferdinand Hiller neuerlich fasziniert und zur Ausarbeitung einer in jeder Weise ›großen‹ Sinfonie ermutigt. Im 2. Trio des *Scherzo* gibt es ein ausdrückliches B-A-C-H-Zitat. Das anschließende *Adagio espressivo* beruft sich noch einmal mit einem fast wörtlichen und zudem tonartgleichen Zitat aus der Triosonate des *Musikalischen Opfers* auf Bach, erinnert aber zugleich untergründig an das ›Adagio‹ aus Beethovens *Neunter.* Der zweite Teil des Finales lebt vor allem von der Beethovens Liederzyklus *An die ferne Geliebte* entnommenen Zeile »Nimm sie hin denn, diese Lieder«, die Schumann auf damals noch hintergründigere Art schon im 1. Satz seiner C-Dur-Fantasie heraufbeschworen hatte; und in diese sind wiederum Anklänge an den Seitengedanken aus dem 2. Satz der Schubertschen Sinfonie verwoben. – Die vierte, die *Rheinische* Sinfonie in Es-Dur, steht im Zeichen von Beethovens Es-Dur-Sinfonie, der *Eroica;* aber auch an den Anfang von Beethovens *Achter* ist zu denken.

Es ist bezeichnend, daß Schumann sich die ihm vorbildhaft erscheinenden Werke nicht nur als ganze zu eigen macht, sondern auch konkret von ihren Anfängen ausgeht. In diesem Sinne läßt er Brahms durch Joseph Joachim am 6. Januar 1854 übermitteln:

»Er soll sich immer an die Anfänge der Beethovenschen Symphonien erinnern; er soll etwas Ähnliches zu machen suchen. Der Anfang ist die Hauptsache; hat man angefangen, dann kommt Einem das Ende wie von selbst entgegen.«

Das soll vermutlich launig klingen, verrät aber doch Schumanns Respekt vor großen sinfonischen Aufgaben. Und in der Tat muß man die stilistische und satztechnische Vielfalt in seinen Sinfoniesätzen nicht übersehen, ihren manchmal eigentümlich versponnenen, zeitvergessenen Charakter nicht geringschätzen und an den poetischen Einzelheiten nicht achtlos vorübergehen, um dennoch wahrzunehmen, wie schwer sich der Komponist insgesamt mit dem sinfonischen Genre tut. Einerseits scheint er sich dem Problem mit der Intensität und auf dem Niveau Beethovens gar nicht stellen zu wollen: Anders ist es nicht erklärlich, daß ihm wenige Wochen, ja Tage genügen, um seine Sinfonien mehr oder weniger definitiv zu Papier zu bringen. Andererseits ist er fortwährend – deutlicher als der vielleicht ähnlich empfindende, aber weniger verkrampfte Mendelssohn – bemüht, dem sinfonischen Ideal Beethovens an Größe en bloc und Beziehungsreichtum en detail gerecht zu werden. Das Ergebnis sind Passagen von zweifelhaftem Pathos, wie etwa zu Anfang der C-Dur-Sinfonie, oder formalem Leerlauf, wie z.B. im Finale der d-moll-Sinfonie. Da kann man kaum anders als vom *horror vacui* oder von einer Überkompensation fundamentalen Zweifels am unstrittigen Ethos der Sinfonie sprechen.

Vielleicht wirkt Schumanns letzte Sinfonie deshalb am unbekümmertsten, weil sie von Beethoven weg- und zu den Gefilden der Neudeutschen hinführt. Die Heiterkeit der *Rheinischen,* die in bemerkenswertem Kontrast zum eher düsteren Ton in manchen anderen späten Kompositionen steht, scheint anzudeuten, daß hier Ballast abgeworfen, vielleicht auch nur vor bestimmten, selbstgestellten und doch überfordernden Aufgaben kapituliert worden ist. Fern am Horizont taucht Franz Liszt auf, der ja um diese Zeit in Weimar seine ersten ›Sinfonischen Dichtungen‹ konzipiert. Zwar ist die *Rheinische* keine Programmusik; dazu wird sie auch nicht durch die Mitteilung, daß Schumann zur Zeit ihrer Entstehung unter dem Eindruck der lieblichen rheinischen Landschaft und einer prunkvollen Kardinalserhebung im Kölner Dom gestanden hat. Doch unübersehbar greift der Komponist, der ansonsten in seiner Düsseldorfer Zeit ab 1850 im Zeichen zunehmender Depressionen eher introvertiert lebt, Liszts Forderungen nach Allgemeinverständlichkeit und Sujet-Gebundenheit sinfonischer Musik auf: Nach Schumanns eigenen Worten sollten in diesem Werk »volkstümliche Elemente vorwalten«. In der Tat konnten die Hörer der *Rheinischen* deren einzelne Sätze als idealisierte Bilder der eigenen Lebenswirklichkeit (Landschaft, Heimat, Geselligkeit, Religion) verstehen– wie sie es vom gemäßigten Realismus der Düsseldorfer Malerschule innerhalb der bildenden Künste gewohnt waren.

Demgemäß hebt der Rezensent der *Signale für die musikalische Welt* den »volkstümlichen« Charakter der Sinfonie hervor. Im gleichen Sinne heißt es in der *Rheinischen Musik-Zeitung*, das neue Werk schildere »ein Stück rheinisches Leben in frischer Heiterkeit«. Das *Scherzo* erinnert den Kritiker an »schöne Wasserfahrten zwischen rebengrünen Hügeln und freundliche Winzerfeste«; im *feierlich* überschriebenen Satz sieht er »gothische Dome, Prozessionen, stattliche Figuren in den Chorstühlen«.[19] (Solche Deutungen sind vermutlich nicht ohne Fingerzeige aus dem Hause Schumann zustandegekommen: So sehr man dort programmatische Plattheit verabscheute, so sehr wollte man doch auch im »volkstümlichen« Sinne verstanden werden.)

Selbst über die ›Rheinische‹ läßt Richard Wagner Cosima am 8. Februar 1875 die lakonischen Worte in ihr Tagebuch eintragen: »Schöne Akzente, doch solche Leere. Schaden von Schumann, nicht seine Grenzen erkannt zu haben; überschraubtes Talent«. Und Hans von Bülow assistiert:

»Der Klavierkomponist und der Liedsänger stehen mir ungleich höher da als der Symphoniker, so anbetend ich mich auch zu den Adagios der zweiten und selbst der dritten Sinfonie verhalte.«[20]

Tatsächlich macht Schumann als Sinfoniker eine unglücklichere Figur als Schubert oder Brahms. Zwar glaubt man ihm aufs Wort, wenn er 1839, nach dem Schubert-Erlebnis, meint: »Das Clavier möcht' ich oft zerdrücken, und es wird mir zu eng zu meinen Gedanken«. Doch ist die Sinfonie das geeignete Feld, um aus solcher Enge herauszukommen? Es ist eines, die Sinfonien Beethovens und Schuberts zu würdigen, und ein anderes, in ihrem Geist zu komponieren. Vielleicht hat Schumann mit seinem romantischen Vorverständnis die beiden zwar als Tonpoeten, nicht aber als Sinfoniker mit formender Kraft verstehen können oder wollen.

Vielleicht ist der ketzerische Gedanke erlaubt, daß es Schumann auch aus äußeren Gründen vom Klavier fort- und zur Sinfonie hindrängt hat. Aus dem oben zitierten

Brief, in dem Schumann nichts sehnlicher wünscht, als Claras Mann zu sein und Sinfonien auf dem Niveau Schuberts zu komponieren, spricht nicht zuletzt Sorge um das Fortkommen: Als Ehemann und Familienvater will Schumann seine Existenz nicht länger als die eines nur kleinen Zirkeln bekannten Klavierkomponisten und Literaten verstehen, sondern zeigen, daß er der Berühmtheit seiner Frau etwas entgegenzusetzen hat; und er muß dem in ihm nachwirkenden Hohn des Schwiegervaters begegnen, er könne keine Familie ernähren. Dazu aber eignen sich vor allem sinfonische und größere Vokalwerke, deren potentielle Aufführungserfolge größere Publizität versprechen und die Aussicht auf Kapellmeisterstellen eröffnen. In diesem Sinne schreibt Schumann am 5. Mai 1843 an den Musiker und Kritiker Carl Koßmaly, den er als Multiplikator für seine Werke zu interessieren sucht:

»Das Publicum nimmt, wie ich höre, jetzt größeren Antheil an meinen Sachen, auch den älteren – Die Kinderscenen und Phantasiestücke, die ich Ihnen leider nicht mittheilen kann, haben sogar ein größeres gefunden. Auch darin hat sich die Zeit verändert; sonst galt es mir gleich, ob man sich um mich bekümmere oder nicht – hat man Frau und Kinder, so wird das ganz anders – man muß ja an die Zukunft denken, man will auch die Früchte seiner Arbeit sehen, nicht die künstlerischen, sondern die prosaischen, die zum Leben gehören und diese bringt und vermehrt nur der größere Ruf.«

Schubert gerät wie unschuldig in den Bann der Beethovenschen Sinfonik und befreit sich wie unschuldig von ihm, ohne es selbst ganz zu merken. Schumann irrt eher desorientiert in der Bannmeile umher. BRAHMS aber geht offenen Auges in sein Verhängnis. Noch Anfang der siebziger Jahre sagt er:

»Ich werde nie eine Symphonie komponieren! Du hast keinen Begriff davon, wie es unsereinem zu Mute ist, wenn er immer so einen Riesen [...] hinter sich marschieren hört.«[21]

Die Generation vor ihm konnte sich noch damit schmücken, Beethoven überhaupt repertoirefähig und zum Klassiker der deutschen Musik gemacht zu haben. Das ist nun vorbei: Beethovens Sinfonien stehen auf jedem Programm und werden von der ersten Generation der jungen Disziplin ›Musikwissenschaft‹ bereits fleißig analysiert. Es gibt sie nicht mehr nur als überwältigendes Erlebnis, sondern zugleich als Corpus – wie das eines Kirchenvaters, an dem kein junger Dogmatiker vorbeikommt. Außerdem liegen inzwischen andere auf der Lauer, die erweisen wollen, daß sie die wahren, nämlich die kreativen Erben Beethovens sind: Liszt, Wagner, in gewissem Sinne auch Bruckner.

Da muß Brahms von Anfang an Größtes im Kopf haben, alle Kräfte aufbieten – sonst ist er verloren. Und es wundert nicht, daß er einerseits seinen Instrumentalwerken von op. 1 an einen sinfonischen Zuschnitt gibt, daß ihn andererseits die Arbeit an seinem ersten Sinfonie-Projekt geradezu in eine Schaffenskrise stürzt: Nachdem er bereits 1854 aus einer vierhändigen Klaviersonate eine dreisätzige »Symphonie« geschaffen hat, dauert es mehrere Jahre, in denen er insgesamt nach eigener Beurteilung »nichts fertig bringt«, bis er sich entschließt, den 1. Satz zum

Kopfsatz seines Klavierkonzerts op. 15 zu machen und mit der neuen Zielsetzung zwei weitere Sätze hinzuzukomponieren. Unter dem Eindruck des Mißerfolges der Uraufführung schreibt er am 28. Januar 1859 selbstkritisch an Joseph Joachim, er wolle den »Körperbau« des Werks »bessern«. Das soll heißen, daß ihm dieses formal nicht stimmig erscheint – nicht als Sinfonie und selbst nicht als Solokonzert.

Auch in der neuen Gestalt schlägt der sinfonische Anspruch durch. Beim Erklingen des Kopfthemas soll Anton Bruckner im Stehparterre des Wiener Musikvereins zu einem seiner Schüler anerkennend geäußert haben: »Siehgst, dös is a Symphoniethema«.[22] In der Tat denkt man an den Anfang von Beethovens *Neunter*, deren Aufführung durch Ferdinand Hiller Brahms im Frühjahr 1854 tief beeindruckt hatte. Doch auch andere Werke in der Sturm-Und-Drang-Tonart d-moll klingen an, etwa Bachs und Mozarts Klavierkonzerte. Die wildgezackten Melodielinien und die gewaltigen, wenn nicht gewaltsamen Klangballungen scheinen sich freilich mehr zu einer dramatischen Opernszene oder zum Beginn einer ›Sinfonischen Dichtung‹ zu eignen als zu dem einer Sinfonie: Wie soll man nach diesem – ganz real komponierten – ›Paukenschlag‹ einen Sonatensatz ›aufbauen‹, ›Struktur entwickeln‹? Daß mit dem gebärdenreichen, nicht so sehr Energie freisetzenden als vielmehr Pathos vorführenden Szenario für die Gestaltung langfristiger dynamischer Prozesse im Sinne der *Neunten* schon alles verspielt ist, weiß Brahms; doch innerhalb eines Solokonzerts erscheint ihm dieser Mangel ebenso tolerierbar zu sein wie der Umstand, daß der Satz, anstatt zielstrebig auf eine Durchführung hinzusteuern, nach der Exposition zu Ende sein könnte. (Erstere bleibt freilich ebenso unverzichtbar wie eine auf Beethoven fixierte Durchführungsarbeit im Finale.)

Der Anspruch auf sinfonische Größe und Dichte ist angemeldet; das Reflexions-Niveau im Umgang mit dem schon in diesem frühen Werk fast durchgängig geschichtlich verstandenen Material ist enorm. Und doch erscheint Brahms – von seinem Standpunkt aus nicht zu Unrecht – die Zeit für seine *Erste* noch nicht gekommen. Über diese wird er später noch einmal 14 Jahre nachsinnen und nachgerade, um mit Carl Dahlhaus zu reden, »ein zweites Zeitalter der Sinfonie« mit ihr eröffnen: Man meint, die ganze Welt solle in diesem einen Werk zusammengefaßt werden! Da war zur gleichen Zeit Wagner mit seinem *Ring* fast noch bescheidener, denn er nahm ja die Handlung zur Hilfe, um ›die Welt noch einmal‹ darzustellen!

Den Anfang seines Klavierkonzerts hat Brahms in der *Ersten* in c-moll nicht vergessen. Was dort von Bachschem Orgelpunkt und Beethovenschem Gewitterblitz aufgenommen worden ist, wird mit noch einmal gewachsenem Anspruch neu verarbeitet: Einerseits übernimmt er entschiedener die heroische Geste großer abendländischer Ideenkunstwerke; andererseits schafft er mehr Raum und Zeit für breit angelegte Entwicklungs-Strukturen. Die langsame Einleitung erscheint wie eine Spiegelung des Eingangschors aus der *Matthäuspassion*: Wie dort intonieren die Bässe in schwerem 6/8-Takt (bei Bach sind es 12/8) einen durch Einbeziehung von Pauken und Hörnern vollends unerbittlichen Ostinato, über welchem Violinen und Celli in synkopisch gestauter Aufwärtsbewegung, die übrigen Instrumente in chromatisch engen Abwärtsgängen ihren Ausdruck suchen. Das drückt nicht allein Leiden und Ringen des Subjekts aus: Es erinnert zugleich an Prozesse der Kosmogonie und damit wiederum an den Anfang von Beethovens *Neunter.* In der Tat bestimmt diese das gesamte ideelle Konzept des Werkes auf dem Weg von der Weltschöpfung bis zum menschheitsumspannenden Freudenhymnus. Zwar kommt Brahms ohne das gesprochene Wort aus; doch ist sein eigener Schlußhymnus so deutlich an dem Beethovens orientiert, daß er, darauf angesprochen, erwidern kann, das merke doch jeder Esel. Da zeigt sich die Enttäuschung darüber, daß seine Überzeugung unverstanden geblieben ist, daß die Gattung der Sinfonie in ein zweites Dasein eingetreten und endgültig nur noch als Musik über Musik denkbar ist.

Obwohl es hier um Brahms' Beethovennachfolge geht, kann ein Hinweis auf den Rang seiner Sinfonik als solcher nicht fehlen. Der einzelne mag dem Lapidarstil in Beethovens c-moll-Sinfonie, der *Fünften,* den Vorzug geben, um doch vorbehaltlos anerkennen zu müssen, wieviel Fortschritt es hier gegenüber Beethoven gibt. Allein der Zuschnitt – etwa des Kopfsatzes der *Ersten* – ist um vieles gewaltiger; und das ist keineswegs einem womöglich problematischen Hang zu Monumentalität zuzuschreiben: Nur innerhalb dieses weitgesteckten Rahmens läßt sich so vielschichtig und differenziert arbeiten, wie Brahms es für nötig hält.

Die Sinfonie beginnt nicht, wie Beethovens *Fünfte,* mit *einem* elementaren Impuls, der Anstoß für die knappe und bündige Formung des ganzen Satzes ist; Brahms entwirft gleich zu Anfang ein ganzes Panorama. Er führt Urgewalt in Form des Pauken-Ostinato und zugleich differenzierte seelische Regungen in Gestalt der chromatischen Auf- und Abwärtsbewegungen vor; er formt regelmäßige Metren und zeichnet zugleich rhythmisch-melodische Linien, die gestaut und verschlungen sind wie bis dato wohl innerhalb kaum eines Sinfonieanfangs. Einzelheiten lassen sich beim ersten, selbst beim zweiten Hören kaum unterscheiden: Man wird nicht, wie von Beethoven, geführt, vielmehr – wie beim unvermuteten Aufgehen einer Türe – durch einen Schwall von Klängen überrascht, die an Nachdruck und Vielfalt der Aussage beeindrucken, allerdings kaum alsbaldige identifikatorische Verarbeitung gestatten. Mit anderen Worten: Gleich zu Beginn präsentiert Brahms die schwierige Ausgangslage des – gesellschaftlichen – Individuums; und das kann einem seine Musik näher erscheinen lassen als die Beethovens.

Es ist kein Widerspruch, daß Brahms einerseits die von ihm selbst fortentwickelten Regeln ›absoluter‹ Musik anwendet, den musikalischen Satz als dichtes Geflecht thematischer Beziehungen im Sinne motivischer Variation versteht und demgemäß gleichsam feingegliederte musikalische Prosa schreibt, und daß er andererseits auf großflächige musikalische Wirkung bedacht ist und außermusikalisch besetztes Material gelegentlich fast plakativ einsetzt: Durch diesen Widerspruch vermag er deutlich zu machen, daß die Kunst seiner Zeit Identität weder darstellen noch auch nur beschwören kann: Die Differenz zwischen dem, was möglich ist, nämlich wertbeständige Arbeit zu liefern, und dem, was bloße Sehnsucht bleibt, nämlich die Teilhabe am großen Glück, ist mitkomponiert.

Ob die Zeitgenossen diese Differenz wahrgenommen haben, ist eine andere Frage. Was die 1. Sinfonie betrifft, so haben sie sich vor allem an der ohrenfälligen Dramaturgie des Finales gefreut: Wie dort die Hörner den Ruf der Natur in Gestalt einer originalen Alphornweise aufnehmen, wie die Posaunen mit einem Choral antworten, wie damit ein Doppelpunkt vor dem zu Textunterlegungen förmlich einladenden Freudenhymnus der Streicher geschaffen wird und wie dies alles in eine triumphale Coda mündet – das läßt sich geradezu erzählen.

Johannes Brahms: Sinfonie Nr. 1, Finale, T. 30-38, 47-50 und 61-75

Ist Brahms damit ein Finale im Geiste der *Neunten* gelungen, sofern dies überhaupt seine Absicht gewesen ist? Der Freund Theodor Billroth konnte im Jahr der Uraufführung noch schreiben:

»Es ist sonderbar, die abgebrauchten Ausdrücke ›real‹ und ›ideal‹ von Musik zu brauchen, und doch weiß ich ihr [der Sinfonie] kein anderes Epitheton beizulegen als die Idealität deiner Inventionen und ihrer künstlerischen Entwicklungen.«[23]

Hundert Jahre später spricht Werner Korte der »spätromantischen Themengruppierung« des Finales die »strukturelle Konsequenz« eines Beethovens ab und bescheinigt Brahms einen »romantisch defekten ›Sieg‹«.[24] Gerd Rienäcker erlebt einen »deus ex machina« und fährt, skeptisch genug, fort:

»Im Alphorn tönt die rettende Natur, vor deren Allgewalt Brahms erschauern mochte; im Choral präsentiert sich möglicherweise der Eremit, dem in Webers ›Freischütz‹ der vorgebliche Ausweg zu verdanken sei, oder die protestantisch imprägnierte Trutzfeste, deren idealisierter Gemeinschaft Brahms, bibelfester Ketzer, sich von Zeit zu Zeit vergewisserte. An beidem, Natur und mannhafter Sacralmusik [...] hat das zerschellte Individuum sich aufzurichten; stimmt es, gekräftigt, sein liedhaftes Thema an, so beschwört der Komponist Burschenschaftstraditionen herauf, politische Öffentlichkeit also, deren Faszination ihm längere Zeit blieb«.[25]

Der Hinweis auf Burschenschaftstraditionen – hier sicherlich nicht abfällig gemeint – ist nicht so weit hergeholt, wie es den Anschein haben könnte. In der Tat erinnert der Freudenhymnus des Finales ja nicht nur an Beethovens »Freude, schöner Götterfunken«, sondern auch an das Studentenlied »Gaudeamus igitur«, mit dem Brahms einige Jahre später seine *Akademische Festouverture* op. 80 beschließen wird. In diesem zu wesentlichen Teilen als Lieder-Potpourri angelegten Werk, das seinen Dank für die Verleihung der Ehrendoktorwürde durch die Universität Breslau darstellt und ihm zugleich 1.500 Taler Verlagshonorar einbringt, erlaubt sich Brahms gegenüber den »hochwohlweisen, im Ornat aufmarschierenden Herren Professoren« das »Späßchen«, das Kommers- und Sauflied »Was kommt dort von der Höh'« zu zitieren.[26] Gleichzeitig erklingt freilich auch das traditionelle *Gelübde* »Ich hab' mich ergeben mit Herz und mit Hand ... zu leben und zu sterben fürs heilge Vaterland«, und gerade die Mischung von Spott und Ehrerbietung hinsichtlich der *civitas academica* und von Spaß und Ergriffenheit angesichts der vertonten Lieder ist für den Komponisten charakteristisch: Er läßt offen, was die Hörer ernstnehmen können und was nicht; Gefühl darf aufkommen, soll sich aber nicht ausbreiten. Es ist, als ob ein alter Herr Schwänke aus der Jugend erzählt, dabei aber seine wirklichen Gemütsbewegungen ausspart.

Ein solcher Eindruck läßt sich in gewissem Umfang verallgemeinern. Wenn Richard Wagner über Brahms' Musik verschiedentlich die Meinung geäußert hat, sie sei von »gesuchten Seltsamkeiten«, »langweilig« und »ohne irgend etwas«,[27] so kreisen diese Urteile allesamt um den Vorwurf, man wisse nicht, was Brahms mit seiner Rhetorik meine und ob es überhaupt mehr sei als bloße Rhetorik. Man ist nicht schon Brahms-Verächter, indem man sich solchen Fragen öffnet: Auch die ungleiche Schwester der *Akademischen Festouverture*, die *Tragische* op. 81, trägt Züge von Unverbindlichkeit; ursprünglich wohl als Vorspiel zu einer Gesamtaufführung des *Faust* an drei Abenden konzipiert, wirkt sie stellenweise mehr wie eine Reflexion zum Thema ›Trauerspiel‹ denn als zwingender Ausdruck von Ethos und Pathos im Gefolge etwa der *Egmont*- oder *Coriolan*-Ouverture. Mit den Ohren, mit denen wir Brahms' Ouverturen entschuldigend als Gelegenheitswerke qualifizieren, mag Wagner, alles andere als wohlwollend, auch die Sinfonien vernommen haben: als gelehrte Übungen im Umgang mit Gefühlen. Wer sich Empathie in Brahms' Schwierigkeiten im Umgang mit Gefühlen gestattet, wird freilich zu weitergehender Identifikation bereit sein.

Brahms hat die affirmative Final-Lösung seiner *Ersten* nicht wiederholt; sie mag ihm selbst zu plakativ erschienen sein. Auffällig ist jedenfalls die größere Unaufdringlichkeit der schnell folgenden 2. Sinfonie. Ein Vergleich mit Beethovens *Pastorale* ist nicht nur angesichts der insgesamt entspannteren Haltung, sondern auch im Blick auf viele thematische und satztechnische Details zu rechtfertigen. Aus seiner Haut kann Brahms freilich nicht: Während Beethoven in seiner *Sechsten* die einmal beschlossene Tendenz durchhält, beginnt Brahms, mit seinen liedhaft-einfach erscheinenden Themen fleißig zu arbeiten, so daß das Naturschöne dem Kunstschönen im Endergebnis den Vortritt lassen muß. Mag der Verzicht auf eine semantisch aussagekräftige Diktion, wie sie das Finale der *Ersten* kennzeichnet, einerseits Verstärkung für die Idee der »absoluten« Musik bedeuten, so verringert sich mit ihm andererseits das Maß rhetorischer Klarheit: Trotz aller Anstrengung bringt Brahms beide Momente nicht mehr auf dem Niveau seines Vorbildes zusammen. Die »oratio directa«, die Hans von Bülow im sinfonischen Werk Beethovens beeindruckt hatte,[28] kann oder will er nicht mehr pflegen.

Die 1883 vollendete 3. Sinfonie zeigt geradezu kammermusikalisch artifizielle Züge. Hat der Anfang noch etwas vom Schwung der *Rheinischen*, auf deren Vorbild man zu Recht verwiesen hat, so ist – pars pro toto – der Schluß doch zu verhalten, als daß sich sinfonischer Schlußjubel in traditionellem Sinne einstellen könnte. Sinfonischer Anspruch und kunstvolle Detailarbeit konkurrieren in einer Weise miteinander, die für die Hörer nur schwer nachzuvollziehen ist. Das gilt noch mehr für die um zwei Jahre jüngere 4. Sinfonie in e-moll. Über deren 1. Satz hat sich die Freundin Elisabeth von Herzogenberg gegenüber dem auch in diesem Fall auf vermeintliche Kritik verletzt reagierenden Komponisten mit großem Scharfsinn ausgelassen:

»Man wird nicht müde, hineinzuhorchen und zu schauen auf die Fülle der über dieses Stück ausgestreuten geistreichen Züge, seltsamen Beleuchtungen rhythmischer, harmonischer und klanglicher Natur, und Ihren feinen Meißel zu bewundern, der so wunderbar bestimmt und zart zugleich zu bilden vermag; und soviel steckt darin, daß man gleichsam wie ein Entdecker und Naturforscher frohlockt, wenn man Ihnen auf alle Schliche ihrer Schöpfung kommt! Aber da ist auch der Punkt, wo ein gewisser Zweifel anhakt, der Punkt, den mir selber ganz klarzumachen mir so schwer wird, geschweige denn, daß ich was Vernünftiges darüber vorzubringen wüßte. Es ist mir, als wenn eben diese Schöpfung zu sehr auf das Auge des Mikroskopikers berechnet wäre, als wenn nicht für jeden einfachen Liebhaber die Schönheiten alle offen dalägen, und als wäre es eine kleine Welt für die Klugen und Wissenden, an der das Volk, das im Dunkeln wandelt, nur einen schwachen Anteil haben könnte.«[29]

Zumindest im Finale macht Brahms freilich einen neuen, vielleicht letzten Versuch, ein sinfonisches Werk im großen Stil abzuschließen. Er selbst hat diesen komplizierten Satz unter Rechtfertigungsdruck mit dem *Eroica*-Finale in Verbindung gebracht. Nicht das bloße Faktum, daß es sich jeweils um Variations-Sätze handelt, läßt diesen Vergleich in der Tat lohnend erscheinen, sondern die Beobachtung, daß Beethoven speziell im Finale seiner *Dritten* viele semantische Spuren legt, ohne den Hörern eine eindeutige Verständigung über die zugrundeliegende Idee zu erlauben. Sollte das in der letzten Sinfonie von Brahms ähnlich sein?

Daß dieser das Passacaglia-Thema, über dem sich die Variationen des Finales erheben, dem Schlußchor »Meine Tage in den Leiden« aus der Johann Sebastian Bach zugeschriebenen Kantate Nr. 150 *Nach dir, Herr, verlanget mich* auf den Text entnommen hat, war niemals ein Geheimnis. Doch erst neuerdings hat Christian Martin Schmidt entdeckt, daß es eine enge Verbindung zwischen dem von den Celli in H-Dur vorgetragenen Seitenthema des 2. Satzes und der Arie »Gottes Engel weichen nie« aus der Kantate Nr. 149 gibt.[30] Vielleicht wird sich einmal herausstellen, daß das ganze Werk, den ersten Satz eingeschlossen, im Zeichen Bachs stehen sollte.

Ein Lehrstück der Kompositionsgeschichte ist das Finale der *Vierten* ohnehin. Brahms wählt die Passacaglia, weil sie ihm Gelegenheit bietet, ohne Rücksicht auf querliegende Formschemata in extenso die vielfältigen Möglichkeiten des entwikkelnden Variierens auszunutzen: Im Geleitschutz der Tradition, die den Rahmen festlegt und dem Hörer das notwendige Maß an Verständlichkeit garantiert, kann das Individuum, hierin ganz auf der Höhe der Zeit, autonom schalten und walten. Dazu eignet sich die Passacaglia im Grunde genommen viel besser als der Sonatensatz, der zwar traditionell das Rückgrat der Sinfonie, für ungestörtes Variieren jedoch allzu strebig und zielorientiert ist.

Zugleich dient die Form der Passacaglia der Darstellung sinfonischer Größe: Die unerbittliche Strenge und die orchestrale Wucht, mit denen das achttaktige Thema, in seinem Kern unangetastet, in dreißig Variationen wiederholt wird, muß im ausgehenden 19. Jahrhunderts freilich etwas Archaisch-Starres an sich haben. Gewiß erzielt Brahms einen machtvollen und objektivierenden Abschluß, einer Schlußfuge nicht ganz unähnlich; und zweifellos hat ein solcher Abschluß in kompromißlosen Aufführungen großartige Wirkungen. Eine Final-*Lösung* in der Tradition des 19. Jahrhunderts bietet er allerdings nicht: Da gibt es kein Licht am Ende der Nacht, keinen Sieg nach langem Kampf, sondern nur das Menetekel vor dem Ende, welches das Ende der klassisch-romantischen Sinfonie und ihres Anspruchs ist, im Finale den Sieg zu feiern, den das sinfonische Ich im Kampf um die ideale Form errungen hat: Mit der Übernahme des Passacaglia-Schemas gibt Brahms die Verantwortung für diese Form ab. Im Finale das Wesentliche definitiv zu sagen – eine Aufgabe, an der sich Beethoven abgearbeitet hatte, gibt Brahms an die *Form* ab: Sie soll für sich sprechen.

Man kann die Sorgen verstehen, die ihn besonders in diesem Fall noch nach Abschluß des Werks geplagt haben. Denn Schicksals-Pathos im großen und Arbeitsethos im kleinen paralysieren sich gegenseitig: Der Fatalismus, den der Komponist bei der strengen Bearbeitung seines starr vorgegebenen Themas zeigt, wird zum Fatalismus dessen, der seine Variationen, so tiefsinnig sie aufeinander abgestimmt und so kunstvoll sie ineinander verschränkt sein mögen, ins Beliebige sich verflüchtigen sieht.

Je differenzierter, nuancierter und organisierter eine Musiksprache sich ausbildet, desto stärker entwickelt sie vernünftigerweise die Tendenz, zur Wahrung ihrer Lebendigkeit Sicherheiten aufzugeben und aus gattungsbedingter Enge herauszutreten. Diesen Prozeß hat der späte Beethoven, auf seinem Stand des kompositorischen Bewußtseins, thematisiert und produktiv ausgetragen: Die *Neunte*, die letzten Sonaten und Quartette beziehen ihre Sprachgewalt gerade aus dem Verzicht auf die Geborgenheit in traditioneller Musiksprache. Der Nachgeborene sieht das Problem mit wachen Sinnen, kann aber nicht aus seiner konservativen Haut und flüchtet sich in die an Strenge kaum zu überbietende Form der Passacaglia. Der ihm an Reflexionsvermögen vermeintlich weit unterlegene Bruckner ist da mit seiner *Neunten* weiter, indem er im wahrsten Sinne des Wortes todesmutig das Tor zu den kluftenreichen Regionen Mahlerscher Sinfonik aufstößt.

Die widersprüchliche Botschaft der absoluten Musik: »Frei, aber einsam«[31]

Unter dem 28. Oktober 1853 berichtet Clara Schumann über eine musikalische Abendgesellschaft in ihrem Düsseldorfer Hause, an der neben ihrem Mann Johannes Brahms, Joseph Joachim und Albert Dietrich als Musiker, die damals 68jährige Bettina von Arnim nebst Tochter Gisela, »Schadows, Hasenclevers, Hammers, Heisters und noch einige andere« als weitere Gäste teilnehmen.[32] Man hat eine Überraschung für den Violinvirtuosen Joachim vorbereitet, der zu Konzertauftritten ins Rheinland gekommen ist: eine Sonate über die Tonfolge F-A-E. Die Buchstaben stehen für das Lebensmotto des damals Zweiundzwanzigjährigen: »Frei Aber Einsam«. Dietrich, Schumanns treuer Schüler, hat den ersten Satz geschrieben, Schumann den zweiten und vierten, Brahms das Scherzo. Joachim, der die Urheber der einzelnen Sätze richtig errät, spielt selbst den Violinpart, sein zwei Jahre jüngerer Intimus Brahms die Klavierstimme; und Schumann, der Brahms gerade als neuen Messias der Musik gefeiert hat, kann noch einmal in einer Art Davidsbündlerei schwelgen, ehe er, nur wenige Monate danach, in geistige Umnachtung fallen wird. Brahms aber übernimmt Joachims Motto für sein eigenes Leben – nach Darstellung seines Biographen Max Kalbeck in der trotzigeren Version »Einsam Aber Frei«.[33]

Die Szene hat Symbolwert: Unter der Schirmherrschaft der von Goethe und Beethoven gleichermaßen gesegneten Bettina von Arnim finden sich drei sehr junge und ein mit dreiundvierzig Jahren noch keineswegs alter Musiker im Zeichen einer esoterischen Kunst zusammen, die aus den Quellen der Frühromantik schöpft und von ihnen zugleich als die musikalische Kunst der Zukunft verstanden wird. Diese Kunst ist einerseits absolut, d.h. sie bedarf keiner ›Programme‹ wie diejenige von Liszt und seiner ›neudeutschen Schule‹, deren Erzeugnisse von Schumann mit Zurückhaltung, von dem Freundespaar Brahms/Joachim mit einer Mischung aus Verletztheit und Verachtung zur Kenntnis genommen werden. Sie ist andererseits voll von geheimen Anspielungen nach Art der Devise F-A-E: Hier äußert sich eine Elite, die von der geschäftigen Welt und von den Äußerlichkeiten des Musikbetriebs nichts wissen will und sich ihre innere Welt schafft – »frei, aber einsam«, »einsam, aber frei«.

So einsam sind die Künstler selbst untereinander, daß sie das Gemeinschaftswerk nicht zusammenlassen können: Schumann beginnt schon am Tag darauf, die nicht von ihm stammenden Sätze nachzukomponieren; und Brahms übernimmt sein Scherzo in das Klavierquartett op. 60. Das Spiel mit Tonbuchstaben behalten die Freunde freilich bei: Joachim komponiert als op. 5 eine Komposition für Violine und Klavier über die Tonbuchstaben gis-e-la=a, die für den Namen der von ihm verehrten Arnim-Tochter stehen. Brahms übernimmt das Motto f-a-e in das Seitenthema des Finales seiner Klaviersonate f-moll op. 5; im 1. Satz des Streichsextetts op. 36 verwendet er die Tonfolge a-g-a-h-e, um sich, wie er Joseph Gänsbacher anvertraut, von seiner letzten Liebe loszumachen,[34] nämlich derjenigen zu der Göttinger Professorentochter Agathe von Siebold. (Damals ist er kaum älter als dreißig.)

Natürlich nicht diese eine, wenig bekannte Sonate steht in unserem Bewußtsein für »absolute Musik«, wohl aber der Geist, aus dem sie entstanden ist: Nicht für den Markt, nicht einmal für die Öffentlichkeit geschrieben, ist sie keine Ware, sondern wahre Musik, Ausdruck einer ›Gesinnung‹ – ein Wort, daß aus dem Munde Haydns und Mozarts, selbst Beethovens sehr eigentümlich geklungen hätte, nun aber zur Bedingung bekenntnishaften Komponierens wird. Dabei geht es um das Bekenntnis weniger zu einer Sache als zu sich selbst: Das künstlerische Individuum nimmt sich in seiner erhabenen Einsamkeit, seiner einsamen Erhabenheit absolut ernst. Die Welt ist das Individuum, das Individuum ist die Welt. Innen und Außen verschmelzen – nicht nur im eigenen Erleben, sondern auch in der künstlerischen Produktion: Wenn Musik überhaupt etwas darstellt oder abbildet, so diese Verschmelzung von Innen und Außen. Es kann deshalb keine Programm- oder einen Text nur vordergründig transportierende Vokalmusik geben, die ja nur ›Außen‹ reflektiert; es dürfen aber auch keine nur abstrakten Tongebilde sein, die für einen einzigen, unwiederholbaren Moment seelischen Erlebens stehen und insofern nicht nach außen zu vermitteln und zu verallgemeinern sind.

Daß das Absolute sich nicht darstellen läßt, ist eine Wahrheit, die darzustellen romantische Denker und Dichter zu immer neuen Anstrengungen getrieben hat. »Absolute« Musik, welche diesen Namen verdient, changiert fortwährend zwischen Unsagbarkeit und Sagbarkeit, Unbestimmtheit und Bestimmtheit, Ewigkeit und Endlichkeit, Selbstbezüglichkeit und Deutungsbedürftigkeit. Die F-A-E-Sonate zeigt diese Polarität exemplarisch: F-A-E kann als musikalisches Motiv für sich bestehen und ist zugleich Hinweis auf die enorme Bedeutung, welche das Komponieren für die Selbstfindung und -vergewisserung ihrer Urheber hat; will man diesem Hinweis jedoch nachgehen, so verweisen die Autoren vielsagend auf die Notenfolge f-a-e, die sich selbst genüge ... In dieser Haltung zeigt sich die bedeutende Differenz zu Beethoven, so ersichtlich dieser ihr Wegbereiter gewesen ist: Beethoven will – selbst noch mit den letzten Quartetten – den Diskurs und die Öffentlichkeit. Die »Freien aber Einsamen« wissen nicht mehr was sie *wollen,* sondern nur noch, was sie *müssen:* in Musik sich suchen und finden. Ihre Hörer lassen sie an ihrem Diskurs mit sich selbst teilhaben – nicht mehr und nicht weniger.

»Absolute Musik« – zur Geschichte des Begriffs

»Absolute Musik« ist eine kostbare Idee, mit der viel Mißbrauch getrieben worden ist. Ihr Kern ist die Forderung nach der Unverfügbarkeit von Musik: Friedrich Gottlieb Klopstock spricht von der »kühnen sprachlosen Musik«,[35] Ludwig Tieck von »Sinfonien«, die sich »an keine Geschichte und an keine Charakter zu schließen« brauchen, da sie »eine abgesonderte Welt für sich selbst« sind.[36]

Für Klopstock und Tieck, deren Äußerungen hier stellvertretend für diejenigen anderer Philosophen und Dichter in der Epoche von Empfindsamkeit, Sturm und Drang bis zur Romantik stehen, ist es ein Zugewinn, daß Musik selbstbezüglich zu leben vermag. Einige Jahrhunderte zuvor hatte man im Zuge neuzeitlichen Denkens gerade umgekehrt eine Musik gepriesen, die – über die von Volks- und Kirchenmusik gesetzten engen Grenzen hinaus – zunehmend genauer Texte zu beleuchten, Handlung zu verdeutlichen und Gefühle zu präzisieren vermochte. Im Zeitalter des Humanismus, der Renaissance und des Barock spielen sich diese Neuerungen im wesentlichen im Bereich der Vokalmusik ab; die Instrumentalmusik, vor allem innerhalb der im weitesten Sinne so zu nennenden Gattungen ›Tanz‹ und ›Fuge‹ gepflegt, ist in diesem Sinne rückständiger.

Den Komponisten von Vokalmusik kommt unter anderem die Aufgabe zu, einen Text zu schmücken und ausdrucksvoll zu gestalten oder eine Bühnenhandlung zu illustrieren. Vor allem aber haben sie den *sensus textuum,* den in der Textvorlage angesprochenen Affekt, musikalisch darzustellen. Die Zahl der Grundaffekte ist beschränkt: Descartes etwa nennt in seinem Traktat *Les passions de l'âme* von 1649: Verwunderung, Liebe, Haß, Verlangen, Freude und Trauer. Dichter von Opern- und Kantatenlibretti erfinden ihre Texte von vornherein mit der Intention, den Komponisten genügend Gelegenheit zu geben, solche Affekte mit größtmöglicher Deutlichkeit und Bestimmtheit auszudrücken; denn das macht die schlagende Wirkung einer Arie aus.

Die in Musik zu setzenden Affekte sind nicht nur vordergründig durch die Libretti vorgegeben: Hinter diesen steht ihrerseits die wirtschaftliche und ideologische Macht feudaler und absolutistischer Herrschaft: In der Oper, der tonangebenden musikalischen Gattung, findet man ein typisiertes, die gewünschte Weltordnung repräsentierendes Personal – den gütigen Herrscher, den kampfeswütigen Feldherren, die hingebungsvolle oder intrigante Frau. In den der Oper nachgebildeten geistlichen Oratorien und Kantaten wird diese Typologie in einen kirchlichen Rahmen gesetzt: Da gibt es Gott als »mächtigen König der Ehren« und den Menschen als – beispielsweise – »Sündenknecht«.

Solches Komponieren muß typengenau sein, läßt aber wenig Platz für individuelle Gefühlsäußerungen des Komponisten. Dieser gibt sich mit der Zeit jedoch immer weniger damit zufrieden, nach vorgestanzten Mustern zu schreiben. Namentlich im Zeichen des Geniezeitalters eifert er Dichtern nach, die nicht länger nur in gestanzten Versen, sondern auch in überschwenglicher oder dunkler Rede, gar in abgerissenen Sätzen und emphatischen Ausrufen sich äußern wollen. Das barocke Ideal der Bestimmtheit wird ihm zur unerträglichen Einengung; denn was er als Individuum sagen will, läßt sich nicht über Leisten schlagen und eindeutig fixieren – es ist unbestimmt, vieldeutig, irrational, tiefgründig, unauslotbar, einmalig, einzigartig.

Die neue Tonsprache entwickelt sich nicht so sehr innerhalb der vielfältig standardisierten Vokalmusik wie auf dem weniger beobachteten und kontrollierten Feld der Instrumentalmusik. In der freien Klavierfantasie ergeht sich schon Johann Sebastian Bach; sein Sohn Carl Philipp Emanuel, Mozart und Beethoven werden seine Nachfolger. Daß Beethovens *Eroica* oder Schuberts Klaviersonate a-moll – Werke, die der heute herrschenden Musikästhetik als Inbegriff »absoluter Musik« gelten – von den Zeitgenossen in die Nähe von Fantasien gerückt wurden, spricht für sich. Auch die Komposition von Ouvertüren bietet Gelegenheit, der Kontrolle durch den Text zu entkommen und Empfindungen außerhalb fertiger Sujets zu äußern: Nicht von ungefähr ist die Sinfonie als das vielleicht wichtigste Forum für »absolute Musik« unter anderem aus der Ouverture entstanden.

Somit ist schon ein gut Teil einschlägiger Musik vorhanden, als die Philosophen der Frühromantik beginnen, Musik als gesonderte Welt zu feiern. Dies geschieht, auf der Schwelle zum 19. Jahrhundert, vor allem durch Ludwig Tieck im Zusammenwirken mit seinem Freund Wilhelm Heinrich Wackenroder. Tieck formuliert seine Vorstellungen – übrigens noch ohne Kenntnis der Werke Beethovens – in deutlicher Wendung gegen die herrschende Ästhetik, welche der Musik nicht zubilligen will, was sie anderen Künsten in höherem Maße hat zubilligen müssen: Freiheit. Für Kant, dessen *Kritik der Urteilskraft* damals schon vorliegt, und für Hegel, dessen *Ästhetik* erst noch erscheinen soll, hat speziell Instrumentalmusik einen im Vergleich zu den anderen Künsten niederen Rang, da sie nichts Spezifisches und Bestimmtes auszusagen vermag.

Man wird Kants Bedeutung für die Geschichte der Musikästhetik sicherlich nicht gerecht, wenn man allein festhält, er habe die Wirkungen der Musik mit dem Flakkern eines Kaminfeuers und dem Rieseln eines Baches verglichen. Ebenso wenig sollte man Hegels Einsichten in das Wesen der Musik allein nach der herabsetzenden Äußerung beurteilen, daß Komponisten, die »in die eigene Freiheit des Inneren« zurückträten, Musik schüfen, die »leer, bedeutungslos« sei.[37]

Vor einem solchen Hintergrund wird jedoch die Gegenposition der Frühromantiker deutlich: Was der Musik als Schwäche ausgelegt werden soll, ist gerade ihre Stärke – man muß das Wort ›Unbestimmtheit‹ nur durch ›Grenzenlosigkeit‹, ›Unendlichkeit‹, ›Begriffslosigkeit‹, ›Unsagbarkeit‹ usw. erklären oder ersetzen. Für den Romantiker ist Musik – und er meint damit vor allem eine ihrer Gebrauchsfunktionen ledige und damit ›reine‹ Instrumentalmusik – göttliche Offenbarung. Wer eine »Symphonie« – das ist für Tieck und Wackenroder weniger ein Gattungsbegriff als eine Metapher für himmlische Klänge – mit der nötigen »Andacht« vernimmt, hat teil am »Absoluten«. Musik, die uns als eines der kostbarsten Geschenke der Schöpfung eine Ahnung dieses Absoluten vermittelt, kann und darf nicht als Spiegelung oder Darstellung irdischer Dinge mißverstanden werden. Selbst als Regung der Seele darf sie nur in dem Sinne verstanden werden, daß diese Teil des Göttlichen ist. In den 1799 erschienenen *Phantasien über die Kunst* dichten Tieck und Wackenroder:

»Oh, so schließ' ich mein Auge zu vor all dem Kriege der Welt, – und ziehe mich still in das Land der Musik, als in das Land des Glaubens, zurück.«[38]

Knapp fünfzig Jahre später, nämlich 1846, bringt Richard Wagner innerhalb einer programmatischen Erläuterung von Beethovens *Neunter* den Begriff »absolute Musik« auf: Während Beethoven in den drei ersten Sätzen der Sinfonie an der »reinen Instrumentalmusik« festhalte, deren Charakter sich »im unendlichen und unentschiedenen Ausdrucke« kundgebe, schicke er sich mit dem Instrumentalrezitativ des Finales an, »die Schranken der absoluten Musik fast schon« zu verlassen und zum »bestimmten, sicheren Ausdruck« des Wortes zu finden. In einer Fußnote zitiert er Ludwig Tieck – beifällig, weil er in dessen Beschreibung das Wesen reiner Instrumentalmusik gut getroffen sieht, und zugleich kritisch, weil diese Ästhetik in seinen Augen natürlich nicht der Weisheit letzter Schluß sein kann:

»In diesen Symphonien vernehmen wir aus dem tiefsten Grunde heraus das unersättliche, aus sich verirrende und in sich zurückkehrende Sehnen, jenes unaussprechliche Verlangen, das nirgend Erfüllung findet, und in verzehrender Leidenschaft sich in den Strom des Wahnsinns wirft, nun mit allen Tönen kämpft, bald überwältigt, bald siegend aus den Wogen ruft, und Rettung suchend tiefer und tiefer sinkt.«[39]

Daß Musik den Eindruck »absoluter« Unbestimmtheit macht, liegt nach Auffassung Wagners nicht in ihrem Wesen, vielmehr darin begründet, daß sie zunehmend aus dem Zusammenhang mit anderen Künsten gerissen worden ist, welcher zum Beispiel in der attischen Tragödie unmittelbar präsent war. Heimatlos wie der moderne Mensch ist auch die zu einer absoluten Sprache verkümmerte Musik: Sie weckt Sehnsüchte, doch man weiß nicht welche; sie wirft Fragen auf, kennt aber keine Antworten; sie nimmt sich absolut wichtig und ist doch nur ein Schatten der Lebendigkeit, die sie einst im Verbund mit anderen Künsten auszeichnete.

Eduard Hanslick argumentiert in seiner 1854 erschienenen Schrift *Vom Musikalisch-Schönen* in umgekehrter Richtung: Vokalmusik ist geringer zu schätzen, weil

»die Wirksamkeit der Töne nie so genau von jener der Worte, der Handlung, der Dekoration getrennt werden [kann], daß die Rechnung der verschiedenen Künste sich streng sondern ließe«.

Instrumentalmusik mit bestimmten Überschriften oder Programmen ist aus diesen Gründen geradezu abzulehnen. Kunstwert hat allein die »reine, absolute Tonkunst«. Einerseits fußt Hanslick durchaus auf Gedanken frühromantischer Philosophie über die Unverfügbarkeit und Eigengesetzlichkeit der Musik, andererseits bringt sein Insistieren auf der Kategorie der ›Form‹ es mit sich, daß seine Vorstellungen in der Tat zu jenem nichtssagenden Formalismus zu gerinnen drohen, dessen man ihn vor allem auf Grund des berühmten Satzes »Der Inhalt der Musik sind tönend bewegte Formen« bezichtigt hat.[40]

Man wird Hanslick allerdings nicht gerecht, wenn man ihn auf diesem Ausspruch fixiert. Deutlicher wird seine Grundposition in der Überschrift zum 5. Kapitel seines Werks: *Das ästhetische Aufnehmen der Musik gegenüber dem pathologischen.* »Ästhetisches Aufnehmen« ist für Hanslick das »bewußte reine Anschauen eines Tonwerks«; »pathologisch« ist es, sich von der Gefühlswirkung der Musik ergreifen zu lassen. Den diesen Vorstellungen adäquaten Gegenstand muß sich Hanslick freilich selbst definieren: nämlich als »absolute« Musik. Deren Absolutes besteht für ihn in der Unabhängigkeit von anderem und ist so reich an Bezügen, daß es sich selbst genügt. In der »Tonanschauung« folgt der Hörer dem »schaffenden Geist, wie er zauberisch eine neue Welt von Elementen vor uns aufschließt«. Es ist, als wolle Hanslick die Ideen Tiecks und Wackenroders in seine säkularisierte Welt hinüberretten. Doch seine Bilder sind verräterisch: Wo die »tönend bewegten Formen« Bilder hervorlokken, die denen eines »Kaleidoskops« vergleichbar sind, scheinen Fantasie und freier Geistestätigkeit doch recht enge Grenzen gesetzt. War der Musikenthusiasmus der Frühromantiker auf der Suche nach adäquaten *Werken,* so sind nunmehr von der Romantik nachhaltig inspirierte Werke auf der Suche nach einer ihnen gemäßen *Ästhetik.*

Aus Positionen, die sich von Hanslick herleiten, spricht außerdem ein elitäres und sinnenfeindliches Moment. Hegel hatte immerhin noch ein allgemein-menschliches Kunstinteresse postuliert, darunter das Recht des Laien auf die Erfüllung emotionaler und stofflicher Erwartungen verstanden und damit eine Position formuliert, die zwei Generationen später Liszt in seiner Wendung gegen die deutsche Innerlichkeit sich und seinem Publikum erst wieder erobern zu müssen meint. Für seine Distanz gegenüber einem Zugang zur Musik, durch den Gefühle freigesetzt und Phantasien erlaubt werden, die sich nicht auf ›die Sache selbst‹ richten, hat Hanslick freilich einen nicht weniger gewichtigen Gewährsmann als Hegel, nämlich Kant. Für diesen ist es geradezu verantwortungslos, Gefühle anzusprechen, die Einbildungskraft zu erregen und damit Prozesse freizusetzen, welche die Herrschaft der Vernunft über das Tier im Menschen in Frage stellen. Einbildungskraft hat nur solange eine nützliche Funktion für die Erkenntnis- und Wissensbildung, wie dem freien Fluß von Bildern und Wünschen in notwendigem Maße Einhalt geboten werden kann.

Weder Wagner noch Hanslick kann man bescheinigen, mit dem vor allem von ihnen aufgebrachten Terminus der »absoluten Musik« pfleglich umgegangen zu sein. Dies trifft schon gar nicht auf jene starke Fraktion von Musikwissenschaftlern und -pädagogen unseres Jahrhunderts zu, die nur »absolute Musik« der Anwendung ihrer Analysekünste würdig erachten: In Distanz zu biographischem und hermeneutischem Spekulieren geht es um den Nachweis immanenter Stimmigkeit. Ein solcher kann nur an »absoluter Musik« gelingen, wie umgekehrt nur »absolute Musik« sein kann, was sich auf hohem Niveau auf seine Stimmigkeit hin untersuchen läßt.

Das freilich kann – ungeachtet aller möglichen Blickschärfe und Detailgenauigkeit – nicht als *die* Wissenschaft ausgegeben werden, sondern nur als *eine* Rezeptionsweise und Interpretationsmöglichkeit von Musik neben anderen. Unter derselben Einschränkung stehen natürlich auch meine eigenen nachfolgenden Gedanken zu diesem Thema. Das umso mehr, als das Absolute, wie Friedrich Schlegel es ausdrückt, »indemonstrabel« ist: Man muß den Terminus »absolute Musik« nicht auf höchste philosophische Höhen heben, um gleichwohl einzusehen, daß es nur Annäherungen an ihn geben kann. Als solche Annäherungen – nicht als begriffliche Klärungen – verstehen sich die folgenden Gedanken vor allem zu Schuberts *Unvollendeter,* Schumanns *Kreisleriana* und Teilaspekten aus Brahms' Klavier- und Kammermusik. Daß in ihren weniger über *Struktur* referiert als von *Ereignissen* erzählt wird, ist in diesem Sinne beabsichtigt.

Absoluter Schmerz im 1. Satz der *Unvollendeten*

Am 27. März 1824 schreibt Schubert in ein verlorengegangenes Tagebuch, das vielleicht nur einige wenige, aber augenscheinlich wichtige Aufzeichnungen selbstreflektierend-philosophischer Art enthalten hat:

»Keiner, der den Schmerz des Andern, und Keiner, der die Freude des Andern versteht! Man glaubt immer, zu einander zu gehen, und man geht immer nur neben einander. O Qual für den, der dieß erkennt! Meine Erzeugnisse sind durch den Verstand für Musik und durch meinen Schmerz vorhanden«.

Zwei Tage darauf lautet die Eintragung:

»O Phantasie! du höchstes Kleinod des Menschen, du unerschöpflicher Quell, aus dem sowohl Künstler als Gelehrte trinken! O bleibe noch bey uns, wenn auch von Wenigen nur anerkannt und verehrt, um uns vor jener sogenannten Aufklärung, jenem häßlichen Gerippe ohne Fleisch und Blut, zu bewahren!«

Wiederum einige Monate später heißt es im Brief vom 16.-18. Juli 1824 an den Bruder Ferdinand:

»Freylich ists nicht mehr jene glückliche Zeit, in der uns jeder Gegenstand mit einer jugendlichen Glorie umgeben scheint, sondern jenes fatale Erkennen einer miserablen Wirklichkeit, die ich mir durch meine Phantasie [...] so viel als möglich zu verschönern suche.«

Schuberts Äußerungen tragen mehr zum Verständnis »absoluter Musik« bei, als es zunächst den Anschein haben könnte. Unmißverständlich ist – erstens – die Wendung gegen die »sogenannte Aufklärung«: Diese meinte, den Menschen durch Deutlichkeit der musikalischen Affektensprache und naturhafte Schlichtheit der melodischen Diktion in unmittelbar einsichtiger und nachvollziehbarer Weise auf den Weg vernünftigen Tuns führen zu können. Kunst verstand sie als Mittel zu sinnvoller Bewältigung der Wirklichkeit. Das mochte in der Vokalmusik über die Texte vermittelt werden, in der Instrumentalmusik über den Akt des Musizierens, der als solcher als Ausdruck bürgerlichen Gemeinsinns angesehen wurde. In Haydns Oratorien und Beethovens Sinfonien hat sich dieses Denken erhalten bzw. zur Vorstellung einer Ideen-Kunst transzendiert.

Die Aufklärung tritt im Verlauf des 18. Jahrhunderts mit der Verheißung auf, das Individuum von der zwangsweisen Inkorporierung in hierarchische und ständische Ordnungen zu befreien und ihm stattdessen die neue Heimat einer Bürgergemeinschaft anzubieten, die auf freier Übereinkunft freier Menschen bestehe. Das Versprechen auf Gesellschaft, in der man ein selbstbestimmtes und zugleich sozial erfülltes Leben leben könne, soll in der französischen Revolution eingelöst und konkretisiert werden, an deren Ziele zunächst viele Gelehrte und Künstler glauben. Doch die Revolution endet in Blutbädern; der aus ihr hervorgegangene Held Napoleon schwingt sich zum Diktator auf. Nachdem ihn die alten Herrscher mit Hilfe ihrer Völker gestürzt haben, richten sie auf dem Rücken eben dieser Völker ihre alte Unrechtsherrschaft, das ›ancien regime‹, wieder auf. Die Bürger reagieren – sehr vereinfacht gesagt – auf ihre Weise differenziert: Soweit sie Kaufleute sind, leben sie ihren emanzipatorischen Drang im Geschäftemachen aus; wenn sie sich als Intellektuelle und Künstler verstehen, wenden sie den Blick nach innen und auf künstliche Paradiese.

Schubert geht den Weg der Innerlichkeit. Seine »Phantasie« entzündet sich nur vermittelt an der Einsicht in gesellschaftliche Verhältnisse; primär geht sie – jedenfalls dem eigenen Bewußtsein nach – vom persönlichen Erleben aus. Dabei spielt – zweitens – der eigene Schmerz eine entscheidende Rolle. Für Schuberts Schmerz gibt es viele persönliche, biographisch nachweisbare Gründe. Individueller Schmerz ist jedoch Teil einer kollektiven Trauer über den Verlust des Paradieses, die Kälte der Welt und das Sich-Selbst-Fremd-Werden des Menschen. Das Thema ›Weltschmerz‹ hat zwar im Abendland eine lange Tradition, die man ideengeschichtlich über Mystik und Pietismus bis in die Empfindsamkeit verfolgen kann. In der Zeit der Frühromantik aber wird es – vor allem entgegen der Aufklärung – neu gefaßt und geschärft.

Für aufgeklärte Komponisten war ›Schmerz‹ ein Affekt, den man im Zusammenhang mit einem passenden Text in Töne setzte, um ihn – beispielsweise – in einem sich anschließenden Affekt der Freude vergessen zu machen. Für Schubert ist er *der* Ausdruck seines Werkes. Dieses ist – drittens – »durch den Verstand für Musik« geprägt. Damit meint Schubert sicherlich nicht nur normales Handwerkswissen als Voraussetzung zum Komponieren. Darüber hinaus scheint er andeuten zu wollen, daß er allen Verstand brauche, um seinem Schmerz angemessenen Ausdruck zu verleihen. Dies vorausgesetzt, spräche er im Sinne der Frühromantiker vom ›Absoluten‹ der Musik, ohne diesen Terminus zu kennen: Absolut wäre eine Musik, die das eigene Erleben – besonders des Schmerzes – auf kunstvolle Weise in ein Phantasiegebilde einbrächte, das sich nicht in plattem Sinne als Abbild oder Ausdruck eines Anderen deuten läßt, sondern seinen Sinn in sich trägt, also etwa ganz »Schmerz« ist.

Unter dieser Prämisse läßt sich nicht zwischen Vokal- und Instrumentalmusik trennen. Während Schubert die mitgeteilten Notizen niederschreibt, arbeitet er an den Liedern der *Schönen Müllerin*; jedoch liegt die Arbeit an der *Unvollendeten* sowie an den Streichquartetten in a-moll D 804 und in d-moll (*Der Tod und das Mädchen*) D 810 nur wenige Monate zurück. Aus allen Werken sprechen »Schmerz« und »Verstand für Musik« in gleicher Weise: Wie es ein Trugschluß ist anzunehmen, die Vokalwerke seien semantisch eindeutig, ist es ein Irrtum zu glauben, aus den Instrumentalwerken sei nichts semantisch Schlüssiges herauszuholen. In umgekehrter Blickrichtung gesehen: In den Liedern lassen sich ebenso ›autonome‹ Strukturen feststellen, wie in den Instrumentalwerken sprachähnliche. Vordergründig wird das am Beispiel des Liedes *Der Tod und das Mädchen* und des auf ihm basierenden Variationensatzes aus dem d-moll-Quartett deutlich.

Man kann sich dem Problemkreis auf sinnvolle Weise nur nähern, wenn man Komponisten wie Beethoven, Schubert, Schumann und Brahms zum einen den Willen unterstellt, Musik zu komponieren, die nur Musik ist; wenn man zum anderen aus ihrer Musik, die nur Musik ist, zugleich Botschaften heraushört, die in der positivistischen Logik eines immanenten Werkbegriffs nicht aufgehen, vielmehr persönliche Erfahrungen mitteilen und gegebenenfalls konkrete Ideen formulieren; und wenn man zum dritten von der Vorstellung ausgeht, daß dabei zwei unterschiedliche Denk- und Erfahrungssysteme zusammentreffen, die nicht zur Deckung zu bringen sind, aber im Erlebnishorizont von Komponist und Hörer gleichzeitig Platz haben.

Das Moment des Mehrperspektivischen, das in den Werken angelegt ist und sich in jedem individuellen Hörvorgang potenziert, wird nur von Systemfanatikern als Mangel erlebt; in Wahrheit macht es das Eigentliche und Einmalige der Musik aus. Ihre Polarität läßt sich durch Begriffspaare wie abgeschlossen/unabgeschlossen, sich genügend/über sich hinausweisend, endlich/unendlich, fertig/unfertig, allgemein/konkret usw. umschreiben. Sie entspricht dem Wesen von Natur und Mensch und ist ein treffenderes Anschauungsmodell als das von Form und Inhalt, welches selbst dort Schaden anrichtet, wo es zwar kritisiert, nicht aber ersetzt wird.

Es erscheint angebracht, Schuberts Äußerung, seine Musik sei »durch seinen Schmerz vorhanden«, speziell im Blick auf die *Unvollendete* ernstzunehmen. Allein die Tonart h-moll besagt einiges: Bereits im 18. Jahrhundert wird sie von Johann Mattheson als »bizarr, unlustig und melancholisch«, von Christian Friedrich Daniel Schubart als »gleichsam der Ton der Geduld, der stillen Erwartung seines Schicksals« bezeichnet; für Beethoven ist sie die »schwarze Tonart«; und Schubert bringt sie in seinen Liedern deutlich mit der Sphäre der Verlassenheit und des Todes in Verbindung (vgl. S. 181 ff. den Essay *Vom Leiermann zum Doppelgänger*).[41]

Mag der normale Hörer dies alles nicht wissen, so wird er doch den hinter der Musik stehenden Gestus sehr wohl wahrnehmen. Schon das düstere Unisono der Bässe, mit dem der erste Satz beginnt, setzt ein Signal. Wenn dann wenige Takte später die tiefen Bläser mit einem Dominantseptakkord mit Non-Vorhalt, den man auf Schumann vorausweisend auch als Dominantseptnonakkord mit Wechselnote bezeichnen könnte, in die Sanftheit des Hauptthemas hineinfahren, weiß man, ›daß Unheil droht‹, weil solche Assoziationen zu einem Fundus an Erfahrungen mit einer in Jahrhunderten gewachsenen Musiksprache gehören (vgl. S. 112).

Man könnte hier mit dem Argument abbrechen, derlei knappe Hinweise zur Semantik der Sinfonie müßten genügen: Das Weitere – und zwar ihr Eigentliches – vermöge die Musik selbst, und nur sie, auszudrücken. Diese Einstellung ist respektabel, kann den Historiker aber nicht hindern, nach möglicherweise konkreten Quellen der Inspiration zu forschen. Das hat Arnold Schering in seiner 1938 erschienenen kleinen Schrift *Franz Schuberts Symphonie in h-moll und ihr Geheimnis* getan. Er hat dort als eine Art Programm der *Unvollendeten* die allegorische Erzählung *Mein Traum* zu identifizieren versucht, die von Schubert am 3. Juli 1822 niedergeschrieben worden ist – gerade in der Zeit, zu der er sich mit den Plänen zur *Unvollendeten* trug. Damals hatte Schering schon viele Jahre seines vielseitigen Forscherlebens damit zugebracht, literarische Programme in zentralen Werken Beethovens nachzuweisen. Weil er dabei aus damaliger und heutiger Sicht verbohrt vorgegangen und wenig erfolgreich gewesen war, seufzte die ›Fachwelt‹ angesichts dieses neuen ›Fundes‹ nur noch auf. Dabei hatte Schering diesmal nicht ausdauernd in den gesammelten Werken von Homer, Shakespeare, Goethe und Schiller nach ›passenden‹ programmatischen Vorlagen gesucht, vielmehr eine Primärquelle herangezogen, die zumindest als biographisches Dokument aus der Zeit der *Unvollendeten* Aufmerksamkeit beanspruchen kann.

Ich habe keine Bedenken, Schuberts *Traum* mit Beethovens *Heiligenstädter Testament* auf eine Stufe zu stellen. Wie dieses ist er literarisch stilisiert und von vielen Topoi romantischer Dichtung durchzogen; wie dieses enthält er – verschlüsselt – autobiographische Elemente. Angesichts der offensichtlichen Mischung von ›Traum‹ und ›Wirklichkeit‹ liegt nicht nur eine literaturwissenschaftliche, sondern auch eine tiefenpsychologische Deutung nahe; letztere hat Manfred Karullus – im Anschluß an Überlegungen des Freud-Schülers Eduard Hirschmann und des Schubert-Biographen Hans J. Fröhlich[42] – unter dem Titel *Schuberts Traum und wie man ein Trauma bewältigt* versucht.[43] Mit dem »Trauma« sind Erfahrungen gemeint, die sich für Schubert mit dem frühen Tod der Mutter und der Strenge des Vaters verbunden haben könnten. Die ›Bewältigung‹ bestünde dann darin, das lebensgeschichtliche Material mit dem Ziel zu bearbeiten, angstbesetzte Wunschvorstellungen libidinöser und aggressiver Natur zu zensieren und einen erfreulichen Ausgang im Sinne der Abfolge ›unschuldiges Glück / schicksalhaft erlebtes Unglück / ewige Seligkeit‹ zu inszenieren.

»Ich war ein Bruder vieler Brüder u. Schwestern. Unser Vater u. unsere Mutter waren gut. Ich war allen mit tiefer Liebe zugethan. – Einstmahls führte uns der Vater zu einem Lustgelage. Da wurden die Brüder sehr fröhlich. Ich aber war traurig. Da trat mein Vater zu mir, u. befahl mir, die köstlichen Speisen zu genießen. Ich aber konnte nicht, worüber mein Vater erzürnend mich aus seinem Angesicht verbannte. Ich wandte meine Schritte und mit einem Herzen voll unendlicher Liebe für die, welche sie verschmähten, wanderte ich in ferne Gegend. Jahre lang fühlte ich den größten Schmerz u. die größte Liebe mich zertheilen. Da kam mir Kunde von meiner Mutter Tode ...«

So lautet das erste Drittel der Erzählung. Der Jüngling kehrt zum Begräbnis der Mutter zurück, bleibt danach im Elternhaus, wird ein zweites Mal vom Vater gefragt, ob ihm der Lustgarten gefalle, und geschlagen, als er dies verneint. Aufs Neue verbringt er sein Leben in der Einsamkeit, bis er Kunde von einer jüngst verstorbenen frommen Jungfrau erhält. Er wallfahrt zu ihrem Grabmal, findet dort »die ewige Seligkeit wie in einen Augenblick zusammengedrängt« und erhält auch die Möglichkeit, sich mit seinem Vater zu versöhnen.

Die Bedeutung der Traum-Erzählung liegt in der Tatsache, daß sie Schuberts Erleben in Vorstellungen wiedergibt, die sich unmittelbar auf seine Musik anwenden lassen. Wenn das Traum-Ich über die Zeit in der Einsamkeit sagt: »Lieder sang ich nun lange lange Jahre. Wollte ich Liebe singen, ward sie mir zum Schmerz. Und wollte ich wieder Schmerz nur singen, ward er mir zur Liebe. So zertheilte mich die Liebe und der Schmerz«, so scheint es Schuberts Schaffen geradezu schlaglichtartig zu beleuchten.

Im Vergleich mit dem *Heiligenstädter Testament* wird Schuberts andersartige Lebenseinstellung deutlich. Beethoven bleibt bis in die tödliche, Selbstmordgedanken einschließende Verzweiflung hinein Stoiker, Tugendprediger und Botschafter für eine bessere Kunst und eine geläuterte Menschheit; es scheint, als könne er sich in all seinem Unglück von außen betrachten, sich einen Rest von Freiheit bewahren. Schubert begibt sich in sein Leid ganz hinein, erlebt es nicht in moralischen Kategorien, sondern als Geschick. Und nicht die Auseinandersetzung mit diesem Geschick beherrscht seine Erzählung, sondern dessen Annahme und unschuldige Verklärung zu einem allgemeinen Sinn des Lebens, der besagt, daß die Vertreibung aus dem Paradies nicht ewig dauert.

Vielleicht ohne die beiden Lebensdokumente von Beethoven und Schubert genauer analysiert zu haben, formuliert der französische Strukturalist Roland Barthes:

»Die Mythologie Beethovens ist die äußerster Männlichkeit, Kraft und Zartheit, insofern sie etwas schöpferisch in die Welt setzen kann. Schubert ist das schmerzhafte Leid, der zarte Schmerz. Man könnte anmerken, daß die Musik Schuberts an ein mütterliches Klima gebunden zu sein scheint. Die Figur der Mutter ist sicher sehr wichtig in dieser Musik. Die Schubertsche Melodie besitzt tatsächlich diese Art Wärme, Einheitlichkeit, Verlangen nach Zärtlichkeit und Liebe, die eine mit Sicherheit sehr starke Mutterfigur impliziert, während dies in keiner Weise für Beethoven gilt. Man kann jedoch die Mythen umformen, und es läßt sich sehr gut erkennen, daß die Zärtlichkeit Schuberts nicht nur ein feminisierender Wert ist, als der sie oft angesehen wurde, sondern daß sie genaugenommen diese alten Gegensätze zwischen den Geschlechtern ein wenig ihres Sinns beraubt.«[44]

Zurück zur *Unvollendeten*: Mit Blick auf die Traumerzählung unterscheidet Schering in der Sinfonie einzelne Erlebnis-Sphären: Den ersten Satz bestimmen Vorstellungen von ›Traurigkeit‹, ›kindlicher Liebe‹ und ›Schmerz‹, den zweiten Satz solche von ›seraphischer Klarheit und Unberührtheit‹. Das düstere Baß-Motiv des Anfangs identifiziert Schering als alles beherrschendes ›Grabsymbol‹; demgemäß versteht er Schuberts Ringen mit diesem Motiv in der Durchführung als »Schmerzensschauer des Jünglings am Grabe der Mutter«. Das Einmünden des Satzes in den Beginn ließe sich als ein Sich-Abfinden mit der Macht des Todes deuten.[45]

Im Laufe der Rezeptionsgeschichte der Sinfonie sind Scherings programmatische Deutungen vorweggenommen und unwissentlich geteilt worden, vor allem im Sinne von Todes- und Schicksalssymbolik. Mechtild Fuchs hat dies an Filmmusiken verdeutlicht, die ja ein guter und keineswegs geringzuschätzender Index dafür sind, mit welchen assoziativen Gehalten klassische Musik vom nichtspezialisierten Publikum belegt wird.[46] Schon im Jahr 1916, also zu einem Zeitpunkt, als es eine entsprechende literarische oder musikwissenschaftliche Rezeption noch kaum gibt, spielt das Orchester in George Pearsons Stummfilm *Ultus, the Man from the Dead* zu einer Szene, in der die Bühne wie ein riesiger Sarg mit schwarzen Tüchern ausgehängt ist, Musik aus der *Unvollendeten*. In Geza Radvanayis Film *Das Riesenrad* aus dem Jahr 1961 untermalt Musik aus dem 1. Satz der *Unvollendeten* nach dem Willen des Komponisten Hans-Martin Majewski u.a. Schilderungen vom Ausbruch des Krieges und von leichenübersäten Schlachtfeldern. In Reinhard Schwabenitzkys Fernsehfilm *Feuer* aus dem Jahr 1980 erklingt der Baßvorhang aus der *Unvollendeten* zu revolutionären Szenen aus dem Jahr 1848, in denen die kaiserliche Truppe auf das Volk schießt.

Ich habe die allgemeinen Gedanken über Schubert, die Roland Barthes äußert, Überlegungen zum Ideen-Gehalt der h-moll-Sinfonie, wie sie sich aus der Tonartencharakteristik ergeben, Interpretationen der Traumerzählung und deren Deutung als Sujet der *Unvollendeten* sowie Materialien zur Rezeption der Musik im Film in dieser Heterogenität nebeneinandergestellt, um zu verdeutlichen, daß die Frage nach der ›Botschaft‹ nicht in der Erwartung gestellt werden darf, es gebe eine eindeutige, in jeder Weise hieb- und stichfeste Antwort. Zu sinnvollen Einsichten wird man nur gelangen, wenn man von einem offenen Diskurs ausgeht, in dem Werk, Komponistenbiographie, Zeitgeschichte, Wirkung und persönlicher Zugang der jeweils Diskutierenden gleichermaßen Berücksichtigung finden können. Es darf da kein eindeutiges Wahr oder Erfunden, Richtig oder Falsch geben, sondern allein den Versuch, im jeweiligen Fall näher zu bestimmen, was Musik so sein läßt, wie sie ist und erlebt wird: als Mythos.

Was uns an einem Werk wie der *Unvollendeten* reizt, ist nicht die – wörtlich verstandene – Rücksichtslosigkeit, mit der Beethoven seine Sinfonien als bessere Welten schafft. Nicht dessen Ethos und Pathos besitzt Schubert, wohl aber einen traumverlorenen Blick, der bruchstückhaft zutage fördert, was einmal war und in Tiefenschichten noch ist. »Die elendesten alltäglichsten unpoetische Scenen umgeben mich ...«, klagt Beethoven; »freylich ists nicht mehr jene glückliche Zeit ...« trauert Schubert. Kritik an der eigenen Zeit ist beiden gemeinsam; doch die künstlerischen Lösungen sind unterschiedlich: Beethoven formt Zukünftiges, Schubert läßt wie ein Medium Vergangenes durch sich hindurchgehen. Indem er sich mit seinen Sinfonien innerhalb des traditionellen Formenkanons bewegt und diesen – ungeachtet allen Zweifels an der eigenen Kraft – wie eine zweite Natur akzeptiert, ist er Klassiker. Weil er seine Selbstzweifel akzeptiert und Einfälle zuläßt, die eher aus dem Reservoire eines kollektiven Unbewußten als von einem formenden Ich zu stammen scheinen, wird er zum Romantiker – zu einem rückwärts und in die Tiefe gewandten Visionär, der sich dem vorwärts und nach oben blickenden Beethoven unterlegen fühlt, obwohl er ihn in Wahrheit auf eine Weise ergänzt, die dem Prinzip des Lebens Gerechtigkeit widerfahren läßt: Dem intelligiblen Zugang zur Welt fügt Schubert einen notwendigen anderen hinzu – den meditativen, welchen man – mißverständlich, aber nicht falsch – einen ›naiven‹ nennen kann.

Ich gebe meinen Überlegungen noch einmal eine neue Wendung: Mag der Unterschied zwischen vokalem und instrumentalem Bereich im Blick auf die Idee einer »absoluten« Musik auch kein grundsätzlicher sein, so ist er dennoch vorhanden. Nirgendwo vermag der Komponist seine Botschaften so verschlüsselt abzusetzen wie in kunstvoll gearbeiteter Instrumentalmusik. Hier darf er sich einerseits als Herrscher im Reich der autonomen Musik ausrufen lassen und andererseits Klopfzeichen extremer Not aussenden, die davon künden, in welcher Einsamkeit das komponierende Subjekt um seine Identität ringt. Erfahrungen von Macht und Ohnmacht sind zwei Seiten derselben Sache: Der Instrumentalkomponist teilt den Hörern sein Inneres nur durch den Filter der Struktur mit; dadurch bleibt er Herr seiner Gefühle und läßt die Hörer im Dunkeln über deren Einzelheiten. Doch der Komponist, der sich nicht gemein macht, nicht wie jeder andere fühlende Mensch verstanden, vielmehr als in seiner Kunst einzigartig angenommen werden will, kann von seiner Einsamkeit – sie ist Ursache und Wirkung zugleich – nicht erlöst werden, vielmehr nur den Anspruch auf Glück aufrechterhalten.

Spätestens hier wird deutlich, daß »absolute Musik«, als historische Kategorie verstanden, in einem umfassenden Verständnis erst auf Schubert und – wie sich zeigen soll – auf Schumann und Brahms anwendbar ist, nicht aber auf Beethoven. Zwar gibt es viele Perspektiven, aus denen man Beethovens Werk im Lichte dieser Kategorie betrachten kann; insgesamt aber ist es unmöglich, ihm mit Hilfe frühromantischer Anschauungen gerecht zu werden. Beethoven ist und bleibt Aufklärer, wie trotzig und verzweifelt auch immer. Er muß wirken und bewirken, kann auf ein bestimmtes Maß an Deutlichkeit nicht verzichten: Gerade deshalb geht sein Weg als Sinfoniker zum Chorfinale der *Neunten.* Die Devise »frei aber einsam«, die sich treffend zur Bestimmung ››absoluten« Komponierens heranziehen läßt, trifft auf ihn letztendlich nicht zu: Beethoven ist nicht frei genug, denn er hat eine öffentliche Sendung; und eben deshalb ist er auch nicht einsam genug – er arbeitet ja gemeinsam mit den Besseren und Edleren seiner Zeit an der Höherentwicklung der Menschheit.

Während man von Schubert ungeachtet seiner Verwurzelung in der Tradition der Wiener Klassik und seines Beharrens auf mancherlei Gattungs- und Stilkonventionen behaupten kann, daß er das Geisterreich der Musik aufsuche, in dem sich die frühromantischen Individuen ihrer Vereinzelung entronnen und dem Absoluten besonders nahe gefühlt haben, täte man Beethoven mit der Verwendung all dieser Metaphern geradezu Unrecht. Was Robert Musil im *Mann ohne Eigenschaften* für sein Jahrhundert beklagt: »Wir haben die Wirklichkeit gewonnen und den Traum verloren«, ließe sich für das 19. Jahrhundert im Blick auf Schubert und sein Verhältnis zu Beethoven umkehren: Schubert hat – sehr pointiert gesagt – den Traum gewonnen und die Wirklichkeit verloren.

Beethoven hat »absolute Musik« komponiert, wenn man darunter nichts anderes versteht als Werke, die man auf Grund ihrer sogenannten Struktur integral, selbstbezüglich, autonom oder was immer nennen zu können glaubt. Eine solche Definition raubt dem Terminus jedoch zum einen seine geschichtliche und damit emphatische Dimension; zum anderen macht sie ihn disponibel für Musik von Bach bis Webern – ja Boulez und Stockhausen.

Absolute Poesie in den *Kreisleriana*

Schumanns Werdegang ist ein gänzlich anderer als derjenige Schuberts. Beginnt dieser – typisch für das k. u. k. Österreich – als anonymer und mittelloser Sängerknabe auf der untersten Stufe einer Hierarchie, innerhalb derer er potentiell zum Kapellmeister aufsteigen kann, so ist Schumann der gutbürgerlich aufwachsende und umsorgte – Gymnasiast, dem eine Laufbahn als Akademiker und Bildungsbürger winkt. Doch schon früh erkennt er seine Berufung zum Künstler, ohne sich von vornherein über das Medium klar zu sein, in dem er sein Erleben kundtun kann. Am 24. Januar 1827 schreibt er in sein Tagebuch:

> »Was ich eigentlich bin, weiß ich selbst noch nicht klar: Phantasie, glaub' ich, hab' ich: und sie wird mir auch von keinem abgesprochen: tiefer Denker bin ich nicht: ich kann niemals logisch an den Faden fortgehen, den ich vielleicht gut angeknüpft habe. Ob ich Dichter bin – denn werden kann man es nie – soll die Nachwelt entscheiden [...] Ich war ueber einem poetischen Stoff, der uebermorgen eingereicht werden soll: er griff mich zu sehr an: es ist sonderbar, daß ich da, wo meine Gefühle am stärksten sprechen, aufhören muß, Dichter zu seyn: ich kann wenigstens da nur unzusammenhängende Gedanken niederschreiben: wo aber mein eignes Selbst nicht mitzufühlen braucht, wo nur die Phantasie u. ein Gedanke herrschen muß, dicht' ich freier, leichter u. besser. Hierin bin ich ganz mit mir eins.«

Während Schumann sich zum Dichter auszubilden gedenkt, übt er zugleich fleißig Klavier. Auch wo dies in Besessenheit ausgeartet sein mag, bleibt noch genug Zeit, am Klavier zu träumen, zu phantasieren und zu komponieren. In den Jahren 1838/39 schätzt er »Kraft und Stärke seiner Erfindung« hoch ein, zweifelt aber daran, daß das geringe Niveau seiner Ausbildung die Komposition großer Formen zulasse. So orientiert er sich zunächst einmal an dem, was ihm als angehendem Pianisten in den Musikalienhandlungen angeboten wird: Das sind Etuden, Tänze, Rondeaus, Variationen, Impromptus, überhaupt Charakterstücke – eine Gattung, der sich Schubert noch in seinem letzten Jahr zugewandt hatte, und die Schumann nunmehr an Field, Chopin, Mendelssohn und anderen beliebten Klavierkomponisten studieren kann. Diese ›kleinen Formen‹ sind immerhin geeignet, sein Ideal von Musik als Vermittlerin »vielfacher verschiedener Seelenzustände« zu verwirklichen.[47] Solche ›Seelenzustände‹ werden deutlich vor allem im Wechsel, wie er sich als Folge kleiner, wie hingeworfen wirkender Stücke darstellen läßt. Es ist sicher kein Zufall, daß Schumann viele seiner Klavierwerke zu solchen Folgen zusammengeschlossen hat, die oftmals charakteristische Bezeichnungen tragen: *Papillons* op. 2, *Davidsbündlertänze* op. 6, *Carnaval* op. 9, *Kinderszenen* op. 15, *Kreisleriana* op. 16 usw. Erst als op. 11 erscheint die erste *große* Sonate.

Schumann versteht sich als romantischer (Ton-)Poet, doch das romantische Ideal einer Entgrenzung der Kunst veranlaßt ihn nicht eigentlich dazu, vorrangig an den Konventionen der formalen Gestaltung zu rütteln; es stachelt ihn vielmehr dazu an, die Leistungsfähigkeit der Musik als ›Seelensprache‹ zu prüfen. Damit hält er sich Kopf und Hände frei für die Frage, wie sich Poesie dergestalt in Musik übertragen lasse, daß ihr Zauber nicht verloren gehe und ihr Geheimnis nicht verraten werde.

Mit ›Poesie‹ ist weniger eine spezielle Kunstform gemeint als ein genereller Kunstsinn im Sinne Friedrich Schlegels, der in seinem 116. *Athenäums*-Fragment von »romantischer Poesie« als »einer progressiven Universalpoesie« spricht,[48] und Jean Pauls, der in seiner *Vorschule der Ästhetik* »die Poesie überhaupt« als »die einzige zweite Welt in der hiesigen« bezeichnet.[49] Beide Autoren bringen in diesem Zusammenhang wohl nicht zufällig die Musik ins Spiel: Nach Schlegel umfaßt die so verstandene Poesie künstlerische Phänomene »bis zu dem Seufzer, dem Kuß, den das dichtende Kind aushaucht in kunstlosen Gesang«. Und nach Jean Paul verhält sich Poesie zur Prosa wie das Singen zum Reden. Um die Polarität von Prosa und Poesie dreht sich Schumanns gesamtes frühes Schaffen; es ist die Polarität von Alltäglichem und Geheimnisvollem, Philiströsem und Poetischem, Mechanisch-Virtuosem und Beseeltem, Konventionellem und Charakteristisch-Einmaligem.

›Einmalig‹ zu komponieren, bedeutet in diesem Zusammenhang nicht zugleich, ›individuell‹ zu komponieren. Die Dimension, in der man Individualität zu fassen versucht, ist nämlich sowohl in Schumanns Leben als auch in seinem Werk nur schwer greifbar. Daß schon der Gymnasiast erste Memoiren niederlegt, daß sich der spätere Schumann in Tagebüchern, Ehetagebüchern, Haushaltsbüchern, Briefen usw. auf Tausenden von Blättern zu persönlichen und künstlerischen Dingen geäußert hat, kann nicht darüber hinwegtäuschen, daß seine Person kaum faßbar erscheint. Er wird als guter Zuhörer geschildert, der mit kurzen, sarkastischen Bemerkungen eingegriffen habe. Oft freilich habe er sein Gegenüber bis zu dessen völliger Verzweiflung angeschwiegen; das fiel sogar dem Vielredner Wagner auf, der – nach einem Bericht Eduard Hanslicks – während eines Besuches bei Schumann verzweifelt aufsprang und fortlief.

Schumann will ein guter Gatte und Familienvater sein, ist es im Rahmen des Zeitüblichen möglicherweise auch. Doch eine Familien-Idylle, welche die ›Kinderszenen‹ vortäuschen könnten, hat es im Hause Schumann nicht gegeben: Die mit Arbeitsunfähigkeit einhergehenden Anwandlungen von Schwermut und Depression nehmen mit wachsendem Alter zu. Selbstmedikamentierungen – möglicherweise zur Behandlung von Syphilis – und der Genuß stimulierender Gifte wie Nikotin und Alkohol tragen nicht zur seelischen Stabilisierung bei. Gegen seine Ängste vor dem Verrücktwerden ist der Spiritismus, den er unter anderem als Tischerücken pflegt, keine dauerhafte Hilfe. Von der körperlichen Erscheinung her wirkt Schumann – darin genaues Gegenbild seines Landsmannes Richard Wagner – starr; er selbst erlebt sich schon früh »kaum mehr als eine Statue, ohne Kälte, ohne Wärme«.[50] Seinen Schmerz vermag er kaum zu äußern; in seiner Musik ist er zwar enthalten, doch nicht eigentlich – wie bei Schubert oder Brahms – ausgedrückt.

Essay

Komponieren am Klavier

Komponieren am Klavier – kaum ein Musikstück führt diese Kategorie musikalischer Erfindung rigoroser vor als Schumanns *Toccata* op. 7. Wenn nach den beiden lakonischen Einleitungstakten das Gewoge vollgriffiger Sechzehntelpassagen anhebt, spürt man am ganzen Leibe die geradezu selbstzerstörerische Übewut des jungen Robert, welche diese früh begonnene Komposition drastisch thematisiert.

Toccaten, an denen sich gleichmäßiges, womöglich doppelgriffiges Spiel üben läßt, gibt es in Leipzigs Musikalienhandlungen zuhauf: solche von Czerny, Henselt, Kalkbrenner, Mayer, Moscheles, Onslow, Pollini, Thalberg – oder wie die geschätzten Klavierlehrer und gefeierten Virtuosen sonst heißen mögen. Ob es genug sind, um Schumann zu einem berühmten Pianisten zu machen, steht auf einem anderen Blatt. Doch immerhin bieten sie Anlaß zu eigenem Tun: Die *Toccata,* 1829 begonnen und nach dem Urteil des Schöpfers eines seiner schwierigsten Stücke, orientiert sich unter anderem an Onslows op. 6 und zugleich an Paganinis *Capricen* op. 1, deren Erlebnis in Schumann bewunderndes Erstaunen darüber ausgelöst hat, daß aus wie rasend gespielten Läufen Musik und aus einem Akrobaten der Violine unversehens ein Magier der Töne werden kann.

Die vierjährige Arbeit am op. 7 dient freilich keineswegs nur der Vollendung einer glanzvollen Konzertetüde, wie sie der Lehrer und künftige Schwiegervater Wieck für seine Tochter einfordert; vielmehr markiert sie exemplarisch den Weg des Autodidakten zu einem Komponisten sui generis. »Das wäre eine kleine Kunst, die nur klänge und keine Sprache noch Zeichen für Seelenzustände hätte!«, schreibt Schumann in seiner Aphorismensammlung *Aus Meister Raro's, Florestan's und Eusebius' Denk- und Dichtbüchlein.* Noch einmal kommt die Kategorie des Komponierens am Klavier ins Spiel: Während der junge Künstler seine Doppelgriffe hämmert, schießen ihm Phantasien jäh durch den Kopf. Sie spiegeln nicht nur die Hoffnungen eines ans Klavier Gefesselten, als neuer Paganini, Liszt oder Chopin vor großem Publikum zu brillieren; mehr noch handelt es sich um Gedankenfragmente, den ›Tagesresten‹ der Traumpsychologen vergleichbar. Drei von ihnen drängen sich in den Vordergrund: der Rhythmus eines Krakowiak, das *sentiment* eines Liedchens und der Gestus ausgelassenen Tanzens im Salon. Mit aller Vorsicht kann man sie großen menschlichen Erfahrungsbereichen wie ›Politik‹, ›Liebe‹ und ›Geselligkeit‹ zuordnen, ohne deshalb dem Komponisten selbst die Absicht zu einer solchen Systematik unterstellen zu müssen.

»Wie politische Umwälzungen dringen musikalische bis in das kleinste Dach und Fach. In der Musik merkt man den neuen Einfluß auch da, wo sie am sinnlichsten mit dem Leben vermählt ist, im Tanze.« Diese Sätze eröffnen nicht nur eine 1835 erschienene Sammelrezension Schumanns über *Kürzeres und Rhapsodisches für Pianoforte*, sie kommentieren geradezu die Aufnahme des Krakowiak ins op. 7. ›Musikalisch‹ betrachtet, gibt die synkopische Figur des Krakowiak dem *perpetuum mobile*, das die *Toccata* darstellt, Anstoß und Energienachschub. ›Politisch‹ gesehen, ist der Krakowiak damals nicht nur ein Modetanz, sondern zugleich ein Wahrzeichen der polnischen Nation, deren gescheiterter Freiheitskampf von 1831 die Gemüter bewegt: »Im Polenconcert mußten 300 Menschen fortgehen, so voll war's«, schreibt Schumann am 1. Februar 1832, also in der Zeit der *Toccata*, aus Leipzig an Clara Wieck, die sich mit dem Vater auf Tournee befindet; und just zur gleichen Zeit komponiert der um drei Jahre jüngere, kaum neunzehnjährige Richard Wagner seine *Polonaisen* für Klavier zu 2 und 4 Händen für Breitkopf & Härtel.

»Wer hätte nicht einmal in der Dämmerungsstunde am Clavier gesessen (ein Flügel scheint schon zu hoftonmäßig) und mitten im Phantasiren sich unbewußt eine leise Melodie dazu gesungen?« – Das schreibt Schumann 1835 in seiner *Neuen Zeitschrift für Musik*, diesmal anläßlich der *Lieder ohne Worte* von Felix Mendelssohn Bartholdy. Das achttaktige Liedchen, das in der *Toccata* erst in einem spätem Stadium auftaucht, mag mit dem – wie es im Brief heißt – »verehrungswürdigen Fräulein« Clara in Verbindung gebracht werden, vielleicht auch mit ganz anderen Objekten seiner Phantasie: Es läßt sich als gemütvoll charakterisieren und mit dem Thema ›Liebe‹ assoziieren. Die metrisch-melodische Struktur zeigt Verwandtschaft mit dem sogenannten Liebesseligkeits-Motiv aus *Lohengrin*, ferner gibt es eine Ähnlichkeit mit Clara Schumanns Vertonung der Worte »wie konnt' ich ahnen« in ihrem späteren Lied *Er ist gekommen in Sturm und Regen.* Von fern klingt das Alphornthema aus Brahms' *Erster* mit seinem volksliedhaften Hintergrund (»Hoch auf'm Berg, tief im Tal grüß' ich dich viel tausendmal«) herauf; schließlich erinnert man sich des »Wer uns getraut« aus dem *Zigeunerbaron.*

Im Verlauf des Stücks scheint das Krakowiak-Thema zeitweilig zu entgleisen, wird jedenfalls mit einem Male zum Galopp oder zur Schnellpolka. Der chroma-

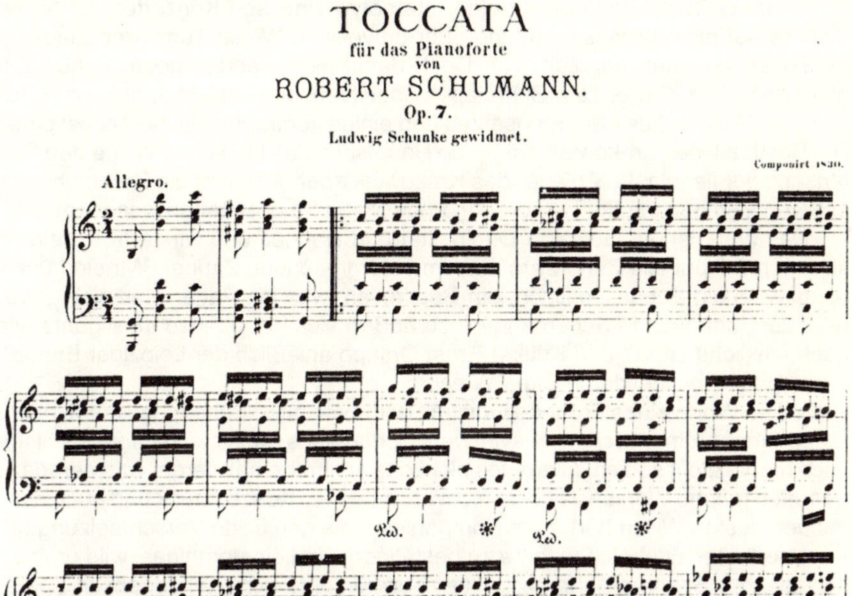

tische Aufgang der Tonrepetitionen hat etwas schmissig Salonhaftes, beinahe körperlich Ordinäres, wie man es in Schumanns Musik sonst kaum findet. Man ist an eine frivole Abart des Galopp erinnert – den Cancan: Dieser taucht damals in den Ballsälen, später als *Galop infernal* bekanntlich auch in Offenbachs *Orpheus in der Unterwelt* auf.

Op. 7 hat äußerlich die Gestalt einer stereotyp virtuosen Konzertetüde; ferner führt es auf eine für diese Gattung eher untypische Weise Tanz- und Liedsegmente als ›Zeichen der Zeit‹ vor. Doch damit nicht genug: Indem Schumann gleichsam vom Klavier zum Schreibpult überwechselt, verpaßt er seinem Stück noch das Gewand des Sonatensatzes und einige kontrapunktische Accessoires: Die Rhythmik des Krakowiak prägt den Hauptsatz, das Lied ohne Worte den Seitensatz; der flegelhafte Ableger des Krakowiak aber bestimmt die Durchführung, in deren Verlauf er seine Umkehrung und Fugierung geschehen lassen muß.

»Das Werk ist ein Guß von Originalität und Neuheit und wirkte trotz seinem strengen Stil auf alle Zuhörer mit einem tiefergreifenden Zauber. Wir sind überzeugt, was ein Sebastian Bach, ein Beethoven, was ein Paganini in sich getragen, das ruht auch in Schumann« – so äußert sich der ebenso intelligente wie nachdenkliche Literat und Kritiker Ernst Ortlepp anläßlich der Leipziger Erstaufführung der *Toccata* durch Clara Wieck.

Es sind Worte eines Freundes, die mit dem gesamten frühen, das heißt im engeren Sinne ›romantischen‹ Klavierwerk Schumanns auch die *Toccata* ins historisch rechte Licht setzen, allerdings nicht das an ihr thematisieren, was geradezu betroffen macht: Wer die *Toccata* nicht als brillantes Konzertstück und auch nicht mit dem festen Willen hört, dem Komponisten die geglückte Verschmelzung unterschiedlicher Erlebnishorizonte zu bestätigen, wird ein unruhiges, wild um sich schlagendes Stück vernehmen, dessen Teilmomente sich eher gegenseitig paralysieren als zur Geltung bringen. Selten hat Schumann so wenig sublim komponiert: Es fehlt die idealisierende Kraft der Form, welche für die von ihm so verehrten Beethoven und Schubert noch weitestgehend *conditio sine qua non* allen Komponierens gewesen war. Die *Toccata* hat keinen Fluchtpunkt, von dem aus hörendes Subjekt und geformtes Objekt zur Deckung gebracht werden könnten. Sie läßt sich nicht identifikatorisch nachvollziehen wie ein Tanz mit gleichförmigem Bewegungsablauf, ein Charakterstück mit durchgängiger Stimmung oder ein Sonatensatz als Ausdruck dynamischen, zielgerichteten Gestaltungswillens. Sie zieht vorüber wie der Auftritt eines Menschen, den man erregt und von Bildern überflutet sieht, ohne doch die Ursachen zu kennen. Ein solcher Mensch gibt sich preis und bleibt doch undurchschaut. Die *Toccata* zeigt Schumann daheim am Klavier: unter Spannungen *seinen* Ausdruck suchend.

In diesem Zusammenhang kann man die – zunächst nur für das Tagebuch bestimmte, später in das literarische und kompositorische Schaffen übernommene – Erfindung des Florestan, des Eusebius und des Raro als Anführer der ›Davidsbündler‹ nur genial nennen: Zum einen kann Schumann sein eigenes Ich maskieren, indem er durch den Mund einer Phantasiegestalt spricht, wie etwa in dem Neunten der *Davidsbündlertänze*, der – allerdings nur im Erstdruck – überschrieben ist: »Hierauf schloss Florestan und es zuckte ihm schmerzlich um die Lippen.« Dergleichen in der Geschichte der Instrumentalmusik geradezu einmaligen Kommentare machen deutlich, wie entschieden er sich als Ton-Dichter und nicht als Ton-Setzer versteht.

Zum anderen kann Schumann sich nunmehr dreiteilen: in den hochgemuten und aktiven Florestan, der seinen Namen nach einer Romanfigur Ludwig Tiecks hat, zugleich aber auch nach dem Titelhelden der Beethovenschen Oper, in den introvertierten, melancholischen und – der Bedeutung seines Namens zufolge – ›gottesfürchtigen‹ Eusebius, und in den weisen und vermittelnden Meister Raro, in dessen Namen sich die Schlußsilbe von ›Clara‹ mit der Anfangssilbe von ›Robert‹ verbindet. ›Davidsbündler‹ heißen die drei, weil sie wie David den Kampf gegen die Philister aufnehmen.

In spezifischer Weise und markanter als alle anderen Komponisten seiner Zeit greift Schumann eine ästhetische Kategorie auf, die man als Poetisierung des Alltäglichen bezeichnen könnte. In der Musik muß – um mit dem von Schumann so geschätzten Jean Paul zu sprechen – der ›poetische Charakter‹ der Dinge aufscheinen. Gleich die als op. 1 veröffentlichten *Abegg-Variationen* sind für diese Haltung ein gutes Beispiel: Sie tragen ihren Namen nach Meta Abegg, einer Schönen, der Schumann in seiner Heidelberger Studentenzeit begegnet und deren eher prosaischer Name sich so trefflich für ein poetisches Walzerthema a-b-e-g-g eignet. Daß das Ganze einen realen ›Hintergrund‹ hat, kann und soll der Hörer merken, indem er die Anfangsnoten mit der Widmung an eine – in dieser Namenszusammenstellung imaginäre – Gräfin Pauline von Abegg in Zusammenhang bringt; was das zu bedeuten hat, bleibt das Geheimnis des Künstlers, der aus einer tieferen, ›poetischen‹ Sicht der Dinge schafft.

»Es besitzt der Mensch eine eigene Scheu vor der Arbeitsstätte des Genius: er will gar nichts von den Ursachen, Werkzeugen und Geheimnissen des Schaffens wissen, wie ja auch die Natur eine gewisse Zartheit bekundet, indem sie ihre Wurzeln mit Erde überdeckt. [...] Wir würden schreckliche Dinge erfahren, wenn wir bei allen Werken bis auf den Grund ihrer Entstehung sehen könnten.«[51]

So schreibt Schumann später im Blick auf das Programm der *Symphonie fantastique* von Berlioz, und man sollte den Hinweis auf das Schreckliche im Seelengrund des schöpferischen Künstlers gerade bei Schumann ernstnehmen. Zugleich macht diese Äußerung die – ja durchaus produktive – Ambivalenz in Schumanns ästhetischen Vorstellungen deutlich: Zwar erklärt sich der Komponist nicht, denn das wäre der Tod seiner sublimen Kunst; doch er legt Spuren, öffnet Räume für Deutungen und sorgt dadurch für das eigentliche Weiterleben und Fortwirken seiner Musik.

Im *Carnaval* op. 9 geht Schumann wesentlich weiter: Auch diesmal arbeitet er erklärtermaßen mit einem musikalischen Motto, nämlich der Tonfolge a-es-c-h, die für das böhmische Städtchen Asch steht, in dessen Nähe seine damalige Braut Ernestine von Fricken daheim ist. Doch zugleich treibt Schumann ein Spiel mit Rollen und Personen. Es führt – jeweils in kleinen musikalischen Portraits – nicht nur die traditionellen Masken von Pierrot, Arlequin und Coquette vor, sondern auch diejenigen von Chopin und Paganini. Nicht fehlen dürfen Eusebius, Florestan und die Davidsbündler; letztere ziehen gegen die Philister zu Felde, die durch den Großvater-Tanz aus den *Papillons* – diesmal spöttisch als »Theme du 17. siecle« bezeichnet – charakterisiert sind. Wenn Schumann ein weiteres Selbstzitat aus seinem Opus 2 durch die in die Noten eingerückte Frage »Papillon?« ausdrücklich kenntlich macht, läßt sich das allerdings nicht mehr unter der Überschrift ›Maskierung‹ fassen: Das ist ein regelrechtes Vexierspiel mit der eigenen Identität; doch auch die Idee des mit sich identischen Kunstwerks wird wie beiläufig zu Grabe getragen!

Carnaval steht freilich nicht nur für ein imaginäres Maskenspiel, sondern spiegelt zugleich Schumanns reale Stellung in der Gesellschaft. Weil er guten Kontakt zu seinen Leipziger Verlegern hält, werden seine frühen Klavierwerke zwar kontinuierlich veröffentlicht; doch ihre Verbreitung bleibt gering; selbst Clara hat lange Zeit nur wenige Nummern in ihrem Konzert-Repertoire. Auch verständnisvolle Zeitgenossen wissen oft nicht, woran sie sind: Die Musik ist voller Einfälle; doch der Genuß, mit dem man ein ›Lied ohne Worte‹ von Mendelssohn oder einen Walzer von Chopin an sich vorüberziehen läßt, will sich angesichts von Hintersinn und Bedeutungsschwere nicht recht einstellen.

Vom Publikum angenommen wird Schumanns Neigung zu musikalischer Charakteristik im Fall der *Kinderszenen* op. 15. Ob er deren Überschriften – ›Von fremden Ländern und Menschen‹, ›Kuriose Geschichte‹, ›Bittendes Kind‹, ›Träumerei‹, ›Kind im Einschlummern‹ usw. – vor, während oder nach Beendigung der Komposition gefunden hat, ist letztlich unerheblich: Der Rückbezug auf die ›Kinderwelt‹ – was auch darunter zu verstehen sein mag – ist deutlich, das poetische Moment ohne viele Brechungen nachvollziehbar. Die Rückkehr zur Esoterik folgt freilich stehenden Fußes: Mit den *Kreisleriana* op. 16 schafft Schumann einen Zyklus, der die Momente des Fernen, Vieldeutigen, Rätselhaften, Verworrenen und Verwirrenden auf einzigartige Weise aufnimmt. Als wahrhaft romantischer Künstler äußert sich Schumann hier in Formen, die sich nur in den Bildern von Hieroglyphe oder Sphinx erfassen lassen. Damit geht er in den Spuren E. T. A. Hoffmanns, der Musik als die »in Tönen ausgesprochene Sanskritta der Natur« bezeichnet hatte.[52]

Eine Phantasiegestalt E. T. A. Hoffmanns hat auch den Namen für dieses zentrale Klavierwerk Schumanns gegeben: jener Kapellmeister Johannes Kreisler, dessen Musik »die gewaltigen Geister hinaufbeschwor, die die Furcht, das Entsetzen, alle Qualen hoffnungsloser Sehnsucht aufregen in der menschlichen Brust«. Kreisler verliert über dem Widerspruch zwischen banalem Alltag und seinen eigenen Träumen den Verstand und erdolcht sich mit einer Note. Sein Leiden läßt ihn E. T. A. Hoffmann so beschreiben:

»Ein wüstes wahnsinniges Verlangen bricht oft hervor nach einem Etwas, das ich in rastlosem Treiben außer mir selbst suche, da es doch in meinem eigenen Innern verborgen, ein dunkles Geheimnis, ein wirrer rätselhafter Traum von einem Paradies der höchsten Befriedigung, das selbst der Traum nicht zu nennen, nur zu ahnen vermag ... Nicht auszusprechen vermag ich die Marter meines Zustandes, wenn in der heitersten Umgebung gemütlicher wohlwollender Freunde, bei irgendeinem Kunstgenuß, ja selbst in den Momenten, wenn meine Eitelkeit in

Anspruch genommen wurde auf diese, jene Weise, ja! wenn mir dann plötzlich alles elend, nichtig, farblos, tot erschien und ich mich versetzt fühlte in eine trostlose Einöde.«[53]

Man kann sich denken, daß Schumann, der selbst einen Kreisler-Roman plante und wie Kreisler wahnsinnig wurde, das alles als seine Lebensbeschreibung verstanden hat; und man könnte die *Fragmentarische Biographie des Kapellmeisters Johannes Kreisler* in eine Reihe mit Beethovens *Heiligenstädter Testament* und Schuberts *Mein Traum* stellen: E. T. A. Hoffmann hätte sie dann gleichsam im Namen Schumanns verfaßt. Sicher ist jedenfalls, daß man die *Kreisleriana* nur dann im Sinne ihres Komponisten versteht, wenn man die Töne des Entsetzens über die Welt, in der er lebt, mithört.

In der Tat ist das Ganze ein Meisterwerk jener romantischen Ironie, von der im nächsten Kapitel noch ausführlicher die Rede sein wird. Oberflächlich erweckt Schumann den Anschein, als sei die Anlage der einzelnen Sätze formal geregelt und übersichtlich: Es gibt Doppelstriche und Wiederholungen, Kontrast und Wiederkehr; und selbst in den Sätzen, in denen ein Gedanke in den anderen übergeht, geschieht dies auf eine vordergründig durchaus nachvollziehbare Weise. Kurz – der konventionelle Aufriß des Charakterstücks mit klarer Abschnittsgliederung oder Einheitsablauf ist präsent. Doch wie geht Schumann mit ihm um! Er rückt am Satzgefüge, so daß nichts mehr symmetrisch oder ›ordentlich‹ an seinem Platz steht, vielmehr, wenn auch nur um ein Haar, verschoben wirkt. Sehr zu Recht hat der Komponist Dieter Schnebel eine Arbeit mit dem Titel *Rückungen - Ver-rückungen. Psychoanalytische und musikanalytische Betrachtungen zu Schumanns Leben und Werk* vor allem den *Kreisleriana* gewidmet.[54]

Solche »Ver-rückungen«, die übrigens durchaus ihre Vorbilder im Werk Beethovens haben, zeigen sich in unregelmäßiger Periodengliederung, Taktwechseln und -verschiebungen, rhythmischer Vieldeutigkeit, aber auch im Zusammen- und Auseinanderführen unterschiedlicher harmonischer Bewegungen. Am deutlichsten zeigt sich der Sachverhalt in der Führung der beiden Klavierhände: Deren Stimmen sind nicht nur in einer Weise ineinander verschränkt, daß sich Melodieführung in rechter und linker Hand oftmals gar nicht eindeutig trennen lassen; vor allem ist die Bewegung der linken Hand gegen die der rechten häufig derart verschoben, daß nicht nur die Stabilität des metrischen Gefüges ständig bedroht scheint, sondern – etwa durch hängengebliebene oder nachschlagende Bässe – vielfach herbe Dissonanzen entstehen. Das zeigen bereits die allerersten Takte, in denen der Baß ein Achtel hinterherhinkt. Der Vorgang wird noch komplizierter dadurch, daß ein ›Geraderücken‹ des Basses keineswegs immer konsonante Zusammenklänge gäbe, wie es zunächst den Anschein hat. Im Gegenteil würde dann z. B. aus der Konsonanz zu Anfang von T. 4 die kräftige Dissonanz a-gis. Mit anderen Worten: Man kann sich nicht einmal auf das Prinzip systematischer ›Verrückung‹ verlassen!

Ich stelle dem Anfang von Nr. 1 der *Kreisleriana* in originaler Notierung drei alternative Notierungsformen Schnebels gegenüber; diese machen deutlich, daß man die vermeintlich einfache figurative Linie durchaus als ›Vielfalt sprechender Stimmen‹ hören kann, nämlich im Sinne ›interner Dreistimmigkeit‹, als ›Alternieren von melodischen und akkordischen Dreiergruppen‹ oder als ›Gegeneinander von engen Sekundschritten und weiträumig gespreizten Akkorden‹. Der verwirrende Eindruck, den das Stück macht, beruht nicht nur auf subjektiver Hörerfahrung, hat vielmehr seine Entsprechung in der Struktur:

Robert Schumann: *Kreisleriana* op. 16 Nr. 1, T. 1-4

Robert Schumann: *Kreisleriana* Nr. 1, T. 1-4 in drei Versionen »struktureller Notation«, nach Dieter Schnebel, in: Musik-Konzepte, Sonderband Robert Schumann I, München 1981, S. 50.

Auf einer weiteren Ebene vieldeutig komponierend, verwebt Schumann eine Fülle von Gedanken – figurative, kontrapunktische, rhapsodische und liedhafte – auf das Kunstvollste und Verschlungenste ineinander, so daß man sich an eine wuchernde Dschungel-Flora erinnert fühlt, aus der jeweils einzelne Blüten herausragen. So gibt es im 2. Satz einen Abschnitt, in dessen Verlauf sich aus real vierstimmiger, höchst chromatisch organisierter und wild modulierender Polyphonie das »sehr innig und nicht zu rasch« zu spielende, pentatonisch schlichte Hauptthema herausschält.

Robert Schumann, *Kreisleriana* Nr. 2, T. 120-137

»Meine Musik kömmt mir jetzt selbst so wunderbar verschlungen vor bei aller Einfachheit«, schreibt Schumann dementsprechend zur Zeit der *Kreisleriana* an Clara am 13. April 1838. Seine Zeitgenossen sehen das weitgehend anders. In Schumanns eigener *Neuen Zeitschrift für Musik* wird seinen »Tondichtungen« noch zu seinen Lebzeiten ein »orientalisches Element« bescheinigt,[55] wie es Goethe bereits an Jean Paul entdeckt hatte. Das ist nicht positiv, sondern kritisch gemeint – möglicherweise mit einem antisemitischen Zungenschlag, jedenfalls aber als Verweis auf gesunde deutsche Kunst.

Die *Kreisleriana* sind nicht zuletzt ein Werk der geheimen Botschaften. Auch in den vorangegangenen Kompositionen gab es vieles zu deuten oder zu entschlüsseln; doch boten bildkräftige Titel (wie die des *Carnaval*), tonmalerische Gehalte (wie diejenigen der *Kinderszenen*) sowie Tonfolgen von ersichtlicher Symbolik (wie in den *Abegg-Variationen*) berechtigte Ansatzpunkte zu entsprechenden Versuchen. Demgegenüber bleibt Schumann in den *Kreisleriana* verschwiegen: Er wählt keine programmatischen Überschriften, gibt der Musik keinen unmittelbar assoziativen Charakter und verzichtet auf das Spiel mit Tonbuchstaben. Was Musik vorstellen soll, wird ohne Rückgriff auf Außermusikalisches allein durch die Töne ausgedrückt. Das ist augenscheinlich der höchste Grad an musikalischer Poesie, den es für den Komponisten gibt: Dieser muß nicht ein der Musik Fremdes oder Äußerliches ins Gespräch bringen, um ihr geheimnisvolles Wesen darzustellen; vielmehr wird Musik zum Geheimnis an sich. In letzter Konsequenz soll nur noch Schumann selbst um seine Geheimnisse wissen, und höchstens mit zweien teilt er sie: mit Clara und Johann Sebastian. Um diese beiden Gestalten und die durch sie repräsentierte Musik kreist seine Phantasie; in ihnen konzentriert und bricht sich, wie in einem Kristall, seine Vorstellung von musikalischer Poesie. Der Braut erzählt er von dem neuen Werk in dem zuletzt erwähnten Brief:

»*Kreisleriana* will ich es nennen, in denen Du und ein Gedanke von Dir die Hauptrolle spielen und will es Dir widmen – Ja Dir und Niemandem anders – da wirst Du lächeln so hold, wenn Du Dich wieder findest«.

Dieser ›Gedanke‹ ist bisher in der Musik noch nicht wiedergefunden worden. Ob er sich hinter dem oben in Noten mitgeteilten Haupteinfall des zweiten, hinter dem romanzenhaften Thema des sechsten Stückes verbirgt oder anderswo versteckt ist, kann – und soll nach Schumanns Ästhetik – offenbleiben. Deutlicher sind Bachs Gedanken zu identifizieren. Mit ihnen beschäftigt sich Schumann auch und gerade in der Zeit der *Kreisleriana* intensiv. In seinem Tagebuch stehen zwischen dem 3. und 6. Mai 1838 die Eintragungen eng beieinander: »Die Kreisleriana gemacht in vier Tagen – ganz neue Welten thun sich mir auf« und »»Das *wohltemperirte Clavier* wieder einmal beendigt«.

Die Beschäftigung mit der Polyphonie Bachs hat ein doppeltes Gesicht: Zum einen erlebt es Schumann gerade als Zwang, die Fugen des *Wohltemperierten Klaviers* vollständig abzuschreiben und sich für Mangel an Inspiration durch verbissene

Kontrapunktarbeit zu bestrafen. Dementsprechend heißt es am 1. November 1837 im Tagebuch:

»Mit wahrer Wut Fugenanfänge gemacht, und im ledernen [Fugenlehrbuch von] Marpurg weiter gelesen. [...] Nachmittag Abermals Fugen«; und drei Tage später: »Fugenwuth, nichts Gutes zu Stande gebracht«.

Andererseits ist die Musik Bachs als »eines der größten Schöpfer aller Zeiten« Quelle poetischer Inspiration. Wenn Schumann in einem Brief an den Musikliebhaber Simonin de Sire, einen Verehrer seiner Werke, am 15. März 1839 schreibt:

»Kennen Sie nicht Jean Paul, unseren großen Schriftsteller? Von diesem habe ich mehr Contrapunkt gelernt, als von meinem Musiklehrer«,

so scheint er in dem verschlungenen Gewebe Bachscher Polyphonie gleich dem eines Jean Paulschen Romans die Spuren des Originalgenies zu entdecken, zu dem der Weg letztendlich nicht über zergliedernde Analyse sondern über kongeniale Schwärmerei führt. In diesem Sinne kann er Clara in der Nachschrift des Briefes vom 17. März 1838 berichten:

»Namentlich ist es sonderbar, wie ich fast Alles canonisch erfinde, und wie ich die nachsingenden Stimmen immer erst hinterdrein entdecke«.

Schumann, der doch immer wieder kräftezehrende Fugenstudien treibt, erweckt hier vor sich selbst den Eindruck, als sei er, wie alle Großen, von Natur aus Kontrapunktiker, der aus künstlerischer Notwendigkeit heraus alles in einem und eines in allem zusammenfasse! Der S. 147 mitgeteilte Mittelteil des zweiten Stücks der *Kreisleriana* zeigt, was gemeint ist: Das Notenbild erinnert an eine Fugendurchführung aus dem *Wohltemperierten Klavier*, und in der Tat gehen die Stimmen die verschlungenen Wege Bachscher Polyphonie.

Schumann läßt sich jedoch nicht nur durch Bachs Kontrapunkt begeistern. Zur Inspirationsquelle werden ihm die Themen des *Wohltemperierten Klaviers* auch als solche – im Sinne musikalischer Hieroglyphen – die er mit seinem modernen Griffel nachzeichnet. In dieser Beziehung hat das eigenwillige Kopfmotiv des fünften Stücks der *Kreisleriana* ein ideelles Vorbild zum Beispiel in der D-Dur-Fuge aus dem 1. Teil des *Wohltemperierten Klaviers:*

Robert Schumann: *Kreisleriana* op. 16 Nr. 5, Anfang

Johann Sebastian Bach: *Wohltemperiertes Klavier* I, Fuge D-Dur, Anfang

Um das Maß an Hintersinn voll zu machen, zitiert Schumann hier sein eigenes op. 4:

Robert Schumann: Intermezzo op. 4 Nr. 1, T. 47-54

Während es Brahms bei seiner Rezeption älterer Musik über eine spezielle Bach-Verehrung hinaus auf grundsätzliche Weise um die Bewahrung und Erneuerung bewährter kompositorischer Traditionen geht, ist Schumanns Bach-Verständnis ganz und gar romantisch: Wer sich in Bach vertieft, vermag Geheimnisse der Musik *aufzufinden,* anstatt sie in die Musik *hineinzulegen.* Gerade dies, nicht aber ein von der Populärästhetik sogenannter ›subjektiver‹ Zugriff auf die Musik gehört zur Wesensbestimmung der Romantik. Aus solchem Geist stellt Schumann seiner Klavierfantasie op. 17 die Verse Friedrich Schlegels »Durch alle Töne tönet im bunten Erdentraum ein leiser Ton gezogen für den, der heimlich lauschet« voran: Wer auf Heimliches zu lauschen bereit ist, wird bemerken, daß sich durch den 1. Satz der

Phantasie wie ein leiser Ton die Melodiezeile »Nimm sie hin denn diese Lieder« aus Beethovens *Ferner Geliebten* zieht. Der romantische Komponist *schafft* die Welt nicht, wie Beethoven, in seinen Tönen, er *entdeckt* sie als die andere in der profanen.

Das Spiel mit geheimen Botschaften verästelt sich, wenn Schumann am 9. Juni 1839 an Clara schreibt: »Der ›Ton‹ im Motto bist wohl Du«. Wieviel Leidenschaft sich hinter solchen Äußerungen verbergen mag, könnte ein Brief vom 3. August des Vorjahres zeigen, in dem Schumann an der zu diesem Zeitpunkt fernen und doch so heiß begehrten Braut die *Kreisleriana* mit den Worten ankündigt:

»Eine rechte ordentlich wilde Liebe liegt darin in einigen Sätzen, und Dein Leben und meines und mancher Deiner Blicke«.

Das ist weit mehr als eine konventionelle Ergebenheitsadresse, nämlich die unmittelbare Kundgabe wilden Verlangens und – wie sich aus dem biographischen Kontext ergänzen läßt – tiefer Verzweiflung. Wieviel mag in dem knappen Zeitraum von vier Tagen, der Schumann nach seinen eigenen Äußerungen zur Komposition des Werks genügt hat, ungeachtet dessen intellektuellen Horizontes in manisch-depressiver Triebhaftigkeit niedergeschrieben worden sein? Wenn Schumann schon nicht aus sich herauskommen konnte, so sollte es doch wenigstens aus ihm herauskommen!

Hier wird Musik, unabhängig von formalen und semantischen Zusammenhängen, zur Körpersprache, die sich eigen-sinnig bloß intellektueller Beurteilung verweigert und nichts als triebhafte Bewegung ausdrücken will. Roland Barthes, der sich als musikalischer ›Laie‹ das Recht zu ›sachfremder‹ Darstellung herausnimmt, formuliert:

»In den *Kreisleriana* von Schumann höre ich eigentlich keine einzige Note, kein Motiv, kein Thema, keine Grammatik, keinen Sinn, nichts, was eine irgendwie geartete intelligible Struktur des Werks wiederherzustellen erlauben würde. Nein, was ich höre, sind Schläge: ich höre das, was im Körper schlägt, was den Körper schlägt, oder besser: diesen Körper, der schlägt ... In der ersten *Kreisleriana* rollt es sich zusammen und dann webt es, in der zweiten streckt es sich und dann erwacht es: es sticht und stößt und funkelt düster, in der dritten spannt es sich, dehnt es sich aus: aufgeregt, in der vierten spricht es und erklärt, jemand erklärt sich, in der fünften kühlt es ab, geht aus den Fugen, zittert, steigt laufend, singend und stampfend hinauf, in der sechsten redet es, buchstabiert es, das Reden läßt sich zum Singen hinreißen, in der siebten schlägt und pocht es, in der achten tanzt es, es beginnt aber auch wieder zu zanken, Schläge auszuteilen.«[56]

Für eine ›körperliche‹ Erlebnisweise der *Kreisleriana* sprechen die extremen Tempi. »Äußerst bewegt«, »Sehr lebhaft«, »Sehr aufgeregt – Noch schneller«, »Sehr rasch«, »Schnell und spielend« – das alles sind Angaben, die den Gedanken aufkommen lassen, daß die rasche figurative Bewegung ›Struktur‹ im kompositionstechnischen Sinn geradezu überdecken soll, damit das getriebene Subjekt als solches Gehör finde. In ähnlichem Sinne vermittelt das »sehr langsame« Tempo etwa des vierten Stückes weniger die Vorstellung eines traditionell liedhaften Adagio-Satzes als den körperlichen Ausdruck eines sich dahinschleppenden Menschen, der sich nur – im Mittelteil – zu einigen bestimmteren Schritten aufraffen kann. So gesehen, ist es nur folgerichtig, daß Schumann in den *Kreisleriana* den Eindruck des Miniatur- und Potpourrihaften, der früheren Werken in einem ihn selbst nicht mehr befriedigenden Maße angehaftet hatte, in weiträumigen Bewegungen verwischt.

Damit bekennt er sich nicht zu formaler Strenge: Der Charakter, den die *Kreisleriana* vermitteln, ist eher derjenige der Arabeske als Erscheinungsform des organisch Wuchernden und damit – in den Augen Friedrich Schlegels – eines der wenigen »romantischen Naturprodukte unsers Zeitalters«.[57] Mit diesen Augen betrachtet, ist übrigens Schumanns eigene, nicht viel später entstandene *Arabeske* op. 18 viel weniger konventionell als es zunächst den Anschein hat.

Carl Dahlhaus hat »die autonome, absolute [Musik], wie sie im frühen 19. Jahrhundert konzipiert worden ist«, als adäquaten Gegenstand musikalischer Bildung bezeichnet, die – wie Bildung überhaupt – mit dem verbunden sei, was man im Sinne Humboldts, Fichtes und Hegels »das Reich der Freiheit im Gegensatz zum Reich der Notwendigkeit nannte«.[58] Diese der Klassik – speziell der Musik Beethovens abgewonnene – Vorstellung bedarf ihres Gegenbildes, wie es die Romantik entwirft: »Absolut« komponiert das künstlerische Subjekt gerade insoweit, als es seine Abhängigkeiten, Begrenztheiten und Zwänge, sein Unvermögen zu integrativer Gestaltung zum ästhetischen Prinzip macht. In diesem Sinne ist der Schumann der *Kreisleriana* »frei aber einsam«: frei, weil er nicht erwartet, über das hinaus verstanden zu werden, was in dieser anspruchsvollen Musik verstehbar erscheint; einsam, weil damit vieles unvermittelt bleibt, was die Kommunikation mit der Welt erleichtern könnte – programmatische Hinweise, Bezüge zu sozial anerkannten Gattungen, Rücksicht auf Aufführungsmöglichkeiten. Gewiß sind die *Kreisleriana* damit eher ein Sonderfall denn die Normalität bürgerlicher Bildung; doch zugleich sind sie »absolute Musik« auf höchstem Niveau.

Gerade deren Geist hat Karl Koßmaly, ein Schumann generell nicht übelgesonnener Kapellmeister und Kritiker, gegeißelt, wenn er im Jahr 1844 über das oben erwähnte op. 17 Worte findet, die ebenso gut auf die *Kreisleriana* gemünzt sein könnten:

»Die reichlichste Ausbeute von üppig wuchernden, höchst unerquicklichen Auswüchsen neuromantischer Hypergenialität liefert unstreitig die ›Fantasie für Pianoforte‹ [op. 17], Liszt zugeeignet. Das Excentrische, Willkührliche, das Unbestimmte und Zerflossene lässt sich kaum noch weiter treiben – die vor Allem so beliebte Ueberschwänglichkeit artet hier zuweilen in Schwulst und complette Unverständlichkeit aus, so wie das Streben nach Originalität hin und wieder in Ueberspanntheit und Unnatur sich verliert. Es gemahnt uns – um uns eines Gleichnisses zu bedienen – der Componist wie ein reicher, vornehmer Mann, der, um in aristocratischer Ueberhebung sich jedem Zuspruch unzugänglich zu machen, sich selbstsüchtig und eigensinnig vor der Welt absperrt, rings um sein Territorium tiefe Gräben, gewaltige, hohe Dornenhecken ziehen und Schreckschüsse und Fussangeln legen läßt und sich dermaassen verschanzt und verpallisadirt, dass die Leute wohl entmuthigt werden müssen, seine nähere Bekanntschaft zu machen.«[59]

Als dies erscheint, ist Schumann bereits einen anderen Weg gegangen, nämlich den größerer Deutlichkeit. Nachdem er in seinen Klavierwerken an einem Punkt hermetischen Komponierens angelangt ist, über den es nicht hinauszugehen scheint, beginnt er mit der Lied-Komposition: Textinhalt und Versschema bieten Orientierung und Halt, deren er vielleicht zunehmend bedarf. Auch daß Schumann bevorzugt Liebeslyrik vertont, muß nicht nur aus seiner biographischen Situation heraus erklärt werden – seine ihm angetraute Frau beklagt sich ja sogar, daß viele seiner Lieder so traurig ausfallen. Vielmehr kann man darin den in romantischer Tradition begründeten Versuch sehen, die organische und naturhafte Ganzheit, welche dem Manne versagt bleibt, in der Frau zu entdecken; Schumanns Lied-Kompositionen wären dann, wie die vertonten Gedichte, in ihrer Vergeblichkeit durchschaute Versuche, über das Medium der Liebe die ersehnte Identität des Menschen mit sich selbst herzustellen.

Innerhalb der Gattung der Sinfonie, mit der sich Schumann im Anschluß an das ›Liederjahr‹ 1840 beschäftigt, ist noch deutlicher der Wunsch spürbar, den Wahlspruch »Frei aber Einsam« als alleinherrschenden zu überwinden. Dazu ist bereits das sinfonische Genre als solches angetan, auf das er sich ja auch gehörig einläßt: Ungeachtet der fortdauernden Tendenz zu gelehrtem und verschlüsseltem Komponieren sind alle vier Sinfonien doch auch öffentlichkeitsbewußte Repräsentationswerke ›mit Pauken und Trompeten‹. Auch die abgesetzten ›Botschaften‹ sind verständlicher geworden. Man muß nicht abwägen, wie wichtig der Wortlaut des Frühlingsgedichtes von Adolf Böttger für die Komposition der 1. Sinfonie und ihre Rezeption durch den Hörer gewesen ist; man braucht auch nicht zu entscheiden, ob das »Stück Leben am Rhein«, das den ursprünglichen Titel für die spätere *Rheinische* abgab, deren ›Inhalt‹ ausmacht. Auch bei aller interpretatorischer Vorsicht ist ein Sujetwechsel offenkundig: Es geht nicht mehr um die wirren, rätselhaften Träume des Kapellmeisters Kreisler, nicht einmal mehr um Hoffnungen und Qualen romantischer Liebe, sondern um gesellschaftlich ohne weiteres konsensfähige Themen wie Natur und Landschaft.

Der Wunsch nach Konsens setzt sich, weiter formalisiert, in der Kammermusik fort, die zu einem großen Teil – fast wie auf Kommando – im Jahre 1842 entsteht. Schumann knüpft hier nicht nur an die Tradition der Wiener Klassik, sondern fast überdeutlich auch an Felix Mendelssohn Bartholdy an, zu dem er, wie er der Schwägerin Therese Schumann am 1. April 1836 anvertraut, schon immer »wie zu einem hohen Gebürge« aufgeschaut hat. Muß man komponieren wie er, um angenommen zu werden? Jedenfalls gibt – etwas überspitzt formuliert – Mendelssohns Klassizismus den Hintergrund für die neue Kammermusikproduktion ab; daß die drei Streichquartette op. 41 Mendelssohn gewidmet sind, spricht für sich.

Ob beabsichtigt oder nicht – die Kammermusikwerke bringen Schumann allgemeine Anerkennung. Julius Schäffer bescheinigt ihm im Jahre 1850 »den Flug zur

Classicität« unter anderem im Blick auf die entsprechenden, dem Erfolg Mendelssohns nacheifernden Werke, während er im gleichen Atemzug den »berühmten Chef des Davidsbundes« der »Verehrung des Jean=Paul'schen Geistes bis zur Nachäffung« zeiht.[60] Schumanns Wandel vom Saulus zum Paulus ist nach Auffassung des Autors jedoch nicht einmal dessen eigenes Verdienst, vielmehr vor allem der erfreulichen »Zusammennahme des neuern Zeitgeistes« zu danken. Das sieht Richard Wagner in seinen 1869 erschienenen *Aufklärungen über das Judentum in der Musik* ähnlich und doch ganz anders: Es sei auf »die Einmischung des jüdischen Wesens auf unsre Kunst« zurückzuführen, daß die zweite Hälfte von Schumanns Schaffen durch ein »Verfließen in schwülstige Fläche bis zur geheimnisvoll sich ausnehmenden Seichtigkeit« gekennzeichnet sei, während in der ersten Hälfte ein an Beethoven orientierter »plastischer Gestaltungstrieb« vorgeherrscht habe.[61]

Dieses Detail, aus umfassenden musikästhetischen Kontroversen mitgeteilt, macht übrigens deutlich, daß die Kontrahenten – ob bekannt oder unbekannt – parteilich, aber meistenteils nicht dumm waren. Der philosopische und gesellschaftliche Stellenwert von Musik ist im 19. Jahrhundert oftmals viel klarer erkannt und diskutiert worden als in dem unseren. Gut belegen läßt sich dies an der Kategorie ›musikalische Romantik‹, die damals polemisch, aber mit Prägnanz erörtert worden ist, während sie in unseren Tagen erst durch mühselige Forschungen Konturen wiedergewinnt, die durch denkfeindliches und populärästhetisches Räsonieren im Laufe der Zeit verlorengegangen waren.

Versteckspiel in Brahms' »absoluter« Klavier- und Kammermusik

Wenn Brahms sein op. 1 im Autograph als die vierte Sonate von »Joh. Kreisler jun.« ausgibt, so ist dies nicht nur als Ausdruck letzten Bedenkens vor dem Heraustreten in das Licht der Öffentlichkeit zu deuten; es ist zugleich ein Hinweis auf seine Verwurzelung in der literarischen Romantik. In deren Sinne ist der junge Brahms auf beispielhafte Art in Rollen gespalten: Der zur Erwerbstätigkeit genötigte Bürger schreibt unter dem Pseudonym G.W. Marks Unterhaltungsmusik und Arrangements für den Hamburger Verleger August Cranz; der – wie er es im Brief an Joseph Joachim vom Februar 1855 selbst formuliert – »recht chaotisch schwärmende« Jüngling setzt in der Maske des Kapellmeisters Kreisler seine musikalisch-poetischen Träume in Noten; und der junge Künstler achtet darauf, daß er das Fundament zu einem soliden und anerkannten Lebenswerk in den Spuren Beethovens recht sorgsam legt.

»Ich habe oft Streit mit mir, das heißt, Kreisler und Brahms streiten sich. Aber sonst hat jeder seine entschiedene Meinung und ficht die durch.«

So schreibt Brahms am 15. August 1854 an Clara Schumann, und es geht ihm dabei nicht nur um die Klärung künstlerischer Prinzipien allgemein, sondern speziell um sein op. 9, die *Variationen über ein Thema von Schumann*, in denen ›Kreisler‹

und ›Brahms‹ – als Nachfolger von Florestan und Eusebius – mit Sätzen vertreten sind, die ihrem jeweiligen Charakter gemäß sind. Brahms' Begeisterung für E. T. A. Hoffmann und seinen Kreisler ist älter als seine Freundschaft mit Robert Schumann, und dasselbe gilt für die ersten erhaltenen Kompositionen; dennoch ist es nicht falsch, Schumann, seine Musik und seine ästhetischen Anschauungen als entscheidenden Prüfstein für sein weiteres künstlerisches Schaffen anzusehen.

Sicherlich hat Brahms sich nicht im engeren Sinn als Schüler Schumanns betrachtet; und wenn auch sein späterer Ausspruch, er habe von Schumann nicht mehr als das Schachspielen gelernt, nur als Bonmot zu werten ist, so ist doch unverkennbar, daß der Messias Brahms seinen Propheten Schumann mehr durch Widmungen verehrt und durch Zitate lebendig hält, als daß er generell seinen Spuren folgt: Stattdessen geht er in der Tat »neue Bahnen«. Brahms versteht sich zum einen in der Tradition Schumanns als Tonpoet; in diesem Sinne knüpft er, wie Constantin Floros gezeigt hat, noch in vielen seiner späten Klavierstücke – etwa in manchen *Capricci* und *Intermezzi* aus den Sammlungen op. 76 und op. 116 bis 119 – an die *Davidsbündlertänze,* die *Kinderszenen* oder die *Kreisleriana* an.[62] Er will zum anderen, insofern der Klassik verpflichtet, in den Spuren Beethovens seine Musik konstruktiv gestalten. Und er will zum dritten – hier ganz Brahms – beide Momente zusammenfassen im Horizont eines Werkbegriffs, dessen Emphase eine neue Qualität signalisiert: Es geht nun nicht mehr allein um die kompositorische Tat, die das Werk als jeweils aktuelles hervorbringt, sondern verstärkt um den kompositorischen Prozeß, innerhalb dessen das Werk zum Werk wird.

Daß Brahms, wie schon einmal erwähnt, der musikalischen »Erfindung« akzentuiert die »unaufhörliche Arbeit« des Komponierens gegenüberstellt; daß Arnold Schönberg ihn als Kronzeugen für das kompositorische Prinzip der »entwickelnden Variation« aufruft;[63] daß der Titel eines unlängst erschienenen Essays über die motivisch-thematischen Zusammenhänge in den späten Intermezzi *Die Kunst, ohne Einfälle zu komponieren* lauten kann;[64] dies macht wie in drei Momentaufnahmen deutlich, was für Brahms Komponieren vor allem bedeutet: ein Werk stimmig zu machen. Wenn, wie Carl Dahlhaus (vgl. S. 253) meint, der Triumph der Musikanalyse tatsächlich in dem Nachweis bestünde, »daß ein Werk, mindestens ein geglück-

Ludwig van Beethoven: Klaviersonate op. 106, Anfang

tes, nicht anders sein kann, als es ist«, so ließen sich solche Triumphe bei Brahms am leichtesten feiern.

Unterschiedliche Bewußtseinslagen spiegelt bereits die Klaviersonate op. 1. Daß das Kopfthema dasjenige der *Hammerklaviersonate* (vgl. das Notenbeispiel S. 155) aufgreift, wurde bereits erwähnt. Brahms denkt sich seinen Einstand groß und bedeutungsvoll und knüpft deshalb ganz bewußt an jenen repräsentativen Stil in Beethovens op. 106 an, das laut Verlagsankündigung »gleichsam eine neue Periode für Beethovens Klavierwerke« vorstellen sollte.[65]

Johannes Brahms: Klaviersonate op. 1, Anfang

Auch im weiteren Verlauf des Satzes hört Brahms in puncto Sonatensatzanlage ersichtlich auf Beethoven. So führt er, wie Arno Mitschka deutlich gemacht hat, das Kopfthema ganz nach dem Vorbild der ihm wohlbekannten C-Dur-*Waldstein-Sonate* op. 53 über B-Dur und c-moll nach G-Dur.[66] Beethovensch sind auch die Durchführungselemente in der Exposition; und zumindest am Maßstab Beetho-

Johannes Brahms, Klaviersonate op. 1, Überleitungsgedanke und Seitenthema (T. 39-42 und 51-54)

vens gemessen werden wollen auch Techniken der Durchführung wie die Engführung des Seitenthemas und dessen etwas gewaltsame Zusammenführung mit dem Hauptthema.

Kreisler junior tritt hinter Beethoven nachempfundenen Kraftakten zurück, schweigt jedoch keineswegs völlig: Die Terzen des aus einem Überleitungsgedanken hervorwachsenden Seitenthemas, ihr Changieren zwischen melodischem und natürlichem a-moll und ihr Pendeln über dem Orgelpunkt e sind Ausdruck einer Brahms' eigenen Tonpoesie (vgl. das Notenbeispiel S. 156 unten). Und wenn am Ende harter Durchführungsarbeit naturhafte Hornquinten die Erlösung bringen, so ist auch das ein genuin romantisches Moment.

Der Kopfsatz von op. 1 zeigt übrigens auch im formalen Bereich Züge, die nicht als Beethoven-Nachfolge gedeutet werden müssen, sondern dem selbstgestellten Anspruch entsprechen, einen eigenen Werkbegriff zu entwickeln. Das gilt etwa für den sinfonischen Gestus, auf den Schumann anspielt, wenn er in seinem Brahms-Essay *Neue Bahnen* von »Sonaten, mehr verschleierten Sinfonien« spricht. Er zeigt sich im orchestralen Klavierklang, in der Tendenz, motivisch und tonal großflächig zu arbeiten, und in der mit *molto pesante* (sehr wuchtig) und *fortissimo* überschriebenen, über einem Orgelpunkt pathetisch sich ausbreitenden und mit der Augmentation des Kopfmotivs in höchstmöglicher Steigerung schließenden Coda. Hochgesteckte Ziele lassen sich weiterhin aus dem Prinzip ›Alles aus einem‹ ablesen: So stellt – beispielsweise – das Hauptthema seine Sekundgänge dem Überleitungsgedanken und dem Nebenthema zur Verfügung; und wo es sich harmonisch zu parallelen Terzen verdünnt, bereitet es die Terzenkette des Seitenthemas vor. (Seine Übereinstimmung mit dem Kopfthema des Finales scheint des Guten schon fast zuviel!)

Die drei anderen Sätze des op. 1, mit den Bezeichnungen *Andante*, *Scherzo* und *Finale – Allegro con fuoco* einen ganz und gar traditionellen Rahmen ausfüllend, zeichnen sich gleich dem 1. Satz durch Pathos und sinfonisch anmutende Vollgriffigkeit aus, was nicht heißen soll, daß Zartes und Verhaltenes fehlte. So wirkt der geniale Schluß des *Andante* ganz wie ›später Brahms‹. Einerseits ist er streng gearbeitet: Eine Variante des Liedthemas, das dem Satz zugrundeliegt, wird über einem Ostinato imitatorisch und zugleich sequenzierend abgehandelt. Andererseits wirkt dieser Schluß ruhig fließend und wie ausgehaucht, so daß zum Moment der Arbeit das der Poesie tritt.

Johannes Brahms: Klaviersonate op. 1, Andante, Schluß (ab T. 72)

In dem mitgeteilten Notenbeispiel scheint die Liedweise durch, aus deren Variationen das *Andante* besteht: Es ist das im Notentext so bezeichnete *altdeutsche Minnelied.* Liedvariationen an zweiter Stelle einer Sonate sind in Klassik und Romantik keine Seltenheit. Doch dieses Beispiel hat etwas Besonderes: Brahms teilt zu Anfang des Satzes nicht nur die Weise mit, sondern auch den Text, und dies mit den Angaben ›Vorsänger‹ und ›Alle‹. Das Lied entstammt einer der in dieser Zeit erscheinenden Ausgaben des Volksliedforschers und -sammlers A. W. F. von Zuccalmaglio, der es in leichter Übertreibung als »echten Volksgesang« ausgibt: Während die Weise in der Tat auf ein Arbeitslied rheinisch-westfälischer Flachsspinnerinnen zurückgeht, hat der Text erst durch die Gestaltung des Bearbeiters jene in Verbindung mit der Musik schwermütige Stimmung erhalten, die Brahms augenscheinlich angerührt hat.[67] Brahms teilt den Text der 1. Strophe einschließlich der Vortragsangaben mit:

(Vorsänger) Verstohlen geht der Mond auf,
(Alle) blau, blau Blümelein,
(Vorsänger) durch Silberwölkchen führt sein Lauf;
(Alle) blau, blau Blümelein. Rosen im Tal,
Mädel im Saal, o schönste Rosa!

In der Formung durch Zuccalmaglio klingt noch die ursprüngliche Funktion des Liedes an, das die Teilnehmerinnen mit ihrem Namen aufruft und damit jeweils zur Vorsängerin für die nächste Strophe macht. Das ist brauchtumhaftes, umgangsmäßiges Singen in einer primären Gemeinschaft, von welcher der einsame romantische Künstler im wahrsten Sinne des Wortes nur träumen kann. Brahms sieht das mit einem hohen Grad an Reflexion: Seinem Klaviergedonner, das auch in den Liedvariationen nicht verstummt, setzt er das Lied selbst als das unerreichbare Andere gegenüber – frei aber einsam. (Und beziehungsreich beschließt der alte Brahms seine Sammlung Deutscher Volkslieder, die er damit zugleich zum letzten seiner Opera deklariert, mit eben dem Lied »Verstohlen geht der Mond auf«.)

Den tendenziell ausbeuterischen Umgang mit »Verstohlen geht der Mond auf« teilt Brahms mit vielen anderen Komponisten, welche die ›rührende Schlichtheit‹ eines Brauchtumliedes als Folie für ihre eigenen Künste wählen. Gleichzeitig jedoch – das ist bedeutsamer – gibt er einen Kommentar zu seinem Schaffen ab: Man kann, so könnte dieser lauten, seine Sonate mit ihrem Zug zu Größe, Pathos, Klassizität, Kunstreichtum usw. nur richtig wahrnehmen, wenn man zugleich die primären Gefühle teilt, von denen das komponierende Subjekt umgetrieben wird: Sehnsucht nach unverstelltem, selbstverständlichem Erleben von Natur, Liebe, Gemeinsamkeit angesichts der Erfahrung von Unverstandensein, Einsamkeit und Leiden. In diesem Sinne wird Brahms seinem gesamten Werk ein doppeltes Gesicht geben: nämlich das von immanenter, struktureller Stimmigkeit und historischem Verantwortungsbewußtsein und das tiefer emotionaler Betroffenheit. Peter Gülke schreibt:

»Biographische Chiffren, Kassiber allenthalben, darunter gewiß viele nie mehr auffindbare und lesbare, und oft, weil mit dem Objektivierungszwang absoluter Musik schwer vereinbar und, als schäme Brahms sich ihrer als unerlaubter Sentimentalitäten, versteckt, verschlüsselt, vergraben in Strukturen, welche immer darauf angelegt sind, derlei Privates aufzuzehren und zu transzendieren [...] Jedenfalls nistet in den Nischen seiner Musik auf diese Weise mehr unaufgelöste Subjektivität als in der Musik der anderen, deren Subjektivität kaum gefiltert, wenn nicht schamlos direkt ins Werk strömt oder gar nach diesem als zu ihrer Selbstbestätigung ruft.«[68]

Essay

Erinnerung

»Steh' ich in finstrer Mitternacht so einsam auf der fernen Wacht, so denk' ich an mein fernes Lieb, ob mir's auch treu und hold verblieb?« – In Verbindung mit einer Melodie aus Volkstradition sind diese Verse Wilhelm Hauffs um die Jahrhundertmitte Allgemeingut. Daß der Volksliedkenner Brahms den in langsamem Dreivierteltakt stehenden Teil aus dem *Andante* seiner f-moll-Klaviersonate op. 5 mit einem Motiv bestreitet, das starke Ähnlichkeit mit den ersten Zeilen dieses Liedes hat, kann deshalb kaum Zufall sein. Das umso weniger, als dem ganzen Satz Verse des unter dem Pseudonym C. O. Sternau dichtenden Otto Inkermann vorangestellt sind: »Der Abend dämmert, das Mondlicht scheint / Da sind zwei Herzen in Liebe vereint / Und halten sich selig umfangen«.

Doch gerade dieser von Brahms selbst aufgestellte Wegweiser zum semantischen Kern des *Andante* macht nachdenklich: Wie kann ein Satz, der von Augenblicken seliger Liebe handeln soll, mit dem verstohlenen Hinweis auf ein Lied enden, das eher schmerzliche Erinnerungen an einstiges Glück wachruft? Die Antwort gibt ein zwischen *Scherzo* und *Finale* eingeschobenes *Intermezzo*, welches das traditionelle, von Brahms generell sehr streng beachtete Prinzip der

Viersätzigkeit durchbricht. Der Komponist muß schon gewichtige Gründe für die Präsentation dieses *Intermezzo* haben, das – formal gesehen – zwar als Alternative zum *Scherzo*, nicht aber als dessen Verdoppelung plausibel ist.

Die Gründe benennt Brahms mit dem Wort *Rückblick*: So lautet der ausgedruckte Untertitel des *Intermezzo*. Kompositorisch gesehen handelt es sich um einen Rückblick auf das *Andante*: Dessen Kopfmotiv bildet, nach moll versetzt, den Anfang auch des *Intermezzo*, und analog zum Schluß des *Andante* taucht auch am Ende des *Intermezzo* die Weise zu »Steh' ich in finstrer Mitternacht auf«, freilich stark verformt.

Die Kunst des Selbstzitats hat zwar bereits Robert Schumann über das normale Maß hinaus zu einem virtuos gehandhabten Versteckspiel entwickelt. Ungewöhnlich und ganz neu ist hingegen das Verfahren, den vollständigen Satz einer tendenziell streng gefügten Sonate »rückblickend« aufzugreifen – wohlbemerkt nicht innerhalb eines Variationenzyklus auf herkömmliche Weise weiterzuentwickeln. Das ergibt Sinn nicht als formales Experiment, vielmehr nur als Regelverstoß mit starkem Hinweischarakter: Hier soll etwas Besonderes gesagt werden, das sich einerseits mit der harmlos klingenden Bezeichnung *Intermezzo* tarnt, sich andererseits jedoch durch einen auffälligen Bruch mit der Konvention geradezu ins Zentrum der ganzen Sonate schiebt.

Dieses Besondere zeigt sich bei einem Vergleich des *Andante* mit seinem Nachhall im *Intermezzo* so unverhüllt wie selten bei Brahms. Das *Intermezzo* ist eine radikale Absage an die trauliche Nachtstimmung des *Andante* – so düster, daß seine Bezeichnung als »Rückblick« dieselbe distanzierende Untertreibung zu bedeuten scheint wie Jahrzehnte später die Apostrophierung der *Vier ernsten Gesänge* als »Schnadahüpferln«: Es geht nicht etwa um ein freundliches Zurückblicken, vielmehr um ein Zurückschaudern vor der Erinnerung. Daß der Hauptgedanke des *Andante* von As-Dur nach b-moll versetzt ist, versteht sich fast von selbst. Doch zusätzlich fährt in den Gesang der rechten Hand, der auch abgedunkelt nichts von seiner Innigkeit verloren hat, die linke mit einem rhythmischen Klopfmotiv, das man auch dann unschwer als den unerbittlichen Paukenschlag eines Trauermarsches ausmachen könnte, wenn es nicht mit demjenigen aus der *Eroica* übereinstimmte. Dabei kommt es gleich zu Anfang zu harten Zusammenstößen von Tonika und Dominante.

In einem an eine impressionistische Klangflächenkomposition erinnernden Zwischenteil schweigen die ›Pauken‹: Gleichzeitig auf- und absteigende Quintklänge wirken wie mysteriöses Glockengeläute, müssen indessen bald einem leisen Paukenwirbel weichen, mit dem der Satz auf seinen Höhepunkt und zugleich auf sein Ende zusteuert. Nunmehr signalisiert die Harmonik noch weit größeren Schrecken: Die Dissonanzen, welche zu dem 16 Takte vor Schluß in zweifachem forte und tonal vollkommen deformiert vorgetragenen Motiv »Steh' ich in finst're Mitternacht« erklingen, sind schneidend und zunehmend undurchhörbar. In den letzten Takten darf das Liebesmotiv des Anfangs zwar zum ersten und letzten Mal ohne zerstörerische Begleitung erklingen: zunächst in Terzen als Ausdruck holder Zweisamheit, dann als Einzelstimme – abbrechend und wie in eine Totenstille hinein. Doch das ist nicht mehr als eine letzte Äußerung sehnender Liebe, vom Schlußwort der ›Pauken‹ endgültig zum Verstummen gebracht.

Was heißt hier ›Rückblick‹? Brahms beschreibt düstere Gegenwart, und es muß offenbleiben, ob sich nicht schon in der Vergangenheit vor das Erleben »seligen Umfangens« die Vorstellung von der Vergeblichkeit allen Liebens und Sehnens geschoben hat. Dann gäbe es einen Sinn, wenn schon in das *Andante* das Moment der Trauer verwoben wäre: Auffällig ist ja, daß der gemäß den Regeln in As-Dur beginnende Satz im Schlußteil über »Steh' ich in finst'rer Mitternacht« nach Des-Dur übergeht und – ungewöhnlich genug – auch in dieser Tonart endet.

Op. 5 ist Brahms' letzte Klaviersonate; danach hat er nur noch Variationszyklen und kleinere, für sich stehende Stücke komponiert – vor allem Intermezzi: Der Komponist läßt gleichsam die ›Sonate‹ weg und nur das ›Intermezzo‹ übrig. – »Er hat in seinen Werken die Intermezzi vervielfacht: alles, was er schuf, war zuletzt *eingeschoben*: doch zwischen was? Was besagt eine Folge reiner Unterbrechungen?«[69] Roland Barthes' Beobachtung ist auf Robert Schumann gemünzt, trifft jedoch fast noch besser auf den Klavierkomponisten Brahms zu: Seine Intermezzi sind »Rückblick« auf etwas, das ausgespart bleibt und doch allgegenwärtig ist.

Voll von biographischen Reminiszenzen ist das Klavierkonzert d-moll op. 15. Mag man den von Max Kalbeck mitgeteilten Hinweis Joseph Joachims, Brahms habe den düsteren 1. Satz unter dem Eindruck von Schumanns Selbstmordversuch geschrieben,[70] als ungesichert und für die Deutung nicht unbedingt erheblich ansehen, so muß man jedenfalls beachten, daß der Komponist das ursprüngliche, dann nicht verwendete »langsame Scherzo« laut Albert Dietrich später als Trauermarsch in das *Deutsche Requiem* aufnimmt.[71] Mit der Tatsache, daß Brahms in das Autograph des *Adagio* die Worte »Benedictus, qui venit, in nomine Domini!« einträgt und Clara Schumann am 30. Dezember 1856 mit Bezug auf diesen Satz mitteilt, er »male an einem sanften Portrait« von ihr,[72] hat sich speziell Constantin Floros beschäftigt. Da Brahms bei seinem oben geschilderten Besuch im Hause Schumann im Herbst 1853 nicht nur von Robert, sondern auch von Clara als »einer, der kommt wie eigens von Gott gesandt«, bezeichnet wird,[73] steht die Eintragung nach Floros für »die Worte Claras, die Brahms, ein Portrait von ihr entwerfend, ihr gleichsam in den Mund legt«.[74] Das mag nicht die einzig mögliche Deutung sein; erkennbar ist jedenfalls, um noch einmal mit Peter Gülke zu sprechen, die »private Einstiegsluke«[75] in gewiß differenzierte semantische Zusammenhänge.

Viele Assoziationen enthält das im Mai 1865 komponierte Es-Dur-Trio op. 40 mit der ganz und gar ungewöhnlichen Besetzung für Klavier, Violine und Naturhorn. Wenn der langsame Satz die Bezeichnung *Adagio mesto* trägt und motivisch an die Choralweise »Wer nur den lieben Gott läßt walten« und an das Volkslied »Dort in den Weiden steht ein Haus« anklingt, so ist dies nicht nur vordergründig als ein Gedenken an die geliebte, kurz zuvor verstorbene Mutter zu verstehen, sondern darüber hinaus als ein Innewerden der eigenen Wurzeln in Natur, Elternhaus, Religion. – Das Klavierquartett op. 60 kündigt Brahms dem Verleger Simrock am 12. August 1875 mit dem anzüglichen Kommentar an:

»Außerdem dürfen Sie auf dem Titelblatt ein Bildnis anbringen. Nämlich einen Kopf mit der Pistole davor. Nun können Sie sich einen Begriff von der Musik machen! Ich werde Ihnen zu dem Zweck meine Photographie schicken! Blauen Frack, gelbe Hosen und Stulpstiefel können Sie auch anwenden«.[76]

Es ist nicht wesentlich, ob die Anspielung auf Goethes Werther konkret auf die Lebenssituation verweist, in der Brahms mit der Arbeit an dem Quartett begann, nämlich auf die Zeit seiner Freundschaft zu Clara Schumann noch zu Lebzeiten Roberts, oder ob sie allgemeiner zu verstehen ist: Wichtig ist die Feststellung, daß der Komponist sein Werk nicht losgelöst von bestimmten Lebensgefühlen sieht, es vielmehr mit diesen assoziiert. Denn das läßt es sinnvoll erscheinen, »absolute« Musik auch unter hermeneutischen Gesichtspunkten zu betrachten.

Mit wachsendem Alter wird Brahms mit Hinweisen zurückhaltender, nimmt sich in seinem Werk auch insgesamt immer mehr zurück. So wirkt es fast wie eine Enthüllung, wenn er die *Intermezzi* op. 117 im Gespräch mit Rudolf von der Leyen als »drei Wiegenlieder meiner Schmerzen« bezeichnet,[77] oder wenn er Clara Schumann im Brief vom Mai 1893 erklärt, im dissonanzenreichen h-moll-*Intermezzo* aus op. 119 müsse »jeder Tact und jede Note [...] wie ritardando klingen, als ob man Melancholie aus jeder einzelnen saugen wolle, mit Wollust und Behagen aus besagten Dissonanzen!« Wenn Brahms andererseits die unter dem Eindruck des Todes von Clara Schumann 1896, also im Jahr vor seinem eigenen Tod komponierten *Vier ernsten Gesänge* op. 121 mehrmals als »gottlose Schnadahüpferln« bezeichnet,[78] so macht solcher Sarkasmus deutlich, wieviel an Gefühl er sich gestattet und doch nicht gestattet, oder: wie wenig an Gefühl er zuläßt und doch zuläßt.

Marie-Louise von Franz, Schülerin C. G. Jungs, charakterisiert in ihrem Buch *Der ewige Jüngling* eine ihr bekannte Person durch Worte, die viel über den Junggesellen Brahms sagen: über seine subjektiv als Schicksal erlebte, jedoch auch mit Bedacht arrangierte Distanz gegenüber Frauen wie Clara Schumann, Agathe von Siebold oder Elisabeth von Stockhausen, verehelichter von Herzogenberg; über sein schwieriges Verhältnis zu männlichen Freunden, deren engster, Joseph Joachim, schon über den einundzwanzigjährigen Brahms äußert, dieser sei »der eingefleischteste Egoist, den man sich denken kann, ohne daß er es selbst wüßte«;[79] über seine damit einhergehende Hilfsbereitschaft:

»Ich kannte ihn als sehr alten Junggesellen – er war ein sehr sympathischer Mann [...] Stets verlobte er sich ganz regulär und wollte heiraten, aber das eine Mädchen starb an Tuberkulose, das zweite durch einen Unfall, beim dritten kann ich mich an die Todesursache nicht mehr erinnern [...] Man konnte deutlich sehen, daß seine Anima so empfindsam war, daß er sich nie einer Frau nähern oder mit ihr Freundschaft schließen konnte, nicht einmal männliche Freunde hatte er. Die einzige Art, wie er überleben konnte, war, sich von naher Berührung mit anderen Menschen fernzuhalten. Auch hatte er einen enormen Sinn für Humor, und um seine Schale heil zu erhalten, machte er sich immer über seine eigene Sensibilität lustig, indem er sie mit ironischen Bemerkungen zudeckte.«[80]

Der Beherzigung wert sind freilich die Warnungen vor besserwisserischen lebensgeschichtlichen Deutungen, die Theodor W. Adorno in seiner *Ästhetischen Theorie* im Blick auf Brahms ausgesprochen hat:

»In nicht wenigen Gebilden der Viktorianischen Zeit, keineswegs bloß englischen, wird die Gewalt des Sexus und des ihm verwandten sensuellen Moments fühlbar erst recht durchs Verschweigen; an manchen Novellen Storms wäre das zu belegen. Der junge Brahms, dessen Genius bis heute kaum recht gesehen wird, enthält Stellen von so überwältigender Zärtlichkeit, wie wohl nur der sie auszudrücken vermag, dem sie versagt blieb. Auch unter diesem Aspekt vergröbert die Gleichsetzung von Ausdruck und Subjektivität. Das subjektiv Ausgedrückte braucht nicht dem ausdrückenden Subjekt zu gleichen. In sehr großen Fällen wird es eben das sein, was das ausdrückende Subjekt nicht ist; subjektiv ist aller Ausdruck vermittelt durch Sehnsucht.«[81]

Ich gehe zurück in die Zeit der ersten veröffentlichten Werke. Das Klaviertrio in H-Dur op. 8, nach Brahms' persönlicher Begegnung mit Schumann fertiggestellt, trägt die Signatur »Kreisler / jun.« am Ende des Autographs mit noch größerem Recht als die oben besprochene C-Dur-Klaviersonate. Formal bleibt die klassizistische Grundeinstellung erhalten, doch geben weniger Beethoven als Schubert und Schumann den Ton an. Das Kopfthema des 1. Satzes steht nicht länger im Zeichen eines Beethovenschen Pathos, dem der junge Musiker ja noch kaum gerecht werden kann. Es zeigt vielmehr das lebendig fühlende Subjekt: Hier kann sich ein hochgestimmtes Ich im Sinne eines für Brahms nahezu trivialen Romantik-Verständnisses in liedhaft gegliederten Melodiebögen ergehen. Der Ton des Persönlichen, der in der C-Dur-Sonate nur in Seitenthemen oder im Zitieren des Minneliedes anklingen konnte, darf diesmal gleich zu Anfang den Höreindruck bestimmen:

Johannes Brahms: Klaviertrio op. 8, 1. Fassung, Anfang

So ungeniert sanglich hat sich Brahms nur noch selten artikuliert – namentlich nicht zu Beginn eines Werkes: Der Hymnus im Finale der *Ersten* steht am Ende einer langen motivisch-thematischen Entwicklung als Ausdruck gleichsam objektivierter Freude; und selbst in dieser Funktion ist er, wie geschildert, Ausnahme. Es ist erstaunlich, welche Stimmungsumbrüche – zwischen meditativer Ruhe, bedeutungsvoller Deklamation und schlichter Terzenseligkeit – Brahms allein im Seitensatz der Exposition unterbringt. Dessen bedeutsamster Gedanke hat etwas von der Hintergründigkeit der *Kreisleriana*: Pianissimo und wie monologisierend in tiefer Klavierlage exponiert, verrät er seinen zweiten Charakter als kunstvolles Fugen-Subjekt schon deshalb kaum, weil er melodiös weitergesponnen und in liebliche Terzen- und Sextengänge überführt wird, die mit *dolce, poco scherzando* überschrieben sind:

Johannes Brahms: Klaviertrio op. 8, 1. Fassung, T. 98-103

Johannes Brahms: Klaviertrio op. 8, 1. Fassung, T. 126-129

Die Durchführung überrascht durch gesanghafte Stellen von Schubertscher Gelöstheit; und in der Reprise bricht Brahms, nachdem er den Hauptsatz der Exposition fast notengetreu wiederholt hat, geradezu aus, um an die Stelle des Seitensatzes ein ausgedehntes Fugato zu setzen, das schon den Zeitgenossen reichlich exzentrisch erschien. – Gegen die blühende, aber zugleich wuchernde Vielfalt der Themen, Motive und Verarbeitungsweisen, die den Kopfsatz kennzeichnen, heben sich die beiden Mittelsätze durch ihren einheitlichen Charakter ab. Das gilt sowohl für das in fast gleichmäßiger Bewegung und Periodik dahineilende *Scherzo* mit dem Schubertschen Ländlern nachempfundene Trio als auch für das harmonisch weit ausgreifende *Adagio*, dessen Seitensatz einerseits aus dem Hauptgedanken des 1. Satzes abgeleitet ist, andererseits wie absichtsvoll an Schuberts Lied *Am Meer* aus dem *Schwanengesang* anklingt. Das in moll stehende, noch einmal weit ausholende Final-Rondo arbeitet – kaum versteckt – mit einem Beethoven-Zitat, das, wie erwähnt, schon die Grundlage für Schumanns Klavierfantasie op. 17 abgegeben hatte: »Nimm sie hin denn, diese Lieder« aus op. 98:

Johannes Brahms: Klaviertrio op. 8, 1. Fassung, T. 322-333, Violine

Brahms wäre nicht er selbst, wenn er nicht auch im H-Dur-Trio im Sinne des Prinzips »Alles aus Einem« arbeitete. Carl Dahlhaus hat darauf hingewiesen, daß bereits der Anfang des 1. Satzes als »entwickelnde Variation« zu verstehen ist, indem der thematische Gedanke der beiden ersten Takte umgekehrt, terzversetzt, metrisch verwandelt wird usw.[82] Augenscheinlich ist der wesentliche Gedanke des Seitensatzes, wie oben zu sehen, aus dem Kopf des Satzanfangs gebildet; und nach den Beobachtungen Max Kalbecks beruht die Thematik des ganzen Werkes auf einem Melodietypus, der aus dem Choral »Wer nur den lieben Gott läßt walten« bekannt ist und im *Scherzo* besonders prägnant in Erscheinung tritt.[83] Walter Frisch hat neuerdings ausführlich dargestellt, in welchem Maß Brahms in Einzelheiten des musikalischen Satzes, also über solche vordergründig feststellbaren Themenverwandtschaften hinaus im Sinne der entwickelnden Variation arbeitet und sich dabei weidlich mit der Sonatensatz-Form herumschlägt.[84]

Daß Komponisten, gerade bedeutende, sich von Werk zu Werk weiterentwickeln, ist eine Selbstverständlichkeit, die bei Brahms jedoch eine besondere Nuance erhält: Nach jedem Werk scheint er von sich selbst zu fordern, daß das nächste von Grund auf anders aussehen müsse, weil der bisher erreichte Kompositionsstand schleunigst angehoben werden müsse. Wie in Zeitraffung erscheint diese Tendenz, wenn man Werke vergleicht, die einige Jahre auseinanderliegen, etwa das Trio op. 8 mit der Violoncellosonate op. 38. Die drei ersten Sätze der letzteren sind 1862 entstanden, das Finale, mit dessen Konzeption als Werkschluß sich Brahms wie so oft schwertat, drei Jahre später.

In op. 8 hatte Brahms ungeachtet seines schon deutlich erkennbaren Hangs zu den Prinzipien der entwickelnden Variation und des »Alles-Aus-Einem« über weite Strecken in den Spuren der Kammermusik Schuberts und Schumanns ›musiziert‹ und dabei in den einzelnen Sätzen verhältnismäßig unbekümmert festgefügte, traditionelle Charaktere vorgeführt, so daß man ihn geradezu als Kind seiner Zeit oder als Schüler Schumanns und Mendelssohns hätte ansehen können. In der Violoncellosonate macht Brahms sich die Aufgabe wesentlich schwerer: Da soll und darf nicht mehr der Eindruck entstehen, als könne man in der zweiten Hälfte des 19. Jahrhunderts ungebrochen in den Spuren der Vorgänger weiterkomponieren, anstatt sich einzugestehen, daß ein Komponist im anbrechenden Zeitalter der historischen Gesamtausgaben und der tendenziellen Verfügbarkeit aller nur denkbaren Musik klaren Kopf bewahren und sorgfältig prüfen müsse, wie er das Erbe der Meister recht umsichtig verwalte.

Komponisten, die Werke von »großer Vollkommenheit« geschrieben haben, sind für Brahms im Fall der Violoncellosonate op. 38 vor allem Bach, Beethoven und Schubert. Das zeigt schon ein Vergleich der Hauptthemen der Sonate mit solchen der genannten Komponisten. Hinsichtlich der beiden ersten Sätze kann man von – beabsichtigten – idealtypischen Gemeinsamkeiten, im Blick auf das Finale von einem direkten Rekurs auf den *Contrapunctus* 13 aus der *Kunst der Fuge* sprechen:

Johannes Brahms: Violoncellosonate op. 38, 1. Satz, Anfang, Violoncello

Ludwig van Beethoven: Violoncellosonate op. 69, 1. Satz, Anfang, Violoncello

Johannes Brahms, Violoncellosonate op. 38, Finale, Anfang

Johann Sebastian Bach: Contrapunctus XIII, aus: *Die Kunst der Fuge*, Anfang

Aber damit nicht genug: Brahms beschäftigt sich nicht allein mit Themen, sondern mit ganzen Satz-Typen: Der Kopfsatz reflektiert die Idee des klassischen Sonaten-Hauptsatzes und setzt sich mit dessen Regeln in fast lakonischer Knappheit – die Reprise wird fast wörtlich beibehalten – angelegentlich auseinander. Das möchte nicht als Besonderheit auffallen, wenn nicht das an zweiter Stelle stehende *Allegretto quasi Menuetto* sehr deutlich und über Themenanklänge hinaus Schubertsche Tänze im Auge hätte.

Johannes Brahms: Violoncellosonate op. 38, Scherzo, Anfang, Violoncello

Franz Schubert: Ländler Nr. 2, aus: 17 Ländler für Klavier D 366, Anfang

Den 1824 entstandenen Ländler in A-Dur (D 366, Nr. 2) habe ich nicht deshalb zum Vergleich gewählt, weil es keinen dem Brahms'schen ähnlicheren gäbe, sondern weil Brahms ihn im Autograph besessen, persönlich abgeschrieben und 1869 mit neunzehn anderen in einem Wiener Verlag herausgegeben hat: Dies zeigt deutlich, wie direkt und persönlich Brahms mit seinem klassischen Erbe umgeht.

Das Finale – ein bereits niedergeschriebenes *Adagio* hat Brahms vernichtet – macht dann vollends klar, daß es in op. 38 um eine Auseinandersetzung mit der Musikgeschichte geht: Es ist als Sonatensatz angelegt, zugleich jedoch – hierin sicherlich auch an das *Allegro fugato* aus Beethovens Cellosonate D-Dur op. 102, Nr. 2 anknüpfend – von Fugen- und Kanontechniken beherrscht und schließlich sogar als barocker

Konzertsatz mit plastischem Wechsel von Tutti-Ritornell und Solo-Einwürfen deutbar. Man sieht, daß Brahms in diesem – ja nachkomponierten – Schlußsatz das ihn zeitlebens beschäftigende Finalproblem besonders gründlich angegangen ist.

Schönbergs Analyse von Brahms' Violoncellosonate op. 38, nach Gerald Strang (vgl.Anm.63)

Ehe man die Sonate vorschnell klassizistisch nennt, sollte man bedenken, daß Brahms in ihr sein ›eigenes‹ Verfahren der »entwickelnden Variation« besonders weit treibt. Daß im Schlußsatz, der ja nicht nur mit einer Tripelfuge, sondern auch mit kunstvollen Imitationsverfahren bis hin zum Spiegelkanon aufwartet, »Alles in Einem« entwickelt zu sein scheint, liegt auf der Hand. Doch bereits im Kopfsatz ist Brahms bemüht, die Struktur möglichst homogen und dicht erscheinen zu lassen. Dafür ist der Übergang vom 1. zum 2. Thema T. 54ff. symptomatisch: Er ist kanonisch gearbeitet und läßt es dadurch selbstverständlich erscheinen, daß auch das 2. Thema seinerseits kanonisch und außerdem in Umkehrung eingeführt wird. Neben anderen Themen aus op. 38 hat Arnold Schönberg vor allem dieses 2. Thema in seinen *Fundamentals of Musical composition* als Musterbeispiel für die Bauweise genialer ›simple themes‹ herangezogen: Alle Motiv-Formen und Phrasen – auch die des Klaviersatzes – sind aus den ersten drei oder gar nur zwei Tönen abgeleitet.[85] Daß Brahms selbst im spielerisch klingenden *Scherzo* nach allen Regeln der Kunst motivisch-thematisch arbeitet, bedarf kaum der Erwähnung.

Das Verfahren der Vereinheitlichung bringt es freilich mit sich, daß die Signatur des unmittelbar ›Persönlichen‹, wenn man sie vor allem an der Thematik ablesen zu können hofft, undeutlich wird. Das Eingangsthema hat nur noch von fern den romantischen Schwung desjenigen aus dem H-Dur-Trio, ist vielmehr von der Hexachordstruktur archetypischer Modelle geprägt. Als gefühlsstarkes Subjekt scheint sich der ›Komponist‹ auf die Seitensätze zurückzuziehen, so im Kopfsatz auf die H-Dur-Episode T. 78 ff. oder im Finale auf die an Schumann gemahnende Cello-Kantilene T. 55 ff. Doch ist dies wirklich so? ›Spricht‹ Brahms nicht auch durch den ›Schubertschen‹ Ländler, der in vielen rhythmisch-metrischen und harmonischen Nuancen ohnehin der seine ist, – oder durch das fugenwütige Finale?

Doch was hat ihn dann bewogen, ein solches Finale zu komponieren? Die Fuge ist hier ja nicht – wie zuvor für Beethoven und gleichzeitig für Liszt – eine poetische Form. Führt er vor, daß ihm keine selbstgestellte Aufgabe zu schwer ist, um im Geist der Altvorderen und vielleicht speziell in den Spuren von *Jupiter-Sinfonie* und *Eroica* Meisterschaft zu beweisen? Demonstriert er, daß in der 2. Hälfte des Jahrhunderts eine Musik, in der das Subjekt im Schubertschen Sinne sich aussingt oder doch jedenfalls seine Schmerzen ausagiert, in solcher ›Naivität‹ nicht mehr möglich ist? Und will er, dies zugestanden, deutlich machen, daß der Verzicht auf mit dem Subjekt identische Äußerungen allein verstärktes Ringen um den ›goldenen Schnitt‹ der autonomen Form nach sich ziehen kann, nicht aber den Versuch, im Zeichen Liszts und der Neudeutschen mit zunehmend verfeinerten Methoden und mittels außermusikalischer Programme Musik als eine quasi objektivierbare Seelensprache zu etablieren?

Daß Brahms-Kenner wie Ellwood Derr oder Peter Gülke die Cellosonate op. 38 als »Pasticcio« oder »Flickenteppich« bezeichnen,[86] weist über den kompositorischen Sachverhalt dieses einen Werkes hinaus: Nicht von ungefähr nennt Ernst Bloch im *Geist der Utopie*, ohne vermutlich die formalen Details des Einzelfalls zu kennen, die gesamte Kammermusik von Brahms als »teppichhaft« und erläutert:

> »Überall sonst [d.h. außerhalb von Beethovens Kammermusik] bleibt nichts als das kalte, schulmäßige Vergnügen an der Verflechtung der Themen, an ihrem Eintreten, Treffen, sich Grüßen, Abschwächen, Steigern, Miteinander gehen und Vereinigen, als ob und nicht einmal als ob sie wirkliche Menschen wären, die sich begegnen und dadurch die Schicksale des Dramas anheben lassen. Wenn sie überhaupt bestehen dürfen, all diese Freuden und Selbstbestätigungen des Kenners, der ja allzu oft schon snobistische oder pedantische Mittelstandpolitik getrieben hat, dann doch nur insofern, als sich die Kammermusik völlig auf den Ort der reinen Form zurückzieht, des Reservoirs der Sauberkeit und melismatischen Schönheit des Einzelnen, des einfallsreichen, blühenden Solospiels aller Instrumente«.[87]

Dergleichen wagt der Zunftgenosse nicht zu äußern: Zu groß ist sein Respekt vor der handwerklichen Kunst und der Strenge der kompositorischen Vorentscheidungen, die nur er abzuschätzen vermag. Doch sollte er zur Kenntnis nehmen, wie wenig selbst einem so eminenten Musikkenner und -deuter wie Ernst Bloch von der Botschaft dieserart »absoluter« Musik vermittelbar ist. Theodor W. Adorno sieht manches ähnlich, jedoch um einiges versöhnlicher, wenn er in seiner *Einleitung in die Musiksoziologie* formuliert:

»Die Kategorie der Totalität, die bei Beethoven noch das Bild einer richtigen Gesellschaft festhält, verblaßt bei Brahms zunehmend zum selbstgenügsam ästhetischen Organisationsprinzip privaten Gefühls: das ist das Akademische an ihm. Insofern das Individuum, auf das seine Musik trauernd sich zurücknimmt, gegenüber der Gesellschaft falsch sich verabsolutiert, gehört sein Werk sicherlich auch einem falschen Bewußtsein an – einem wohl, aus dem keine neuere Kunst auszubrechen vermag, ohne sich selbst aufzuopfern. Barbarisch und schulmeisterlich wäre es, aus jener Fatalität ein Verdikt über die Musik des Privatiers und schließlich alle vorgeblich bloß subjektive herauszuspinnen.«[88]

Ich komme noch einmal zurück auf das frühe H-Dur-Trio, das Max Kalbeck ob seiner Buntheit »ein musikalisches Reisetagebuch des jungen Kreisler« genannt hat:[89] Brahms hat ihm in seiner letzten Schaffensphase »die Haare ein wenig gekämmt und geordnet«, wie er sich im März 1890 im Brief an Julius Otto Grimm ausdrückt.[90] Die Existenz einer zweiten Fassung ermöglicht es, konkrete Details über die kompositorische Intention des späten Brahms zu erfahren. Die Kopfthemen aller Sätze behält er bei; sie garantieren dem Werk offenbar seine Identität. Insgesamt greift Brahms aber so stark in die Substanz ein, daß ein vom Charakter her neues Werk entsteht. Bis auf das ›Scherzo‹, das wenig Veränderungen erleidet, werden die Sätze wesentlich kürzer; und dieser Straffung fallen nicht nur viele kleine Gedanken zum Opfer, vielmehr schafft Brahms die Seitensätze geradezu neu. Dabei verzichtet er – mit den Worten Ernst Herttrichs gesprochen – auf die »frische, schwungvolle, ausdrucksgeladene Melodie-Tonsprache« der »singenden, sehr melodischen, fast rhapsodischen Themen« zugunsten größerer Einheitlichkeit.[91] In der Exposition des Kopfsatzes wird das später zum Fugato verwendete Thema durch das hier mitgeteilte ersetzt, das den Vorzug hat, sich wegen größerer Anonymität jeder kompositorischen Kunst geschmeidig zu fügen:

Johannes Brahms: Klaviertrio op. 8, 2. Fassung, 1. Satz, T. 75-79

Hier ist es die Kunst des Unauffälligen, Unprätentiösen. Das in der Frühfassung an unorthodoxer Stelle plazierte Fugato muß schon deshalb weichen, weil es seine Heimat in der Exposition verloren hat; doch ganz allgemein scheint Brahms das Hantieren mit ausdrücklichen Fugenformen inzwischen als allzu aufdringlich zu empfinden. Doch auch ohne großen Gestus gestaltet er die Satzkonstruktion schlüssig und verläßlich. Daß die Durchführung im Sinne Beethovenscher Kraftkonzentration auf die Hälfte ihres Umfangs reduziert ist und aus der wuchtigen Fortissimo-Coda der Erstfassung ein eher stiller Schluß wird, versteht sich deshalb fast von selbst. Ebenso wenig verwundert es, daß Brahms im ›Scherzo‹ auf den Schubert-Anklang und im Finale auf das Beethoven-Zitat »Nimm sie hin denn, diese Lieder« verzichtet: Für das zweitgenannte Motiv hat er inzwischen einen unauffälligeren Platz im 2. Satz des d-moll- Klavierkonzerts gefunden; so kann er umso leichter auf die im Kontext des Spätwerks geradezu aufdringlich erscheinende Semantik verzichten.

Vordergründig mag es stimmig wirken, daß Brahms ein frühes Werk – kein Jugendwerk, denn dann hätte er es nicht unter die gezählten Opera gerechnet – im reifen Alter umschreibt, um ihm klassisches Maß zu geben. Doch es gibt Punkte, die das Unternehmen, mit dem Brahms nach eigenen, vielleicht nicht nur als understatement zu verstehenden Aussagen selbst nicht völlig zufrieden war, zwanghaft erscheinen lassen. So ist es erstaunlich, daß der Komponist die lange, geschlossene Liedperiode zu Anfang des Kopfsatzes unangetastet läßt, obwohl sie sich als Ausgangspunkt für motivisch-thematische Entwicklungen im Sinne des Altersstils kaum eignet. Vermutlich hat er sich gedacht, daß das Werk ohne diese Liedperiode sein wesentliches Charakteristikum verlöre. Aber wenn dem so war, wenn sich nur Seitensatz und Durchführung für die Umarbeitung eigneten und außerdem stilistische Brüche nicht zu vermeiden waren – warum konnte das Werk dann nicht so bleiben, wie es einmal geschaffen worden war? Konnte sich Brahms das Maß an Offenherzigkeit, Musizierfreudigkeit, Chaotik und Zitierlust, das op. 8 kennzeichnet, nicht verzeihen? Vielleicht wollte er in der Tat die Welt wissen lassen, daß er gelernt, seine Rüstung gegen die Unbill des Lebens geschmiedet hatte und innen autark geworden war – in diesem Fall nicht so sehr als Komponist denn als Mensch.

Die letzten Kammermusikwerke für Klarinette bezeichnet Klaus Hinrich Stahmer als die Kompositionen, die »durch das intensiv gehandhabte Prinzip der ständigen Permutation musikalischer Urphänomene« »der neuen Musik den Boden bereitet haben«.[92] Nachdem Brahms in der *Vierten* noch einmal mit dem Final-Problem gerungen und nach ›Lösungen‹ gesucht hat, konzentriert er sich nunmehr auf demonstrative Verfahren, die Christian Martin Schmidt am Beispiel der Klarinettensonate f-moll op. 120, Nr. 1 so beschrieben hat:

»Die motivisch-thematische Vermittlung soll Einheit stiften zwischen allen motivisch-thematisch bestimmten Einzelheiten und hat zum Ziel einen Gesamtzusammenhang, dessen Konsistenz durch ein Geflecht mannigfaltiger Beziehungen garantiert ist«.[93]

Da diese fast tautologischen Formulierungen vermuten lassen könnten, daß beim späten Brahms angesichts des Prinzips »Alles-In- Einem« und der Tendenz zur Nivellierung thematischer und nichtthematischer Abschnitte sich auch traditionelle Formkategorien aufzulösen begännen, darf der Hinweis nicht fehlen, daß Brahms gleichzeitig in geradezu konservativer Beharrlichkeit am Sonatensatz und den Funktionen seiner einzelnen Formteile festhält. Das wiederum ist nur möglich, weil er an der Funktionsharmonik in letzter Konsequenz nicht rüttelt. Arnold Schönbergs Entschluß, Brahms als »den Fortschrittlichen« – so der Titel seines Essays von 1933 – zu apostrophieren und ihn damit zugleich zu einem Ahnvater neuer Musik zu machen, bedarf deshalb zwar der Relativierung, hat aber zugleich einen interessanten ideengeschichtlichen Aspekt, auf den ich im folgenden eingehe.

»Leidenschaften gehören nicht zum Menschen als etwas Natürliches. Sie sind immer Ausnahme oder Auswüchse. Bei wem sie das Maß überschreiten, der muß sich als Kranken betrachten und durch Arznei für sein Leben und seine Gesundheit sorgen. Ruhig in der Freude und ruhig im Schmerz und Kummer ist der schöne, wahrhafte Mensch. Leidenschaften müssen bald vergehen, oder man muß sie vertreiben.«

Dies schreibt Brahms am 11. Oktober 1857, im Jahr nach dem Tod Robert Schumanns, an Clara. Sein Spätwerk löst den hohen Anspruch dieser Sätze geradezu in Vollendung ein: Gewiß ist es bei allem ›Maß‹ untergründig von Leidenschaft und Schmerz gezeichnet. Und weil Ausdruck und Gestus insgesamt so zurückgenommen sind, signalisiert schon ein Sextsprung wie der im A-Dur-*Intermezzo* op. 118 Nr. 2 Emphase – eine Emphase freilich, die sich angesichts eines höchst ökonomischen Umgangs mit dem musikalischen Material ganz und gar aus dessen Tendenz erklären läßt: Die Sexte ›muß‹ kommen, weil sie die Konsequenz motivischer Entwicklung ist, nicht, weil das Subjekt seine Leidenschaften nicht beherrschen und seinen Schmerz nicht ertragen könnte.

Mit dem Stichwort ›Schmerz‹ schließt sich der Gedankenkreis dieses Kapitels: Was Schubert im ersten Viertel des 19. Jahrhunderts wie schutzlos angesichts der gesellschaftlichen und persönlichen Verhältnisse über den Zusammenhang von ›Schmerz‹ und ›Verstand für Musik‹ artikuliert hatte, wird für Brahms im letzten Viertel desselben Jahrhunderts zu einer Sinnfrage, die nur noch innerhalb eines gesteigerten Verständnisses von Autonomie der Kunst zu beantworten ist. Doch alles hermetische Sich-Verschließen verhindert nicht, daß diese Kunst als Aufschrei des Subjekts gehört wird. Arnold Schönberg hat etwas von der Angst des »absoluten« Musikers angedeutet, der in seiner Not verstanden, aus seiner Einsamkeit erlöst werden will – und es doch nicht will, weil dann herauskäme, daß seine ihm selbst gewaltig und einmalig erscheinende Not die Not vieler ist. Er schreibt 1947 in den *Menschenrechten:*

Musik ist eine »Sprache, in der ein Musiker, ohne es zu wissen, sich preisgibt, indem er Gedanken formuliert, über die er selbst erschrecken würde – wüßte er nicht, daß ja doch niemand herausfinden wird, was er verbirgt, indem er es sagt. Aber eines Tages werden die Kindeskinder unserer Psychologen und Psychoanalytiker die Sprache der Musik dechiffriert haben. Wehe dann dem Unvorsichtigen, der sein Innerstes, sein Geheimstes sorgfältig verborgen dachte und nun zulassen muß, daß Unreine ihre eigene Niedrigkeit hineinschmieren. Wehe dann Beethoven, Brahms, Schumann und alle anderen bisher ›Unknown‹.«[94]

Brahms' Haltung ist nicht, wie man konstruiert hat, der Musikanschauung des Barock vergleichbar. Dort dienten spekulative und kontrapunktische Künste dazu, an dem Prinzip »Alles aus Einem« die göttliche Weisheit des Schöpfungsplanes sichtbar zu machen. Zwar mag Brahms an solche Traditionen angeknüpft haben; doch in letzter Konsequenz ist ihm kunstvolle musikalische Ordnung nicht Abbild göttlicher Weltordnung, sondern *Ersatz:* Indem er das musikalische Material so viele Läuterungsprozesse durchmachen läßt, bis man ihm – dem Komponisten wie dem Material – nichts mehr anhaben kann, schafft er tendenziell widerspruchsfreie Kunst in einer immer widersprüchlicheren Gesellschaft. Anders gesagt: Die Widersprüche zwischen Individuum und Gesellschaft sind in der Kunst in doppeltem Wortsinn ›aufgehoben‹. Man mag es – zum einen – als das Recht des Alters ansehen, mit sich und der Welt Frieden zu schließen. Wagner hat Ähnliches um die gleiche Zeit auf ideologischer Ebene mit seinem *Parsifal* versucht: Gedanken wie »Stark ist der Zauber des Begehrenden, doch stärker der des Entsagenden« und »Erlösung dem Erlöser« korrespondieren auf bemerkenswerte Weise mit der werkimmanenten Ökonomie des späten Brahms.

Doch ist damit – zum anderen – eine Entwicklung gekennzeichnet, die das ganze Jahrhundert bestimmt. Auch Beethovens späte Kammermusik läßt sich schon im Sinne solcher Ökonomie deuten und ist dennoch alles andere als Ausdruck von Versöhnung, eher Zeugnis des einsamen und leidenden, aber um seine Selbstbehauptung ermattet und sprachmächtig zugleich kämpfenden Subjekts, das den Anspruch der Aufklärung nicht aufgegeben hat, die ontologische Differenz zwischen Mensch und Welt, zwischen Subjekt und Objekt in der Kunst aufzuheben; Beethoven bleibt der philosophierende Geist, der in seinem Werk Zukunft gestaltet. Die Romantiker neben und nach ihm sehen die Kunst immerhin als eine Allegorie der Welt, wie sie erfahren werden könnte; deshalb behält diese Kunst, auch wo sie sich »absolut« nennt, ein Moment des Sinnbildlichen, semantisch Deutbaren: Die Seele hat Fenster.

Beim späten Brahms sind die Fenster wenn nicht vermauert, so doch verdunkelt. Entschlüsselbare Botschaften werden seltener. Die Botschaft ist das Werk selbst – im Blick auf seine Selbstbezüglichkeit und Konsistenz; und sie lautet: Ich halte durch. Das hat etwas mit der politischen und gesellschaftlichen Situation im fin de siècle zu tun: Der Anspruch, durch Kunst in die Gesellschaft hineinzuwirken oder doch deren Zwänge allegorisch zu überwinden, ist vom Individuum nicht länger aufrecht zu erhalten; dieses verschwindet in seinem Elfenbeinturm, um nicht von den draußen tobenden Unwettern vernichtet zu werden. Zur Stärkung seiner Selbstachtung gründet es Bünde und Gemeinschaften für die Erwählten. Brahms, der Skeptiker und Einzelgänger, ist diesen Weg nicht gegangen, hätte ihn seiner

Wesensart nach gar nicht gehen können. Doch das Moment des Hermetischen, das in Brahms' Spätwerk angelegt ist, war sehr wohl ein Baustein für eine Kunstreligion, wie sie zu Anfang unseres Jahrhunderts unter anderen Stefan George aufrichten wollte, nach dessen esoterischer Kunstauffassung die Erfahrungen des einzelnen in der Kunst nur insoweit Berücksichtigung finden können, als sie von allem bloß Persönlichen oder Innerweltlichen absehen und sich der Strenge von Form und Gedanke unterordnen.

Heinz Steinert beschreibt Stefan Georges Haltung als eine der »zusammengebissenen Zähne« und der »bedingungslosen Treue zu sich selbst in seiner Einsamkeit«.[95] Das verträgt sich ebenso mit dem alten Brahms wie Georges Satz: »Höchste Strenge ist zugleich höchste Freiheit«. Diese Devise hat Theodor W. Adorno aufgegriffen und geradezu als ein Programm der Wiener Schule bezeichnet.[96] Deren Haupt, Arnold Schönberg, findet bei Brahms die kunstimmanente Strenge; bei George, aus dessen *Buch der Hängenden Gärten* er 1908/09 die Texte für seine Lieder op. 15 nimmt, erlebt er darüber hinaus die strenge Auffassung von der Berufung des Künstlers und seinem Schicksal ›öffentlicher Einsamkeit‹. Ist beim späten Brahms nur die Kompositionsweise hermetisch, so bei Schönberg und seiner Schule auch die Art der Kommunikation, vergleichbar derjenigen des George-Kreises. Mit dem »Verein der schaffenden Tonkünstler« von 1904 und dem »Verein für musikalische Privataufführungen« von 1918 riegelt sich Schönberg, von der Erfolglosigkeit öffentlicher Darbietungen seiner Werke verletzt, geradezu trotzig gegenüber der Öffentlichkeit ab.

Die frühromantische Ästhetik hatte die Idee des Absoluten unter anderem als Metapher für die Möglichkeit der Kunst gesehen, dem Menschen ungeahnte oder verloren geglaubte Räume zu erschließen, ihn in das Geisterreich der Phantasie zu führen; Eichendorffs *Mondnacht* hat die damit bezeichneten Sehnsüchte im Bild der Seele beschworen, welche ihre Flügel ausspannt, um dahin zu gelangen, wo Himmel und Erde sich küssen. Von solcher Weite ist bei Brahms, »dem Fortschrittlichen«, und seinem Nachfolger Schönberg nicht mehr die Rede. Zur Feier der Kunstreligion, die nunmehr in geschlossenen Räumen stattfindet, steht Schönberg nicht einmal der große bürgerliche Kunsttempel zur Verfügung; er muß sich eine Privatkapelle errichten. »Absolut« ist allein der Wille zur Macht über das Material und die Tendenz zur Ausschaltung alles Affekthaften und Abbildlichen in der Musik. Gewiß haben ›Wille‹ und ›Tendenz‹ nicht ausgereicht, der Musik des späten Brahms oder des mit den Mitteln freier Atonalität komponierenden Schönberg ihre Sprachkraft zu nehmen. Jedoch steht diese Musik ebenso gewiß für die Endphase eines typisch deutschen, nämlich von der Sinnfrage bestimmten Entwicklungsgangs der Musikgeschichte. Das Ende mag man würdig nennen, doch es ist ein Ende.

Romantik im Lied

Wenn es eine musikalische Gattung gibt, die der deutschen Romantik besonders nahesteht, so ist es die des Klavierliedes. Das ist nicht allgemein in dem Sinne zu verstehen, im Lied des 19. Jahrhunderts habe besonders faßlich *sentiment* niedergeschlagen. Denn solches spricht auch aus der Romanze, die ihre Affinität zu einem vordergründig ›romantischen‹ Lebensgefühl ja geradezu im Namen kundtut und in Europa viel populärer gewesen ist als *le lied*, wie die Franzosen bis heute diese vergleichsweise esoterische Gattung nennen und somit deutlich machen, daß die Liedkompositionen von Schubert, Schumann, Brahms und Wolf etwas spezifisch Deutsches an sich haben.

Dieses ›Deutsche‹ geht nicht nur von den Texten aus, ist vielmehr Ausdruck einer spezifisch kompositorischen Haltung, die sich im wesentlichen in drei Momenten äußert: Die Liedkomponisten gründen in dem Verständnis von Lied als einer gleichsam naturgegebenen Gattung; sie arbeiten sich an einem Modell des musikalischen Satzes ab, das Elemente musikalischer Rhetorik in der Tradition vor allem Johann Sebastian Bachs verarbeitet; sie öffnen ihre Ästhetik für charakteristisch romantische Kategorien wie ›Fragment‹ und ›Ironie‹. Das oftmals wie ›selig in sich selbst‹ klingende Lied ist das Ergebnis durchaus intensiven und vielschichtigen Bedenkens. Doch angesichts der Überschaubarkeit der Form ist zugleich sichergestellt, daß solche gedankliche Arbeit nicht überwuchert. Daran und an der semantischen Leitfunktion des Textes mag es liegen, daß Schubert, Schumann und Brahms ihre Botschaft selten so entspannt und allgemein verständlich haben absetzen können wie in ihren Liedern.

Volkston

»Schläft ein Lied in allen Dingen,
die da träumen fort und fort,
und die Welt hebt an zu singen,
triffst du nur das Zauberwort.«

Joseph von Eichendorff wählt nicht von ungefähr das Lied als dasjenige musikalische Medium, welches den Menschen an die in ihm schlummernden Naturkräfte anzuschließen vermag. Was die Gattung Lied in diesem Sinne zu leisten vermag, beschreibt Friedrich Schlegel in seinem 1797 erschienenen Buch *Über das Studium der Griechischen Poesie*: Diese sei im Zusammenspiel von Text und Musik naturhaft, objektiv, einheitlich, wahr und schön und damit Gegenbild zu der durch »totales Übergewicht des Charakteristischen, Individuellen und Interessanten« gekennzeichneten »modernen« Poesie.[97]

Das Lied ist das schon immer Dagewesene; das drückt vor allem die Weise, der ›Ton‹ aus, welcher neuen textlichen Ausformungen als Gefäß dient. Seine leitenden

Themen – Natur, Liebe, Tod – gehören zur existenziellen Grunderfahrung; von ihnen zu singen, ist zweite Natur. Als Eichendorff seinen ›Taugenichts‹ mit der Natur ganz eins werden lassen will, läßt er ihn mit einem ›alten‹ – in Wahrheit neu gedichteten – Lied vom Individuellen ins Allgemeine wechseln: »Wer in die Fremde will wandern, der muß mit der Liebsten gehn«.

Schubert geht ersichtlich von einer Natur des Liedes aus. Auch wo er seine strophischen Textvorlagen durchkomponiert, ist der einheitliche ›Fluß‹ grundsätzlich gewährleistet. Das wird exemplarisch deutlich an dem 1823 auf Dichtungen Wilhelm Müllers entstandenen Zyklus *Die schöne Müllerin* D 795, dessen einzelne Nummern weitgehend von unmittelbarer Bewegung getragen werden: der des Fließens und der des Wanderns. Der Müllerbursche, das lyrische Ich der Dichtung, gibt sich als Sänger zur Laute zu erkennen. Demgemäß ist in der Singstimme ›Volkston‹, im Klavierpart Stegreifbegleitung präformiert, so daß man – idealtypisch – den Komponisten als seinen eigenen Sänger verstehen könnte, und nicht als jemanden, der im fremden Auftrag schreibt und seine Werke von anderen aufführen läßt.

Von ›Volkston‹ läßt sich freilich nur sprechen, wenn damit nicht Nüchternheit und Rationalität der Berliner Liederschule gemeint sind, der Begriff vielmehr in emphatisch romantischem Sinne verstanden wird. Und bei aller »inneren Distanzierung von der repräsentativen Musik«, die Stefan Kunze an dem Liederkomponisten Schubert zu Recht beobachtet,[98] ist dieser alles andere als der im Schillerschen Sinne naive Sänger, welcher in Harmonie mit sich selbst von Freud und Leid der Menschen kündet, sondern der sentimentalische, welcher seinen Helden ohne Liebste auf die Reise schickt, ihn leiden und im Tod enden läßt. (Die in Schuberts letztem Lebensjahrzehnt in der Wohnung des Freundes Josef von Spaun und anderswo stattfindenden »Schubertiaden« haben den idealen gesellschaftlichen Rahmen für diese künstlerischen Äußerungen gebildet: Sie sollten persönliches Erleben öffentlich machen und zugleich vor der Gnadenlosigkeit des öffentlichen Blicks schützen.)

Während Schubert, Kind der Wiener Vorstadt, ganz selbstverständlich in der Volksmusik gründet, sie als Teilmoment seiner eigenen Kultur auffaßt, sucht der Bürgersohn Schumann den Volkston bewußt auf; und es klingt fast etwas herablassend, jedenfalls altklug, wenn der Siebzehnjährige am 1. Dezember 1827 dem Freund Flechsig von einer Landpartie erzählt, die ihm und seinen Mitschülern einen höchst genialen« und »eines van Dyk würdigen« Abend unter dem Bauernvolk beschert habe:

»Ich phantasirte frei zum ›Fridolin‹; die Bauern sperrten das Maul auf, als ich so trunken über die Tasten wegfuhr. – Als auch dieses vorbei war, ward ein fideles Tänzchen veranstaltet: wir schwenkten die Bauernmädchen nach Noten.«

Auch Schumann ist ein Naturton nicht fremd; die »Waldeinsamkeit« im ersten der Eichendorff-Lieder op. 39 trägt durchaus Schubertsche Züge, was den Fluß der Melodie oder den gleichmäßigen Ablauf der Begleitung angeht. Einerseits aber überhöht er merklicher als Schubert den Naturton zu artifizieller Liedlyrik – so etwa in der *Mondnacht* aus demselben Zyklus. Andererseits verharmlost er ihn im Sinne von Genre-Kompositionen: Diese heißen *Volksliedchen* (»Wenn ich früh in den Garten geh«, op. 51,2), tragen die Vortragsbezeichnung *Im Volkston* (*An den Sonnenschein*, op. 36, 4) und sind mit einem folkloristischen oder deutsch-nationalen Akzent versehen (Lieder auf schottische Gedichte von Robert Burns in *Myrthen* op. 25, *Sonntags am Rhein* op. 36, 1).

Brahms zieht eine Art Summe aus den Erfahrungen Schuberts und Schumanns. Auf der einen Seite bindet ihn der – nicht selbstverständlich, sondern reflektierend gewonnene – Entschluß, sein Liedschaffen als Weitergabe traditioneller Werte zu verstehen und dementsprechend der Schlichtheit des Strophenliedes tendenziell treu zu bleiben. So singt er sich zeitweilig auf Arbeitsspaziergängen, während derer er Gedichte memoriert und in seinem inneren Ohr musikalisiert, Volkslieder vor, um den spezifischen ›Tonfall‹ zu finden. Auf vielfältigen Ebenen und in unterschiedlichen Graden versteht er, der an der aufblühenden Volksliedforschung und der aufkommenden Diskussion um das ›echte‹ Volkslied engagiert teilnimmt, sein gesamtes Liedschaffen als Nachhall des Volksliedes. So nimmt es auch nicht wunder, daß fast jede seiner Liedersammlungen direkte Bearbeitungen von ›Volksliedern‹ enthält.

Auf der anderen Seite geht Brahms freilich selbst innerhalb der Gattung des Klavierliedes in puncto Form und motivische Arbeit mit solch kompromißloser Handwerklichkeit vor, daß ihm die Lieder des jüngeren Zeitgenossen Hugo Wolf zwar ausdrucksstark, aber allzu formlos und deshalb gattungsästhetisch verfehlt erscheinen müssen.

Musikalische Rhetorik und romantische Poetik

Innerhalb der musikgeschichtlichen Entwicklung gibt es vor allem im Wirkungsbereich der deutschen Musik eine Tradition der ›musikalischen Rhetorik‹. Sie gründet in Anschauungen des Humanismus und geht von der Vorstellung aus, daß man den musikalischen Satz in ähnlicher Weise durch rhetorische ›Figuren‹ aufwerten und schmücken könne wie die gesprochene Rede. Musikalische Figuren sind kompositorische Wendungen, die über ihre Funktion im musikalischen Satz hinaus auf einen Sinn verweisen, der außerhalb der rein musikalischen Ebene liegt.

Was ursprünglich gedacht war, um die Vertonung vor allem biblischer Texte mit besonderem Sinn anzureichern, überträgt vor allem Johann Sebastian Bach auf die Instrumentalmusik. Außerdem erweitert er die bis dahin geltenden Vorstellungen von musikalischer Rhetorik: Er arbeitet nicht nur mit Figuren, deren Bedeutung aufgrund einer teils geschriebenen, teils informellen Tradition festliegt, sondern erklärt gleichsam ad hoc bestimmte, Aussagen des Textes abbildende kompositorische Wendungen zu Figuren – so etwa, wenn er in der Arie »Erwäge« aus der *Johannespassion* die Vorstellung einer Waage abbildet. Handelt es sich bei alledem um Figuren, deren Sinn vor allem *geistig* nachvollzogen werden muß, so bedient sich Bach, darin vor allem auf italienischer Tradition aufbauend, auch solcher Wendungen, die sich der *sinnlichen* Wahrnehmung erschließen.

Besonders charakteristisch sind Figuren der Bewegung – etwa die Darstellung der Wasserwogen in der schon genannten Arie »Erwäge«. Bestimmen solche Figuren den gesamten kompositorischen Ablauf, so sind sie zugleich Träger eines Grundaffektes, der die ›Stimmung‹ des ganzen Stückes prägt. In den Kirchenliedbearbeitungen seines *Orgelbüchleins* hat Bach in meisterhafter Weise die verschiedenen Möglichkeiten der Textdeutung ausgeschöpft, dabei aber weitgehend darauf geachtet, daß die strophische Struktur des jeweils zu bearbeitenden Chorals nachvollziehbar blieb. Und damit bin ich beim Klavierlied Schuberts. Sicherlich hat dieser Bachs *Orgelbüchlein* nicht gekannt; doch in ganz erstaunlicher Weise hat er Verfahren aufgegriffen, die Bach speziell innerhalb der Gattung des real oder tendenziell strophisch aufgefaßten Liedes in der Tradition der musikalischen Rhetorik angewendet hat.[99]

Das gilt zum einen für die Möglichkeit, den musikalischen Satz insgesamt mit Hilfe eines durchgängigen Bewegungsmusters zu vereinheitlichen, affektiv aufzuladen und mit höherer Bedeutung zu versehen. Ein gutes Beispiel dafür bietet schon das erste Werk, das Schubert als Liederkomponisten weit bekannt gemacht hat, nämlich *Gretchen am Spinnrade* D 118. Wir hören es heute als etwas Selbstverständliches, daß die Klavierbegleitung von einer fast gleichförmigen – nur zu den Worten »und ach, sein Kuß!« unterbrochenen – Sechzehntelbewegung beherrscht ist, die sicherlich als Bewegung des Rades zu deuten ist. Doch im Jahre 1814 war dergleichen weder in formaler noch in semantischer Hinsicht üblich, bedeutete vielmehr einen wesentlich neuen Zugang zur Gattung ›Klavierlied‹. Schubert hat sich diesen Zugang bis in die letzten Lieder hinein offengehalten. So ist in der im letzten Lebensjahr komponierten, unter dem Titel *Schwanengesang* posthum veröffentlichten Liederfolge D 957 das »rauschende Bächlein« im ersten Lied *Liebesbotschaft* u.a. durch eine Zweiunddreißigstel-Bewegung gekennzeichnet, die das silberhelle Rauschen, das Murmeln und Flüstern des Baches wiedergibt.

Zum anderen greift Schubert traditionelle Verfahren auf, Einzelheiten des Textes musikalisch zu deuten und dadurch bedeutsam zu machen – gleichviel, ob es sich um musikalisch-rhetorische Figuren im engeren musiktheoretischen oder in einem weiteren semantischen Sinne handelt. Für diese Haltung bietet das gesamte Liedschaffen durchgehend eine Fülle von Belegen, die es fast müßig erscheinen läßt, einzelne Beispiele herauszugreifen. Exemplarisch sei aber auf *Der Tod und das Mädchen* D 531 aus dem Jahr 1817 nach einer Dichtung von Matthias Claudius hingewiesen.

Der die Partie des Todes kennzeichnende getragene akkordische Satz mit dem gleichmäßigen Metrum lang-kurz-kurz steht in der Jahrhunderte alten Tradition der Trauermusik, die den Leichenzug begleitet. Schon Costanzo Festa hat seine 1514 auf den Tod der französischen Königin Anna von Bretagne komponierte (lange Zeit Ludwig Senfl zugeschriebene) Motette *Quis dabit oculis nostris* nach diesem daktylischen Metrum angelegt, Beethoven übernimmt es in das *Allegretto* der 7. Sin-

Costanzo Festa, Motette *Quis dabit oculis nostris*, Anfang

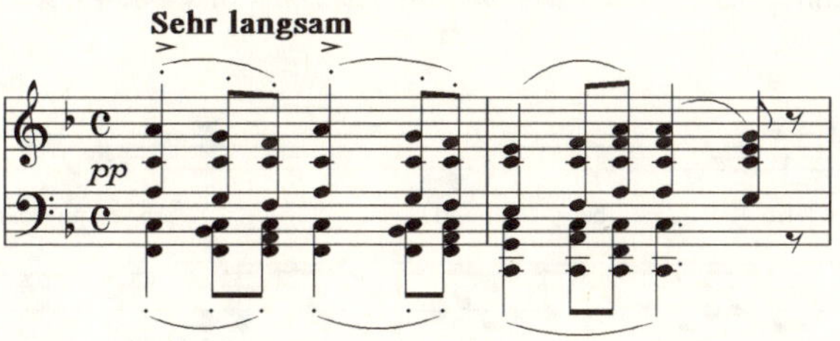

Franz Schubert: *Das Wirtshaus* D 911 Nr. 21, Anfang

fonie und Schubert selbst arbeitet damit auch in der *Winterreise*, nämlich in dem Lied *Das Wirtshaus* (»Auf einen Totenacker«).

Die Klavierbegleitung zu dem erschrockenen Ausruf des Mädchens »Vorüber, ach vorüber, geh' wilder Knochenmann« hat in der Tonfolge kurz-kurz-kurz-lang in Verbindung mit dem verminderten Septakkord eine ähnlich lange Tradition: Johann Sebastian Bach drückt auf diese Weise im 5. Teil des *Weihnachtsoratoriums* das Erschrecken über die Mordabsichten des Königs Herodes aus; und Schubert selbst greift in der *Forelle* D 550 zu diesem Muster (allerdings mit dem ›harmloseren‹ Quintsextakkord), um das Erschrecken des Fischleins deutlich zu machen.

Franz Schubert: *Der Tod und das Mädchen*, D 531, T. 8-12

Johann Sebastian Bach: *Weihnachtsoratorium* Teil V Nr. 49, Anfang

Franz Schubert: *Die Forelle* D 550, T. 61-63

Daß Schumann dem von ihm insgesamt so hochgeschätzten Schubert für die Fortentwicklung des Klavierliedes nach Beethoven eine erstaunlich geringe Bedeutung beimißt, wird verständlich, wenn man sich die unterschiedliche Liedästhetik beider Komponisten vor Augen hält. Ungeachtet aller Sorgfalt und Tiefgründigkeit, mit der Schubert Details des Textes bedenkt, ist ihm der natürliche Fluß von Melodie und Begleitung oberstes Gestaltungsprinzip; wo er von diesem abweicht, tut er es im Dienste unmittelbar textbezogener Ausdruckssteigerung. Auch das Verhältnis von Singstimme und Klavier läßt sich in dem Bild des Flusses beschreiben: Die Begleitung ist das Bett, die Melodie der Strom. Offenkundig geht Schubert vom Modell des Liedes aus und nicht vom Modell eines musikalischen Satzes, in dem von Fall zu Fall zu entscheiden wäre, wie Text, Gesang und Klavierpart aufeinander zu beziehen sind.

Essay

Vom Leiermann zum Doppelgänger

Nicht eben hochgemut, doch jugendlichen Schrittes zieht der Sänger zu Beginn der *Winterreise* seines Weges. »Die Liebe liebt das Wandern, Gott hat sie so gemacht« – das klingt resignativ, jedoch nicht hoffnungslos: Zumindest der Anspruch auf das große Glück lebt fort. Erst im letzten Lied sind alle Träume zerstoben: Sehnen, Suchen und Irren wird zum Vagabundieren.

Kaum ein Autor, der das beim *Leiermann* erreichte Ende der *Winterreise* nicht pathetisch als Zeichen absoluter Hoffnungslosigkeit, ja als Todesankündigung verstünde und demgemäß die Musik als Ausdruck vollkommener Erstarrung, Verarmung und Leere hörte! In solchen Deutungen geht freilich ein Moment von Einverständlichkeit verloren, das Wilhelm Müllers und Franz Schuberts Lied durchaus bewahrt: Nach langer Irrfahrt sieht sich der Traumtänzer vor seine nackte Existenz geführt – und kommt zu sich. Der ›Volkston‹, im *Lindenbaum* oder in der *Post* noch romantisch hochgestimmt, klingt zum Schluß realistisch wie das Leben selbst – ärmlich wie nur die Drehleier eines Bettelmusikanten, doch gleichwohl nicht tödlich verzweifelt: Vielleicht ist der Sänger seinen Hörern enteilt, vielleicht ist ihm inzwischen – zumindest im Sinne eines kolossalen romantischen Witzes – kunstloses Leben lieber als lebensferne Kunst! Demgemäß dreht der Leiermann zwar mit starren Fingern, aber was er kann; und bleibt ihm auch der Teller immer leer, so steht ihm doch die Leier nimmer still. Dem Sänger verschlägt es zwar fast die Sprache ob seiner Landung am Boden der Gesellschaft; doch auch er wahrt mit seiner Identität diejenige der Liedform: Das erste gemeinsame Lied der beiden läßt den Fluß der Töne mehr stocken als strömen, stellt aber die Kontinuität des Singens und Sagens als solche nicht in Frage.

»Da steht auch ein Mensch und starrt in die Höhe, und ringt die Hände vor Schmerzensgewalt« – in diesem Bild begegnet Schubert kurz darauf dem *Doppelgänger.* Die gespenstischen Farben, mit denen Heinrich Heine in seiner Dichtung innere Zerrissenheit und Nicht-Identität des um seine Liebe Betrogenen malt, verwandelt er in bis dahin kaum gehörte Töne des Grauens: Die Beschwörung der »eignen Gestalt« in der des Doppelgängers erfolgt mit einem Schrei auf dem Spitzenton g", dessen Fortissimo wie aus einem Bilderrahmen heraus unmittelbar in die Realität zu springen scheint. Eine vom Klavier in dreifachem Forte angeschlagene, mit den Mitteln der Funktionsharmonik nur schwer zu erklärende Dissonanz tut das ihre zum Abgesang auf die Identität.

Zur Verstärkung des schaurigen Effektes soll Schubert zunächst alle erreichbaren Tasten niedergedrückt und dann die Notierten haben weiterklingen lassen. Der erzielte Klang, in den kompositorischen Kontext kaum zu integrieren, hallt noch in einem kritischen Essay über *Romantik in der Musik* nach, den ein anonymer Autor unter dem 1. Juli 1848 in die *Neue Zeitschrift für Musik* einrücken läßt: »Schuberts Harmonieen sind die Wahrheit seiner Gedichte, verfallen aber auch dem gleichen Urtheilsspruche«.

Caspar David Friedrich, Klosterfriedhof im Schnee

So entscheidend das beschriebene Detail für den Eindruck des Liedes ist – es steht nicht am Anfang der Planung: Erhaltene Kompositionsskizzen dokumentieren, daß Schubert das Erschrecken über die »eigene Gestalt« ursprünglich zwar bereits durch die beschriebene Dissonanz, jedoch mit Hilfe eines harmlosen Oktavensprungs analog zu »Schmerzensgewalt« ausdrücken wollte. Vorrang hat die Festlegung des allgemeinen Charakters: h-moll. Was die Wahl dieser »schwarzen« Tonart bedeutet, läßt ihr Erscheinen in anderen, hier eingestandenermaßen tendenziös ausgewählten Werken ahnen: in den Liedern *Abschied* D 578, *Grablied für die Mutter* D 616, *Der Unglückliche* D 713, *Die liebe Farbe* D 795 Nr. 16, *Einsamkeit* D 911 Nr. 12 – in der *Unvollendeten*.

Der Festlegung des Charakters folgt die Ausarbeitung des Gestus. Beherrschend ist die Tonfolge h-ais-d-cis als Basis des Klavier-Ostinato. Aus der Familie B-A-C-H stammend und speziell der cis-moll-Fuge aus dem 1. Teil des Schubert mit Sicherheit bekannten *Wohltemperierten Klaviers* zugeordnet, erhält sie ihre nähere semantische Bestimmung durch die – zum Teil tonbuchstabengetreue – Verwendung im *Kreuzige*-Chor der *Matthäuspassion*.

Mit dem Gestus von Bachs cis-moll-Fuge übernimmt Schubert denjenigen der alten Ricercare des 16. und 17. Jahrhunderts. Noch weiter zurück, nämlich in frühmittelalterliche Mehrstimmigkeit, geht er bei der Harmonisierung des Ostinato: Er wählt vor allem statische, parallele, hohle und tiefe Klänge, deren Obertonspektren sich diffus mischen. Ähnlich archaisch wirkt der psalmodierende, an der kleinen phrygischen Terz orientierte Rezitationston: Die Monotonie der knappen rhythmisch-metrischen Gestalten erinnert an Liturgie. Indessen ist die Grundstimmung des Liedes keineswegs gleichförmig, vielmehr von Extremen geprägt: Während die Worte »Schmerzensgewalt« und »eigne Gestalt« herausgeschrieen werden, ist die Artikulation ansonsten geradezu tonlos. Anfänglich, wenn von den stillen und verlassenen Gassen die Rede ist, bringt das Klavier wenigstens ein hohles Echo auf den depressiven Gesang hervor; später scheinen sich beide nur noch beziehungslos und metrisch unkoordiniert nebeneinander herzubewegen.

Erst die melodiöse Schlußzeile taucht das Lied in ein versöhnlicheres Licht. Als Schlußakkord erklingt sogar die Durtonika – freilich nicht strahlend, sondern unwirklich: Am Ende eines düsteren, die tiefalterierte zweite Stufe aufsuchenden harmonischen Ganges darf sie für einen Augenblick aufleuchten, um alsbald im dreifachen Piano wieder zu verlöschen.

Heines »Doppelgänger«, um die ganze Welt individueller Seelenqualen hoffnungsloser als Wilhelm Müllers »Leiermann«, hat Schubert zu einem Lied herausgefordert, dessen Ästhetik die Polarität romantischer Musikanschauung in sich vereint. Da ist einerseits die Sehnsucht nach Identität, welcher in der ›Natur‹ des schlichten Liedes Erfüllung vorgegaukelt wird. Da ist andererseits die Erfahrung der Nichtidentität, die in ›unstimmigen‹ künstlerischen Äußerungsformen wie Fragment, Humor, Witz und Ironie immer aufs Neue beschworen wird.

Schubert bleibt im Rahmen der identischen Liedform: Die dreistrophige Gedichtvorlage überführt er in eine dreiteilige Barform. Innerhalb dieses formalen Rahmens entwirft er eine schulmäßig aufgebaute dramatische Szene: Herstellen des Stimmungshorizontes – Aufbau von Spannung – dramatische Zuspitzung – Spannungsabbau – Untertauchen im Stimmungshorizont. Geradezu klassisch ist der ökonomische Umgang mit den Mitteln: ein zweitaktiges Rezitationsmodell für die Singstimme, ein viertaktiger Ostinato für das Klavier – mehr ist als Grundbestand nicht vonnöten.

Doch zugleich lebt die Komposition von Momenten, die Diskontinuität signalisieren und Befremden auslösen, und dies weit mehr als in den fortgeschrittensten Liedern der *Winterreise*. Die entsprechenden Möglichkeiten schafft ein hochartifizielles Verfahren, die Vorstellung von Schauder und Grauen herzustellen. Wie Caspar David Friedrich auf seinem Gemälde *Klosterfriedhof im Schnee* versunkene Welten zeigt, greift auch Schubert auf musikalische Vorzeit zurück, um gegenwärtiges Erleben kundzutun. Gleich dem Maler begnügt er sich jedoch nicht – wie weitgehend im *Leiermann* – mit der Verwendung von Stereotypen: Bei aller formalen Strenge des Grundrisses gestaltet er sein Tonbild in Melodik, Rhythmik und Harmonik so detailliert und differenziert, wie Friedrich seinen Klosterfriedhof in einen bizarren, doch bis in die Nuancen lebendigen Eichenwald setzt. Gerade aus der Verbindung von Stereotypie und Ungeregeltheit, zwanghafter und willkürlicher Gestaltung erwächst die Vorstellung schwer greifbaren Unheils. Die seltsame Hell-Dunkel-Harmonik des Nachspiels weist übrigens gerade unter diesem Gesichtspunkt deutlich auf Liszts Klavieressay *Vallée d'Oberman* voraus.

Das alles würde freilich nicht genügen, um den *Doppelgänger* zu einem Werk zu machen, das in den Augen der Zeitgenossen gegen eine geradezu geheiligte Konvention aufbegehrt, der zufolge ein Lied einheitliche Stimmung vermitteln, höheren Zusammenhang garantieren und zum Sich-Versenken in die Natur der Dinge einladen müsse. Solche Vorstellungen werden in Schuberts Komposition recht eigentlich erst dort abgetan, wo das Gefühl übermächtig wird: Die primäre Klangballung vor allem des zweiten Schreckensakkords steht für ein Individuum, das sich im Bewußtsein seiner Lage urplötzlich aus dem allgemeinen Sein gefallen und vollkommen allein erlebt.

»Ein witziger Einfall ist eine Zersetzung geistiger Stoffe, die also vor der plötzlichen Scheidung innigst vermischt sein mußten«. Mit dem notwendigen philosophischen Ernst, den die romantische Ästhetik dem Witz entgegenbringt, läßt sich der Anfangssatz aus Friedrich Schlegels 34. *Lyceums*-Fragment auf den Schrekkensakkord des *Doppelgängers* anwenden: Dessen Wahrheit spaltet die Nebel diffuser Ängste und realisiert das jähe Erkenntnis der Nichtidentität – jedoch nur für Augenblicke: Insgesamt hält Schuberts Lied den Anspruch auf Identität aufrecht. Solcherart Widersprüchlichkeit kann wohl nur Musik, die romantischste aller Künste, stimmig vermitteln.

Letzteres aber gilt für die bedeutenden und kompositionsgeschichtlich interessanten unter den Liedern Schumanns. Dieser bezeichnet es in einer Rezension aus dem Jahre 1837 als problematisch, wenn Komponisten »zu materiell«, das heißt zu illustrativ, arbeiten, wie dies für »Schubert, Löwe und viele der Neueren« gilt. Es sollen ja, wie er 1843 in einer anderen Besprechung formuliert, »auch die feineren Züge des Gedichtes hervortreten«.[100] Das aber ist nur möglich, wenn man nicht an Text und Strophe entlangkomponiert, vielmehr Form und Gestalt jeden Liedes grundsätzlich neu hervorbringt. Innerhalb einer solchen Konzeption ist zu bedenken, wie man Melodie und Klaviersatz in ein Verhältnis bringen kann, das die »feineren Züge« des Textes hervortreten läßt. Um dies zu erreichen, kann man die Begleitung selbständiger gestalten; doch das allein genügt nicht: Tendenziell müssen Singstimme und Klavierpart gleichberechtigt und so angelegt sein, daß sie womöglich innerhalb ein und desselben Liedes ihre Funktionen wechseln können. Der Satz muß somit regelrecht ›komponiert‹ werden. Daß Schumann seine Lieder nach eigener Auskunft »stehend oder gehend, nicht am Clavier« komponiert hat,[101] deutet daraufhin, daß sie weniger aus der Phantasie in die Tasten fließen als vielmehr Ergebnis von Kalkül sind.

Das wird exemplarisch an einem Lied wie *Zwielicht* aus dem schon erwähnten Zyklus auf Eichendorff-Texte op. 39 deutlich. Thomas Mann bezeichnet das 1815 innerhalb des Romans *Ahnung und Gegenwart* erschienene Gedicht, zumal in der »so unglaublich genialen« Vertonung durch Schumann, als ein besonders geliebtes Stück Romantik:[102]

Dämmrung will die Flügel spreiten,
schaurig rühren sich die Bäume,
Wolken ziehn wie schwere Träume -
was will dieses Graun bedeuten?

Hast ein Reh du, lieb vor andern,
laß es nicht alleine grasen,
Jäger ziehn im Wald und blasen,
Stimmen hin und wieder wandern.

Hast du einen Freund hienieden,
trau ihm nicht zu dieser Stunde,
freundlich wohl mit Aug und Munde,
sinnt er Krieg im tück'schen Frieden.

Was heut gehet müde unter,
hebt sich morgen neu geboren.
Manches geht in Nacht verloren -
Hüte dich, sei wach und munter.

Schumanns Komposition läßt sich, vom Schlußteil abgesehen, auch ohne den Gesangspart sinnvoll aufführen: Sie wäre dann als Charakterstück zu verstehen, das allein mit den Mitteln des Klaviers die zwielichtige Stimmung des rätselhaft zwischen den Bereichen von ›Natur‹ und ›Seele‹ changierenden Gedichts wiedergäbe. Zwei Momente vor allem lassen auch den musikalischen Satz zwielichtig erscheinen: die zwar heraufbeschworene, jedoch unausgeführte und wie in Dämmerung sich verlierende ›Bach‹-Polyphonie mit im wahrsten Sinne des Wortes hin- und herwandernden Stimmen sowie die instabile, trugschlüssige, ja ziellose Harmonik mit ihrer Bevorzugung des seiner Natur nach ›heimatlosen‹ Tritonus-Intervalles und des durch ihn konstituierten verminderten Septakkords.

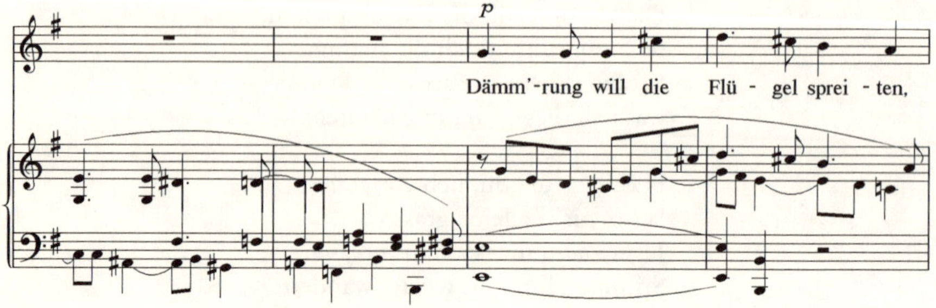

Robert Schumann: *Zwielicht* op. 39 Nr. 10 , Anfang

Daß der Klavierpart in weiten Teilen für sich bestehen könnte, bedeutet freilich nicht, daß die Singstimme nur Akzidenz wäre. Sie ist im Gegenteil führend, was die Darstellung des Gedichtes angeht, und trägt dieses fast syllabisch und unter Beachtung des Zeilen- und Strophenschemas in vier achttaktigen Perioden vor. Das wirkt sehr stabil; doch gibt es ein wichtiges Moment, das den Eindruck des Scheinhaften, Unwirklichen und Gefährdeten stützt: Die rechte Klavierhand übernimmt die Töne der Singstimme, jedoch nicht notengetreu, sondern im Sinne eines Verfahrens, auf das Reinhold Brinkmann den von Theodor W. Adorno in anderem Zusammenhang geprägten Ausdruck eines »ungenauen Unisono« angewendet hat.[103] Auf diese Weise ergeben sich Verschiebungen und Irritationen, die für Schumann insgesamt typisch sind, im Blick auf den speziellen Text jedoch besonders charakteristisch wirken: In ihrer – wohl erwogenen – Geringfügigkeit können sie wie Sinnestäuschungen wirken und dadurch den Eindruck von Verstörtheit, der über dem Ganzen zu liegen scheint, von der Struktur des Werks in das Erleben des Hörers verlagern. ›Zwielichtig‹ ist auch das Schwanken der Vokalstimme zwischen Singen und Sagen. Die abschließende Warnung »Hüte dich, sei wach und munter« klingt wie dem einzelnen Hörer ins Ohr geraunt; zugleich verwischt sie die Gattungsgrenzen zwischen Lied und Melodram, d. h. zwischen lyrischer Verinnerlichung und aktueller, den Rahmen des Kunstschönen sprengender Ansprache.

Man kann aus dem Liedschaffen Schumanns ein Beispiel nach dem anderen heranziehen, um zu belegen, wie mit Metrik, Tonalität, Melodik, Kontrapunkt, Harmonik auf hochartifizielle Weise ›gespielt‹ wird, um die jeweils spezifische Atmosphäre für ein Lied zu schaffen. Allein in den Vor- und Nachspielen verbergen sich eine Fülle von Vor- und Rückbezügen und versteckten Hinweisen. Die für Schubert geradezu bindende Vorstellung eines die Komposition tragenden Lied-Continuum mag zwar noch vorhanden sein, wird aber vielfach von dem Anspruch gebrochen, jedes Lied als eine – oft genug sperrige – Welt für sich zu schaffen.

Auch auf semantischer Ebene geht Schumann anders als Schubert vor: Er bemüht nur noch wenig die musikalisch-rhetorische Tradition, arbeitet kaum ›materiell‹

und ›illustrativ‹. Kaum denkbar, daß Schubert alte Traditionen der Textauslegung so vernachlässigt hätte wie Schumann im *Armen Peter* nach Heine (op. 53, 3): Er läßt dort die Singstimme die tiefste Region des ganzen Liedes gerade dort erreichen, wo der Text den unglücklichen Helden »auf des Berges Höh'« steigen läßt – romantische Ironie?

Generell führt bei Schumann die Untersuchung des ›Wort-Ton-Verhältnisses‹, wie man sie gern in musikwissenschaftlichen Proseminaren betreibt, nicht weit. Charakter oder Stimmung eines Liedes lassen sich schwer dingfest machen. Manchmal kann man nur nacherzählen, was musikalisch in einem Lied passiert, ohne genau auf den Punkt zu bekommen, mit welchen einfachen oder raffinierten Mischungen von semantischen Ingredienzen Schumann seine Wirkungen erzielt. Fast immer gehen Worte und Musik sehr verschlungene Wege: Einerseits scheinen sie auseinanderzustreben – auch das genau komponierte »ungenaue Unisono« ist ja ein Indiz dafür, daß zwei Dinge *nicht* zusammenpassen; andererseits gäbe eines ohne das andere keinen Sinn. Von ›Bett‹ und ›Strom‹ kann man da kaum noch sprechen, eher vielleicht von eigenwilligen Partnern einer Ehe; und dieses Bild mag weniger gesucht erscheinen, wenn man sich verdeutlicht, daß Schumann u.a. in Liedern des Eichendorff-Zyklus aus dem Hochzeitsjahr 1840 die Ehe in der Tonfolge e-h-e selbst ›musikalisch‹ ins Spiel bringt – im *Zwielicht* besonders markant in der linken Klavierhand zu den Worten »Hast ein Reh du, lieb vor andern, laß es nicht alleine grasen«.

Hinter seinen kunstvollen Gebilden scheint der Komponist selbst geradewegs zu verschwinden. Sicherlich sind viele Lieder mit Herzblut geschrieben; dennoch verweisen sie nicht – wie in viel stärkerem Maße die Lieder der *Winterreise* oder *Schönen Müllerin* – auf einen Urheber, sondern auf die Sache. Schumann ist nicht mehr wie Schubert der Sänger seiner Lieder: Er sitzt im Konzertsaal und läßt sich – innerlich vielleicht vibrierend, äußerlich aber unbewegt – seine Kompositionen vorführen. Das ist mit der selbstdistanzierenden Haltung Heinrich Heines vergleichbar, dessen Verse er so oft in Musik gesetzt hat. Und wer Schumanns jeweilige Haltung naiver findet als diejenige Heines, sollte sich fragen, ob er alle semantischen Verschlingungen mitbekommen hat!

Das Ideal kunstvoll reflektierter Schlichtheit, das Brahms innerhalb der Gattung Lied verfolgt, läßt auch ihn von allzu deutlicher Tonmalerei, von aufdringlicher Symbolik sich fernhalten. Es wirkt schon fast aufdringlich, musikalisch-rhetorische Details herausarbeiten zu wollen, obwohl dies u.a. in den *Romanzen aus Ludwig Tiecks Magelone* op. 33 durchaus möglich erscheint: Das semantische Moment ist, ähnlich wie in der Instrumentalmusik, weitgehend in die Struktur einkomponiert. Der späte Brahms hat die Tendenz, noch lakonischer und geschliffener zu formulieren, wie etwa im *Salamander* oder im *Maienkätzchen* aus op. 107: Beide Lieder dauern weniger als eine Minute.

Andererseits ›predigt‹ der erst Dreiundsechzigjährige ein Jahr vor seinem Tod in den *Vier ernsten Gesängen* op. 121 anhand von biblischen Prosatexten über die Vergänglichkeit des Menschen auf eine Weise, die sein ganzes bisheriges Liedschaffen noch einmal ganz umwertet: Anstatt knapper Diktion innerhalb geschlossener Formen findet sich eine gebärdenreiche, fast ungezügelte Sprache, die Ludwig Finscher angesichts der hier unverhohlen verwendeten musikalischen Rhetorik zu Recht mit Heinrich Schütz und – ebenso zu Recht – mit (einem dem Expressionismus verpflichteten) Arnold Schönberg in Verbindung bringt.[104]

Rhetorische und romantische Ironie

Ein Jüngling liebt ein Mädchen, die hat einen andern erwählt;
der andre liebt eine andre und hat sich mit dieser vermählt.
Das Mädchen nimmt aus Ärger den ersten besten Mann,
der ihr in den Weg gelaufen; der Jüngling ist übel dran.
Es ist eine alte Geschichte, doch bleibt sie immer neu;
und wem sie just passieret, dem bricht das Herz entzwei.

Das elfte Lied aus Schumanns *Dichterliebe* läßt sich als Übertragung rhetorischer Ironie in das Medium der Musik bezeichnen. In geschriebener oder gesprochener Rede läßt sich mit rhetorischer Ironie eine Feststellung dergestalt treffen, daß sie angesichts des besonderen Tonfalls oder innerhalb des jeweiligen Kontextes als ihr Gegenteil verstanden wird. Insofern ist Heines Gedicht nur bedingt Ausdruck einer solchen rhetorischen Ironie. Zwar sollen unpersönliche Erzählform und unprätentiöse Ausdrucksweise den Eindruck erwecken, man brauche diese Alltagsgeschichte nicht allzu tragisch zu nehmen; am Ende fällt jedoch die Maske: Das Herz bricht entzwei. Was im Gedicht an rhetorischer Ironie nur angelegt ist, arbeitet Schumann deutlich heraus: Munter und ungerührt musiziert er drauflos, als ob er zu einem – im Nachspiel etwas aus den Fugen geratenden – Tänzchen aufspiele oder ein heiteres Couplet begleite. Hört man das Lied, ohne auf die Worte zu achten, oder nur mit der ersten Textzeile im Kopf, so muß man meinen, es handele sich um eine optimistische Darstellung draufgängerischer Liebe. Allein in der vorletzten Gedichtzeile wird für einen Augenblick deutlich, daß die Musik genau das Gegenteil von dem meint, was sie sagt: Die Erfahrungen des Lebens sind nicht lustig, sondern todtraurig. Was Schumann einmal über Hector Berlioz sagt, der in seiner *Symphonie fantastique* das *dies irae* »als Burleske« vertont, gilt hier für ihn selbst:

»Die Poesie hat sich, auf einige Augenblicke in der Ewigkeit, die Maske der Ironie vorgebunden, um ihr Schmerzensgesicht nicht sehen zu lassen.«[105]

Doch zumal am Ende wahrt Schumann weit mehr Distanz als Heine. Dieser appelliert ja massiv an Mitgefühl und Moral: Der Anfang klingt zwar heiter, doch das Ende ist schrecklich. Diesen ›Überfall‹ auf das Publikum macht Schumann nicht nur nicht mit, sondern sogar rückgängig. Er gestattet der Singstimme im ganzen Lied nur ein einziges, winziges Schwanken, nämlich auf die eher neutral klingenden

Worte »wem sie just passieret«: Wenn Heine zu seiner bitteren Schlußpointe »dem bricht das Herz entzwei« ansetzt, ist Schumann schon wieder auf dem doppelten Boden des Optimismus; die Welt tanzt über den einzelnen hinweg, der an ihrer Ungerührtheit zu zerbrechen meint, und bleibt doch des Tanzens wert. Steckt Heine ganz in seinem Text, fordert er zur Identifikation auf, so steht Schumann über dem Lied: Erst wenn dieses verklungen ist, gibt er den Hörern Gelegenheit zu realisieren, was da ›passiert‹ ist – Heine zum Quadrat.

Robert Schumann: *Ein Jüngling liebt ein Mädchen* op. 48 Nr. 11, T. 28-46

Es gehört ein enormes Maß an kompositorischem Kalkül dazu, um Musik so souverän als Medium für intellektuelle Kommunikationsprozesse einsetzen zu können. Heines Dichtung ist ja ein typischer Sprechtext: schnell dahingesagt, auf die Schlußpointe zugespitzt. Reizwörter, Dramatik oder Stimmung fehlen – welcher Komponist wählt dergleichen zur Vertonung, überlegt sich, wie er das ironische Moment, anstatt es durch Musik totzuschlagen, besser herausbrächte?

Das Beispiel widerlegt einmal mehr das Vorurteil, einem Musiker genüge die spezifisch kompositorische Intelligenz; denn diese Weltsicht hat ja geradezu philosophische Dimensionen. Es läßt auch die in der Literatur immer wieder diskutierte Frage müßig und zudem überheblich erscheinen, ob Komponisten wie Schubert und Schumann die rhetorische Ironie eines Heine überhaupt verstanden hätten. Daß sie dümmer als ihre Interpreten gewesen sind, werden diese selbst nicht annehmen wollen. So bleibt nur die Frage, *was* sie jeweils verstehen wollten; und daß mag von Text zu Text und Liedsitution zu Liedsituation gewechselt haben – zum Glück für die Hörer, denen auf diese Weise Musik als bloßer Reflex eines gestanzten Weltbildes erspart bleibt.

Rhetorische Ironie ist – das hat in die Musikwissenschaft noch kaum Eingang gefunden – gegen *romantische* abzugrenzen, auch wenn beide einander streifen mögen, wie dies gerade in Schumanns Lied *Ein Jüngling liebt ein Mädchen* festzustellen ist. Romantische Ironie haben Philosophen und Dichter wie die Brüder Friedrich und August Wilhelm Schlegel und Ludwig Tieck beschrieben und in ihren Werken mit unterschiedlicher Tendenz angewandt.

Indem der romantische Mensch die Welt als zerrissen und beschränkt erlebt, sehnt er sich nach Einheit. Diese Einheit läßt sich ebenso wenig anschauen wie darstellen. Man kann nur auf der Suche nach ihr sein, sie herstellen und zugleich zerstören, nach Unendlichem streben und sich dabei seiner Endlichkeit bewußt sein. Dem Dichter hilft das stilistische Mittel der Ironie, die darin liegende Spannung auszuhalten: Die Illusion, die er schafft, ›erlöst‹ er von ihrem Wahncharakter, indem er sie mit Alltagsrealität konfrontiert und dadurch verdeutlicht, daß es verschiedene Wirklichkeiten gibt, innerhalb derer das Individuum zu seiner Freiheit gelangen muß. Die Durchbrechung von Fiktionen und die Zerstörung von Illusionen geschieht durch eine bewußte Diskontinuität der Darstellung. E. T. A. Hoffmann führt dies beispielhaft im *Kater Murr* vor: Durch den lächerlichen Zufall, daß selbiger Kater für die Niederschrift seiner eher nüchternen *Lebens-Ansichten* Blätter eines anderen Buches als Unterlage und Löschpapier benutzt, bleibt dieses Buch in willkürlichen Teilen erhalten; und allein dadurch erhalten wir die Möglichkeit, am fantastischen Leben des Kapellmeisters Kreisler – versteht sich: bruchstückhaft – teilzunehmen.

Die naheliegende Vermutung, daß die Kategorie der romantischen Ironie vor allem von Robert Schumann auf die Musik übertragen worden ist, trifft zu. Man betrachte, die Äußerung Tiecks aufgreifend, nur das Lied *Ein Jüngling liebt ein Mädchen*: Wie könnte aus dem simplen Modell, von dem der Komponist ausgeht, anstatt einer konventionellen pièce eine unverwechselbare Komposition werden, wenn nicht Ironie die Kraft gäbe, Herrschaft über den banalen Gegenstand zu gewinnen!

Indessen steht Schumann mit den entsprechenden Anschauungen in der Musikgeschichte des 19. Jahrhunderts nicht allein; vor allem auf die Gattung des romantischen Klavierliedes läßt sie sich auf breiterer Basis anwenden – zum Beispiel auf die Lieder der *Winterreise.* Deren Texte entnimmt Schubert einer Gedichtsammlung Wilhelm Müllers. Eine erste Folge von Gedichten hat Müller, welcher mit bedeutenden romantischen Dichtern bekannt oder befreundet ist, selbst aber eher bürgerlich als Gymnasiallehrer in seiner Vaterstadt Dessau lebt, 1823 unter dem Titel *Wanderlieder* erscheinen lassen; eine erweiterte Auflage veröffentlicht er ein Jahr später in gut romantischer Tradition als *Gedichte aus den hinterlassenen Papieren eines reisenden Waldhornisten.* »Fremd bin ich eingezogen, fremd zieh ich wieder aus« – diese Worte stehen wie ein Motto am Anfang des Zyklus, der den unbürgerlichen, unbehausten, unglücklich liebenden und »tödlich schwer verletzten« Wanderer auf seinem Weg durch eine kalte und freudlose Welt begleitet. Der Wanderer nährt sich von Hoffen und Sehnen, so auch im ›Frühlingstraum‹:

Ich träumte von bunten Blumen,
so wie sie wohl blühen im Mai;
ich träumte von grünen Wiesen,
von lustigem Vogelgeschrei.
Und als die Hähne krähten,
da war mein Auge wach;
da war es kalt und finster,
es schrieen die Raben vom Dach.
Doch an den Fensterscheiben,
wer malte die Blätter da?
Ihr lacht wohl über den Träumer,
der Blumen im Winter sah?

Seinen *Frühlingstraum* muß der »reisende Waldhornist« an keiner Stelle des Gedichtes wirklich aufgeben. Das Erwachen aus bunten Träumen bei Morgengrauen bringt ihn nicht aus der Fassung: Die Verse fließen gleichmäßig weiter, und auch die Illusion hört nicht auf: Sind Eisblumen etwa keine Blumen? Phantasie und Wirklichkeit sollen, so scheint es hier, nicht unterschieden werden, sondern bewußt ineinander aufgehen. Doch da macht der Komponist nicht mit: Er erhebt sich im Sinne Ludwig Tiecks ›über den Stoff‹ und setzt das formale Mittel der romantischen Ironie ein. Den Traum vom Frühling komponiert er – geradezu als Anklang an Mozarts *Komm, lieber Mai* – als eine muntere Liedidylle, die ihren Höhepunkt in einer merkwürdig konventionell anmutenden Koloratur auf die Zeile »von lustigem Vogelgeschrei« hat; zu den nachfolgenden Worten »und als die Hähne krähten« läßt er die Szene jäh wechseln: Der Melodiefluß stockt, die Worte werden herausgestoßen oder -geschrieen; das Klavier, das bis dahin brav begleitet hat, interveniert mit scharfen rhythmischen Figuren und gellenden Dissonanzen.

Franz Schubert: *Frühlingstraum* D 911 Nr. 11, T. 15-22

Schuberts musikalisch-rhetorisches Unwetter reißt den Träumer aus dem Schlaf: Nun erst kann er einschätzen, welches Glück ihm die Nacht gebracht und der Tag alsbald wieder genommen hat.

»Die alten, bösen Lieder« am Ende der *Dichterliebe* sind auf eine für Schumann sehr persönliche Weise Ausdruck romantischer Ironie. Die Verse Heines, welche dem Zyklus zugrundeliegen, handeln ja mehr von Trauer über vergangene, ungestillte und unerwiderte Liebe als von Liebeserfüllung. Demgemäß befleißigt sich der Komponist über weite Strecken dieses Zyklus einer aphoristisch knappen, verstörten, Gefühlsaufwallungen mehr verbergenden als freigebenden Tonsprache. Im Schlußlied schreitet er zu schweren Rhythmen, die einen Trauermarsch andeuten, hinter dem Sarg, mit dem seine Liebe und sein Schmerz ins Meer versenkt werden sollen.

Liebe und Schmerz: Sie erhalten eine zeremonielle Bestattung, hinter deren Pathos innere Distanzierung deutlich durchscheint. Sind sie in den vorangegangenen Liedern als polare und sich zugleich ergänzende Existenzweisen wirklich *erlebt* worden? Sie sind es *nicht:* Zwar gab es immer wieder konzentrierte Momente, in denen man authentischen Ausdruck von Liebesglück oder -trauer wahrzunehmen vermeinte; doch größerer Aufwand galt Vergangenem, Geträumtem, nur in ironischer Brechung Erlebbarem. Und so bleibt es auch; denn ausgerechnet den definitiven Abschied, der ja etwas Klärendes haben könnte, macht der Komponist sehr kurz – um alsbald zu seinem Klavier zu eilen: Zu guter Letzt gibt es ein meditatives, lyrisch weit ausschwingendes Nachspiel, in dem Liebeszauber und -wehmut nur leise nachklingen. Es weitet sich zu einer eigenständigen Arabeske für Klavier aus und scheint zu signalisieren, daß der Tondichter, schon wieder in seine Welt zurückgekehrt ist – in das Reich der Poesie und der Träume, das mit so viel Schönem und Nicht-Entzweiten winkt.

Hans Heinrich Eggebrecht hat kürzlich romantisches Lebensgefühl mit Hilfe eines von ihm so genannten Zwei-Welten-Modells erklärt: Ausgangspunkt des romantischen Künstlers ist »die Negation der wirklichen Welt«, von der allein »die Emphase zur Kunstwelt, zur Welt der Musik« erlösen kann.[106] Wer dort Vergessen und Rettung gefunden hat, kann und will in die wirkliche Welt nicht zurückkehren. Dieses Modell zweier – nach Eggebrecht »strikt voneinander getrennten« – Welten hat allerdings eine weit zurückreichende geistes-, vor allem frömmigkeitsgeschichtliche Tradition; in einem späten Stadium sind die mit ihr verbundenen Vorstellungen über den Pietismus und die Empfindsamkeit durch Tieck und Wackenroder von der Frühromantik rezipiert worden. Die letztere ist jedoch nur in einem wesentlichen *Teilmoment* durch das Zwei-Welten-Modell charakterisiert. Im Denken vor allem Friedrich Schlegels und Novalis' definiert sie sich wesentlich akzentuierter durch die Forderung, Kunst müsse die *Gebrochenheit* des zwischen den Welten irrenden Individuums zum Gegenstand haben, der Künstler habe demgemäß seine Erfahrungen als entzweites Subjekt zu reflektieren. Vor diesem Hintergrund hat beispielsweise Walter Benjamin seiner Dissertation aus dem Jahre 1919 den bezeichnenden Titel *Der Begriff der Kunstkritik in der deutschen Romantik* gegeben.

Sollte Schumann als Person womöglich im Sinne des Zwei-Welten-Modells nach Erlösung durch die Kunst gestrebt haben – der Komponist der *Dichterliebe* ist diesem Modell, was das Maß kritischer Reflexion angeht, augenscheinlich entwachsen: Den Weg in die zweite, ›heile‹ Welt weist ja erst das Nachspiel, während die vorangegangenen Lieder ein einziger Ausdruck gebrochenen Lebensgefühls und einer romantischen Ironie sind, die im Nachspiel eine letzte Volte vollführt, indem sie den Komponisten, als sei vorher nichts geschehen, gedankenversunken am Klavier verharren und tendenziell bis ins Unendliche weiterfantasieren läßt.

Daß Manfred Frank seine *Einführung in die frühromantische Ästhetik* mit einem Kapitel beschließen kann, in dessen Mittelpunkt die von Brahms in den sechziger Jahren komponierten *Romanzen aus L. Tiecks Magelone* op. 33 stehen, macht deutlich, wie lange die Frühromantik Einfluß auf die Gattung des Klavierliedes Einfluß genommen hat.[107] Was etwa romantische Ironie für deren Ästhetik bedeuten kann, hat Brahms vielleicht nicht eindrücklicher als Schubert oder gar Schumann, jedenfalls aber weit sublimer als diese vorgeführt: Was alles muß er bedacht haben, ehe er ein so vollendet stilisiertes, geschliffenes und im höchsten Sinne geschmackvolles Werk präsentieren konnte wie diesen seinen einzigen Liedzyklus. Die zweite, kunstvoll hergestellte Natur des Liedes führt Brahms mit einer Souveränität vor, die ihm als Glätte oder gar Unverbindlichkeit ausgelegt werden könnte, wäre nicht virtuoses Spiel mit eben dem Stilmittel der romantischen Ironie ihr Fluchtpunkt.

Noch weniger als anderen Kompositionen von Brahms ist dem Magelonen-Zyklus anzumerken, welch lange und differenzierte Geschichte er hat. Dabei handelt es sich ›nur‹ um Lieder, wie sie Schubert und Schumann häufig in einem Zuge – ersterer freilich manchmal in immer neuen Fassungen – niedergeschrieben haben. Die Anregung, einen Lied-Zyklus zu komponieren, bekommt Brahms durch seine eigene Pianistentätigkeit: 1861 begleitet er seinen Sänger-Freund Julius Stockhausen bei der öffentlichen Darbietung von Beethovens *Ferner Geliebten*, Schuberts *Schöner Müllerin* und Schumanns *Dichterliebe*. Bei der Aufführung der Müller-Lieder läßt Brahms Prolog, Epilog sowie die von Schubert nicht vertonten Gedichte Müllers rezitieren; nichts mehr als das verdeutlicht, wie wichtig der literarische und in weiterem Sinne kulturgeschichtliche Kontext eines Liedzyklus ist. Von seinen ›Vorgängern‹ Beethoven, Schubert und Schumann augenscheinlich inspiriert, hält Brahms nunmehr nach Textvorlagen für einen eigenen Zyklus Ausschau. In seiner großen Bibliothek findet er den ersten Band von Ludwig Tiecks *Phantasus* aus dem Jahr 1812. Dort hat der Dichter einige seiner Märchen neu zusammengestellt und mit einer Rahmenhandlung versehen, die ästhetische Probleme erörtert, welche die Übertragung alten Volksguts in den Geschmack der Jetzt-Zeit mit sich bringt. Erstmalig hatte Tieck seine Bearbeitung der volkstümlichen Liebesgeschichte von dem tapferen provençalischen Grafen Peter und der schönen neapolitanischen Prinzessin Magelone in die 1797 erschienenen ›Märchen‹ aufgenommen; schon dort befanden sich auch die ›Lieder‹, welche die Prosaerzählung an wichtigen Stellen um lyrische Momente bereichern sollten.

Vielleicht hat Brahms schon diese ältere und populärere Märchenausgabe gekannt, denn nach eigener Aussage hat er als Kind »unzählige Ritterromane [...] verschlungen«.[108] Speziell mit dem Magelonen-Stoff ist er schon als Vierzehnjähriger in Berührung gekommen, als er sich in Winsen an der Luhe im Hause Adolf Giesemanns, eines Freundes seines Vaters, aufhielt: Giesemanns Tochter Lieschen hatte Zugang zu einer Leihbücherei, und so konnten die beiden – neben gemeinsamem Wandern und Musizieren – auch um die Wette schmökern.[109] Thomas Boyer geht davon aus, daß der junge Brahms sich damals mit dem tapferen, schöngelockten Grafen Peter und seiner als träumerisch, aber zugleich abenteuerlustig geschilderten Art identifiziert und in den Magelonen-Liedern Jahrzehnte später sein widersprüchliches Verhältnis zu Frauen reflektiert habe.[110]

Bemerkenswerter ist vielleicht die Beobachtung, daß Brahms ein Stück nicht nur der eigenen, sondern auch der Ideengeschichte aufarbeitet. Tieck hat seine ›Lieder‹ ja ohne Musik vorgelegt: Da kann ein Komponist wie Brahms kaum anders, als dieses bedeutende, aber gleichsam unabgeschlossene Kapitel frühromantischer Lyrik zu

Ende zu schreiben. Das, vielleicht das allein mag ihm die Legitimation verschafft haben, die Widersprüche eines »frei aber einsam« sein Jahrhundert reflektierenden Komponisten einmal so entspannt zu thematisieren, wie er es in den Magelonen-Liedern tut: Er schreibt gleichsam im Auftrag Tiecks, muß nur dessen Ästhetik gerecht werden, nicht seiner eigenen. Indem er sich in diesem Sinne auf die gute alte Zeit der Frühromantik zurückversetzt, fällt es ihm nicht mehr schwer, die Leichtigkeit der Tieckschen Verse in die Musik hinüberzuretten.

Zu diesem Vorhaben paßt übrigens der von der Textvorlage nicht gedeckte Entschluß Brahms', seine Vertonungen *Romanzen* zu nennen. Das muß um 1860 wie eine ironische Distanzierung wirken; denn zu dieser Zeit ist die Romanze – wie es der Musikästhetiker und -historiker Wilhelm Ambros 1874 ausdrückt – zu einer »musikalischen Wasserpest« geworden, während sie in der Frühromantik hohes Ansehen gehabt hatte:[111] Nicht von ungefähr beschwört Friedrich Schlegel am Schluß seiner *Lucinde* die »wunderbare Romanze von den schönen Geheimnissen der kindlichen Götterwelt, begleitet von einer bezaubernden Musik der Gefühle«.[112]

Eines von Tiecks Magelonen-Liedern spiegelt die aufgewühlte Stimmung des Grafen Peter vor der entscheidenden Begegnung mit der schönen Magelone. Zwar ist er der Prinzessin schon begegnet, als er als fremder Ritter beim Turnier gekämpft und gesiegt hat; doch erst jetzt hat ihm eine Nachricht des Fräuleins die Gewißheit gegeben, daß Geständnisse gegenseitiger Liebe nicht länger zurückgehalten werden müssen. Und da er kein romanischer, sondern ein romantischer Ritter ist, stürzt ihn das nahe Glück in höchste Gefühlsverwirrung. Er singt zur Laute:

Wie soll ich die Freude,
die Wonne denn tragen?
Daß unter dem Schlagen
des Herzens die Seele nicht scheide?

Und wenn nun die Stunden
der Liebe verschwunden,
wozu das Gelüste,
in trauriger Wüste
noch weiter ein lustleeres Leben zu ziehn,
wenn nirgend dem Ufer mehr Blumen entblühn?

Wie geht mit bleibehangnen Füßen
die Zeit bedächtig Schritt vor Schritt!
Und wenn ich werde scheiden müssen,
wie federleicht fliegt dann ihr Tritt!

Schlage, sehnsüchtige Gewalt,
in tiefer treuer Brust!

Wie Lautenton vorüberhallt,
entflieht des Lebens schönste Lust.
Ach, wie bald
bin ich der Wonne mir kaum noch bewußt. ...

Das Fehlen einer strophischen Gliederung und die Emanzipation des Rhythmus vom vorgegebenen Metrum entsprechen der Vorstellung Tiecks, daß ein Gedicht sich von keinem äußerlich vorgegebenen Vers- und Reimschema »kommandieren« lassen dürfe, seinen Rhythmus vielmehr gemäß der vorgegebenen »Gefühlsabfolge« oder »Empfindungsreihe« spontan zu finden habe. Allein deren »schneller Wechsel« erlaubt und erfordert formale Freizügigkeit.[113] In diesem Sinne geht im vorliegenden Gedicht das Erleben von Freude und Wonne ohne rationale Vermittlung in den Ausdruck von Angst vor der Zukunft über; und demgemäß wandeln sich – ein wenig zeitversetzt – die beschwingten Daktylen in schwerere, da unregelmäßige Jamben.

Es erfordert Mut, Tiecks Verse, deren innnerhalb des deutschen Sprachraums fast einzigartige Mischung von Tiefsinn und Anmut nicht nur von Friedrich Schlegel gerühmt worden ist, in Musik zu setzen: Sie sind ja schon an sich Musik – nicht nur im Sinne frei fließender Lyrik, die auch andere geschrieben haben, sondern vor allem wegen ihres Reichtums an Vorstellungen, die nuanciert artikuliert, aber nicht in eine rationale Ordnung gebracht werden. Tieck selbst geht davon aus, daß die Gefühlsabfolge seiner Gedichte in »der musikalischen Natur der Töne unmittelbar realisiert« sei.[114]

Brahms versucht den Dichter nicht zu übertreffen, also nicht noch leichter, nuancierter und formal freier zu komponieren. Er gibt vielmehr dem Lied, was des Liedes ist: Einheitlichkeit und Rundung, freilich nur im notwendigen Maß. Einheit stiftet der fast durchgängig ritterlich-romantische ›Ton‹: Gebrochene Akkorde, von der linken Klavierhand gleich zu Anfang markiert, deuten Lauten-Gezupfe an; typische Terzen- und Sextenmotive beschwören Hörnerschall, so etwa im Abschnitt »Nein, der Strom wird immer breiter«. Zum anderen arbeitet Brahms mit einer durch Triller charakterisierten Baßfigur (T. 5 ff.), die nach Meinung Max Kalbecks »Stromschnellen im Flusse der Zeit« darstellen soll,[115] jedenfalls aber zur motivischen und damit formalen Vereinheitlichung des Liedes beiträgt.

Vor diesem allgemeinen Stimmungsgrund entwickelt Brahms eine Musiksprache, die bereitwillig, aber nicht beflissen die Schwingungen der Verse aufnimmt. Die Musik nimmt Anteil an den Freuden der Liebe und der Trauer über ihre Vergänglichkeit, sie reagiert auf den wechselnden Schritt der Zeit und teilt am Ende die optimistische Bereitschaft, sich dem Strom des Lebens letztendlich doch zu überantworten. Es gibt kaum ein Idiom in Singstimme und Begleitung, das nur Füllmaterial wäre und nicht seinen kleinen, auf die Vorstellungswelt des Textes bezogenen Sinn in sich trüge; und alle Idiome fügen sich wie farbige, aber niemals grellbunte Fäden zu einem Gewebe zusammen, das in benannten und doch namenlosen Stimmungen changiert wie die Dichtung selbst. Doch keineswegs verdoppelt Komposition Sprache: Durch Wiederholungen, Rückbezüge und motivische Verknüpfungen schafft Brahms eine eigenständige musikalische Ordnung; er läßt – wie später der Film – Text und Musik sich überlappen, so daß das eine noch dort verweilen kann, wo das andere schon nicht mehr ist. Er verstärkt die Ungeduld des Textes oder beschwichtigt sie; wie in einer kleinen Kantate spielt er mit der Zeit, läßt metrisch gebundene und deklamatorisch freiere Abschnitte sich ablösen.

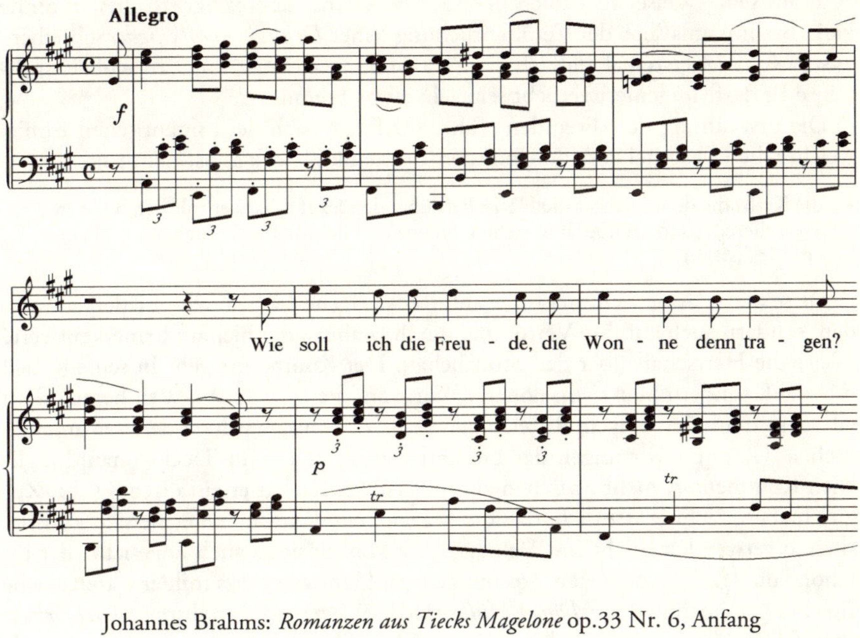

Johannes Brahms: *Romanzen aus Tiecks Magelone* op.33 Nr. 6, Anfang

Der Zauber des kleinen Gesamtkunstwerkes liegt gerade darin, daß in entscheidenden Momenten und Nuancen Gedicht und Musik nicht zeit- und deckungsgleich sind. Es entsteht der Eindruck eines angenehmen Rausches, aufgrund dessen leicht asynchron wahrgenommene Erlebnisse sich in einer neuen Gesamterfahrung verwischen und mischen. Gewiß ist die Musik – wie immer bei Brahms – bis ins letzte modelliert. Doch weil der Zwang zur autonomen Form fehlt, weil das Lied in Respekt vor der Gattungstradition dem Zeit-Kontinuum nicht abgetrotzt, sondern anvertraut ist, überwiegt der Eindruck einer Selbstverständlichkeit, welche Schumann im Vergleich zu Schubert kaum noch erreicht, während Brahms sie sich auf höherer Warte zurückgewinnt.

Für mich zählen die *Magelonen*-Lieder zum Stimmigsten, das Brahms komponiert hat. Wo Musik nicht als »absolute« gefordert und damit vielleicht überfordert wird, wo sie nicht um ihre Existenzberechtigung kämpfen muß, vielmehr von vornherein ihren angestammten Platz in dem umfassenderen Erlebnis- und Sinnzusammenhang ›Lied‹ einnehmen kann, vermag sie ihre Eigenart unangestrengt zu entfalten: Sie trägt zur Darstellung des Kunstschönen bei, ohne doch dessen einziger Garant zu sein. Vom Komponisten her gesehen: Der Druck der Entscheidung, was an formaler Arbeit abzuleisten, an Persönlichem zu enthüllen oder zu verbergen sei, schwächt sich ab; der Schöpfer des Werks wird zum Sänger einer Botschaft, die er zwar auf seine Weise, aber doch in anderem Auftrag überbringt. In diesem Sinne kann Brahms anläßlich der Veröffentlichung seiner *Deutschen Volkslieder* schreiben, es sei »wohl das erstemal, daß ich dem, was von mir ausgeht, mit Zärtlichkeit nachsehe«: Er darf »ungeniert verliebt sein – in etwas Fremdes«.[116]

Die Erwähnung des »Fremden« führt zur Frage nach der romantischen Ironie, welcher dieses Kapitel ja seine Überschrift verdankt. Tieck selbst nennt sie

»... die Kraft, die dem Dichter die Herrschaft über den Stoff erhält; er soll sich nicht in demselben verlieren, sondern über ihm stehen. So bewahrt ihn die Ironie vor Einseitigkeiten und leerem Idealisieren.«[117]

Diese Sätze lassen sich nicht nur auf Tiecks eigene Magelonen-«Lieder« anwenden, sondern auch auf ihre Vertonung durch Brahms, der hier auf bemerkenswerte Weise die Herrschaft über den Stoff behält. Der Komponist geht in seinem Lied nicht auf, sondern blickt von höherer Warte auf die Magelonen-Welt herab. Gern gibt er sich mit der ›naiven‹ Ritterromantik ab; einfühlsam geht er den ›sentimentalischen‹ Gemütverwirrungen der Liebenden nach; selbst für Tiecks unaufdringlichen Kommentar, mehr zwischen als auf den Zeilen, hat er ein offenes Ohr. Zugleich aber macht er deutlich, daß die Magelonen-Welt, indem er sie sich künstlerisch anverwandelt, nicht *die* Welt ist – wie könnte sie es auch angesichts der ihr schon von Tieck verordneten Brechungen sein! Um wie vieles milder waren solche Brechungen noch in der *Schönen Müllerin*, der *Winterreise*, ja selbst der *Dichterliebe* ausgefallen: Hatte dort noch der ›Stoff‹ zur Identifikation eingeladen, so will hier die Herrschaft des Komponisten über diesen Stoff bewundert sein.

Dennoch sind die Lieder des op. 33 alles andere als kompositorische Stil- oder Fingerübungen. Vielmehr machen sie deutlich, was dem Künstler in dieser Situation möglich ist – an Identifizierung, Distanzierung, wohlwollender oder ironischer Kommentierung. Als er den ersten Teil der Lieder schreibt, zählt Brahms nicht einmal dreißig Jahre und ist doch so unendlich abgeklärt – oder etwa doch noch von heißem Verlangen nach dem Glück eines Peter und einer Magelone erfüllt? Romantische Ironie gibt ihm die Möglichkeit, zugleich zu reden und zu schweigen. Das macht jüngere Hörerinnen und Hörer, wenn sie es mitbekommen, gelegentlich unsicher und wütend: Sie vermissen das von Tieck sogenannte, jedoch in ihren Augen nicht nur leere Idealisieren. Ältere mögen eine Lebenskunst bewundern, welche den, der sie ausübt, vielleicht vor Schlimmerem bewahrt.

Die Biographien im Kontext gesellschaftlichen Wandels

Das Jahrhundert zwischen 1797 und 1897, also zwischen Schuberts Geburts- und Brahms' Sterbejahr, markiert eine Phase bürgerlicher Musikkultur, die bis heute unsere Vorstellung von ›klassischer Musik‹ und ›Konzertleben‹ prägt. 1798 finden die Uraufführungen von Haydns *Schöpfung* und Beethovens erstem Klavierkonzert statt. Mit der *Schöpfung*, die zunächst als Privataufführung im Palais Schwarzenberg, doch bald darauf auch öffentlich im Wiener Burgtheater zu hören ist, macht die Musik innerhalb der traditionsverhafteten Gattung des Oratoriums einen wichtigen Schritt auf dem Weg von einer an Personen, Institutionen und Gegebenheiten gebunden Auftragskunst zu einer tendenziell der ganzen Menschheit gewidmeten Ideenkunst; im hymnischen, den Ton der französischen Revolution aufnehmenden Schluß von Beethovens Klavierkonzert wird die Musik auf das Thema der menschlichen Freiheit gestimmt. Damals arbeitet Johann Gottlieb Fichte an der Konzeption seiner *Wissenschaftslehre*, die der Begründung eines Grundgedankens dient: der Selbstsetzung und damit der Freiheit des Ichs.

Freiheit erscheint als die Freiheit des Individuums, das – auf die Kunst bezogen – Traditionen, Konventionen und Gattungsschranken hinter sich läßt. Die Kunst erfährt Freiheit auch zugleich Freiheit des Marktes: Ihre Funktionen erfüllt sie nicht mehr im ausdrücklichen Auftrag bestimmter Institutionen oder Klassen, die sie im Sinne einer Dienstleistung zu repräsentieren und legitimieren hat, sie muß vielmehr, ob sie will oder nicht, auf den ›freien Markt‹ – was nicht ausschließt, daß manche ihrer traditionellen Funktionen erhalten bleiben. Im Verlauf des 19. Jahrhunderts differenziert sich dieser Markt so weitgehend, daß er jedem seine ›Freiheit‹ anbieten kann. Es gibt kurzfristige musikalische Genußmittel, ›Unterhaltungsmusik‹ genannt, und langlebige Wertgegenstände, vieldeutig als ›klassische Musik‹ bezeichnet. Am Ende des Jahrhunderts kann dieser Markt so exzeptionelle Produkte wie ein Kammermusikwerk von Brahms, eine Sinfonie von Bruckner oder ein vierteiliges Bühnenfestspiel von Wagner verkraften und deshalb akzeptieren.

Zu den Größen ›Individuum‹ und ›Markt‹ tritt die der ›Politik‹. Napoleonische Herrschaft – Befreiungskriege – Restauration – bürgerliche Revolution – deutsch-französischer Krieg und Reichsgründung – imperialistische Machtentwicklung: Vor diesem Horizont deutscher Geschichte im 19. Jahrhundert sei nachfolgend noch einmal der Weg von Schubert über Schumann zu Brahms gegangen.

Im Blick auf Schubert kommt mir eine Szene aus Fritz Lehners Fernsehfilm *Mit meinen heißen Tränen* in den Sinn: Der Komponist ist mit seinen Freunden zu einem Ausflug aufs Land aufgebrochen und wird unversehens Zeuge der Verfolgung und Niederschießung eines im Film anonym bleibenden gesellschaftlichen Außenseiters: Die verstörte Runde verharrt schweigend angesichts dieser jähen Konfrontation mit dem Österreichischen Polizeistaat. Es ist die Zeit nach den Karlsbader Beschlüssen von 1819, mit denen Metternich die Reste nationaler und liberaler Bewegungen, die sich nach der Wiederherstellung des Obrigkeitsstaats durch den Wiener Kongreß von 1815 gehalten hatten, durch strenge Überwachung der Universitäten und verschärfte Pressezensur gänzlich auslöschen will.

Dem Wiener Kongreß sind die Befreiungskriege gegen den Usurpator Napoleon Bonaparte vorausgegangen, der vielen Zeitgenossen – so auch Beethoven – die Idee der Freiheit zunächst aus den Wirren der französischen Revolution gerettet zu haben schien, um sie dann doch nur umso schmählicher zu verraten. Nun sollte die nationale Erhebung der Völker jenen Freiheitsgedanken weitertragen, der den Menschen offenbar nicht auszutreiben war. Wenn Theodor Körner, der jugendliche »Sänger der Befreiungskriege«, in Liedersammlungen wie *Leyer und Schwert* den Kampf und Tod fürs Vaterland verherrlichte, so verband sich dies immerhin mit dem – von nationalem Ethos und Pathos freilich fast verschütteten – Appell an seine Altersgenossen, sich im Zeichen der Zeit politische und persönliche Freiräume zu erkämpfen. Sicherlich in diesem Sinne hat auch der achtzehnjährige Schubert über ein Dutzend vor allem patriotischer Texte Körners vertont, darunter das berühmte *Gebet während der Schlacht* D 171. Über die folgenden Jahre schreibt sein Konviktskollege und Freund Johann Chrisostomus Senn aus der Rückschau des Revolutionsjahres 1849:

»Die deutschen Befreiungskämpfe 1813 bis 1815 hatten auch in Österreich eine bedeutende geistige Erhebung zurückgelassen. Unter anderem hatte sich damals in Wien gleichsam instinktmäßig, ohne alle Verabredung, ein großartiger geselliger Kreis von jungen Literaten, Dichtern, Künstlern und Gebildeten zusammengefunden. In diesem Kreise dichtete Franz Schubert seine Gesänge ... Auch meine Gedichte, von denen Schubert einige in Noten setzte, entstanden in diesem Kreise zum Teil oder stehen in Beziehung zu demselben oder sind als Nachklänge zu betrachten, wenn auch die wechselvolle Gegenwart ihr Recht behält. So wenig würdig dieselben sind, den oben angedeuteten Erzeugnissen anderer an die Seite gesetzt zu werden, so verleugnen sie meist nicht ihren Ursprung im engeren und weiteren Sinne des Wortes, den sie häufig auch durch ihre Einkleidung bekennen.«[118]

Zweifellos ist das Moment freien und gelösten Singens, das in Schuberts Liedern spürbar ist, auch ein Nachhall einer durch die Freiheitskriege ausgelösten Euphorie. Der Kulturhistoriker Wilhelm Heinrich Riehl brachte schon 1869 in einem Essay über Albert Methfessel, den »Sänger des deutschen Commersbuchs«, die Blüte des volkstümlichen Liedes zur Zeit Schuberts mit den politischen Entwicklungen der Zeit in Zusammenhang:

»Der Quell des modernen deutschen Volksliedes sprudelte in jener Epoche überhaupt reicher als lange vorher und nachher. Dies war nicht das Werk einzelner großer Meister, es war das Werk der Zeit [...] Als mit dem Frieden die Zeit der Enttäuschungen kam, die Tage des Zurücksehnens nach unerreichten, aber unverlorenen Idealen, da tröstete man sich mit diesen Liedern. [...] Die romantische Jugend hielt im Liede fest, was die Staatslenker versagten und zerstörten.«[119]

Daß nicht das ›Volk‹, auch nicht die in Freicorps kämpfende akademische Jugend die Früchte der Befreiungskriege erntet, daß die alten Herrscher vielmehr noch entschlossener die vielfältigen Freiheitswünsche derer unterdrücken, die ihnen zur Macht zurückverholfen haben, verleitet freilich nicht nur zu nostalgischen Verhaltensweisen, sondern gelegentlich auch zum Widerstand – so auch Freund Senn. In seiner Jugend hat er kämpferische Lieder auf den Freiheitskampf seines Tiroler Volkes geschrieben; nachdem später jede Art von »Tendenzpoesie« – nicht nur durch die erwähnten Karlsbader Beschlüsse, sondern 1835 auch durch den Bundestag in Frankfurt – unter ausdrücklichem Verbot steht, muß er sich verschlüsselnder Bilder bedienen. Daß seine Verse »auch durch ihre Einkleidung [hindurch] bekennen«, drückt er in dem oben mitgeteilten Zitat wohl nicht zufällig innerhalb einer unklaren Satzkonstruktion aus: Das Chiffrieren von Botschaften ist ihm offenbar zur Gewohnheit geworden.

Wie hellhörig und allgegenwärtig die Zensur in der Tat ist, macht die Verhaftung Senns im März 1820 deutlich; sie erfolgt unter anderem deshalb, weil die Geheimpolizei im Tagebuch eines Kommilitonen die Eintragung gefunden hat: »Senn ist der einzige Mensch, den ich für fähig halte, für eine Idee zu sterben«. Nach vier Monaten Kerker und körperlicher Züchtigung wird Senn, ohne eine Konspiration gestanden zu haben, nach Tirol abgeschoben, wo er sein weiteres Leben als Schreiber und Lehrer an einer Kadettenschule fristet. Die Arretierung findet im Beisein seiner Freunde Schubert und Bruchmann statt, die laut Protokoll des Polizei-Oberkommissärs Leopold von Ferstl »gegen den amtshandelnden Beamten mit Verbalinjurien und Beschimpfungen« losziehen. Schubert kommt mit einer Verwarnung davon.

Bei den Texten, deren Vertonungen durch Schubert Senn erwähnt, handelt es sich um *Selige Welt* D 743 und *Schwanengesang* D 744. Schubert hat die Vorlagen vermutlich von Franz von Bruchmann erhalten, der Senn im September 1822 besucht hatte. Schon im folgenden Jahr bringt er die Vertonungen als op. 23 heraus, vermehrt um zwei weitere Lieder zum Thema ›Vergeblichkeit‹: *Die Liebe hat gelogen* D 751 auf einen Text August von Platens und *Schatzgräbers Begehr* D 761 auf die Dichtung des Freundes Schober. Walther Dürr hat im Vorwort seiner Edition innerhalb der Neuen Schubert-Ausgabe darauf hingewiesen, daß Schubert im Falle des op. 23 von seiner üblichen Veröffentlichungspraxis abgeht: Anstatt ein Liederheft jeweils nur einem Dichter zu widmen, stellt er diesmal Lieder verschiedener Autoren zusammen; das Verbindende ist der Bezug zum Freundeskreis und das übergeordnete Thema.[120]

Auffällig ist das Fehlen einer Widmung. Möglicherweise hat Schubert dieses Opus Senn gewidmet und es insgesamt als Ausdruck eines Geheimbundes der Freunde verstanden. In diesem Sinne könnte er die Texte, in denen vom »Sterbe- und Werdegefühl«, von »begrabnen Hoffungen« und »seligen Inseln des Wahns« die Rede ist, als untergründig politisch motiviert verstanden und vertont haben. Daß er damals unter den politischen Verhältnissen gelitten hat, zeigt nicht zuletzt sein eigenes Gedicht *Klage an das Volk*, das in einen Brief an den Freund Schober vom 21. September 1824 eingefügt ist:

> O Jugend unsrer Zeit, Du bist dahin!
> Die Kraft zahllosen Volks, sie ist vergeudet,
> Nicht *einer* von der Meng' sich unterscheidet,
> Und nichtsbedeutend all' vorüberzieh'n.
>
> Zu großer Schmerz, der mächtig mich verzehrt,
> Und nur als Letztes jener Kraft mir bleibet;
> Denn thatlos mich auch diese Zeit zerstäubet,
> Die jedem Großes zu vollbringen wehrt [...]
>
> Nur Dir, o heil'ge Kunst, ist's noch gegönnt
> Im Bild' die Zeit der Kraft u. That zu schildern,
> Um weniges den großen Schmerz zu mildern,
> Der nimmer mit dem Schicksal sie versöhnt.

Dieses erstaunliche Dokument relativiert die Auffassung vom passiven, die Welt nur erleidenden Schubert; es macht ferner deutlich, daß der Komponist die Kunst nicht als Rückzug ins Private und nicht nur als Trost in einem als unerträglich erlebten Dasein auffaßt, vielmehr auch als Möglichkeit, »die Zeit der Kraft und Tat« wenigstens »im Bild« vorzustellen. Vor diesem Hintergrund sieht man viele der von Schubert vertonten Texte in einem neuen Licht, auch diejenigen der *Schönen Müllerin* und der *Winterreise:* So wie Caspar David Friedrichs Bild *Die gescheiterte Hoffnung* aus dem Jahr 1821 nicht nur auf den Namen des Schiffes anspielt, das man unter den riesigen Schollen des Eismeers fast begraben sieht, sondern auf das ›Prinzip Hoffnung‹ schlechthin, beschwören Schuberts Vertonungen nicht nur allgemein menschlich Freud und Leid, sind vielmehr im Zusammenhang mit den gesellschaftlichen Bewegungen zu sehen, die sie mithervorgebracht haben. Verse aus der *Winterreise* wie diejenigen aus dem *Lindenbaum*: »Die kalten Winde bliesen mir grad ins Angesicht, der Hut flog mir vom Kopfe, ich wendete mich nicht« könnten von Schubert über ihren allgemein allegorischen Charakter hinaus durchaus im Sinne politisch zu verstehenden Trotzreaktion vertont worden sein.

Es ist nicht entscheidend, ob man einem Topos mehr oder weniger vielsagenden Doppelsinn beilegen zu können glaubt; schon die Zeitgenossen mögen da unterschiedlich hellhörig gewesen sein. Wesentlich ist die generelle Einsicht, daß man sich den Zugang zu Schuberts Musik – nicht nur zu den Liedern – verengt, wenn man über dem träumenden den politisch wachen, freilich Ohnmacht eingestehenden Schubert überhört – und den witzigen, spöttischen: Das zweite der ›Müller‹-Lieder, »Ich hört ein Bächlein rauschen«, klingt deutlich an Wenzel Müllers Kommerslied »Wer niemals einen Rausch gehabt, der ist kein braver Mann« an; und in dem Lied *Im Dorfe* aus der *Winterreise* wird dort, wo von beschränkter Phantasie und Genußfähigkeit der biederen Bürger die Rede ist, konventionelle italienische Oper zitiert.

Wie findet sich ein solcher Mensch mit dem Musikmarkt ab? Einerseits scheint er gezielt für diesen Markt zu schreiben, indem er alle traditionellen Gattungen bis hin zur Oper berücksichtigt und mit seinen Tänzen und Märschen für Klavier sogar Gebrauchsmusik im engeren Sinne ins bürgerliche Haus trägt. Wenn auch vielleicht mit halbem Herzen, strebt er immer wieder nach einem festbesoldeten Amt. Andererseits tut er wenig für seine Karriere, flieht ins Private, lebt von seinen Freunden, die er freilich auch spendabel an seinen geringen Verlagseinnahmen beteiligt, wünscht sich nach dem Vorbild Beethovens ein Staatsstipendium und beschimpft, wie Eduard von Bauernfeld 1869 in der Wiener *Presse* erzählt, einige Mitglieder des Wiener Opernorchesters, die ihn um Werke für ihre Instrumente angehen, als würde- und geistlose Musikanten, die ihr Leben lang nichts anderes täten als »in ein Holz mit Löchern beißen« und »die Backen an einem Waldhorn aufblasen«.[121]

Das sind keine Widersprüche, sondern Facetten in einem Leben, das sich, soweit die Quellen darüber Auskunft geben, durch eine fast erschreckende Lauterkeit auszeichnet: den Verzicht auf Winkelzüge und jederart Karrieredenken. Wenn man von einem der großen Komponisten sagen kann, er habe nur für seine Musik – und nicht auch für deren Fortkommen – gelebt, dann von Schubert. Was aus dieser Musik wurde, hat er dem Freundeskreis und der Nachwelt überlassen – wie eine Mutter, die ihre Kinder gebiert und nur solange nährt, bis sie ihren Weg finden können.

Die Brücke zu Robert SCHUMANN läßt sich kaum besser schlagen als mit einem Tagebucheintrag des Siebzehnjährigen aus dem Jahr 1827:

»Die politische Freiheit ist vielleicht die eigentliche Amme der Poesie: sie ist zur Entfaltung der dichterischen Blüthen am meisten nothwendig: in einem Lande, wo Leibeigenschaft, Knechtschaft etc. ist, kann die eigentliche Poesie nie gedeihen: ich meine die Poesie, die in das öffentliche Leben entflammend u. begeisternd tritt.«

Schumann schreibt dies unter gesellschaftlichen und politischen Umständen, die schon Schubert zur Verzweiflung gebracht haben, doch in anderem Ton. Zum einen ist er trotz seiner Jugend und bei aller Neigung zur künstlerischen Praxis der geborene Intellektuelle, der die Welt sehend in den Griff bekommen möchte und sich in diesem Sinne seiner Braut in dem am 13. April 1838 begonnenen Brief geradezu anempfiehlt:

»Es afficirt mich Alles, was in der Welt vorgeht, Politik, Literatur, Menschen – über Alles denke ich nach meiner Weise nach, was sich dann durch Musik Luft machen, einen Ausweg suchen will.«

Zum anderen vermag er mehr Aktivität und Offensivgeist zu zeigen, weil er eine erstarkende Opposition gegen die reaktionären Regime des Vormärz, der Zeit zwischen der französischen Julirevolution von 1830 und der deutschen Märzrevolution von 1848, in seinem Rücken weiß. Zu der literarischen Fraktion dieser Opposition gehören Heinrich Heine, Ludwig Börne, Georg Herwegh und Ferdinand Freiligrath. Sie leben vielfach in französischem oder Schweizer Exil, sind mehr oder weniger der Partei des *Jungen Deutschland* zuzurechnen und von dem Wunsch nach politischer, gesellschaftlicher und künstlerischer Freiheit beseelt.

Daß Schumann schon als Vierundzwanzigjähriger, kaum daß er seine ersten Kompositionen veröffentlicht hat, die Gründung einer *Neuen Zeitschrift für Musik* betreibt, macht deutlich, daß er an solcher Aufbruchsstimmung teilnimmt. Sicherlich drückt sich in dieser Aktivität auch sein persönlicher Ärger über den Umstand aus, daß seine Werke in der Leipziger *Allgemeinen musikalischen Zeitung* ignoriert und seine Angebote zur Mitarbeit von dem Redakteur Gottfried Wilhelm Fink unbeantwortet bleiben; doch über diesen Anlaß hinaus versteht sich die ›neue‹ Zeitschrift als Kampforgan gegen die Philister, d.h. Menschen mit muffigen Kunstansichten. Unter dem Hegel-Schüler Franz Brendel, dem Schumann das Blatt 1844 übergibt, wird diese Zielsetzung noch politischer: Es geht nun erklärtermaßen um den musikalischen Fortschritt, der ohne gesellschaftspolitische Veränderungen nicht denkbar erscheint; Brendel setzt sich demgemäß für die Kunstansichten Liszts ein und engagiert sich im Zuge der Revolution von 1848/49 für bildungspolitische Reformen, die eine Demokratisierung der Kunst nach sich ziehen und dazu beitragen sollen, daß diese ihren Beitrag zur »Neugestaltung des äußeren Daseins« beiträgt, wie es in der literarischen Realismus-Diskussion heißt.

Wie aus den Tagebuchaufzeichnungen hervorgeht, verfolgt Schumann die Ereignisse der bürgerlichen Revolution mit größter Anteilnahme, jedoch zugleich mit der für Bürgerkreise charakteristischen Angst vor Ausschreitungen. 1848 vertont er *Drei Freiheitsgesänge* für Männerchor, u.a. auf Freiligraths Gedicht *Schwarz-rot-gold.* Angesichts konkreter Werbungen für die Bürgerwehr und revolutionärer Unruhen fast vor seiner Haustüre flüchtet er freilich mit seiner Familie ins sichere Kreischa. Erst nachdem alles vorbei ist, beginnt er mit der Komposition der vier Klaviermärsche des op. 76:

»keine alten Dessauer«, wie er dem Verleger Whistling am 17. Juni 1849 mitteilt, »sondern eher republicanische, ich wußte meiner Aufregung nicht besser Luft zu machen – sie sind im wahren Feuereifer geschrieben.«

Noch in Kreischa hat Schumann die Motette op. 93 *Verzweifle nicht im Schmerzenstal* abgeschlossen, die wohl weniger als konkrete Antwort auf das sich abzeichnende Fehlschlagen der Revolution denn als sublimer Trost angesichts erlebter Ohnmacht zu verstehen ist. In den vertonten Versen Friedrich Rückerts heißt es: »Vertrau du der verhüllten Hand, die keinen führt nach seiner Wahl, und sei auf Wechsel stets gefaßt, denn Wechsel heißt das Weltschicksal.«

Es ist sicherlich nicht ergiebig, Schumanns persönliche Haltung zur Revolution von 1848/49 im einzelnen werten zu wollen; jedenfalls ist es interessanter zu betrachten, welche Konsequenzen er aus den politischen Entwicklungen in künstlerischer Hinsicht gezogen hat. Das Ergebnis ist erstaunlich: Ersichtlicher als zuvor öffnet sich der spätere Schumann den neuen Strömungen des bürgerlichen Realismus. Indem Schumann in seinen frühen Klavierwerken gegen Konvention und Oberflächlichkeit opponiert, begnügt er sich mit individuellem Aufruhr; und wenn er, konkret, in den *Faschingsschwank aus Wien* op. 26 die *Marseillaise* einschmuggelt, so mag dies von Hellhörigen wohl als witzige Kritik an Metternichs Politik aufgefaßt worden sein, bleibt jedoch durchaus in der Kreisler-Sphäre esoterischer Romantik. Demgegenüber greift der spätere Schumann Forderungen auf, denen zufolge sich musikalische Kunst dem Volk nicht hochmütig entziehen darf, sondern in verständlicher Weise zu seiner Bildung beizutragen hat.

Daß Schumanns Kompositionen nach 1840, wie schon bemerkt, eine Tendenz zum Klassizistischen und zugleich Biedermeierlichen zeigt, ist nicht nur als ein Zug zum Konservativismus zu deuten. Vielmehr steht dahinter – in bemerkenswerter Dialektik – die Vorstellung, das ›Volk‹ werde nach bewährten Formgesetzen komponierte Musik besser verstehen als solche, die wie frei fantasiert klingt. Das Moment des Betulichen, das zum Beispiel in den 1849 komponierten *Fünf Stücken im Volkston* für Violoncello bzw. Violine und Klavier den für Schumann so typischen noblen Gestus geradezu in Frage stellt, sollte man wohl nicht einfach mit nachlassender Phantasie erklären, sondern im Sinne des Vorsatzes, Hausmusik für Familie und Jugend anzubieten. Als solche wird von den Rezensenten das 1848 erschienene *Album für die Jugend* op. 68 in der Tat eingeschätzt; und es ist kein Zufall, daß Schumann ihm die berühmten *Musikalischen Haus- und Lebensregeln* beigeben wollte, was dann aus technischen Gründen erst in der 2. Auflage geschah.

Auch der Titel der um die Jahreswende 1848/49 als op. 82 komponierten *Waldszenen* läßt sich als Signal verstehen: Hier geht es nicht, wie in den frühen Klavierwerken, um Themen aus der Welt des in sich versponnenen Künstlers, sondern um eine volkstümlich nationale Idee, nämlich die des deutschen Waldes.[122] Schumanns Beschäftigung mit diesem Sujet paßt bruchlos in den Trend zum Realismus, wie er nach der gescheiterten Revolution von den liberalen *Grenzboten*, der damals führenden Wochenschrift für Politik, Literatur und Kunst, propagiert wird: Realismus ist hier weniger als eine umrissene ästhetische Forderung denn als allgemeiner Appell zu verstehen, sich realistisch zur Revolution zu verhalten, ihr nicht nachzutrauern, vielmehr optimistisch und eifrig beim weiteren Aufbau der bürgerlichen Gesellschaft mitzuwirken; für den Künstler heißt das, sich Themen zuzuwenden, in denen sich das Volk in diesem Bestreben wiederfinden kann.

Daß Schumann mit seiner Öffnung zum volkstümlichen Genre hin erfolgreich gewesen ist, zeigt exemplarisch die Publikumsreaktion im Leipziger Gewandhauskonzert vom 22. Juli 1848 zugunsten »der hiesigen brodlosen Arbeiter«: Von den beiden Schumann-Liedern, welche die Sängerin Livia Frege zum Schluß vorträgt, muß nicht *Du bist wie eine Blume* wiederholt werden, ein innerhalb des op. 25 auf die Verse Heines mit Zartheit komponiertes Lied, sondern das schon erwähnte, im treuherzigen Volkston gehaltene Lied *An den Sonnenschein*. Ulrich Mahlert erwähnt diesen Vorgang innerhalb einer Untersuchung der späteren Lieder Schumanns vor dem Hintergrund der allgemeinen liedästhetischen Diskussion nach 1848. Er macht deutlich, daß der Komponist hier in beträchtlichem Maß um eine deklamatorische, die Worte verdeutlichende Textgestaltung und um einen »dramatischen, öffentlichkeitsbezogenen Stil« bemüht ist – beispielsweise in den *Liedern, Gesängen und Requiem für Mignon aus Goethes Wilhelm Meister* op. 98a von 1849.[123] Daraus spricht die Absicht, das Lied nicht länger als zerbrechliche kleine ästhetische Eigenwelt im Sinne des romantischen Fragments zu verstehen, sondern als Träger wertvollen Kulturguts. Schumann beteiligt sich damit in einem bisher nicht genug beachteten Ausmaß an der – nach landläufiger Auffassung von Liszt beherrschten – Diskussion darüber, ob die Musik sich aus ihrem Elfenbeinturm befreien und der Teilhabe an der Volksbildung versichern könne, indem sie sich mit ideengeschichtlich bedeutenden Stoffen auseinandersetze.

Um die an Zahl, Anspruch, nach 1848/49 auch an gesellschaftlicher Bedeutung wachsenden Oratorien- und Singvereine in solche Vorstellungen einzubeziehen, schreibt Schumann zahlreiche Balladen für Chor, Soli und Orchester auf Texte bekannter Dichter wie Uhland und Geibel. Einen Höhepunkt stellen die zwischen 1844 und 1853 komponierten *Szenen aus Goethes Faust* dar: Die zuerst fertiggestellte Schlußszene ließ Schumann zum großen Goethe-Jubiläum am 29. August 1849 aufführen. Dieses stellte im Bewußtsein der Öffentlichkeit eine Umlenkung der Ziele der gescheiterten Revolution auf das Terrain nationaler Bildung dar. Ganz aus dieser Stimmung heraus äußert sich Schumann gegenüber seinem Verleger Härtel am 28. Juli 1849, also zu einem Zeitpunkt, als sich Wagner vor steckbrieflicher Verfolgung in die Schweiz geflüchtet hat:

»Das Concert soll im Palais des großen Garten [in Dresden] sein, und außerdem noch die Walpurgisnacht gegeben werden. Gleichzeitig, und namentlich nach dieser Aufführung, soll an verschiedenen Puncten des Gartens gesungen, musicirt und jubilirt werden; man möchte eine Art Volksfest.«

Dazu paßt ein Zitat aus einem Brief an Franz Brendel vom 17. Juni desselben Jahres: Schumann berichtet, daß er an den Märschen op. 76 mit »größter Freude« gearbeitet habe, wie es ihn überhaupt noch nie so gedrängt habe, viel zu arbeiten; außerdem äußert er sich allgemein über die Zeitbezogenheit seines Schaffens:

»Ach ja – von den Schmerzen und Freuden, die die Zeit bewegen, [in] der Musik zu erzählen, dies fühl ich, ist mir vor vielen Andern zuertheilt worden. Und daß Sie es den Leuten manchmal vorhalten, wie stark eben meine Musik in der Gegenwart wurzelt und etwas ganz anderes will als nur Wohlklang und angenehme Unterhaltung, dies freut mich und muntert mich auf zu höherem Streben.«

Daß Schumann Ende 1847 die Leitung der Dresdener Liedertafel übernimmt, wenig später einen eigenen »Verein für Chorgesang« gründet, 1850 in Düsseldorf als städtischer Kapellmeister sein erstes öffentliches Amt antritt und sich in dieser Position für das Niederrheinische Musikfest einsetzt, deutet darauf hin, daß er – trotz oder gerade wegen zunehmender Ängste vor dem Ausbruch des Wahnsinns – auch als Praktiker etwas ›gesellschaftlich Nützliches‹ tun will. In Düsseldorf verfolgt er Pläne für ein Oratorium über den »großen Volksmann« Martin Luther, das nach den Vorstellungen, die er am 25. Juni 1851 gegenüber dem Librettisten Richard Pohl äußert, »ein durchaus volksthümliches« und von »Bauer und Bürger« verstanden werden soll. Auch die populär malenden Züge der in Düsseldorf komponierten ›Rheinischen Sinfonie‹ könnte man vor diesem Hintergrund sehen.

Zwar wäre die Vorstellung übertrieben, Schumann habe sich im Zuge gesellschaftlichen Wandels seine zweite große Lebens- und Schaffensphase vor allem selbstgestellten bildungspolitischen Aufgaben gewidmet. Der Gegensatz zu einer vergleichsweise elitären Kunstauffassung im Klavier- und Liedschaffen der ›ersten‹ Schaffensphase ist jedoch auffällig. Vieles deutet darauf hin, daß Schumann zumindest eine Vermittlung zwischen elitären und trivialen Vorstellungen von Musik – im Sinne einer volkstümlichen und doch vollgültigen Kunst – im Blick hatte. Eine solche wäre der Ausweg aus der ästhetischen Dichotomie gewesen, deren Problematik zu seiner Zeit diskutiert wird: Um nicht ihre Ansprüche auf Einzigartigkeit, Wahrheit und Sittlichkeit zu verlieren, muß Musik sich dem wachsenden, am Massengeschmack orientierten Markt verschließen; insofern versteht sich Hanslicks Kampf um die absolute Musik auch als ein solcher um Reinheit und Tiefe der Kunsterfahrung. Andererseits kann eine Musik, die sich in esoterischem Verständnis ihrer selbst abkapselt, keine breite Wirksamkeit entfalten.[124]

Es ist erstaunlich, wie deutlich Schumann dieses Problem trotz seiner eigenen, mit den Jahren eher zunehmenden Kontaktschwierigkeiten gesehen hat und wie entschlossen er es angegangen ist. Auch daran zeigt sich, daß er – stärker als Schubert und Brahms – ein von Grund auf politisch denkender Komponist gewesen ist; und es ist mehr als eine nur beiläufige Äußerung, wenn er, wie im Essay *Komponieren am Klavier* ausführlicher zitiert, »politische« und »musikalische Umwälzungen« in einem Atemzug nennt.[125]

Bei Schubert denke ich im Zusammenhang mit politischen Ereignissen als erstes an die Karlsbader Beschlüsse, bei Schumann an die bürgerliche Revolution von 1848/49, bei BRAHMS an die Reichsgründung von 1871. Brahms, gebürtiger Hamburger, damals aber seit langem in Wien lebend, ist leidenschaftlicher Verfechter der gesamtdeutschen Sache. Während des Krieges gegen die Franzosen glüht er, wie sein Biograph Richard Specht mitteilt, »in trunkenem Enthusiasmus; er verfolgt die Siege der deutschen Armee mit bebender Spannung, denkt wirklich und wahrhaftig Tag und Nacht daran, freiwillig mitzuziehen.«[126] In späteren Jahren führt er, wie Rudolf von der Leyen berichtet, »meistens einen Band Bismarckscher Reden oder Briefe in seinem Reisetäschchen mit sich und bemerkt dazu: ›Was Der mir sagt, genügt mir, das glaube ich‹.«[127] Markige Soldatenreden des jungen Kaisers Wilhelm II. verteidigt er dem Freund Josef Victor Widmann gegenüber bis an den Rand eines

Zerwürfnisses. Während seiner letzten Krankheit verschaffen ihm neben Lessings *Laokoon* und Widmanns hintersinniger *Maikäferkomödie* einige »neu erschienene Bücher über Krieg und Sieg von 1870/71, worüber er niemals genug lesen konnte,« »geistige Genüsse«. Vier Tage bevor ihn der Tod in der Karlsgasse 4 ereilt, wo er über 25 Jahre hinweg gewohnt hat, reißt er zum letzten Mal das Blatt von dem aktuellen Bismarck-Kalender ab, einem Geschenk der Verlegersgattin Clara Simrock.[128]

Gleich Wagner, der in diesem Zusammenhang mit der Posse *Eine Kapitulation* WWV 102 und dem *Kaisermarsch* WWV 104 kaum besser dasteht, hat Brahms seine Begeisterung im Jahre 1871 musikalisch umgesetzt und auf den Sieg der deutschen Truppen das *Triumphlied* op. 55 für Chor, Soli und Orchester geschrieben – zunächst mit dem Untertitel *Auf den Sieg der deutschen Waffen.* Noch während des Krieges beginnt er mit der Komposition über Worte aus dem 19. Kapitel der Offenbarung Johannis. In den Anfangsteil, der mit »Halleluja! Heil und Preis, Ehre und Preis sei Gott« beginnt, flicht er einen Anklang an die Hohenzollernhymne *Heil Dir im Siegerkranz* ein. Diese Anspielung wirkt jedoch noch dezent im Vergleich zu der geschmacklosen Gleichsetzung Wilhelms I., des Widmungsträgers, mit einem apokalyptischen Reiter: »Und ich sahe den Himmel aufgetan, und siehe, ein weißes Pferd, und der darauf saß, hieß Treu und Wahrhaftig, und richtet und streitet mit Gerechtigkeit«.

Damit nicht genug. Versteckt schmäht Brahms den unterlegenen Erzfeind Frankreich als »große Hure«. Diese Worte übernimmt er mit dem vertonten Bibeltext: »Denn wahrhaftig und gerecht sind seine Gerichte, daß er die große Hure verurteilt hat ...« In einem geistlichen Werk, das das *Triumphlied* ja trotz allem darstellt, kann Brahms jedoch kaum das Wort »Hure« verwenden. Deshalb läßt er den Chor nach den Worten »Denn wahrhaftig und gerecht sind seine Gerichte« pausieren, um stattdessen den Rhythmus der folgenden Worte ins Orchester zu legen. Nun können sich bibelfeste Zuhörer denken, was sie wollen. Brahms selbst denkt sich jedenfalls sein Teil, denn in seinem Handexemplar trägt er den Huren-Passus an der entsprechenden Stelle ausdrücklich nach.

Der Vorgang kann und soll ein Schlaglicht nur auf *eine* Lebenssituation von Brahms werfen. Er macht freilich unmißverständlich deutlich, daß auch die Musikgeschichte inzwischen in der Gründerzeit angelangt ist. Zumindest vordergründig ist Brahms nicht der Bohemien wie Schubert, nicht der Intellektuelle wie Schumann; und daß er etwas vom Staatskompositeur habe, ist – über Wagners Häme hinaus – nicht ohne Wahrheit: nicht so zu verstehen, daß eine Mehrzahl der diesen Staat repräsentierenden Größen von seiner Musik viel mehr als die *Akademische Festouverture* geschätzt hätte; wohl aber vor dem Hintergrund, daß das staatstragende Moment seiner Komponistenrolle durchaus wahrgenommen und begrüßt wird. Das Deutsche Reich der Gründerjahre pflegt nicht nur eine nationalistische ›Volks‹-Kultur entsprechend eines populären Wahlspruchs: »Die Turner, Sänger, Schützen sind des Reiches Stützen«. Zur weltanschaulichen Sicherung seiner Herrschaft kann es auch einen lebenden Klassiker gebrauchen, wenn dieser loyal ist: »»Absolute«, d.h. ideologisch nicht platt verfügbare Musik darf er schreiben, wider den Stachel löcken soll er nicht. Bereits in den siebziger Jahren ist Brahms öffentlich nicht nur nicht angefochten, sondern geradezu in den Musikmarkt integriert. Dieser braucht ja für seinen normalen Umsatz keine *Ring*-Tetralogie à la Bayreuth und keine abendfüllende Sinfonie à la Bruckner, sondern aufführbare Sinfonien, Chorwerke, Lieder, Kammer- und Klaviermusik; und all das liefert Brahms, mag er sich beim Publikum auch noch so wenig anbiedern. So ermöglichen ihm die Einnahmen durch Honorare allmählich das gesicherte Leben eines Privatiers, zumal ihm – anders als Wagner – Verschwendungssucht fernliegt. Schon 1888 schreibt Bernhard Vogel in seinem Buch über *Musikheroen der Neuzeit*:

»Brahms ist nicht nur einer der hochgefeiertsten deutschen Komponisten der Gegenwart, er ist zugleich einer der besthonorierten; die Summen, die er in den letzten zehn Jahren für seine Werke bezogen, übersteigen gewaltig die landesüblichen Ziffern und bilden den Grundstock zu einem nicht unansehnlichen Vermögen.«[129]

Wenn Brahms für Bildungsbürger komponiert haben sollte, so jedenfalls für solche, die tendenziell musikalische Kenner sind. Sein Freund Theodor Billroth, Arzt, passionierter Quartettspieler und Widmungsträger der Quartette op. 51, muß in seiner Schrift *Wer ist musikalisch* bekennen:

»Bis Mendelssohn und Chopin ging ich von selbst enthusiastisch mit, für sie reichte meine bis dahin erworbene musikalische Bildung aus; zu Schumann und Brahms brauchte ich Führer«.[130]

In der Tat findet seit der Gründerzeit noch einmal eine Differenzierung im Verständnis von Musik statt: Hatte die bürgerliche Gesellschaft, wie erwähnt, zu Anfang des 19. Jahrhunderts die Unterscheidung von ›unterhaltender‹ und ›ernster‹ Musik auf den Weg gebracht, so beginnt sie nun zwischen einer allgemein zugänglichen und einer Bildungsmusik, deren Repräsentant Brahms ist, zu unterscheiden. Die Brahms-Gemeinde wird schon in der *Neuen Musik-Zeitung* von 1881 geradezu als »Geistesaristokratie« apostrophiert.[131]

Unter den 288 Personen, mit denen Brahms nach einer Statistik von Klaus Stahmer persönlichen oder schriftlichen Kontakt hatte, dominieren neben den praktischen Musikern, also seinen Berufskollegen im engeren Sinne, Geheim- und Kommerzienräte, Ärzte und Juristen, Musikschriftsteller, Dichter und Historiker. Auch die reicheren unter ihnen verstehen sich weniger als Mäzene denn als Angehörige eines Bildungszirkels. In diesem Sinne ist es für Brahms fast eine Selbstverständlichkeit, daß seine Kammermusikwerke – für Komponist, Ausführende und Hörer gleichermaßen ein emphatischer Ausdruck musikalischer Bildung – als Hausmusik aufgeführt werden, ehe man sie – fast bedauernd – der Öffentlichkeit freigibt. Daß Geistes- und Geld-«Aristokratie« im Falle Brahms' weitgehend identisch sind, bleibt freilich bedenkenswert. Wer mit Theodor W. Adorno ein »Verdikt über die Musik des Privatiers und schließlich alle vorgeblich bloß subjektive« für unangemessen hält,[132] kann sich gleichwohl fragen, wo denn dieses ›Subjektive‹ auffindbar sei – etwa in der Kammermusik: Tarnt es sich dort als Bildung, oder ist es dort auf eine Weise abrufbar, die nur Begüterte sich leisten können, indem sie nicht mehr zu trennen wissen, ob sie der *Besitz* eines Kunstwerks begeistere oder seine *Botschaft?*

Auch in diesem Sinne ist Brahms für das Bildungsbürgertum als dessen besserer Teil von unschätzbarem Wert. Während der ›Besitz‹ an musikalischer Tradition meist nur genutzt wird, um für ›klassische‹ Musik zu schwärmen, Biographien zu lesen oder auch nur Musikerautographe zu sammeln, sorgt Brahms dafür, daß gelegentlich ein Moment produktiver Auseinandersetzung mit dem Erbe aufscheint. Wie an der Cellosonate op. 38 ausführlich dargestellt, handelt er nach dem Goetheschen Wort: »Was du ererbt von deinen Vätern, erwirb es, um es zu besitzen!«

Wurden Beethovens letzte Quartette von den wenigen, die sie kannten, als ein Skandalon verstanden, als ein In-Frage-Stellen traditioneller Auffassungen vom Wesen nicht allein der Musik, sondern der menschlichen Ausdrucksfähigkeit schlechthin, so sichert die Teilnahme an der Kammermusik von Brahms einer inzwischen deutlich angewachsenen, jedenfalls aber tonangebenden Gesellschaftsschicht, zu der gewiß ihr Beobachter Adorno seinerseits zu zählen ist, geradezu ihre Identität. Diese Musik muß demzufolge auch nicht mehr ignoriert, kontrolliert, kritisiert oder verfolgt werden: Sie hat unstrittig ihren Platz im Ensemble der bürgerlichen Freiheiten; und Brahms ist Realist genug, sich mit seinem privilegierten Platz zu begnügen, anstatt auszubrechen und sich womöglich zu desavouieren. So gesehen, ist er kein zweiter Beethoven – so wenig wie Fontane ein zweiter Goethe oder Bismarck ein zweiter Napoleon. – Am 29. August 1883 schreibt Sigmund Freud anläßlich einer Aufführung der Oper *Carmen* einige bemerkenswerte Sätze an seine Braut Martha Bernays:

> »Du hast ganz recht, es ist nicht schön und erhebend anzuschauen, wie sich das Volk vergnügt [...] Das Gesindel lebt sich aus und wir entbehren. Wir entbehren, um unsere Integrität zu erhalten, wir sparen mit unserer Gesundheit, unserer Genußfähigkeit, unseren Erregungen, wir heben uns für etwas auf, wissen selbst nicht für was – und diese Gewohnheit der beständigen Unterdrückung natürlicher Triebe gibt uns den Charakter der Verfeinerung.«[133]

Hätte Beethoven höchstens die ersten dieser Sätze unterschrieben, so könnte Brahms sich auch mit der skeptischen Fortsetzung (»wissen selbst nicht für was ...«) identifiziert haben. Er vollendet in dieser Zeit seine 3. Sinfonie, von deren Tendenz zum Verhaltenen, Kammermusikalischen und Verfeinerten schon die Rede war. Die Vitalität, die er an *Carmen* hoch bewundert, lebt er in der eigenen Musik nicht aus; dieser hat Friedrich Nietzsche bekanntlich »Melancholie des Unvermögens« vorgeworfen. Hätte eine solche vielleicht nicht nur mit persönlichen Dispositionen, sondern auch mit gesellschaftlichen Verhältnissen etwas zu tun? Könnte sie der Preis des armen Hamburger Jungen für den Eintritt in die feine Gesellschaft gewesen sein – dergestalt, daß sich beide gegenseitig ihrer ›Integrität‹ im Zeichen einer »Melancholie des Vermögens«[134] versichert hätten? – *Einer* der Zusammenhänge, innerhalb derer Musik als sinnstiftend erlebt wird, ist dieser gesellschaftliche gewiß!

Als Schubert stirbt, erwartet ihn ein eher bescheidenes Begräbnis durch seine Freunde. Schumanns Leiche begleitet der Bonner Bürgermeister. Bei Brahms' Bestattung wird Polizei mit langem Mantel und blankem Helm eingesetzt, um den langen und prunkvollen Trauerzug, dem ein Standartenträger in altspanischer Tracht voranreitet, würdig zu geleiten. Ob Brahms sich solches Zeremoniell verbeten oder ob ihm die Vorstellung, mit mehr Pomp als Beethoven begraben zu werden, gefallen hätte, wissen wir nicht; es kommt darauf auch nicht an: Brahms' Leichenbegängnis ist eine Selbstdarstellung des Bügertums, wie sie im Falle von Schubert und Schumann inzwischen durch posthume Ehrungen in Gestalt von Denkmalsenthüllungen nachgeholt worden ist. Ein »Weitergehn in der Kunstwelt«, wie Beethoven es sich gewünscht hatte, hat in einer Beziehung sicherlich stattgefunden: Große Komponisten müssen nicht mehr darum kämpfen, als Repräsentanten ihres Zeitalters angesehen zu werden – sie werden dazu gemacht. Hat im Vergleich zu ehedem Brahms' Zeitalter mehr von Kunst begriffen oder Brahms' Kunst mehr vom Zeitalter?

Kapitel 3

Im Dienst der Volksbildung: Franz Liszt und Felix Mendelssohn Bartholdy

Liszt und Mendelssohn sind auf den ersten Blick ein ungleiches Paar: der eine skandalumwitterter Allerweltskerl, der andere Musterknabe der Nation. Doch schon in dieser Polarität kommt das Verbindende zum Ausdruck: Beide waren Leitbilder ihrer Zeit, beide wollten der Gesellschaft durch ihre Kunst dienen.

Kosmopolit war jeder von ihnen und schon insofern ganz anders als die Vertreter der deutschen Innerlichkeit: Beethoven ist seit seinem vierten Lebensjahrzehnt kaum noch gereist, Schubert niemals aus dem Donauraum herausgekommen, Schumann vor allem seiner Frau zuliebe unterwegs und dabei selten glücklich gewesen. Und Brahms, der Konzerttourneen schon in jüngeren Jahren überdrüssig geworden, verstand seine späteren Reisen bevorzugt als Arbeitsurlaube: Dem Bestreben, die Welt aufzunehmen und in die Welt zu wirken, dienten sie gewiß nicht.

Doch wegen ihrer Extrovertiertheit sind Liszt und Mendelssohn nicht die schlechteren Beethovenianer. Sie bewegen Beethoven nicht nur in ihrem Innern, sondern sorgen auch dafür, daß er den gebührenden Platz im Musikleben der Zeit erhält. Und was Liszt angeht, so verwendet er darüber hinaus alle Energie darauf, Beethovens Vorstellung eines Ideenkunstwerks in die neuen Formen zu gießen, die ihm dafür angemessen erscheinen: in klavieristische Essayistik und Sinfonische Dichtung.

Daß der erwählte Komponist die Menschheit durch seine Musik zu lichteren Höhen führen könne und müsse, war schon die Überzeugung Beethovens gewesen. Liszt und Mendelssohn waren keineswegs auf der falschen Fährte, wenn sie ihren Dienst an Beethoven auch als kulturpolitische Aufgabe und Beitrag zur Volksbildung auffaßten. Man unterschätzt leicht, was beide speziell für das deutsche Musikleben bis in die Gegenwart geleistet haben, obwohl oder weil sie keine Deutschen im emphatischen Sinne waren und es an Totalität weder des kompositorischen Ausdrucks noch der narzistischen Ich-Bezogenheit mit Schubert, Schumann, Brahms, Wagner oder Bruckner aufnehmen konnten.

Franz Liszt – Streiter für den Fortschritt

Die Vorstellung, daß ein Künstler in seinem Werk aufgehe und dadurch den schönsten Ersatz für nicht gelebtes Leben erhalte, gehört seit Beethoven zum festen Bestand des Denkens und Redens über Musik und Musiker. Angesichts so vieler Spießer, die ihr Leben nicht gelebt haben, ohne dafür Trost in der Kunst gefunden zu haben, besteht kein Anlaß zur Überheblichkeit – schon gar nicht für Musikfreunde, die sich an dem Trost, den sich diese Künstler selbst spenden, ihrerseits wärmen.

Doch das hindert nicht die Bewunderung für ein Künstlerleben, aus dem ein Lebenskünstler spricht: ein Mensch voller Widersprüche, der sich auf das Leben eingelassen, es genossen und erlitten hat. In diesem Sinne ist bereits Liszts Biographie ein bedeutendes Werk: Sie zeigt, was man aus einem Leben machen kann, das der Musik gewidmet ist, ohne sich als Person aufzulösen. Sie beweist ferner, daß man auf Selbstdarstellung und -stilisierung aus sein kann, ohne deshalb die Liebe zu den Menschen sowie die Verantwortung für die eigene Zunft und den allgemeinen gesellschaftlichen Fortschritt aus den Augen verlieren zu müssen.

Das kompositorische Werk *bestimmt* dieses Leben, aber es *ist* nicht das Leben; vielleicht erscheint es uns deshalb in besonderem Maße zeitgebunden. Im Sinne eines musikalischen Korpus mag die Hinterlassenschaft Liszts in der Tat weniger gelten als die der anderen großen Komponisten des 19. Jahrhunderts, doch auf- und anregend ist sie allemal.

Der junge Liszt: *Lyon*
oder: Engagement zwischen Revolution und Religion

»Traurig und groß ist die Bestimmung des Künstlers. Eine heilige Gnadenwahl drückt bei seiner Geburt ihr Siegel ihm auf. Nicht er wählt seinen Beruf, sondern sein Beruf wählt ihn und treibt ihn unaufhaltsam vorwärts.«[1]

Dies schreibt der fünfundzwanzigjährige Liszt in seinem öffentlichen Brief an George Sand vom 30. April 1837. Schon früh hat er sich selbst in diesem Sinne als Künstler gesehen. Geboren wird er 1811 in Raiding im Burgenland, das damals zum Königreich Ungarn gehört. Seine Eltern sind deutschsprachig. Liszt selbst hat niemals die ungarische Sprache beherrscht, sich aber mit einer im Laufe seines Lebens zunehmenden Bewußtheit als Ungar gefühlt. Darin zeigt sich seine Identifikation mit einer innerhalb der k.u.k. Monarchie unterdrückten Nation, die auf ihn so viel lebensvoller wirkt als die mondänen Pariser Musikzirkel, die seine zweite Heimat werden sollen. Mit Ungarn verknüpft sich für ihn außerdem die Idee des Zigeunerischen als Inbegriff persönlicher, gesellschaftlicher und musikalischer Ungebundenheit. »Ich bin der klassische Zigeuner«, sagt er als Abbé wenige Jahre vor seinem Tod.

Freiheit erlebt als besonders kostbar, wer sie zuvor schmerzlich vermißt hat, und das mag wohl auf den jungen Liszt zutreffen. Die Lust an der Musik als solche ist ihm zwar mitgegeben: Schon der Sechsjährige drängt ans Klavier und zeigt solche Begabung, daß ihm das Instrument fortan zu einem Partner wird, dem er seine Gedanken in grandioser Mühelosigkeit mitteilt, auf daß es sie an das Publikum weitergebe. (Robert Schumann, der gründliche Deutsche, übt derweil so fanatisch, daß er bleibende Schäden davonträgt und von der Vorstellung einer Virtuosen-Karriere – freilich nicht der einzigen, die er im Kopf hat – Abschied nehmen muß.)

Weniger frei ist Liszt allerdings darin, den systematischen Anstrengungen des Vaters zu widerstehen, aus seinem einzigen Sohn ein Wunderkind zu machen: Als der Vater nicht länger ein kleiner Beamter in der Provinz sein möchte, vielmehr mit seinem Sohn in die große Welt und wohl auch an das große Geld will, hat der kleine Franz keine Wahl. 1823 – in diesem Jahr soll der Junge in Wien anläßlich eines Konzerts von Beethoven gesegnet worden sein – ist Vater Liszt vom Erfolg seiner bisherigen Investitionen offenbar so überzeugt, daß er für immer den Dienst quittiert, um sich in Paris zu etablieren.

Für Franz folgen Jahre, die mit anstrengenden Musik-Studien und noch erschöpfenderen Konzertreisen angefüllt sind. 1827 gerät er in eine akute seelische Krise; wenig später stirbt der Vater. Nun muß der Sechzehnjährige vollends auslöffeln, was ihm sein Vater eingebrockt hat: Im großen, anonymen Paris ist er nicht nur auf sich gestellt, sondern muß auch noch für den Lebensunterhalt der Mutter sorgen.

Also gilt es, in den einschlägigen Zirkeln und Salons Fuß zu fassen und sich als Pianist einen Namen zu machen. Das tut Liszt, und er saugt zugleich die vielen geistigen und künstlerischen Anregungen auf, die ihm seine intensive Art zu leben fast zwangsläufig bietet. Dem Freund Pierre Wolff schreibt er am 2. Mai (vermutlich des Jahres 1832 und im Original auf Französisch):

> »Seit fünfzehn Tagen arbeiten mein Geist und meine Finger wie zwei Verdammte, – Homer, die Bibel, Platon, Locke, Byron, Hugo, Lamartine, Chateaubriand, Beethoven, Bach, Hummel, Mozart, Weber sind alle um mich herum.«

Doch Liszt ist nicht nur der schwärmerische, für unterschiedliche Einflüsse kritiklos offene Jüngling. Planmäßig geht er seinem eigenen Schicksal nach, das ihn um eine unbekümmerte Kindheit gebracht und schon früh mit Verantwortung überladen hat. Wo liegt der Sinn eines solchen Lebens, lautet seine Grundfrage. Er analysiert die gesellschaftlichen Verhältnisse, in denen sich der Künstler um des Überlebens willen verkaufen muß; und er sucht Trost in der Religion, sofern sie Gefühle und persönliches Betroffensein zuläßt.

Revolution und Religion sind die beiden Pole, um die fortan sein Denken und Schaffen kreisen; und im Zentrum seiner Anstrengungen steht der Wunsch nach einer Gesellschaft, in der Raum für Gerechtigkeit, Würde und Liebe ist. Liszt will dem Fortschritt dienen – das ist der revolutionäre Impuls. Doch zugleich ist er – ganz in der Tradition Beethovens – der Überzeugung, daß zu einem solchen Dienst vor allem der begnadete, herausgehobene Einzelne berufen ist, der dem Menschen die Möglichkeiten seines besseren Selbst vor Augen stellt. Berufene sind vor allen anderen der geniale, schöpferische Künstler und der mit heiligem Feuer ausgestattete Priester. Die Idee einer Kunstreligion, die angesichts solcher Vorstellungen nicht weit ist, teilt Liszt zwar mit anderen, die Intention aber, Leben *und* Werk in dieser Idee aufgehen zu lassen, verfolgt er auf nur eine ihm eigene Weise. Daß er in späteren Jahren die niederen Weihen genommen hat, mag überdies seinem Wunsch Ausdruck gegeben haben, kunst-priesterlich nicht nur zu schaffen, sondern auch zu leben.

Die Pole von Revolution und Religion unter der Zielsetzung ›Fortschritt der Menschheit‹ zu vereinen, formuliert Liszt als seine Lebensaufgabe freilich nicht aus sich heraus, sondern als Anhänger der starken sozialutopischen Bewegungen, die im nach-napoleonischen Frankreich bedeutsam sind. Hier ist vor allem auf die St.-Simonisten hinzuweisen, die sich nach ihrem *Père suprême*, dem Comte Saint-Simon, nennen, ihre große gesellschaftliche Bedeutung freilich überhaupt erst nach dessen Tod im Jahre 1825 erlangen. Fortan strömt in Paris alles, was Rang und Namen hat, in die Salle Taitbout, den Sitz der St.-Simonisten. Dort lauscht man in Sonntagsvorlesungen vor allem über Philosophie und politische Ökonomie einer Lehre, welche die Menschheit dazu anleiten will, nachträglich die verratenen Ziele der Revolution von 1789 zu verwirklichen: durch Übernahme gesellschaftlicher Verantwortung, moralisches Engagement, wahre Religiosität und Kunstliebe. Zumindest in der Theorie fordern die St.-Simonisten die Beseitigung der bestehenden Eigentumsverfassung, damit die Ausbeutung des Menschen durch den Menschen nicht länger fortdauere.

Heine und Börne, von Haus aus kritische Geister und Deutschlands Vorposten in Paris, sind bei aller Distanz beeindruckt; Börne spricht von einem »wohltuenden Eindruck«, welche die Versammlungen auf ihn machen.[2] Doch auch viele Musiker sympathisieren mit den St.-Simonisten, so Félicien David, Hector Berlioz und Ferdinand Hiller. Liszt ist spätestens seit 1830, im Anschluß an die Juli-Revolution, unter ihnen. Übrigens bekennt er sich noch im Alter zu den Ideen des St.-Simonismus. In das Handexemplar der ihm gewidmeten Biographie von Lina Ramann trägt er die beiden Hauptmaximen der Bewegung ein: »Neues Christentum« und: »Alle sozialen Einrichtungen müssen die sittliche und materielle Hebung der zahlreichsten und ärmsten Klasse zum Zweck haben«.[3]

Doch nicht nur von den St.-Simonisten ist Liszt beeindruckt; noch stärker wirkt auf ihn die Ausstrahlung des Abbé de Lamennais, zu dem er 1833 mit dem Ersuchen um religiöse Unterweisung auch in persönlichen, geradezu freundschaftlichen Kontakt tritt. Als im Jahre 1834 dessen Schrift *Paroles d'un croyant* (›Worte eines Gläubigen‹) erscheint, ist der Dreiundzwanzigjährige überwältigt: »Die ganze religiöse und politische Zukunft der Menschheit [man beachte die für Liszt typische Polarität] tragen Sie in sich« – so schwärmt er den väterlichen Freund an.[4]

Lamennais betont die soziale Verantwortung der Kirche; gleichzeitig ruft er zu einem wahrhaft evangelischen Leben auf den Spuren des heiligen Franziskus im Zeichen von Armut und Liebe auf. Damit hat Liszt ein Vorbild gefunden, das sich noch besser idealisieren läßt als die dem Wohlleben nicht abgeneigten und gesellschaftlich integrierten St.-Simonisten. Durch seine poetische Sprache besticht Lamennais außerdem den Künstler in Liszt, der sich durch die Gedichte des Meisters zu bedeutenden Kompositionen anregen läßt.

Wenn Liszts kompositorische und schriftstellerische Produktivität in den Jahren seit 1833 mit Macht einsetzt, so darf man dies mit Fug und Recht dem Erlebnis des St.-Simonismus' und speziell der Begegnung mit Lamennais zuschreiben. Bis dahin hatte Liszt sich im wesentlichen als Virtuose verstanden, der – von anspruchsvollen, aber nicht ausgeführten Projekten wie einer *Revolutions-Sinfonie* aus dem Jahr 1830 abgesehen – zum eigenen Gebrauch schreibt und auch damit noch am Anfang steht. Von vornherein wählt er die Doppelrolle des Komponisten und Literaten und macht damit deutlich, daß das Schreiben *von* und *über* Musik künftig Hand in Hand gehen wird.

Bereits 1834 gelingt Liszt eine Art Doppelschlag. Zum einen konzipiert er einen kurzen, wohl unabgeschlossenen Essay *Über zukünftige Kirchenmusik*. Nach der Devise »Volk und Gott« malt er das Bild einer Kirchenmusik, die »das Innere des Tempels« verläßt und ganz dem Volk gehört: In »Feldern, Wäldern, Dörfern, Vorstädten, in den Arbeitshallen und in den Städten« sollen »nationale, sittliche, politische und religiöse Lieder, Weisen und Hymnen erschallen, die für das Volk gedichtet, dem Volke gelehrt und vom Volke gesungen werden ...« Es ist eine Musik, die Liszt programmatisch als »humanitaire« bezeichnet. Ihre »furchtbar prächtigen Vorläufer« sind »die Marseillaise und die schönen Freiheitsgesänge«.[5] Zum anderen schreibt er sein erstes ausgewachsenes Klavierwerk, die *Harmonies poétiques et religieuses*. Der Titel entstammt einer Gedichtsammlung von Alphonse de Lamartine, einem Vertreter der französischen Romantik, desgleichen die Vorrede: »Es gibt meditative Seelen, die von der Einsamkeit und der Kontemplation unbesiegbar zu den ewigen Ideen emporgehoben werden, d.h. zur Religion...«[6] Richtet der *Literat* sein Sendungsbewußtsein auf die Volkserziehung, so ist der *Künstler* bestrebt, seine eigenen Empfindungen im Sinne einer Selbstoffenbarung musikalisch auszudrücken. *Extrêmement lent avec un profond sentiment d'ennui* soll das wie frei phantasiert klingende Stück anfänglich gespielt werden, also *äußerst langsam, mit dem tiefen Gefühl von Überdruß*, um später, im *Andante religioso*, den Seelen ihren Frieden zu bringen.

Die kleine Arbeit über Kirchenmusik erscheint wie eine Vorübung zu dem 1835 in der Pariser *Gazette Musicale* in Fortsetzungen erscheinenden Essay *De la situation des artistes et de leur condition dans la société*, welcher durch die deutsche Gesamtausgabe seiner Schriften unter dem Titel *Zur Stellung der Künstler* bekannt ist. Noch konkreter als in seinen Äußerungen zur Kirchenmusik gibt sich Liszt hier als Anhänger der St.-Simonisten und Lamennais' zu erkennen. Warum, so fragt er, werden heute »Politik, Kunst und Wissenschaft ... als die entschiedensten, sogar als feindliche Gegensätze betrachtet«, wo doch der Musik in älteren Kulturen ein »wichtiger Einfluß auf das soziale Leben« zuerkannt wurde?

Recht allgemein beantwortet Liszt diese Frage mit dem Hinweis auf »die große Wunde unseres Zeitalters«: das außerordentliche »Übergewicht der materiellen Interessen«. Genauer wird er, wo es um seinen eigenen Berufsstand geht. Er rügt den »kleinlichen, geschäftlichen Eigennutz« vieler Musiker und ihren »Mangel an künstlerischem Glauben«, benennt freilich auch die Ursache, die sie zwingt, sich zu verkaufen, anstatt eigene Ideen zu verwirklichen: den herrschenden Konkurrenzdruck:

»Sehen Sie dort jenen hohlwangigen jungen Mann mit dem abgespannten und kränklichen Gesicht? Von Verlangen getrieben seine bedeutenden Fähigkeiten auszubilden, dabei vielleicht geleitet von poetischen und ehrgeizigen Traumbildern kam er aus dem Inneren seiner Provinz nach Paris. Nehmen wir an: das Schicksal habe ihn begünstigt, er habe bei der vorhergehenden Prüfung fünfzig Nebenbuhler besiegt und endlich die unerhörte Gunst erfahren in das Konservatorium aufgenommen zu werden. Da sehen wir ihn nun eingeschachtelt in eine Mansarde des vierten oder fünften Stockwerks, wie er von Früh bis Abend büffelt – das ist hierfür der technische Ausdruck! -, Leib und Seele zerarbeitet, irgend ein Instrument schlägt, bläst oder streicht, wöchentlich dreiviertel Stunden Unterricht genießt, Mittagessen à zwanzig Sous einnimmt und schließlich bezüglich seiner Kunst nicht recht weiß, was er oder warum er dieses, warum er jenes thut ...
Nach Verlauf von drei oder vier Jahren, nachdem sein kleines Vermögen erschöpft, die Essenz seines Herzens verwässert, der Kern seines Inneren verausgabt ist, nachdem sein edles Streben sich verflüchtigt oder verwirrt hat, sagt ihm eines schönen Tags sein Lehrer: mit dem Lernen sei es nun zu Ende, er sei ein gemachter Mann – ein Künstler. O bitterer Hohn! – Was nun thun? – Was soll aus ihm werden? – Soll er öffentlich auftreten? Soll er eine Arie mit Variationen in einem Zwischenakt der ›Gaité‹ oder in einem Winkelkoncert zum Besten geben? Aber wozu das? – Soll er selbst ein Koncert geben oder Kunstreisen antreten? Aber wo und wie das? Die vielfachen Hindernisse, die sich der Veranstaltung eines Koncertes entgegenstemmen, und der gewöhnlich geringe Ertrag desselben bestimmen die meisten Künstler diesem Unternehmen zu entsagen.
Das einzige, was ihm übrig bleibt, ist: sich wieder einen Platz im Omnibus zu suchen, um in dumpfer Verzweiflung den Rückweg nach seiner Provinzialstadt anzutreten. Und wohl ihm, wenn es ihm gelingt hier den bereits ansässigen Künstlern nach mancher Nachgiebigkeit und Demüthigung einige Kontretanz spielende Kundschaft wegzufischen und von irgend einem guten Bürger in Anbetracht seines sittlichen und guten Lebenswandels eine Einladung zum Mittagessen zu erhalten, wobei er am äußersten Tischende unter der ausdrücklichen Bedingung Platz nehmen darf, seinen liebenswürdigen Gastgeber mit irgend einer Opernmelodie zu regaliren. Sie glauben wohl: ich schildere hier ein Geschöpf meiner Phantasie, ein abstraktes, selbsterdichtetes und selbstgeschaffenes Bild? – Leider nein! Dieser junge Mann ist der Repräsentant von zwanzig, hundert, ja von tausend jungen Leuten, die Sie im Vorübergehen streiften wie mich – der Repräsentant einer ganzen Klasse des ausübenden Musikerstandes.«[7]

Liszts Reformvorschläge verraten ein beachtliches Reflexionsniveau: Nicht der einzelne Künstler muß sich läutern, seine materielle Einstellung aufgeben und sich unter persönlichen Opfern der reinen Kunst verschreiben. Vielmehr gilt es, die gesellschaftlichen Bedingungen für künstlerisches Handeln zu verbessern: Die öffentliche Hand soll Konzertinstitutionen fördern, die nicht vom Gewinnstreben ihrer Unternehmer oder vom Tagesgeschmack des Publikums abhängig sind; die Konservatorien sollen ihre Schüler nicht zu geistlosen Konzertvirtuosen erziehen, sondern zu Künstlern, die zum Fortschritt in der Musik beitragen; außerhalb der Konservatorien sollen Fortschrittsschulen für Musik gegründet werden, die besser als jene in der Lage sind, die musikalische Produktion an die Ideen der Zeit heranzuführen; an den Volksschulen soll Musikunterricht eingeführt werden, damit ein verständiges Publikum heranwächst usw.

So vernünftig diese Vorschläge sind, so hochtönend sind sie formuliert. Sprach man so unter St.-Simonisten, in den fortschrittlich gesonnenen Pariser Künstler- und Intellektuellenzirkeln oder in den einschlägigen Salons? War es die Sprache des jungen Liszt oder gar die der Gräfin d'Argoult, die ihm, wie noch zu berichten, bei seinen Essays die Feder geführt haben soll? Vielleicht trifft dies alles zu; jedenfalls aber ist die Modernität der Vorschläge erstaunlich: Sie nehmen vieles von dem vorweg, was man in Deutschland im Zuge der bürgerlichen Revolution von 1848/49 – meist vergeblich – gefordert hat und selbst heute noch in kulturpolitische Programme schreibt.

Als Pendant zum ›engagierten‹ Schreiben probiert Liszt das ›engagierte‹ Komponieren. Aktueller Anlaß ist der Aufstand der Lyoner Textilarbeiter vom April 1834, der größte Arbeiteraufstand in Frankreich zwischen 1830 und 1848. In blutigen Straßenschlachten kämpfen die Arbeiter um die Rücknahme von Lohnkürzungen und die Wiederherstellung ihres Rechts, sich zu organisieren.[8] Drei Jahre später, als Liszt – zum wiederholten Male – Lyon besucht, hat sich die Situation der notleidenden Arbeiter nicht gebessert. Damals schreibt er in den *Reisebriefen eines Baccalaureus der Tonkunst* an Adolphe Pictet unter dem September 1837:

»Wie qualvoll ist es doch so mit gekreuzten Armen vor einer ganzen Bevölkerung stehen zu müssen, die umsonst gegen eine Noth ankämpft, in der die Seele mit dem Leib zu Grunde geht! mit anzusehen, wie das Alter ohne Ruhe, die Jugend ohne Hoffnung, die Kindheit ohne Freude ist! wie alle in verpesteten Löchern zusammengedrängt leben und die einen ihre glücklicheren Genossen um den nur zu geringen Lohn für eine Arbeit beneiden, welche der Üppigkeit und dem Müßiggang zum Schmucke dient!
...Was wird die Kunst, was wird der Künstler in solchen schlimmen Tagen thun? ...Nun ist für sie die Stunde gekommen, den Muth der Schwachen aufzurichten und die Leiden der Unterdrückten zu lindern! Die Kunst muß dem Volk die schöne Hingabe, die heroischen Entschlüsse, die Stärke, die Humanität, sich selbst ins Gedächtnis zurückrufen! Die Vorsehung Gottes muß ihm von neuem verkündigt, ihm das Morgenroth eines besseren Tages gezeigt werden, damit es sich bereit halte und seiner Hoffnung große Tugenden entkeimen können. »[9]

Im Sinne dieser Vorstellungen komponiert Liszt sein Klavierwerk *Lyon.*[10] Es ist Lamennais gewidmet und trägt die Widmung *Vivre en travaillant ou mourir en combattant*, oder: »Arbeitend leben oder kämpfend sterben«. Dieses Motto läßt sich ohne Zwang dem Kopfmotiv unterlegen:

Franz Liszt, *Lyon*, Anfang

Insgesamt wird Liszts Virtuosenstück der durchgehend geforderten Vortragsbezeichnung *Allegro eroico* voll gerecht. Ob triumphierend oder – im Blick auf Leiden und Opfer – *espressivo dolente* zu spielen: Der heldische, kämpferische Ton klingt allenthalben durch. In dem hymnenartigen Hauptthema, das auf einem Kampflied der Arbeiter fußen könnte, glaubt man geradezu die *Marseillaise* zu hören:

Franz Liszt, *Lyon*, T. 34-36

Das Motto *Vivre en travaillant ou mourir en combattant* ist keine literarische Erfindung, sondern ein Kampfruf der Lyoner Seidenweber aus dem großen, von mehr als 20.000 Regierungssoldaten bekämpften Aufstand des Jahres 1831. Auf zeitgenössischen Darstellungen sieht man Arbeiter, die statt der Trikolore eine schwarze Fahne mit entsprechender Inschrift tragen. Indem Liszt dieses Motto an den Beginn seiner Komposition stellt, macht er deutlich, daß er die Arbeiter nicht länger zu Opfern machen will, die bloß Mitleid verdienen, sondern zu handelnden und kämpfenden Subjekten. Dementsprechend endet das Stück – im Widerspruch zum Ausgang des historischen Aufstandes – mit der Geste des Sieges.
Insgesamt geht Liszt mit *Lyon* an politischem Engagement weit über den semantisches Material der französischen Revolution verarbeitenden Beethoven hinaus:

Während Liszt dem Volk seine Musik leiht, leiht sich Beethoven beim Volk Musik, um sie in Werke einzuschmelzen, die unabhängig vom Tagesgeschehen aufklärerische Ideen verkünden sollen. Wohl nie wieder ist Liszt dem Ideal einer »musique humanitaire« in dem oben skizzierten Sinne so nahe gekommen: Er macht tatsächlich Ernst mit seiner Forderung an den Künstler, nicht länger die Amouren der Großen und die Freuden der Reichen zu verherrlichen, sondern die Sache der arbeitenden Klasse zu vertreten. Deren Vertreter dürften *Lyon* allerdings wohl kaum gehört haben: Sie bewegten sich nicht in den Salons, in denen Liszt – wenn auch zunehmend widerwillig – auftritt.

Liszts *Lyon* ist kein Stück für die arbeitende Klasse, für die er später im Revolutionsjahr 1848 den Arbeiterchor *Herbei, herbei* schrieb; es ist ein Stück für das aufgeklärte Bürgertum und als solches bürgerliche Kunst, freilich eine sehr interessante: Tonale und harmonische Kühnheiten, Anspielungen an den Schuberts *Erlkönig*, den Liszt in dieser Zeit für Klavier bearbeitet, extreme Lagen und Register des Klaviers lassen *Lyon* zum virtuosen Kabinettstück eines Komponisten werden, dessen Progressivität der Materialbehandlung mit der seiner Ideen durchaus Schritt halten kann.

Das zeigt sich etwa an einer Passage des Schlußteils, in der Liszt die beiden Halbsätze des Eingangs-Mottos engführt, so daß sich zweimal einen ganzen Takt lang c-e gegen as/gis, also ein übermäßiger Dreiklang ergibt, der in seiner Exponiertheit in unseren heutigen Ohren weit mehr Wirkung hinterläßt als die vorangegangenen verminderten Septakkorde.

Es ist sicher kein Zufall, daß Liszt auf diese harmonische Kühnheit im Zusammenhang mit einer inhaltlichen Aussage verfällt: Die Alternative *Leben in Arbeit* und *Kampf bis zum Tod* ist, so heroisch sie klingt, nicht ohne Härten.

Franz Liszt, *Lyon*, T. 152-156

Lyon, zunächst einzeln veröffentlicht, erscheint 1842 als Kopfnummer des mit *Suisse* überschriebenen ersten Buches des *Album d'un voyageur*. Die Selbstverständlichkeit, mit der er ein sozialpolitisch so einschneidendes Ereignis wie den Lyoner Aufstand als Sujet in ein musikalisches Reisetagebuch aufnimmt, ist bemerkenswert. Allerdings bleibt es nicht bei dieser Unbefangenheit: Als Liszt 1855 nach gründlichen Umarbeitungen aus dem *Album d'un voyageur* die *Années de pèlerinage. Première Année: Suisse* macht, muß Lyon weichen und wird durch *Tells Kapelle* ersetzt. Zwar ist auch das Thema ›Wilhelm Tell‹ nicht ohne politische Relevanz, doch ihm fehlen die aktuellen und provokanten Tendenzen, die *Lyon* ausgezeichnet hatten.

An diesem Punkt zeigen sich deutlich Grundzüge des von Liszt oft genug kritisierten, aber nicht grundsätzlich boykottierten bürgerlichen Musikbetriebs. Dieser wird von Konzertunternehmern und Verlagen gesteuert und tendiert demgemäß dazu, einen marktstabilisierenden Kanon von – in diesem Fall – virtuosen Klavierwerken vorzuschreiben, die als Paradestücke der Pianisten unabhängig von Zeit, Ort und Publikum vorführbar sind. In einem solchen Repertoire ist für Stücke wie *Lyon* schwerlich Platz, selbst wenn sie musikalisch und klaviertechnisch ein vergleichsweise hohes Niveau haben: Sie gehen zu direkt auf das Zeitgeschehen ein und bringen deshalb durch ihre bloße Existenz die ›Ausgewogenheit‹ des bewährten Repertoires durcheinander.

Inzwischen hat man *Lyon* wieder ausgegraben, aber ohne Interesse an seinem Entstehungszusammenhang. So heißt es in *Reclams Klaviermusikführer* von 1967, einem mehrbändigen und generell um wissenschaftlich nachprüfbare Informationen bemühten Werk:

»*Lyon* ...gibt den Eindruck wieder, den ein Arbeiteraufstand in dieser Stadt 1834 auf das leicht bewegbare Gemüt der beiden Reisenden [Liszt und Marie d'Agoult] machte.«[11]

Wohl kaum aus bösem Willen, jedoch aus Unkenntnis und Verkennung des Sachverhalts wird Liszts jahrelanges, ja lebenslanges Engagement für gesellschaftlichen Wandel als sympathische Gefühlsaufwallung des Augenblicks interpretiert. Allerdings hat die Verdrängung des ›politischen‹ Liszt aus der allgemeinen und der Musikgeschichtsschreibung Tradition: Während es in der 9. Auflage des *Brockhaus* von 1843-48 über Liszt geheißen hatte, er sei Saint-Simonist, für die Juli-Revolution von 1830 entflammt und für alle Eindrücke der Außenwelt offen gewesen, ist dieser Passus bereits in der 14. Auflage von 1902 gestrichen.

Der romantische Liszt: *Vallée d'Oberman* oder: Der Komponist als Tondichter

Spätestens mit dem Tode seines Vaters ist für Liszt der Zeitpunkt gekommen, wo er aus eigener Kraft den Wandel vom Wunderkind zum Virtuosen vollziehen muß. Wie wenig er, trotz aller Berühmtheit, gesellschaftlich gilt, muß er schmerzlich erleben, als er sich in seine adelige Klavierschülerin Caroline de St.-Cricq verliebt: Deren Vater, französischer Handelsminister, weist ihn kurzerhand aus dem Haus. Die ihm zugefügte Kränkung hat Liszt wohl nie verwunden; daß er sich später bevorzugt mit Damen des Adels verbunden und zugleich auf seinen eigenen Geistesadel verwiesen hat, mag aus dem unbewußten Drang erklärlich sein, die frühe Niederlage in Siege zu verwandeln.

Zunächst aber kämpft Liszt um Erfolge auf dem Feld der Bildung. Er hat keine Schule besucht, muß sich alles selbst aneignen – freilich nicht ohne den Beistand seiner adeligen Freundinnen und Lebensgefährtinnen: Caroline führt ihn in die französische Literatur ein; die Gräfin Marie d'Agoult und die Fürstin Carolyne von Sayn-Wittgenstein werden in dieser Hinsicht geradezu seine Genien. Die Diskurse über den Geist der Romantik, wie sie in den Pariser Salons stattfinden, ermutigen Liszt, sich nicht als Wundertier, sondern als schöpferischer Künstler zu verstehen. Deshalb fesselt ihn Paganini, der 1831/32 in Paris auftritt und die Ausdruckskraft des Geigenspiels jenseits der schlechten Alternative von Akademismus und instrumentalem Geklingel vorführt. Allerdings besitzt Liszt nicht die zweite Naivität Paganinis, um sich mit der Darstellung des reinen Naturlauts zu begnügen. Liszt ist Kulturmensch, will der Gesellschaft und dem Fortschritt dienen. In diesem Sinne fasziniert ihn ein weiterer Virtuose, der sich 1832 in Paris hören läßt und auch als Komponist längst einen Namen hat: Frédéric Chopin. Dessen Kunst ist artikulierter und zivilisierter. Die Nuancen und Schattierungen seiner Mazurken, Polonaisen und Walzer öffnen Liszt Ohren und Augen für den ›poetischen Sinn‹ der Musik, den er später auch an Robert Schumann bewundert.

Erstaunlicherweise zählt er den verehrten Freund in der ihm gewidmeten Biographie von 1852 ausdrücklich zu den Künstlern im Paris der Juli-Revolution, die »das alte wurmstichige Formengerüst« in »den Flammen des Talents« aufgehen lassen und sich der musikalischen Schule anschließen, »deren begabtester und kühnster Repräsentant Berlioz war«:

»Kaum war die politische Gährung der ersten Jahre nach der Julirevolution gedämpft, als sie sich mit aller Macht auf die Fragen der Litteratur und Kunst übertrug, die sich der Aufmerksamkeit und Theilnahme Aller bemächtigten. Die Romantik war an der Tagesordnung...«[12]

Romantik bedeutet für Liszt allerdings weit mehr als für sein Vorbild Chopin das Abschütteln formaler Zwänge. Dies zu betonen wird er nicht müde; später, im ›klassischen‹ Weimar, wird er im Blick auf Hector Berlioz Schillers *Glocke* zitieren: »Der Meister kann die Form zerbrechen mit weiser Hand, zur rechten Zeit«.[13] Damit ist er im Einklang mit der Ästhetik der deutschen Frühromantik, deren Vorstellungen von der Absolutheit und Entgrenztheit gerade der musikalischen Kunst dem Beharren auf einem Formenkanon ja gleichfalls entgegenstehen.

Auch in seiner Hochschätzung der poetischen Dimension von Musik ist Liszt den deutschen Frühromantikern nahe. Ausdrücklich gibt er den ersten sechs Stükken des *Album d'un voyageur – Lyon, Le Lac de Wallenstadt. Au Bord d'une Source, Les Cloches de G[enève], Vallée d'Oberman, La Chapelle de Guillaume Tell* und *Psaume [de l'église à Genève]* – die Überschrift *Impressions et Poésies*: Es geht um mehr als möglichst naturalistische Genrekompositionen. Das »pittoreske« Genre, wie Liszt es an anderer Stelle nennt, kommt in den beiden nachfolgenden Teilen der Ausgabe zu seinem Recht: Dort nähert sich Liszt unter Überschriften wie *Melodienblüten von den Alpen* und *Kuhreigen* der musikalischen Folklore.

Liszt ist sich der Neuheit und Bedeutung seines Vorhabens vor allem im Blick auf die *Impressions et Poésies* bewußt: Die Instrumentalmusik hat »Fortschritte« gemacht, »will nicht mehr eine einfache Zusammenstellung von Tönen sein, sondern eine poetische Sprache«, die alles das ausdrückt, »was sich in den unzugänglichen Tiefen unstillbarer Sehnsucht, unendlicher Ahnungen bewegt«.[14]

Vordergründig erinnern solche Vorstellungen an diejenigen Robert Schumanns. Doch im Gegensatz zu diesem ist Liszt nicht abgeneigt, sich von *äußeren* Eindrükken affizieren zu lassen: Es gehört durchaus zu den Aufgaben des Künstlers, ›Welt‹ im Sinne realen Erlebens durch sich hindurchgehen zu lassen. Die Welt soll durch Kunst nicht überwunden, sondern im Dienste eines idealeren Lebens erschlossen und gedeutet werden. Die französische Romantik ist ja insgesamt handfester, erzählt Geschichten, will Sinn stiften. Das gilt nicht nur für die Bilder von Delacroix, die Dramen von Hugo und die Romane von Dumas, sondern auch für die sinfonischen Werke von Berlioz, die für Liszt eine weitere Offenbarung darstellen. In den Pariser Salons spielt er nicht nur Chopins Mazurken, sondern auch Arrangements aus Berlioz' *Symphonie fantastique:* L'idée fixe, Ballszene, Marsch zum Richtplatz. Da werden die Bilder konkret, da ist die »Aufmerksamkeit und Theilnahme Aller« gewiß. Und Liszt, der Aufklärer, will ja möglichst viele für die Kunst gewinnen – auch die von der deutschen Romantik aufgegebenen Philister. In seinem *Berlioz*-Essay von 1855 hat er noch einmal ausdrücklich auf Berlioz' *Harold*-Sinfonie hingewiesen: Ihr sei die »Neuerung« eines »poetischen Programms« zu verdanken.[15]

Freilich ist Liszt Virtuose und nicht wie Berlioz Sinfoniker: Ihm geht es – noch – nicht darum, eine Orchestersprache zu entwickeln, mit deren Hilfe man ausgedehnte Ideen- und Gedankenprozesse wiedergeben kann. Zwischen Paganini und Chopin auf der einen, Berlioz auf der anderen Seite vermittelnd, sieht er sich als großen Rhapsoden, der sich selbst in seinem Spiel mitteilen will, zugleich aber Weltdeutung geben will. Dazu bedarf es noch keiner ausführlichen Programme. Es genügen Überschriften, Hinweise, Widmungen, die durch den unmittelbaren Zauber seines Klavierspiels Leben bekommen.

In diesem Sinne verwischt sich der Unterschied zwischen schaffender und nachschaffender Tätigkeit, und auch der Werk-Begriff verliert seine klassizistische Strenge. Liszt spielt seine eigene Musik in immer neuen Versionen: Das improvisatorische Moment gehört zur Substanz. Die Werke anderer Meister führt er, sofern es sich nicht um originale Klaviermusik handelt, als Bearbeitungen und Paraphrasen vor. Liszt beginnt mit der Übertragung Paganinis auf das Klavier; es folgen Bearbeitungen von Berlioz, Schubert, Beethoven und vielen anderen Komponisten – insgesamt an die 200 Nummern.

Man ist heute längst darüber hinaus, über Liszt als Bearbeiter fremder Werke zu lächeln oder die Nase zu rümpfen. Scheint uns auch das eine oder andere Opern-Arrangement des Schweißes des Edlen nicht wert gewesen zu sein und hohles Virtuosentum zu spiegeln, so ist doch der volksbildnerische Wert dieses Schaffensbereiches gar nicht zu überschätzen: Wo sonst hätten die meisten Besucher eines Liszt-Konzertes eine Beethovensche Sinfonie oder die Szene aus einem Wagnerschen Musikdrama kennenlernen sollen? Und mochte es darüber hinaus nicht beispielgebend sein, wie Liszt sich Musik der anderen produktiv zu eigen machte? Er ist ja einer der ersten Konzertpianisten überhaupt, welcher seine Programme in größerem Umfang mit Werken anderer bedeutender Komponisten bestreitet. Beethovens als fast unspielbar geltende *Hammerklaviersonate* hat er überhaupt als erster öffentlich aufgeführt.

In seinen Bearbeitungen und Transkriptionen gibt Liszt außerdem wichtige Beispiele für einen produktiven und zugleich reflektierten Umgang mit Musik als kultureller Praxis. Er überträgt ja nicht umstandslos und möglichst notengetreu Orchesterwerke oder Gesangskompositionen aufs Klavier. Vielmehr sieht er die jeweilige Musik bewußt aus seiner Sicht, schreibt sie gelegentlich geradezu fort. Dafür ist das Arrangement von *Isoldens Liebestod* ein gutes Beispiel: Um den Hörern den Gesamtzusammenhang zu verdeutlichen, ruft Liszt zunächst den Anfang des 3. Aufzugs mit Tristans Klage (»was einzig mir geblieben«) in Erinnerung. Zugleich bereichert er Wagners Musik um Nuancen der Harmonik: Der von ihm bearbeitete Werkausschnitt wird ihm unter der Hand zu einem eigenständigen Stück.

Doch zurück zur Lebensbeschreibung. Ende 1833 begegnet Liszt Marie d'Agoult, einer ob ihres Geistes und ihrer Schönheit gefeierten Persönlichkeit der Pariser Salons. Die damals Achtundzwanzigjährige entstammt väterlicherseits dem französischen Hochadel, mütterlicherseits der Frankfurter Bankiersfamilie Bethmann und besitzt ausgesuchte Erziehung und Bildung. In Standesehe mit dem wesentlich älteren Grafen Charles d'Agoult vermählt, ist sie dem dreiundzwanzigjährigen Liszt nicht nur an Lebensalter voraus, sondern auch an Sicherheit des intellektuellen Urteils und Formulierungskraft.

Ihr Einfluß auf den bildungshungrigen Künstler muß beträchtlich gewesen sein. Für Pariser Zeitungen hat sie unter Liszts Namen Kommentare zum aktuellen Musikleben abgegeben und damit für seine Vorstellungen von gutem musikalischen Geschmack geworben. Heute läßt sich das Maß ihrer Mitarbeit an Liszts damaligen Publikationen nicht mehr eindeutig rekonstruieren. Vieles weist jedoch darauf hin, daß Marie d'Agoult die meisten von Liszts namentlich gezeichneten Essays, speziell die *Reisebriefe eines Baccalaureus der Tonkunst*, selbständig ausgearbeitet hat. Auf jeden Fall hat sie ihn, der doch primär Musiker war, immer aufs Neue in allgemein philosophische und politische Diskussionen verwickelt und dazu beigetragen, daß Liszt, in ihren Augen vermutlich ein Traumtänzer und wenig systematischer Arbeiter, eine Sache zum Abschluß brachte. Die Gräfin selbst hat ein Albumblatt Liszts vom August 1838 in ihr Tagebuch aufgenommen, in dem er schreibt:

»Heute hat sie mir gesagt: ›Sie sollten Ihre Zeit besser anwenden, arbeiten, lernen, üben...‹ Öfter hat sie mich (auf ihre Art) gescholten wegen meiner Trägheit, meiner Sorglosigkeit.«[16]

Später wird die Fürstin von Sayn-Wittgenstein eine vergleichbare Rolle übernehmen und aus der Rückschau schreiben:

»So habe ich für ihn zwölf Jahre lang gesorgt. Immer mit meiner Arbeit in demselben Zimmer, sonst hätte er nie komponiert, alles was die weimarische Periode bezeichnet! – Genie hat ihm nicht gefehlt – aber Sitzfleisch – unschönes Wort, aber große Tugend – und Fleiß, Arbeitsausdauer. Wenn niemand ihm dabei hilft, so kann er nicht – und wenn er fühlt, daß er nicht kann – so greift er zu aufregenden Mitteln... Man muß bei ihm mit einer Arbeit sitzen, solang man will, daß er selbst arbeitet.«[17]

Die Gräfin d'Agoult freilich ist alles andere als Gouvernante, vielmehr leidenschaftlich liebende Frau. Ihre Verbindung mit Liszt dauert von 1835 bis 1839 und fasziniert die Salons: Werden die beiden hell leuchtenden Sterne am Gesellschaftshimmel einander nur anziehen oder sich gegenseitig verbrennen? Im Hintergrund wird eine in die Mythologie zurückreichende, von der Weltliteratur des öfteren aufgegriffene und im Umfeld der beiden nur wenige Jahre später von Flaubert in seinem Roman *Éducation Sentimentale* bearbeitete Struktur sichtbar: Die Königin – in modernen Zeiten: die gesellschaftlich höherstehende Frau – verläßt ihren Platz in Heim und Ehe, um sich dem genialischen Jüngling in absoluter Liebe zuzuwenden. Der aber weiß nicht, was und wie ihm geschieht: Obwohl ursprünglich der Werbende, geht er letztendlich wieder seiner Wege, der eigenen Bestimmung folgend.

Der Jüngling gewinnt durch die Verbindung: Die liebende Identifikation der Frau stärkt ihn in seiner Sendung. Die Königin verliert ihren Thron, mag dieser auch ungeliebt sein, und muß ein unsicheres Glück in jedem Augenblick neu erkämpfen. Gemäß dieser archetypischen Konstellation verläuft auch die reale Beziehung zwischen Marie d'Argoult und Franz Liszt. Während letzterer ein Bild, das er ohnehin von seiner Existenz hat, lediglich in kräftigeren Farben malt, muß erstere überhaupt Farbe bekennen: Wie ernst ist es ihr mit den romantischen, geradezu existenzialistischen Vorstellungen von der Göttlichkeit des Augenblicks, die in ihrem Salon zwar leidenschaftlich, aber doch eher theoretisch diskutiert werden? Augenscheinlich sehr ernst: Entschlossen, Mann und Kinder – eine kleine Tochter ist gerade gestorben – zu verlassen, ›flieht‹ sie, bereits schwanger, in die Schweiz, um ein Leben an der Seite Liszts zu beginnen.

»Es ist eine letzte und harte Probe, aber meine Liebe ist mein Glaube, und ich dürste nach dem Märtyrertum«, so endet ein kurzes Billett, mit dem Marie am 5. Juni 1835 ihre Ankunft in einem Basler Hotel mitteilt. Bald darauf bricht das Paar in die erhabene ›Alpenwelt‹ auf, um fern von Konvention, Zivilisation und Alltag ihrer freien Liebe zu leben und die Einzigartigkeit ihrer Verbindung auf die Probe zu stellen:

»Kein einziger Brief gelangte zu uns auf unsern zauberhaften Wanderungen durch die Berge. Niemand kannte unsere Namen in den einsamen Hütten und Weilern, in denen wir uns mit Vorliebe aufhielten. Fast überall hielt man uns für Geschwister, so ähnlich war unser Wuchs, unser Haar, unsere Augen, die Hautfarbe und der Klang unserer Stimme. Wir waren selig darüber. Denn solch ein Irrtum bewies besser als alles andere die geheime Verwandtschaft, die uns so stark zueinander hingezogen hatte. War sie nicht der sichere Beweis, daß wir füreinander bestimmt waren und daß wir uns lieben mußten, ob wir es wollten oder nicht? .... Wir gingen dann ins Rhônetal in die Nähe von Bex, wo wir *Oberman* und *Jocelyn* lasen. Dort nahm unser erster Traum ein Ende.«[18]

Es wird empfindlich kalt; zudem müssen Familienangelegenheiten geregelt und die finanziellen Verhältnisse gesichert werden. Man läßt sich in Genf nieder. Liszt unterrichtet eine Klavierklasse am neugegründeten Konservatorium und unternimmt zahlreiche öffentlichkeitswirksame Konzertreisen. Marie kommt im Dezember mit der Tochter Blandine nieder. Der Genfer Standesbeamte trägt den »Klavierlehrer« Liszt als Vater, die unverehelichte Catherine Adélaïde Méran als Mutter ein: Dergestalt müssen sich auch Rebellen tarnen. Der ersten Tochter folgt zwei Jahre später, als die beiden nach Italien weitergezogen sind und sich am Comer See niedergelassen haben, Cosima, spätere Gattin erst Hans von Bülows und danach Richard Wagners, und im Mai 1839 der Sohn Daniel.

Marie d'Agoult, welche sich bald nach ihrem Pariser Salon sehnt, trägt die Hauptlast der gesellschaftlich nicht anerkannten Verbindung. Zudem fühlt sie sich fast von Anfang an in ihrer Liebe zu Liszt im tiefsten verkannt; dieser würdigt in ihren Augen nicht die Opfer, die sie für ihn bringt. Fortan schwelt der Konflikt zwischen der Frau, die ein von gegenseitiger Fürsorge geprägtes Heim wünscht, und dem Mann, der sich nicht binden will, den es vielmehr in der Welt herumtreibt.

Jeder erlebt im anderen – augenscheinlich mit Schuldgefühlen – Züge, die er sich zwar ersehnt, aber nicht zu leben wagt und deshalb schließlich aus seiner Nähe verbannen muß. So mischen sich fast von Anfang an Sehnsüchte und Trennungswünsche. Ein Abschied auf Raten scheint im Oktober 1839 in Italien durch den Entschluß der endgültigen Trennung besiegelt zu sein; jedoch finden in den Jahren 1841 bis 1843 gemeinsame Urlaube auf der Rheininsel Nonnenwerth statt. Erst 1846, als Marie d'Agoult unter dem Pseudonym Daniel Stern ihren Schlüsselroman *Nélida* veröffentlicht und Liszt in der Gestalt des Malers Guermann auch von seiner schwierigen Seite schildert, bricht der Kontakt für längere Zeit ab.

Während Liszt sich ab 1847 der Fürstin Sayn-Wittgenstein zuwendet, entwickelt Marie d'Agoult unter ihrem Pseudonym wissenschaftliche und schriftstellerische Neigungen. Sie faßt wieder in Paris Fuß und gründet – wie sie in ihren Erinnerungen schreibt – nochmals einen »richtigen« und »von liberalem Geist belebten« Salon. Verstärkt geht sie ihrer Tätigkeit als Feuilletonistin nach. Zugleich stillt sie ihren »Heißhunger nach Philosophie«, ist gefesselt von Spinoza, Kant, Schelling, Fichte, Hegel und den »Tiefen der Metaphysik«.[19] Danach befaßt sie sich bevorzugt mit Geschichte. Im Revolutionsjahr 1848 übernimmt sie innerhalb der republikanischen Bewegung politische Missionen und vermittelt u.a. zwischen dem Abbé de Lamartine und dem Abbé de Lamennais. Noch 1871, in der Dritten Republik, macht sie als Mitherausgeberin von *Le Temps* Politik.

Die französische Nationalbibliographie nennt unter ihrem Pseudonym bis zu ihrem Todesjahr 1876 nicht weniger als zehn, zum Teil in mehreren Auflagen erschienene Titel, z. B. *Dante et Goethe, Esquisses morales et politiques, Jeanne d'Arc* sowie eine dreibändige *Geschichte der Revolution von 1848.* Ihre *Geschichte des Abfalls der Niederlande (1581-1625)* wird von der *Académie française* ausgezeichnet. Ihr *Essai sur la liberté* scheint wegweisend für die Frauenemanzipation gewesen zu sein; Abschnitte über den Schmerz des Gebärens und die Freuden der Entbindung sowie über die Ehescheidung wurden von Zeitgenossen als ungeheuerlich und schamlos empfunden: »Die Gräfin d'Agoult spricht von einer gebärenden Frau wie von einer kalbenden Kuh«.[20] Sie überwirft sich darüber mit dem Abbé de Lamennais, dem dergleichen, ungeachtet seiner sozialistischen Gesinnung, zu weit geht. Es ist bezeichnend, daß die Liszt-Biographen, so neugierig sie auf Liszts Frauen waren, an dem zweiten Leben der Marie d'Agoult kein Interesse gehabt haben.

Marie d'Agoult trotzt ihr drittes, ›eigenes‹ Leben den Enttäuschungen ab, die sie durch Liszt erlitten hat. Als sie einmal ein Albumblatt aus dem Jahre 1839 vornimmt, auf dem dieser Pläne für neue Kompositionen festhält, unter anderem für eine *Dante*- und eine *Faust*-Sinfonie, schreibt sie, die als Gefährtin Liszts »nicht an ihr Talent glaubte«:[21]

»Wiedergelesen in Saint-Lupicin, am 15. Oktober 1866. – Achtundzwanzig Jahre später! Was hat er mit diesen achtundzwanzig Jahren getan? Und was habe ich damit getan? Er ist der Abbé Liszt, und ich bin Daniel Stern! Und soviele Verzweiflung, Tote, Tränen, Schluchzen und Trauer zwischen uns!«[22]

Liszt *glaubt* an sein Talent, während er im Sommer 1835 mit Marie d'Agoult durch die Alpen wandert. Eine spätere Tagebuchnotiz Maries verdeutlicht, daß er damals bereits am *Album d'un voyageur* arbeitet. Gleichzeitig beleuchtet sie beider persönliches Verhältnis:

»Nach der Rückkehr vom Spaziergang hat er eines seiner in der Schweiz komponierten Stükke aus der Zeit unserer verzehrenden Leidenschaft und des grausamen Kampfes zwischen unseren beiden Naturen gespielt, die beide freimütig, edel und opferbereit, aber auch beide stolz und unersättlich sind. Franz empfand und begehrte die Liebe als junger, noch ungezähmter, lebenssprühender Mann. Ich als Frau, die dem Schicksal mißtraut, die schmerzgebeugt und fern aller Wirklichkeit träumt und sich in eine unerreichbare Vollkommenheit verliert ... Dieses Stück war eine dichterische Zusammenfassung aller Erlebnisse auf unseren Spaziergängen. Die engen Beziehungen zwischen Natur und Musik hatten mich noch nie so beschäftigt.«[23]

Die Tagebuchnotizen verraten – zumindest in der zugänglichen Ausgabe – nicht, um welches Stück es sich gehandelt hat. Möglicherweise ist es *Vallée d'Oberman* gewesen, die bedeutendste, jedenfalls modernste Komposition des *Album d'un voyageur.* Wie Etienne Pivert de Senancours *Oberman* – bereits 1804 erschienen, doch damals neu aufgelegt – ein dem *Werther* vergleichbarer ›Kultroman‹ der französischen Romantik ist, stellt *Vallée d'Oberman* ein Credo des ›romantischen‹ Liszt dar, an dem er letztendlich lebenslang festhielt. »*Oberman*«, so schrieb er am 18. Mai 1855 dem Verleger Schott über den Roman, ist »ein wüstes, verworrenes und sublimes Buch« und »das Monochord der unerbittlichen Einsamkeit der menschlichen Schmerzen«.[24] Seine eigene Komposition, von seinem Schüler August Göllerich vorgetragen, rührt ihn im Jahr vor seinem Tode noch einmal zu Tränen.[25]

Senancour veröffentlichte seinen Briefroman unter dem Eindruck der gescheiterten Revolution von 1789 als ein Dokument des Rückzugs in die Subjektivität: Der für den Fortschritt engagierte Zeitgenosse, seiner Entfaltungsmöglichkeiten im politisch-sozialen Raum beraubt, leidet unter »ennui«, was man – im Sinne der Vortragsbezeichnung in den *Harmonies poétiques et religieuses* wohl eher mit ›Lebensekel‹ als mit ›Langeweile‹ übersetzen muß: Innerhalb des geist- und fantasielosen, nach materiellen Wertvorstellungen und bürokratischen Strukturen funktionierenden ›Systems‹ ist kein Platz für romantische Menschen, die sich in überströmender Empfindung dem Weltganzen in Liebe erschließen wollen. Linderung verspricht eine Romantisierung der Natur als Sinnbild des Einen, nicht Entfremdeten. Doch letztlich bleibt die Distanz zwischen Mensch und Natur erhalten: »Die Natur, draußen so vergeblich befragt wie unergründlich in uns selbst, ist durch und durch dunkel.«[26] Welt- und Selbstverlust sind unabwendbar; Menschsein kann allein darin bestehen, die Einheit wenigstens zu beschwören. Dies ist in glücklichen Momenten der freien Liebe möglich, in der die Menschen sich, wie es im 63. Brief heißt, als »Naturgeschöpfe« erleben und zu ihrer Bestimmung kommen:

»Sie finden sie in jener harmonischen Übereinstimmung, die zur Folge hat, daß zwei eng verbundene Körper fruchtbar sind, daß zwei miteinander geteilte Empfindungen glücklicher werden. Es ist diese Harmonie, in der sich alles Seiende vollendet, in der alles Lebendige zum Frieden gelangt und froh wird.«[27]

Derlei Reflexionen sind in eine Handlung gekleidet, die den Titelhelden eine einsame Wanderung durch die Alpen unternehmen und tiefgründige Fragen nach dem Sinn des Daseins aufwerfen läßt.

Im Sommer des Jahres 1835 folgen Liszt und Marie d'Agoult ›Obermans‹ imaginären Spuren, als wären sie real. Vor allem aber identifizieren sie sich mit dem zugehörigen Lebensgefühl: Die Ideen, welche Senancour als Reaktion auf die gescheiterte Revolution von 1789 entwickelt, übernimmt Liszt eine Generation später vor dem Hintergrund der gescheiterten Revolution von 1830 und angesichts der Leiden am *Juste milieu:* Intellektuelle und Künstler kämpfen innerhalb der Gesellschaft mit stumpfen Waffen. Verzweifelt suchen sie nach Identität und nach Möglichkeiten, ihrem inneren Wissen um den Zustand der Welt Ausdruck zu geben.

Unter dem ›Oberman-Tal‹ darf man sich keine real fixierbare Landschaft vorstellen, vielmehr ›den besonderen Seelenzustand‹, der in Senancours Roman dargestellt wird. In diesem Sinne äußert sich Liszt gegenüber dem Verleger Schott, als dieser die Ausgabe von 1855 publikumswirksam mit dem Stich einer Schweizer Landschaft schmücken will: Ebenso wenig wie »Flinten und Jäger« habe die »Geographie« etwas mit dem Stück zu tun; wenn überhaupt, sei »eine ganz öde Trauer Landschaft« angebracht, »ungefähr in den Styl wie [Carl] Rottman mehrere griechische Landschaften so würdevoll gemalt!«[28]

Ist das Oberman-Tal auch nicht in der Schweizer Landschaft zu orten, so doch innerhalb des Romans; dort heißt es im 38. Brief innerhalb eines *Fragments* mit der Überschrift *Über den romantischen Ausdruck und über den Kuhreigen*:

»Und dann die Augenblicke des Vernachtens, die Stunde der Ruhe und erhabenen Trauer! Das Tal liegt im Dunst und beginnt zu verdämmern. Südwärts legt sich die Nacht auf den See, den der finstere Gürtel der schrecklichen Felsen umfängt, und darüber wölbt sich der eisige Dom, der in seinem Froste das Taggestirn wie zurückhält ... und das Wasser, reglos, im Lichte glänzend, eins mit dem Himmel, wird unendlich wie er, noch reiner, ätherischer, schöner!«[29]

Das hier stark gekürzt und in moderner Romanübersetzung mitgeteilte *Fragment* hat Liszt der Erstausgabe seiner Komposition unter der originalen Überschrift und im vollen Umfang von fast vier Druckseiten vorangestellt. Daß sein eigenes *Vallée d'Oberman* tatsächlich der Stimmung dieses *Fragments* entspricht, habe ich nicht ohne Überraschung an mir selbst erleben können: Nach der Lektüre von Senancours Roman ist mir kein anderer Passus als der aus dem 38. Brief geeignet erschienen, um mit Liszts Komposition in Verbindung gebracht zu werden; erst später stellte ich fest, daß es diesen Bezug in der Erstausgabe – nur dort – tatsächlich gab.

Das Verfahren, einer Komposition ausgedehnte Ausführungen über das Wesen des Romantischen voranzustellen, ist musikgeschichtlich neuartig und ungewöhnlich. Augenscheinlich ist es Liszt wichtig, den Anteil der Musik an einer romantischen Gesamtkunst hervorzuheben. Indem er vor deutlichen, wenn auch nicht eigentlich programmatischen Hinweisen nicht zurückscheut, gibt er sich als Kind der *französischen* Romantik zu erkennen. Nach Auffassung Robert Schumanns als eines Exponenten *deutscher* Romantik sollen zwar konventionelle Formen überwunden werden – jedoch durch die Sprache des reinen Gefühls: In Musik findet die Seele, jenseits geschwätziger und vergänglich profaner Konkretisierungen, ihren Urgrund. Je vergänglicher die Bilder sind, die beim Hören von Musik aufsteigen, desto besser: Sie sind ja nicht mehr als gaukelnde Schmetterlinge, die den Weg zum Absoluten weisen. Demgemäß breitet Schumann in seinem gleichzeitig entstehenden Klavierwerk höchstens *seelische* Landschaften aus; und wenn überhaupt, versieht er seine musikalischen Gedichte mit nur knappen, oft verrätselten Überschriften und Erklärungen. Die Impulse ›romantischen‹ Lebensgefühls dringen kaum nach außen, halten vielmehr die Phantasien der Innenwelt in Gang.

Die unterschiedlichen Einstellungen Liszts und Schumanns werden durch einen Blick auf die damalige Lebenssituation beider zwar nicht erklärt, aber doch kommentiert. Während Franz mit Marie die Freuden und Leiden der freien Liebe genießt und durch eine heroisch einsame Alpenwelt wandert, um sich von der Erhabenheit der Natur anwehen und im wahrsten Sinne des Wortes inspirieren zu lassen, darf er sich zur tatsächlichen Avantgarde einer Gesellschaft zählen, die neuer Sinngebung und Lebensformen bedarf; vor dem Horizont seiner Sendung verschmelzen Leben und Werk in eins. Derweilen sitzt Robert in seinem Leipziger Musikzimmer, liest seinen E.T.A. Hoffmann oder Jean Paul, studiert seinen Bach, komponiert am Klavier und kämpft vor Gericht um den Dispens für eine gesellschaftlich anerkannte Ehe mit Clara, die ihrerseits angestrengt eine künstlerische Sendung mit traditionellen, bürgerlich engen Lebensmaximen zu vereinen trachtet. Schumann kann nicht einmal daran denken, Leben und Kunst sich gegenseitig durchdringen zu lassen: Zu sehr ist er damit beschäftigt, seine Lebenskräfte – die vitalen wie die zerstörerischen – mittels einer verrätselten Kunst abzuschirmen. Er ist seelisch nicht so gut gepolstert wie Liszt, der sein Leid auszusprechen und als einen Teil des großen Welttheaters zu erleben vermag, das neben dem Weinen das Lachen erlaubt und demjenigen, der mitspielt anstatt sich nur mitspielen zu lassen, Glück verheißt.

So wichtig es Liszt ist, die Hörer über den poetischen Kontext seiner Kompositionen nicht im Unklaren zu lassen, so wenig will er auch im Blick auf *Vallée d'Oberman* bloße »Tondaguerreotypen« schaffen, wie ein Rezensent der *Signale für die Musikalische Welt* im Jahre 1854 Robert Radeckes *Erinnerung an den Harz*, eine Folge »charakteristischer Tonstücke für Pianoforte«, nennt.[30] Um ein Gutteil klassizistischer geworden, ersetzt er, als das Werk 1855 in neuer Bearbeitung innerhalb der *Années de pèlerinage* erscheint, die poetische Landschaftsbeschreibung durch zwei kürzere Abschnitte aus dem 63. und dem 4. Brief und fügt einen Passus aus dem *Canto III* von Byrons *Childe Harold's Pilgrimage* hinzu. Nunmehr ist jeder Hinweis auf eine möglicherweise reale ›Landschaft‹ getilgt, es geht allein um die innere Gestimmtheit:

»Was will ich? Was bin ich? Was erwarte ich von der Natur? ... Jegliche Ursache ist verborgen, trügerisch jeglicher Zweck; alle Gestalt verändert sich, alle Dauer vergeht ... Ich empfinde, ich bin – um mich in unbezwinglichem Verlangen zu verzehren, mich am Zauber einer Scheinwelt zu berauschen und endlich an ihrem lustvollen Trug zugrundezugehen.«

»O unsägliche Empfindsamkeit! Zauber und Qual unserer vergeblichen Jahre! grenzenloses Gefühl einer Natur, die uns überall verschlossen bleibt und uns zermalmt! allumfangende Liebe, kalte Gleichgültigkeit, frühreife Weisheit, wollüstige Hingabe ...«[31]

»... Schmerz, Wissen, Fühlen – in ein einzig Wort: – / Ich spräch' dies Wort, und wär's ein Donnerschlag. / Doch wie die Dinge sind, leb' ich und sterbe ungehört / Stimmlos mein Geist, wie in der Scheid' ein Schwert.«[32]

Es gibt Musik, die auf kompositorischer Ebene schuldig bleibt, was die ihr zugrundeliegende ästhetische Konzeption verspricht. Auf *Vallée d'Oberman* trifft dies nicht zu: Die Ausführung ist nicht weniger bedeutend als der Entwurf. Ich bespreche das Werk in der ausgereiften, heute allein noch bekannten Fassung von 1855 und vernachlässige die in diesem Zusammenhang nicht dringliche Frage, was an Aufregendem schon, noch nicht oder nicht mehr in der ursprünglichen Version enthalten war. Das Besondere zeigt sich auf drei Ebenen, die man schulmäßig als die der Gattung, der Motivik und der Harmonik bezeichnen könnte.

Auf *Vallée d'Oberman* trifft im besonderen zu, was Liszt über das *Album d'un voyageur* im Vorwort der Ausgabe von 1842 allgemein sagt: Es handele sich um

»eine Folge von Stücken, ... die sich an keine herkömmliche Form binden, sich nicht in einen besonderen Rahmen fügen, die aber in ihrem Verlauf die Rhythmen, die Bewegungen, die musikalischen Figuren verwenden werden, die am meisten geeignet sind, die Träumereien, die Leidenschaften und die Gedanken auszudrücken, durch die sie inspiriert wurden«.[33]

Mit der Forderung, das »alte wurmstichige Formengerüst« in »den Flammen des Talents« aufgehen zu lassen, die Liszt, wie erwähnt, in anderem Zusammenhang den Künstlern im Paris der Juli-Revolution in dem Mund legt, macht er nun selbst ernst. Zwar hat Beethoven, von Liszt auch in dieser Hinsicht hoch bewundert, die tradierte Form vor allem des Sonatensatzes auf so vielfältige, differenzierte und phantasievolle Weise gehandhabt, daß niemand behaupten würde, mit dieser »Form« sei nichts mehr anzufangen – umso weniger, als er seine Musik nach Liszts Auffassung zugleich als Poesie in Tönen verstanden hat, auch wenn er bedauerlicherweise »nicht summarisch den Grundgedanken einiger seiner großen Werke nebst den hauptsächlichsten Modifikationen dieses Gedankens angegeben hat«.[34] Doch Beethovens Weg kann nicht der Liszts sein: Gewiß ist ihm das Denken von der Form her nicht fremd; und in seiner großen h-moll-Sonate – wohl nicht zufällig annähernd zeitgleich mit der zweiten ›Oberman‹-Fassung entstanden – hat er offenbar bewußt den Beweis antreten wollen, daß man das poetische Thema, welches *Vallée d'Oberman* seinen Namen gegeben hat, nicht nur als freie Fantasie, sondern auch als im weitesten Sinne ›klassische‹ *Sonate* formen kann. Als Liszt die *erste* Fassung von *Vallée d'Oberman* konzipiert, ist er in jedem Fall kein Beethoven nacheifernder Berufskomponist, sondern ein konzertierender Künstler, der seine Stücke selbst schreiben will.

›Seine‹ Stücke dürfen sich freilich weder in virtuosem Getöse noch in feinsinniger Stimmungs- oder Charakterzeichnung erschöpfen. Sie sollen umfassend und differenziert nachzeichnen, was sich in der Seele des Virtuosen tut. Wach, einfühlend und verstehend, wie sogenannte Dilettanten oft eher als Fachleute auf Musik reagieren, hat Auguste Boissier in ihrem Tagebuch aufgezeichnet, wie sie den zwanzigjährigen Liszt in diesem Sinne in ihrem Pariser Salon erlebt hat:

»Es sind die starken und wahren Erregungen, die er wiederzugeben sucht: den Schrecken, die Angst, das Grauen, die Empörung, die Verzweiflung, die bis zum Wahnsinn gesteigerte Liebe; auf solche stürmischen Bewegungen folgen dann Müdigkeit, Niedergeschlagenheit, Erschöpfung, eine Art weicher Ruhe voll Hingebung und Ermattung, bis die erschlaffte Seele wieder Kräfte zu neuem Leiden, neuer Glut gewonnen hat. Mitten in der größten Folter bricht dann zuweilen eine Helligkeit hindurch, eines jener Eckchen Himmelsblau, das wir öfters inmitten düstrer Wolken erblicken... Um so zu schildern, muß man viel gesehen und gefühlt haben; auch fahndet Liszt gierig nach allen Aufregungen. Er hängt sich sozusagen an die ganze leidende Kreatur und erspäht die Laute jeden Schmerzes.«[35]

Soll dergleichen Virtuosenvortrag als Komposition aufgezeichnet werden, so kann dies in der Tat schwerlich in den konventionellen Formen der klassischen Sonate geschehen. Doch auch die modernen *Impromptus*, *Mazurken*, *Intermezzi*, *Lieder ohne Worte* usw. müssen beengend wirken, da sie – wie Lied und Tanz allgemein – formal redundant und überdies dem Prinzip der Affekteneinheit verpflichtet sind. In Frage kommt allein die Gattung der *Phantasie:* In ihr ist die Musik in geringerem Maß vorstrukturiert: Der Hörer muß ihrem Gestus in jedem Augenblick aufmerksam folgen, will er den gemeinten Zusammenhang mitbekommen.

Der Phantasie haben sich die Komponisten seit jeher bedient, um tiefgehende seelische Prozesse in charakteristischer Ambivalenz zu formen: Einerseits soll der Eindruck vorherrschen, als entstehe alles aus dem Augenblick heraus, wie improvisiert; deshalb gibt es eine Tendenz zu *ausführlicher* Darstellung der Gemütslage. Andererseits muß deutlich werden, daß nicht beliebige, austauschbare Seelenregungen vermittelt werden, vielmehr zentrale Botschaften und charakteristische Seelenzustände. Dazu bedarf es *knapper* Symbole und Ausdrucksgehalte, die durch ihre – oft untergründige, aber andauernde – Präsenz als *solche* wirken. Ein gutes Beispiel ist das geschichtlich vielleicht früheste Beispiel einer modernen Phantasie, die *Chromatische Phantasie* von Johann Sebastian Bach: In deren *Recitativ*-Teil erhebt die Oberstimme ab Takt 49 einen ausschweifenden Klagegesang über einem schwer herauszuhörenden, gleichwohl strengen chromatischen Harmoniegang – dem in der musikalischen Rhetorik *passus duriusculus* genannten ›Leidensgang‹ vergleichbar. Ihre Blüte erlebt die freie Klavierphantasie in der Bach-Söhne-Generation; von den Zeitgenossen wird sie als dunkel, regellos, sprunghaft, zum Überraschenden und Fragmentarischen tendierend und zugleich untergründigen Ordnungen folgend beschrieben. Ob Liszt die entsprechenden Werke Carl Philipp Emanuel Bachs schon in jüngeren Jahren gekannt hat, sei dahingestellt; bemerkenswert ist jedenfalls die Parallele zwischen den Vortragsbezeichnungen *Sehr traurig und ganz langsam* in C. Ph. E. Bachs letzter Phantasie mit dem Titel *Carl Philipp Emanuel Bachs Empfindungen* und *äußerst langsam, mit dem tiefen Gefühl von Überdruß* in Liszts frühen *Harmonies poétiques et religieuses.* Klaviersonaten Beethovens, in die Merkmale der freien Phantasie Eingang gefunden haben, hat er später in seinen Konzerten selbst gespielt. Auch der ihm gewidmeten Klavierphantasie op. 17 von Robert Schumann ist die Idee der freien Phantasie eingeschrieben: Die Vielfalt ihrer Aussagen umschlingt, wie schon in anderem Zusammenhang dargestellt, das einigende Band eines verschwiegenen Mottos: Beethovens Liedzeilen »Nimm sie hin denn, diese Lieder ...«.

In diesem Sinne ist die definitive Version von *Vallée d'Oberman* eine Phantasie – nicht so ausschweifend wie die frühe Fassung der *Harmonies poétiques et religieuses* und nicht so konturiert wie die h-moll-Sonate, sondern in jedem Augenblick vermittelnd zwischen Ordnung und Freiheit. Was Liszt *nicht* unter ›Ordnung‹ versteht, deutet er in seinem *Berlioz*-Essay an:

»Bei der sogenannten klassischen Musik ist die Wiederkehr und thematische Entwickelung der Themen durch formelle Regeln bestimmt, die man als unumstößlich betrachtet... ein Thema [ruft] formgesetzlich das andere hervor ...«[36]

In *Vallée d'Oberman* werden nicht eigentlich mehrere Themen »entwickelt« und dies schon gar nicht nach ›formalen Regeln‹, vielmehr beherrscht *ein* Thema das ganze Stück – das *Oberman*-Thema. Dieses läßt sich zwar – bei aller Vieldeutigkeit, über die noch zu reden ist – als übersichtliche achttaktige Periode verstehen, deren Vorder- und Nachsatz symmetrisch aus 2 + 2 Takten gebildet sind. Indem es als vollständiges Gebilde oder in einer Reduktion auf Vier- bzw. Zweitaktgruppen durch das Stück wandert, stellt es einerseits einen wichtigen Ordnungsfaktor dar; andererseits ist in der Komposition eine Tendenz zur Verselbständigung, ja Vereinzelung der Teile unüberhörbar: Fast bezugslos, oft durch Fermaten und Generalpausen getrennt, stehen sie als Einzelereignisse nebeneinander. Den Anfang macht das *Oberman* -Thema in einer Ausformung, die an den suchenden und irrenden Oberman denken läßt:

Franz Liszt, *Vallée d'Oberman*, Anfang

Trotz klarer Periodizität entspricht der Anfang des Stücks keineswegs traditionellen Hörerwartungen, da die tonalen und harmonischen Verhältnisse verwirrend sind: Liszt läßt das in resignativer Gebärde abwärts steigende Motiv auf engstem Raum von einem angedeuteten e-moll nach b-moll (T. 1-8) wandern. Die Begleitakkorde sind mit spät aufgelösten Dissonanzen angereichert, so daß insgesamt der Eindruck eines Irrgartens entsteht.

Der Prozeß des Tastens und Suchens unter Führung des *Oberman*-Themas wird im ersten Abschnitt bis Takt 25 nicht aktiv zu Ende gebracht: Er verliert sich in den Tiefen des Klaviers. Es folgt eine lange Pause; danach setzt unvermittelt – nicht auf e-moll, wie man am ehesten hätte erwarten können, sondern im Bereich von es-moll

– eine Folge düsterer Akkorde ein, die, aperiodisch gegliedert, nach H-Dur wandern:

Franz Liszt, *Vallée d'Oberman*, T. 26-33

Was dem Hörer an dieser Akkordfolge fremd, dem Harmonielehre-Schüler ungeregelt erscheint, ist – wie es sich für ein gute Fantasie gehört – strukturell durchaus geordnet: Zumindest die Außenstimmen bewegen sich vollkommen diatonisch zunächst in es-moll und dann – in notengetreuer Sequenzierung – in a-moll. Allerdings liegen zwischen es und a drei Ganztöne oder ein Tritonus, der den westeuropäischen Musiktheoretikern als *diabolus in musica* galt, in ost- und südosteuropäischer Volksmusik freilich seit jeher zu finden war. Daß Liszt, sicherlich auch unter dem Einfluß Chopins und ungarisch-'zigeunerischer' Musik, mit diesem Tritonus auf gutem Fuße steht, wäre hier nicht besonders hervorzuheben, wenn er ihn nicht geradezu als konstruktives Element seiner Harmonik heranzöge. Das macht ihn zu einem Vorreiter der Moderne: Bartók hat wie selbstverständlich daran angeknüpft; Hindemith hat manches für sich selbst neu entdeckt.

Dieser kurze, durch Fermaten von seiner Umgebung überdeutlich getrennte Abschnitt ist wie ein Aufblicken zur unnahbaren Natur, die erhaben ist wie der Tod selbst. Obwohl das irrende Individuum in Fragmenten des *Oberman*-Themas präsent bleibt, gibt es doch keine Vertrautheit, kein Sich-Anverwandeln: Als fremd und unvermittelt, freilich nicht als schrecklich, erfährt der Mensch in der Konfrontation mit der Natur die Gewalt des Seins.

Auch spätere Abschnitte zerbrechen das vom *Oberman*-Thema vorgegebene Periodengerüst: In der als *Recitativo* bezeichneten Partie verbindet sich das in den Tremoli der linken Hand fast körperlich zu spürende Gefühl nackter Erregung mit einem leidenschaftlich-verzweifelten Gestus der rechten Hand, die bloße Splitter des *Oberman*-Themas vorträgt:

Franz Liszt, *Vallée d'Oberman*, T. 119-121

Interessant ist ein Vergleich mit dem Rezitativ aus Robert Schumanns Klavierstück *Der Dichter spricht*, der letzten Nummer der *Kinderszenen* op.15. Schumann beschwört den Gestus gehobenen Rezitierens an sich – geradezu mit den Augen und Ohren eines Kindes, das nicht versteht, was ›der Mann da‹ macht; und man meint, einen ironischen Unterton zu vernehmen. Liszt interessiert nicht die formale Seite des rhapsodischen Vortrags; stattdessen identifiziert er sich inhaltlich mit der leidenschaftlichen Verzweiflung oder verzweifelten Leidenschaft des ›Dichters‹ Oberman als des die Komposition ›gestaltenden‹ Subjekts.

Mit solcher distanzlosen Kundgabe individuellen Erlebens probiert Liszt Verhaltensweisen, an deren Möglichkeit die Vertreter der deutschen Innerlichkeit in der Erbfolge Schubert-Schumann-Brahms immer weniger geglaubt haben. Kaum denkbar, daß Schumann in einem Werk naiv suggerierte: ›Das bin ich‹. Es ist schon viel, wenn er im *Carnaval* op. 9 zu verstehen gibt: ›Das bin ich in der Rolle von Florestan, Eusebius und Raro‹; oder in der Klavierfantasie op. 17: ›Das bin ich vor dem Leipziger Beethoven-Denkmal‹.

Wenn man nach einem Deutschen sucht, der um die gleiche Zeit Ähnliches erlebt und probiert, so findet man ihn sicherlich in Richard Wagner mit seiner 1839/

40 in Paris geschriebenen *Faust-Ouverture*. Auch hier ein literarisches, allerdings erst dem späteren Erstdruck ausdrücklich beigegebenes Motto: »...Und so ist mir das Dasein eine Last, der Tod erwünscht, das Leben mir verhaßt!« Auch hier ein Orchesterrezitativ, ›zerrissene Melodien‹ und Ausdrucks-Chromatik. – Die spätere Musikgeschichtsschreibung wußte schon, warum sie Berlioz, Wagner und Liszt als ein ›Dreigestirn‹ im Zeichen eines ›romantischen Realismus‹ sah.

Vallée d'Oberman ist eine monothematische Komposition: Das *Oberman*-Thema wandert mit seinem Helden durch das ganze Stück. Versteckt taucht es in dem der erhabenen Natur gewidmeten Abschnitt T. 26 ff auf; *dolcissimo* und in verklärtem C-Dur erklingt es ab Takt 75:

Franz Liszt, *Vallée d'Oberman*, T. 75-78

So wandlungsfähig kann nur ein Thema sein, das nicht nach den von Liszt kritisierten »formellen Regeln« geschaffen ist, sondern den Kriterien der »charakteristischen Melodie« gerecht wird, deren »Erfindung« Liszt Hector Berlioz zuschreibt.[37] Die zeitgenössische Musikästhetik spricht von charakteristischer Musik, von zerrissener Melodie etc., um eine Musik zu retten, die sie zwar beim besten Willen nicht mehr in ihren traditionellen Kategorien des Schönen unterzubringen vermag, aber dennoch nicht in Grund und Boden verdammen will. Doch das ›Charakteristische‹ soll die Ausnahme bleiben, das Salz in der Suppe. Berlioz, Liszt und Wagner gehen weiter: Sie machen den charakteristischen Ausdruck zur Bedingung einer Musik, deren motivisch-thematisches Material sich geschmeidig im Dienste der poetischen Idee zu entwickeln vermag. Letzteres gilt gewiß für das *Oberman*-Thema. Seine anfängliche Unbestimmtheit ist ja nicht Ausdruck von Kraftlosigkeit und Überspanntheit, die man Liszt immer wieder vorgeworfen hat, entspringt vielmehr dem Kalkül des Tondichters: Was dunkel, tastend und suchend beginnt, kann später umso suggestiver ins Helle und Eindeutige führen. Anläßlich seiner Sinfonischen Dichtung *Prometheus* spricht Liszt von »Leid und Verklärung« als der »Grundidee«, in der alles »zusammengedrängt« sei (vgl. S. 243).[38]

In *Vallée d'Oberman* ist das nicht anders, doch soll eine charakteristische Differenz nicht verschwiegen werden: Erst in der *Komposition* findet wirkliche *Verklärung* statt; die ihr vorangestellten literarischen Texte setzen den Akzent weit eindeutiger auf das *Leid.* Glück, Trost, Vereinigung und Erlösung zeigen sich in ihnen höchstens am fernen Horizont; und noch erstaunlicher ist es, daß Liszt – in dem erwähnten Brief an Schott – seine eigene Komposition ein »düsteres, hyper-elegisches Fragment« nennt, obwohl sie doch mit aller Intensität der ›Verklärung‹ entgegenstrebt. Es ist, als ob Liszt sich selbst teilte: in den *Romantiker,* der an ›dieser‹ Welt leidet, sie sei wie sie wolle, und in den *Kunstpriester,* der wie ein Medium die Verheißungen der ›anderen‹ Welt durch sich hindurchläßt. Daß eine solche Rollenteilung überhaupt denkbar ist, liegt an der herausragenden Stellung der Musik innerhalb der romantischen Künste: Sie ist die einzige, die – im Sinne Schopenhauers – nicht nur »vom Schatten«, sondern »vom Wesen selbst« redet.[39] Das ›Medium‹ aber, welches diese Rede mitteilt, mag dies bewußtlos tun, als soziale Existenz der Erlösung selbst nicht teilhaftig sein. Dritter im Bunde ist natürlich der *Virtuose,* der auch am Ende von *Vallée d'Oberman* als wahrer Klavierlöwe auftrumpft.

Die charakteristische Melodie, hierin durchaus Wagners Leitmotiv verwandt, zeichnet sich durch Wandlungsfähigkeit aus. Sie ist kein Baustein, mit dem im Sinne Beethovens gearbeitet und ›Form‹ geschaffen würde, sondern ein Bedeutungsträger; als solcher hat er keine Urform, erscheint vielmehr in wechselnden Gestalten. Die jeweiligen Veränderungen liegen weniger im rhythmisch-metrischen als im harmonischen Bereich: Wechselnde Harmonik läßt ein Motiv in immer neuem Licht erscheinen. In diesem Sinne wandert auch das *Oberman*-Thema in unterschiedlichen Beleuchtungen durch die Komposition. Entsprechend der für Liszt insgesamt charakteristischen Tendenz ›Leid-Verklärung‹ ist die Abfolge der Farben freilich nicht beliebig: Am Anfang steht ein tendenziell unbestimmter oder konflikthafter harmonischer Charakter; im Verlauf des Stückes wird die Harmonik heller, diatonischer, konfliktfreier. Für solche Verläufe gibt es große Vorbilder wie Beethovens *Fünfte,* insgesamt sind sie jedoch Liszts Markenzeichen.

Harmonik wird zur Farbe, dient der Klangschattierung. Einzelne Ketten von Quintparallelen, die in der frühen Fassung von *Vallée d'Oberman* (etwa ab Takt 47) noch mehr hervorstechen als in der überarbeiteten, erscheinen wie ein Vorgriff auf den musikalischen Impressionismus. Um ihre Neuheit zu würdigen, muß man sich vor Augen halten, daß Gottfried Wilhelm Fink noch 1829 in einer Rezension des Schubert-Liedes *In der Ferne* aus dem *Schwanengesang* die Folge von h-moll und B-Dur mit offener Quint- und Oktavfortschreitung (T. 46f.) als einen »Ohren zerreißenden Fortschritt« bezeichnet, obwohl hier ein harmonisch-struktureller Sinn durchaus erkennbar bleibt.[40] Wenngleich das letztere auch für Liszts Umgang mit der Harmonik gilt, spiegelt dieser doch in hohem Maße eine neue Zeit: Eine selbständig gewordene, sich fortwährend differenzierende Harmonik erweitert die Ausdrucksmöglichkeiten der Musik ins schier Unermeßliche, bedroht aber zugleich Selbstbezüglichkeit und Verständlichkeit instrumentaler Formen. Der Weg zur *Sinfonischen Dichtung* ist vorgezeichnet.

Der Schöpfer der Sinfonischen Dichtung
Prometheus oder: Macht und Ohnmacht der Ideen

In den vierziger Jahren ist Liszt auf dem Höhepunkt seiner Virtuosenlaufbahn. Sofern er nicht den depressiven Stimmungen unterworfen ist, die wohl auch Menschen seines Lebensstils nicht verschonen, kann er sich als jugendlicher Gott fühlen: vom Publikum gefeiert, von den Frauen angeschwärmt und erhört, in vollem Bewußtsein seiner Fähigkeit, nicht nur einzigartig virtuos Klavier zu spielen, sondern zugleich eigene kompositorische Gedanken mitzuteilen.

Vermutlich hat es diese Konstellation in der Geschichte der klassischen Musik nicht wieder gegeben. Umso erstaunlicher ist es, daß Liszt sich nicht korrumpieren läßt. Zum einen setzt er sich als Virtuose unablässig für ›gute‹ Musik ein und tritt – seine idealistische Vorstellung von einer *musique humanitaire* ernst nehmend – mit Vorliebe auch in kleinen Orten zugunsten bedrängter Konzertvereine oder anderer guter Zwecke auf: Auch als Virtuose will er der Allgemeinheit dienen. Zum anderen versteht er seine Rolle als konzertierender Künstler als eine durchaus produktive: Er arbeitet beständig an seinem kompositorischen Werk und sinnt darüber nach, wie er mit seiner Kunst nicht nur zu brillieren, sondern auch etwas auszusagen vermag. Zum dritten findet er zur rechten Zeit, mit wachem Blick für die kommerziellen und ausgelaugten Züge des offiziellen Konzertbetriebs, den Absprung:

»Was ist das doch für eine widerliche Notwendigkeit in dem Virtuosenberufe – dieses unausgesetzte Wiederkäuen derselben Sachen! Wie oftmals habe ich nicht die *Erlkönig*-Stute besteigen müssen!«[41]

ruft er später in seinem Brief an Maria von Kalergis vom 16. Juni 1868 sarkastisch aus. Das Konzertieren des Virtuosen unter den Vorgaben von »Handel und Industrie« hellsichtig mit Fabrikarbeit vergleichend, schreibt er im *Schumann*-Essay:

»Die geistige Verwilderung, die nur zu oft den an die fortwährende Ausübung einer rein mechanischen Specialität gebannten Fabrikarbeiter befällt, verletzt die menschliche Würde, die christliche Liebe, das humane Gefühl.«[42]

Liszts ›Ausstieg‹ erfolgt 1847 nach einer großen Osteuropa-Tournee, auf der er in Kiew die Fürstin Carolyne von Sayn-Wittgenstein kennengelernt hat, eine geborene Baronesse Iwanowska, die damals von ihrem Mann getrennt auf ihren Gütern lebt. Ein Jahr später läßt Liszt sich in Weimar nieder und zieht schon bald in die Altenburg – ein Herrschaftshaus, das die Großherzogin der Fürstin Carolyne zur Verfügung stellt, nachdem diese einen Teil ihrer russischen Güter verkauft, sich endgültig von ihrem Mann losgesagt und beschlossen hat, in Weimar zu leben. Die Altenburg wird bald zu einem geistigen Zentrum und zu einem Treffpunkt für junge Künstler, denen Liszt mit seiner sprichwörtlichen Gastlichkeit begegnet. Der förmliche Austausch mit der konventionellen Weimarer Gesellschaft gestaltet sich schwieriger, weil die Fürstin mit ihrer Scheidung nicht vorankommt und deshalb nicht überall gern gesehen ist.

In den Folgejahren lastet die Weigerung der katholischen Kirche, einer Scheidung zuzustimmen, schwer auf beiden. Einerseits werden sie, im Sinne verständlicher Trotzreaktionen, geradezu aneinandergeschmiedet; andererseits geht augenscheinlich die Spontaneität des Verhältnisses verloren.

»Gebe die Gnade des Himmels, daß ich Ihrer immer weniger unwürdig werde. Manchmal fühle ich mich so unzulänglich, so voller Niedergeschlagenheit...«,

so schreibt Liszt nach Jahren des Zusammenlebens am 14. Februar 1851 in französischer Sprache an die Fürstin; und die Krampfhaftigkeit der Liebesbeteuerungen – sie steht in krassem Gegensatz zu der Natürlichkeit in den Briefen an die geliebte Schülerin Agnes Street-Klindworth – ist deutlich zwischen den Zeilen zu lesen. Der eine meint dem anderen sein Leben weihen und zugleich opfern zu müssen. Marie von Hohenlohe, die Tochter der Fürstin, spricht in ihrer Rückschau auf die Verbindung von einem »qualvollen Martyrium beider Menschen«.[43] Ihre Äußerung bezieht sich allerdings auf die späteren Jahre, die mit der Übersiedelung beider nach Rom beginnen. Dort soll am 22. Oktober 1861, an Liszts fünfzigstem Geburtstag, die nach langen und demütigenden Kämpfen endlich genehmigte Trauung stattfinden. Doch es bleibt bei der Absicht: Beide sind äußerlich und innerlich zermürbt; bewußt oder unbewußt suchen und finden sie Möglichkeiten, dem nicht mehr Gewünschten wenigstens formal zu entkommen.

Die vorausgegangene Weimarer Zeit ist freilich ungeachtet persönlicher Probleme ungewöhnlich produktiv. »Außerordentlicher Kapellmeister« kann er sich in Weimar schon seit 1842 nennen; seit 1848, dem Jahr seiner Niederlassung in der Altenburg, wirkt er – mit großem Arbeitspensum – als wirklicher Kapellmeister und zugleich als Musikreformer. Von der großherzöglichen Familie verehrt und gefördert, entwickelt Liszt in der Stadt Goethes und Schillers eine rege Tätigkeit – fast möchte man sagen als der *Praeceptor Germaniae* in Sachen Musik. Dafür hätte sich gewiß auch Richard Wagner im nicht weit entfernten Dresden angeboten: Doch der ist nicht nur weniger verbindlich als Liszt, sondern geradezu Revolutionär. Als solcher muß er 1849 via Weimar, wo Liszt ihm Unterkunft gewährt, in die Schweiz flüchten.

Bereits 1845 hatte Liszt, damals immerhin erst 33 Jahre alt, die Initiative zur Errichtung des Bonner Beethoven-Denkmals ergriffen, ein Fünftel der Kosten bezahlt und das dazugehörige Beethoven-Fest organisiert. Nun tritt er in die Diskussion um eine nationale Goethe-Stiftung ein. Den *Tasso* komponiert er 1849 als Vorspiel zur Goethe-Feier, den *Prometheus* ein Jahr später anläßlich der Einweihung des Herder-Denkmals. Die Intention ist deutlich: Liszt will – auch institutionell – Einfluß gewinnen, um der Musik mit Macht Teilhabe und Mitwirkung am geistigen Fortschritt der Zeit zu verschaffen. Wenn sich das Bürgertum im 19. Jahrhundert vor allem über seine Bildungsfähigkeit und -bereitschaft als fortschrittliche Klasse definiert, darf die Musik nicht abseits stehen:

»Warum vermöchte nicht auch der Tonkünstler in seinem Stil und Kunstwerk Geist und Empfinden, Leben und Ideal einer Gesellschaft wiederzuspiegeln?«[44]

Im Hintergrund seines bildungspolitisch begründeten Fortschrittsglaubens steht nach wie vor der alte, religiös überhöhte Kultur-Utopismus seiner Pariser Zeit: Die Kunst ist Mittlerin zwischen Gott und den Menschen, bricht dem Göttlichen im Menschen Bahn. Zunächst flackert in Weimar auch das politische Feuer der Jugendjahre noch einmal auf: Liszt nimmt sich seine 1830 skizzierte *Revolutions-Sinfonie* vor. Nachdem jedoch die deutsche Revolution von 1848/49 gescheitert ist, wird dieser frühe Versuch konkreter Parteinahme endgültig beiseitegelegt. Resigniert oder abgeklärt: Liszt findet seine Themen und Stoffe nunmehr im überzeitlichen Raum von Mythos und Geschichte.

Stärker als Wagner sieht er sich in der direkten Tradition Beethovens und damit des deutschen Idealismus: Erst allmählich reift in Weimar der Entschluß, seine Orchesterwerke nicht länger *Sinfonie* und *Ouverture*, sondern *Sinfonische Dichtungen* zu nennen; *Faust*- und *Dante*-Sinfonie behalten ihre Bezeichnung ausdrücklich. Die sogenannte *Berg-Sinfonie* heißt, ehe sie zur *Sinfonischen Dichtung* erhoben wird, nacheinander *Konzert-Ouverture* und *Méditations-Symphonie.* Augenscheinlich hat Liszt zunächst tätig komponiert und erst danach neue Bezeichnungen und theoretische Begründungen gefunden – letzteres möglicherweise unter merklicher Mithilfe der Fürstin Sayn-Wittgenstein.

Liszt muß seine zwölf Sinfonischen Dichtungen und zwei dichterischen Sinfonien in Weimar nicht – wie Richard Wagner seine *Faust-Ouverture* – für die Schublade schreiben. Er ist ja nicht zuletzt deshalb an den großherzöglichen Hof gezogen, weil ihm dort ein Orchester zur Verfügung steht, mit dem er – in Orchesterdingen unerfahren – experimentieren und seine Werke einem größeren Publikum vorführen kann.

Um seine Vorstellungen den spezifischen Möglichkeiten der musikalischen Kunst anzunähern, prägt Liszt den Begriff einer musikalischen Epopöe. Vorbild ist die Weltliteratur, die er – im *Berlioz*-Essay von 1855 – in traditionelle und moderne Epopöe scheidet. Letztere nennt er »romantisch« oder »philosophisch« und bringt sie mit Dichtungen wie *Faust* oder Dichtern wie Senancour, Byron und Hugo in Zusammenhang:

»In der Epopöe und ihrem erhabenen Vorbild Homer stehen die Großthaten eines mit heroischen menschlichen Tugenden begabten Helden im Vordergrund...Die moderne Epopöe dagegen besingt die Natur mehr, als daß sie dieselbe beschreibt. Hier werden ihre geheimen Beziehungen zu unserer Seele enträthselt... Grund und Zweck des Gedichtes ist nicht mehr die Darstellung von Thaten des Helden, sondern die Darstellung von Affekten, die in seiner Seele walten.«

Einen weiteren Unterschied macht Liszt aus:

»Zeigt uns das antike Epos die Majorität der Menschen,... so greift das romantische ... nur nach Ausnahmserscheinungen und zeichnet seine Gestalten weit über Lebensgröße in außergewöhnlichen Dimensionen, so daß sich in ihnen nur Organisationen wiedererkennen und wiederfinden, die aus feinerem Thon geformt, von glühenderem Hauch angeweht sind als die Durchschnittsmenschen und denen ein heftiger pulsirendes Leben, eine beweglichere Seele innewohnt als anderen.«[45]

Beide Epopöen sind »das lebendigste Abbild des Geistes der Zeit und der Nation«. Während aber das antike Epos ein gleichsam statuarisches Bild bietet, hat der moderne Dichter den Anspruch, jeweils neu »das Ideal von Geistesstimmungen festzuhalten..., welche jetzt zu seiner Zeit die Gebildeten aller europäischen Länder beseelen und beherrschen: – warum sollte sich die Musik dieser neuen Kundgebung des menschlichen Geistes nicht anschließen?«

Die Idee einer musikalischen Epopöe mag vom phantasierenden Klaviervirtuosen ausgehen, strebt aber nach größeren Dimensionen. Hellsichtig schreibt der mit vergleichbaren Ideen beschäftigte Richard Wagner am 12. Juni 1856, als er die von Liszt zugesandten Sinfonischen Dichtungen studiert, es sei dem Freund gelungen, das »Wunder« seiner »persönlichen Mittheilung« durch das Orchester zu ersetzen:

»So gelten mir Deine Orchesterwerke jetzt gleichsam als eine Monumentalisierung Deiner persönlichen Kunst.«[46]

Um Bedeutendes im Sinne moderner musikalischer Epopöe aussagen zu können, bedarf es eines Orchesters: Dieses allein bietet das notwendig breite und tiefe Bett für die weitreichenden und differenzierten Ideen-, Gedanken- und Affektenströme, die es darzustellen gilt. Beethoven ist da vorangegangen – in seinen Ouverturen, und mehr noch in seinen beiden Monumentalsinfonien, der *Eroica* und der *Neunten.*

Wagner und Liszt knüpfen an diesen emphatisch die Öffentlichkeit ansprechenden Beethoven an; auch sie wollen große Ideen vor großem Forum verkünden. In der Vertonung des *Faust*-Stoffes als Ouverture (Wagner) bzw. Sinfonie (Liszt) treffen sich beider Wege, die ansonsten auseinandergehen; denn Wagner, von Hause aus Opernkomponist, geht zum musikalischen Drama über, das Bühnenhandlung zur Schau stellt und die für Liszt zentrale Darstellung von Affekten und Seelenregungen im Orchester nicht gerade versteckt, aber doch nur als Teilmoment behält.

Seinerseits Pianist und Klavierkomponist, ist Liszt nicht gewohnt, anderen – also etwa Sängern – die Ausführung seiner Vorstellungen anvertrauen zu müssen. Diese Blickrichtung behält er bei: Das Orchester ist nichts anderes als sein verlängerter Pianisten-Arm. Fällt allerdings die Möglichkeit fort, als konzertierender Künstler die eigene Person in die Waagschale werfen zu können, stellt sich die grundsätzliche ästhetische Frage umso schärfer: Wie kann man mit rein instrumentalen Mitteln Ideenkunstwerke schaffen, die dem Geist der Zeit differenziert Ausdruck verleihen?

Wagner hat das Problem deutlich erkannt: In seinem Essay *Über Franz Liszts Symphonische Dichtungen* von 1857 begibt er sich gleichsam auf den Standpunkt des naiven Hörers: Als solcher verliere er beim Hören dieses instrumentalen Genres schnell den roten Faden. Die Kritik richtet sich expressis verbis gegen Berlioz; doch hintergründig ist Liszt, so sehr Wagner ihn achtet, mitgemeint.

Der Freund möchte sich von dieser Kritik nicht betroffen fühlen. Bei aller Wertschätzung für Berlioz, dem er entscheidende Anregungen verdankt, will er erst gar nicht versuchen, ›realistisch‹ zu komponieren. (Berlioz ist der einzige Komponist, den der zeitgenössische Liszt-Parteigänger Franz Brendel in seiner Musikgeschichte auf diese Weise charakterisiert – respektvoll, aber doch etwas skeptisch angesichts der Frage, ob es dergleichen in der Musik überhaupt geben dürfe.)

Liszt komponiert ›idealistisch‹. Die von ihm propagierte moderne musikalische Epopöe verfolgt nicht das Ziel, mit musikalischen Mitteln eine Handlung zu erzählen, drückt vielmehr nur allgemein-menschliche Affekte und Seelenregungen aus. Wenn er seinen Hörern literarische Texte an die Hand gibt, will er sie nicht etwa ermuntern, in der Musik Takt für Takt die zu ihnen passenden ›Handlungs‹-Segmente aufzufinden: »Kleinliche Auseinandersetzungen und ängstliche gewahrte Details« sind im Gegenteil geradezu unproduktiv.[47] Zwar mag sich die Inspiration des *Komponisten* je und dann am Detail seiner dichterischen oder bildnerischen Vorlage entzünden; für die *Hörer* aber ist es unerheblich, in welchem Maße sie ihrerseits genaue Analogien zwischen dichterischer oder bildnerischer Vorlage und musikalischer Umsetzung im Detail aufspüren.

Warum muß Liszt seine Ideen öffentlich machen – im Gegensatz zu Beethoven, welcher sie nach Liszts Auffassung zwar gleichfalls gehabt, den Hörern aber höchstens angedeutet hat? Von Hause aus kein Orchesterkomponist, mag er bezweifeln, daß er über die formbildende Kraft Beethovens verfüge. ›Künstler sind an Formen interessiert‹ – diese allgemeine Feststellung trifft sicher auch auf Liszt zu. Doch wenngleich dieser etwas vom Wesen des ›Deutschen‹ hat, der aus sich heraus – ernsthaft und gründlich – *gestalten* will, so ist er doch ›Franzose‹ genug, um Erfüllung in einer geistreichen und zugleich anregenden *Unterhaltung* zu finden. Im Genre der Sinfonischen Dichtung erweitert die musikalische Kunst nicht zuletzt ihre kommunikativen Möglichkeiten: Standen die Hörer dem Vortrag ›absoluter‹ sinfonischer Musik ehrfürchtig schweigend gegenüber, so können sie dort, wo es um kunstübergreifende menschheitliche Ideen geht, auf tendenziell demokratische Weise am gesellschaftlichen Diskurs mitwirken. In diesem Sinne erreicht der »dichtende Symphonist« erst durch die Mitteilung eines Programms das »volle Verständnis« des Hörers.[48]

Das Gemeinte soll am *Prometheus* verdeutlicht werden. Dessen erste Fassung komponiert Liszt als Ouverture zu einer Aufführung der dramatischen Szenen *Der entfesselte Prometheus* von Johann Gottfried Herder. Anlaß ist die Enthüllung des Herder-Denkmals im Jahr 1850. Das Vorwort der zweiten Fassung von 1855 enthält nun keineswegs ein detailliertes Programm. Vielmehr geht Liszt zunächst auf den von ihm als »poetischen Denker« verehrten Herder ein, den er als »Apostel der Humanität« und Mann von »Seelenadel« hochschätzt. Sodann setzt er sich mit dem Prometheus-Mythos auseinander: Dieser ist »voll mysteriöser Ideen, dunkler Traditionen, voll Hoffnungen, deren Berechtigung immer bezweifelt wird, so lebendig sie im Gefühl leben«.[49] Poesie und bildende Kunst haben sich mit dem Mythos beschäftigt, der hier nicht nach unterschiedlichen Auslegungen differenziert werden muß:

»Es genügte, in der Musik die Stimmungen aufgehen zu lassen, welche unter den verschiedenen wechselnden Formen des Mythus seine Wesenheit, gleichsam seine Seele, bilden: Kühnheit, Leiden, Ausharren, Erlösung. Kühnes Hinanstreben nach den höchsten Zielen, welche dem menschlichen Geiste erreichbar scheinen, Schaffensdrang, Tätigkeitstrieb ... Sündentilgende Schmerzen, welche unablässig an dem Lebensnerv unsres Daseins nagen, ohne es zu zerstören; Verurteilung, angeschmiedet zu sein an den öden Uferfelsen unsrer irdischen Natur; Angstrufe und blutige Tränen ... Aber ein unentreißbares Bewußtsein angeborner Größe und künftiger Erlösung; untilgbarer Glaube an einen Befreier ... und endlich Vollendung des Werkes der Gnade, wenn der ersehnte Tag gekommen.
Leid und Verklärung! So zusammengedrängt erheischte die Grundidee dieser nur zu wahren Fabel einen gewitterschwülen, sturmgrollenden Ausdruck. Ein tiefer Schmerz, der durch trotzbietendes Ausharren triumphiert, bildet den musikalischen Charakter dieser Vorlage.«[50]

Man ist bewegt, zu sehen, wie Liszt hier augenscheinlich seine eigene Existenz deutet und sie – ganz auf den Spuren Herders – in eine Ideengeschichte der Menschheit einordnet. Was in vorgeschichtlicher Zeit in dunklen Ahnungen artikuliert und von den Künsten ausgeformt worden ist, ist in der jüngsten Vergangenheit in den Lichtkegel humanitärer Anschauungen getreten. Nunmehr ist die Zeit reif dafür, auch Musik an der Deutung dieses großen menschheitlichen Konzeptes mit artikulierter Stimme zu beteiligen.

Details aus der Musik herauszuhören, ist nicht notwendig, aber legitim und manchmal durchaus erhellend. Das gilt etwa für Liszts Umgang mit der Fugentechnik. Als er von seiner Schülerin und Biographin Lina Ramann gefragt wird, was er sich bei der Fuge im Durchführungsteil des *Prometheus* gedacht habe, antwortet er sibyllinisch knapp mit »Epimetheus«: So heißt im Mythos der Bruder des klug vorausdenkenden Pro-Metheus; der Name Epi-Metheus steht für zu spätes Bedenken des eigenen Tuns und kontraproduktives Handeln.[51]

Liszt-Biographen haben diesen Hinweis als bloßen Scherz abtun wollen. Im Kontext mit einer anderen, konkreteren Äußerung hat er jedoch einen guten Sinn: Angesichts von Joachim Raffs *Dornröschen* urteilt Liszt, die Verwendung »charakteristischer Melodien« schlösse kontrapunktische Satztechniken aus; letztere stünden nämlich jenen »unbegrenzten Veränderungen« im Wege, welche ein Motiv erst geeignet machten, »poetische Intentionen« zu verfolgen und seelische Prozesse darzustellen.[52] (Ganz in diesem Sinne verzerrt Liszt in der *Faust*-Sinfonie ein im 1. Satz der Faust-Gestalt zugeordnetes Motiv erst im 3. Satz zu einem Fugen-Thema: Nunmehr soll es der Darstellung des Mephisto dienen, der keinen eigenen Charakter hat, sondern als Geist, der stets verneint, Fausts *alter ego* ist.)

Möglicherweise wollte Liszt im Durchführungsteil des *Prometheus*, also vor dem Anlauf zur Schlußapotheose, ein retardierendes Moment einbauen; dabei mag ihm einerseits die Figur des Epimetheus, andererseits das tendenziell veraltete und erstarrte Material der Fuge willkommen gewesen sein. Das brauchen die Hörer, um dem Ganzen folgen zu können, nicht zu wissen. Für den Interpreten ist der Hinweis dennoch hochinteressant: Er erklärt nicht nur eine aus dem Rahmen fallende Stelle, sondern macht zugleich die Doppelgesichtigkeit deutlich, die Liszts Themencharaktere haben: Sie gewährleisten Identifizierbarkeit und Konsistenz einerseits der Form und andererseits der gedanklichen und emotionalen Prozesse.

Diese Doppelgesichtigkeit des Materials – Thomas Kabisch spricht von einer »Scharnierfunktion«- hat zweifellos ihre Vorgeschichte, vor allem bei Beethoven.[53] Wo von der Gestalt des Prometheus und der Gattung der Fuge die Rede ist, denkt man unwillkürlich an das Finale von Beethovens Prometheus-Sinfonie, der *Eroica*: Schon in diesem seltsam zersplitterten Variationensatz muß die Folge tänzerischer, hymnischer und fugierter Abschnitte einen tieferen, noch nicht erschlossenen Sinn haben. Indessen sind die traditionellen Formen für Liszt keine primären Erfahrungen mehr. Sie bleiben im Hintergrund präsent; und es war die große Entdeckung des 20. Jahrhunderts, daß Liszt seine Sinfonischen Dichtungen und Programm-Sinfonien mit dem Schema von Sonaten- und Variationssätzen im Kopf komponiert hat; Arnold Schönberg hätte sich mit seinem Prinzip der »entwickelnden Variation« mehr auf Liszt berufen können, als er es ansatzweise getan hat.

Recht eigentlich aber ersetzt Liszt, wie schon Hugo Riemann in seiner 1901 erschienenen *Geschichte der Musik seit Beethoven* festgestellt hat, die traditionellen »architektonischen« Formen der Musik durch »psychologische«.[54] Die Veränderung von Seelenzuständen, welche er darstellen will, zeigt sich beim Menschen durch veränderte Bewegung und – ein Spezialfall davon – durch veränderte Gesichtsfarbe. Nicht von ungefähr spricht man von ›Gemütsbewegungen‹ und ›Sich-Verfärben‹. Die Musik, unter den Künsten die am deutlichsten archaische und körperorientierte, greift diese Sachverhalte in ihrer Semantik unmittelbar auf: Extreme Gemütsbewegungen und ihren heftigen Wechsel drückt sie vor allem durch die Parameter *Rhythmus* und *Farbe* aus. Im zweiten Fall geht es nicht nur um die Klangfarbe der Instrumente, sondern fast noch mehr um eine speziell gefärbte Harmonik: In diesem Sinne ist Chromatik, also die tonal-harmonische Abweichung vom Normalmaß, dem griechischen Wortsinn nach nichts anderes als Farbigkeit.

Was Liszt in dieser Hinsicht an Klavierwerken wie *Vallée d'Oberman* – oft in unterschiedlichen Fassungen – erprobt hat, kann er nun auf Orchesterstücke wie *Prometheus* anwenden. Das Besondere der Rhythmik, welche eher durch die Spontaneität von Prosa als durch die Ordnung gleichmäßiger Metren gekennzeichnet ist, erschließt sich ohne lange Erklärungen. Deshalb soll hier nur von einigen tonal-harmonischen Besonderheiten die Rede sein.

Der Kern des hier mitgeteilten Prometheus-Motivs ist ein rhythmisierter Akkord, der ob seiner Prägnanz »Prometheus-Akkord« genannt worden ist, obwohl er nicht die kompositionsgeschichtliche Bedeutung von Skrjabins »Prometheus-Akkord« erlangt hat. Zu verstehen ist er als eine Quartenschichtung f-h-e-a, wobei die unterste Quart eine übermäßige ist.[55] Innerhalb des funktional-harmonischen Systems läßt er sich nicht ohne Mühe deuten. Freilich ›lebt‹ er auch nicht primär innerhalb eines bestimmten tonalen Gefüges, sondern als Einzelereignis; als solches wird er wahrgenommen und im Gedächtnis behalten.

Franz Liszt, *Prometheus*, Anfang, Particell

Symptomatisch für den Weimarer und den späten Liszt ist der höchst individuelle Umgang mit dem semantischen Potential der Harmonik: Bis dahin hatte es – auf der Basis der Dur-Moll-Tonalität – gewisse, aus der Figuren- und Affektenlehre stammende, aber bis ins 19. Jahrhundert hinein gültige Konventionen darüber gegeben, welche Intervall- und Akkordverbindungen für welchen Affekt stünden. Während Wagner diese Konvention in Resten übernimmt, läßt Liszt sie hinter sich zurück: Was ein Klang oder eine charakteristische Tonfolge besagt, wird für jeden Fall neu definiert. Das bringt es mit sich, daß Liszts Motiv- und Themenmaterial, wenn man es außerhalb seines programmatischen Kontextes vernimmt, oftmals unsinnlich, fremdartig und nach vordergründig nicht erkennbaren Gesetzen konstruiert wirkt – besonders spürbar in der ›Zwölftönigkeit‹ des *Faust*-Themas, einer chromatisch absteigenden Folge von vier übermäßigen Dreiklängen. Solches Material, das durch Konstruktion charakteristisch geformt, nicht aber durch eindeutige Semantik festgelegt ist, erscheint Liszt geeignet, außerhalb eingefahrener Bahnen für jedes Werk neue Assoziationsmöglichkeiten und Identifikationsangebote zu schaffen.

In der Intention, durch einen einzelnen Klang ein Assoziationsfeld herzustellen und damit die »psychologische Form« von Musik durchsichtig zu machen, trifft sich Liszt mit Wagner. Am 27. Dezember 1852 schreibt er diesem: »Mit einem einzigen Accord sind wir uns näher als mit allen Redensarten« und notiert den Vierklang fis-e-ais-d, den Wagner zu Anfang der 2. Szene des 3. *Lohengrin*-Aktes (»das süße Lied«) als Dominant-Sept-Akkord mit hochalterierter Quinte einsetzt. Liszt verpflanzt diesen Klang – tonbuchstabengetreu, aber statt d korrekterweise cisis notierend – in seine damals gerade entstehende h-moll-Klaviersonate; dort erscheint er – kurz vor der

Stretta – durch eine Fermate herausgehoben und insgesamt so exponiert, daß der Zitatcharakter evident ist.

Neuartig an dem Vorgang ist, daß Liszt nicht etwa – wie es kompositionsgeschichtlicher Tradition entsprochen hätte – das Thema eines Altmeisters oder ›Kollegen‹ zitiert, um aus ihm etwas ›zu machen‹, daß er es vielmehr dabei bewenden läßt, dem eigenen harmonischen Repertoire einen charakteristischen Farbtupfer beizumischen – darin dem raffinierten Koch vergleichbar, der seinem Gericht zu guter Letzt ein seltenes Gewürz hinzufügt, das man zwar kennt, aber nicht gleich zu identifizieren vermag.

Daß Liszt im harmonischen Bereich Wagner mehr Anregungen gegeben hat als dieser ihm, steht übrigens außer Frage. Wagner ist ehrlich genug, am 7. Oktober 1859 Hans von Bülow gegenüber eine Patenschaft Liszts am »Tristan-Akkord« anzuerkennen und einzuräumen, er sei seit seiner »Bekanntschaft mit Liszts Kompositionen ein ganz anderer Kerl als Harmoniker geworden«. Das ist in der Tat nicht zu viel gesagt, wenn man – am Beispiel des »Prometheus-Akkords« – wahrnimmt, daß Liszt bereits um 1850 die Funktionalharmonik nicht nur relativiert, sondern tendenziell ignoriert und sich damit einem harmonischen Denken öffnet, das – gleichsam an *Tristan und Isolde* vorbei – auf das 20. Jahrhundert vorausweist – etwa auf Skrjabins »Mystischen Akkord«, der vielleicht nicht zufällig ausgerechnet in seinem *Prométhée* von 1910 als Klangkomplex im Sinne eines sechstönigen Quartenakkords von Bedeutung ist. Liszts diesbezüglicher Umgang mit der Harmonik läßt sich in der Terminologie der Zeit als ›materialistisch‹ beschreiben, während Wagner selbst im »Tristan-Akkord« durchaus ›Idealist‹ bleibt: Dessen funktional-harmonisch eindeutiger Kontext erklingt zwar nicht real, ist aber mitgedacht.

Ein spezieller »musikalischer Kolorismus«, den Hugo Riemann schon an Berlioz beobachtet hat,[56] zeigt sich nicht zuletzt am Umgang mit dem Materialfaktor ›Instrumentenklang‹, der sich von dem Wagners gleichfalls wesentlich unterscheidet. So sehr Wagner charakteristische Instrumentation und Klangfarbe liebt, um Situationen und Gestalten seiner musikalischen Dramen in das jeweils richtige Licht zu setzen, so sehr geht es ihm zugleich um *Integration:* Kein Teil darf allzu sehr aus dem idealen Ganzen hervorstechen – weder die Instrumentation als solche noch ihre einzelnen Nuancen: Anstatt von Details allzusehr gefesselt oder gar abgelenkt zu werden, sollen die Hörer im Gesamtzusammenhang des Mythos aufgehen. Die »feinste und tiefste Kunst« ist für Wagner zumindest in *Tristan und Isolde* die des »Überganges«: Das Geheimnis seiner musikalischen Form ist das der Vermittlung; alles ist aufeinander bezogen und ineinander verwoben.[57]

Einen ganz anderen Eindruck vermittelt – pars pro toto – der zweimalige Paukenwirbel zu Anfang von Liszts *Prometheus*, welcher das *Prometheus*-Thema vorbereitet. Ist er verklungen, hat die Pauke lange Zeit nichts zu tun; später übernimmt sie konventionelle Aufgaben. Natürlich weiß Liszt, daß ein guter Komponist einen Gedanken nicht einführt, um ihn alsbald wieder fallen zu lassen: Dergleichen sieht man höchstens dem Eifer des genialen Anfängers nach. Doch um einen solchen Anfänger geht es hier gerade – nicht auf kompositionstechnischer, sondern auf semantischer Ebene: Prometheus stürmt auf die Menschheitsbühne; und *diesen* Auftritt hat er nur einmal! Mag Liszt im weiteren Verlauf des *Prometheus* auch durchaus mit traditionellen Kompositionsverfahren arbeiten – der Anfang zeigt ihn unverstellter: Da ist er nicht wie Wagner, der wie Gottvater über dem gesamten Personal seines *Ringes* thront, sondern Prometheus persönlich und niemand sonst.

Könnten es solche naiven Identifikationen gewesen sein, die Brahms gegen Liszt eingenommen haben? Während eines Besuches in der Altenburg, von dem im Essay *Grandioso* die Rede ist, erlebt der verschlossene Zwanzigjährige Liszts gewinnendes, dem jungen Kollegen gegenüber gewohnt liebenswürdiges und großzügiges Wesen mit Faszination und Widerwillen zugleich. Den Sinfonischen Dichtungen allerdings begegnet er mit unverhohlenem Abscheu. Im Brief an Clara Schumann vom 27. Januar 1860 bezeichnet er sie als »Pest«; im gleichen Jahr hofft er ernstlich, dem »Treiben einer gewissen Partei«, nämlich der ›Neudeutschen‹ um Liszt, durch die Veröffentlichung einer förmlichen Presseerklärung im Berliner *Echo* (à la ›Warne meiner Frau zu borgen, da ich für nichts aufkomme ...‹) Einhalt gebieten zu können. Deren Produkte sind »als dem innersten Wesen der Musik zuwider nur [zu] beklagen oder verdammen« – so heißt es in dem Manifest, das Brahms wohl mehr auf Drängen der Initiatoren als aus eigenem Antrieb unterzeichnet hat.[58]

Sicherlich sind die beiden alles andere als wesensverwandt. Dem zurückhaltenden Brahms graust vor der Redseligkeit des Weltmannes und Tondichters. Er, der mehr sein als scheinen will, verachtet das Reden in deutlichen, sinnlichen, grellen Bildern. Teilt man freilich die Auffassung der Psychologie, daß einer mit seinem Haß verfolgt, was er von sich selbst mühsam fernhalten muß, so spräche Brahms' Verhalten gegenüber Liszt auch die Sprache des Neides: Liszt muß sich nicht lebenslang damit abplagen, innerste Geheimnisse in konventionelle Formen zu gießen und dem Publikum weiszumachen, man komponiere ganz aus dem Kern der Musik heraus; er muß seine Gefühle nicht verstecken, die Schleusen vor der Flut der inneren Bilder nicht gewaltsam geschlossen halten. Brahms ahnt, daß er selbst, der äußerlich so viel Bescheidenere, im letzten viel unbescheidener, von der Vorstellung ausgeht, kein ›Programm‹ zu brauchen, weil er dieses selbst ist – als der ›absolute‹ Held seiner ›absoluten‹ Musik.

Essay

Grandioso

Vielleicht ist es der reine Neid, der uns auf Liszt gelegentlich wie auf einen Salonlöwen starren läßt – oder gar auf den Verderber guter Sitten? Zumindest wie ein Verführer muß er jedenfalls dem jungen Brahms erschienen sein, der im Sommer

1853 anläßlich einer Kunstreise in der Weimarer ›Altenburg‹ auftaucht und ganz privat des Hausherrn neue Klaviersonate in h-moll zu hören bekommt. Daß Brahms, wie eine Anekdote behauptet, bei deren Vortrag eingeschlafen ist, hat wenig für sich. Wahrscheinlicher ist es, daß er zunächst aufgehorcht, dann aber zunehmend sich verschlossen hat: ›So komponiert kein anständiger Mensch‹, mag der zwanzigjährige Idealist für sich gedacht, leise Ahnungen von der beachtlichen Liszt-Nähe der eigenen, noch kein Jahr alten fis-moll-Sonate beiseitegeschoben und beschlossen haben, lieber die neue C-Dur-Sonate programmatisch in den Rang eines op. 1 zu erheben – eine Komposition aus der Schule Beethovens, streng geplant, traditionsbewußt begonnen, gründlichst gearbeitet, doch deshalb nicht ohne zarte Empfindung und den verhaltenen Seufzer der Sehnsucht.

Deren Kopfsatz beginnt mit dem pathetischen Auftritt eines metrisch und harmonisch klar konturierten, der *Hammerklaviersonate* abgeschauten Hauptgedankens, der sich alsbald in energischer und zielgerichteter motivisch-thematischer Arbeit bewährt und dann vorschriftsmäßig einem Seitensatz als seinem liedhaft lieblichen Gegenpart Platz macht.

Ob Liszt bei der historischen Begegnung in der Altenburg nicht nur Brahms' *Scherzo* op. 4 zu dessen Verblüffung prima vista aus dem schwer lesbaren Manuskript gespielt und herzlich gelobt hat, sondern auch das schwergewichtige op. 1, ist nicht überliefert. Wenn ja, muß der Abstand zum eigenen neuen Werk mit Händen zu greifen gewesen sein: Hier gibt es kein hartes Ringen um die überkommene Form, kein tapferes Schmieden der heißen Eisen, die ER hinterlassen hat; stattdessen herrscht Gelassenheit im Umgang mit dem Alten und Selbstbewußtsein bei der Vorstellung des Neuen.

Das Neue ist, mit einem Wort gesagt, ein Triumph der Rhetorik. Obwohl in Liszts einsätziger Sonate Gestaltungsprinzipien präsent sind, auf die sich nicht unzutreffend Formbegriffe wie Haupt- und Nebensatz, Exposition, Durchführung und Reprise anwenden lassen, erklärt die Rekonstruktion einer solchen Architektur doch kaum, wie das Werk vorgetragen und gehört wird. Darüber bestimmt vielmehr die Rhetorik, deren Kunstgriffe am Beispiel der h-moll-Sonate leicht zu durchschauen sind, sobald man von allzu konventionellen Sichtweisen abläßt: Die ganze Komposition läuft auf ein Zentrum mit dem Namen ›Grandioso‹ zu, das im Sinne der Formenlehre ›nur‹ ein zweites Thema, in Wahrheit aber der Held ist.

Das kurz zuvor entstandene Orchesterwerk *Mazeppa* feiert einen realen Helden. Der erleidet Qualen und tiefste Erniedrigungen, bevor er dem Volk der Ukraine im Mantel des Hetmans »herrlich sich zeigt«, wie es am Ende von Victor Hugos Mazeppa-Gedicht heißt. *Grandioso* hat Liszt die Schlußapotheose seiner *Sinfonischen Dichtung* überschrieben, und dieses *Grandioso* übernimmt er in seine *große Sonate*. Dort ist es allerdings mehr als nur die am Ende triumphale Gestalt eines ›Leitmotivs‹, das als Wahrzeichen des Helden zuvor schon in den unterschiedlichsten Formen aufgetaucht ist, sondern ein struktureller Einfall: Die Grandiosität des Themas ist seine *Essenz*. Nicht von ungefähr nennt Liszt sein umfangreichstes Klavierwerk *Sonate*: Als solche hat es eine objektivierte Zeitgestalt, ›erzählt‹ also nicht entlang eines imaginären Geschehens, wie zuvor selbst so bedeutende Klavierkompositionen wie *Vallée d'Oberman*, sondern konzentriert die Gedanken auf eine ideelle Mitte. Damit ist zugleich das Wesen rhetorischer Formung als musikalisches Stilmittel näher bestimmt: Der Komponist begnügt sich nicht damit, Gefühle und Vorstellungen in eine plausible, psychologisch nachvollziehbare Abfolge zu bringen, versteht sich vielmehr als Autor einer kunstvollen Rede, die verallgemeinerbare Strukturen schafft, damit wesentliche Gedanken über den Augenblick hinaus gültig formuliert werden können. Freilich genügt es ihm, seine Sicht der Welt *vorzustellen* – formvollendet, aber ohne den Drang, sich legitimieren oder etwas beweisen zu müssen. Er hat somit nicht den beethovenschen Ehrgeiz, die Welt zu *schaffen,* und dies in jedem einzelnen Werk aufs Neue.

Bestimmen wir das *Grandioso* in Liszts Sonate nicht nach seinem Inhalt; fragen wir also nicht nach dem Charakter des ›Helden‹ sondern nach der Art und Weise, wie er vorgestellt wird! Augenscheinlich herrscht eine besonnene Regie. Es gibt überhaupt nur zwei Hauptauftritte: Beim ersten Mal – in der ›Exposition‹ – bringt das *Grandioso* Licht in das bisherige Dunkel der Klangfarben, Klarheit in die anfänglich diffuse Tonalität, Ruhe in die vorher herrschende Aufgeregtheit. Beim zweiten Mal – in der Stretta – verkündet es, jetzt mit unverhohlenem Bombast, seinen definitiven Sieg. Dazwischen zeigt es sich an drei Stellen in knapperer Form oder harmonisch abgedunkelt – wie verhüllt oder gar bedrohlich ferngerückt.

Wie jedes echte Heldenzeichen wirkt das *Grandioso* allein durch seine Präsenz: Es muß nichts tun, sich kaum von der Stelle rühren. Während sich Liszt mit dem ›Hauptgedanken‹ in h-moll reichlich motivisch-thematische ›Arbeit‹ macht, stellt er das D-Dur-*Grandioso* nur aus – jedoch mit katalysatorischer Wirkung: Dafür, daß aus dem repetitionswütigen, durchaus schroff anmutenden *Allegro energico* des Hauptgedankens das liebliche *cantando espressivo* des ›Seitensatzes‹ erblühen kann, hat das *Grandioso* den Boden bereitet. In seiner Nähe erscheint überhaupt alles in einem freundlicheren Licht: Bevor es zum ersten Mal erklingt, glättet sich der düster chromatische Oktavenabstieg des die Sonate eröffnenden *Lento assai* zusehens zu verträglicherem Moll; und nach seiner Erscheinung ist der Bann nicht nur für die subjektive Äußerung nach Art eines *Recitativs*, sondern auch für einen großen lyrischen Mittelteil mit der Vortragsbezeichnung *Andante sostenuto* gebrochen. Ein nachfolgendes Fugato über das *Allegro energico* zeigt zwar noch einmal ungestümes Wesen: Die Fugentechnik mag hier nicht nur als ›Durchführungs‹-Arbeit, sondern, wie oft bei Liszt, geradezu als Ausdruck des Diabolischen verstanden werden. Danach aber steuert alles der schon erwähnten Apotheose entgegen, die freilich nicht den Schluß der ganzen Sonate ausmacht: Diese endet vielmehr in geradezu rückläufiger Bewegung in dem kargen Raum des *Lento assai*, von dem sie ihren Ausgang genommen hat.

Das *Grandioso* selbst ist kaum anders als lapidar zu nennen: ein markant rhythmisierter Sekundschritt, zweimal in die obere Quarte versetzt. Die Alten nannten das in der Sprache der musikalischen Rhetorik eine *climax*. Dazu erklingen nacheinander D-Dur, G-Dur und C-Dur: eine Akkordfolge, die angesichts der vorausgegangenen harmonischen Verwicklungen den Inbegriff von Einfachheit darstellt. Indessen ist das zuletzt erreichte C-Dur um Lichtjahre von der Ausgangstonart h-moll entfernt – wie einstmals das e-moll im berühmten dritten Thema der *Eroica*-Durchführung vom herrschenden Es-Dur. ›Wie aus einer anderen Welt‹ – das ist die Wirkung, deren kompositionstechnische Ursache die Hörer nicht rational nachvollziehen müssen, um vom Geist des Außerordentlichen angeweht zu werden.

Das Helden- ist zugleich ein Heilszeichen, das seine sakrale Herkunft deutlich verrät: Die Climax vermittelt die Vorstellung einer dreimaligen, zeremoniell sich steigernden Anrufung. Das Grundmotiv selbst erinnert an eine liturgische Formel: Nimmt man das Zielintervall der Quarte hinzu, so erhält man eine Dreitonfolge aus Prim, Sekund und Quart, die zum Repertoire des gregorianischen Chorals gehört und zum Beispiel die Intonation des *Magnificat* bestimmt. Ohne seine Sonate zu erwähnen, hat Liszt diesen Sachverhalt in einer Schlußbemerkung zur *Legende von der heiligen Elisabeth* bemerkenswerter Weise selbst offengelegt: Er bezeichnet das Motiv als »tonisches Symbol des Kreuzes« und weist darauf hin, daß er es in dieser Komposition zur Charakterisierung der Kreuzritter verwende. Richard Wagner bestätigt die heldisch-sakrale Aura der einfachen Tonfolge, wenn er sie im Grals-Motiv des Bühnenweihfestspiels *Parsifal* auftauchen läßt.

Mußte Liszt ein über eine halbe Stunde dauerndes Werk schreiben, um die kurzen Auftritte eines *Grandioso* in Szene setzen zu können? Wer sich auf diese sehr eingeengte Fragestellung einläßt, erhält die Antwort: Ja! Nur wo das Heldische seinen Widerpart findet, ist es seines Namens wert. So gehören *Grandioso, Lento assai, Allegro energico, cantando espressivo* und die übrigen musikalischen Charaktere der Sonate zusammen wie Ritter, Tod und Teufel.

An alles andere als an ein solch würdiges Tableau hat beim Hören des Werks Eduard Hanslick gedacht, Brahms-Förderer und – je länger, je mehr – Liszt-Verächter: »Die h-Moll-Sonate ist eine Genialitätsdampfmühle, die fast immer leer geht – ein fast unausführbares musikalisches Unwesen. Nie habe ich ein raffinierteres, frecheres Aneinanderfügen der disparatesten Elemente erlebt – ein so wüstes Toben, einen so blutigen Kampf gegen alles, was musikalisch ist.«

Wo soviel Schatten ist, muß wohl auch Licht sein – nicht das Gnadenlicht von oben, das dem idealistischen Komponisten ob seiner verantwortungsvollen Arbeit scheint, sondern die Sonne des Glücks über dem, der sich selbst als Helden zu feiern wagt.

Gewiß hat die Musik in Liszts Sinfonischen Dichtungen ihre Unschuld verloren, indem sie deutlicher als in der vorangegangenen Musikgeschichte als Agentin für Ideen und Ideologien verfügbar wird. Doch indem man diesen Sachverhalt Liszt vorwirft, trifft man ausgerechnet den, der seine Karten auf den Tisch legt. Liszt ›veröffentlicht‹ immerhin die Pläne, die er mit der Musik hat, und macht damit – mit oder wider Willen – deutlich, daß hier Ebenen zusammengezwungen werden sollen, die *beide* menschliche und künstlerische Notwendigkeit sind, allerdings desto weniger zu einer homogenen Einheit verschmelzen können, je höher der Anspruch auf Individualität der Tonsprache wächst: Gefühl und Geist, Ausdruck und Form. Das Besondere an der Konzeption Liszts ist, daß er davon absieht, angesichts solcher Widersprüche das integrale Kunstwerk schaffen zu wollen. Seine Sinfonischen Dichtungen stellen mit Emphase ideale Welten vor, aber nicht *die* Welt; sie sind eher Vorschläge als Lösungen.

Demgegenüber sind Liszts Konkurrenten Wagner, Brahms und Bruckner von einer kaum glaubhaften Naivität. Wagner suggeriert, sein musikalisches Drama ließe sich in aller Unschuld im Sinne eines antiken Gesamtkunstwerks und als Kunstreligion verstehen, obwohl er doch an allen Ecken und Enden mit psychologischen Tricks der Überredung arbeitet. Brahms meint, wenn er die Hand vor die Augen hielte, würde man seine Bedrängnis beim Komponieren ›absoluter‹ Musik nicht sehen. Und Bruckner vertraut ganz auf das Urteil vom lieben Gott. Allerdings: Nur weil Liszt seine Kunst ehrlicher vorführt, ist er noch kein guter Künstler. Das führt zu der Frage nach den Möglichkeiten einer ästhetischen Würdigung.

Der Komponist und sein moderner Kritiker oder: Programmusik als Politikum

Liszts Sinfonische Dichtungen waren, rezeptionsgeschichtlich gesehen, lange Zeit in einer Art Niemandsland angesiedelt: Sie hatten zwar ihre Liebhaber unter den

Dirigenten, Orchestern und Zuhörern und tauchten dementsprechend kontinuierlich in Konzertprogrammen auf. Doch zu keiner Zeit konnten sie es an Beliebtheit mit der Sinfonik von Beethoven, Schumann, Brahms und Bruckner aufnehmen; Wilhelm Furtwängler beispielsweise hatte außer Liszts Klavierkonzerten nur die ›Faust‹-Sinfonie in seinem Standard-Repertoire.[59]

Die Skepsis galt vordergründig der Gattung: Diese verstieß zu deutlich gegen das Bilderverbot, das sowohl Kenner als auch Liebhaber bei ihrer Suche nach Innerlichkeit und immanenter Stimmigkeit angesichts ›malender‹ Musik aufstellten. Wenn man aber beobachtet, daß derselbe Furtwängler den Sinfonischen Dichtungen von Richard Strauss wesentlich stärker zugetan war, so wird deutlich, daß das Problem zugleich etwas mit Liszt zu tun hatte: Seine Stoffe wurden dem abgestandenen 19. Jahrhundert zugerechnet; seine Musik galt als anspruchsvoll, jedenfalls nicht so leicht eingängig wie die von Strauß.

Als sich später die Musikwissenschaft formanalytisch mit Liszt zu beschäftigen begann, stellte sie zu ihrer Überraschung fest, daß es in dessen Sinfonischen Dichtungen viel mehr an immanent logischen Strukturen zu analysieren gab, als man das bei einem zum Antipoden der ›absoluten‹ Musik gestempelten Komponisten erwartet hatte. Den Widerspruch, der sich darob aufzutun schien, hat Carl Dahlhaus 1970 in einem bemerkenswerten Aufsatz mit dem Titel *Zur Kritik des ästhetischen Urteils. Über Liszts ›Prometheus‹* artikuliert.[60]

Dahlhaus findet *Prometheus* einerseits kompositionsgeschichtlich hochbedeutend: Daß – zum Beispiel – hinter den Quarten des »Prometheus-Akkordes« als »das letzte, nicht weiter zurückzuverfolgende Material« eine«abstrakte Terzenstruktur« zum Vorschein kommt, läßt Liszt als ein »Genie der Antizipation« neuer Musik erscheinen. Andererseits löst das Werk in Dahlhaus massive »ästhetische« Zweifel aus: Er erlebt es »als musikalisches Gegenstück zu der Historien- und Mythenmalerei, die als schlechtes 19. Jahrhundert verpönt ist«. Liszts *Prometheus* ist »tot und abgetan«, ja geradezu »Schutt der Überlieferung«, sofern er sich an ein Konzertpublikum und nicht an den anhand der Partitur die Struktur nachvollziehenden Kenner wendet. Allgemeiner gesagt, sind Liszts Sinfonische Dichtungen »von Rissen und Brüchen durchzogen«, von dem Widerspruch zwischen der strukturellen Innenseite und der dem Hörer zugekehrten »ästhetischen Außenseite«.

Nun ist es nicht nur sinnvoll, sondern geradezu notwendig, im Gespräch über Kunst vom Denken in Identitäten und Entitäten abzulassen: Das ästhetisch Produktive und Aufregende ist ja gerade der Rest, der sich dem Vergleich von Systemen und Kategorien entzieht. Man wägt, mißt, siebt, bis das Goldkörnchen des Einmaligen und Unverfügbaren – oder was man jeweils dafür hält – zurückbleibt. Es kann deshalb der Diskussion über Liszt nur gut tun, wenn ein musikgeschichtlich und -ästhetisch interessierter Forscher »Paradoxien«, wie er sie nennt, formuliert. Allerdings verbindet Dahlhaus damit ein Werturteil: Ein Werk wie Liszts *Prometheus* ist einerseits – für Kenner – nur noch »Papiermusik«, andererseits – für Liebhaber – bloße »Unterhaltungsmusik«. Ein eigentümlich hart und abschließend formuliertes

Urteil, das den Eindruck erweckt, als sollte die Akte Liszt geschlossen und den Interessenten die Lust an derlei Musik für immer ausgetrieben werden.

Hätte vergleichbare Kritik nicht auch Liszts Zeitgenossen Wagner, Bruckner oder Brahms treffen können? Man versteht die Argumentation besser, wenn man Dahlhaus mit einer weiteren Arbeit aus demselben Jahr zu Wort kommen läßt: *Plädoyer für eine romantische Kategorie – der Begriff des Kunstwerks in der neuesten Musik.* Dort heißt es:

»Analyse ist der niemals ganz gelingende Versuch zu begreifen und zu demonstrieren, daß sämtliche Teile eines Werkes sinnvoll aufeinander und auf das Ganze bezogen sind und daß jeder von ihnen in der Funktion aufgeht, die er erfüllt. Der Triumph der Analyse besteht in dem Nachweis, daß ein Werk, mindestens ein geglücktes, nicht anders sein kann, als es ist.«[61]

Daß sämtliche Teile des *Prometheus* sinnvoll aufeinander und auf das Ganze bezogen sind, mag durch die »abstrakte Terzenstruktur«, die dem Kompositionsplan zugrundeliegt, zwar gewährleistet sein. Doch darin liegt – wie Dahlhaus richtig sieht – nicht sein Sinn, und deshalb ist das Werk für ihn, obwohl man ihm strukturelle Qualitäten nicht absprechen kann, auch kein ›Kunstwerk‹ innerhalb des vermeintlich romantischen Kategoriensystems. Anders gesagt: Der »Triumph der Analyse« sticht nicht. Doch der Komponist und seine Anhänger streben auch gar nicht nach der strukturanalytischen Palme, die der Musiktheoretiker zu vergeben bereit ist. Sie sind höchstens – anachronistisch gesagt – darüber verletzt, daß die Botschaft, welche die Musik über kompositionsgeschichtlich interessante Sachverhalte hinaus vermitteln will, als »tot und abgetan«, bestenfalls als »Unterhaltungsmusik«, qualifiziert wird.

Warum diskreditiert ein Forscher Musik, die nicht in sein ästhetisches Konzept paßt, durch die Konstruktion einer fragwürdigen Alternative? Er, der sehr sorgfältig ›recherchiert‹, wo es um die ›Struktur‹ geht, verwendet wenig Mühe darauf, die ›Außenseite‹ der Komposition darzustellen und die ihr geltende Kritik zu begründen. Seinem pauschal geäußerten Verdikt aber kann man nur widersprechen. Zum einen läßt sich Liszts *Prometheus* keineswegs mit abgestandener »Historien- oder Mythenmalerei« vergleichen. Es geht vielmehr um eine zentrale abendländische Idee, die im Zusammenhang mit Liszts Komposition nicht mehr oder weniger veraltet ist als beispielsweise im Kontext von Beethovens *Eroica*; und sowohl in seiner Werkeinführung als auch im Werk selbst macht Liszt deutlich, daß er vor dem Horizont dieser Idee keinen musikalischen Bilderbogen malen, sondern die durch sie ausgelösten elementaren Gefühle nachzeichnen will.

Man mag daran zweifeln, daß manche Konzerthörer von dieser Idee viel mehr mitbekommen als ein simples ›Durch Nacht zum Licht‹; und man mag auch mit Dahlhaus »Unbehagen bei den triumphalen Schlüssen« von Liszts Sinfonischen Dichtungen empfinden.[62] Doch das rechtfertigt nicht die Verurteilung des Ganzen: Vermögen dieselben Konzerthörer die strukturellen Feinheiten einer Brahms-Sinfonie nachzuvollziehen? Und wie ginge Dahlhaus mit dem emphatischen Schluß von

Brahms' 1. Sinfonie um: Ist er – entgegen dem Urteil Clara Schumanns – glaubwürdiger aus dem musikalischen Material abgeleitet als im Falle Liszts?

Zum anderen ist Liszts *Prometheus* alles andere als bloß affirmative oder »Unterhaltungsmusik« in abwertendem Sinne. Selbst wenn der Hörer die Einzelheiten des zugrundeliegenden kompositorischen Strukturmodells nicht herauszuhören vermag, so wird ihm doch schon mit dem ersten Erklingen des »Prometheus-Akkords« – und nicht nur »auf dem Papier« – deutlich, daß sich hier kompositionsgeschichtlich viel Neues und Aufregendes tut, das seinerseits von semantischer Bedeutung ist, indem es der Gestalt des Prometheus ein spezielles Profil gibt. Außerdem: Spricht es gegen ein Werk, daß es von »Brüchen und Rissen« durchzogen ist?

Wir können uns mit Liszts Sinfonischen Dichtungen nur auseinandersetzen, wenn wir sie nicht als Ausdruck eines Dilemmas, sondern als mehrperspektivisch, vielfältig und widersprüchlich erleben. Liszt selbst ist durch sein Werk und sein Wirken – stärker als andere Komponisten des 19. Jahrhunderts – schon zu seinen Lebzeiten ein Katalysator für offene Diskurse in dem angedeuteten Sinne gewesen. So kommt sein – aktuell wohl vor allem auf Brahms gemünzter – Ausspruch nicht von ungefähr:

»Es ist immer schön, wenn man es zu einem System gebracht hat – ich habe es leider nie dazu bringen können.«[63]

Der da im Jahr 1970 sein Plädoyer für die romantische Kategorie des ›Kunstwerks‹ hält, ist der *Hanslick* seiner Generation – gleichviel, ob man die Sache philosophisch, historisch oder politisch sieht. Indem Dahlhaus auf der Identität des Kunstwerks beharrt, macht er es in einer Weise zum Mythos, die ihn vielleicht im Einklang mit Schönberg und seiner Schule, kaum aber mit Adorno und schon gar nicht mit den damals gerade gegen die traditionelle Hermeneutik revoltierenden Strukturalisten sieht: Eben hat Jaques Derrida sein Buch *L'écriture e la différance* veröffentlicht und unmißverständlich in Erinnerung gerufen, daß Kunst ein System nicht von Identitäten, sondern von Differenzen ist. Das produktive Moment an dem Kommunikationsprozeß, den man ›Kunst‹ nennt, ist geradezu als die skandalöse Differenz zwischen den Systemen zu definieren, innerhalb derer sie gedacht und gelebt wird. Aphoristisch gesagt: Kunst ist nicht Kunst.

Ob mit oder ohne Ansehen des Strukturalismus: Dahlhaus kann sich selbstverständlich für eine Philosophie der Identität in die Bresche werfen und einem Klassizismus verschreiben, den polemisch zu verteidigen schon Hanslick angetreten ist.[64] Er kann dies jedoch unmöglich unter Berufung auf die romantische Kategorie des Kunstwerks tun: Das stellt – man mag es drehen und wenden, wie man will – eine enorme Unterschätzung der Romantik dar. Friedrich Schlegel, den ich im vorangegangenen Kapitel als Wortführer einer ästhetisch provozierenden, von Goethe akzentuiert als »krank« bezeichneten Romantik ausführlich habe zu Wort kommen lassen, spricht immer wieder von »Unverständlichkeit«, »positivem Nichtverstehen« und »Konfusion« anstelle absoluten Wissens und prophezeit in einem *Athenäums*-Fragment den Anhängern Hegels:

»Wahrlich, es würde euch bange werden, wenn die ganze Welt, wie ihr es fodert, einmal im Ernst durchaus verständlich würde«.[65]

Als Hanslick im Jahre 1854 seine Schrift *Vom Musikalisch-Schönen* erscheinen läßt, ist ihm durchaus »bange«, die Neudeutschen könnten an diese provokative Romantik anknüpfen, den Anspruch auf Versöhnung von Kunst und Leben verlachen, stattdessen unkontrollierbare Überfälle der Kunst auf das Leben und des Lebens auf die Kunst vorbereiten – kurzum: dem Bürger die bequeme Vorstellung verleiden, es ließe sich im großen Reich der Notwendigkeit ein kleines Reich der Freiheit einrichten, wo dann *tönend bewegte Formen* anzuschauen, *Tonarabesken* zu verfolgen und musikalische *Kaleidoskope* zu bestaunen wären. Daß Hanslick das Ohr für jederart Musik fehlt, die nicht selig in sich selbst ist, hat somit gewiß eine politische Dimension.

Das ist nicht anders im Jahre 1970, als Dahlhaus sein Bekenntnis zum autonomen Kunstwerk ablegt: Damals gibt es Ansätze zu einer ernstzunehmenden E-Musik ›politischen‹ Charakters – etwa Hans Werner Henzes *El Cimarrón*; und die Wellen der Studentenbewegung erreichen je und dann sogar die Tore der musikwissenschaftlichen Institute. Da muß ein Hochschullehrer Flagge zeigen – nicht nur in gegenwartsbezogenen ›Thesen über engagierte Musik‹, wie sie 1972 erscheinen,[66] sondern auch in der Deutung geschichtlich gewordener Musik: Diese soll den über die Möglichkeiten ›engagierter Musik‹ Diskutierenden nicht als Spielmaterial überlassen werden. Und weil man ja nicht umhin kann, den Liszt der Sinfonischen Dichtungen als einen – im weiteren Sinn des Wortes politisch – engagierten Komponisten zu bezeichnen, ist es Dahlhaus umso wichtiger, zu behaupten, daß dieses Engagement zu Ergebnissen geführt habe, die im Gegensatz zur ›autonomen‹ Musik derselben Zeit ihre ästhetische Relevanz verloren hätten.

Man ahnt nunmehr auch, weshalb Dahlhaus ein so anspruchsvolles Werk wie den *Prometheus* mit der Kategorie der »Unterhaltungsmusik« in Verbindung bringt: Im Hintergrund steht die offenbar beängstigende Vorstellung, ein aufregendes Stück wie dieses könne – seine Klassifikation beim Wort nehmend – zu *Unterhaltungen* zwischen Kennern und Liebhabern über die Differenz von ›Struktur‹ und ›Semantik‹, ›absolutem‹ und ›assoziativem‹ Hören, Kunstwerken und politisch motivierten Machwerken etc. Anlaß geben. Das wäre das Ende jener traditionellen Fastenpredigt, in welcher der Kunstpriester seine Gläubigen ermahnt, sich ja nicht aus der Verantwortung zu bewußtem und reinem Anschauen des Tonwerks zu stehlen, um stattdessen dem Genuß des Phantasierens zu frönen! Es ermöglichte einen Diskurs, in dem fachlich Ungebildete vielleicht mehr Spürsinn für die kommunikativen und produktiven Möglichkeiten von Musik entwickelten als um ihre Macht besorgte Spezialisten. Dahlhaus' Verdikt über das programmatische Moment in Liszts *Prometheus* gilt letztendlich keinem *speziellen* Inhalt, sondern der Sorge, *jederart* Diskussion über Inhalte müsse einer Erhebung des musikalischen Fußvolks Vorschub leisten.

Epilog: Der Abbé Liszt

Mit seinem Aufenthalt in Weimar geht auch Liszts Begeisterung für die aufklärerischen Möglichkeiten der Sinfonischen Gattung zu Ende: Das öffentlichen Echo ist enttäuschend: Liszt erfährt neben Zustimmung, ja Begeisterung viel Gleichgültigkeit und Ablehnung. Außerdem beobachtet er ohne allen Neid, um wieviel prägnanter und zündender Richard Wagner die Konzeption eines musikalischen Ideenkunstwerks entwickelt, nämlich im Sinne des musikalischen Dramas. Überhaupt begegnet Liszt in der Musik Wagners vieles, das auch *er* hätte schreiben mögen und ›an sich‹ auch hätte schreiben können, jedoch nicht geschrieben hat: Wagner muß ihm immer wieder als der Igel mit seinem Ruf ›Ick bün allhier‹ erschienen sein.

Öffentlichkeit stellt Liszt, nun überwiegend in Rom ansässig und Abbé geworden, vor allem über seine geistlichen Chorwerke her. Er komponiert große Oratorien wie *Die Legende von der heiligen Elisabeth*, noch in Weimar begonnen, und *Christus*. Allmählich geht auch das religiöse Sendungsbewußtsein zurück: Komponieren wird zunehmend zu einer uneitlen Beschäftigung am Klavier, die vor allem der Selbsterfahrung dient. Man glaubt es Liszt, daß ihn die Erfolge satt, die gelegentlichen Rückschläge abgeklärt gemacht haben. Liszts lebenslanges Engagement – ob für Revolution oder Religion – kommt zur Ruhe. In seinen späten Klavierstücken verbindet sich eine Tendenz zu franziskanischer Einfachheit freilich mit dem Hang zu kühnem Experimentieren, vor allem mit Bedingungen und Grenzen der Tonalität.

Religiöse Musik »im Geist der gebildeten Gesellschaft« Mendelssohn und sein *Elias*

Geistliche Oratorien im säkularen Zeitalter?

Im Winter 1831/32 berühren sich die Lebensspuren Liszts und Mendelssohns, der fast Gleichaltrigen: Letzterer macht auf seiner großen Bildungsreise durch Europa in Paris Station. Ferdinand Hiller, der sich dort seit längerem aufhält, erinnert sich:

»Ziemlich bald nach Mendelssohn's Ankunft in Paris erwartete ich ihn mit [dem Kritiker] Dr. Franck in seinem Zimmer, als er freudestrahlend hereintrat. ›Da habe ich ein Wunder erlebt, ein wahres Wunder‹, ließ er sich vernehmen, – und auf unsere fragenden Ausrufungen fuhr er fort: ›Und ist es nicht ein Wunder? Ich war mit Liszt bei Erard und legte ihm das Manuscript meines Concertes vor – und er spielte es, es ist kaum leserlich, mit der größten Vollendung vom Blatt – man kann es gar nicht schöner spielen‹.«[67]

Seiner Familie, die er ansonsten ausgedehnt an seinen Reiseerlebnissen teilhaben läßt, hat Mendelssohn nichts über eine Begegnung mit Liszt berichtet. Umso mehr ist in seinem Brief vom 14. Januar 1832 von Freund Ferdinand und dessen Eintritt bei den St. Simonisten die Rede. Felix fühlt sich darob ebenso »unbehaglich« wie angesichts des Ansinnens, für den St. Simonismus zu agitieren und 20 Exemplare einer Flugschrift nach Deutschland zu senden, die seine Berufsgenossen dazu aufruft, »ihre Kunst künftig für diese Religion zu verwenden, bessere Musik zu machen, als Rossini und Beethoven; Friedenstempel zu bauen; zu malen wie Raphael und David«. Beim Besuch einer Versammlung von St. Simonisten ist's ihm »fast schauerlich«; selbst wo diese mit ihrer Vorstellung von »allgemeiner Menschenliebe« und der »Zerstörung des Egoismus« recht haben mögen, kopieren sie doch nur Einsichten von Juden- und Christentum. Überhaupt hat in Paris alles »auf Politik Beziehung ..., wie die sogenannte Romantik alle Pariser angesteckt hat, daß sie an nichts als Pest, Galgen, Teufel und Wochenbette auf dem Theater denken, wie Einer den Andern in Greueln oder Liberalismus überbietet ...«[68]

Nein – mit Kulturrevolution oder politisch gefärbter Romantik hat Mendelssohn im Gegensatz zu Liszt nichts im Sinne. Im Jahre 1835, als dieser den Aufsatz *Zur Stellung der Künstler und ihrer Situation in der Gesellschaft* veröffentlicht, berichtet Felix unter dem 14. August seinem Freund Karl Klingemann über Unruhen in Berlin in einem Ton, der deutlich macht, in welchem Maß er Politik für ein schmutziges Geschäft hält:

»Hier war eine sogenannte Revolution, d.h. am ersten Tage zur Geburtstagsfeier des Königs sollte das Volk nicht schiessen, schoss doch, und die Militärs, die betrunken gewesen sein sollen, hieben blindlings darauf ein, und eine Menge ganz Unschuldiger wurde auf den Strassen verwundet, ja getötet«.

Damals schickt sich Mendelssohn gerade an, das Oratorium *Paulus* fertigzustellen und die Leitung der Leipziger Gewandhauskonzerte zu übernehmen; und ein Jahr später, am 12. August 1836, wendet er sich aus Den Haag an Karl Klingemann, der als Legationsrat in London lebt und gerade damit beschäftigt ist, den *Paulus* für das anstehende Musikfest in Liverpool ins Englische zu übersetzen, mit einer dringlichen Bitte: Anstatt zu viele grundsätzliche Gedanken auf den *Paulus*-Text zu verwenden, möge Klingemann ihm lieber bei einem neuen Oratorium, etwa einem *Elias* oder *Petrus*, helfen.

Freund Klingemann hat am Textbuch des *Paulus* allerlei ausgesetzt und damit bei Mendelssohn einen empfindlichen Punkt getroffen: Gewiß ist die Uraufführung des *Paulus* auf dem Niederrheinischen Musikfest in Düsseldorf im Mai 1836 sehr positiv aufgenommen worden, und fraglos setzt sich das Werk schnell durch. Doch zugleich übt man Kritik an der »Gattungsästhetik«, die hinter dem Werk steht. Heinrich Dorn, selbst Leiter von Singvereinen und Organisator von Musikfesten, meint in Robert Schumanns *Neuer Zeitschrift für Musik*, die »äußere Einrichtung« des *Paulus* sei »eine bewußtlose Spielerei in Bach's Fußstapfen ..., die ohne den alten Herrn gar nicht auf den Weg gekommen wäre«, und spielt damit vor allem auf die rezitativische, die Handlung »zerstückelnde« Evangelisten-Partie an, die man damals allgemein für einen alten Zopf hält.[69] In der Musikzeitschrift *Caecilia* spricht ein ungenannter Autor von der »ungelenkesten, unmusicalischsten, deutschen biblischen Prosa«,[70] die ihm begegnet sei. Das nächste Oratorium soll, auch was die Poesie angeht, besser gefallen. An Klingemann schreibt Mendelssohn am 30. April 1837 von seiner Hochzeitsreise:

»Erfüllst Du mir bald Deine Zusage wegen des *Elias*? Verzeihe mir, dass ich dränge, aber ich tue es nicht, sondern die Umstände. Ich halte es immer mehr für Irrtum, wenn man sich einbilden will, durch *ein* Werk zu wirken; es muß durch eine Folge unablässig geschehen, und aus der sondert sich dann das eine, beste heraus, wenn sie alle ernst gemeint sind. Ich möchte darum gern bald noch etwas im Kirchenstil schreiben, da sich zu einer Oper immer noch keine Aussicht zeigt; vielleicht ist das gut, es scheint mir mit allen deutschen Bühnen für den Augenblick so schlecht zu stehen, dass fast nirgends auf eine gute Aufführung zu rechnen wäre, so hat's wohl noch ein paar Jahre Zeit, und geht dann vielleicht umso eher; dass ich aber welche schreiben muss, von dem Gedanken kann ich nicht loskommen. Und jetzt im Augenblick sind die Singvereine gut und sehnen sich nach Neuem, da möchte ich denn ihnen was liefern, das mir mehr gefiele, als mein voriges Oratorium, und dazu verhilf Du mir und schick mir ein neues.«

Mendelssohn sucht die Konzeption für ein Oratorium, mit dem er international Ehre einlegen kann – nicht zuletzt in England: Dort ist er inzwischen fast berühmter als in Deutschland. In Liverpool hat die zweite Aufführung des *Paulus* überhaupt stattgefunden, und seither umwerben englische Oratorienvereine den Komponisten, ein Werk speziell für sie zu schreiben. England aber hat keine Bach-, sondern eine ungebrochene Händel-Tradition. So liegt es nahe, auf den Spuren Händels einen alttestamentarischen Stoff zu wählen und auf die Gattung des deutschen Chorals, die den Angehörigen der englischen *high church* nichts sagt, ganz zu verzichten. Auch die altmodischen Evangelisten-Rezitative können wegfallen.

Eine Verbeugung vor den Wünschen der Singvereine – in diesem Fall freilich nicht nur der englischen – ist die Komposition »dicker, starker und voller Chöre«, wie Mendelssohn sie Klingemann im Brief vom 18. Februar 1837 in Aussicht stellt. Im Endergebnis ist der Chor in der Tat an der Hälfte der zweiundvierzig gezählten Nummern des *Elias* beteiligt; weitere vier Nummern werden von einem Auswahlchor in Gestalt eines Quartetts oder Doppelquartetts bestritten. Der Anteil der Chöre ist damit im *Elias* noch höher als im *Paulus*, selbst wenn man dessen schlichte Choralstrophen einzeln zählt.

Allerdings würde man Mendelssohn verkennen, wenn man seinen Wunsch, bei den Singvereinen erfolgreich zu sein, als Ausdruck reinen Erfolgsstrebens interpretierte. Indem er das Chorwesen fördert, will er der Gesellschaft dienen. Wie er einem Leipziger Beamten im Zusammenhang mit der Gründung des dortigen Konservatoriums am 8. April 1840 darlegt, haben Künstler die Aufgabe, der »vorherrschend positiven, technisch-materiellen Richtung der jetzigen Zeit« den »ächten Kunstsinn«, das heißt den »Sinn für das Wahre und Ernste« gegenüberzustellen. Musik ist ein wichtiges Moment allgemeiner Bildung, keine Sache »bloß augenblicklichen Vergnügens, sondern höheren, geistigen Bedürfnisses«. Dieselbe Einstellung gilt für Mendelssohn persönlich. Henriette von Pereira-Arnstein, einer Verwandten, die ihn um die Komposition eines bestimmten Textes gebeten hat, erwidert er aus Genua im Juli 1831:

»Ich nehme es mit der Musik gern sehr ernsthaft, und halte es für unerlaubt, etwas zu componiren, das ich eben nicht ganz durch und durch fühle. Es ist, als sollte ich eine Lüge sagen, denn die Noten haben doch einen ebenso bestimmten Sinn, wie die Worte, – vielleicht einen noch bestimmteren.«

Die entsprechende Haltung haben einzelne Zeitgenossen exemplarisch aus dem *Elias* herauszuhören gemeint. So schreibt der Gemahl der britischen Königin Victoria, Albert von Sachsen-Coburg-Gotha, nach einer Londoner Aufführung des Oratoriums die Widmung in das Textbuch:

»Dem edlen Künstler der, umgeben von dem Baalsdienst einer falschen Kunst, durch Genius und Studium es vermocht hat, den Dienst der wahren Kunst, wie ein anderer Elias, treu zu bewahren, und unser Ohr aus dem Taumel eines gedankenlosen Tönegetändels wieder an den reinen Ton nachahmender Empfindung und gesetzmäßiger Harmonie zu gewöhnen...«[71]

Essay

Gruß

Romantischem Lebensgefühl entspricht die polare Vorstellung von Enge und Weite: Die Brust droht zu zerspringen ob der Gewalt von Gefühlen, Phantasien und Sehnsüchten, die sich ausdehnen möchten bis ins Unendliche. Derart heftige Gemütsbewegungen sind Heine nicht fremd; in den beiden schlichten, undramatisch dahinfließenden Strophen seines *Grußes* verbirgt er sie allerdings hinter Worten und Bildern, die zwar verstohlen dazu aufzufordern scheinen, ihrer Harmlosigkeit zu mißtrauen, vordergründig aber den Dichter in Harmonie mit den Schwingungen der Natur erscheinen lassen: Im Innern seines Gemüts, aus der Enge seines Hauses nimmt er die Verbindung mit der weiten Welt auf; sein »kleines Frühlingslied« soll der Bote sein.

Vor dem Hintergrund romantischer Ironie und im Kontext des *Buches der Lieder* verliert Heines Botschaft freilich ihre vermeintliche Naivität, Selbstgewißheit und Volksliednähe. Der *Gruß* gibt sich stattdessen als Ausdruck eines ungestillten Sehnens und als Zeugnis des Widerspruches zwischen Phantasie und Wirklichkeit zu erkennen: Ein von Weltschmerz beherrschter Dichter wird die Weite nicht erreichen, die Rose nie erlangen. Ihm bleibt nur die Ahnung und deren Kundgabe im *Lied*.

An diesem Punkt setzt in genialer Weise die Komposition ein. Sie läßt erklingen, was die Dichtung wohl herbeizitieren, aber nicht zu Leben erwecken kann:

das *Lied.* Was Heine im Medium der *Dichtung* nur ohnmächtig beschwört: daß aus Not Erfüllung, aus Enge Weite werden möge, wird in *Tönen* Wirklichkeit. Musik, nach Auffassung der Zeitgenossen die romantischste aller Künste, hebt die Spannung zwischen Schein und Realität, Sehnsucht und Erfüllung für jene Augenblicke auf, in denen Sänger oder Sängerin – in der Tradition des geistbegabten Rhapsoden – die ersehnte Identität des Ichs *verkörpern.*

Eine 1840 in Julius Beckers *Neuromantikern* aufgestellte Forderung lautet, ein Gedicht möge sich zum Lied verhalten wie ein Relief zur Plastik: Der Dichter solle nur andeuten, was der Komponist in Tönen auszufüllen habe. Dieser Vorstellung entspricht das Lied *Gruß* vollkommen. Gewiß ist Heines Dichtung im dinglichen Bereich bei aller Behutsamkeit konkreter, als es Musik je sein könnte und dürfte: Wörter wie »Geläute«, »Haus«, »Veilchen« oder »Rose« sind von unmittelbarer, sinnlich erfahrbarer Beredtheit. Doch auf diesem Feld will Mendelssohn ja auch gar nicht mit dem Dichter konkurrieren: Ein Anderes, zuvor in der Tat nur »Vorgestelltes«, läßt er plastisch werden: das Lied.

Dieses Lied erschafft sich der Komponist als einen Klangkörper, welcher die in der Dichtung nur angedeutete Polarität von Enge und Weite vollkommen zu seiner Inspirationsquelle macht. Der Melodiebogen vermeidet bis zur Schlußzeile deutliche Ruhepunkte und Kadenzen. Er ist einer Hängebrücke vergleichbar, die sich zwar in Gliederungen, aber doch in *einem* Zug von Ufer zu Ufer schwingt. Der Grundton erklingt, wenn überhaupt, nur in der Oktave – so erstmals zu dem Wort »lieblich«. Dort ist er mit großem Geschick eingeführt: Die erste Zeile wirkt durch die pendelnden, an das *liebliche Geläute* gemahnenden Terzen über dem bis dahin nur gedachten Grundton harmonisch unbestimmt, schwebend und vorläufig, erhält dann aber durch den Sextschluß etwas Drängendes: Man fühlt sich genötigt, auf den oberen Grundton zu springen, um festen Boden unter die Füße zu bekommen. Doch hat man diesen erreicht, so befindet man sich bereits in der zweiten Zeile, ist also um den Eindruck einer Zäsur sanft betrogen worden. Ein neuer Ruhepunkt tritt auf »Geläute« ein; doch wenn die zweite Halbstrophe mit »klinge« einsetzt, bemerkt man, daß auch dieser Ruhepunkt nur vorläufig war, da der Terzschluß der zweiten Zeile nunmehr als Quartauftakt zur dritten gedeutet wird. Diese wartet mit einer Überraschung auf: Unvorbereitet tritt neben die Tonika die Mediante.

Die ausgreifende Sextakkord-Bewegung dieser dritten Zeile erobert nicht nur einen neuen Tonraum, sondern gibt darüber hinaus der bis dahin eher in sich kreisenden Melodie etwas Strebiges. Der Übergang von der dritten zur vierten Zeile entspricht dem von der ersten zur zweiten: Auf dem Schlußton der dritten Zeile stauen sich wiederum alle Energien, um sich erst in der Kadenz am Strophenende Luft zu verschaffen. Doch wie elegant ist diese Kadenz eingeführt: Der Melodiebogen schwingt über die achttaktige Periode hinaus ins Weite, über die Oktave hinaus in die Oberterz, um erst von dort, wie »von jenseits«, in den Schlußton einzumünden.

Das alles spielt sich auf engem Raum und in dem bescheidenen Rahmen eines Strophenliedes ab und spiegelt damit das Miteinander von Enge und Weite ebenso wie der Klavierpart, der durch die kontinuierlich beibehaltenen Sechzehntel charakterisiert ist. Deren gleichmäßige Folge ist dem menschlichen Pulsschlag vergleichbar und wie dieser ambivalent: Einerseits steht sie für das Bleibende und Selbstbezügliche, andererseits für das Vorwärtstreibende. Ähnlich mehrdeutig ist der Charakter von Vor- und Nachspiel. Die Gleichheit dieser beiden Rahmenteile vermittelt die Vorstellung eines Kreislaufs. Doch das jeweilige Ende steht für Weite und Sehnsucht: Offene Terzen hallen in eine Pause hinein, die unter ihrer Fermate nicht scheint enden zu sollen.

Mendelssohn konfrontiert nicht unerträgliche Begrenztheit mit einzig erlösender Unendlichkeit: Mit wenigen Tönen klug disponierend, läßt er gemütvolle Enge in eine zwar ferne, dem sehnenden Blick jedoch nicht unerreichbare Weite sich wandeln. Damit nimmt er nicht den *ganzen* Heine, jedoch den Dichter des *Grußes* beim Wort – und mehr als das: Aus dessen scheinbarer Idylle macht er glaubhaftes Gefühl – er braucht ja auch nicht um Worte zu ringen, sondern kann einfach singen!

In diesem Sinne klingt der *Gruß* am schönsten, wenn man ihn als erwartungs- und hoffnungsfrohe Kunde vernimmt, die dem Gewirr phantastischer und widersprüchlicher Stimmen im Innern der Seele Schweigen gebietet und für kurze Zeit dem in seiner ordnenden Wirkung unangefochtenem Gesang Gehör verschafft.

In denselben Jahren nach 1830, in denen Heine sein Gedicht und Mendelssohn sein Lied-Opus 19 erscheinen läßt, veröffentlicht Joseph von Eichendorff den Roman *Dichter und ihre Gesellen*, in welchem ein weinlaubbekränzter Knabe in ländlicher Szenerie singt: »Die Lerch, der Frühlingsbote, sich in die Lüfte schwingt. Eine frische Reisenote durch Wald und Herz erklingt!« Wie oft in seiner Prosa läßt der Dichter dort, wo die Kraft der Worte hinter der Macht des Gefühls zurückzubleiben droht, das Erzählen der Handlung in das Zitieren von Gesang übergehen. Auf ähnliche Weise gibt Heine in seinem Gedicht *Gruß* das Stichwort für einen Sänger, dessen Auftritt Mendelssohn alsbald auf das genaueste und treffendste arrangiert.

Demgemäß darf dieses Lied nicht als gefühlige Salonmusik erklingen. Man könnte es sich von dem »schlanken Zitherbuben« aus Eichendorffs Dichterroman vorgetragen denken – von einem Kind also, das kaum schon weiß, wovon es singt, jedoch von Verheißenem träumt und damit selbst zur Verheißung für alle wird, die ihre eigenen Träume nicht mehr wahrzunehmen wagen. Dann träfe auf den Komponisten durchaus zu, was Goethe im Gespräch mit Eckermann über Alessandro Manzoni äußert: »Er hat *sentiment*, aber er ist ohne alle Sentimentalität!«

So suggestiv die Alternative von gedankenlosem Tönegetändel und reiner Empfindung formuliert und so heißgeliebt das Oratorium bei Sängern und Hörern ist, so schwer tut sich die Gattung mit ihrer ästhetischen Legitimation. Solange Oratorien in der Kirche aufgeführt oder gar – wie die Passionen Johann Sebastian Bachs – in den Gottesdienst einbezogen worden sind, hat man sich darüber kaum den Kopf zerbrechen müssen: Kirchliche Praxis bedarf keiner ausdrücklichen ästhetischen Begründung.

Auch Händels Oratorien – und in ihrem Gefolge Haydns *Schöpfung* und *Jahreszeiten* – haben noch Pardon: Händel wurde »zum Oratorium gedrängt ..., weil ihm die Oper seiner Zeit nicht genügte«,[72] urteilt Franz Brendel und deutet damit an, daß Händel die großen Themen der Menschheit, wie er sie sah, dem Oratorium habe anvertrauen müssen, weil ihnen in der Oper als einem Luxusinstrument des Adels noch kein Raum gegeben werden konnte.

Nun aber, in der Mitte des 19. Jahrhunderts, steht man vor der vertrackten Situation, daß die an Zahl und Stärke von Jahr zu Jahr zunehmenden Laienchöre ihren Tribut fordern, während die Theoretiker des Oratoriums nicht wissen, wie sie die fortdauernde Existenz einer Gattung rechtfertigen sollen, die als eine Zwittergattung nicht mehr in die Zeit paßt. Richard Wagner hat das in einer durch Friedrich

Schneiders Erfolgsoratorium *Das Weltgericht* angeregten Polemik schon 1834 – in seinem literarischen Erstling – dargetan:

»Denn warum ist jetzt so lange kein deutscher Opernkomponist durchgedrungen? Weil sich keiner die Stimme des Volkes zu verschaffen wußte, – daß heißt, weil keiner das wahre, warme Leben packte, wie es ist. Denn ist es nicht eine offenbare Verkennung der Gegenwart, wenn einer jetzt Oratorien schreibt, an deren Gehalt und Form keiner mehr glaubt?«[73]

In seinem *Kunstwerk der Zukunft* von 1850 tadelt er die modernen Oratorien dann noch deutlicher als »geschlechtslosen Opernembryonen« und »naturwidrige Ausgeburt«, weil sich die Musik über die Ansprüche der Handlung rücksichtslos hinwegsetze.[74]

Mendelssohn weiß das. Er schätzt den *Fidelio*, den *Freischütz*, deren Komponisten jeweils auf ihre Weise versucht haben, die ihnen wichtigen Ideen innerhalb der Gattung Oper zu verwirklichen. Er kennt die Opern Lortzings, die – auf einem von uns Heutigen gern unterschätzten Niveau – bürgerliche Gesellschaft reflektieren. (Wie Lortzing in seinem 1837 erstaufgeführten *Zar und Zimmermann* die Zuschauer mitzittern läßt, ob denn aus der anfangs schwachen Probenleistung des Jubelchors doch noch ein passabler Auftritt werden könne, ist nicht nur witzig an sich, sondern verrät auch eine spöttisch-kritische Distanz zu den Singechören seiner Gegenwart, die sich Mendelssohn vermutlich nie erlaubt hätte.) Und 1843, immerhin noch drei Jahre vor dem *Elias*, hat Mendelssohn erleben können, wie Richard Wagner mit seinem *Fliegenden Holländer* eine neue musikdramatische Ära begründet, während ein – im unveröffentlichten Brief vom 3. November 1840 geäußerter – Vorschlag Fannys, der Bruder möge doch die *Nibelungen* als einen »echt deutschen Stoff zu echt deutscher Musik« vertonen, Episode bleibt.

Auch Mendelssohn schriebe nach dem *Paulus* lieber eine Oper als ein neues Oratorium. Er ist der Überzeugung, daß eine von würdigen Ideen getragene deutsche Oper hermüsse, die mit dem seichten italienischen Geschmack aufräume und daß es überhaupt »den von Grund aus verderbten Zustand der Kunst« zu bessern gelte. Und vielleicht hat er sogar zu der Auffassung Robert Schumanns tendiert, der 1841, also gerade in den Jahren zwischen dem *Paulus* und dem *Elias*, anläßlich einer Besprechung von Ferdinand Hillers Oratorium *Die Zerstörung Jerusalems* meint:

»Die auffallende Erscheinung, daß sich in neuester Zeit viele jüngere Componisten der Kirchenmusik mit Vorliebe zuwenden, ist schon von Anderen bemerkt worden. Der Erfolg, den Mendelssohn's *Paulus* gehabt, scheint große Ursache daran zu haben. Viele, ja die Meisten werden sich freilich täuschen in ihren Hoffnungen auf gleiche oder nur ähnliche Siege. Wohl nicht die Kirche, nicht die Art der dahingehörigen Kunstgattung hat ihn errungen, eine Gattung, deren Blüthe schon längst vorüber, sondern die hohe Kunst des einzelnen Künstlers, dem im *Paulus* ein Meisterwerk gelungen. Viel tiefer wurzelt z. B. das Bedürfniß nach einer neuen deutschen Oper.«[75]

Doch diese ›große‹ Oper kann Mendelssohn nicht liefern. Mag sein, daß die rigiden Moralvorstellungen des Elternhauses in den Tiefen nachwirken, daß Schminke und Theater als etwas letztendlich Anrüchiges erscheinen: ›Man verkauft sich ans Theater‹, heißt es nicht von ungefähr; und ein Mendelssohn verkauft sich nicht. Mag sein, daß er sich insgeheim – wie Schumann – gar nicht als den geborenen Dramatiker ansieht. Auf alle Fälle aber locken die Oratorienvereine, die ihm Heimat und Erfolg geradezu garantieren.

Doch dringend bedarf die Gattung eines neuen ästhetischen Fundaments.

Ein *Elias* aus nazarenischem Geist

»Jene restaurative Tendenz, durch welche die deutsche Historienmalerei neuerdings so bedeutende Siege errungen, hat sich mit Mendelssohn auch in der Musik eingebürgert, ja sie ist zum charakteristischen Merkmal der musikalischen Gegenwart geworden. Wie Overbeck, Veit, Steinle die heilige Geschichte, von der man längst nichts mehr wissen wollte, in der strengen alten Weise wieder malten, so schrieb Mendelssohn seine Oratorien.«[76]

Mit diesen Sätzen weist der Kulturhistoriker Wilhelm Heinrich Riehl in seinem Essay *Bach und Mendelssohn aus dem socialen Gesichtspunkte* bereits im Jahre 1853 eine interessante Spur: Aus dem Geist des Nazarenertums läßt sich der *Elias* vielleicht nicht schlüssig deuten, jedoch sicherlich besser verstehen.

Im ersten Viertel des 19. Jahrhunderts fällt in Rom eine Gruppe deutscher Maler durch nach Dürer-Art getragenes, schulterlanges und in der Mitte gescheiteltes Haar auf: die Brüder des *Lukasbundes*; schon bald nennt man sie spöttisch Nazarener. Geistes- und ideengeschichtlich betrachtet, lassen sich die Nazarener der katholischen Romantik zuordnen: Ein Mittel gegen Entheiligung und Zersplitterung des gegenwärtigen Lebens sehen sie – angeregt durch den späten Friedrich Schlegel – in der Rückkehr zu der naiven Frömmigkeit der vorreformatorischen Kirche. Ihre künstlerischen Vorbilder finden die Nazarener, zu denen Johann Friedrich Overbeck, Peter Cornelius, Julius Schnorr von Carolsfeld, Philipp Veit und Friedrich Wilhelm Schadow gehören, in altdeutschen Meistern wie Albrecht Dürer und italienischen Malern wie Giotto, Fra Angelico und dem frühen Raffael. Daß Integrität der Künstlerpersönlichkeit und Reinheit des malerischen Ausdrucks übereinzustimmen haben, ist ihnen Selbstverständlichkeit, wie denn letztendlich die Religion ihrer Kunst das Maß geben soll. Nicht von ungefähr malt Overbeck als eines seiner Bekenntniswerke den *Triumph der Religion in den Künsten.*

Die religiösen Bilder, welche die Nazarener zunächst als stellungslose ›Kunstrebellen‹ in Rom, dann aber auch – oft in anerkannten beruflichen Positionen – in Deutschland schaffen, sollen sich durch Einfachheit, Heiligkeit und Reinheit auszeichnen; nur so kann die Glaubenserfahrung, welche die Maler selbst zu ihren Schöpfungen inspiriert, auf die Bildbetrachter übergehen. Um einer plakativen Wirkung willen verkürzen sie die Konzeption ihrer alten Vorbilder: Sie verzichten weitgehend auf Umgebung, Hintergrund und Schattenwirkung; sie bevorzugen – nach dem Vorbild des Holzschnitts – deutliche, fast harte Konturen; sie setzen – oft übergangslos – klare Farben, die eher symbolischen als malerischen Wert haben. Beabsichtigte Verzeichnungen oder perspektivische Vereinfachungen, überhaupt bewußte Beschränkungen in der Verwendung malerischer Mittel sind Ausdruck der Vorstellung, daß auch im künstlerischen Bereich nur die Rückkehr zu der ›Schlichtheit‹ der alten Zeiten die notwendige geistig-moralische Erneuerung bringen könne.

Kritik bleibt nicht aus. Um 1830 tadelt Caspar David Friedrich den Hang der Nazarener zu »knechtischer Nachäffung« und hält es für heuchlerisch, »das tiefe, fromme, kindliche Gemüt«, das die Bilder der alten Meister beseelt habe, durch absichtliche »Verstöße gegen Linien- und Luftperspektive« nachahmen zu wollen, anstatt auf den eigenen Willen und die selbständige Kraft zu bauen:

Daß »große Leute wie die Kinder in die Stube scheißen wollten, um damit ihre Unschuld oder Schuldlosigkeit beweisen zu wollen, möchte wohl nicht gut aufgenommen und geglaubt werden.«[77]

An Kontakten zu Nazarenern fehlt es Mendelssohn nicht. Affinitäten zur bildenden Kunst hat er ohnehin: In verschiedenen Phasen seines Lebens nimmt er ernsthaft Unterricht vor allem im Zeichnen und Aquarellieren. So geht er im August 1836, während seiner Verlobungszeit, mit Schadow und dessen Kollegen Johann Wilhelm Schirmer zum Urlaub nach Scheveningen, um täglich eine kleine Zeichenstunde zu nehmen, und in die Normandie. Auf seinen Bildungs- und Künstlerreisen studiert er in den jeweiligen europäischen Kunstzentren die Werke der altdeutschen Meister und der alten Italiener ausführlich. Was er in den »Reisebriefen« über seine entsprechenden Eindrücke schreibt, ist mehr als bloßer Ausdruck von Bildungsbeflissenheit.

In Rom, wo Mendelssohn einmal fast ein halbes Jahr Station macht, hat er Gelegenheit, einige Nazarener persönlich kennenzulernen: Schließlich stammt die Casa Bartholdy, deren Ausgestaltung die Nazarener als ihr gemeinschaftliches Hauptwerk ansehen, aus dem Erbe seines Onkels. Doch ohnehin bringt er seine Zeit in Rom weitgehend unter Nazarenern zu und betrachtet ihre Lebensformen mit gutmütigem Spott. Mit dem gleichfalls in Rom weilenden Schadow, damals schon Direktor der Düsseldorfer Kunstakademie, und anderen Malern reist er nach Neapel weiter. Aus Italien zurück, berichtet er seinem Lehrer Friedrich Zelter am 15. Februar 1832 über ein Zusammentreffen mit seinen Vetter Philipp Veit in Frankfurt am Main:

»Zugleich ist dort der Philipp Veit und malt ruhig seine Bilder, die so einfach schön und fromm sind, wie ich es nur auf den alten Bildern gekannt habe. Da ist keine Ziererei und keine Affectation drin, wie bei den Deutschthümlern in Rom, sondern eine aufrichtige Künstlerseele.«

Im nächsten Satz seines Briefes kommt Mendelssohn auf Schadow zu sprechen. Dieser versteht sich inzwischen nicht mehr als der naive Nazarener, welcher einmal an den Frescen-Malereien der Casa Bartholdy mitgewirkt hat: Vielmehr ist er – zumindest organisatorisch – das Haupt einer inzwischen bedeutenden Malerschule, in der die Ästhetik der Nazarener ihren Platz hat, ohne zu dominieren. Sein 1838 bis 1842 gemaltes großes Auftragswerk für das Städelsche Museum in Frankfurt, *Die klugen und törichten Jungfrauen*, zeigt dementsprechend ein Nazarenertum auf der Höhe der Zeit: Das ist nicht der anti-klassizistische, nach eigenem Selbstverständnis anarchische Eifer der frühen Nazarener, sondern abgeklärter Akademismus einer anerkannten Schule.

Als Mendelssohn im Herbst 1833 als städtischer Musikdirektor nach Düsseldorf geht, zieht er alsbald in Schadows Haus; und nun werden seine Verbindungen zu Malern, die dem Nazarenertum nahestehen, noch enger. Viele von ihnen – zum Beispiel Eduard Bendemann, Ferdinand Theodor Hildebrandt und Carl Friedrich Lessing – singen in seinem Kirchenchor, wo – wie er am 20. Juli 1834 an Julius Fürst schreibt – »ein guter Maler neben dem anderen steht, und brüllen alle wie nichts Gutes«. (Schon Anfang des Jahres 1832 hat er als Gast Johann Nepomuk Schelbles in dessen Frankfurter Caecilienverein gemeinsam mit dem Vetter Philipp Veit aus Oratorien und Kantaten Bachs und Händels sowie seiner eigenen Kirchenmusik gesungen und damit eine symbolische Brücke zwischen der retrospektiven Kunst der Nazarener und seiner, der »alten Tonkunst« verpflichteten Schreibweise geschlagen.)

Mendelssohn arrangiert seinerseits die Musik zu den lebenden Bildern, welche die Düsseldorfer Maler – als eine Spezialität Schadows – stellen. Anläßlich des Besuches des preußischen Kronprinzen in Düsseldorf stellt man auf Mendelssohns Vorschlag *Israel in Ägypten* nach der Musik aus Händels Oratorium, aufgeführt von etwa 90 Sängern. Unter dem 26. Oktober 1833 berichtet Mendelssohn seiner Schwester Rebecca ausführlich über das Ereignis: Würde es sich um eine öffentliche Darbietung mit »Prätention« gehandelt haben, so wäre nach seinem Geschmack »wohl viel dagegen zu sagen«; im engeren Zirkel aufgeführt, war das Ganze jedoch wie ein schönes Fest:

»Wir fingen *Israel in Egypten* unten an; Du kennst wohl das erste Recitativ, und wie der Chor sich so nach und nach erhebt; erst die Alte allein, dann immer mehr Stimmen dazu, bis zu der starken Stelle mit den einzelnen Accorden ›sie schrien, schrien in ihrer harten Knechtschaft‹ (in G moll); da ging der Vorhang auf, und war das erste Bild, ›die Kinder Israel in der Knechtschaft‹, von Bendemann gezeichnet und gestellt; voran der Moses, ganz versunken und apathisch vor sich hin sehend, neben ihm ein Alter, der unter der Last seines Balkens eben zusammensinkt, während sein Sohn sich bemüht, ihn ihm abzunehmen; einige schöne aufgehobene Arme im Hintergrunde, voran noch ein Paar weinende Kinder, das Ganze recht zusammengedrängt wie ein Haufen Flüchtlinge; – das blieb nun stehen bis zum Schluß des ersten Chors, wo dann in demselben Moment der Chor in C moll endigte, und der Vorhang vor dem hellen Bilde sich schloß. Einen schönern Effect, als den, habe ich selten gesehen.«

Mit den Düsseldorfer Maler-Freunden bleibt Mendelssohn auch weiterhin in Kontakt. Johann Wilhelm Schirmer, der ihm Unterricht im Aquarellieren gegeben hat, schenkt ihm eine Alpenlandschaft zur Hochzeit; Hildebrandt zeichnet den Propheten Elias für den Bildtitel der Partitur-Ausgabe des Oratoriums von 1847; und Bendemann macht Ende 1846 Text-Vorschläge zu einer Umarbeitung des Oratoriums.

Wilhelm Schadow: Die klugen und die törichten Jungfrauen, Ölbild aus dem Jahr 1842.

An Schadows *Klugen und törichten Jungfrauen* lassen sich Momente eines klassizistisch ›gereiften‹ Nazarenertums herausarbeiten und mit solchen des *Elias* vergleichen. Bereits die Funktion der etwa gleichzeitig entstandenen und mit ähnlichem Aufwand geschaffenen Werke ist ähnlich: Schadows Bild ist von vornherein für ein Museum bestimmt, Mendelssohns *Elias* für ein Musikfest, dessen aus Historischem und Aktuellem gemischte Programme durchaus Ausstellungscharakter haben. Beide Arbeiten sind sinnfälliger Ausdruck einer Kunst, die sich als religiös versteht und dabei doch ganz säkular ist.

Das Gemälde, in Anlehnung an ein Bild von Peter Cornelius zum gleichen Sujet geschaffen, steht in der Tradition der Nazarener, knüpft aber auch direkt an die alten Italiener an, deren religiösen Sinn Schadow in der säkularisierten Gegenwart wiederzubeleben trachtet. Das Bildgefüge erinnert an Raffaels *Schule von Athen* – ein Fresco, das Schadow in einem Essay über die Frage *Was ist ein Kunstwerk?* als in Gedanken und Ausführung gleichermaßen vollendet bezeichnet. Der Christus, welchen Schadow unter den zehn Jungfrauen erscheinen läßt, läßt an einen Typus denken, den Raffael u.a. in *Weide meine Lämmer* ausgeprägt hat.[78]

Schadow stellt ihn wie gezirkelt in die Querachse; dazu passend sind die Gläubigen im Rücken des Heilandes und die zehn Jungfrauen zu seinen Füßen harmonisch, fast symmetrisch arrangiert. Die Szene ist bar jener Dramatik, die man bei der Darstellung der Wiederkunft Christi erwarten könnte; die Gestik verrät wenig Aufregung, kaum Gemütsbewegung. Die weiblichen Gesichter sind gleichmäßig schön, ob es sich um die klugen oder um die törichten Jungfrauen handelt. Wenigstens bei den törichten hätte man interessante Gesichtszüge erwartet! Doch es darf offenbar kein Gesicht mit einem spezifischen, charakteristischen oder gar unschönen Ausdruck hervorstechen, wie überhaupt kein Detail den Eindruck klassizistischer Glätte stören soll. Christus ist geschlechtsneutral dargestellt; die Sinnlichkeit der Jungfrauen zeigt sich, wenn überhaupt, so verhüllt wie ihre Brüste.

In seinen kunsttheoretischen Äußerungen hat sich Schadow gegen einen blutleeren, womöglich moralisierenden Klassizismus abzugrenzen versucht, ohne doch sein enges Kategoriensystem sprengen zu können.

»Ist die Seele des Künstlers rein, keusch und einfach, so wird auch dessen Darstellung des Nackten unverfänglich seyn; wo nicht, so werden auch seine bekleideten und verhüllten Gestalten, Hetären seyn, und wenn er ihnen auch sieben Röcke überzöge«,

so schreibt er in seinem Essay *Über die Anwendung des Nackten bei bildlichen Darstellungen.*[79] Und wenn er im gleichen Zusammenhang den aufrichtigen Künstler zwischen »der Scylla der Wollust und der Charybdis der Prüderie« manövrieren sieht, so spricht daraus doch jene unterschwellige Verquältheit, die an der Oberfläche jene glatten, kalten Gestalten hervorbringt, wie sie das Bildnis von den klugen und törichten Jungfrauen zeigt.

Über Schadows um die gleiche Zeit gemalte *Kreuzabnahme* schreibt Friedrich von Üchtritz in einer alsbald erscheinenden Kritik: »Man ruft aus: vortrefflich, kostbar gemalt, aber todt – seelenlos todt!« Das Bild *Wachet und betet* nennt er im »Colorit« zwar »vorzüglich«, in der »Darstellung« aber »menschlich unangenehm«.[80]

Der Versuch, eine Parallele zwischen Schadows inzwischen vergessenen *Klugen und törichten Jungfrauen* und Mendelssohns immer noch zum Konzertrepertoire gehörenden *Elias* herzustellen, mag auf den ersten Blick wie eine Beleidigung für den Komponisten aussehen. Ich gehe jedoch von der Prämisse aus, daß Schadows Bild nicht schlechter gemalt als Mendelssohns Oratorium komponiert ist. Unter dieser Voraussetzung wird vorweg deutlich, daß es die musikalische Kunst leichter hat als die bildende: Während »kostbare Machart« Schadows Gemälde kaum davor bewahren kann, ins Magazin zu wandern, besitzen die musikalischen Farben des *Elias* soviel Leuchtkraft, daß er bis heute kontinuierlich aufgeführt und gehört wird. Schöne Klänge lassen sich leichter an sich, d.h. losgelöst vom Sujet, genießen als »vorzügliches Kolorit«: Man schließt die Augen und vertraut sich dem Strom der Töne vielleicht geradezu mit dem Vorsatz an, die vordergründige, an das Verständnis des Textes gebundene Botschaft beiseitezulassen. In der Hoffnung, mit diesem Gedanken auch bei Mendelssohn-Liebhaberinnen und -Liebhabern Bedenken gegen einen Vergleich aus dem Weg geräumt zu haben, wage ich diesen im Blick auf das übergeordnete Ideal der Reinheit.

Ist von »Reinheit« die Rede, so liegt ein Blick auf die 1824 erschienene Schrift *Über die Reinheit der Tonkunst* des Rechtsgelehrten und Leiters des Heidelberger Singvereins, Justus Thibaut, nahe. Für ihn ist »Reinheit« der Kirchenmusik in einem dreifachen Sinn wichtig: als Kennzeichnung einer historischen Epoche, die von Palestrina bis Händel reicht; als Idee des ›Klassischen‹, des Zeit- und Schlackenlosen, verkörpert vor allem durch die instrumental unbegleitete Musik *a cappella*; als Appell an Gesinnung und Sittlichkeit all derer, die über die Kirchenmusik den alten Geist der Frömmigkeit wiederherstellen wollten.

Von Thibaut hat nicht nur der Caecilianismus – jene wichtige Erneuerungsbewegung innerhalb der katholischen Kirchenmusik des 19. Jahrhunderts – gelernt: Auch der Mendelssohn des *Elias* schöpft aus seinen Quellen, nämlich in den weitgehend homophon gesetzten, nur schlicht begleiteten ›Motetten‹ über die Texte »Denn er hat seinen Engeln befohlen«, »Wirf dein Anliegen auf den Herrn«, »Wer bis an das Ende beharrt«, »Heilig ist Gott, der Herr« und »Wohlan, alle, die ihr durstig seid«. Es ist kein Zufall, daß die Mehrzahl dieser Nummern für ein Solisten-Ensemble geschrieben ist, welches die intendierte ›Reinheit‹ wohl noch besser darzustellen vermag als ein Laienchor. Den Gipfel stellt in dieser Hinsicht das *a cappella* für Frauenstimmen gesetzte Terzett »Hebe deine Augen auf zu den Bergen, von welchen dir Hülfe kommt« dar: Es ist das vielleicht bekannteste Stück aus dem *Elias* und von jener ›zeitlos‹ nazarenischen Milde und Reinheit, welche Sänger und Hörer damals bis zu Tränen rührte.

Es ist lohnend, dieses Terzett mit demjenigen aus der *Zauberflöte*, »Zum Ziele führt dich diese Bahn«, zu vergleichen und die unterschiedlichen »Reinheits«-Vorstellungen herauszuarbeiten: Mozarts drei Knaben fordern mit der unschuldigen

Festigkeit derer, die von den Anfechtungen des Mannes noch nichts wissen, diejenigen Tugenden ein, welche allein eine würdige Lebensführung garantieren können; Mendelssohns drei Engel künden mit wissendem Augenaufschlag (sforzato auf dem Wort *Augen!*) von der Hilfe Gottes, die vom Gefühl her als sehr nah, von der Lokalität her als sehr weit erlebt wird.

Felix Mendelssohn Bartholdy, *Elias*, 2. Teil, Nr. 28, Terzett, T. 1-10

Wolfgang Amadeus Mozart, *Die Zauberflöte*, 1. Aufzug, Finale, T. 9-13

Sind für Schadow italienische Maler des 15. und 16. Jahrhunderts beispielgebend, so knüpft Mendelssohn in solchen teils *al fresco* hingeworfenen, teils skizzenhaft hingetupften »Motetten« an Traditionen an, die hinter Bach und Händel in die Palestrina-Zeit zurückreichen, ohne dadurch zu Stilkopien zu werden. Denn vor allem in Harmonik und Instrumentation verzichtet er ja nicht auf die Mittel, die ihm als Komponisten des 19. Jahrhunderts zur Verfügung stehen; und er weiß sich darin einig mit seinem von ihm auch in Kunstangelegenheiten hoch respektierten Vater, der ihm 1835 einmal geschrieben hatte: Den alten »religiösen Sinn«, der Händel, Bach und ihren Zuhörer zu eigen gewesen sei, gebe es nicht mehr; »die neuen Mittel« in der Kunst seien gerade recht gekommen, »um den schwächer werdenden inneren Motiven belebend zur Seite zu stehn«.[81]

Im *Elias* gibt es zwar eine Doppelfuge (»Siehe der Hüter Israels«), einen an Bachs *turbae* erinnernden dramatischen Chor (»Feuer fiel herab«) und ein Baß-Solo (»Es ist genug«), das starke Anklänge an die entsprechende Arie aus der *Johannespassion* (»Es ist vollbracht«) zeigt. Insgesamt aber verzichtet Mendelssohn darauf, noch einmal an Bachs knorrige Passionsgattung anzuknüpfen. Deren Typus ist historisch gewachsen und lebt geradezu aus der bunten Mischung von Chören, Rezitativen, Arien, Chorälen über teils biblische, teils frei gedichtete Texte. Für solche primäre Naivität ist nun kein Raum mehr: Der Komponist möchte, der Kritik am *Paulus* eingedenk, ein wenn auch klein dimensioniertes, so doch stilistisch ›reines‹ Gesamtkunstwerk schaffen.

Das hat freilich ähnliche Folgen wie bei Schadow: Über dem widerspruchsfrei Schönen geht das provokant Charakteristische – um dieses in der damaligen ästhetischen Diskussion geläufige Begriffspaar zu gebrauchen – verloren. Selbst in den bachisch anmutenden Chören wird man Konfliktharmonik oder verworrene Stimmführung kaum finden. Damit fehlt der Realismus der Personen- und Situationenzeichnung, für den Bachs herrlich verzerrte »Kreuzige«-Chöre als Abbild der haßerfüllten und geifernden Volksmenge ein plastisches Beispiel sind. Die Heidenchöre der Baals-Anhänger im *Elias* sind zwar um eine *couleur locale* – wie es damals in der Operndramaturgie hieß – bemüht. Doch ebenso wenig, wie Schadow es wagt, den törichten unter seinen zehn Jungfrauen entsprechende Gesichtszüge oder Körperhaltungen zu verschreiben, mag Mendelssohn sich ernsthaft an die Aufgabe wagen, exotisches oder fanatisches Heidentum engagiert und farbig vorzuführen. Es überwiegt der Eindruck des Schönen und Gottgefälligen. Wo aber »eine Schönheit die andere förmlich totschlägt«, so sieht es der Mendelssohn-Verehrer Wilhelm Heinrich Riehl im Blick auf den *Elias*,, hat »das Ganze doch wieder eine gewisse Mattigkeit«.[82]

Ähnliches bemerkt Werner Busch im Anschluß an Hegel über Wilhelm von Kaulbachs Historienmalereien:

»Eine Addition von fertigen Bildern in einem Bild kann nur eine leblose Konstruktion ergeben.«[83]

Generell fehlen Vielschichtigkeit und Mehrdimensionalität der Aussage, wie sie für Mendelssohns großes Vorbild Bach charakteristisch sind. Man vergleiche den Eingangschor zur *Johannespassion*, »Herr unser Herrscher, dessen Ruhm in allen Landen herrlich ist«, mit der textähnlichen Schlußfuge zum *Elias*, »Herr unser Herrscher, wie herrlich ist dein Name in allen Landen«: Bei Bach realisiert sich die Bewegung des Orchesters in drei unterschiedlichen Impulsen: unerschütterliche Ruhe im Generalbaß, kreisende Bewegung in den Streichern, drängende Spannung in den Bläsern; und in dieses nicht enden wollende, der aktuellen Zeit enthobene Klanggewoge hinein erklingt, in mehrfachem Aufschrei, der *Kyrie*-Ruf des Chors als direkte Rede und unmittelbare Gebärde der Gemeinde. Da wendet sich die Gemeinde der Schwachen an Christus, den Starken, der doch zugleich der Schwache ist; und gerade solche Widersprüchlichkeit, die ja ihre Entsprechung im musikalischen Satz hat, macht die Tiefe des Erlebnisses aus. – Mendelssohn gruppiert das Satzgefüge eindeutig um den glatt skandierten Ausruf »Herr, unser Herrscher« und ist ganz auf eine festlich-lapidare Schlußwirkung für das Oratorium bedacht. Was am Ende bleibt, ist der reine Jubelton, mit dem der Laienchor Christus den Herrscher besingt – und vielleicht zugleich sich selbst in seiner teilnehmenden Begeisterung.

Der Vergleich mag hinken: Es ist ein Unterschied, ob man zu Anfang eines großen Werkes dessen ideelle Grundkonstellation expliziert oder am Ende alle Tendenzen noch einmal zusammenfaßt; er ist dennoch nicht müßig. Auch insgesamt läßt sich feststellen, daß Bach kontinuierlich expliziert, während Mendelssohn fortlaufend resümiert und auf musikalische »Wirkung« hin komponiert.

So erreicht Mendelssohn im *Elias* dank seines Rekurses auf die Ästhetik der Nazarener zwar einen einheitlichen, jedoch keinen großen Stil. Das ist nicht seinem kompositorischen Talent anzulasten, vielmehr seinem Beharren auf einer anachronistischen Gattung. Eine Generation später versucht Brahms, es besser zu machen. Doch so merklich sein *Deutsches Requiem* am Genus des Erhabenen orientiert ist – es gleicht, gattungsästhetisch gesehen, einer Vertonung von Konfirmationssprüchen.

Das hat seinen Grund in der Säkularisierung von Theologie und Frömmigkeit: Wo sich der Christ nicht mehr selbstverständlich und unverbrüchlich in ein objektives Heilsgeschehen einbezogen sieht, verlieren die symbolischen Überlieferungen ihre verbindliche Kraft. Man hält sich nicht länger an Glaubenssätze und konkrete biblische Aussagen, begnügt sich vielmehr mit einer allgemeinen christlichen Gesinnung. Konkret auf den *Elias* bezogen: So stark Mendelssohns persönliche Frömmigkeit gewesen sein mag – die Elias-Überlieferung kann für ihn nichts anderes sein als Legende und frommer Schein. Demgemäß dient ihm die Handlung vor allem als Anlaß, *Haltungen* vorzuführen. Wie es der Theologie des 19. Jahrhunderts weniger auf die Formulierung fest umrissener Glaubensinhalte als auf die Weckung subjektiver Glaubensbereitschaft ankommt, will Mendelssohn Stimmungen erzielen, die allgemein auf Herz und Gemüt der Hörer wirken.

Eduard von Steinle: Veit, Overbeck und Cornelius sehen die Flucht nach Ägypten, Zeichnung aus dem Jahr 1878.
Die Nazarener blicken ihren Motiven nach, als ob sie ihnen davonliefen. Blickt auch Mendelssohn seinem Elias nach – ein seiner religiösen Heimat verlustig gegangenes, trauriges Weltkind?

Die hier skizzierte Tendenz zeigt sich nur in geistlicher Kunst: Allenthalben verlieren die Sujets im Zuge der Säkularisierung an Kraft und Verbindlichkeit; traditionelle Ikonographie und Symbolik greifen nicht mehr, an ihre Stelle tritt, um den Titel eines Buches von Werner Busch aufzugreifen, die »notwendige Arabeske«. Dem Künstler des 19. Jahrhunderts, welchem die Kunst – um mit Hegel zu sprechen – zu einem »freien Instrument« geworden ist, erscheint der Stoff, wenn nicht gleichgültig, so doch einer übergreifenden ästhetischen Konzeption nachgeordnet.

In seinen unter dem Titel *Lutetia* zusammengefaßten Briefen und Berichten aus Paris für die *Augsburger Allgemeine Zeitung* vergleicht Heinrich Heine im Jahre 1842 die naive Urgewalt der religiösen Kunst, wie sie aus dem *Stabat mater* von Rossini spreche, mit der Oratorienkunst Felix Mendelssohn Bartholdys. Letzterem sei zwar »ein großer, strenger, sehr ernsthafter Ernst, ein entschiedenes, beinahe zudringliches Anlehnen an klassische Muster, die feinste, geistreichste Berechnung,

Verstandesschärfe« eigen, doch zugleich »der gänzliche Mangel an Naivetät«. Zwei Jahre später meint er ergänzend, »auf der Bühne« werde Mendelssohn niemals »etwas ewig Bleibendes schaffen«, denn das sei der »Boden, wo zunächst Wahrheit und Leidenschaft verlangt wird«.[84]

Das mag Ausdruck einer reichlich hohen Meinung vom Musiktheater sein, zeigt jedoch noch einmal deutlich den Konflikt, in dem Mendelssohn steht: Er, der doch so virtuos und modern zu komponieren vermag, läßt sich fesseln von den Erwartungen seiner Auftraggeber, denen es kaum nach Ausdruck von Wahrheit und Leidenschaft gelüstet, sondern nach Selbstdarstellung im Sinne musikalischer und ästhetischer Reinheit. Das heißt nicht, Mendelssohns Engagement für gehobenen musikalischen Geschmack und bessere berufliche Ausbildung, sein Einsatz für Bach, Händel und Beethoven sei unglaubwürdig. Indessen fehlt jenes Moment an aktiver Besessenheit, das den Schumann der *Kreisleriana* oder den Wagner des *Tristan* ihr Publikum vergessen, ja verachten läßt, wenn sie sagen wollen, was sie sagen müssen.

Mendelssohns Besessenheit ist demgegenüber gleichsam passiv, ein fanatisches Untadelig-Sein-Wollen. Leitvorstellung ist das Bild eines Künstlers, der bei seinem Publikum für höhere Ziele werben will, es aber niemals brüskieren oder gar entlarven darf. »Er hat oft als ein wahrer Diplomat komponiert«, sagt Wilhelm Heinrich Riehl fast bewundernd: Es muß Komponisten geben, die mit ihrem Beitrag eine »gebildete Gesellschaft« konstituieren und stabilisieren.[85] So gesehen hat Musik eine systemintegrierende Aufgabe. Und speziell der *Elias* erfüllt eine solche Aufgabe bis heute.

Sichtbar auch im *Elias*: Zwei Seiten eines Mendelssohn-Bildes

Die Vorderseite des Mendelssohn-Bildes hat Riehl in seinen *Musikalischen Charakterköpfen* fünf Jahre nach Mendelssohns Tod so glänzend gezeichnet, daß ich ihn hier noch einmal zitiere.

> »Keine andere Kunst hat einen Mann aufzuweisen, der in seinem künstlerischen Schaffen so ganz inmitten des sozialen Lebens unserer gebildeten Kreise gestanden hätte und wiederum so von diesen verstanden und gewürdigt worden wäre wie Mendelssohn ...
> Er war der erste Musiker, welcher so recht für die ›feine Gesellschaft‹ – im guten Sinne des Wortes – musizierte. Er war nicht der knorrige, sich abschließende deutsche Bürger, wie Bach, sondern ein vielseitig gebildeter, gesellschaftlich gewandter, wohlhabender, fein gesitteter Mann, in fast ganz Deutschland persönlich bekannt, in allen auserlesenen Zirkeln gesucht ... So schrieb auch Mendelssohn im Geiste dieser gebildeten Gesellschaft, die sich jetzt ausgleichend und vermittelnd über alle Stände hinzieht.«[86]

Man könnte Mendelssohn und sein Publikum als eine große Familie bezeichnen – eine Familie, die ihren genialen Sohn feiert und in Grenzen verwöhnt, als Gegenleistung freilich Dankbarkeit und freundliche Anerkennung ihrer Normen und

Konventionen erwartet. Speziell der *Elias* wird zum Liebling der deutschen und noch mehr der englischen Singvereine. Während eine Aufführung von Beethovens *Neunter* noch als Abenteuer und Pioniertat gilt, ist ein Abend mit dem *Elias* ein gesellschaftliches Ereignis, auf das kein Chor verzichten möchte: Das Werk läßt sich ohne große Probleme einstudieren, von Berufsmusikern und Dilettanten gemeinsam aufführen und dem Publikum als trefflichen und zeitgemäßen Ausdruck höheren Strebens anbieten.

Man könnte gar die – im Blick auf Beethoven abwegige – Phantasie haben, Mendelssohn sei bei jedem dieser Konzerte und dem anschließenden Bankett zugegen gewesen, habe Blumenkränze entgegengenommen und weitergegeben, in Alben geschrieben und sich liebenswürdig zu seiner Musik geäußert. Tatsächlich kann man sich keinen wohlerzogeneren Menschen, gehorsameren Sohn, verständnisvolleren Freund, liebenswürdigeren Gesellschafter, treueren Ehegatten und Familienvater vorstellen als ihn – ein Vergleich mit seinem Pendant Liszt, der doch seinerseits ein durchaus moralischer Mensch ist, macht dies nur umso deutlicher.

»Er ist sehr fleissig und häuslich, spielt, bleibt stets um uns, und lässt sich auch sonst noch brauchen ...«[87]

Diese Worte findet Abraham Mendelssohn im Sommer 1835 für seinen sechsundzwanzigjährigen Sohn, der noch einmal die Eltern besucht, ehe er als Direktor der Gewandhauskonzerte nach Leipzig übersiedelt. Für solches Lob hat Felix dem Vater in seinem eigenen, bereits erwähnten Brief an Karl Klingemann Platz gelassen – wahrlich ein enges Vater-Sohn-Verhältnis!

Daß Felix dem Freund im gleichen Brief von der »profunden Einsamkeit« schreibt, die er in Düsseldorf erlebt habe und im nächsten Winter in Leipzig wohl wieder erleben werde, gibt freilich zu denken. An äußerer Geselligkeit kann es ihm ja wohl nicht mangeln. Eher mag das Elternhaus fehlen; und damit tut sich ein Blick auf einen anderen Mendelssohn auf: einen von den Eltern in die Verantwortung genommenen und nie aus ihr entlassenen. Daß er sein Talent vom Schöpfer zu Nutz und Frommen seiner Mitmenschen erhalten und mit ihm zu wuchern habe, ist ihm – ob privat oder öffentlich wirkend – zum Gesetz seines Lebens gemacht worden; und nirgendwo besser als im Familienkreis kann er sich die Befolgung dieses Gesetzes bestätigen lassen. Doch gerade im engsten Kreis, wo er sich nicht beherrschen muß, brechen Gereiztheiten und Verstimmungen auf. Fanny vertraut ihren weithin unveröffentlichten Tagebüchern an, daß sie froh sei, den an sich bewunderten und geliebten Bruder nicht immer um sich haben zu müssen. Daß diesen seit seiner Kindheit die Last der Verantwortung drückt, geht indirekt aus einem Brief hervor, den ihm der Freund Julius Schubring am 3. Juli 1830 nach Berlin schreibt:

»Was Dich zuweilen drückt, die böse Stimmung, von der Du mir klagtest – ich glaube nicht, daß es Mißtrauen ist in Dich selbst; denn Du hast schon Proben, daß Du gerade durch das, was Du als Deinen Beruf erkannt hast, auch schon Gutes gewirkt hast unter den Menschen, und daß Du es vermagst. Ich denke mir, daß es bei Dir auch mehr der Gegensatz ist, den Du wahrnimmst zwischen dem, wie Du es gern haben möchtest in der Welt und wie Du sie vor Dir siehst.«[88]

Es ist viel Angestrengtes in diesem Leben und unter der glatten Oberfläche viel Widersprüchliches. Man möchte von einer Anpassung bis zur Selbstverleugnung sprechen, wenn nicht auch Widersprüche ans Licht kämen – etwa in den Oratorien, die geradezu exemplarisch den Konflikt zwischen jüdischen und christlichen Wertvorstellungen spiegeln.

Dieser Konflikt ist schon in der Familie angelegt. Großvater Moses war einerseits ein großer jüdischer Gelehrter, andererseits ein Vorkämpfer für die Judenemanzipation. Vater Abraham, der später von sich sagen wird, er sei erst der Sohn eines großen Vaters und dann der Vater eines großen Sohnes gewesen, lebt gleichfalls in jüdischem Geiste, setzt aber zugleich entschlossen auf Assimilation; um sich »unwiderruflich von einer ganzen Classe« zu trennen, nimmt er sogar den Zweitnamen Bartholdy an. Bei seinem Sohn setzt er die ganze väterliche Autorität ein, damit dieser sich nur noch Bartholdy nenne: »Mendelssohn ist und bleibt ewig das Judentum in der Übergangsperiode«, so schreibt er dem Zwanzigjährigen im Sommer 1829 »sehr unzufrieden« nach London, nachdem ihm Konzertzettel unter die Augen gekommen sind, auf denen Felix nur als »Mendelssohn« aufgeführt ist:

»Heißt du Mendelssohn so bist du eo ipso ein Jude, und das taugt dir nichts, schon weil es nicht wahr ist«.[89]

Wie Rainer Riehn betont, verhält sich der sonst so gehorsame Sohn in seiner Antwort an den Vater merkwürdig ausweichend, obwohl oder gerade weil er das nötige Problembewußtsein besitzt und unter Zurücksetzungen als Jude objektiv und subjektiv leidet.[90] Was er während seiner Bildungsreise nach Italien im Frühjahr 1831 voller Mißmut mit ansehen muß, daß nämlich römische Juden sich auf dem Capitol unter zeremoniellen Kniefällen die Erlaubnis erbitten müssen, ein weiteres Jahr im städtischen Ghetto leben zu dürfen, bleibt ihm in Preußen zwar erspart. Indessen kennt er aus seiner Jugend sehr wohl Beschimpfungen als »Judenjunge«. Später, bereits ein gefeiertes Musikgenie, muß er es erleben, daß seine Bewerbung um die Leitung der Berliner Singakademie, die ihm immerhin das säkulare Ereignis der Wiederaufführung der *Matthäuspassion* zu danken hat, zumindest atmosphärisch an seiner jüdischen Herkunft scheitert. Was ihn 1829 erhoben und zugleich amüsiert hatte, den Leuten – wie er sich ausdrückt – als »Judenjunge ... die größte christliche Musik« wiedergebracht zu haben,[91] nützt ihm da nichts.

Dabei ist er im konfessionellen Sinne kein Jude: Vier Jahre nach dem preußischen Gesetz zur Gleichstellung von 1812 hat Abraham Mendelssohn Bartholdy seine vier Kinder taufen lassen. Felix, damals sieben Jahre alt, wird damit offiziell zum Christen erzogen. Das von ihm selbst ausgearbeitete und auf vielen langen Seiten niedergelegte Konfirmations-Bekenntnis aus dem Jahr 1825 beweist deutlich, wie intensiv er sich schon als Knabe mit den Fragen des christlichen Glaubens auseinandersetzt. Später hört Felix Kollegs bei Friedrich Schleiermacher; und zu seinem Freundeskreis zählt eine ganze Reihe von Kandidaten der Theologie und Predigern. Daß er die Tochter eines evangelischen Predigers heiratet, die freilich nicht nur für familiäre Aufgaben bestens erzogen, sondern zugleich auch bildschön ist, spricht für sich.[92]

In einem Brief zur Einsegnung seiner Tochter Fanny im Jahre 1820 bezeichnet Abraham die Konversion zum Christentum als etwas, das »die Gesellschaft von Dir fordert«;[93] gegenüber Felix wird er sich in demselben Sinne geäußert haben. Dieser selbst mag sich zwar als überzeugter Christ verstanden, dem Vater aber dennoch die Konversion nicht verziehen haben. Daß Abraham die eigene Konversion erst im Jahre 1822 vollzogen und darunter offenbar bis zur Mißlaunigkeit und Schwermut gelitten hat, macht deutlich genug, daß hier nicht etwa eine ganze Familie aus Überzeugung den Glauben gewechselt, sondern ein Vater seine Kinder aus einem jüdischen Wurzelgrund zu verpflanzen sich verpflichtet gefühlt hat, den aufzugeben ihm selbst schwerfiel. Es wäre verständlich, wenn Felix aus diesen Gründen eine – zum Teil vielleicht unbewußte – Widerstandshaltung beibehalten hätte, zumal ja alle Anpassung unter anderem nicht verhindern konnte, daß ihm anläßlich der vergeblichen Kandidatur um das Amt des Direktors der Singakademie nach Einschätzung Eric Werners »eine nie vernarbende seelische Wunde« zugefügt wurde.[94]

In den beiden vollendeten Oratorien, *Paulus* und *Elias*, läßt sich der beschriebene persönliche Konflikt erstaunlich prägnant wiederfinden. Daß Mendelssohn zunächst den Paulus-Stoff wählt und engagiert nach geeigneten Bibelstellen und Gesangbuchversen sucht, ist keine Selbstverständlichkeit. Paulus ist ja ein Gelehrter – zunächst Rabbiner, dann der erste Theologe der christlichen Kirche; für eine epische oder dramatische Darstellung gibt seine Erscheinung wenig her. Daß sich aus dem Paulus-Stoff kein gutes Textbuch machen ließ, war somit vorhersehbar.

Doch vermutlich ahnt Mendelssohn gar nicht, daß er ein trotz alledem höchst erfolgreiches Oratorium schreiben wird: Er will vor allem seiner Verantwortung genüge tun und auch als Künstler sich des neu erworbenen Christentums würdig erweisen. Daß er deshalb die Wandlung des jüdischen Eiferers Saulus zum christlichen Apostel Paulus zum Thema macht, scheint freilich des Guten ebenso zu viel wie die fast ängstliche Orientierung an dem in seinen Augen »größten christlichen Kunstwerk«, der *Matthäuspassion.*

Er mag das später selbst als Überanpassung empfunden haben. Jedenfalls löst er sich in seinem zweiten Oratorium nicht nur von dem alleinigen Vorbild Bachs zugunsten eines »zeitgemäßeren« nazarenischen Ideals; darüber hinaus wählt er sich nunmehr einen Juden als Helden: *Elias*, den machtvollen Propheten des auserwählten Volkes Israel. Dieser ist glaubensstark, im Namen seines Gottes Jahwe freilich auch ein alttestamentarischer Rächer: »Greift die Propheten Baals, daß ihrer keiner entrinne, führt sie hinab an den Bach und schlachtet sie daselbst« – so singen Prophet und Volk um die Wette.

Wie ernst die Hinwendung zum Judentum gemeint ist, deutet sich in den Differenzen an, die Mendelssohn angesichts des *Elias*-Textes mit Julius Schubring hat. In einem vorgerückten Stadium zur Mitarbeit an der Textvorlage herangezogen, ficht Schubring eifrig dafür, das Prophetentum des Elias christologisch, d.h. als Hinweis auf den kommenden Messias zu verstehen, ja Christus selbst auftreten zu lassen; zudem will er – wie im *Paulus* – protestantische Choräle in die Handlung einflechten. Mendelssohn weigert sich trotz Schubrings dringlicher Einlassungen standhaft. Stattdessen erlaubt er nur den dezenten christologischen Hinweis, »Aber einer erwacht von Mitternacht«, und wirft am Ende auch den einzig bis dahin akzeptierten Choral wieder hinaus: Aus einer Choralstrophe zu der Weise von »O Gott, du frommer Gott« wird unter Beibehaltung des Melodiegerüstes der von Mendelssohn selbst mit Hilfe von Bibelstellen getextete Chor »Wirf dein Anliegen auf den Herrn«.[95]

Dieselbe Tendenz läßt sich im *Elias* auch kompositorisch nachweisen: Was Mendelssohn gegenüber dem *Paulus* an Bachschem Kolorit wegläßt, fügt er an jüdischem hinzu. Unter einer ganzen Reihe von Stellen, die dem Synagogalgesang nachempfunden sind, verweist Eric Werner auf den Chor »Der Herr ging vorüber«, der deutlich an die in deutschen Synagogen traditionelle Festtagshymne »Adonai, Elrachum« anklingt.[96] Was bewußte, was unbewußte Übernahmen sind, sei dahingestellt; in jedem Fall kristallisiert sich hier ein Element des Widerstandes gegenüber stilistischer Glätte heraus: Elias, Wunschkind aller Oratorienvereine, wird für Momente gegen den Strich gebürstet!

Felix Mendelssohn Bartholdy, *Elias*, 2. Teil, Nr. 34, T. 6-9, Klavierauszug

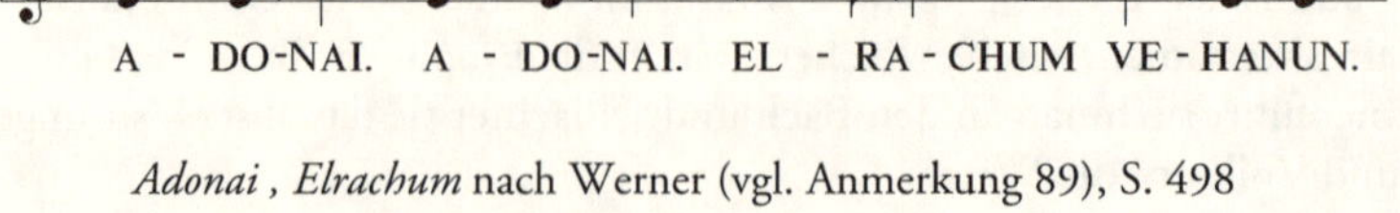

Adonai , Elrachum nach Werner (vgl. Anmerkung 89), S. 498

Wie also sieht die andere Seite des Mendelssohn-Bildes aus – diejenige, die nicht den überzeugten Christen, den konfliktlos komponierenden Künstler, den allzeit liebenswürdigen Partner der gebildeten Gesellschaft zeigt? Es ist die des Einsamen, nicht Versöhnten, vielleicht selbst in der Kunst nicht mit sich Identischen, ob seiner Auftragsarbeiten nicht Glücklichen. Volksbildung ist für Künstler von höchsten Graden eben doch ein zermürbendes Geschäft, kaum weniger entbehrungsreich als künstlerische Selbstverwirklichung. Liszt, hinsichtlich der Wirksamkeit seiner *Sinfonischen Dichtungen* desillusioniert, hat sich in der Mitte seines Lebens vor der Problematik einer solchen Aufgabe zurückgezogen. Seinem ›Partner‹ Mendelssohn hat ein früher Tod kaum noch die Zeit gelassen, im ersten Satz des f-moll-Streichquartetts op. 80 in Tönen der Verzweiflung und düsteren Leidenschaft sich von der Seele zu schreiben, was bis dahin nur in Andeutungen hatte leben und vielleicht erst vor dem Hintergrund der gesellschaftlich wie persönlich als legitim empfundenen Trauer über den Verlust der geliebten Schwester Fanny hatte existentielles Thema werden dürfen.

Kapitel 4

Wagner - vom *Ring* her gesehen

»Wir haben die Kunst, damit wir nicht an der Wahrheit zugrunde gehn.« Nietzsche[1]

»Der *Ring* ist die Dichtung meines Lebens, all dessen was ich bin und all dessen was ich fühle« – so schreibt Wagner über das Werk, das ihn über 28 Jahre hinweg beschäftigt hat: 1848, als der fünfunddreißigjährige Kapellmeister der Dresdner Hofkapelle mit den ersten Textentwürfen beginnt, ist er einem größeren Publikum noch kaum bekannt, und seine Begeisterung für die bürgerliche Revolution wird ihn nach deren Scheitern schon bald ins Abseits des Exils treiben. Der Dreiundsechzigjährige, der 1876 einer mehr als erwartungsvollen Öffentlichkeit den vollendeten *Ring*-Zyklus im Rahmen selbstgeschaffener Festspiele als Textdichter, Komponist, Regisseur, Propagandist und Organisator in einer Person präsentiert, ist demgegenüber eine Berühmtheit, Repräsentant nationaler Kultur; und nicht nur sein enthusiastischer Mäzen, Bayerns König Ludwig, reist zum *Bühnenfestspiel für drei Tage und einen Vorabend* nach Bayreuth, sondern auch Wilhelm I., erster Kaiser des Deutschen Reiches.

Von Wagners Biographie her gesehen, mag die Länge der Zeitspanne zwischen 1848 und 1876 auf Hindernisse aller Art zurückzuführen sein: Krankheiten, Selbstzweifel, seelische Krisen, Feindschaften, organisatorische Probleme, finanzielle Katastrophen; aus der Rückschau unseres Jahrhunderts wird man sie als notwendig für die Materialisierung einer Idee betrachten, die an Komplexität und Folgenreichtum ihresgleichen sucht: Mag man auch Goethes *Faust* als *die* Dichtung der Deutschen bezeichnen, so wird man doch dem *Ring*, was Rezeption und Diskussion in der Öffentlichkeit angeht, einen ähnlich hohen Stellenwert zubilligen müssen; und repräsentiert *Faust* den deutschen Idealismus im Sinne einer abgeschlossenen Epoche, so steht der *Ring* für ein 19. Jahrhundert, das noch immer ›unser‹ Jahrhundert ist – so merklich zehren wir von seinen geistigen Entwürfen. Niemals hätte der *Ring* jene künstlerische Potenz behalten können, die ihm bis heute eigen ist, wenn ihm nicht der Wandel der Weltanschauungen und politischen Zeitläufe eingeschrieben wäre – nicht so sehr im Sinne gedanklicher und stilistischer Brüche denn als Fortschreibung eines Projekts ›Mythos‹, das durch Aufklärung, Moderne und Postmoderne an Aktualität nichts verloren hat.

Der philosophische Horizont

Die Handlung

Man kann unbesehen mit dem *Vorabend* beginnen. Ganz im Sinne eines Naturmythos hebt das *Rheingold* an: Als sorgenfreie, liebeslustige Naturgottheiten steigen drei Rheintöchter in den Wellen des Stromes auf und nieder, um das Rheingold zu hüten, dessen »glühender Glanz« ihnen zu »wonnigem Spiel« taugt, während es Verhängnis und Verderben in den Händen dessen bedeuten würde, der es zu rauben und »den Ring, der maßlose Macht ihm verlieh'«, daraus zu schmieden verstünde. Dazu erklingt im Orchester ein wogender, aus der Naturtonreihe gebildeter Akkord; und auch die Rheintöchter singen in den Intervallen einer pentatonischen, also gleichfalls naturhaften Skala.

Den Ring kann freilich nur schmieden, »wer der Liebe Lust verjagt« und ihr die Möglichkeit zur Weltherrschaft vorzieht. Hierzu findet sich der Nibelungenzwerg Alberich bereit, den die Rheintöchter so lange – und zum Kummer des Autors – als »haarigen, höck'rigen Geck, schwarzes schwieliges Schwefelgezwerg« verspotten, bis er sein Liebeswerben um sie aufgibt, der Liebe flucht und das Gold raubt. Doch was ist das für eine ›Natur‹, wo eins das andere nicht lieben lassen kann, wo Liebreiz gegen Machtphantasien aufgerechnet werden? Und in der Tat – die Natur ist nicht mehr in Ordnung, als sich der Vorhang zum *Rheingold* hebt. Längst hat Wotan, der Göttervater, an ihr gefrevelt, indem er vom Quell ewiger Weisheit trank und von der Weltesche einen Ast sich zum Speer brach: »In langer Zeiten Lauf zehrte die Wunde den Wald; falb fielen die Blätter, dürr darbte der Baum: Traurig versiegte des Quelles Trank.« Wotan, der bei dieser Aktion eines seiner Augen als Zoll hergeben mußte, erreicht durch sie nicht einmal sein Ziel einer rationalen, von Moralvorstellungen geprägten Weltordnung: Die Verträge, die er in den Schaft des Speeres schneidet, taugen nichts, weil er sie zu Machtspielen mißbraucht, die ihn vom Ehealltag ablenken sollen: »Als junger Liebe Lust mir verblich, verlangte nach Macht mein Mut.« Symbol dieser Macht soll die Götterburg Walhall sein, die zu erbauen er die Riesen Fafner und Fasold durch Vertrag bindet. Doch für Macht, die ja ihrem Wesen nach vergänglich ist, hat er die ewige Jugend der Götter preisgeben müssen. Nun kommen die Riesen und fordern den vertraglich zugesicherten Lohn: die schöne Göttin Freia, Garantin eben dieser unvergänglichen Jugend.

Wie gut, daß Alberich das Rheingold geraubt und daraus von seinen Nibelungenzwergen den die Weltherrschaft garantierenden Ring nebst einem Tarnhelm hat schmieden lassen: So kann Loge, der listige Naturgott, Wotan den Rat geben, Alberich seinen Besitz mit List zu rauben und ihn den Riesen als Ersatz für Freia anzubieten. Doch durch solcherart Betrug gegen sein eigenes Prinzip der Vertragstreue verstoßend, setzt Wotan eine Kette des Unheils in Gang. Alberich verflucht den ihm widerrechtlich geraubten Ring; und künftig wird die Jagd nach diesem Symbol der Macht Ansätze zu einer auf gesicherten Verträgen gründenden Weltordnung vernichten. Der Fluch bewahrheitet sich sogleich an den Riesen: Nachdem diese von Wotan nicht nur Gold und Tarnhelm, sondern auch den Ring erhandelt haben, geraten sie untereinander in Streit; Fafner erschlägt Fasold und hütet seinen Besitz künftig getreu dem Motto »Ich lieg' und besitz: laßt mich schlafen« in Gestalt eines Lindwurms auf der Gnitaheide. Und die Nibelungen warten nur darauf, sich des Hortes und Ringes neu bemächtigen und die Weltherrschaft antreten zu können: »Durch Alberichs Heer droht uns das Ende: in neidischem Grimm grollt mir der Niblung.«

Am Ende des *Rheingolds* zieht Wotan zwar unter großem Pomp mit allen Göttern in Walhall ein; doch keineswegs überhört er den Kommentar Loges: »Ihrem Ende eilen sie zu, die so stark im Bestehen sich wähnen«, und: »Aus den Tiefen Nibelheims grollt ihnen das Bewußtsein ihrer Schuld entgegen.« Wotan ist ja in sich zerrissen: Einerseits hat er eine Welt der Verträge aufzurichten versucht, um Fricka freien und für immer an sich binden zu können. Andererseits sehnt er sich nach dem einstmals herrschenden Naturzustand zurück, der – wie es im Brief an August Röckel vom 25./26. Januar 1854 heißt – durch »den Wechsel, die Mannigfaltigkeit, die Vielheit, die ewige Neuheit der Wirklichkeit und des Lebens« gekennzeichnet war. Diesen Urzustand kann er zwar nicht wiederherstellen; doch vielleicht gelingt ihm die Erschaffung eines Menschengeschlechts, das sich seine Ordnung unter Verzicht auf Macht und Ohnmacht von Verträgen gibt, nämlich im Sinne der freien Willensentscheidung liebender Menschen! Dafür braucht er einen Vorreiter, der nicht wie er in die Welt der Verträge verstrickt ist, sondern unbekümmert seinen Weg gehen, den Drachen besiegen, Hort und Ring aus dem Kreislauf des Verderbens ziehen und ein Geschlecht freier und liebender Menschen begründen soll.

»Des Urgesetzes waltend« und sich seiner eigentlichen »Leibes- und Liebeskraft« als »Lebensmacht« erinnernd, zeugt Wotan mit einer Menschenfrau die Wälsungen Siegmund und Sieglinde und sieht es mit Wohlwollen, daß dieses Zwillingspaar – hier setzt die Handlung der *Walküre* ein – sich in freier Liebe vereint. Das bedeutet für die alte Welt, so auch für Sieglindes Gatten Hunding, Ehe- und Vertragsbruch; Wotan interpretiert es als die Tat eines jenseits der Gesetzeswelt stehenden und in unwillkürlicher Geschwisterliebe handelnden Fremdlings, der gerade als Außenseiter zum Hoffnungsträger der neuen Gesellschaft werden soll. Als solchem schafft er ihm das Schwert Nothung, das nur der Kühnste der Kühnen zu führen vermag; und er beauftragt Brünnhilde, eine der Walküren und seine liebste Tochter, ›seinem‹ Helden im nahenden Zweikampf gegen Hunding beizustehen. Doch dem steht Fricka im Wege: Leidenschaftlich verlangt sie, daß Brünnhilde ihrer Walküren-Aufgabe, Helden zum Kampf anzustacheln und die tapfersten nach ihrem Tode nach Walhall zu geleiten, auf gerechtere Weise nachkomme: Damit die Welt nicht durch den Bruch heiliger Eide gänzlich aus den Fugen gerate, müsse Hunding zum Sieg verholfen werden.

In tiefem Leid beugt sich Wotan dem Ordnungsdenken Frickas und gibt Brünnhilde entsprechende Weisung. Doch diese folgt nicht dem ergangenen Befehl, sondern Wotans unausgesprochenem, aber tieferem Willen: Als der Kampf zwischen Siegmund und Hunding entbrennt, steht sie solange auf Seiten des Wälsung, bis Wotan selbst dazwischentritt und dessen Schwert an seinem Speer zerschellen läßt. Ob ihres Ungehorsams erniedrigt Wotan Brünnhilde zum sterblichen, wehrlosen Weibe: Verbannt auf einen von Loges Feuer umschlossenen Felsen, harrt sie schlafend des Mannes, der sie freien wird – eines Mannes, dem Wotan immerhin abverlangt, er müsse »freier sein als er selbst, der Gott«. Für das Erscheinen dieses Mannes hat Wotan selbst Vorsorge getroffen: Es ist Siegfried, den Sieglinde unter ihrem Herzen trägt. Das eine Auge, mit dem Siegfried kühn in die Welt schaut, identifiziert Wotan als dasjenige, welches er einstmals mit seiner Freiheit im Tausch gegen die trügerische Sicherheit von Verträgen verlor; das andere Auge ist – so könnte man interpretierend fortfahren – die Frucht der freien Wälsungen-Liebe. Mit diesem doppelten Erbteil an Freiheit kommt Siegfried auf die Welt: Brünnhilde selbst hat die zu Tode erschöpfte Sieglinde vor Wotans Zorn versteckt, auf daß sie mit dem Hoffnungsträger der Welt niederkommen könne.

Vom jungen Siegfried handelt der nach ihm benannte dritte Teil der Tetralogie. Mime, unterdrückter Bruder Alberichs und kunstreicher Schmied, hat den Säugling nebst den Bruchstücken des Schwertes Nothung von der sterbenden Mutter übernommen und zieht ihn nun als sein eigenes Kind auf. Er hat das Wissen um die Stärke von Nothung, aber nicht die Kraft, es zu nutzen. So hofft der schlaue Zwerg, daß der Knabe Nothung zusammenschmieden und damit Fafner besiegen möge. Wenn beide sich gegenseitig umbrächten oder er selbst Siegfried den Kopf abschlüge, wäre er Herrscher der Welt. Tatsächlich scheint Siegfried zu tun, was Mime sich erhofft: Er schmiedet das Schwert, erlegt Fafner und wird durch dessen Blut unverwundbar. Doch dann erschlägt er auch Mime – er, der Furchtlose, den allein das »herrlichste Weib« das Fürchten lehren soll: Brünnhilde. Zu ihr macht er sich mit Tarnhelm und Ring auf den Weg, den alsbald Wotan kreuzt; dieser hat in seiner Rolle als »Herr der Verträge« resigniert und zieht nurmehr als »Wanderer« durch die Welt. Wotan hat keine Verbindung mehr zu der uralten Weltweisheit, wie sie Erda gemeinsam mit ihren Töchtern, den Nornen, verkörpert; er vertraut blind dem Drang des »ewig Jungen«, wie er sein Geschöpf Siegfried nach seinem eigenen Verzicht auf ewige Jugend nennt; so gibt er ihm – nach einem eher symbolischen Kampf – den Weg zu Brünnhilde frei, die in der Begegnung mit Siegfried die »erlösende Weltentat« vollbringen und die Welt vom Fluch des Ringes befreien wird. Denn in ihren Händen soll aus diesem Ring ein Unterpfand reiner Liebe als Ausdruck freier und unwillkürlicher Beziehungen unter den Menschen werden.

Siegfried durchschreitet die Feuerlohe und erweckt Brünnhilde, die, seitdem sie der Göttlichkeit entsagt hat, kein anderes Wissen hat als das der Liebe, die dem neuen Hoffnungsträger gilt: »O Siegfried! Herrlicher! Hort der Welt! Leben der Erde! Lachender Held!«. In ihrer Ekstase mystifiziert sie das Leben aus dem Augenblick im Sinne der für Wagner so charakteristischen Konfiguration von Eros und Thanatos:

»Lachend muß ich dich lieben;
Lachend will ich erblinden;
Lachend laß uns verderben –
Lachend zu grunde gehn!...
Zerreißt, ihr Nornen,
Das Runenseil!
Götterdämmrung,
Dunkle herauf!
Nacht der Vernichtung,
Neble herein! –
Mir strahlt zur Stunde
Siegfrieds Stern;
Er ist mir ewig,
Ist mir immer
Erb' und eigen,
Ein' un all':
Leuchtende Liebe,
Lachender Tod!«

»Mit Brünnhilde zugleich« singt Siegfried die analogen Worte »Sie ist mir ewig, ist mir immer, Erb' und eigen, Ein' und all'«; und darin kommt nicht nur die unschuldsvolle Naivität des Helden, der auch bei Brünnhilde das Fürchten nicht wirklich lernt, zum Ausdruck. Indem Wagner die Szene im Sinne einer von ihm generell verabscheuten und längst überwundenen Opern-Ästhetik als konventionelles Duett gestaltet, macht er zugleich deutlich, daß hier – ähnlich wie in *Tristan und Isolde* – ein fiktives Wunschdenken herrscht, das außerhalb der im *Ring* insgesamt doch so sorgfältig beachteten Kausalzusammenhänge angesiedelt ist. Gerade die Totalität der Liebe zwischen Siegfried und Brünnhilde, die doch Vorbild für ein künftiges Menschengeschlecht sein soll, beschleunigt auf »verhängnisvolle« Weise, wie Wagner später sagen wird, den Weltenuntergang: Brünnhilde verschließt sich – wir sind damit in der Handlung der *Götterdämmerung* – der Bitte ihrer Walküren-Schwester Waltraute, den Ring an ihrem Finger den Rheintöchtern zurückzugeben. Für sie ist er ein Unterpfand der Liebe, das Siegfried ihr anvertraut hat, nicht Symbol des gestörten Weltenlaufes: Ihr »leuchtet Siegfrieds Liebe«; da mag »Walhalls strahlende Pracht« in Trümmer sinken.

Doch was bewirkt ihr strahlender Held Siegfried, nachdem er »zu neuen Taten« aufgebrochen ist? In der menschlichen Welt, wo das Drama nun endlich angelangt ist, versagt er kläglich, verfängt sich im Intrigenspiel der Mächte, anstatt diesen das Bild des unwillkürlich handelnden Menschen vorzuleben. Nachdem er am Burgundischen Hof bei König Gunther, dessen Schwester Gutrune und dem tückischen Berater Hagen, einem Sohn Alberichs, gelandet ist, benimmt er sich alsbald wie ein Tölpel. Daß er Brünnhilde vergißt und sich zugleich in Gutrune verliebt, mag durch den ihm verabreichten Vergessenstrank dramaturgisch begründet sein, offenbart jedoch zugleich die Wahrheit, daß dieser Naturbursche tatsächlich allein aus dem Augenblick heraus lebt und für »tiefere« Liebe keinen Sinn hat. So läßt er sich herbei, Brünnhilde für Gunther zu freien und sie mit Hilfe des Tarnhelms in dessen Gestalt zu überwältigen, da er als Gegenleistung die Hand Gutrunes erhält; und die im Zusammenhang dieses Betruges geführten Dialoge machen immer wieder klar, daß Siegfried zwar durchaus eine *Ahnung* von dem hat, was er tut, aber kein Unrechts*bewußtsein*. Insofern ist er allerdings nicht nur in naturhaftem Sinne naiv, sondern zugleich von hybrider Ignoranz gegenüber dem – freilich von Wotan selbst verabschiedeten – Urwissen um die Zusammenhänge der Welt.

Dieser Doppelsinn wird noch einmal gegen Ende der *Götterdämmerung* deutlich, als Siegfried die Bitte der Rheintöchter in den Wind schlägt, ihnen den Ring zu überlassen und sich selbst damit vor der Ermordung durch Hagen zu bewahren: Daß ihm sein Leben so wenig wert ist wie die Erdscholle, die er pathetisch hinter sich wirft, ist mutig; daß er sich nicht des fluchbeladenen Rings entledigt, verblendet. Nun bewahrheitet sich, was Mime in später nicht komponierten Passagen des *Siegfried* vorhergesehen hatte: »Wem die Furcht [man möchte ergänzen: die Ehrfurcht vor allem, was außerhalb der eigenen sinnlichen Existenz liegt] die Sinne nicht neu schuf, in der Welt erblindet dem der Blick: wo du nichts siehst, wirst du versehrt.« Siegfried ist nicht der unwillkürliche Held, wie Wotan ihn sich gewünscht hätte; er ist wider Willen in das Unheil der Welt verstrickt.

Mit dieser Belastung kann er als Welterlöser nicht taugen, fällt vielmehr dem Komplott zum Opfer, welches das ungleiche Trio seiner Feinde schmiedet: Brünnhilde, die ob der Demütigung Rasende, Gunther, der als Schwächling Entlarvte, und Hagen, der nach Ring und Weltherrschaft Gierende.

Am Ende, als Siegfried von Hagen hinterrücks an der einzig verwundbaren Stelle getroffen und gefällt worden ist, kommt Brünnhilde zu sich: vordergründig durch die Einsicht, daß Siegfried von Vergessen umnebelt war, als er sie verriet, sie selbst aber von Hagens Intrige getäuscht worden ist; im tieferen Sinne aber durch den abgrundtiefen Schmerz über den Verlust ihres Helden-Gemahls: »*Mich* mußte der Reinste verraten, daß wissend würde ein Weib!« Die Fähigkeit, sich selbst zu transzendieren – vielleicht ein Erbteil Wotans, dessen Wissen durch sie hindurchgegangen ist – ist es, was Brünnhilde von Siegfried unterscheidet und sie letztendlich zur Hoffnungsträgerin der Welt macht. Sollte aus der Vereinigung von Siegfried und Brünnhilde der neue Mensch hervorgehen, so gäbe ihm der Mann ungestümen, doch auch selbstzerstörerischen Mut als Erbteil, das Weib die wissende und bewahrende Liebe.

Ihr Wissen vermacht Brünnhilde der Menschheit; und den unheilvollen Ring nun doch den Rheintöchtern zurückgebend, stürzt sie sich in den von ihr entfachten Weltenbrand, um Siegfried nach Walhall zu folgen und »in mächtigster Minne vermählt ihm zu sein«. »Am Himmel bricht zugleich von fern her eine, dem Nordlicht ähnliche, rötliche Glut aus, die sich immer weiter und stärker verbreitet. – Die Männer und Frauen schauen in sprachloser Erschütterung dem Vorgange und der Erscheinung zu.« – Wagners Götterdämmerung ist, wie schon das Wort andeutet, keine Lösung, stellt vielmehr ein von ihm gesetztes Ende dar. Wie das *Rheingold* nicht vor aller Zeit einsetzt, endet die *Götterdämmerung* nicht jenseits aller Zeit. Vielmehr zeigt der *Ring* einen Ausschnitt des Weltgeschehens – freilich keinen beliebigen, sondern einen Kreislauf im Spiel von Liebe und Macht.

Die hier gebotene Inhaltsbeschreibung enthält Elemente von Interpretation: Es genügt nicht, das ›Textbuch‹ heranzuziehen; vielmehr erschließt sich vieles erst aus dem Kontext von Entwürfen und zahllosen kommentierenden Äußerungen

Wagners. Und selbst diese sind nicht eindeutig: Jeder Wagnerforscher oder -exeget setzt den Akzent anders – und tut damit Recht, solange er intellektuelle Redlichkeit wahrt.[2] Grund dafür ist nicht, daß der *Ring*, wie er auf die Bühne gebracht wird, fragmentarisch und erklärungsbedürfig wäre – gleichsam ein Projekt, das überhaupt nur innerhalb eines komplizierten Kontextes Bestand hätte. Auch das mag zutreffen; entscheidend ist jedoch Wagners ingeniöse dramaturgische Kraft, die ich weit über diejenige Goethes stelle, auch wenn sie durch die gestelzte Sprache verdunkelt werden mag. Wagner gelingt es, Geschehen dergestalt in Szenen zu verdichten, daß die Struktur deutlich wird. Der Gang der Handlung ist nicht interpretations*bedürftig*, denn er spricht für sich; wohl aber ist er interpretations*bereit*, denn er weist auf etwas hin. Anstatt problematische Kompromisse zu schließen, veranstalten Dramatiker und Denker vielmehr – zeitgemäß ausgedrückt – ihre jeweils eigenen Diskurse, die sich nicht decken. An der Differenz sich abzuarbeiten, macht die Beschäftigung mit Wagner spannend.

Die Urszene vom erlösten Erlöser

Am 25. Juli 1835 schreibt Richard Wagner seiner Mutter aus Carlsbad einen langen Brief. Zu diesem Zeitpunkt wirkt er, wenngleich in unsicherer Stellung, als Musikdirektor in Magdeburg. Er zählt zweiundzwanzig Jahre und hat bereits Bekanntschaft mit Minna Planer, seiner späteren Frau, geschlossen. Im Jahr zuvor hat er die *Feen*, seine erste vollständige Oper, beendet; jetzt arbeitet er am *Liebesverbot*. Es hat Familienstreitigkeiten gegeben; die Geschwister gehen »ihren eigenen Weg«. Richard aber, der jüngste, steht treu zur Mutter:

»Jetzt, – da ich von Dir fort bin, überwältigen mich die Gefühle des Dankes für Deine herrliche Liebe zu Deinem Kinde, die Du ihm zuletzt wieder so innig und warm an den Tag legtest, so sehr, daß ich Dir in dem zärtlichsten Tone eines Verliebten gegen seine Geliebte davon schreiben und sagen möchte. Ach, aber weit mehr, – ist denn nicht die Liebe einer Mutter weit mehr – weit unbefleckter als jede andere? – Nein, ich will hier nicht filosofiren, – ich will Dir nur danken, u. wiederum danken, – und ich möchte Dir gern alle die einzelnen Beweise Deiner Liebe aufzählen, für die ich danke, – wenn es nicht deren zu viel wären. Weiß ich doch, daß gewiß kein Herz so innig theilnahmvoll, so sorgenvoll mir jetzt nachblickt, wie das Deine, – ja, daß es vielleicht das einzige ist, das jeden meiner Schritte bewacht, – u. nicht etwa u. kalt über ihn zu kritisieren, – nein, sondern um ihn in Dein Gebet einzuschließen. Warst Du nicht immer die Einzige, die mir unverändert treu blieb? ...
O Mutter, wenn Du zu früh stürbest, eher, als ich Dir vollkommen bewiesen, daß Du einem edlen, gränzenlos dankbaren Menschen so viel Liebe gewährt hast! Nein, das kann nicht sein, Du mußt noch viele schöne Früchte genießen! ... welch' ein Erbärmlicher wäre ich doch, wenn ich je gegen Dich erkalten könnte! ...«

Damit ist der Brief nicht zu Ende: In einem zweiten Teil setzt sich Wagner in bitteren Worten mit seinem Schwager Friedrich Brockhaus auseinander. Der dreizehn Jahre ältere, in grundsoliden Verhältnissen lebende Verlagsbuchhändler – was ist wertbeständiger als ein *Brockhaus?* – versteht sich einerseits als Richards Förderer; andererseits sind ihm dessen ungeordnete Lebensverhältnisse ein Dorn im Auge. Sicherlich kommt es vor allem dann zu Auftritten, wenn Wagner Geld borgen will und sich Kritik an seinem liederlichen Wandel anhören muß. Wie dem auch im einzelnen gewesen sein mag – Wagner fährt fort:

»... Ich werde Euch für die Zukunft wenig von meinem Thun u. Treiben berichten, – sie [d.h. die Familienmitglieder, die ihn bei der Mutter anschwärzen] urtheilen nach den äußeren Ergebnissen, u. die werden sie erfahren ohne meine Dazuthun. Sei es nun, wie und auf welche Art es wolle, ich bin nun einmal selbständig, u. will mir allein genug sein. O diese Demüthigung vor Brockhaus ist tief in mein Herz gegraben ... Recht kann nicht jeder Mensch haben, u. ich hatte Unrecht; – aber ich werde es ihnen – nie gestehen, sondern mich so stellen, daß ich ihnen nichts zu gestehen habe, – und dieß ist jetzt meine große Sünde gewesen, daß ich mich ihnen in die Hände spielte, daß ich mich so weit brachte, ihnen auch nur das mindeste Recht über mich einräumen zu müssen. Wir stehen übrigens einander so fern, daß es lächerlich wäre, mich mit ihnen einigen zu wollen. Und doch, wie freue ich mich über diese Katastrofe, die mich nun zur vollkommenen Erkenntniß brachte, daß ich von Niemand in dieser Welt etwas zu erwarten habe ... Du, – Dein Herz – Deine Liebe sei mein einziger Rückhalt.«

In Wagners Brief spiegelt sich eine Art Urszene: Sohn und Mutter stehen in Gewißheit unauflöslicher Liebe und absoluten Verstehens einer abweisenden Welt gegenüber. Darin zeichnen sich Strukturen ab, die sich immer wieder in Wagners Musikdramen wiederfinden: In ihrem Mittelpunkt stehen Helden, die trotz und gerade wegen ihres gesellschaftlichen Außenseitertums in die Welt gesandt worden sind, um eine Rettungstat oder ein Erlösungswerk zu vollbringen; doch nur die absolute und aufopfernde Liebe einer Frau kann sie zu ihrer heilbringenden Tat entbinden: Sie sind erlösungsbedürftige Erlöser. Demgemäß gibt es in jedem von Wagners Bühnenwerken – von den *Meistersingern* abgesehen – Elemente dieser Urszene, deren Ausformung freilich variiert und an Prägnanz tendenziell zum *Ring* hin zunimmt.

Die erste »große« Oper Wagners ist *Rienzi, der letzte der Tribunen* nach dem Roman von Edward Bulwer-Lytton. Als kleiner Kapellmeister hat er sie 1838 im entlegenen Riga begonnen; als armer Schlucker vollendet er sie 1840 in der Metropole Paris, vergeblich von den Triumphen eines Auber, Meyerbeer und Halévy träumend, deren Erfolgswerke er in erniedrigender Brotarbeit für unterschiedliche Besetzungen arrangieren muß. Rienzi ist zum Retter des römischen Volkes vor der Unterdrückung durch den Adel auserwählt. Ein Weib hat er – im Gegensatz zu Wagners späteren Helden – nicht zu erretten: »Roma ist meine Braut«. Doch das Motiv des sich opfernden Weibes ist schon deutlich ausgeprägt: Irene, seine Schwester, übernimmt diese Rolle, indem sie sich von ihrem Verlobten Adriano, dem Repräsentanten des verderbten Adels, lossagt und an der Seite ihres bewunderten Bruders den Feuertod sucht, den ein unbelehrbares und von falschen Führern aufgehetztes Volk seinem wahren Anwalt bereitet.

In dem 1841, wohl unter dem zunehmenden Eindruck gesellschaftlicher Isolation komponierten, textlich vor allem auf Heinrich Heines *Memoiren des Herren von*

Schnabelowopski zurückgehenden Einakter vom *Fliegenden Holländer* ist der Gedanke gegenseitiger Erlösungsbedürftigkeit im Aufeinandertreffen von Holländer und Senta besonders streng und archetypisch, d.h. unter weitgehender Ausblendung des sozialen Kontextes, als Dyade gestaltet: Der zur ewigen Irrfahrt auf den Meeren verdammte Holländer kann von seinem Fluch nur durch ein sich aufopferndes Weib erlöst werden. Senta singt in ihrer für die Handlung zentralen Ballade angesichts des Holländer-Bildes: »Ich sei's, die dich durch ihre Treu' erlöse!« Doch zuvor muß sie ihrerseits nicht nur von einem ungeliebten Verlobten, sondern auch von einem ohne ihre Opfertat unerfüllten und wertlosen Leben erlöst werden. Zugespitzt gesagt: Der Holländer rettet Senta zur ihn rettenden Tat.

Als Wagner im April 1845 die Komposition von *Tannhäuser und der Sängerkrieg auf Wartburg* abschließt, lebt er als bestallter Beamter in Dresden: Wie durch ein kleines Wunder ist der von Paris aus der Dresdner Opernintendanz eingereichte *Rienzi* angenommen worden, was wiederum nicht nur die Uraufführung des *Fliegenden Holländers*, sondern auch Wagners Ernennung zum Sächsischen Hofkapellmeister nach sich gezogen hat. Vielleicht ist es mehr als ein Zufall, daß der nunmehr etablierte Künstler eine Handlung konzipiert, innerhalb derer er sein Grundthema auf eine moralische Ebene hebt: Der ritterliche Minnesänger Tannhäuser hat sich der Sünde wollüstiger Liebe schuldig gemacht: Im Venusberg, aus dem Tannhäuser zum Sängerwettstreit zurückkehrt, gilt nichts denn die Lust des Augenblicks. Diese als menschlichen Wert anzuerkennen, müßte das gesellschaftliche Gefüge gefährden. Die Lösung, welche Wagner im Widerstreit von Trieb und Verantwortung anbietet, ist vordergründig normgerecht: Tannhäuser wird von der Kirche gebannt und selbst eine Pilgerfahrt zum Papst bringt keine Absolution; nur dadurch, daß die ihn rein liebende Elisabeth seine Schuld durch ihren eigenen Tod büßt und zur Heiligen wird, kann Tannhäuser gerettet werden. So spricht es Wolfram von Eschenbach, den sterbenden Tannhäuser bei seinem bürgerlichen Namen nennend, am Ende aus: »Dein Engel fleht für dich vor Gottes Thron, er wird erhört: Heinrich, Du bist erlöst!«

Zugleich – man könnte nicht einmal sagen: hintergründig – läuft die Diskussion über Wagners eigentliches Thema von der Erlösung des Erlösers weiter: Wiederum spielt ein hingabe- und opferbereites Weib die Schlüsselrolle. Doch auch die Retterfunktion Tannhäusers ist offenbar: Indem er vor den entsetzten Anwesenden – in enthusiastischen und schwelgerischen Tönen, die über des Komponisten Sympathien keinen Zweifel lassen – die Göttin der sinnlichen Liebe besingt, befreit er nicht nur die Kunst – vorgeführt am Beispiel des Minnesangs – von Sterilität, sondern auch die Gesellschaft – repräsentiert durch die Wartburg-Runde – von lähmender Moralität.

Das – in freilich nicht unbedingt kirchentreuem Sinne – christliche Ende des *Tannhäusers*, das man Wagner damals in liberalen Kreisen verübelt, wird im *Lohengrin*, den Wagner bald darauf in Angriff nimmt, nicht aufgenommen. Diesmal knüpft Wagner vor allem an keltisch-germanische Mythologie und Geschichte an und intensiviert zugleich den Gedanken wechselseitiger Rettung: Im letzten Augenblick erscheint der göttlich strahlende Held Lohengrin vor dem von König Heinrich einberufenen Gerichtstag, um Elsa, welche in verzweifelter Hilflosigkeit nach dem ihr verheißenen Retter Ausschau hält, wie ein deus ex machina beizustehen. Nach dem Tode ihres Vaters, des Herzogs von Brabant, ist Elsa vom Grafen Telramund und seiner ehrgeizigen Gattin Ortrud des Mordes an ihrem unmündigen Bruder angeklagt worden. Im Duell soll die Wahrheit gefunden werden; und sie findet sich: Es ist Lohengrin ein leichtes, seinen irdischen Gegner zu überwinden und damit zugleich seine Vermählung mit Elsa anzubahnen, die ihn mit den Worten »Mein Engel! Mein Erlöser!« anschwärmt.

Damit aus dem Braut- ein Ehepaar würde, müßte freilich Elsa Lohengrin erlösen – von der Einsamkeit seiner Gottheit, die man auch als Künstlertum gedeutet hat. Sie müßte ihn für die menschliche Liebe aufschließen, die nach Wagners Auffassung das »Verlangen nach voller sinnlicher Wirklichkeit, nach dem Genusse eines mit allen Sinnen zu fassenden, mit aller Kraft des wirklichen Seins fest und innig zu umschließenden Gegenstandes« bedeuten würde. In Elsa ist Wagner, wie er in der *Mitteilung an seine Freunde* formuliert, dem »wahrhaft Weiblichen« auf die Spur gekommen. Freilich kann Lohengrin »aus seiner besonderen Natur nicht verstehen«, daß das Liebesangebot dieses »herrlichen Weibes« ihm mehr bedeuten müßte als die Sorge, in einer »endlichen, sinnlich gewissen Umarmung« als Gott »vergehen und entschwinden« zu müssen: So entzieht er sich dieser seiner Rettung, versagt sich Elsa, die – in Wagners Bühnenwerken ein gewohntes Bild – mit seinem Abschied von der irdischen Welt entseelt zu Boden sinkt.

Die Konstellation im *Lohengrin* kann für Wagner nicht der Weisheit letzter Schluß sein. Mit der Bearbeitung des Siegfried-Stoffes, der ihn schon in der *Lohengrin*-Zeit beschäftigt, macht er einen neuen Anlauf; und im November 1848, mitten in der bürgerlichen Revolution und – wie noch zu zeigen – alles andere als unbeeinflußt von dieser, entwirft er die Dichtung zu einer *Heldenoper* mit dem Titel *Siegfrieds Tod.* In ihr erstehen Lohengrin und Elsa in Siegfried und Brünnhilde neu. Die Handlung entspricht in großen Teilen und vielfach wörtlich derjenigen der späteren *Götterdämmerung;* bezeichnenderweise sind jedoch gerade die jeweiligen Schlüsse unterschiedlich.

Siegfried besitzt Freiheit und Unwillkürlichkeit des Lebens und Handelns wie keiner der Dramenhelden Wagners zuvor – schon gar nicht Lohengrin, den man ja fast als Opfer seiner eigenen Sendung bezeichnen kann. In *Eine Mitteilung an meine Freunde* hat Wagner später beiläufig darauf hingewiesen, daß er Siegfried mit diesen Qualitäten nur habe ausstatten können, indem er ihm Wesenszüge Elsas verliehen habe. Diese existiert – auf geradezu naturhafte Weise – allein in der Erwartung ihres Retters und in der Liebe zu ihm und vertraut sich in diesem Sinne vollkommen dem Fluß des Lebens an. Was bei Elsa auf einen *anderen,* auf Lohengrin, gerichtet ist, lebt Siegfried an und für *sich.* Dadurch wird er fähig, die Welt von der Herrschaft der alten Götter zu erlösen: Da diese – wie Wagner im Vorspiel des Dramas innerhalb der Nornen-Szene darlegt – versagt haben, kann »nur ein von den Göttern selbst unabhängiger, freier Wille, der alle Schuld auf sich selbst zu laden und zu büßen im Stande ist, den Zauber lösen; und in dem Menschen ersehen die Götter die Fähigkeit zu solchem freien Willen«. Siegfried übernimmt »schuldlos die Schuld der Götter, ihr Unrecht büßt er an sich durch seinen Trotz, seine Selbstverständlichkeit«.

Für Siegfried selbst endet das Drama mit dem Untergang: Er, der nichts als sein So-Sein einzusetzen hat, kann die Welt nicht ändern, ruiniert sich vielmehr im Intrigenspiel der irdischen Mächte. Doch was Elsa gegenüber Lohengrin nicht geglückt ist, bewirkt Siegfried, der insofern Elsas Erbe antritt, an Brünnhilde: Er erweckt sie durch den Zauber seines So-Seins zu einem Leben im Zeichen sinnlicher Wirklichkeit und unwillkürlicher Liebe. Als vermenschlichte Gottheit kann sie sich Siegfrieds, diesem selbst unbewußte Bestimmung zum Welterlöser zu eigen machen: »Des kühnsten Mannes mächtigste Tat, mein Wissen taugt sie zu weihn.« Das geht freilich auch in ihrem Fall nicht ohne die absolute Liebes- und Opfertat ab: Indem sie den Ring als Inbegriff verderblichen Besitzes den Elementen zurückgibt und sich selbst auf dem Scheiterhaufen mit Siegfrieds Leiche verbrennt, beendet sie den Kreislauf der Schuld, dem die Götter nicht haben entrinnen können. Nun dürfen – und das ist der im Vergleich zur *Götterdämmerung* optimistischere Schluß – die durch die Tat der Menschen entsühnten Götter wieder über der Welt thronen: »Nur einer herrsche: Allvater! Herrlicher du! Freue dich des freiesten Helden! Siegfried führ' ich dir zu: Biet' ihm minnlichen Gruß, dem Bürgen ewiger Macht!«

Aus dem Blickwinkel der ›Urszene‹ bringt die Ausweitung von *Siegfrieds Tod* zum *Ring des Nibelungen* – oder genauer: die dichterische Ausarbeitung des vollständigen, seit 1848 in Prosa vorliegenden Nibelungen-Stoffes – in den Jahren 1851 und 1852 zwei wichtige neue Elemente ins Spiel. Das eine ist das der sich für ihren Sohn opfernden Mutter. Schon das So-Sein des Helden in *Siegfrieds Tod*, das Brünnhilde zu ihrer Liebes- und Opfertat motiviert, ist ja deutlich das eines Kindes oder unschuldigen Knaben. Und unter diesem Aspekt ließe sich auch Siegfrieds so gar nicht feinfühliges Verhalten am Burgunder Hof besser verstehen, nämlich als Recht des Kindes auf Nichtverstehen der Erwachsenen-Spielregeln. Dem sich darin andeutenden Problem, daß man dann in Brünnhilde nicht nur das liebende Weib, sondern zugleich auch die sich aufopfernde Mutter sehen müßte, hat Wagner augenscheinlich klar erkannt und Siegfried deshalb in Sieglinde eine Mutter gegeben, die das größtmögliche Opfer vollbringt: Sie stirbt an der Geburt ihres zum Weltenretter vorausbestimmten Sohnes, den sie von Siegmund empfangen hat – demjenigen Helden Wagners, der wohl am deutlichsten seiner Freiheit unabhängig von gesellschaftlichen Normen lebt. Siegfried bleibt seinerseits auf die Mutter fixiert: Sein Heranwachsen unter dem Einfluß Mimes gilt der Vergewisserung der Mutter; und der Anblick Brünnhildens, deren Brust sich »von schwellendem Atem schwingt«, läßt ihn – gemäß der Kindersprache von sich selbst in der dritten Person redend – ausrufen: »O Mutter! Mutter! Dein mutiges Kind! Im Schlafe liegt eine Frau: Die hat ihn das Fürchten gelehrt!«

Das andere neue Moment liegt, etwas versteckter, in Siegfrieds Werbung um Brünnhilde anstelle Gunthers: Siegfried wirbt ja in Brünnhilde um seine eigene Geliebte; und sieht man diese als eine Mutter-Geliebte, so heißt das zum einen, daß in diesem Verhältnis Gewalt-Vorstellungen im Spiel sind: Sohn-Siegfried überwältigt die Mutter-Geliebte. Zum anderen bedeutet es de facto, daß kein anderer Mann die Mutter-Geliebte berührt: Hinter der Maske des Fremden verbirgt sich Sohn-Siegfried. Indem Wagner es in der 4. Szene des 2. *Götterdämmerungs*-Aktes auf merkwürdige Weise offenläßt, ob Siegfried Brünnhilde nur im Kampf oder auch im Bett bezwungen hat, beläßt er diesen Bereich in einer Dunkelzone. (Hochinteressant ist, daß Wagner das Motiv des vermeintlichen respektive tatsächlichen Ehebruchs bzw. »Inzests« keineswegs in seinen Sagenvorlagen findet, es vielmehr neu in die Handlung einführt. Man wüßte gar nicht, wie diese ohne dieses Motiv auskommen sollte, und bewundert den Blick des Dramatikers für Möglichkeiten der Zusammenführung vormals getrennter Motive ebenso wie die Listigkeit seines Unbewußten, auf diese Weise ein entscheidend wichtiges Thema noch einmal an zentraler Stelle »unterzubringen«.)

In *Tristan und Isolde*, im August 1857 während der daraufhin auf Jahre unterbrochenen Arbeit am *Siegfried* begonnen und zwei Jahre später abgeschlossen, lassen sich viele Elemente der ›Urszene‹ wiederfinden, die hier jedoch nicht verfolgt werden sollen. Während die 1867 vollendeten *Meistersinger von Nürnberg* als »große komische Oper«, wie sie einmal heißen sollten, aus anderen gattungsgeschichtlichen Zusammenhängen verstanden werden müssen, nimmt Wagner sein zentrales Thema im *Parsifal*, dem nach der Vollendung des *Rings* in Angriff genommenen und 1882 als Bayreuther *Bühnenweihfestspiel* aufgeführten Alterswerk, noch einmal entschlossen auf. Parsifal, der ihn schon während der Arbeit am *Ring* gedanklich immer wieder beschäftigt, ist der andere Siegfried – ein Held, der nicht in die Welt hinein, sondern aus ihren Wirrnissen herausführt: Er ist ausersehen, die in Sünde verstrickte Gesellschaft der Gralsritter durch des »Mitleids höchste Kraft und reinsten Wissens Macht« vom Fluch zu befreien. Stärker noch als Siegfried ist Parsifal vom Tod seiner Mutter geprägt, der sein Auszug in die Welt das Herz gebrochen hat. Und wie Siegfried weiß der »zage Tor« Parsifal solange nichts von seiner Sendung, bis er in Kundry dem Weib begegnet:

»So war es mein Kuß, der Welt-hellsichtig dich machte? Mein volles Liebes-Umfangen läßt dich dann Gottheit erlangen! Die Welt erlöse, ist dies dein Amt ...«.

Nachdem Kundry diese Aufgabe erfüllt hat, sinkt sie am Ende der Handlung, mit dem Blick auf Parsifal, entseelt zu Boden. Doch Kundrys Sinnlichkeit ist nicht, wie diejenige Brünnhildens, Inbegriff voller Menschlichkeit; sie ist triebhaft, geradezu besessen, und taugt deshalb auch allein dazu, Parsifal Macht und Gefahr sinnlicher Verführung so drastisch vor Augen zu führen, daß er gar nicht anders kann, als künftig in vollem und bewußtem Triebverzicht seinen Heilsweg zu gehen: »Stark ist der Zauber des Begehrenden, doch stärker der des Entsagenden«, kommentiert

Wagner dies bereits im ersten Prosa-Entwurf des *Parsifal* im Jahre 1865.

»Höchsten Heiles Wunder: Erlösung dem Erlöser!« – so lauten die Schlußzeilen des *Parsifal;* und sie werden anfänglich der Musik des »Tor«-Motivs unterlegt, in dessen Worten Parsifals Lebensaufgabe aufscheint: »Durch Mitleid wissend, der reine Tor«. Für warme, sinnliche Liebe ist da kein Platz mehr: Es ist, als ob in der Gestalt des erlösten Erlösers Parsifal ein naiv, unwillkürlich handelnder Siegfried und eine durch Leiden wissend gewordene Brünnhilde in einer das Geschlechtliche neutralisierenden Person sich träfen – einer Person freilich, die ihrem irdischen Dasein entsagt, geradezu von ihm erlöst wird. Wenn schon Lohengrin – wie Wagner in seinem Brief an den Literaten Hermann Franck vom 30. Mai 1846 schreibt – »weltliche Liebesbande streng genommen« nicht zukommen, da er Gralsritter ist, wie dann Parsifal, dem Grals-König! – Wagners künstlerische Auseinandersetzung mit seiner Urszene verliert sich, wenn denn *Parsifal* als Ende zu verstehen sein sollte, jenseits aller innerweltlichen Utopien im Mysterium. Demgemäß fehlt den Gestalten des *Parsifal* jene Dynamik und Farbigkeit, welche diejenigen des *Ringes* auszeichnet: Sie sind, wie Paul Bekker in seinem unterschätzten Wagner-Buch es ausdrückt, »gestaltgewordene Klänge«.[3]

Der zeitgeschichtliche Rahmen

Das Erlösungssmotiv ist ein romantisches Motiv; und Wagner sieht sich offenbar selbst in der Tradition der deutschen Romantischen Oper, wenn er im Brief an Franz Liszt vom 18. Februar 1851 *Holländer, Tannhäuser* und *Lohengrin* seine »drei romantischen Operndichtungen« nennt. Interessanterweise zählt er *Siegfrieds Tod,* den er im gleichen Zusammenhang erwähnt, nicht hinzu: Augenscheinlich enthält dieses an sich ja durchaus romantische Sujet ein neues Element, nämlich das der propagandistischen Intention. Marianne Kesting hat Wagners Werk aus der ästhetischen Grundentscheidung zu verstehen versucht, Kunst als revolutionäres Mittel aufzufassen: Mit Hilfe des Kunstwerks, welches »nur noch in Opposition zur gültigen Allgemeinheit« existieren könne, sollten jene Verhältnisse einer befreiten Gesellschaft hergestellt werden, welche die Umwelt verweigert.[4] Diese Blickrichtung trifft Wesentliches, auch wenn sie sicherlich nicht den ganzen Wagner erfaßt.

Eine entsprechende, auf *Siegfrieds Tod* und den *Ring* zulaufende Tendenz läßt sich selbst schon in den drei ›romantischen‹ Opern feststellen. Ist der Holländer eine rein romantische Figur, indem seine Existenz nicht erklärt, sondern als archetypisches Material aus Märchen und Sage schlicht übernommen wird, so kommt im *Tannhäuser* Geschichte ins Spiel. Zwar geht die Forschung heute, anders als Wagner, nicht mehr von der Historizität des Sängerstreits auf der Wartburg aus; unbestreitbar aber hat sich Wagner mit Tannhäuser treffsicher denjenigen unter den historisch nachweisbaren Minnesängern als Titelgestalt erwählt, der tatsächlich der herausragende Repräsentant einer ›niederen‹, d.h. mit den Standeskonventionen brechenden, ungeschminkt sinnliche Schönheit verherrlichenden Minne und damit in der Rolle eines gesellschaftlichen Außenseiters gewesen ist. Auch der Ort des Geschehens hat seine geschichtliche Bedeutsamkeit: Die Wartburg war zu Wagners Zeiten längst ein Symbol deutschnationalen Freiheitswillens. Am 18. und 19. Oktober 1817 hatte hier das nach ihr benannte Fest der Burschenschaften stattgefunden, die in ihrem Manifest den Willen bekundet hatten, »das Bild der Vergangenheit uns vor die Seele zu rufen, um aus ihr Kraft zu schöpfen für alle lebendige Tat in der Gegenwart«.

Das ist ganz im Sinne Wagners, der im *Lohengrin* direkt an die politische Vergangenheit der Nation anknüpft. Zwar ist der Titelheld sagenhafter Herkunft. Die Rahmenhandlung aber wird von einer konkreten Gestalt der deutschen Geschichte bestimmt, von Heinrich I., dem *Vogler*. Und dieser erste deutsche Sachsenkönig weilt, wie man gleich zu Anfang erfährt, in spezieller Absicht unter den Grafen und Edlen von Brabant: Er will die anläßlich der Erbfolge des verstorbenen Herzogs ausgebrochenen Streitigkeiten schlichten, damit ein einiger Stamm seinen geziemenden Beitrag zur »Reiches Wehr« leisten möge; denn es bedarf starker Kampfesscharen, damit nicht länger Slaven und Böhmen die Ostmark drangsalieren und Ungarn mit ihrer Kampfeswut »das deutsche Reich schmähen«.

In seinem schon zitierten Brief an Franck hat sich Wagner sehr aufschlußreich über das Verhältnis von Mythos und Geschichte im *Lohengrin* geäußert:

»Als Symbol der Fabel kann ich nur festhalten: die Berührung einer übersinnlichen Erscheinung mit der menschlichen Natur und die Unmöglichkeit einer Dauer derselben. Die Lehre würde sein: der liebe Gott – ich meine: der Christengott – thäte klüger, uns mit Offenbarungen zu verschonen, da er doch die Gesetze der Natur nicht lösen darf: die Natur, hier die menschliche Natur, muß sich rächen und die Offenbarung zu nichte machen.«

Die Verknüpfung von Mythos und Geschichte spricht – generell – für die zuletzt von Christoph Nieder geäußerte Auffassung, in Wagners »romantischen« Opern seien durchaus Elemente des anbrechenden literarischen Realismus zu finden. Das entspricht den Forderungen des Hegelianers Wolfgang Robert Griepenkerl, der schon 1841 mit Entschiedenheit Kunstwerke fordert, die an den Ideen der Zeit teilhaben:

»Das große öffentliche Leben, das bei allem Narrenhaften der zusammengeworfenen Elemente die Maske des furchtbaren Ernstes in der Gesamtanschauung entgegenhält – dieses ist jetzt die eigentliche Werkstatt des Künstlers. Hier soll er die Pulse einer bedeutenden Krise verfolgen ... So ist also die Kunst nicht mehr das Armesünderglöckchen eines vereinzelten Individuums, sondern die große Glocke der Nationen, welche durch die Jahrhunderte hallt.«[5]

Die zitierte Äußerung über Natur und Offenbarung macht – speziell – deutlich, wie weit Wagner bereits auf dem Weg zu dem entmythologisierenden Weltbild von *Siegfrieds Tod* vorangeschritten ist, im Rahmen dessen sich die Menschheit ihre Götter selbst macht: Sie ist es, die sie entsühnt und danach mit nur delegierter Macht weiterherrschen läßt.

Mit seinen Anschauungen ist Wagner ein Kind des Vormärzes. Gerade in den Jahren vor der bürgerlichen Revolution von 1848/49, von denen schon im Zusammenhang mit Robert Schumann die Rede war, schöpfen die Oppositionellen ihren Mut immer wieder aus der Größe der deutschen Geschichte. Wenn sie gegen verkrustete Herrschaftsstrukturen angehen, sind sie keine vaterlandslosen Gesellen – im Gegenteil: Sie rufen zur Rückkehr zu den alten deutschen Idealen auf. Herausragendes Beispiel ist das Wiederaufleben der Kyffhäusersage, die besagt, daß Kaiser Friedrich Barbarossa im Kyffhäuserberg schlafe, um eines Tages als Herrscher wiederzukommen und das alte Glück zurückzubringen. In diesem Sinne beschäftigt sich Wagner im Oktober 1846 und erneut im Winter 1848/49 mit der Dichtung zu *Friedrich I.*, in der er, wie er in der *Mitteilung an meine Freunde* formuliert, Mythos und Geschichte gegenüberstellt.

Dasselbe gilt für einen Essay mit dem Titel *Die Wibelungen. Weltgeschichte aus der Sage* vom Spätsommer 1848. Im Mittelpunkt der verzweigt argumentierenden Studie steht die Herausarbeitung eines Urkönigtums, dem allein das Recht auf Besitz zukomme, während »der eigenmächtige Erwerb des einzelnen ein Raub an Allen« sei. Im (später gestrichenen) Schlußwort der Druckfassung von 1850 stellt Wagner ausdrücklich den Bezug zwischen Barbarossa und Siegfried her: »Wann kommst du wieder, Friedrich, du herrlicher Siegfried! Und schlägst den bösen nagenden Wurm der Menschheit?«

Daß Wagner sich über mythologische und geschichtliche Zusammenhänge in einer umfangreichen Prosaarbeit klarzuwerden versucht und auf deren Veröffentlichung Wert legt, macht deutlich, daß hier nicht nur der Musikdramatiker am Werk ist, der sich gründlich mit den philosophisch-geschichtlichen Hintergründen potentieller Stoffe beschäftigt, sondern darüber hinaus der engagierte Zeitgenosse, der – in dem von Marianne Kesting beschriebenen Sinne – Politik mit künstlerischen Mitteln machen will. Gewiß wünscht Wagner sich eine neue Gesellschaft nicht zuletzt um besserer Bedingungen für die Verwirklichung seiner Kunst willen; vor allem in den Pariser Hungerjahren hat er ja – gleich Liszt – das Zerrbild eines durch und durch kommerzialisierten Kunstbetriebs kennen und leidenschaftlich hassen gelernt. Und demgemäß beschäftigt ihn im Mai 1848, also inmitten seiner revolutionären Aktivitäten, ein *Entwurf zur Organisation eines deutschen Nationaltheaters für das Königreich Sachsen.*

Doch was will er in einem solchen Nationaltheater aufführen? Doch nicht nur seine bereits komponierten romantischen Opern, sondern – prospektiv – einen *Ring des Nibelungen*, der ja, wie noch darzustellen sein wird, ein durchaus von politischem Sendungsbewußtsein gezeugtes Werk ist! Auf seinen einsamen Spaziergängen arbeitet er, wie er in *Mein Leben* berichtet,

»immer mehr die Vorstellungen von einem Zustande der menschlichen Gesellschaft aus, zu welchem die kühnsten Wünsche und Bestrebungen der damals im Aufbau ihrer Systeme so tätigen Sozialisten und Kommunisten mir eben nur die gemeine Unterlage boten, während eben diese Bestrebungen erst von da ab Sinn und Bedeutung für mich gewannen, wo ich sie am Ende der erzielten politischen Umwälzungen und Konstruktionen angelangt sah, um dort nun mit meiner der Kunst zugewandten Neubildung meinerseits zu beginnen.«

Mit anderen Worten: Kunst und Politik sind für Wagner untrennbar, zwei Seiten derselben Sache. Und das gilt nicht nur für sein subjektives Handeln, welches insofern natürlich von seinem persönlichen Kunst- und Politikverständnis bestimmt wird. Es gilt auch für die Rezeption: Daß seine Werke in weit größerem Maße als die seiner Zeitgenossen zu einem Politikum geworden sind, ist ihnen nicht äußerlich, sondern eingeschrieben – so diffus die Botschaft auch aufgenommen und weitergetragen worden sein mag.

Man muß sich den 1842 von Paris nach Dresden, also aus dem »Exil« in die sächsische Heimat zurückgekehrten Wagner voll von leidenschaftlichem Engagement für gesellschaftliche Veränderungen vorstellen. Es genügt ihm nicht, auf mehr oder weniger unbewußte Art seine persönliche Urszene zu bearbeiten. Er will wissen, wo die gesellschaftlichen Quellen seines individuellen Erlebens und Leidens liegen, und wirft sich auf Philosophie und Politik. Die national-liberalen Bestrebungen zur Schaffung eines demokratisch verfaßten deutschen Nationalstaates greift er, wie angedeutet, auf, aber die bloße Berufung auf ein gesundes deutsches Wesen, an dem die Gesellschaft genesen könne, reicht ihm nicht aus. Wagner geht tiefer, fragt nach den Ursachen des jetzigen verderbten Zustandes. Bei den französischen Frühsozialisten und Sozial-Utopisten wie Lamennais, Lamartine und Proudhon findet er entscheidende Anregungen. Des letzteren Schrift *De la propriété* von 1840 mit dem klassisch gewordenen Satz »Eigentum ist Diebstahl« hätte Wagner noch in Paris kennenlernen können. Doch vermutlich haben ihn erst August Röckel und später Michail Bakunin in die entsprechende Gedankenwelt eingeführt.

Der etwa gleichaltrige Röckel, unter Wagner Musikdirektor der Dresdner Kapelle, ist u.a. mit den von ihm herausgegebenen *Volksblättern* aktiv an der Vorbereitung des Dresdner Maiaufstandes beteiligt. Nach dessen Niederschlagung wird er als einer der Hauptbeteiligten erst zum Tode verurteilt, dann zu lebenslanger Haft begnadigt: Dreizehn Jahre muß er im Zuchthaus Waldheim absitzen. Auf langen Spaziergängen läßt sich Wagner von Röckel in eine ihm insgesamt neue Welt einführen. Als Anfang 1849 Bakunin von Paris nach Dresden kommt, wird er von diesem – innerhalb einer kurzen, aber offenbar intensiven Freundschaft – auch mit anarchistischem Ideengut vertraut gemacht. Mit seiner schnellen Auffassungsgabe saugt Wagner alle möglichen Anregungen auf, um daraus sein eigenes Weltbild zu erarbeiten, das wiederum Grundlage seiner künstlerischen Produktionen sein soll.

Immer mehr festigt sich seine – in den Grundzügen durchaus Karl Marx nahestehende – Auffassung, daß individueller Besitz die Quelle allen Übels sei und daß der Staat zum Untergang verurteilt sei, da er diesen Besitz schütze anstatt der freien Selbstbestimmung des Individuums die Wege ebne. In Röckels radikalsozialistischen *Volksblättern* zieht er ungeschminkt über »Soldaten, Beamten, Spekulanten und Geldfabrikanten« als Garanten der derzeitigen »verworfenen Zustände« her.

Was Eduard Devrient, der später berühmte Regisseur und Theaterintendant, selbst Opernlibrettist, am 2. Dezember 1848 über den ihm freundschaftlich verbundenen Wagner in sein Tagebuch schreibt, ist in diesem Sinne bemerkenswert:

»Kapellmeister Wagner las mir sein fertiges Operngedicht ›Siegfrieds Tod‹ vor. Der Kerl ist ein Poet durch und durch. ... Nachher sprachen wir lange über Sprache, Volksbildung, christliche Entwicklung und kamen natürlich auch auf den Staat, wo er wieder sein Steckenpferd, die Vernichtung des Kapitals, bestieg. Aber er ist doch der bedeutendste Kopf von allen, die ich in Dresden kenne.«[6]

In seiner *Mitteilung an meine Freunde* erinnert sich Wagner im Sommer 1851, die seinerzeit bestehende »höchste Unklarheit der streitenden Parteien über das Wesen und den eigentlichen Inhalt der Revolution« habe ihm eine öffentliche Diskussion des »rein menschlichen Kerns derselben« jenseits ihrer »bloß politisch formellen Auffassung« notwendig erscheinen lassen. Als Künstler zentriert er diese Diskussion im Drama von *Siegfrieds Tod*, das ja nicht nur einem nationalen Mythos nachgeht, sondern Motive der aktuellen philosophisch-politischen Diskussion aufgreift: Im Ring erscheint das verderbliche Kapital, in Wotans Götterwelt der zum Abdanken verurteilte Staat, in Siegfried der von beidem freie, der neue Mensch. Auf der Bühne soll zwar nur das Drama des Scheiterns dieses neuen Menschen vorgestellt werden. Doch in der Vorgeschichte, die im Prosa-Entwurf ausführlich und in der Nornen-Szene des ausgeführten Dramas jedenfalls skizziert wird, scheint immerhin der welt- und heilsgeschichtliche Hintergrund auf – ganz im Sinne einer »analytischen Tragödie«, wie Hans Mayer den ganzen *Ring* genannt hat.

Im Winter 1848/49 studiert Wagner Friedrich Hegels *Vorlesungen über die Philosophie der Geschichte*, in der ihm, wie er es in *Mein Leben* formuliert, »vieles imponiert«. Noch wichtiger dürfte die Auseinandersetzung mit den Anschauungen Ludwig Feuerbachs gewesen sein, die er, wenn nicht durch eigene Lektüre, so gewiß über den Feuerbach-Jünger August Röckel kennenlernt. Im Frühjahr 1849 schreibt Wagner – möglicherweise unter unmittelbarem Eindruck der 1845 erschienenen Schrift von Wilhelm Weitling *Das Evangelium des armen Sünders* – einen augenscheinlich als Grundlage für ein Textbuch gedachten Entwurf *Jesus von Nazareth* in fünf Akten nieder. Dabei handelt es sich keineswegs nur um die Darstellung Jesu als eines Sozialrevolutionärs, wie Martin Gregor-Dellin in seiner hinsichtlich des ganzen Themenkomplexes ergiebigen Biographie meint.[7] Vielmehr stellt Wagner den Titelhelden in eine jüdisch-christliche Heilsgeschichte, innerhalb derer er alle ihn als politischen und philosophischen Kopf beschäftigenden Topoi von Besitz, Gesetz, Staat, Ehe, Liebe, Erlösung usw. berücksichtigt. Hatte er im *Wibelungen*-Essay eine eher wirre Zusammenschau von Mythos und Geschichte unter Heranziehung vieler unklarer Details geboten, so ist er nunmehr um die Darstellung elementarer Strukturen bemüht. So heißt es in philosophischen, deutlich an Feuerbach orientierten Erläuterungen zu dem Dramen-Entwurf:

»Jede Kreatur liebt, und die Liebe ist das Gesetz des Lebens für alles Erschaffene; schuf nun der Mensch ein Gesetz zur Beschränkung der Liebe, um einen Zweck zu erreichen, der außerhalb der menschlichen Natur liegt – das ist Macht, Herrschaft, vor allem aber: der Schutz des Besitzes –, so sündigte er gegen das Gesetz seines eigenen Bestehens und tötete sich somit selbst: daß wir nun aber die Liebe erkennen und rechtfertigen gegen das Gesetz des falschen Geistes, das macht, daß wir uns über die unwissende Kreatur erheben, indem wir zum Wissen des ewigen Gesetzes gelangen, welches von Uranfang an die einzige Kraft war: indem wir dies Gesetz aber wissen, üben wir es auch aus und sind somit jederzeit die Mitschöpfer Gottes und durch das Bewußtsein auch davon also Gott selbst. Jesus weiß, und die Gottesliebe übt er durch seine Lehre von ihr: im Bewußtsein der Ursache und der Wirkung ist er somit Gott und Gottes Sohn: aber jeder Mensch ist fähig zu gleichem Wissen und gleicher Ausübung, – und gelangt er dazu, so ist er Jesus und Gott.
Fraget ihr nun, weshalb denn der Mensch ein Gesetz schuf, das seiner eignen Natur widerstrebte, so erkennen wir den großen Irrtum der Menschheit bis auf den heutigen Tag; nämlich das bis jetzt falsch verstandene Prinzip der Gesellschaft, die zunächst dadurch gesichert werden zu müssen schien, daß das Gesetz den Besitz, nicht aber das Wesen der menschlichen Natur in seiner Freiheit beschützte. Als ein erstes Gesetz verfestigte sich die *Ehe,* indem das Gesetz der Liebe auf sie übertragen wurde ... und sich der Begriff des Besitzes [mit ihr verband]«.

Damals steht der Dresdner Maiaufstand unmittelbar bevor. Als die Nachricht vom Einmarsch preußischer Truppen in Sachsen kursiert und die allgemeine Stimmung anheizt, reagiert Wagner widersprüchlich. Einerseits ist er bereit, die Herausgabe der inzwischen verbotenen *Volksblätter* an Röckels statt zu übernehmen, der seine Immunität als Abgeordneter verloren und nach Prag hat fliehen müssen. Möglicherweise beteiligt er sich auch an der Bereitstellung von Handgranaten durch den Gelbgießer Oehme. Andererseits tritt er – unter Vorlage eines ärztlichen Attestes, das ihm einen doppelten Leistenbruch bescheinigt – aus der Kommunalgarde aus. Auch hofft er unverändert auf die Einsicht des Königs, der in seinen Augen zu viel Macht an den Hof- und Beamtenstaat delegiert hat: Sein erstrebter »Freistaat Sachsen« soll zwar den »Untergang« der erblichen Monarchie bedeuten, doch zugleich die »Emanzipation des Königtums« mit dem »Ersten des Volkes, dem Freiesten der Freien« an der Spitze. Als der Aufstand dann in den ersten Maitagen tatsächlich losbricht, ist Wagner wie in einem Rausch. In *Mein Leben* hat er das Ereignis später in Worten geschildert, die an die Beschreibung eines Szenenbildes erinnern:

»Es war an einem sehr sonnigen Nachmittage, und sogleich stellte sich bei mir fast dasselbe Phänomen ein, welches Goethe beschreibt, als er die Eindrücke der Kanonade von Valmy auf seine Sinneswahrnehmung zu verdeutlichen sucht. Der ganze Platz vor mir schien von einem dunkelgelben, fast bräunlichen Lichte beleuchtet zu sein, ähnlich wie ich es bei einer Sonnenfinsternis in Magdeburg wahrgenommen. Die dabei sich kundgebende Empfindung war die eines großen, ja ausschweifenden Behagens; ich fühlte plötzlich Lust, mit irgend etwas, sonst für nichtig gehalten, zu spielen.«

Im weiteren, kurzen Verlauf des Aufstandes gehört Wagner zwar keinem Führungsgremium an; doch läßt er Handzettel drucken, requiriert bei seinem Heldentenor Joseph Tichatschek Jagdgewehre für den Vaterlandsverein, überwacht vom Kreuzturm aus den Zustrom der Aufständischen nach Dresden, will überhaupt überall dabei sein, um vor allem zu diskutieren und seine Ideen zu entwickeln. Doch schon am 10. Mai 1849 tritt er nach dem Scheitern der Erhebung über Weimar und Eisenach, wo er zum ersten Mal die Wartburg besucht, die Flucht in die Schweiz an. Bereits am 16. Mai ist ein Steckbrief gegen ihn erlassen worden, und erst im Sommer 1860 findet eine Teilamnestierung statt, derzufolge Wagner Deutschland mit Ausnahme Sachsens wieder betreten darf.

In Zürich, wo Wagner bis zu diesem Zeitpunkt leben wird, trifft er im Mai 1850 eine Entscheidung, die marginal anmutet, vor dem Horizont seines Lebensganges jedoch als symbolischer Akt zu deuten ist: Er benennt die Dichtung von *Siegfrieds Tod* aus *Heldenoper* in *Tragödie* um. Das Vorstellungsmodell, demzufolge Künstler ihre Helden nach dem Leben schaffen, wäre hier umzukehren: Wagner durchleidet das Schicksal seines Bühnenhelden – und dies so drastisch, daß er beides nur noch als Tragödie erfahren kann. Er selbst ist innerhalb des Dresdner Aufstandes ein Siegfried gewesen, der sich in unschuldsvollem Glauben an die gute Sache für die Zerstörung verrotteter Gesellschaftsstrukturen zugunsten eines Gerechtigkeit und Glück garantierenden Königtums einsetzt; und er hat für diese gute Sache nicht berechnend oder verbissen gekämpft, sie vielmehr – wie ein Kind – mit »großem Behagen« und »spielerisch«, das heißt: mit allen seinen Sinnen und mit sich identisch verfochten. Und er mag insgeheim mit dem Lob des königlichen Landesherren gerechnet haben: ›Du hast mich von meinen bösen Ratgebern befreit – ich erhebe dich zu meinem guten Ratgeber!‹

Das klingt wie im Märchen, ist von mir aber keineswegs spöttisch gemeint, sondern eher bewundernd für Wagners Fähigkeit, in Szenen zu denken, die sich erfüllen müssen. Und gerade diese Szene hat sich in der Tat erfüllt, wenn auch erst fünfzehn Jahre später: Im März 1864 besteigt in Bayern ein neunzehnjähriger König den Thron, der sogleich einen Komponisten Richard Wagner kennenlernen will und seinen Hofrat Pfistermeister losschickt, um ihn zu suchen – ausgestattet mit der königlichen Fotographie, einem Rubinring und der Botschaft: so wie dieser Stein glühe, brenne Ludwig II. vor Verlangen, den Schöpfer des *Lohengrin* zu sehen. Der Beamte sucht Wagner zunächst in Wien; doch dieser ist über Nacht vor drohenden Gläubigern entwichen. Von Schulden gepeinigt und in trostloser Stimmung ist er über München und Zürich nach Stuttgart gereist, wo er, endlich – und einmal nicht von einem Gläubiger – aufgespürt, sein Glück zunächst gar nicht fassen kann. Dann schreibt er:

»Diese Thränen himmlischer Rührung sende ich Ihnen, um Ihnen zu sagen, daß nun die Wunder der Poesie wie eine göttliche Wirklichkeit in mein armes, liebebedürftiges Leben getreten! – Und dieses Leben, sein letztes Dichten und Tönen gehört nun Ihnen, mein gnadenreicher junger König: verfügen Sie darüber als über Ihr Eigenthum! Im höchsten Entzükken, treu und wahr, Ihr Unterthan Richard Wagner.«

Die Kehrtwendung eines Möchtegern-Revolutionärs? Oder das in sich stimmige Verhalten eines selbsternannten Kunstpropheten, der Menschen, auch Könige, stets nur im Dienste der eigenen Sendung zu benutzen sucht? Die Antwort wird vielschichtig ausfallen und umso vorsichtiger, je mehr man von der Biographie dieses Mannes weiß, der widersprüchliche Tendenzen des Jahrhunderts auf beispiellose Weise in sich vereint. An dieser Stelle mag nur deutlich werden, wie tief Wagner im Jahre 1849 seinen Fall erlebt haben mag: Die heißen Träume seiner musikalischen Dramen, die intellektuellen Anstrengungen um neue geschichtsphilosophische und politische Konzepte, die tätigen Bemühungen um Reformen des Musiklebens, insgesamt geprägt von dem Wunsch nach einem Leben in Freiheit und Liebe – sie werden weggewischt, für nichtig erklärt. Eine Tragödie: Wie Siegfried in den Intrigen des Burgundischen Hofes, so geht Wagner im lächerlichen, aber realen Mächte- und Ränkespiel einer gegen Reformen und Revolutionen einmalig widerstandsfähigen Gesellschaft unter. Für diese ist er kein Ideenschöpfer und Weltbeglücker, sondern ein aufmüpfiger Kapellmeister, der von Glück sagen kann, daß ihm mit dem abgelaufenen Paß eines Professors Christian Adolf Widmann die Flucht ins Ausland glückt.

Da sitzt er nun mit der ungeliebten Gattin, von der er sich im Zuge seiner revolutionären Ideen über Ehe und freie Liebe so gern auch praktisch getrennt hätte, in einem der hinteren Escherhäuser am Zeltweg der Zürcher Außengemeinde Hottingen. Und es drängt ihn als gescheiterten Revolutionär nach Selbstverständigung: Was ist dahin, was ist geblieben? Dahin ist die Hoffnung auf eine Erneuerung der realen Gesellschaft. Leidenschaftlich schreibt er am 22. Oktober 1850 an Theodor Uhlig, den treuen Freund und Bewunderer der Dresdner Zeit, in der damals von ihm bevorzugten Kleinschreibung Sätze, die dem offiziellen Bayreuth später so peinlich waren, daß sie bis zum Jahre 1983 nur in einer zensierten Fassung zugänglich waren:

»Ich sage Dir – nicht eine hand rührt sich für die demokratie, weil jede politische revolution überhaupt unmöglich geworden ist ... Wie wird es uns aber erscheinen, wenn das ungeheure Paris in schutt gebrannt ist, wenn der brandt von stadt zu stadt hinzieht, wir selbst endlich in wilder begeisterung diese unausmistbaren Augeasställe anzünden, um gesunde luft zu gewinnen? – Mit völligster besonnenheit und ohne allen schwindel versichere ich Dir, daß ich an keine andere revolution mehr glaube, als an die, die mit dem Niederbrande von Paris beginnt.«

Im Schweizer Exil bricht Wagners Vorstellung zusammen, er könne als Realpolitiker, als der er sich im Umfeld des Dresdner Aufstandes ja durchaus gesehen hat, den Weltlauf ändern: Wie sie ist, ist diese Welt nicht zu retten, sie kann nur zusammenstürzen, und dabei sollte man nachhelfen. Die *Mitteilung an meine Freunde* vom Sommer 1851 beschließt er in der handschriftlichen Erstfassung mit den Sätzen:

»Ich widerstehe nicht da, wo ich selbst als Künstler zur schaffenden Vernichtung der modernen Welt mittätig bin. Fragt ihr daher, unter welcher Benennung ihr mich fassen sollt, was ich bin, so sage ich: ich bin weder Republikaner, noch Demokrat, noch Sozialist, noch Kommunist, sondern – künstlerischer Mensch, und als solcher überall, wohin mein Blick, mein Wunsch und mein Wille sich erstreckt, durch und durch Revolutionär, Zerstörer des Alten im Schaffen des Neuen!«[8]

So wenig Wagner fernerhin an eine realpolitische Sendung glaubt, so wenig hält er es auch für möglich, für die Bühne einen Helden erfinden zu können, welcher der Geschichte ins Rad zu greifen und Lösungen für die Probleme der Menschheit zu präsentieren vermöchte. In diesem Sinne wechselt er die Denkfigur: Er lebt nicht mehr für die Gegenwart, sondern für die Zukunft nach dem Untergang dieser Gegenwart. Demgemäß will er auch nicht länger Werke für das alltägliche Opernrepertoire, die »Theaterwirtschaft« schaffen, vielmehr »Feste« – die Festpielidee stammt bereits aus dem Jahr 1850 – inszenieren, welche im Sinne einer Kunstreligion zelebrieren, was an Neuem sein könnte, nachdem das Alte untergegangen ist. Exemplarisch zeigt sich dieser Wechsel der Denkfigur am Umgang mit dem Siegfried-Projekt. Zwar rafft sich Wagner schon im August 1850, also unter höchst unsicheren äußeren Bedingungen, zur Komposition von *Siegfrieds Tod* auf. Doch er scheitert bereits am Vorspiel, an der Nornen-Szene. Dort soll ja in kargen Andeutungen Siegfrieds »Vorgeschichte« mitgeteilt werden: Wie kam es zu dem beklagenswerten Zustand der Welt, den Siegfried beenden soll?

Vordergründig stockt die Vertonung auf Grund kompositorischer Probleme: Kann man die schicksalsschweren Sätze, in denen die Nornen ihr Ur-Wissen künden, rein deklamatorisch, geradezu rezitativisch in Musik setzen, wie Wagner dies, den vorliegenden Entwürfen zufolge, versucht? Teilen die Nornen nicht Erinnerung mit, die ihre musikalische Entsprechung in bedeutungsvollen Motiven zu finden hätte? Doch wo sollen diese in der Exposition eines musikalischen Dramas herkommen? Das führt zu der eigentlichen Problematik: Nach Wagners Umdenken in philosophischer Hinsicht ist sein Vorhaben ja gar kein »Siegfried«-Drama mehr, es ist ein »Ring«-Drama: Es geht nicht mehr um die Zeichnung eines vorbildlichen Protagonisten, sondern um die Darstellung eines Weltverlaufs, der im Untergang endet und nur einen utopischen Ausblick auf das gibt, was sein sollte und sein könnte.

Weder in musikalischer noch philosophischer oder dramaturgischer Sicht kann das, was Wagner sagen will, in eine Heldenoper mit vorgeschaltetem Prolog gefaßt werden; es gilt grundsätzlich neue Formen zu finden. Das ad hoc zu leisten, überfordert oder ängstigt selbst einen künstlerisch so mutigen Menschen wie Wagner: Er muß zuvor ein sicherndes Netz theoretischer Erörterungen aufspannen, gleichviel ob diese nur fixieren, was in seiner theaterpraktischen Phantasie bereits herumschwirrt, oder ob sie ihm tatsächlich erst vor Augen halten, was künstlerisch möglich ist. Vier Schriften sehr heterogener Intention sind hier zu nennen: *Die Kunst und die Revolution* vom Sommer sowie *Das Kunstwerk der Zukunft* vom Herbst 1849, *Das Judentum in der Musik* vom August 1850 und das kunsttheoretische, überwiegend in der zweiten Jahreshälfte 1850 niedergeschriebene Hauptwerk *Oper und Drama.*

Wagners Scheitern als Revolutionär ist für seine weitere Existenz von außerordentlicher Tragweite gewesen. Auf der einen Seite ist es geradezu Voraussetzung seiner Selbststilisierung zu einem Kunstpropheten, der über dem profanen Kulturbetrieb, überhaupt über Parteien und Meinungen steht; und nur von dieser Warte aus sind die für Bayreuth geschaffenen Werke *Ring* und *Parsifal* überhaupt denkbar. Auf der anderen Seite läßt sich Wagner mit seinem Abschied von den konkreten Forderungen der Revolution nach menschenwürdigen und einen aufrechten Gang ermöglichenden Lebensbedingungen auf ein hohes Maß an Zynismus gegenüber den Menschen ein: Künftig sind sie kaum mehr als Werkzeuge für seine eigene Sache. (Entsprechende Züge mögen schon vorher vorhanden gewesen sein; doch jetzt treten sie in den Dokumenten kraß hervor – sicher nicht nur wegen der mit den Lebensjahren allgemein zunehmenden Menge an einschlägigem dokumentarischem Material.)

So sehr man sich als Biograph über das – etwa im Vergleich mit den Zeitgenossen Brahms und Bruckner – aktive und unverkrampfte, das Leben auskostende Wesen Wagners freuen kann, so betroffen ist man zugleich von dem Ausmaß an Menschenverachtung, Heuchelei, Lüge. »In Wagners theatralischer Ideologie stecken autobiographische Elemente. Er hat sein Leben lang an der Lebenslüge gelitten. Er, der Revolutionär und Freund Bakunins«, so formuliert es Carlo Schmidt 1977 im Gespräch mit Patrice Chéreau;[9] und es ist beeindruckend zu sehen, wie sich Posen und Finten Wotans, der ja ungeachtet hehrer Ziele und edler Gefühlsaufwallungen dem Leben abgestorben ist, in seiner Biographie spiegeln.

Das beginnt mit dem pathetischen Abschiedsbrief, den Wagner seinen – Gerüchten zufolge kurz vor der Hinrichtung stehenden – Freunden Michail Bakunin und August Röckel im März 1850 aus Bordeaux sendet: »So sterbet denn wohl, beneidet, bewundert und – geliebt!« Es setzt sich fort in den Huldigungs-Briefen an Ludwig II., deren – vom König erwarteter – ausdauernd hochgestimmter Ton Wagner selbst bald unerträglich wird. Und es hat seine Entsprechung zum Beispiel in seinem Verhalten gegenüber Hermann Levi, dem aufopfernden Dirigenten des Bayreuther *Parsifal* vom Jahre 1882: Wagner kann sich nicht damit abfinden, daß er ihm, dem Juden, aus künstlerischer Überzeugung und organisatorischem Kalkül die musikalische Leitung überlassen ›muß‹; er rächt sich, indem er Levi – wie sich dies aus dessen unveröffentlichtem Nachlaß rekonstruieren läßt – Tage vor der Aufführung einen anonymen Schmähbrief übergibt und in der Generalprobe vom 24. Juli aus Ärger über seiner Meinung nach zu schleppende Tempi gegenüber Cosima bemerkt, »er möchte nicht als Orchester-Mitglied von einem Juden dirigiert werden«.

Seiner Frau Minna muß Wagner seine Affairen verbergen, vor allem diejenige mit Mathilde Wesendonk, deren Gatte ihn über Jahrzehnte hinweg auf das Großherzigste unterstützt. Dem Gönner Ludwig II. beteuert er noch nach der Geburt der Tochter Isolde, er unterhalte zu Cosima von Bülow nur künstlerische Beziehungen; als der König später feststellen muß, daß er sich für diesbezügliche Verleumdungsklagen Richards und Cosimas mißbräuchlich hat einspannen lassen, zieht er sich von dem Menschen Wagner enttäuscht zurück. Jahre-, in gewissem Sinne lebenslang ist Wagner auf der Flucht vor Gläubigern; immer wieder muß er das Blaue vom

Himmel fantasieren, um zu Geld zu kommen – im Falle Ludwigs II. zeitweilig immerhin zu einem Drittel von dessen Privatschatulle.

Das alles muß man nicht dämonisieren; auf den Maßstab eines normalen bürgerlichen Lebens verkleinert, bleibt es geradezu im Rahmen des wenn nicht Üblichen, so doch Möglichen. Freilich kreuzt es sich auf einmalige Weise mit Tendenzen eines Werks, das Peter Wapnewski »eine monumentale Bewältigung von Schuld und Lüge« im Sinne eines »großen Erlösungs-Anrufs« nennt.[10] Damit kommt von einer anderen Seite noch einmal die von mir skizzierte Ur-Szene des zu erlösenden Erlösers ins Bild: Mit seiner Kunst erlöst Wagner nicht nur die Welt, sondern zugleich sich selbst von seiner ›Ur-Sünde‹, im Dienst der ›Weltverbesserung‹ von der Vision eines frei und unwillkürlich handelnden Siegfried abgefallen und zu einem Taktiker im Sinne Wotans herabgekommen zu sein.

Auf der Titelseite der Erstauflage von *Die Kunst und die Revolution* steht das Motto: »Wo einst die Kunst schwieg, begann die Staatsweisheit und Philosophie; wo jetzt der Staatsweise und Philosoph zu Ende ist, da fängt wieder der Künstler an.« Fast allgemein, so sagt Wagner einleitend, sei »heutigentages die Klage der Künstler über den Schaden, den ihnen die Revolution verursachte«. Nachdem der »große Straßenkampf« und die »plötzliche und heftige Erschütterung des Staatsgebäudes« vorbei und die »äußere Ruhe« wiederhergestellt sei, müßten die Künstler erfahren, daß die Unternehmen »verzagt« seien: »Die Industrie stockt, und – die Kunst hat nicht mehr zu leben.« Doch gerade in dieser Entwicklung liegt die Chance der Kunst, sich von ihrem Auftraggeber zu lösen, nicht länger dem Kapital zu dienen, sondern die Herausbildung des »starken und schönen Menschen« voranzutreiben. Wie soll diese »Utopie« verwirklicht werden? Einstmals wird die »Natur« des Menschen »mit einem einzigen Rucke die ganze Last und Beengung weit von sich schleudern«, die ein »menschenfeindliches Fortschreiten der Kultur« erzeugt; und das ist der Sinn der »unausbleiblich bevorstehenden großen sozialen Revolutionen«. Die Kunst kann dem Menschen diese seine Natur bewußt machen, wenn sie nicht kommerziellen und partikularen Interessen dient, sondern nach dem Vorbild der griechischen Tragödie »Feste der Menschheit« feiert: »In ihnen wird, losgelöst von jeder Konvention und Etikette, der freie, starke und schöne Mensch die Wonnen und Schmerzen seiner Liebe feiern, würdig und erhaben das große Liebesopfer seines Todes vollziehen.«

Im *Kunstwerk der Zukunft* werden diese Gedanken fortgeführt. In einem universalgeschichtlich weit ausholenden Aufriß der Kunst stellt Wagner das Volk »als die bedingende Kraft für das Kunstwerk«, den Menschen »als seinen eigenen künstlerischen Gegenstand und Stoff« und die antike Tragödie als diejenige Gattung heraus, welche in der Verschmelzung der drei »reinmenschlichen Kunstarten« – Tanz, Dichtung und Musik – die »Allfähigkeit« des Menschen, seiner selbst innezuwerden, zum Ausdruck bringt. Die Schrift ist nicht nur Ludwig Feuerbach gewidmet, sie greift auch dessen Gedanken auf, indem sie – bereits auf die Konkurrenz von argumentierender Philosophie und darstellender Kunst im *Ring* zielend – die Erfüllung der Philosophie in der Kunst sieht. Wagner genügt nicht länger Hegels Definition von Kunst als »sinnliches Scheinen der Idee«. Er wertet Leben und Kunst gegenüber der Idee auf – gemäß den Worten Feuerbachs: »Die Kunst stellt die Wahrheit im Sinnlichen dar – das heißt richtig erfaßt und ausgedrückt: Die Kunst stellt die Wahrheit des Sinnlichen dar«.[11]

In Wagners Hymnus vom starken, schönen und freien Menschen der Zukunft mischen sich freilich laute Mißtöne. Unter dem Pseudonym K. Freigedank veröffentlicht er im September 1850 in der liberalen, von Robert Schumann gegründeten und jetzt von Franz Brendel herausgegebenen *Neuen Zeitschrift für Musik* seinen Aufsatz *Über das Judentum in der Musik.* Von einer »volkstümlichen Abneigung auch unsrer Zeit gegen jüdisches Wesen« ausgehend, hebt Wagner »das unwillkürlich Abstoßende« jüdischen Wesens hervor, um dann auf das gesellschaftliche Kernproblem zu kommen:

»Der Jude ... herrscht, und wird so lange herrschen, als das Geld die Macht bleibt, vor welcher all unser Tun und Treiben seine Kraft verliert.«

Während Wagner einerseits auf rassistische Argumente verzichtet, indem er für das »geschichtliche Elend der Juden ... die räuberische Roheit der christlich-germanischen Gewalthaber« verantwortlich macht, kann er andererseits nicht umhin, Sprache und Gestik der Juden als widerlich zu bezeichnen und ihren gottesdienstlichen Gesang als »Sinn und Geist verwirrendes Gegurgel, Gejodel und Geplapper« zu verunglimpfen.

Der Übergang zur Darstellung jüdischen Un-Wesens im gegenwärtigen Musikleben ist recht abrupt, diese selbst dafür umso drastischer. Nachdem der kräftige »Lebensorganismus«, wie ihn die Musik »bis auf die Zeiten Mozarts und Beethovens« dargestellt hat, abgestorben ist, haben sich seiner »die außerhalb liegenden Elemente« bemächtigt, um seine Kraft zu »zersetzen«: »Dann löst sich wohl das Fleisch dieses Körpers in wimmelnde Viellebigkeit von Würmern auf.«

Mendelssohn und Meyerbeer nennt Wagner als herausgehobene Vertreter jüdischer Musikkultur. Die Tragik des ersteren besteht darin, daß er bei »reichster spezifischer Talentfülle«, »feinster und mannigfaltigster Bildung« und »gesteigertstem, zartempfindensten Ehrgefühl« es nicht ermöglichen kann, mittels seiner »ausdrucksunfähigen, modernen Sprache« auch » nur ein einziges Mal die tiefe, Herz und Seele ergreifende Wirkung auf uns hervorzubringen, welche wir von der Kunst erwarten«, nämlich »tiefe und markige menschliche Herzensempfindungen«. Der nicht einmal mit Namen genannte, sondern nur als »weit und breit berühmter jüdischer Tonsetzer unsrer Tage« apostrophierte Meyerbeer kommt noch schlechter weg: Er ist Repräsentant eines durch und durch verdorbenen, keine »Trivialitäten« auslassenden, auf die Publikumswirksamkeit künstlich hergestellter »Gefühlskatastrophen« bauenden Opernbetriebs. Nachdem Wagner Heine als »das Gewissen des

Judentums« bezeichnet hat, gleichwie »das Judentum das üble Gewissen unsrer modernen Zivilisation« sei, schließt er sein Pamphlet mit der Mahnung: »Bedenkt, daß nur eines eure Erlösung von dem auf euch lastenden Fluche sein kann: die Erlösung Ahasvers, – der Untergang!«

Auch wenn der letzte Satz metaphorisch gemeint gewesen sein mag, ist der Text insgesamt unentschuldbar, außerdem – wenn das denn von Bedeutung sein sollte – in sich unstimmig. Wagners Antisemitismus ist, um im Bild zu bleiben, sein eigenes »übles Gewissen«: Der Essay ist keine rätselhafte Entgleisung; er zeigt Züge der Menschen- und damit der Selbstverachtung, die in die Physiognomie von Wagners Leben und Schaffen tief eingegraben und – wie noch darzustellen – auch im *Ring* zu finden sind. Doch was mag Wagner speziell im Jahr 1850 veranlaßt haben, über den zeitüblichen Antisemitismus hinaus derart massiv gegen das Judentum loszuziehen? Und was haben ihm Juden getan? Gewiß hat er in seinen Pariser Hungerjahren vor allem für einen jüdischen Verleger, Maurice Schlesinger, Brotarbeiten getan; aber wäre es ihm bei einem anderen besser ergangen? Und hat ihn, den unbekannten Deutschen, in dieser Pariser Zeit nicht ausgerechnet der berühmte Giacomo Meyerbeer freundlich zu unterstützen versucht? Letzteres gilt auch für Felix Mendelssohn, dem Wagner am 10. Januar 1844 am Ende eines Berlin-Aufenthalts anläßlich einer *Holländer*-Aufführung schreibt:

»Mein lieber, lieber Mendelssohn, ich bin recht glücklich darüber, daß Sie mir gut sind. Bin ich Ihnen ein kleines wenig näher gekommen, so ist mir das Liebste von meiner ganzen Berliner Expedition. Leben Sie wohl! Ihr Richard Wagner.«

Ich habe für den rasenden Judenhaß Wagners zu diesem Zeitpunkt dreierlei Erklärungen. Zum einen braucht er, politisch gesehen, angesichts seines doch wohl als verzweifelt erlebten Scheiterns als Revolutionär einen Sündenbock, demgegenüber sich seine abgrundtiefe Enttäuschung Luft machen kann. Nicht der König ist dafür verantwortlich zu machen, daß er in Sachsen seine weitreichenden Reformpläne nicht hat durchsetzen können; nicht das Volk ist zu verurteilen, weil es keine Revolution zustandegebracht hat, die einen Kulturpropheten Wagner auf den Schild hätte heben können. Schuld ist – diese Verallgemeinerung ist ja durchaus realistisch – der Zustand einer Gesellschaft, in der die Macht des Geldes regiert. Und Schuld sind damit – diese Personalisierung bedeutet schlimmsten Irrationalismus – die Juden als Verwalter dieser Macht.

Indem Wagner über sie mit den billigsten Schmähungen herfällt, löst er gleich zwei Probleme: Vordergründig vereint er sich wieder mit seinem Volk, das er ja in puncto Antisemitismus auf seiner Seite weiß; hintergründig distanziert er sich zugleich von ihm, denn im tiefsten hält Wagner nichts von dessen revolutionärer Kraft. Schon im *Rienzi* hat er das Volk die Befreiungsangebote seines Tribunen kläglich ausschlagen lassen; und an den Sänger Albert Niemann schreibt er in diesem Sinne am 25. Januar 1859:

»Aber Rom, Vaterland und Freiheit ist eben nur in ihm [Rienzi] allein. Das Volk selbst weiß nichts davon; es steht halb unbewußt auf der Seite [des Adelsführers] Adriano... Da sieht er denn, daß nur seine Idee, nicht aber das Volk eine Wahrheit war.«

Auf den Kulturbetrieb der Gegenwart bezogen, weiß Wagner nur zu gut, daß das Musik-›Volk‹ mit der durch Mendelssohn und Meyerbeer repräsentierten Musikpraxis recht zufrieden lebt. So fällt das, was er über ›die Juden‹ sagt, auf ›das Volk‹ zurück; und in letzter Konsequenz müssen alle, auch er selbst, untergehen, bevor das Neue werden kann.

Zum anderen muß Wagner, künstlerisch betrachtet, alle Zelte abbrechen und verbrennen, ehe er sich dem radikal Neuen zuzuwenden vermag. Sollte er noch Reste eines formalistischen und ästhetizistischen Musikverständnisses in sich tragen – mit Mendelssohn treibt er sie aus. Und sollte da noch Bewunderung für die *grand opéra* sein, von deren Dramaturgie er ja gerade durch Meyerbeer viel gelernt hat, so ist jetzt Gelegenheit, sie in Grund und Boden zu verdammen. Dazu kommt ein drittes: In Mendelssohn und Meyerbeer macht Wagner, in Zürich von möglichen Triumphen im großen europäischen Musikleben ferngehalten, seine erfolgreichen Rivalen mit Worten nieder. Ersterer ist, wenngleich nun schon einige Jahre tot, Favorit der Konzertsäle und Liebling jenes gehobenen Bürgertums, das einem verfeinerten und sittsamen Musikgeschmack huldigt. Letzterer, Garant für Sensationsoper, feiert gerade mit dem *Propheten* fantastische Erfolge: Allein bis zur einhundertsten Aufführung spielt das Werk eine Dreiviertel Million Franken ein. Wie gut, daß beide Juden sind: Da kann man gefahrlos auf ihnen herumhacken, wie Wagner es später freilich auch mit Zielrichtung auf den kerndeutschen Johannes Brahms tun wird.

Nachdem Wagner den freien, schönen Menschen und sein Zerrbild, den lebensunwerten Juden, in fast manichäischem Dualismus einander gegenübergestellt hat, ist für ihn die weltanschauliche Basis des alles beherrschenden *Ring*-Projekts gelegt. Nun gilt es noch, eine neue Ästhetik zu entwickeln, wie dies in *Oper und Drama* geschieht. »Hier hast Du mein Testament: ich kann nun sterben« – so kommentiert Wagner die Übersendung des Manuskripts an Theodor Uhlig am 15. Februar 1851. Er macht damit deutlich, wie wichtig ihm seine umfassende Abrechnung mit dem geschichtlichen »Irrtum«, den das »Kunstgenre der Oper« in seinen Augen darstellt, und seine ebenso ausführliche, gleichfalls weit in die Geschichte reichende Begründung der Gattung eines musikalischen Dramas ist. Wagners Schrift ist in ihrer produktiven Deutung der Musik- und Dramengeschichte immer noch aufregend zu lesen. Der Mut, mit dem er Möglichkeiten des Musiktheaters grundsätzlich neu durchdenkt, ist beeindruckend; und das Niveau, auf dem er Kunst in ihren historischen und gesellschaftlichen Kontext stellt, wird in manchen musikgeschichtlichen Darstellungen bis heute nicht erreicht.

In seinen Zürcher Schriften hat Wagner den Rahmen eines Projekts abgesteckt, das mit dem Begriff ›Oper‹ nicht mehr zur Deckung zu bringen ist, handelt es sich doch geradezu um die Grundlegung eines Lebenswerks. Philosophen mögen ihre jeweiligen Systeme schon immer so empfunden haben. Für einen Künstler, speziell einen Komponisten ist dies jedoch etwas Neues und mit den Forderungen des musikalischen Alltags überhaupt nicht zu vereinen. So ist es vielleicht kein Zufall, daß das Exil – also ein dem profanen Theaterbetrieb notgedrungen fernliegender Standort – die Basis für weitere Ausformungen der großen Idee bildet. Mit solchen hat es Wagner nunmehr geradezu eilig, zumal ihm das bloße Theoretisieren, wie er es 1860 in seiner Schrift *Zukunftsmusik* formuliert, »abnorm« und wie ein »Krampf« erscheint, den man nur durch künstlerische Produktion lösen kann.

Kurz nach Beendigung von *Oper und Drama* ergänzt Wagner *Siegfrieds Tod* um den *Jungen Siegfried*, macht also aus einem Opernabend zwei, um seinem Helden deutlichere Konturen geben zu können. Vermutlich im Oktober desselben Jahres 1851 wird ihm dann klar, daß auch diese Erweiterung nicht genügt. Hatte er, wie er im Brief an Uhlig vom 12. November 1851 bemerkt, in *Siegfrieds Tod* lediglich »eine hauptkatastrophe des mythos mit der andeutung ... seines großartigen zusammenhanges« darzustellen versucht, so soll dieser Zusammenhang, damit die »Sinne« befriedigt werden, nun zur Gänze und »plastisch« auf die Bühne, auch wenn ein solch »ausschweifender Plan« zum gegenwärtigen Zeitpunkt auf der Opernbühne kaum realisierbar erscheint. Die Vierteiligkeit des *Ringes* ist damit beschlossen; und schon am 15. Dezember 1852 liegt die gesamte *Ring*-Dichtung vor.

Bemerkenswert ist die Umbenennung des ganzen Vorhabens: Nicht der positive Held Siegfried gibt ihm künftig seinen Namen, sondern der verfluchte Ring des Nibelungen als Inbegriff des Bösen in der Welt. Im *Ring* klagt Wagner ein Übel eher an, als daß er das Mittel für seine Heilung wüßte. Dieselbe Tendenz zeigt sich in den Unterschieden zwischen Prosa-Entwurf und in der Nornen-Szene zu *Siegfrieds Tod* einerseits und der *Ring*-Dichtung andererseits; und speziell am Schluß, der ja das ›Heilmittel‹ zumindest erahnen lassen müßte, hat Wagner in der Folgezeit fortdauernd weitergearbeitet. Symptomatisch ist seine Umzeichnung der Nibelungen-Zwerge. Zwar werden diese schon im Prosa-Entwurf von 1848 in negativer Tendenz als Bewohner »unterirdischer, düsterer Klüfte und Höhlen« bezeichnet, die »gleich Würmern im todten Körper« die »Eingeweide der Erde« nach Edelmetallen durchwühlen, die sie glühen, läutern und schmieden. Doch über Alberich, ihren Herren, wird ohne verurteilende Erklärung gesagt, daß er das Rheingold entführt habe; und Mime, sein unterdrückter Bruder, ist nichts weiter als ein tüchtiger Schmied. Das wird in der *Ring*-Dichtung anders: Alberich verfolgt die Rheintöchter, wie Wagner im Brief an Franz Liszt vom 20. November 1851 ausführt, »mit widerlicher Liebeswerbung«; von ihnen abgewiesen, schwört er der Liebe zugunsten »Macht und Gewalt, Reichthum und Herrschaft durch das Gold« ab. Mime wird zum Untermenschen. Siegfried bezeichnet ihn als »schändlichen Stümper«, »Fratzenschmied«, als »Nicker« und »garst'gen Zwicker«, »Kröte« und beklagt sein »ekliges Nicken und Augenzwicken«.

Theodor W. Adorno hat in seinem *Versuch über Wagner* Alberich und Mime als Wagners Erzfeinde, die Juden, identifiziert und im Blick auf die leitende Thematik des *Ringes* gefolgert: »Die Dialektik von Trieb und Herrschaft ist auf eine Differenz der ›Art‹ anstatt auf die gesellschaftliche Bewegung reduziert.«[12] Dieser Einschätzung wird man umso leichter folgen können, als das – von Adorno nicht herangezogene, übrigens im Film *Jud Süß* anklingende – Motiv der einen Kadaver durchwühlenden Würmer sowohl im Prosa-Entwurf zu *Siegfrieds Tod* als auch in der Schrift *Über das Judentum in der Musik* auftaucht. Ich habe diese Schrift oben nicht allein deshalb behandelt, weil sie innerhalb einer Gesamtwürdigung Wagners nicht unterschlagen werden kann, sondern weil sie ein Schlaglicht auch auf die *Ring*-Konzeption wirft: Die Schuldigen, die Wagner nach gescheiterter Revolution politisch – wenn man das so nennen kann – ausgemacht hat, tauchen künstlerisch in zentralen Figuren des *Ringes* wieder auf. Siegfried scheitert nicht erst an den trüben gesellschaftlichen Verhältnissen, wie sie Gunthers Hof in der *Götterdämmerung* repräsentiert. Er hat seine Gegenspieler – im Sinne einer Schwarz-Weiß-Zeichnung – längst vorher, im mythischen Bereich. Und kann er auch einen von ihnen, Mime, als lästige Unperson erschlagen, so verfolgt ihn doch die Gold- und Machtgier des anderen, Alberich, bis zum Tode. Gesellschaftliche Bewegungen sind rational nicht durchschaubar; der Gang der modernen Politik entspricht, wie Wagner in *Oper und Drama* im Anschluß an einen Ausspruch Napoleons ausdrücklich formuliert, dem »Fatum der antiken Welt« (und ist damit freilich gut im Mythos zu fassen!).

Darin liegt eine Problematik in der philosophischen Konzeption des *Ringes*: Wie soll sich eine Welt erneuern, in der Schwarz und Weiß artbedingt, schicksalhaft aufeinanderstoßen! Ist nicht, wenn die eine Seite als hoffnungslos böse gesehen wird, die andere auch nur ›hoffnungslos‹ gut? Und ist nicht Siegfried ein hoffnungslos Guter? Wagner hat dieses Phänomen gesehen und – deutlicher noch als in *Siegfrieds Tod* – eine vermittelnde Instanz eingeschaltet: die Liebe. »Nicht eher sind wir das, was wir sein können und sollen, bis – das Weib nicht erweckt ist«, so schreibt Wagner am 24. August 1851 an Röckel. Und dementsprechend findet er für den Schluß der *Götterdämmerung* Worte, welche die Erfahrung der zur Liebe erweckten Brünnhilde darstellen:

»Nicht Gut, nicht Gold,
Noch göttliche Pracht;
Nicht Haus, nicht Hof,
Noch herrischer Prunk;
Nicht trüber Verträge
Trügender Bund,
Nicht heuchelnder Sitte
Hartes Gesetz:
Selig in Lust und Leid
Läßt – die Liebe nur sein.«

Fehlten diese optimistischen Worte am Ende von *Siegfrieds Tod*, so ist am Ende der *Götterdämmerung* die Wiedereinsetzung Wotans gestrichen. Die Helden-›Tragödie‹ wird zur *Götterdämmerung*: Wotans Geschlecht, Repräsentant einer allein den Besitz schützenden Gesellschaftsordnung, Inbegriff des verderblichen Staates, muß im alles vernichtenden Weltenbrand untergehen, den Wagner im oben zitierten Brief an Uhlig ja durchaus revolutionär beschworen hat. Hegel, dessen Vorstellungen Wagner wenige Jahre zuvor beeindruckt hatten, war von dem Wunsch beseelt gewesen, die Weltordnung möge nach einer Phase der Auseinandersetzungen auf höherer Stufe in Moralität übergehen.

Solch idealistischem Denken sagt Wagner nunmehr ab: Für ihn gibt es allein das Ende. Dieses Ende signalisiert keinen Sieg der Liebe, vielmehr nur ein trotziges Beharren auf dem Anspruch, daß der neue, liebende Mensch kommen *müsse.* Und selbst das ist zu viel – jedenfalls nach der einschneidenden, durch Georg Herwegh vermittelten Begegnung mit Arthur Schopenhauer und seiner *Welt als Wille und Vorstellung* im Herbst 1854. Aufgewühlt schreibt Wagner am 16. Dezember 1854 an Franz Liszt:

»Sein Hauptgedanke, die endliche Verneinung des Willens zum Leben, ist von furchtbarem Ernste, aber einzig erlösend. ... Wenn ich auf die Stürme meines Herzens, den furchtbaren Krampf mit dem es sich – wider Willen – an die Lebenshoffnung anklammerte, zurückdenke, ja, wenn sie noch jetzt oft zum Orkan anschwellen, – so habe ich dagegen doch nun ein Quietiv gefunden, das mir endlich in wachen Nächten einzig zu Schlaf verhilft; es ist die herzliche und innige Sehnsucht nach dem Tod: volle Bewusstlosigkeit, gänzliches Nichtsein, Verschwinden aller Träume – einzigste, endliche Erlösung!«

Hans Mayer spricht in diesem Zusammenhang zugespitzt von Wagners »Weg von der Zerstörung zur Selbstzerstörung«.[13] In der Tat macht es den Anschein, als sähe Wagner in der Selbstvernichtung, die er zuvor den Juden anempfohlen hatte, nun auch für sich die befreiende Lösung, was dann auf einen guten Teil Selbsthaß angesichts eines individuell erlebten Scheiterns schließen ließe. Doch die Vorstellung ist – wie auch später hinsichtlich des erlösungsbedürftigen Paares Kundry-Parsifal – ambivalent. Einerseits scheint in der Tat die Idee vom unwerten und deshalb auszumerzenden Leben auf. Andererseits ist in Wagners Ideen die fernöstliche, im Abendland unterdrückte Weisheit enthalten, nach der es die natürliche Bestimmung des Menschen ist, in das höhere Bewußtsein zurückzukehren, aus dem er herkommt. Als Konsequenz seiner Beschäftigung mit Schopenhauer und gleichzeitig mit ihr vertieft er sich in die von Adolf Holtzmann herausgegebenen *Indischen Sagen*: »Wie beschämt steht unsre ganze Bildung da vor diesen reinsten Offenbarungen edelster Menschlichkeit im alten Orient«, so schreibt er am 30. April 1855 an Mathilde Wesendonk. Insgesamt mildert die Sanftheit des zweiten Gedankens die Grausamkeit des ersten.

Wie so oft setzt Wagner seine philosophischen Neuerkenntnisse sogleich in künstlerische Produktion um: Im Mai 1856 konzipiert er die Prosa-Skizze zu einem Buddha-Drama *Die Sieger*, das ihn über Jahrzehnte hinweg beschäftigen wird. Vor allem aber schreibt er den *Ring* fort, der einen neuen, im Geiste Schopenhauers konzipierten Schluß bekommt. Eigentlich, so erläutert Wagner seine neue Idee dem Freund Röckel am 23. August 1856, hat er den *Ring* schon immer in einem dem Denken Schopenhauers entsprechenden, pessimistischen Kontext gesehen: Zwar hat er ihn unter dem Einfluß Feuerbachs zu einem Zeitpunkt konzipiert, zu dem er sich »eine hellenistisch-optimistische Welt aufgebaut hatte, deren Realisierung [er] durchaus für möglich hielt, sobald die Menschen nur wollten«; und »über das Problem, warum sie denn eigentlich doch nicht wollten«, habe er sich »ziemlich kunstreich hinweg zu helfen« versucht. Doch geradezu »gewaltsam« habe er die optimistische Schlußsentenz Brünnhildes in der *Götterdämmerung* dergestalt gefaßt, daß sie »von der Verwerflichkeit des Besitzes ab, auf die einzig beseligende Liebe verweist, ohne (leider!) eigentlich mit dieser ›Liebe‹ selbst recht ins Reine zu kommen, die wir, im Verlaufe des Mythos, eigentlich doch als recht gründlich verheerend auftreten sahen«. Die »Blindheit ... an dieser einzigen Stelle« gilt es zu revidieren; und das geschieht im Spätsommer 1856, als Brünnhildens Schlußworte ganz neu geschaffen werden:

»Des ew'gen Werdens
Off'ne Thore
Schließ' ich hinter mir zu:
Nach dem wunsch- und wahnlos
Heiligstem Wahlland,
Der Welt-Wanderung Ziel,
Von Wiedergeburt erlöst,
Zieht nun die Wissende hin.

Alles Ew'gen
Sel'ges Ende,
Wißt ihr, wie ich's gewann?
Trauernde Liebe
Tiefstes Leiden
Schloß die Augen mir auf:
Enden sah ich die Welt.«

Schon vorher hatte Wagner seine eigene Rolle im *Ring*-Geschehen neu definiert, und dies in einer Weise, die seine Darstellung bestätigt, nach der er Schopenhauers Ideen schon in sich getragen habe, ehe er ihnen unmittelbar begegnet sei: Aus Wagner/Siegfried wird Wagner/Wotan. In einem wichtigen, die *Ring*-Philosophie aus neuer Sicht ausführlich interpretierenden Brief an August Röckel heißt es in der Tat schon unter dem 25./26. Januar 1854:

»Wodan schwingt sich bis zu der tragischen Höhe, seinen Untergang – zu wollen. Diess ist Alles, was wir aus der Geschichte der Menschheit zu lernen haben: das Nothwendige zu wollen und selbst zu vollbringen. ... Wodan ist nach dem Abschied von Brünnhilde in Wahrheit nur noch ein abgeschiedener Geist: seiner höchsten Absicht nach kann er nur noch gewähren lassen, es gehen lassen wie es geht, nirgends aber mehr bestimmt eingreifen; deswegen ist er nun auch ›Wanderer‹ geworden: sieh Dir ihn recht an! er gleicht uns auf's Haar; er ist die Summe der Intelligenz der Gegenwart, wogegen Siegfried der von uns gewünschte, gewollte Mensch der Zukunft ist, der aber nicht durch uns gemacht werden kann, und der sich selbst schaffen muss durch unsre Vernichtung.«

Daß Wagner in dem Abdanken Wotans den Bankrott der »Intelligenz der Gegenwart« auf die Bühne stellen will, sollte man nicht nur metaphorisch verstehen: Er lebt zu dieser Zeit vollkommen in dieser Gestalt – bis hin zur Identifikation mit Wotans Ehe. In dieser sieht er den »entscheidenden Quell« des über der Welt liegenden Unheils. Nur weil Wotan überhaupt Verträge – Eheverträge – schloß, konnte er sie auch brechen und damit der von ihm selbst garantierten Weltordnung den Todesstoß versetzen. Erst als es zu spät ist, bekennt er sich gegenüber Röckel zu der

»Nothwendigkeit, den Wechsel, die Mannigfaltigkeit, die Vielheit, die ewige Neuheit der Wirklichkeit und des Lebens anzuerkennen und ihr zu weichen«. Solche Gedanken korrespondieren sicherlich mit Wagners damaliger trüber Einschätzung seiner Ehe mit Minna vor dem Hintergrund zunehmender Verehrung Mathilde Wesendonks, sind freilich zugleich Ausdruck eines allgemeinen Lebensgefühls. Noch viele Jahre später schenkt er, zum Beispiel, der Sängerin Amalie Materna seine Fotographie mit der Widmung »Seiner Brünnhilde / Wagner-Wotan«.

Die Wendung zum Buddhismus ist nicht der Weisheit letzter Schluß. Wagner verfolgt sie zwar in *Tristan* und *Parsifal* in sehr unterschiedlichen Modifikationen weiter. Auch übernimmt er bei der Komposition des 3. *Siegfried*-Aktes ein Motiv aus den *Siegern,* um die entsagenden Worte Wotans »dem wonnigsten Wälsung [Siegfried] weis' ich mein Erbe nun an« vorzubereiten. Doch schon die Tatsache, daß er dieses sogenannte Welterbschafts- oder Erlösungsmotiv an späterer Stelle den Worten »Leuchtende Liebe / Lachender Tod« unterlegt, macht deutlich, daß er seinen gedanklichen Faden weiterspinnt. Denn das Schlußduett von Siegfried und Brünnhilde, zu dem diese Worte gehören, ist ja von Begeisterung für die unbezwingbare Macht natur- und triebhafter Liebe getragen. Und diese soll im *Ring* nicht ganz untergehen.

So schließt Wagner einen Kompromiß zwischen Feuerbach und Schopenhauer, als er 1872 an die Komposition des 3. Aktes der *Götterdämmerung* und damit an den Schluß des ganzen Werkes geht. Er wählt weder den optimistischen Schluß von 1852, noch den pessimistischen von 1856, schreibt vielmehr einen dritten:

»Mein Erbe nun
Nehm' ich zu eigen. -
Verfluchter Reif!
Furchtbarer Ring!
Dein Gold fass' ich,
Und geb' es nun fort...
Das Feuer, das mich verbrennt,
Rein'ge vom Fluche den Ring...

Denn der Götter Ende
Dämmert nun auf:
So – werf ich den Brand
In Walhalls prangende Burg...
Heiaho! Grane!
Grüß' deinen Herrn!
Siegfried! Siegfried! Sieh!
Selig grüßt dich dein Weib!«

Beim großen Weltenbrand will Brünnhilde mit Siegfried im Feuertod »in mächtigster Minne« vereint sein: Wagner setzt ein *Ende,* gibt keine *Lösung,* kaum die Andeutung einer Erlösung – oder doch nur in der Musik. Denn damit die Idee der erlösenden Liebe nicht gänzlich untergehe, hat er in die Schlußsequenz jenes ›Liebeserlösungs‹-Motiv eingeflochten, das im 3. Akt der *Walküre* zu den Worten »O hehrstes Wunder« als Ankündigung Siegfrieds, des neuen Menschen, erklingt. So schließt das Werk letztlich versöhnlich, doch unbestimmt im Blick auf die Möglichkeit einer Zukunft: Wird aus dem Samen, der gleichsam in die Asche der alten Welt gelegt worden ist, wirklich ein neues Menschengeschlecht entstehen?

Mythos und Dichtung

Der *Ring* kennt keine Lösung. Das ist seine Schwäche, wenn man von Kunst erwartet, was Religion, Philosophie und Politik bis heute nicht haben leisten können: die gesellschaftliche Vorstellung des freien, liebenden und mit sich identischen Menschen. Es ist seine Stärke, wenn man stattdessen Kunst als einen Kristallisationspunkt für die Unendlichkeit menschlicher Denk- und Lebensentwürfe ansieht: Wie in einem Spiegel sieht der Mensch die Vielfalt seiner Seinsweisen und Möglichkeiten; sie können nicht gegeneinander ausgespielt, vielleicht auch nicht versöhnt, sondern nur mit möglichst wachem Bewußtsein für die jeweilige Situation gelebt werden. Das gilt auch für Tendenzen des *Ringes*: Wagners Antisemitismus ist unentschuldbar; und zugleich ist Wagner nicht der Schuldige für das, was aus Antisemitismus im 20. Jahrhundert geworden ist. Wagner tut kund, was Menschen fühlen und denken, und das ist nicht in das System von Gut und Böse zu zwingen. Tut der junge Siegfried Recht, indem er sich seines Unterdrückers Mime entledigt, tut er Unrecht, indem er sich anmaßt, über Wert und Unwert von Leben zu entscheiden?

Wagner stellt sich nicht diese Frage, sondern präsentiert archetypische Gestalten und Konstellationen. Diese treibt er einerseits wie bewußtlos aus sich heraus, um sich an ihnen andererseits ein Leben lang abzuarbeiten. Es ist nicht angängig, den Wagner der *Ring*-Dichtung zu einem Philosophen oder Menschheitsbeglücker zu machen, um ihm dann vorzurechnen, wo seine Lösungen insgesamt hybrid oder regressiv, und wo seine Gedankengänge in den Details der Handlung widersprüchlich sind; jedenfalls ist dies nur zulässig, solange man in Wagner ein Stück von sich selbst wiederfindet. Daß die Handlung des *Ringes* bei näherem Zusehen vieldeutig und undurchsichtig erscheint, ist ein Stück ihres Wesens: Vielleicht hat »der große Bühnen-Hexenmeister« – wie Peter Wapnewski dies innerhalb einer glänzenden Analyse der *Götterdämmerung* zu überlegen gibt – in der Tat hier und da »geschlafen«;[14] doch möglicherweise formt er die Figuren des *Ringes* in der Vieldeutigkeit, Widersprüchlichkeit oder Unbestimmtheit, in der er sie erschaut. Das Ur-Wissen, das Wotan, Mime, Erda, Brünnhilde, Siegfried innerhalb der *Ring*-Dichtung abhanden kommt, so daß sie nicht mehr wissen, was sie wissen – es könnte auch Wagner gleich einem Medium jeweils nur bruchstückhaft zur Verfügung gestanden haben.

Gerade darin läge dann die Größe seiner Dichtung und auch seine eigene, die man ja nicht als sein Verdienst ansehen muß: daß er trotz anhaltenden Philosophierens primär Künstler ist und trotz intensiven Mythenstudiums keine Mythologie bietet, vielmehr im Medium des Mythos Bilder und Szenen öffentlich macht, die er in sich trägt, und damit auf seine Art wiederholt, was Mythos von jeher getan hat: Dämme gegen die Angst zu errichten. Der *Ring* ist nicht auf eine Lösung hin konzipiert, sondern als ein nicht endender Versuch von Vergegenwärtigung und Bewältigung in dieser Vergegenwärtigung. Und seine mythischen Elemente sind, sinnvoll genug, nicht als Konstruktion eines Nacheinanders zu begreifen, sondern als Ausdruck der Welt jenseits aller Teleologie.

In diesem Sinne verschwimmen auch die geschichtlichen Dimensionen: Der *Ring* wirft Licht auf überzeitlich Mythisches und ist zugleich, wie Hans Mayer hervorgehoben hat, ein »bürgerliches Parabelspiel«, in dem – verdeutlicht in den Requisiten Gold, Speer und Schwert – Themen wie »Weltmacht«, »Vertragstreue« und »Freiheit schlechthin, die bloß Gewalt bewirkt«, vor dem Erfahrungshorizont des 19. Jahrhunderts abgehandelt werden.[15] »Alle unsre Wünsche und heißen Triebe«, so sagt Wagner in *Einer Mitteilung an meine Freunde,* »die in Wahrheit uns in die *Zukunft* hinübertragen, suchen wir aus den Bildern der Vergangenheit zu sinnlicher Erkennbarkeit zu gestalten, um so für sie die Form zu gewinnen, die ihnen die moderne Gegenwart nicht verschaffen kann.«

(Post-)Strukturalismus und moderne humanistische Psychologie sind in vergleichbarer Weise der Überzeugung, der Mensch könne noch so sehr bemüht sein, sich zum Herrn seiner Mythen aufzuschwingen und sie nach aktuellen Wünschen zu deuten und zu ändern: Letztlich werde er doch immer wieder auf die gleiche, nicht verfügbare Struktur zurückgeworfen werden. Unter solchen Prämissen müßte man Wagner nicht länger vorwerfen, ehrfurchtslos den Fundus der Mythologie für seine Zwecke geplündert zu haben; man könnte in ihm auch ein Organ des Mythos sehen, das jenseits aller Intellektualität und Subjektivität sagt, was es sagen soll. Damit würde er sich zu den Männern und Frauen gesellen, die am Schluß der *Götterdämmerung* dem Weltenbrand zuschauen: Niemand weiß, was sie danach tun werden; der Mythos sagt, was sie tun könnten. Die an Wagner kritisierte religiös eifernde Komponente wäre dann weniger dem Werk als dem Menschen eingeschrieben, der sich selbst nur erlösen kann, indem er andere erlöst. Diese Betrachtungsweise stünde wiederum in einer bemerkenswerten Korrespondenz zu dem Generalthema seines gesamten Schaffens: »Erlösung dem Erlöser«.

Was man Wagner freilich durchaus als Verdienst im bürgerlichen Sinn anrechnen kann, ist die intelligente Beharrlichkeit, mit der er – inmitten der Tagesarbeit – sich dem Mythos zuwendet. Er beläßt es nicht dabei, Jacob Grimms *Deutsche Mythologie,* mit der er im Sommer 1843 in Berührung kommt, unter dem Blickwinkel des Librettisten zu studieren, erschließt sich vielmehr selbst angesichts »dürftiger Bruchstücke einer untergegangenen Welt« eine neue Dimension. In *Mein Leben* heißt es:

»Ich kann den Erfolg hiervon auf meine innere Seelenstimmung nicht anders als mit einer vollständigen Neugeburt bezeichnen, und wie wir an den Kindern die berauschende Freude am jugendlich ersten, neuen, blitzschnellen Erkennen mit Rührung bewundern, so strahlte mein eigener Blick vom Entzücken über ein ähnliches, wie durch Wunder mir ankommendes Erkennen einer Welt, in welcher ich bisher nur ahnungsvoll blind wie das Kind im Mutterschoße mich gefühlt hatte.«

Im gleichen Sinne genügt ihm nicht die Kenntnis des von Karl Lachmann und Wilhelm Wackernagel 1836 in wissenschaftlicher Ausgabe zugänglich gemachten *Nibelungenliedes,* dessen Stoffe ja auch andere Zeitgenossen – zum Beispiel Friedrich Hebbel als Dichter und Peter Cornelius als Maler – gefesselt haben. Seine bis 1849 aufgebaute Bibliothek, die bis heute als Corpus erhalten ist, weil sie sein schon erwähnter Schwager Heinrich Brockhaus nach seiner Flucht aus Dresden als Pfand einbehielt, enthält vielmehr mit fast zwei Dutzend Titeln geradezu alles, was über Heldensage, *Edda*, nordische Dichtung usw. auf dem Markt war, darunter auch Spezialliteratur wie *Snorri Sturluson's Weltkreis*, herausgegeben von Ferdinand Wachter, *Vaulu-Spá, das älteste Denkmal germanisch-nordischer Sprache* von Ludwig Ettmüller und *Die Walkyrien der skandinavisch-germanischen Götter- und Heldensage* von Ludwig Frauer.

Damit nicht genug: Der germanische Mythos, vor Bilderfülle und Detailvielfalt überquellend, will – im Blick auf die eigene künstlerische Produktion – gebändigt, entschlackt, strukturiert und gedeutet sein. Sogleich sucht und findet Wagner, was er als Anschauungsmodell braucht: die formale Klarheit der griechischen Tragödie. Der Weg dorthin ist zwar nicht abgelegen, doch keineswegs so begangen wie derjenige zu den Anfängen der deutschen Nationalliteratur; und Wagner geht ihn so ideenschöpferisch, daß der professionelle Altphilologe und Philosoph Friedrich Nietzsche später von ihm lernen wird. Im Sommer 1847 liest sich Wagner während seiner kompositorischen Arbeit am *Lohengrin* nicht nur in die nordische Sagenwelt ein, er bemächtigt sich vielmehr zugleich »bei gereiftem Gefühle und Verstande« des Aischylos:

»Namentlich die beredten Didaskalien Droysens halfen mir, das berauschende Bild der athenischen Tragödienaufführungen so deutlich meiner Einbildungskraft vorzuführen, daß ich die ›Oresteia‹ vorzüglich unter der Form einer solchen Aufführung mit einer bisher unerhört eindringlichen Gewalt auf mich wirken fühlen konnte. ...Meine Ideen über die Bedeutung des Dramas und namentlich auch des Theaters haben sich entscheidend aus diesen Eindrükken gestaltet.«

Das ist – hier nach *Mein Leben* – nicht übertrieben geschildert. Cosima berichtet in ihren Tagebüchern unter dem 23. Juni 1880 über eine improvisierte Aischylos-Lesung in Neapel, wo Wagner am *Parsifal* arbeitet: »Mir ist es, als ob ich ihn, Richard, nie so gesehen, verklärt beseelt, ganz eines mit dem, was er liest.« Von den Griechen lernt Wagner, ohne an der ihn faszinierenden Bildkräftigkeit der nordischen Sage irre zu werden, den konzentrierten Blick auf das in seinen Augen allgemein Menschliche und das Gespür für die passende Erlebnis- und Darbietungsform, nämlich die der Tragödie.

Nirgendwo ist der Konflikt von Liebe und Macht – das Thema des *Ringes* – deutlicher herausgestellt als in der die Figur der Brünnhilde vorzeichnenden Gestalt der Antigone und ihrem Aufstand gegen einen Staat, der sie daran hindern will, den Bruder zu bestatten und damit gemäß ihren natürlichen Regungen zu handeln: »Antigone verstand nichts von Politik – sie liebte«. In ihrem »Bewußtsein des Unbewußten war sie der vollendete Mensch, die Liebe in ihrer höchsten Fülle und Allmacht«, so heißt es in *Oper und Drama*. Im Ödipus-Mythos sieht Wagner ebenso

»ein verständliches Bild der ganzen Geschichte der Menschheit vom Anfange der Gesellschaft bis zum notwendigen Untergange des Staates«. Ödipus selbst, der seine eigene Vorgeschichte nicht kennt – er hat den Vater erschlagen und die Mutter zum Weib genommen –, bringt die Natur des Menschen zum Vorschein; diese ist nicht – im Sinne aufklärerischer Wunschvorstellung – paradiesisch, konkretisiert sich vielmehr in realen Verhältnissen und Verhängnissen. In diesem Sinne ist Handlung auf der Basis des Mythos eine »verdichtete Gestalt des wirklichen Lebens«; und die Konzentration auf das Archetypische ist notwendig, weil der Mensch die Geschichte in ihrer über Raum und Zeit verteilten Vielfalt nicht zu fassen vermag. In *Zukunftsmusik* heißt es dementsprechend:

»Als den idealen Stoff des Dichters glaubte ich daher den ›Mythos‹ bezeichnen zu müssen, dieses ursprünglich namenlos entstandene Gedicht des Volkes, das wir zu allen Zeiten von den großen Dichtern der vollendeten Kulturperioden immer wieder neu behandelt antreffen; denn bei ihm verschwindet die konventionelle, nur der abstrakten Vernunft erklärliche Form der menschlichen Verhältnisse fast vollständig, um dafür nur das ewig Verständliche, rein Menschliche, aber eben in der unnachahmlichen konkreten Form zu zeigen.«

Der Rückgriff auf den Mythos ist ein genialer Kunstgriff des modernen Dichters: Auf der einen Seite wird er von seiner Verantwortung als Ideenschöpfer entlastet: Da im Mythos all das, was er über den Menschen zu sagen hat, vorgeformt ist, kann er sich als dessen Sprachrohr verstehen. Auf der anderen Seite formt er sich den Mythos zu seinem eigenen Sprachrohr. Wagner hat es meisterhaft verstanden, mit dieser Dialektik zu spielen – und dies in einer traumtänzerischen Balance von Bewußtheit und Unbewußtheit.[16]

Wenn in Wagners musikalischem Drama nach dem Vorbild des Mythos menschliche Verhältnisse nicht länger in »konventionellen Formen« dargestellt werden sollen, so gilt diese Forderung nicht nur der Handlung, sondern auch ihrer künstlerischen Gestaltung und ihrer Präsentation als fertiges Produkt: Nachdem Wagner die Darstellung des Mythos zum Paradigma seiner Kunst schlechthin gemacht hat, kann er gar nicht anders, als vom Mythos her über das Wesen von Dichtung, Musik, Szene und Aufführung zu entscheiden. Ich möchte dies am Beispiel des STABREIMS zeigen, der konstitutiv für die Struktur der *Ring*-Dichtung ist, dem modernen Hörer freilich oftmals genug Anlaß zu Unverständnis oder Spott.

Wagners Begeisterung für den Stabreim dürfte auf das unmittelbare Erlebnis altnordischer und -germanischer Dichtung zurückgehen. Wenn Wagner Dichtung rezitierte oder besser: inszenierte, ging er in deren Lebenswelt völlig auf; auch den Stabreim hat er gewiß auf diese Weise kennengelernt und sich anverwandelt. Später hat er dann theoretisch begründet, was ihn daran faszinierte, so in *Eine Mitteilung an meine Freunde*. Dort beschreibt er ausführlich, weshalb er sich seinen Siegfried nur in Stabreimen redend vorstellen konnte; und man ist beeindruckt von der Lebendigkeit des Menschenbildes, das er bei dieser Gelegenheit entwirft. Siegfried ist »Mensch in der natürlichsten, heitersten Fülle seiner sinnlich belebten Kundgebung«; das zeigt sich an seiner Bewegung, die ungehemmte »Lebenslust« ausdrückt und sich – selbst angesichts des Todes – »in seinem wellenden Ergusse« nach außen mitteilt. (Man vermeint, Wagner hätte sich selbst idealtypisch charakterisieren wollen!) In der Bewegung dieses unwillkürlich handelnden Menschen war »kein gedankenhaftes Wollen der Liebe mehr«: »Leibhaftig lebte sie da, schwellte jede Ader und regte jeden Muskel«. Damit rückt das Verbindende zwischen der Bewegung des Körpers als Ausdruck bestimmter Gemütsverfassung und der Bewegung der Sprache im Dienste desselben Ausdrucks in den Vordergrund:

»So, wie dieser Mensch sich bewegte, mußte aber notwendig auch sein redender Ausdruck sein; hier reichte der nur gedachte moderne Vers mit seiner verschwebenden körperlosen Gestalt nicht mehr aus; der phantastische Trug der Endreime vermochte nicht mehr als scheinbares Fleisch über die Abwesenheit alles lebendigen Knochengerüstes zu täuschen, das dieser Verskörper nur als willkürlich dehnbares, hin und her zerfahrendes Schleimknorpelwerk noch in sich faßt. Den ›Siegfried‹ mußte ich geradewegs fahren lassen, wenn ich ihn nur in diesem Verse hätte ausführen können. Somit mußte ich auf eine andre Sprachmelodie sinnen; und doch hatte ich in Wahrheit gar nicht zu sinnen nötig, sondern nur mich zu entscheiden, denn an dem urmythischen Quelle, wo ich den jugendlich schönen Siegfriedmenschen fand, traf ich auch ganz von selbst auf den sinnlich vollendeten Sprachausdruck, in dem einzig dieser Mensch sich kundgeben konnte. Es war dies der, nach dem wirklichen Sprachakzente zur natürlichsten und lebendigsten Rhythmik sich fügende, zur unendlich mannigfaltigsten Kundgebung jederzeit leicht sich befähigende, stabgereimte Vers, in welchem einst das Volk selbst dichtete, als es eben noch Dichter und Mythenschöpfer war.«

Der Endreim, welcher jeweils zwei Verse zu einem Paar oder – im Falle kunstvollerer Reimschemata – mehrere Verse zu einer Strophe zusammenschließt, verleiht der Dichtung allein formale Rundung. Und kaum ein Dichter entgeht dem Reimzwang, als dessen Folge der Reim den Sinn garantiert und nicht der Sinn den Reim hervorbringt. Demgegenüber werden im Stabreim, wie Wagner in *Oper und Drama* ausführt, »verwandte Sprachwurzeln in der Weise zueinander gefügt, daß sie, wie sie sich dem sinnlichen Gehöre als ähnlich lautend darstellen, auch ähnliche Gegenstände zu einem Gesamtbilde von ihnen verbinden, in welchem das Gefühl sich zu einem Abschlusse über sie äußern will«. Im Stabreim, über den Wagner sich ausführlich wie ein Sprachforscher äußert, werden Wörter zusammengefügt, die »der sich selbst bestimmenden Natur der Dinge« nach zusammengehören; in diesem Sinne sind sie Teil einer »Urmelodie« und von einer Bedeutung, die man fühlen kann.

Die moderne Sprache beruht nach Wagners Auffassung »auf einer Konvention, die einen bestimmten Zweck hat, nämlich nach einer bestimmten Norm, in der wir denken und unser Gefühl *beherrschen* sollen, uns in der Weise verständlich zu machen, daß wir eine Absicht des Verstandes an den Verstand darlegen. Unser Gefühl, das sich in der ursprünglichen Sprache unbewußt ganz von selbst ausdrückte, können wir in dieser Sprache nur beschreiben«, anstatt es im Vorgang des Sprechens zu leben. Man versteht nun deutlicher, was Wagner mit dem »phantastischen Trug der

Endreime« meint: Sie täuschen das Gefühl einer Erlebniseinheit vor, die unmittelbar darzustellen die »hinaufgeschraubte Verstandessprache« gar nicht in der Lage ist. Drastisch spricht er in *Oper und Drama* von dem »welken Hinterteil«, das der moderne Dichter »schlaff und matt im Endreime« als »kindisches Geklingel« hinter sich herschleppe. »Während der Stabreim die sinntragenden Wörter heraustreibt, ist der Endreim zunächst einmal ein sinnunabhängiges Lautspiel, das dem dichterischen Text eine zweite Struktur überprägt«: So beschreibt diesen Vorgang ein moderner Philologe – kaum plastischer als Wagner.[17] Und vor diesem Horizont wäre es in der Tat problematisch gewesen, hätte Wagner seinen Siegfried in Endreimen sprechen lassen: Müßte dieser seine Worte so wählen, daß sie in Reimschemata unterzubringen wären, ginge viel an Unwillkürlichkeit der Gemütsbewegung verloren.

Durch die Verwendung des Stabreims wird die Aufmerksamkeit der Hörer besonders akzentuiert auf die Worte als Sinnträger gelenkt, welche sich im Augenblick ihres Erklingens jeweils neu aktualisieren. Zugleich mag eine geradezu kindliche Lust darin liegen, sinnverwandte Wörter nach demselben Artikulationsmuster aneinanderzureihen und damit den Genuß sprachlichen Ausdrucks dauer- und regelhafter zu machen, ohne doch dem Vorgang etwas von seiner Explosivität zu nehmen. So lange man darüber streiten mag, was Wagner in seinen eigenen Dichtungen in diesem Sinne geglückt oder mißglückt ist, so wenig läßt sich doch übersehen, daß die Verwendung des Stabreims konstitutiv auch für die *musikalische* Konzeption des zukünftigen Musikdramas ist.

Wagner exemplifiziert dies an dem Vers: »Die Liebe bringt Lust und Leid, doch in ihr Weh auch webt sie Wonnen«. Die Wörter Liebe, Lust und Leid entstammen derselben Wurzel; sie geben zwar unterschiedliche Empfindungen wieder, drücken aber zugleich einen Lebenszusammenhang aus. Stabgereimte Dichtung macht sich das zu Nutze: Sie stellt die Phänomene nicht in ihrer intellektuellen Zersplitterung oder individuellen Vereinzelung, gleichsam argumentativ dar, sondern als ganzheitliche Erfahrung. Der Musiker hat nun nicht allein die Möglichkeit, diese ganzheitliche Erfahrung zu verstärken, indem er über eine Textphrase noch einen gemeinsamen Melodiebogen spannt; vielmehr kann er die »Fähigkeit der harmonischen Modulation« ausnutzen und damit »einen bindenden Zwang auf das sinnliche Gefühl ... ausüben, zu dem keine andere Kunst die Kraft besitzt«.

Die Konsequenzen für diesen konkreten Fall beschreibt Wagner im Detail. Zunächst einmal ist die Musik in der Lage, den Sinngehalt der zwei unterschiedlichen Wurzeln von »Liebe«, »Lust« und »Leid« einerseits sowie »Weh« und »Wonne« andererseits zusammenzuschließen: Der Dichter kann nur den Fortschritt deutlich machen, welcher in der Erfahrung liegt, daß das »Leid« der »Lust« nicht feindlich sein muß, sondern als »Weh« zur »Wonne« sich wandeln kann. Der Komponist ist darüber hinaus in der Lage, daß Ganze unter dem Oberbegriff »Liebe« zusammenzufassen, indem er zu der Ausgangstonart, in der er diese Liebe anfänglich besungen hat, am Ende wieder zurückkehrt. Den Eindruck von Rückkehr kann er freilich nur vermitteln, wenn er die Anfangstonart zwischendurch verlassen hat; dies geschieht durch eine Modulation im Mittelteil. Letztere hat freilich keineswegs nur – wie in der von Wagner geringschätzig so genannten »absoluten Musik« – die formale Funktion, den Eindruck kreisförmiger Geschlossenheit zu vermitteln; auch sie steht vielmehr im Dienst der Sinndeutung, indem sie die Gegensätze von »Lust« und »Leid« sowie »Wonne und Weh« deutlich macht, wozu der Dichter allein nicht in der Lage ist: Geht es von der Lust ins Leid, so moduliert der Komponist in die neue Tonart; geht es über das Weh zurück zur Wonne, so erfolgt die Rückmodulation, die – wie gesagt – zugleich das Ganze unter dem Thema »Liebe« zusammenspannt.

Wenn Wagner sagt, er habe den Stabreim »ganz von selbst« für sich entdeckt, so liegt darin auch ein Stück Mystifikation: Da er sein Kunstwerk als in jeder Weise »organisch« verstanden wissen wollte, war es ihm wichtig, Neuerungen wie die Übernahme des Stabreims als Phänomene hinzustellen, die sich mit innerer Notwendigkeit aus der Natur der Sache ergaben; und sicherlich hat er daran auch selbst geglaubt. Das schließt freilich intellektuelles Kalkül nicht aus – auch nicht bezüglich des Stabreims. Dieser muß Wagner als geradezu idealer Kompromiß zwischen zwei Möglichkeiten der Sprachvertonung erschienen sein, deren keine ihm zur Zeit von *Oper und Drama* weiterhilft: ein vom Endreim diktierter Periodenschematismus einerseits und eine frei schweifende, grundlegende Prinzipien der Melodieformung ignorierende »musikalische Prosa« andererseits. (Was letztere angeht, könnte Wagner die damals letzte seiner eigenen Opern vor Augen gehabt haben, nämlich *Lohengrin*: Dort mag ihm der Anteil des bloß rezitierenden Elements als der größtmögliche erschienen sein, so daß er nach neuen Formen suchen mußte.)

Stabgereimte Dichtung bietet Möglichkeiten der Vermittlung: Einerseits fügt der Stabreim Worte zu Sinneinheiten zusammen, deren Zusammenhang sich nicht bloß gedanklich, sondern auch unmittelbar gefühlsmäßig erschließt; in diesem Sinne können sie gegebenenfalls als mehr oder weniger geschlossene musikalische Gebilde vertont werden, wofür die Phrase »Die Liebe bringt Lust und Leid ...« als Beispiel dienen könnte. Andererseits ist das Metrum der stabgereimten Verse zu unregelmäßig, als daß die Gefahr bestünde, der Hörer könne durch eine zu gleichförmige Melodieführung eingelullt werden; vielmehr fordern die alliterierenden Stammsilben geradezu gebieterisch die Beachtung des Wortakzents möglicherweise entgegen einem glatten Fluß der Melodie. Auch dafür bietet die Phrase »Die Liebe bringt ...« einen guten Beleg: Es wird schwerfallen, sie liedhaft zu vertonen, ohne den Wortakzent zu vernachlässigen.

Für die Tendenz der modernen Sprache, die Einheit von Agieren, Fühlen und Denken zu zerschlagen, hat Wagner nicht ohne Berechtigung jüdisch-christliche Traditionen verantwortlich gemacht. Daß in Gestalt der frühmittelalterlichen Hymnendichtung – und damit erstmals in der abendländischen Versgeschichte – der *Endreim* auf den Schild gehoben und dem altnordischen und -germanischen Stabreim entgegengesetzt worden ist, bedeutete in der Tat nicht nur eine Verdrängung heidnischer Themen und Inhalte, sondern zugleich eine Entfremdung von Bewegungsformen und Erlebnisweisen, innerhalb derer der nordische Mythos geschaffen und tradiert worden war. Dies gesehen und den Stabreim neu zu Ehren gebracht zu haben, spricht für Wagners hohes Sprachgefühl und hat mit bloßem Altertümeln nichts gemein. Gleichwohl muß man sich fragen, weshalb dem Komponisten des *Ringes* die Verwendung des Stabreims immer wieder als solches Altertümeln ausgelegt worden ist: Man hört ihn geradezu als eine Art Dialekt, der deutlicher als andere Merkmale die Person- und Zeitgebundenheit dieses Werks zum Ausdruck bringt und sich damit fast ironisch seinem hohen sprachphilosophischen Anspruch entgegenstellt.

Die Antwort liegt auf der Hand: Wagner will einen Mythos nicht nur nachschaffen, sondern als moderner Mensch neu konzipieren. Er erzählt die Geschichte des Ringes deshalb nicht in lapidaren Worten, sondern – trotz aller Konzentration auf das Wesentliche – ausschweifend. Da werden keine archetypischen Konfigurationen von Wohl und Wehe, Lust und Leid der Götter und Menschen vorgestellt – wobei der Stabreim helfen könnte. Vielmehr bringt Wagner *seine* Version vor, und dies detailliert, erklärend und psychologisierend. Dabei gebricht es ihm zwar nicht an vielen bildkräftigen Worten, wohl aber an Wortketten, die sich zwanglos und ›wie von selbst‹ stabreimen ließen; demgemäß liegen das Erhabene und das Lächerliche nahe beieinander. Nicht alles klingt organisch, wie Wagner es sich gewünscht hätte; vieles wirkt vielmehr wie künstlich zusammengeschmiedet – nicht von Siegfried, sondern von Mime. Gleichwohl ist das Niveau der Ring-Dichtung auch im Blick auf die Verwendung des Stabreims nicht zu unterschätzen. Wenn Loge, am Ende des *Rheingolds* dem Einzug der Götter in Walhall nachblickend, ausruft: »Ihrem Ende eilen sie zu, die so stark im Bestehen sich wähnen!« – ist das schlechter gedichtet, als wenn Lynceus gegen Ende des *Faust* seine berühmten Sätze singt: »Ihr glücklichen Augen, was je ihr gesehn, es sei, wie es wolle, es war doch so schön!«?

Die ersichtlich gewordenen Taten der Musik

So vorausschauend Wagner war – wie die Musik zum *Ring* aussehen würde, konnte er bei der Niederschrift von *Oper und Drama* im einzelnen nicht wissen. Man hat zu Recht gefragt, inwieweit er in *Oper und Drama* ein – dann freilich zukunftsorientiertes – kompositionstheoretisches Resümee aus seinem bisherigen Schaffen ziehe oder tatsächlich auf den *Ring* vorausschaue.

Die musikästhetischen Maximen von Oper und Drama

Am 16. Juni 1852 schreibt Wagner an Franz Liszt im Blick auf das Ring-Projekt: »Die Musik wird mir sehr leicht und schnell von Statten gehen: denn sie ist nur *Ausführung* des bereits *fertigen.*« Nach *Oper und Drama*, kurz zuvor abgeschlossen, hätte die Komposition des *Ringes* in der Tat zu einem Vorgang werden müssen, der sich – um mit Wagner zu sprechen – ganz »organisch« aus der Natur der Sache, nämlich entlang der Begriffskette »rhythmische Melodie« – »Wortvers« – »Versmelodie« – »Orchestermelodie« ergeben würde; die »ursprünglichste Kundgebung eines mannigfaltigeren, in seiner Mannigfaltigkeit sich aber wieder zur Einheit abschließenden menschlichen Gefühles« ist die auf einen Atemzug zu artikulierende, zwischen stärkeren und schwächeren Betonungen differenzierende »rhythmische Melodie« als »Urmelodie« und »tönender Laut der reinen Gefühlssprache«; hier liegen die gemeinsamen Wurzeln von Musik und Sprache. An der »nährenden Mutterbrust« der Urmelodie entwickelt sich mit fortschreitender Vorherrschaft des Verstandes der »Wortvers« als Ausdruck geformter Sprache; dessen wichtiger Spezialfall ist der Stabreim. Nun kommt der *Komponist* ins Spiel: Er schafft die »Vers«- oder »Gesangsmelodie«, also das, was die Sänger vortragen:

»In der Versmelodie verbindet sich nicht nur die Wortsprache mit der Tonsprache, sondern auch das von diesen beiden Organen Ausgedrückte, nämlich das Ungegenwärtige mit dem Gegenwärtigen, der Gedanke mit der Empfindung. Das Gegenwärtige in ihr ist die unwillkürliche Empfindung, wie sie sich notwendig in den Ausdruck der musikalischen Melodie ergießt; das Ungegenwärtige ist der abstrakte Gedanke, wie er in der Wortphrase als reflektiertes, willkürliches Moment festgehalten wird.«

Wagners Definition macht deutlich, was der Komponist zu leisten hat: Er soll nicht etwa eine Melodie erfinden, die sich dem Text zwar anpaßt, eigentlich aber – in dem von Wagner negativ gemeinten Sinne – »absolut« ist: So haben die bisherigen Opernkomponisten gehandelt und damit die Einheit von Musik und Sprache, Gefühl und Intellekt zerstört. Der Komponist soll vielmehr das Gefühl, das im Wortvers vorhanden, aber eingeschlossen ist, »erlösen« – wie Wagner es mit einem seiner Lieblingsworte sagt. Während die »absolute Melodie« ihren Sinn in sich trägt und zugleich verschließt, muß die Versmelodie mit jedem ihrer Töne auf die Regungen eingehen, die der Vers vorgibt. In seinem Brief an Theodor Uhlig vom 12. Dezember 1850 bezeichnet Wagner aus umgekehrter Blickrichtung die »dichterische Absicht« als das männliche Prinzip, das die Musik als das weibliche Prinzip befruchten muß, damit sie eine »vollendete Tonsprache« gebären kann, die sich durch die Einheit von Verstand und Gefühl auszeichnet.

Bei der Erfindung seiner Vers- oder Gesangsmelodie soll der Komponist nun keineswegs in das primitive Stadium der Urmelodie zurückfallen, vielmehr das »Wesen der modernen Musik« nutzen: ihre harmonische und modulatorische Kraft. Durch den Gang der Modulation wird das Gefühl »sicher geleitet« und »zum unendlichen, rein menschlichen Gefühle erweitert«. Die Einheit, innerhalb derer ein modulatorischer Gang durchgeführt und abgeschlossen wird, ist die »dichterisch-musikalische Periode«. Da Wagner diesen Terminus nicht eindeutig definiert, ist über ihn viel gestritten worden. Man kann aber mit Carl Dahlhaus annehmen, daß es sich um ein überschaubares, der aus der allgemeinen Musiklehre bekannten »Periode« nicht unähnliches Gefüge handelt;[18] vermutlich stellen die Verse »Die Liebe bringt Lust und Leid ...« eine dichterisch-musikalische Periode dar.

Harmonische und modulatorische Kraft zu entwickeln, ist Aufgabe des Orchesters. Dieses teilt mit und verdeutlicht, was die Darsteller durch ihren Gesang allein nicht auszudrücken vermöchten:

»Die dem Auge sinnfällige, stets gegenwärtige Erscheinung und Bewegung des Verkünders der Versmelodie, des Darstellers, ist die dramatische Gebärde; sie wird dem Gehöre verdeutlicht durch das Orchester, das seine ursprünglichste und notwendigste Wirksamkeit als harmonische Trägerin der Versmelodie selbst abschließt. – An dem Gesamtausdrucke aller Mitteilungen des Darstellers an das Gehör, wie an das Auge, nimmt das Orchester somit einen ununterbrochenen, nach jeder Seite hin tragenden und verdeutlichenden Anteil: es ist der bewegungsvolle Mutterschoß der Musik, aus dem das einigende Band des Ausdruckes erwächst. – Der Chor der griechischen Tragödie hat seine gefühlsnotwendige Bedeutung für das Drama im modernen Orchester allein zurückgelassen, um in ihm, frei von aller Beengung, zu unermeßlich mannigfaltiger Kundgebung sich zu entwickeln. ...
Das Orchester ist das die Einheit des Ausdruckes jederzeit ergänzende Sprachorgan, welches da, wo der Worttonsprachausdruck der dramatischen Personen sich, zur deutlicheren Bestimmung der dramatischen Situation, bis zur Darlegung seiner kenntlichsten Verwandtschaft mit dem Ausdrucke des gewöhnlichen Lebens als Verstandesorgan herabsenkt, durch sein Vermögen der musikalischen Kundgebung der Erinnerung oder Ahnung den gesenkten Ausdruck der dramatischen Personen derart ausgleicht, daß das angeregte Gefühl stets in seiner gehobenen Stimmung bleibt.«

Was Wagner hier in windungsreicher Sprache erklärt, drückt er zugleich auch in einfachen Bildern aus: Zur Darstellung des Verhältnisses von Orchester- und Versmelodie vergleicht er das Orchester mit einem See, dessen klangvolle Wellen den Nachen der Versmelodie trügen; und zur Bestimmung der Funktion des Orchesters hebt er dessen Fähigkeit hervor, den dramatischen Personen »in den Augen zu lesen« und ihre Gebärden zu deuten. Das alles besagt: Wo die handelnden Personen innerhalb ihrer aktuellen Bühnensituation agieren und – was Wagner lieber vermieden wüßte – argumentieren, bietet das Orchester die gefühlsmäßige Orientierung, gibt zudem unausgesprochenen oder widersprüchlichen Gefühlen Raum. Es bildet den Horizont des Geschehens, kommentiert, verweist auf das Allgemeine der Situation und macht überhaupt erst die Tiefendimension des Mythos deutlich. Handlungsstränge, die in der vorgeführten Handlung eine zeitliche Abfolge darstellen, läßt es in ihrer mythisch absoluten Gleichzeitigkeit erscheinen. So stiftet es die Einheit, die zur Verwirklichung des Gesamtkunstwerks unbedingt notwendig ist.

Woher bezieht die Musik diese Potenzen? In *Oper und Drama* gibt Wagner nur Andeutungen, mit denen der Leser wenig anfangen könnte, hätte er nicht die vollendeten Musikdramen im Ohr. Die Grundtendenzen sind jedoch klar herausgearbeitet: Im Drama gibt es einige »Grundmotive«, die »verwirrende Vielheit« der Handlung in »plastischen Gefühlsmomenten« konzentrieren. Der Komponist »verdichtet« diese Motive zu »melodischen Momenten« und ordnet diese dergestalt, »daß in ihrer wohlbedingten wechselseitigen Wiederholung ihm ganz von selbst auch die höchste einheitliche musikalische Form entsteht«. Wagner scheut sich nicht, an den Sinfoniesatz zu erinnern, innerhalb dessen formale Einheit mit Hilfe von »Themen und ihrer Wiederkehr« geschaffen werden soll, weist aber zugleich auf den entscheidenden Unterschied hin: Während der Sinfonienkomponist sich den Zusammenhang nur »denkt«, verwirklicht ihn Wagner in seinem musikalischen Drama, indem er dessen Tonordnung, also auch die Disposition der grundlegenden melodischen Momente, strikt an der »dichterischen Absicht« orientiert. Die melodischen Momente vermögen sich »gegenseitig zu verständlichen«; und wo sie, »dem Reime ähnlich«, wiederkehren, ist dies durch die Handlung »wohlbedingt«. »Einheitliche Form« muß somit nicht kompositorisch geplant werden: Wenn die »Verbindung und Verzweigung der thematischen Motive« ein – wie Wagner es in zur gleichen Zeit in *Eine Mitteilung an meine Freunde* nennt – sinnfälliges musikalisches »Gewebe« ergibt, so deshalb, weil alles auf den Einheit stiftenden »Bau des Dramas« bezogen ist. Die Orchestermelodie enthält tendenziell keinen Ton, der nicht Bestandteil der dramatischen Gesamtkonzeption wäre.

Nun wird auch klarer, was Wagner meint, wenn er dem Orchester die Fähigkeit zu »musikalischer Kundgebung der Erinnerung oder Ahnung« zuspricht: Der Komponist soll die »melodischen Momente« so formen, daß sie die Hörer kommende Handlung vorausahnen lassen oder geschehene Handlung in Erinnerung rufen. Daß Wagner in diesem Zusammenhang nicht die Fähigkeit der »melodischen Momente« erwähnt, gegenwärtiges Geschehen auf die Ebene allgemeingültigen Gefühls zu heben, hat seinen Grund. Zwar ignoriert er, wie der Gesamtzusammenhang zeigt, diese Funktion keineswegs; doch sein Blickwinkel ist ein anderer: Er will darstellen, daß die »melodischen Momente« keine festen Größen sind, daß sie vielmehr Sinn herstellen, indem sie in wechselnder Gestalt durch das musikalische Drama wandern. Keinesfalls darf man sie mit den »Themen« der klassischen Sinfonie im Sinne »fertiger, geschaffener Melodien« gleichsetzen; denn diese werden allein »nach musikalisch motivirter Willkür« abgewandelt und wiederholt, um einem »absoluten Instrumentalstück« auf diese Weise eine »einheitvolle Form« zu geben. In *Einer Mitteilung an meine Freunde* spricht Wagner im gleichen Kontext von einem »charakteristischen Gewebe der Hauptthemen«, das sich »über das ganze Drama, und zwar in innigster Beziehung zur dichterischen Absicht«, auszubreiten habe.

Das Themenmaterial der klassischen Sinfonie kommt für Wagner nicht in Frage, weil durch seine Verwendung das Periodengerüst der Gattungen Lied und Tanz, in denen es virtuell wurzelt, absolut gesetzt wird, was wiederum verhindert, daß die musikalischen Gedanken sich jenseits formaler Zwänge artikulieren und mit der Geschmeidigkeit eingesetzt und kombiniert werden können, welche die dichterische Absicht jeweils nötig macht. Den Sinfoniker Beethoven, sein großes Vorbild, nimmt Wagner von solchen Bedenken freilich weitgehend aus: Er komponierte aus »dichterischer Absicht« und mußte deshalb – wie es schon in der Novelle *Ein glücklicher Abend* von 1841 heißt – fast notwendigerweise die »Form der Sinfonie unendlich erweitern« und »die Proportionen des älteren musikalischen Periodenbaues« aufgeben; dennoch sind viele seiner Werke nur »Skizzen zu einem Gemälde, über dessen

Gegenstand wohl, nicht aber über dessen verständliche Anordnung der Meister mit sich einig war«. Diese »Skizzen« deutet Wagner mit seinen Augen. Es ist sicher kein Zufall, daß er gerade in der Zeit von *Oper und Drama* in einer programmatischen Deutung der *Eroica* als deren »Helden« den »ganzen vollen Menschen« ausmacht – geradezu seinen eigenen Siegfried, dessen Horn-Motiv dann auch einmal etwas mit dem *Eroica*-Motiv zu tun haben wird. Und Beethoven ›denkt‹ ganz im Sinne Wagners, wenn ihm die Bestimmtheit seiner »dichterischen Absicht« so wichtig wird, daß er in seiner letzten Sinfonie das Wort zu Hilfe nimmt. Doch da bleibt er – ›gottlob‹, möchte man aus der Sicht des von der Neuheit seiner eigenen Konzeption berauschten Wagners hinzufügen – auf halbem Wege stehen: Just die Freudenmelodie, die vom neuen Menschen künden soll, ist naiv »patriarchalisch«, den Versen Schillers »nur übergebreitet«, hat also nicht die gefühlsmäßige und modulatorische Beweglichkeit, die sich Wagner für seine eigene Versmelodie wünscht.[19]

Auch der Kompositionsweise von Hector Berlioz, dem »unmittelbaren und energischen Ausläufer Beethoven's nach der Seite hin, von welcher dieser sich abwandte, sobald er von der Skizze zum wirklichen Gemälde [wie in der *Neunten*] fortschritt«, weiß Wagner interessante Züge abzugewinnen. Seine »Tonmalerei« hat durch »besondere Charakteristik des Ausdrucks« und besonders individuelle Instrumentation das »Vermögen der Instrumentalsprache« unzweifelhaft gesteigert; jedoch wendet sich seine Musik an die »Phantasie« anstatt an das »Gefühl« – eine bemerkenswerte, über den konkreten Fall hinausgehende Kritik: Da alle an Programmen orientierte Musik Spuren legt, aber nicht wirklich Wege weist, fordert sie den Hörer auf, zu phantasieren oder zu spekulieren – dies jedoch mit dem *Verstand,* der sich redlich abmüht, Höreindruck und Programm in Übereinstimmung zu bringen. Dabei »erkaltet« das Gefühl: Die Einheit von Denken und Fühlen, wie sie beim Mitvollzug des musikalischen Dramas möglich und nötig ist, kommt nicht zustande. Während Wagner an den Werken von Berlioz ausdrücklich die Zerrissenheit des Gedankenganges bemängelt, hebt er an den Sinfonischen Dichtungen Liszts die ideelle und thematische Einheit hervor; doch wer genau liest, bemerkt, daß Wagner in seinen Aufsatz *Über Franz Liszt's symphonische Dichtungen* von 1857 kritische Töne einfließen läßt, obwohl er sie als Gattung vordergründig verteidigt: Auch bei Liszt kommt die Musik letztlich nicht zu dem ihr bestimmten Gefühlsausdruck, weil ihr die Befruchtung durch das Wort fehlt. Alles scheint auf die Komposition des *Ringes* zuzusteuern.

Der Umgang mit dem »Material«

Im Jahrgang 1854 der *Grenzboten,* einer dem literarischen Realismus zugewandten und Wagner keineswegs generell übelgesonnenen Zeitschrift, heißt es über den *Lohengrin*: »Statt einer künstlerischen Gestaltung und Durchbildung zu wahrer Charakteristik finden wir nur den rohen Materialismus äußerlicher Kennzeichen«. Zum einen ist von einer »Verschwendung und unnatürlich gekünstelten Verwendung« der Mittel die Rede. Die Wirkung der Musik beruhe vielfach »lediglich auf dem materiellen Eindruck der Instrumentalcombination«. Zum anderen setze Wagner das Mittel der »musikalischen Charakteristik« bis »zur unschönsten Verzerrung« ein, um »eine fortschreitende psychologische Motivirung« zu erzielen. Als ob der Rezensent die ja damals bereits vorliegende Schrift *Oper und Drama* gelesen hätte, spricht er von »Motiven, welche sich vorwärts und rückwärts deutend durch die ganze Oper ziehen«, und kritisiert: »Für den Zuhörer wird es förmlich eine neue Mnemotechnik, wo er sich Melodien merkt statt der Wörter, und er muß immer Acht geben, daß ihm nicht ein Motiv entgeht, womit er nachher operiren soll ...«[20]

Die von dem Mozart-Biographen Otto Jahn ohne Namenszeichnung formulierten, später in seinen *Gesammelten Aufsätzen* wiederabgedruckten Vorwürfe sind produktiv: Ob sie einleuchten oder nicht, bieten sie Gesichtspunkte, unter denen das Neue im Schaffen Wagners auch hinsichtlich des *Ringes* in den Blick gerät. Jahn argumentiert von einem gemäßigt idealistischen Standpunkt aus: Im Kunstwerk kommt die Idee des Schönen zu sinnlicher Anschauung. Der Künstler hat die Aufgabe, sein Material so zu formen, daß bei aller Individualität der Darstellung das ästhetische Credo der Einheit von Form und Inhalt, Ordnung und Ausdruck usw. und damit die Vorstellung erhalten bleibt, das Kunstwerk bilde eine harmonische Welt für sich. Zwar leugnet Jahn nicht, daß in der neueren Kunst neben das Genus des Schönen das des Charakteristischen getreten sei; doch müsse letzteres die Ausnahme bleiben und der realistischen, psychologisch deutenden Darstellung des Ungewöhnlichen, vor allem des Grotesken und Häßlichen, vorbehalten bleiben.

Lohengrin genügt diesen Vorstellungen nicht. Deutlich spürt der Rezensent, daß Wagner das musikalische Material – Instrumentenklang, Motivik, Harmonik – nicht zum höheren Ruhm des idealen Kunstwerks einsetzt, sondern um – gleichsam auf eigene Rechnung – Wirkung zu machen; so wird er zum »Materialisten«, der selbstherrlich über das Material verfügt, ohne nach dem Ganzen der Kunst zu fragen. Jahn beschreibt ziemlich genau, wie dies im einzelnen funktioniert: Wagner kombiniert Instrumentalfarben und Harmonien zu spezifischen Klangmischungen; er erfindet und verändert musikalische Motive dergestalt, daß sie psychische Prozesse zu spiegeln vermögen. Der Zunftgenosse, der dies analysieren will, hält freilich immer nur die einzelnen Materialien – Farben, Klänge, plastische Motive – in der Hand; der Zusammenhang stellt sich zu seinem Unmut nicht musikimmanent her, sondern allein in Verbindung mit dem Drama, zu dessen gehorsamer Tochter die Musik wird, um sich zugleich mit ihren Möglichkeiten gewaltig in den Vordergrund zu drängen. Wagners Musik ist nach diesem Verständnis – so möchte ich folgern – wie ein Gewürz, das für ein bestimmtes Gericht Bedingung ist, indem es ihm Namen und spezifischen Geschmack verleiht – aber eben nicht das Gericht selbst.

Solche Kritik muß man nicht rückschauend auf *Lohengrin* beziehen, man kann sie auch auf das *Rheingold* anwenden, den Auftakt und zuerst komponierten Teil des *Ringes.* Dieses steckt ja voller »Rohheiten«, was die Verwendung unsublimierten Instrumentenklangs oder die Einführung markanter, das Geschehen auf musikalischer Ebene verdeutlichender Motive angeht. Bereits das Vorspiel ist ja nichts anderes als eine Klangfläche über Es-Dur, also, wenn man so will, die Ausbreitung reinen Materials. Und wenn Wagner beim Übergang von der 1. zur 2. Szene, von den Wogen des Rheins zu den Berghöhen der Götterwelt, das Ring- zum Walhall-Motiv sich wandeln läßt, so geht er zwar einerseits mit der Kunst größter Nuancierung vor; denn diese Verwandlung geschieht ja ebenso sacht wie der damit verbundene Wechsel vom Hörner- zum Tubenklang. Und dennoch tritt das feierliche Des-Dur des vollstimmigen Tubensatzes mit einer Wucht ein, die den Verehrern Wagners einen Schauer über den Rücken jagt und bei den Kritikern den Eindruck erweckt, hier werde nicht mehr redlich und handwerklich nachvollziehbar ›komponiert‹, sondern mit wirkungsvoll plazierten Material- oder Versatzstücken zur Überhöhung des dramatischen Augenblicks manipulativ Stimmung gemacht. Ähnliches gilt sicherlich für den sogenannten Trauermarsch aus der 2. Szene des 3. *Götterdämmerungs*-Aktes: Wenn Siegfrieds Leiche von den Rheinufern über die Bergeshöhe in die Gibichungenhalle getragen wird, schlägt geradezu die Stunde des Blechs.

Mit dem Vorwurf des »Materialismus« ist latent die Vorstellung von Anmaßung verbunden. Darin wird eine nicht nur ästhetische, sondern vor allem moralisch-politische Problemstellung sichtbar. Bis in die Zeit des späten Beethoven hinein war die kompositorische Arbeit am Einzelwerk innerhalb der *Gattungen* erfolgt: Sie waren der unmittelbar erfahrbare Ausdruck von Musik in der Gesellschaft und legten fest, was der Komponist sich ›erlauben‹ konnte – und da gab es Unterschiede zwischen Oratorium und Oper, Sinfonie und Quartett, hohem und niederem Stil. Im Schoß aufgeklärter bürgerlicher Kultur wandelt sich die Vorstellung von Musik als einer in traditionellen Gattungen lebendiger Auftragskunst zu der Vorstellung von Musik als einer allgemeinen Sprache der Menschheit. Aus vielen ›Dialekten‹ oder ›Fachsprachen‹, welche die Musik bisher unter den konkreten Vorgaben der jeweiligen Gattungen gesprochen hat, wird *eine* ›Hochsprache‹, deren philosophisch-moralisch-künstlerischer Anspruch das ganze Reich der Musik überzieht. Vertreter dieser ›Hochsprache‹ verstehen sich als Avantgarde, die – gattungsübergreifend – über den jeweiligen musikalischen Fortschritt bestimmt. Dieser muß nach solcher Auffassung in jedem Kunstwerk, das diesen Namen verdient, auf individuelle, jeweils nur *ihm* eigentümliche Weise eingelöst werden. Bach, Haydn und Mozart bringen diesen Prozeß in Gang; vom späten Beethoven wird er zu einem Abschluß gebracht: In der *Neunten Sinfonie* und den späten Streichquartetten ist die jeweilige Gattungsgesetzlichkeit nur noch die Folie, auf der in jedem Einzelwerk das Ganze der Kunst abgehandelt wird.

Zunehmend verliert die Kategorie ›Gattung‹ ihre normative Kraft: Nicht sie ist es, woran sich der Komponist produktiv abarbeitet, sondern ihre Konkursmasse, das gleichsam freigesetzte musikalische Material. Seit Beethovens Spätwerk ist das Material als solches verfügbar – er kann es nach seinem gusto benutzen. Das aber macht Angst. Rein vordergründig bringt es den gerade erst in Schwung gekommenen Musikmarkt durcheinander; denn der bietet ja seine Waren weiterhin nach Gattungen an: Das musizierende und unterhaltungsfreudige Publikum braucht keine

Gesamtkunstwerke, sondern Lieder, Oratorien, Sinfonien, Quartette. Untergründig schadet es der Staatsraison, wenn ein Komponist sich nicht mehr an Konventionen hält, vielmehr schreibt, was er will und sogar – wie Wagner in Gestalt der Bayreuther Festspiele – eigene Institutionen zur adäquaten Darbietung seiner Werke projektiert.

Daß sich die Musik hier an einem Scheideweg befindet, ist von den Komponisten selbst durchaus gesehen worden. Verfechter der ›absoluten Musik‹ wie Brahms bleiben den traditionellen Gattungen weitgehend treu, verhelfen ihnen zu einem zweiten, artifiziellen Dasein und sehen ihre Freiheit vor allem darin, innerhalb freiwillig eingehaltener Grenzen möglichst viel an Eigenerfahrung einzubringen oder besser: zu sublimieren. Die ›Zukunftsmusiker‹ Berlioz, Liszt und Wagner machen sich hingegen die Vorstellung zu eigen, das musikalische Material sei tatsächlich in dem Sinne frei, daß man mit ihm außerhalb traditioneller Gattungsästhetiken schalten und walten könne. In diesem Sinne arbeitet jeder von ihnen an dem Problem, wie sich Harmonik, Klangfarbe, Metrik, Form, Charakteristik usw. aus traditionellen Gattungs-, Form- und Funktionszusammenhängen befreien lassen, denen zufolge Dissonanzen in Konsonanzen aufgelöst werden müssen, Instrumentenklänge nicht um bloßen Sinnenreizes willen eingesetzt werden dürfen, musikalische Prosa nur in rezitierenden Partien erlaubt ist, Formverläufe architektonisch sinnfällig sein müssen, grelle Charakteristik nur als Kontrast zur Darstellung des Schönen denkbar erscheint usw.

In seinen Opern bis zum *Lohengrin* geht Wagner – bei allen Differenzen im einzelnen – den Weg gemeinsam mit Berlioz und Liszt; und die *Faust*-Ouverture bildet geradezu ein Bindeglied zwischen den programmatischen Orchesterwerken von Berlioz und den Sinfonischen Dichtungen von Liszt.[21] Seit *Oper und Drama* und vom *Ring* an denkt und handelt er jedoch nur noch für sich selbst. Die Vorstellung, daß die traditionellen musikalischen Gattungen zum Absterben verurteilt seien, läßt ihn nämlich nicht etwa fordern, der Komponist müsse sich die Formen für seine Tondichtungen von Fall zu Fall selbst schaffen. Vielmehr soll die Vielheit der Gattungen durch die *eine* Großgattung ersetzt werden: das musikalische Drama. Die Idee der musikalischen Kunst als einer sich ihre Gesetze autonom gebenden Einzelkunst hat ausgedient: Künftig kann es – tendenziell – nur noch eine aus antiker Tradition neuzubelebende Gesamtkunst geben, innerhalb derer Musik ein Teilmoment ist. Was Musik in dem neuen Gesamtkunstwerk zu leisten vermag, muß neu durchdacht werden: Das Vorhandene wird zum Fundus, den der Künstler nach Belieben heranzieht und den er natürlich auch seinerseits ständig erweitert. Wie das musikalische Material funktionalisiert wird, läßt sich gut am Beispiel der Harmonik zeigen.

Musik birgt die Kategorien von Ordnung und Ausdruck in sich. Beide sind auf elementare Weise in Tanz und Gesang erfahrbar: Das Erlebnis von Ordnung stellt sich her, wenn sich in den musikalischen Strukturen bestimmte Bewegungsabläufe oder Textanordnungen abbilden; Ausdruck wird vermittelt, indem die Instrumentalisten und Sänger ihre jeweiligen Gemütsbewegungen durch Klangfärbung, Intonation, Artikulation, Tempo usw. in musikalischen Gestus umsetzen. Die Erfahrung primärer Sinngebung, die auf dem anthropologisch vorgegebenen Bedürfnis zu singen und zu tanzen beruht, geht in der abendländischen Kunstmusik zunehmend verloren. Letztere entfernt sich schrittweise von der Basis der umgangsmäßig nachzuvollziehenden Gattungen Lied und Tanz, um stattdessen Sinn auf einer sekundären Ebene herzustellen, nämlich derjenigen einer in sich stimmigen musikalischen ›Struktur‹ – einer Kategorie, die als ein Spezificum des musikalischen Kunstwerks westeuropäischer Prägung gelten kann.

Dabei kommt dem Moment der Harmonik eine geradezu entscheidende Rolle zu; und es ist keineswegs ein Zufall, daß die Ausbildung eines auf der Basis harmonischer Abläufe sich konstituierenden musikalischen Satzes im Schoß der abendländischen Musik und nur dort sich vollzieht: Erst eine Musik, deren harmonische Dimension voll ausgeprägt ist, kann aus sich heraus, als tendenziell autonomes Kunstgebilde, vernommen und verstanden werden; ein solches Verständnis von Musik aber war und ist den Kulturen außerhalb der abendländischen Kunstmusik fremd, während es die letztere – als Sinnbild wachsender Autonomie des Subjekts – geradezu definiert. Die Harmonik vor allem ist es, die im entwickelten musikalischen Kunstwerk Ordnung und Ausdruck reguliert:

- Je vielschichtiger und differenzierter ein musikalischer Satz ist, desto mehr hängt seine Verständlichkeit von der formbildenden Kraft der Harmonik ab. Ehe die Komponisten des Barock darangehen konnten, Gattungen eigenständiger Instrumentalmusik zu schaffen, mußten sie geradezu die Erfindung des Generalbasses im Sinne einer kontinuierlichen Folge aufeinander bezogener Akkorde machen. Indem die Hörer den dergestalt von der Harmonik gebahnten Weg beschritten, hatten sie soviel an sicherem Grund unter den Füßen, um kompliziertere Satzstrukturen nachzuvollziehen oder einen Satz selbst ohne bewußte Wahrnehmung struktureller Details als geordnet erleben zu können. (Selbst eine Fuge aus dem *Wohltemperierten Klavier* bezieht ihre Plausibilität nicht zuletzt aus derjenigen ihres harmonischen Verlaufs, der sich ohne große Probleme auch in den Kategorien des Generalbasses darstellen ließe.)
- Je akzentuierter das Moment des Ausdrucks von der subjektiv gefärbten Interpretation der jeweiligen Spieler und Sänger abgezogen und zu einem Teilmoment der Komposition objektiviert wird, umso wichtiger wird es für den Komponisten, die reichen Ausdrucksmöglichkeiten der Harmonik zur Darstellung von Gemütsbewegungen zu nutzen.

Wagner schildert diese Zusammenhänge in *Oper und Drama* theoretisch auf das deutlichste: Zum einen weist er der Harmonik die Aufgabe zu, innerhalb der »dichterisch-musikalischen Periode« das Gefühl der Hörer »sicher zu geleiten«; zum anderen läßt er sie die »dramatische Gebärde« der Orchestermelodie verwirklichen. In praxi, also im Zuge der konkreten kompositorischen Arbeit am *Ring*, zeigt sich, daß die erstgenannte Aufgabe der Harmonik in den Hintergrund tritt: Der Versuch, den *Ring* im Sinne einer Folge »dichterisch-musikalischer Perioden« zu analysieren, scheitert vor allem daran, daß deren harmonische Begrenzungen kaum im Sinne fester Regeln aufzufinden sind. Gewiß wird man nicht behaupten, Wagner verzichte im *Ring* auf die formbildende Kraft der Harmonik. Man darf aber bezweifeln, daß die Harmonik im Erleben der Hörer jene strukturierende Kraft hat, die sie in Arie oder traditionellem Instrumentalsatz zweifelsohne besitzt; in diesem Sinne bilden quasi geschlossene »Nummern« wie *Walkürenritt*, *Wotans Abschied*, *Siegfrieds Rheinfahrt*, *Trauermarsch* usw. natürlich eine Ausnahme.

Nicht das formbildende Moment der Harmonik ist für Wagner im *Ring* das eigentlich interessante, sondern das der Farbgebung. Unter dem Aspekt der Funktionalisierung des Materials bedeutet dies, daß harmonische Abläufe zusehends weniger dem ordnenden Prinzip der Kadenz unterworfen werden, vielmehr Farbe, Charakter oder Ausdruck an sich darstellen. Das Neuartige liegt nicht so sehr in der gehäuften Chromatik: Die hat es in der Musikgeschichte immer wieder gegeben, exemplarisch in J.S. Bachs Umgang mit Ausdrucksdissonanzen. Das Neue liegt vielmehr in der Tendenz, Chromatik in solcher Intensität als selbständigen Wert zu betrachten, daß die Unterschiede zwischen Konsonanz und Dissonanz verwischt und damit die Grundlagen des funktional-harmonischen Systems als eines Garanten formaler Ordnung angetastet werden.

»Halb zog sie ihn, halb sank er hin« – so möchte man Wagners Haltung zur Emanzipation der Harmonik beschreiben. Denn keineswegs möchte er die führende Stellung der Melodik zugunsten bloß harmonischer Farbigkeit verloren gehen sehen. Sein Schüler Felix Dräseke erzählt anschaulich, wie ihm Wagner im Sommer 1859 »eine Aufklärung über die Melodie« gab:

»Ganz unvorhergesehener Weise, und ich weiß auch nicht, wodurch veranlaßt, fing er an einem sehr heißen Augustnachmittag einmal an, den ersten Satz der Eroica zu singen, geriet in einen furchtbaren Eifer, sang immer weiter, wurde sehr heiß, kam außer sich, hörte aber nicht auf, als bis er an den Schluß des ersten Teils gekommen war. ›Was ist das?‹, schrie er mich an, worauf ich natürlich sagte: ›Die Eroica‹. ›Nun, ist denn die blanke Melodie nicht genug? Müßt Ihr [Neudeutschen] da immer Eure verrückten Harmonien mit dabei haben?‹ «[22]

Das Engagement für den »unversiegbar dahinströmenden melodischen Fluß« in Beethovens Sinfonien wirkt wie eine ironische Selbstbezichtigung oder -beschwichtigung angesichts des gerade fertiggestellten *Tristan*. Denn dieser ist ja nicht nur Zeugnis für die »unendliche Melodie« – einen Terminus, den Wagner vor allem im Blick auf seine *Tristan*-Komposition prägt. Vielmehr ist der berühmte *Tristan-Akkord* ja ein Muster für die Möglichkeit, gerade über das Medium der *Harmonik* für primären Ausdruck zu sorgen: Der musikalische Gedanke, der aus dem *Tristan-Akkord* herauswächst, steht nicht am Anfang des ganzen Werkes, um wie ein Sonatensatz-Thema Struktur zu bilden; er soll vielmehr in die Stimmung des Ganzen einführen, die Wagner – im Blick auf das Vorspiel insgesamt – so beschreibt:

»Von der schüchternsten Klage des unstillbaren Verlangens, vom zartesten Erbeben bis zum furchtbarsten Ausbruch des Bekenntnisses hoffnungsloser Liebe durchschreitet die Empfindung alle Phasen des sieglosen Kampfes gegen die innere Glut«.

Richard Wagner, *Tristan und Isolde*, Anfang der Einleitung

Was »schüchternste Klage« und »zartestes Erbeben« für ihn bedeuten, drückt Wagner durch eine Akkordfolge aus, innerhalb derer eine Dissonanz unter Verwendung kleinster Tonschritte in eine neue Dissonanz übergeht. Dadurch wird das formbildende Prinzip Spannung-Lösung relativiert; was bleibt, ist eine schmerzlich gespannte »Empfindung«. Diese kann weder inhaltlich noch kompositorisch aus sich heraus bestehen, ist vielmehr Einstimmung oder – wie Wagner sagt – »Ahnung« der kommenden Handlung, in der mit Hilfe des Wortes und der Szene konkretisiert werden wird, was gemeint sei.

Die Funktionalisierung des Materials für die Zwecke des musikalischen Dramas läßt sich am *Tristan*-Motiv zwar in besonderer Prägnanz zeigen, ist aber nichtsdestoweniger auch für den *Ring* konstitutiv, selbst wenn Wagner dort zunächst mit sehr einfachen Beispielen anfängt. Eines ist das *Rheingold*-Vorspiel. Vermag ein einziger Es-Dur-Akkord ›Struktur‹ für 136 Takte zu bilden? Wohl kaum, und schon gar nicht nach dem Verständnis von Wagners Zeitgenossen. Warum Wagner im *Rheingold*-Vorspiel mit diesem einzigen Akkord disponiert, hat er in dem 1879 für die *Bayreuther Blätter* geschriebenen Essay *Über die Anwendung der Musik auf das Drama* deutlich gemacht. In seiner Musik kann generell nichts passieren, was die Szene nicht hergibt:

»Es war mir ... in der Instrumentaleinleitung zu dem *Rheingold* unmöglich, den Grundton zu verlassen, eben weil ich keinen Grund dazu hatte, ihn zu verändern; ein großer Teil der nicht unbewegten darauf folgenden Szene der Rheintöchter mit Alberich durfte durch Herbeiziehung nur der allernächst verwandten Tonarten ausgeführt werden, da das Leidenschaftliche hier erst noch in seiner primitivsten Naivität sich ausspricht. ... Ein anderes erforderte die Einleitung zu der Nornenszene der *Götterdämmerung*: hier verschlingen sich die Schicksale der Urwelt selbst bis zu dem Seilgewebe, das wir bei der Eröffnung der Bühne von den düsteren Schwestern geschwungen sehen müssen, um seine Bedeutung zu verstehen: weshalb dieses Vorspiel nur kurz und spannend vorbereitend sein durfte, wobei jedoch die Verwendung bereits aus den vorderen Teilen des Werkes verständlich gewordener Motive eine reichere harmonische und thematische Behandlung ermöglichte.«

Angeblich ist Wagner die erste Idee zum *Rheingold*-Vorspiel während seiner Italienreise im September 1853 in La Spezia gekommen: Nach anstrengender Wanderung erschöpft und überreizt auf ein Ruhebett niedergesunken, gerät er in einen »somnambulen Zustand«, in welchem er wie »in ein stark fließendes Wasser versinkt« und die Wogen über sich »dahinbrausen« spürt. Damit hat er den Anfang des *Rheingolds* »gefunden«; er bricht seine Reise ab, um alsbald mit der Komposition zu beginnen. Mag der hier nach *Mein Leben* wiedergegebene Bericht im Detail auch eine nachträgliche Mystifikation sein,[23] so macht er doch deutlich, wie wichtig Wagner bei der Erfindung musikalischer Motive leib-seelische Erfahrungen sind – hier der diffuse Eindruck endlosen Bewegungsflusses: Wie lange das *Rheingold*-Vorspiel dauern darf, entscheidet Wagner weder als weit im voraus disponierender Formkünstler – denn die Dimensionen des ganzen *Ringes* kann er zu Anfang ja noch gar nicht absehen -, noch aus der Erfahrung des Opernpraktikers, der einzuschätzen wüßte, was man dem vor geschlossenem Vorgang harrenden Publikum zu Anfang der Vorstellung zumuten darf – sonst wäre ihm ein auskomponierter, über einen Zeitraum von fast vier Minuten sich erstreckender, freilich als gewaltige Steigerung angelegter Es-Dur-Klang wohl mehr als eine Zumutung erschienen. Er entscheidet es aus seinem inneren Erleben der Szene. Auch der Grad der Informationsvielfalt richtet sich, wie Wagner es selbst ausdrückt, nach der dichterischen Absicht: Die Schau der urweltlichen Szene gibt keinen Anlaß, das sie bestimmende Continuum zu unterbrechen und den Grundton zu verlassen.

In demselben Sinne verfährt Wagner auch im weiteren Verlauf der *Rheingold*-Komposition: Die Handlung erfordert vor allem einfache Motive zur Kennzeichnung etwa der Rheintöchter und des Rheingoldes und entsprechend einfache harmonische Verläufe, die die »Naivität« des Geschehens zu spiegeln vermögen. So setzt der Gesang der Rheintöchter in reiner Pentatonik ein; die Rheingold-Fanfare ist aus einem einfachen Dur-Dreiklang gebildet; und selbst das Walhall-Motiv, von Wagner in leichter Übertreibung als »nicht minder einfach« bezeichnet, kommt mit Stufen der diatonischen Leiter und einfachen harmonischen Gängen aus:

Richard Wagner, *Das Rheingold*, 1. Szene, Rheintöchter-Motiv, T. 137-143

Richard Wagner, *Das Rheingold*, 1. Szene, Rheingold-Motiv, T. 516 f., Klavierauszug

Richard Wagner, *Das Rheingold*, 2. Szene, Walhall-Motiv, T. 769 f., Klavierauszug

In dem schon zitierten Essay *Über die Anwendung der Musik auf das Drama* erklärt Wagner an einem Beispiel aus dem 2. Aufzug der *Walküre*, wie aus solchen »Naturmotiven« im Verlauf der Handlung allmählich differenzierte Gebilde werden: Nachdem Rheingold- und Walhall-Motiv »in eng verwachsener Teilnahme an den sich steigernden Leidenschaften der Handlung die entsprechenden Wandlungen erfahren« haben, lassen sie sich »mit Hilfe einer fremdartig ableitenden Harmonisation, in der Weise verbunden vorführen, daß diese Tonerscheinung mehr als Wotans Worte uns ein Bild der furchtbar verdüsterten Seele des [ob der Übergabe der Weltherrschaft an den Besitzer des Nibelungenhortes] leidenden Gottes« zu bieten vermag:

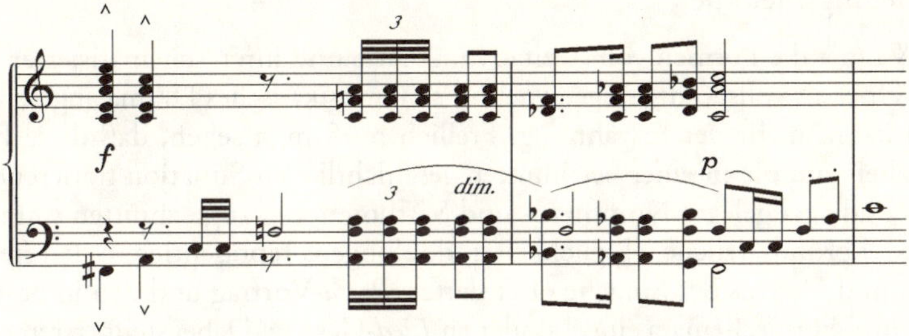

Richard Wagner, *Die Walküre*, 2. Aufzug, 2. Szene, T. 980-982: »So nimm meinen Segen«. Das Beispiel folgt Wagners eigener Lesart in dem genannten Essay. Dort ist es um der bequemeren Lesbarkeit willen gegenüber der Originalpartitur um einen Halbton hinauftransponiert.

Hier wird noch einmal erkennbar, daß es vor allem die Harmonik ist, welche im Kontext mit der Szene differenziertere Seelenregungen zu spiegeln vermag. Wenn Wagner zu Wotans bitteren Worten »So nimm meinen Segen, Niblungen Sohn« im Orchester das Rheingold- und Walhall-Motiv zusammenspannt, wechselt er mit dem Mittel der enharmonischen Verwechslung (as zu gis, fes zu e) auf knappstem Raum von as-moll nach E-Dur und macht damit die von ihm umrissene Gefühlslage Wotans auch musikalisch sinnfällig. Indem er zugleich betont, er habe »das Grelle solcher musikalischen Kombinationen nie als solches, etwa als besondere Kühnheit«, herauszustellen gedacht, es vielmehr soweit zu »verdecken« getrachtet, »daß es wie mit naturgemäßer Folgerichtigkeit auch als künstlerisches Moment« wahrgenommen werden könne, macht er indirekt deutlich, daß er das musikalische Material zunächst unter dem Gesichtspunkt seiner Brauchbarkeit für das Drama formt und es erst danach unter Berücksichtigung ästhetischer Kategorien bearbeitet. Trotz aller Delicatesse der musikalischen Charakterzeichnung würden sich manche der von ihm erfundenen Wendungen, wie Wagner wenig später anhand eines Beispiels aus *Lohengrin* konzediert, innerhalb einer »Sinfonie sehr gesucht und unverständlich ausnehmen«; Sie bedürfen, um wirklich sinnfällig zu sein, des Dramas.

Selbst wo sie kunstvoll bearbeitet werden, verleugnen Wagners Materialstücke diesen ihren Charakter nicht: Das Material geht nicht in der Form auf, wie sich dies für ein »integrales« Kunstwerk gehört; es bleibt disponibel für ein Drittes. Wagner versagt dem Analysierenden den Triumph der Feststellung, daß Teile sich – wie in einem Stück »absoluter« Musik – nicht anders zu einem Ganzen zu fügen vermöchten, als sie es tun. Es gibt keine Logik des musikalischen Werks, sondern einen dramatischen Prozeß; und dementsprechend genügt es dem Komponisten, seine Hörer durch seine Komposition mitzureißen: Sie brauchen diese nicht logisch an sich zu finden.

Die Gesangsmelodie

Daß Wagner die Formen von Rezitativ und Arie und ihren schematisierten Ablauf in der Oper als vollständig ungeeignet für sein musikalisches Drama angesehen hat, bedarf kaum mehr der Erwähnung. Freilich muß man sehen, daß diese Formen nicht allein auf die in einer bestimmten geschichtlichen Situation florierende, von Wagner ad acta gelegte Nummern- und Virtuosenoper zugeschnitten waren, sondern zwei grundsätzliche Möglichkeiten des Singens repräsentieren: den freien, an Gestus und Duktus der Sprache orientierten *Prosa*-Vortrag und den in bestimmte Reim- und Formschemata eingebundenen *Lied*-Gesang. Dabei steht ersterer für das dramatische oder erzählende, jedenfalls das die Handlung vorantreibende Moment, letzterer für die Kundgabe des reinen, die jeweilige konkrete Situation allgemeiner erfahrenden und fassenden Gefühls.

Mit seiner »Gesangsmelodie«, die er ja – bezogen auf den Stabreim – als »Versmelodie« verstanden wissen will, hat Wagner diese Trennung aufzuheben gedacht. Die Sängerinnen und Sänger, die er sich für sein musikalisches Drama vorstellt, sollen ihren Part nicht je nach operntechnischer Notwendigkeit als Rezitativ oder Arie absingen. Als gäbe es den Unterschied von Sprache und Gesang nicht, sollen sie ihre Rolle vielmehr tendenziell – wie zur Zeit der gedachten Einheit von Musik und Sprache – im Sinne der *einen* Versmelodie vortragen, die kontinuierlich und ohne daß die Ebenen von Handlung und Gefühl als getrennt erlebt würden, kundtut, was die jeweiligen Personen »auf dem Herzen haben«. Dabei gilt es unbedingt dem Wort- und Versakzent Rechnung zu tragen – wie anders könnten Sprache und Musik als wirkliche Einheit erlebt werden! Auch kann es keine Textwiederholungen geben, sofern diese nicht vom Text als dramaturgisch sinnvolles Moment vorgegeben sind.

In praxi zeigt sich, daß Wagners »Versmelodie« so umstürzlerisch neu nicht ist, wie er sie sich vor Beginn der kompositorischen Arbeit am Ring vielleicht vorgestellt hatte: Es lassen sich drei Spielarten unterscheiden, die man, traditionell formulierend, als rezitativisch, arios und liedhaft bezeichnen könnte. Namentlich in der 1. *Rheingold*-Szene, die Wagner in besonderem Maße im Experimentierstadium zeigt, kommen alle drei Formen, wenn auch zum Teil gemischt, vor. Generell sind die Gespräche unter den Rheintöchtern sowie ihre Dialoge mit Alberich als musikalische *Prosa* vertont. Wortakzent und sprachlicher Gestus bestimmen die musikalische Diktion, wobei Wagner Personen und Situationen zu charakterisieren versucht. Ein Beispiel ist der Dialog, innerhalb dessen Wellgunde ihrem Verehrer Alberich Liebessehnen vorspielt:

Richard Wagner, *Das Rheingold,* 1. Szene, T. 251-257

Die Phrase »O weh! du entweichst?« stößt Alberich aufgeregt heraus; demgemäß werden die sinntragenden Stammsilben durch eine auftaktige Aufwärtsbewegung erreicht, und dies in »unharmonischen« Sprüngen: Der kleinen Terz g-b nach vorausgegangenem Septnonenakkord über A folgt ein Tritonussprung. In der nachfolgenden Vertonung der Klage »Komm' doch wieder! Schwer ward mir, was so leicht du erschwingst« wird das Moment der Schwere deutlich: Das Metrum ist abtaktig, die Bewegung abwärts gerichtet; erst am Ende hebt sich die Stimme wieder, um dem Gestus von Ausruf und Bitte Nachdruck zu verleihen. Wellgunde antwortet mit zwei liedhaften Wendungen, deren gefällige Glätte die ganze Mühelosigkeit der Schwimmerin und ihre Sorglosigkeit im Liebesgetändel deutlich macht. Die Ironie, welche hier anklingt, verstärkt Wagner, wenn er Flosshilde und Alberich wenig später ein Liebesduett singen läßt, in dessen konventionelle Streicherbegleitung Fagott und Baßklarinette kurze chromatische Läufe einstreuen, als wenn sie das Geschehen von außen beobachteten und mit versteckten kleinen Gesten spöttisch kommentierten:

Richard Wagner, *Das Rheingold,* 1. Szene, T. 383-387, Klavierauszug

Die Diktion kann man *arios* in einem spezifischen Sinn des Wortes nennen: Der Gesang imitiert den Gestus einer Arie, ohne Arie zu sein. An diesem speziellen Beispiel wird Allgemeines über Wagners Textbehandlung deutlich: Wo er von ausdrucksvollem und gestenreichem Prosa-Vortrag zu geschlosseneren Formen übergeht, geschieht dies im Blick auf die Handlung. Flosshilde singt arios, also im Rahmen eines regelmäßigen metrischen und taktlichen Schemas, um eine traditionelle Form zu karikieren; Woglinde tut es wenig später, um das sogenannte »Entsagungsmotiv« wie einen alten Zauberspruch intonieren und in seiner Bedeutsamkeit hervorheben zu können:

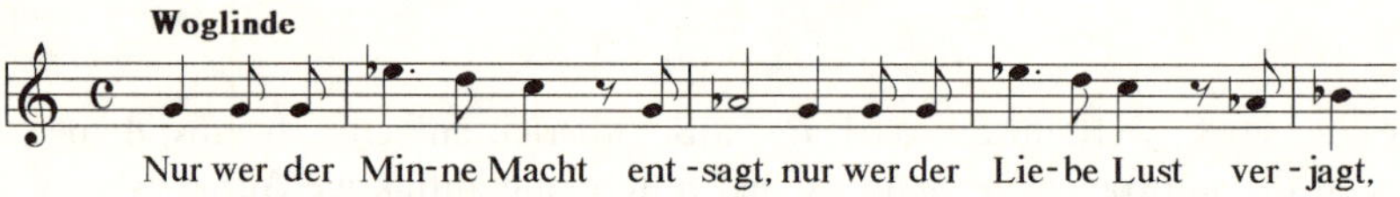

Richard Wagner, Das Rheingold, 1. Szene, T. 617-621

Dies ist eines der wenigen Beispiele dafür, daß ein Motiv der Ahnung oder Erinnerung primär in der *Singstimme* exponiert wird, während die meisten Motive im »Mutterschoß« des *Orchesters* entstehen und später von den Gesangsstimmen jeweils nur – oft bloß andeutungsweise – angeführt werden; doch hier handelt es sich um einen ›alten Spruch‹, der notwendigerweise mit Text zitiert werden muß. Siegmund übernimmt ihn in der 3. Szene des 1. *Walküren*-Aktes, wenn er von der »sehrenden Not« der Geschwisterliebe singt, die bisher ja auch im Zeichen der Entsagung gestanden hat. Die dort weiter ausschwingende Phrase vermittelt zwischen liedhaftem Gesang und freier, vorwärtsstürmender Deklamation: Eine Ordnung nach Viertakt- oder wenigstens Zweitaktgruppen ist erkennbar; doch zugleich sprengt die harmonische Bewegung die engen Grenzen periodischen Denkens: Von ihrem Ausgangspunkt im Umkreis von C/As entfernt sie sich in chromatischem Aufstieg schnell in entlegene Bereiche:

Richard Wagner, Die Walküre, 1. Akt, 3. Szene, T. 1400-1430

Auch die *Lied*-Formen, die sich im 1. Aufzug des *Rheingold* finden, sind nicht nur funktional zur Handlung, sondern geradezu aus dieser herausgewachsen. Es sind die Terzette der Rheintöchter, speziell der sogenannte Rheintöchter-Gesang, von dem Eduard Hanslick anläßlich der Münchner *Rheingold*-Uraufführung im Jahr 1869 sagte:

»Langsam und pathetisch recitirt Einer nach dem Anderen, während die Übrigen stumm und gelangweilt zusehen. ... Nur einmal labt den homophon gemaßregelten Hörer ein musikalischer Sonnenblick: die drei Rheinnixen geruhen am Schlusse der Oper ein kurzes dreistimmiges Sätzchen zu singen, und das verschmachtende Ohr lebt förmlich auf. Wer die Wirkung dieses langentbehrten Zusammenklanges auf die Hörerschaft beobachtet hat und unter dem Eindrucke dieses Contrastes noch nicht im Klaren ist über die Verkehrtheit des Wagner'schen Hintereinander-Styls, dem ist nicht zu helfen.«[24]

Richard Wagner, *Das Rheingold*, 1. Szene, T. 536-542, Gesangsstimmen

Daß die Rheintöchter im Terzett singen dürfen, liegt an ihrer dramaturgischen Funktion: Als Naturwesen bilden sie als Dreiheit eine Einheit. Und ihr hymnischer Gesang zum Preise des Rheingolds ist in die Form eines Liedes gekleidet, weil keine Handlung vorgetragen, sondern ein Geschehen vorgestellt wird, das naturhaft zum Weltenlauf gehört wie das Rauschen des Rheinstromes. Die von Werner Breig in seiner Studie zum Rheintöchtergesang so bezeichneten »vorsprachlichen Lautgebilde« sind – ähnlich den späteren Walküren-Rufen – im Sinne von Oper und Drama als »Urmelodie« und »tönender Laut der reinen Gefühlssprache« zu verstehen: Die Hörer folgen keiner vom Verstand gesteuerten Argumentation, sie lauschen in die Natur hinein. Wie ernst Wagner das Moment der Wiederkehr in dieser Natur nimmt, zeigt die von Alfred Lorenz beobachtete, von Werner Breig noch differenzierter beschriebene »vollkommene Bogenform« des Rheintöchtergesangs: Anfangend bei der Rheingold-Fanfare baut Wagner eine Steigerung auf, die spiegelsymmetrisch wieder bis zur Rheingold-Fanfare zurückläuft.[25]

Auf vergleichbare Weise läßt sich die musikalische Diktion des gesamten *Ringes* differenzieren. Zum einen gibt es Passagen mit Prosamelodik im Sinne des von Hanslick gescholtenen »Hintereinander-Stils«. Solche Abschnitte können sich in der Tat, vor allem in den weit ausgreifenden Erzählungen zur Aufhellung des Handlungshintergrundes, lang hinziehen; dennoch ist der Reichtum an Rezitationsformen beachtlich: Er reicht vom konventionellen Opern-Rezitativ des Herrscherpaares Wotan-Fricka bis zur bizarren, tonal kaum einzuordnenden Lautgebärde des Zwerges Mime, die man versteht, selbst wenn man die einzelnen Wörter nicht mitbekommt. Das erste der folgenden Beispiele zeigt Frickas zeremoniellen Rezitativ-Ton in der 2. *Rheingold*-Szene; das zweite verdeutlicht Mimes Gejammer in der 3. Szene angesichts der Unterdrückung durch den Bruder Alberich:

Richard Wagner, *Das Rheingold*, 2. Szene, T. 826-829, Klavierauszug

Richard Wagner, *Das Rheingold*, 3. Szene, T. 1909-1911, Klavierauszug

Zum anderen gibt es zahllose ariose Partien; es sind vor allem diejenigen, in denen Wagner, um die Bedeutung der Worte hervorzuheben, im Sinne seiner »Versmelodie« zu einer Diktion ansetzt, die ein regelmäßiges Periodengerüst durchscheinen läßt. Wäre es nach *Oper und Drama* gegangen, so hätte diese »Versmelodie« beherrschend für den ganzen *Ring* werden müssen. In Wahrheit ist jedoch die von Wagner theoretisch als Gesangsstil abgelehnte musikalische Prosa in der Tradition des *Recitativo Accompagnato* über weite Strecken bestimmend: Wie Carl Dahlhaus richtig beobachtet,[26] hat Wagner während des Komponierens seine theoretischen Maximen revidiert – freilich nur bis zu einem gewissen Umfang, denn man kann argumentieren, daß eine musikalische Prosa, die im Detail wie im Ganzen immer wieder versmelodische Strukturen durchscheinen läßt oder vorbereitet, keine mehr ist.

Einen erheblichen Anteil an den Gesangsformen des *Ringes* machen zum dritten Lieder im weitesten Sinn des Wortes aus: Immer wieder gibt die Handlung Gelegenheit, eine wichtige Erinnerung, Erfahrung oder Gemütslage in liedhaft prägnanter Form ›auszusingen‹ und damit ins Allgemeine zu heben. Das gilt exemplarisch für den 1. *Siegfried*-Akt: In Siegfrieds Kinderstube – so ungewöhnlich sie ihm sein Ziehvater Mime bereitet haben mag – singt man Lieder, um sich des Daseins zu vergewissern. Im Ton eines Wiegenliedes ist Mimes Jammer über sein undankbares Findel gehalten, das sogenannte *Starenlied*: »Als zullendes Kind, zog ich dich auf«. Im Verlauf der Handlung nimmt Mime seine Klage immer wieder auf, so daß Siegfried der darin steckende moralische Appell bald zu den Ohren heraushängt: Es ist immer ›das alte Lied‹!. Die trauliche Form des Liedes benutzt Mime auch, um die von Siegfried ihm verweigerte Kindesliebe einzufordern: »Jammernd verlangen Junge nach ihrer Alten Nest«. In beiden Liedern tritt übrigens der Stabreim zugunsten zwar nicht endgereimter, aber metrisch ungewöhnlich regelmäßiger Verse zurück.

Richard Wagner, *Siegfried*, 1. Aufzug, 1. Szene, T. 512-527

Siegfried faßt seine knabenhaften Ahnungen von den Geheimnissen der Liebe in das zweistrophige Lied »Es sangen die Vögelein so selig im Lenz«. Aus seinem Waldfluchtlied »Aus dem Wald fort in die Welt ziehn« holt er sich gleichsam die Kraft, sich von der Vormundschaft Mimes zu befreien; mit dem sogenannten *Fahrtenlustlied* stürmt er in den Wald hinaus.

Richard Wagner, *Siegfried*, 1. Aufzug, 1. Szene, T. 1189-1193

Nachdem in der sich anschließenden Szene zwischen Mime und dem Wanderer auf gedanklich höchstem Niveau im wahrsten Sinne des Wortes die Welträtsel gelöst werden, hat Siegfried in der Schlußszene des desselben Aufzugs noch einmal Gelegenheit, seinen naiv jugendlichen Tatendrang im Lied zu artikulieren: Während er mit höchstem Eifer am Schwert Nothung hämmert, singt er seine beiden sogenannten *Schmiedelieder* »Notung, Notung, neidliches Schwert« und »Schmiede, mein Hammer, ein hartes Schwert«, die man, da sie von Rufen wie »Hoho! hoho! Hahei! hahei! Blase, Balg! Blase die Glut!« durchsetzt sind, geradezu als Arbeitslieder bezeichnen kann.[27] Es fällt auf, daß der Ton dieser Lieder zunehmend affirmativ ist: Gegen das intellektuelle Gegrübel und Weltuntergangs-Geraune des ungleichen Paares Wotan-Mime setzen sich Siegfrieds Lebenskraft und -wille durch:

Richard Wagner, *Siegfried*, 1. Aufzug, 3. Szene. T. 2699- 2701

Der Naivität im Gestus der Lieder steht ihre durchaus reflektierte Präsentation im Satzganzen gegenüber. Keineswegs führt Wagner ›heile Welt‹ gleich ›heile Form‹ vor; vielmehr findet die Tatsache, daß er Mythos ja nicht naiv erzählt, sondern – gerade durch die Art der Präsentation – zugleich von moderner Warte aus kommentiert, ihre Entsprechung in einem Kompositionsverfahren, innerhalb dessen die Lieder nicht einfach ›durchlaufen‹, sondern in sich mehr oder weniger gebrochen und außerdem auf vielfache Weise mit kommentierendem leitmotivischem Material verknüpft sind. Dennoch ist es beachtenswert, daß Wagner – wie u.a. auch im *Holländer* und in den *Meistersingern* – liedhafte Prägungen oftmals als erstes, also noch vor Beginn der eigentlichen Komposition, eingefallen sind; so skizzierte er beispielsweise Siegmunds *Lenzlied* und Siegfrieds *Waldfluchtlied* bereits in den Textniederschriften: Lieder und sicherlich auch plastische Orchestermotive gehören zur primären, von der Texterfindung nicht zu trennenden Imagination, während die Vertonung lang rezitierender Gesangspartien Handwerk ist.

Wie am Beispiel des Rheintöchter-Gesangs und der Liebes-Szene Brünnhilde/ Siegfried erläutert, enthält der Ring durchaus Duette und Terzette, sofern es der dramaturgischen Situation entspricht. Besonders prägnant, weil in stilistischer Brechung, erscheinen sie in der *Götterdämmerung*. Wenn dort in der 2. Szene des 1. Aktes Siegfried und Gunther im Blick auf die beiderseitigen Ehe-Vorhaben Blutsbrüderschaft trinken, sind ihre parallelen Terzen Ausdruck falscher Harmonie; und wenn sich in der 5. Szene des 2. Aktes Brünnhilde, Gunther und Hagen zum Terzett der ungleichen Verschwörer gegen Siegfried vereinen, so wird auch hier beste Opern-Intrige zitiert: Siegfried gerät in das Treiben der Welt – einer Theaterwelt, die doch zugleich die real dem Untergang geweihte Welt der Zivilisation ist.

»Leitmotiv« und Orchestermelodie

Den von Hans von Wolzogen, Schriftleiter der Bayreuther Blätter, aufgebrachten Terminus »Leitmotiv« hat Wagner meines Wissens nur einmal aufgegriffen, nämlich in dem schon erwähnten Essay *Über die Anwendung der Musik auf das Drama.* Dort bemerkt er, sich vorsichtig von der Sichtweise des musikalischen Laien Wolzogen abgrenzend, dieser erfasse die Motive mehr in »ihrer dramatischen Bedeutsamkeit und Wirksamkeit« als hinsichtlich »ihrer Verwertung für den musikalischen

Satzbau«. Wagners Distanz erscheint umso berechtigter, als man ihn gerade mittels einer unkritischen Verwendung dieses Terminus in Mißkredit gebracht hat: Als Namensschilder, mit denen die Heldinnen und Helden auf die Bühne stürmten, wurden sie charakterisiert; dabei blieb außer acht, daß diese Motive ja nichts Statisches oder Festes sind, vielmehr in ständiger Bewegung und Wandlung. So erscheint der von Wagner selbst in *Oper und Drama* geprägte Terminus des Ahnungs- oder Erinnerungsmotivs von größerer Aussagekraft: Er deutet an, daß diese Motive weniger der Darstellung äußerlicher Vorgänge, bestimmter Personen usw. dienen als inneres Erleben abbilden sollen. Letzteres zeigt sich exemplarisch an Siegfrieds Sterbegesang in der 2. Szene des 3. Aktes der Götterdämmerung »Brünnhilde! Heilige Braut!«. Im Orchester klingt nicht nur eine Vielzahl einzelner Motive an, die Siegfrieds Leben begleitet haben: Nein – Wagner zitiert, sogar in derselben Tonart, den Orchesterpart einer *ganzen Szene,* nämlich das Erwachen Brünnhildes und Siegfrieds erste Begegnung mit ihr in der 3. Szene des 3. *Siegfried*-Aktes. Der Sterbende erlebt noch einmal die Schlüssel- oder Urszene seines Lebens, um sie in sein künftiges Leben mit hinüberzunehmen.

Wagner sucht musikalischen Ausdruck für Symbole und archetypische Bilder, die im kollektiven Unbewußten der Menschen gelagert sind, um im jeweiligen Lebenszusammenhang in immer neuer Beleuchtung aufzutauchen. So sucht und findet er musikalische Motive für beseelte Wesen wie Göttinnen und Götter, Riesen, Zwerge, Helden und Bösewichte, aber auch für Elemente und Dinge wie Wasser, Feuer, Licht, Schwert, Speer, Ring, Burg. Selbst abstrakte Vorgänge wie das Grübeln oder das Schließen von Verträgen finden in solchen Motiven ihre Entsprechung. Wenn Wagner sie Motive der Ahnung und Erinnerung nennt, so heißt das nicht nur, daß sie auf bestimmte Details der Handlung voraus- oder zurückverweisen; für die Teilnehmer an dem aus dem Mythos herausgewachsenen musikalischen Drama liegt darin vielmehr ein tieferer Sinn: Musikalische Motive der Ahnung und Erinnerung lassen zu prägnanter sinnlicher Erfahrung werden, was die Hörer schlechthin – also unabhängig vom konkreten Handlungsfaden – an Wissen über die Welt in sich tragen.

Das Dreiklangsmotiv, welches das *Rheingold*-Vorspiel bestimmt, ist dafür ein gutes Beispiel: Es soll nicht allein an das erhabene Strömen eines – womöglich bestimmten – Flusses gemahnen, sondern an das Urerlebnis strömenden Wassers überhaupt; und deshalb ist es Wagner nach eigenem Bericht nicht am Schreibtisch eingefallen, sondern als Folge einer meditativen Gestimmtheit, die eine solche Ur-Erfahrung partiell an die Oberfläche ließ. Überhaupt können die Motive der Ahnung und Erinnerung ihre Funktion nur erfüllen, wenn sie eine musikalische Sprache sprechen, deren Gestus den Hörern vertraut ist, weil er über Jahrtausende oder Jahrhunderte hinweg eingeübt und aufgenommen ist. Und so ist es auch: So neuartig das Verfahren Wagners ist, die Orchestermelodie weitgehend mit Motiven der Ahnung und Erinnerung zu speisen, so traditionsverwurzelt sind diese Motive als solche, wobei hier nicht die Tradition von Klassik und Romantik gemeint ist, sondern die mimetische Tradition der Volksmusik europäischen Kunstmusik im Sinne musikalischer Rhetorik, von der ausführlich im 2. Kapitel die Rede war.

Das beginnt mit der Gruppe der von Wagner selbst so bezeichneten »Naturmotive« aus dem *Rheingold,* also den Motiven des Rheines und der Erda, des Rheingolds, des Gewitters, des Schwertes, der Burg Walhall, der Nibelungen usw. Das Nibelungen-Motiv, fast reiner Rhythmus ohne feste Tonhöhen, ahmt den Klang des Schmiedens, also einen elementaren Arbeitsvorgang, nach. Die anderen bauen auf der Obertonreihe und dem aus ihr abgeleiteten Dreiklang auf und ahmen damit ›Natur‹ nach, deren Präsenz in einfachen Blasinstrumenten schon früh entdeckt worden ist. Selbst der Beginn des Walhall-Motivs ist pentatonisch. Zu dieser generellen Nachahmung der Natur kommt der spezielle Gestus: So kann das in markanter Rhythmik aufwärtsstrebende Rheingold-Motiv, allein von einer Trompete geblasen, kaum anders denn als Zeichen für elementar sich Bahn brechende Energie verstanden werden – hier ist es die positive Erd-Energie, die erst durch Mißbrauch zur Machtgier wird; im auskomponierten Bläsersatz des Walhall-Motivs bekommt dieselbe Natur-Tönigkeit – zumal in der von der Tonartencharakteristik her eher naturfernen Tonart Des-Dur – etwas feierlich Gesetztes, wie es dem Anblick einer wohlgegründeten, stolzen Burg gemäß ist.

Daß Ring- und Walhall-Motiv dieselbe musikalische Substanz haben, ist von der Handlung her begründet: Der Ring ist Symbol der Weltherrschaft, Walhall Symbol einer Göttermacht, deren Materialisierung als Burg mit dem verfluchten Ring teuer bezahlt werden muß. Wer beim Vernehmen des prächtigen Walhall-Themas an nationalistischen, gar nationalsozialistischen Prunk und Pomp denkt oder Wagner zumindest ein affirmatives Verhältnis zur Macht vorwirft, wird in der Rezeptionsgeschichte genügend Belege zur Stütze seines Eindrucks erhalten. Der Intention Wagners wird er freilich nicht gerecht: Dieser benutzt den Übergang von der 1. zur 2. Rheingold-Szene geradewegs zu einer Demonstration des Sachverhaltes, daß die satte Dreiklangsstandfestigkeit des auf S. 330 mitgeteilten Walhall-Motivs – die übrigens nicht sogleich, vielmehr erst über einen Quartsextakkord hergestellt wird – aus den instabilen Terzenketten des Ring-Motivs hervorgeht, so daß Walhall gleichsam auf Sand gebaut ist. In diesem Fall kann man Wagner kaum vorwerfen, er lulle die Hörer mit schönem Schein ein: In meinen Augen zeigt er die Bilder, wie sie im Menschen sind; und daß die prächtigen sich stärker einprägen als die bedenklichen, zeigt den Menschen als den, der er ist.

Richard Wagner, *Das Rheingold,* 1. Szene, Ringmotiv, T. 600-604, Klavierauszug

Wagners Motive der Ahnung und Erinnerung haben auf unterschiedliche Weise mimetischen Charakter. Manche ahmen unmittelbar Bewegung nach, so etwa das Motiv des Rheines, das Motiv der gewaltig ausschreitenden Riesen und das Motiv des Feuergottes Loge, der die Flammen züngeln läßt, freilich auch in seinem Listenreichtum charakterisiert wird:

Richard Wagner, *Das Rheingold,* 2. Szene, Riesen-Motiv, T. 984-986, Klavierauszug

Richard Wagner, *Das Rheingold*, 2. Szene, instrumentales Loge-Motiv, T. 1195-1197, Klavierauszug

Richard Wagner, *Das Rheingold*, 2. Szene, vokales Loge-Motiv, T. 952-954, Klavierauszug

Andere Motive sind – im Sinne der musikalischen Rhetorik – auf einer zweiten, abstrahierenden Ebene nachahmend: Das Ring-Motiv gibt eine vollendete Rundung; die Alten nannten das *circulatio*. Das Motiv des Tarnhelms arbeitet mit der ›geisterhaften‹ Rückung von gis-moll nach e-moll, das Grübelmotiv mit dem Intervall der verminderten Quinte, das – wie schon angedeutet – als Tritonus ohne Heimat im diatonischen Tonsystem ist und deshalb den Ausdruck starker Verunsicherung zu geben vermag:

Richard Wagner, *Das Rheingold*, 3. Szene, Tarnhelm-Motiv, T. 1930-1937, Klavierauszug

Richard Wagner, *Das Rheingold*, 3. Szene, Grübel-Motiv, T. 2053 f., Klavierauszug

Das Wanderer-Motiv deutet an, wie Wotan als Schatten seiner selbst durch die Welt irrt: Im ersten Teil des Motivs ist dessen Akkordfolge nur noch mit Mühe einer funktionalharmonischen Analyse zugänglich:[28]

Richard Wagner, *Siegfried*, 1. Aufzug, 2. Szene, Wanderer-Motiv, T. 1289-1292, Klavierauszug

An den letztgenannten Beispielen wird deutlich, daß in den differenzierteren Motiven die harmonische Dimension eine entscheidende Rolle bei der Charakterzeichnung hat. Der Eindruck des Flirrenden in Loges Feuerzauber kommt dadurch zustande, daß die Hörer nicht in der Lage sind, den chromatisch in rascher Bewegung auf- und absteigenden Akkordketten strukturell, also im Sinne harmonischer Logik, zu folgen, vielmehr allein das diffuse Licht des Gesamtklangs wahrnehmen. Die verminderten Tonschritte am Ende des Riesenmotivs machen deutlich, daß Fafner und Fasolt, die hier unisono daherstampfen, nicht aus purer Naivität und Gutmütigkeit bestehen, sondern, wenn man sie reizt, durchaus tückische Züge haben können. Voller Bosheit ist auch der Ring: Einerseits als Terzenkette makellos rund gearbeitet, basiert das Ring-Motiv doch auf dem spannungsreichen Tritonus-Intervall; und die oben skizzierte Wirkung zu Beginn der 2. *Rheingold*-Szene beruht nicht zuletzt darauf, daß diese Spannung beim Eintritt des Walhall-Themas in eine klare Dur-Tonalität aufgelöst wird. – Daß harmonische Eintrübungen oder Aufhellungen bestimmter Motive sein Hauptmittel sind, um sie im Verlauf des Dramas in immer neuer Sicht, gleichsam in veränderter Beleuchtung, ins Spiel zu bringen, hat Wagner am Beispiel des Rheingold- und Walhall-Motivs, wie oben berichtet, selbst erläutert.

Der Charakter der meisten Motive ist untrennbar mit der Klangfarbe eines bestimmten Instruments verknüpft, was nicht ausschließt, daß Instrument und Klangfarbe wechseln, wenn ein Motiv in einem speziellen Sinne der Ahnung oder Erinnerung dient. Letzteres läßt sich gut am Rheingold-Motiv zeigen. Die Regieanweisung lautet bei Takt 509 der 1. *Rheingold*-Szene:

»Durch die Flut ist von oben her ein immer lichterer Schein gedrungen, der sich an einer hohen Stelle des mittelsten Riffes allmählich zu einem blendend hell strahlenden Goldglanze entzündet.«

Demgemäß wird das Motiv zunächst in noch mattem Glanz von einem Horn vorgetragen, dann zweimal, jeweils in höherer Lage, im harmonischen Satz von drei Hörnern, schließlich in strahlender Höhe von der C-Trompete, die nunmehr ganz metallisch und wie reines Material klingen soll – freilich »nobel« und nicht »militärisch«, wie Wagner anläßlich der *Ring*-Proben von 1876 betont. Wenn Alberich am Ende der 1. Szene das Rheingold raubt, um den »rächenden Ring« daraus zu schmieden, erklingt das Motiv in abgedunkeltem Moll in der tieferen F-Trompete und gleich anschließend, in weiterer Verdüsterung, innerhalb verminderter Septakkorde im vierstimmigen Oboensatz. Auch künftig, etwa während Loges langer Rede im 2. *Rheingold*-Aufzug oder innerhalb der von Wagner als Beispiel für Motivkombination herangezogenen Klage Wotans im 2. *Walküren*-Akt, ist es, Erinnerungs-Motiv geworden, dunkler getönten Instrumenten wie Horn, F- und Baßtrompete zugewiesen. Seine volle Strahlkraft bzw. seine unversehrte Gestalt erhält das Rheingold-Motiv nicht mehr zurück; erstere geht auf das ihm verwandte Motiv des – aus dem Rheingold geschmiedeten – Schwertes über, das im 1. *Walküren*-Akt gleichfalls von der C-Trompete erst »zart«, dann »kräftig« intoniert wird.

»Wer in einem urtheil über meine Musik die harmonie von der Instrumentation trennt, thut mir ein eben so großes unrecht, wie der, der meine Musik von meiner Dichtung, meinen gesang vom worte trennt«, so schreibt Wagner am 31. Mai 1852 an Theodor Uhlig. Harmonik und Instrumentenklang – beides ist Farbe, deren Mischung Wagner zu Recht als seine besondere Kunst ansieht. Das wird besonders deutlich an exponierten Stellen, wie sie etwa der Anfang zur 3. Szene des 1. *Siegfried*-Aufzugs darstellt. Mime hat Besuch von Wotan, dem Wanderer gehabt und wider Willen seinen Kopf verwetten müssen: Er, der doch die Zusammenhänge der Welt zu kennen meint, ist die entscheidende, in die Zukunft vorausweisende Frage – diejenige nach dem Helden Siegfried – schuldig geblieben. Um die Sicherheit seines Weltbildes gebracht, gerät er in Verfolgungswahn, ruft voller Panik: »Verfluchtes

Licht! Was flammt dort die Luft? Was flackert und lackert, was flimmert und schwirrt? ... Der Wurm will mich fangen! Fafner! Fafner!«

Das Orchester verdeutlicht diesen Wahn: Die dreigeteilten Violinen schwirren in chromatisch engen Bewegungen und harmonisch irregulären Zusammenklängen durcheinander; dazu intoniert die Baßtuba – in allmählicher Verstärkung durch eine zweite Baßtuba, Kontrabaßtuba und Kontrabaßposaune – das Wurm-Motiv: erst in eng sich windender Chromatik, dann, um den Eindruck der herannahenden totalen Gewalt zu verstärken, in großen Septen bzw. verminderten Oktaven. Der musikalische Satz ist unmöglich harmonisch durchzuhören; namentlich die tiefen Bläser wirken als bloßes Material. Was das tiefe Blech dem Wurm-Motiv, ist das tiefe Rohrblatt dem Grübel-Motiv: Erklingt dieses in der Mime-Szene zu Anfang des 1. Si*egfried*-Aktes zu einem Paukentremolo in zunehmend tiefer Lage in den Fagotten, zu denen wenig später die Kontrabaßtuba mit dem Wurm-Motiv tritt, so erlebt der Hörer auch dies weniger als Struktur denn als stimmungserzeugende Farbe.

Indem Wagner den Instrumentenklang in dem beschriebenen Sinne als ›Material‹ verwendet, handelt er keineswegs reflexionslos. Vielmehr setzt er bei dem Sprachcharakter an, den Musikinstrumente in seinen Augen haben. Wie er in *Oper und Drama* darlegt, lassen sich Instrumente »nach der Ähnlichkeit des Anlautes« klassifizieren, der z. B. härter oder weicher sein kann. Damit verficht er nicht nur beiläufig die – Generationen später von Akustikern experimentell erhärtete – physikalische Theorie, daß es vor allem der Einschwingvorgang ist, der das Spezifische des Instrumentenklangs bedingt; er äußert sich vielmehr auch psychologisch zu der Frage, warum wir Instrumentenklang als etwas genuin Menschliches auffassen, obwohl er doch ›technisch‹ hergestellt wird: Es ist die sprachähnliche Intonation, die ihn wie ein menschliches Organ erscheinen läßt. Der Klang der tiefen Blasinstrumente, die Mimes Furcht vor dem schrecklichen Lindwurm ausdrücken, ist wie eine geisterhafte Stimme – menschlich und doch angsterregend fremd.

Das über den Instrumentenklang Gesagte läßt sich im Blick auf die Funktion, welche die Motive der Ahnung und Erinnerung für Wagner haben, verallgemeinern. Diese erwecken zwar nicht den Anschein formaler Vertrautheit, wie es ein Liedthema, eine Tanzweise oder eine prägnante thematische Figur – etwa das Klopfmotiv in Beethovens Fünfter – tun; und das sollen sie auch gar nicht, weil es die Hörer einlullen und davon abhalten würde, sich auf das jeweils aktuelle dramatische Geschehen einzulassen. Dessen ungeachtet sind diese Motive jedoch – weder an sich noch im Kontext des musikalischen Satzes – Ausdruck bloßer Willkür: Vertrauen zu den ›Leitmotiven‹ haben die Hörer vielmehr bereits auf einer vormusikalischen Ebene gewonnen: Dort haben sie die *Gestik* identifiziert – wie die des gezückten Schwertes, oder die *Farbe* – etwa die des glänzenden Goldes, oder die *Intonation* – zum Beispiel die eines röhrenden Ungetüms.

Es ist von Wagner keine Marotte gewesen, daß er sich für den Ring eigens Waldhorn-Tuben – die nach ihm benannten Wagner-Tuben – hat bauen lassen. So wie Beethoven lange gesucht hat, bis aus zunächst banalen Einfällen das Hauptthema der Fünften wurde, hat Wagner experimentiert, bis er den Klang hatte, der ihm vor allem für Walhall angemessen erschien: Er ist eben nicht nur Komponist im engen Sinn dieses Wortes, sondern Theatermusiker, der sich seine Szene baut, in der die Motive der Ahnung und Erinnerung wie Totemzeichen figurieren. Daß gerade musikalische Laien für Wagner schwärmen, muß nicht heißen, daß diese zu ungebildet sind, um das Fehlen immanent musikalischer Struktur bedauern zu können; es könnte auch bedeuten, daß sie unverbildet genug sind, um ihre Freude an der Musik auf einer Ebene zu haben, wo man vor allem – einem Kind vergleichbar – die Teilmomente von Gestik, Farbe und Intonation wahrnimmt. (Man muß es nicht als Schwäche des Nachgeborenen deuten, daß Sohn Siegfried vor allem Märchenopern geschrieben hat: Er verbreitert damit eine Bahn, die der Vater – besonders deutlich im Siegfried – bereits angelegt hat.)

Daß Wagners ›Leitmotive‹ sui generis sind, bedeutet nicht, daß sich ein vergleichender Blick auf Bereiche verböte, innerhalb derer man in der Instrumental-, speziell der sinfonischen Musik des 19. Jahrhunderts von Motiv und Motivverarbeitung spricht. Wenn Wagner sich auf eine gut überschaubare Zahl von ›Leitmotiven‹ beschränkt, Motive sich wandeln läßt, sie voneinander ableitet und miteinander kombiniert, so bedient er sich dieser Verfahren zwar durchaus nach den Zielsetzungen des musikalischen Dramas; jedoch ist gar nicht zu übersehen, daß ihm solche Verfahrensweisen nur verfügbar sind, weil er sich – produktiv, und auf höchstem Niveau – mit der Musik Beethovens und ihren Techniken motivisch-thematischer Arbeit auseinandergesetzt hat.

Wagner kann sich in seinem Metier durchaus als Erbe Beethovens verstehen: Keineswegs hat er nur auf den Ton*dichter* Beethoven geblickt; ebenso wichtig war ihm, wie Klaus Kropfinger im Detail gezeigt hat,[29] der Ton*setzer,* auch wenn er davon eher beiläufig spricht – wie von kompositionstechnischen Sachverhalten überhaupt. Was macht Wagner allein mit dem zuletzt erwähnten und deshalb hier pars pro toto genannten Walhall-Motiv bereits im *Rheingold!* Wenn Loge in der 2. und in der 4. Szene zu den Worten »Zu Tiefen und Höhn treibt mich mein Hang« bzw. »Ihrem Ende eilen sie zu, die so stark im Bestehen sich wähnen« sich über den Walhall-Wahn der Götter in Skepsis und Spott ergeht, so treibt er mit dem Walhall-Motiv dergestalt sein Spiel, daß man im Blick auf den Orchester-Part durchaus an motivisch-thematische Arbeit im Sinne des sinfonischen Genres denken könnte. Das ändert freilich nichts an der Tatsache, daß Wagner vom *Holländer* an keine Sinfonien und Konzert-Ouverturen mehr geschrieben hat, sondern nur noch das *Siegfried-Idyll.* Wie die Sinfonien ausgesehen hätten, die zu komponieren er sich im Alter halb ernsthaft, halb spielerisch vornahm, wissen wir nicht.

Form

Während der Niederschrift von Oper und Drama war Wagner der Zuversicht, mit Hilfe des Instrumentariums von ›Gesangsmelodie‹, ›Orchestermelodie‹ und ›dichterisch-musikalischer Periode‹ die Komposition des *Ringes* sehr leicht bewältigen zu können – fast so, als schüfe er ein modernes Medium des Mythos, durch das auch die Musik nur hindurchzufließen brauche. Eine solche Vorstellung war gewiß hilfreich, um sich der gewaltigen, innerhalb der Musikgeschichte einzigartigen Aufgabe überhaupt stellen zu können. Wagner hat sich von ihr, obwohl ihn die Praxis eines besseren belehrte, nur schwer getrennt. An Theodor Uhlig schreibt er Ende August /Anfang September 1851:

»Ich sage Dir, die musikalischen phrasen machen sich auf diesen Versen und Perioden ohne daß ich mir nur Mühe darum zu geben habe; es wächst Alles wie wild aus dem Boden. Den Anfang hab' ich schon im Kopfe; auch einige plastische Motive, wie den Fafner.«

Zwar stellt sich heraus, daß es mit der Komposition des Siegfried noch längst nicht losgehen kann, weil – gemäß beschlossener Erweiterung des *Siegfried*- zum *Ring*-Projekt – zunächst einmal *Rheingold* und *Walküre* gedichtet und komponiert werden müssen. Auch zeigt sich, daß Wagner die Komposition der Verse nie so »natürlich und leicht« von der Hand geht, wie er es immer wieder, vor allem in Briefen an Franz Liszt, prospektiv hofft: »Mit dem *Rheingold* ging's unter diesen Verhältnissen noch ganz frisch; die *Walküre* machte mir schon großen Schmerz. Nun [während der wenig später für Jahre unterbrochenen Komposition des *Siegfried*] gleiche ich bereits einem sehr verstimmten Klavier (was mein Nervensystem betrifft).« – heißt es unter dem 27. Januar 1857. Doch ist, aufs Ganze gesehen, im *Ring* in der Tat die Tendenz spürbar, die Musik »wie wild aus dem Boden wachsen« zu lassen – besonders deutlich natürlich im *Rheingold*, wo Wagner ja zum einen noch jede Erfahrung in der Umsetzung seiner theoretischen Konzeption fehlt und zum anderen ein Fundus an ›Leitmotiv‹-Material erst geschaffen werden muß.

Doch was hat es mit der musikalischen *Form* des *Ringes* auf sich? Komponiert Wagner rein an der Handlung entlang, indem er den Text durch die Singstimmen transportieren und diese dabei von einem Orchester begleiten läßt, das für die jeweils richtige Stimmung sorgt? Ist er zwar ein Künstler in der Herstellung eines »charakteristischen Gewebes der Hauptthemen«, welches im Ring alles mit allem assoziativ – d.h. mehr oder weniger äußerlich – verbindet, darüber hinaus aber zur Gestaltung komplexer musikalischer Strukturen unfähig – eben ein kompositorischer Dilettant?

Wagners zeitgenössische Kritiker haben das so gesehen – etwa Eduard Hanslick mit seinem oben zitierten drastischen Urteil über Wagners Reihungs-Technik. Wirklich verzichtet Wagner als Dichter wie als Komponist tendenziell auf Syntax, um stattdessen Sätze parataktisch nebeneinanderzustellen; und damit ignoriert er wesentliche Mittel kunstvoll formalen Gestaltens. Freilich ist ihm an der Vorstellung, man könne seine Musikdramen als syntaktisch kunstvoll gearbeitet erleben, auch gar nichts gelegen: Sein Werk soll als naturhaft gewachsen erscheinen, eines wie selbstverständlich aus dem anderen hervorgehen; und *wenn* ihn eine kompositorische Kunst interessierte, dann diejenige, die man als unbefangener Hörer gar nicht wahrnimmt: die Kunst des Überganges. (Damit muß nicht unbedingt der im Ideal stufenlose Übergang gemeint sein, welcher in *Tristan und Isolde* eine bedeutende Rolle spielt und die Vorstellung einer »unendlichen Melodie« verwirklichen hilft, die ihrerseits ein Spiegel für unendliches, in der Kategorie der Zeit nicht faßbares Liebes-Sehnen ist: Es kann auch ein merklicher Übergang sein, wie etwa der von der 1. zur 2. *Rheingold*-Szene: Nur organisch, d.h. dem Gefühl zugänglich muß er sein und nicht etwa, wie bei Beethoven, der Darstellung eines abstrakt dialektischen Prinzips dienen. Bildlich gesprochen: Der Schmetterling geht »organisch« aus der Raupe hervor, ohne ihr ähnlich zu sehen.)

Generationenlang blieb in der Schwebe, wie man Wagners Kunst kompositionsgeschichtlich und speziell formanalytisch einzuschätzen habe – zu sehr stand man unter ihrer unmittelbaren Wirkung. Wenn man kompositorische Teilmomente untersuchte, waren es vor allem solche der Harmonik, wie dies etwa der Titel von Ernst Kurths 1920 erschienenen Buches, *Romantische Harmonik und ihre Krise in Wagners Tristan*, belegt. Auf die Dauer mußte aber offenbar die Frage geklärt werden, ob Wagner als »absolut« komponierender Musiker ernst zu nehmen, ob er auch als Formkünstler zu würdigen sei. Nachdem August Halm mit einem Essay *Musikdrama und Sonatenform* schon 1916 entsprechende Anregungen gegeben hatte,[30] widmete sich in den 20er Jahren dieser Frage vor allem Alfred Lorenz, ein Wagnerforscher, der nach erfolgreicher Tätigkeit als Theaterkapellmeister in die Wissenschaft übergewechselt war. Aus seiner Dissertation erwuchsen vier, zwischen 1924 und 1933 erschienene Bände mit dem Obertitel *Das Geheimnis der Form bei Richard Wagner*, in denen er der Reihe nach *Ring*, *Tristan*, *Meistersinger* und *Parsifal* formal analysiert.

Den Terminus »Geheimnis« verwendet Lorenz in emphatischem Sinne: Auf staunenswerte Weise sind Wagners Musikdramen nach Gesetzen formaler Symmetrie gestaltet; sie lassen sich geradezu als absolute Musik interpretieren. Geheimnisvoll ist dieser Sachverhalt deshalb, weil er weniger als bewußtes kompositorisches Kalkül denn im Sinne »unbewußter Niederschläge eines dunklen Schöpferdranges« zu deuten ist:

> »Wie die Naturkraft, ohne zu wissen, was sie tut und ohne Regeln zu kennen, durch ihre Beschaffenheit an sich Kristalle und Blumensterne schafft, so müssen beim Künstler schöne Formen entstehen, wenn seine künstlerische Kraft zeugensfähig ist. ... Die Formen aber, die bei echter Zeugung entstehen, lassen einen Rückschluß auf die innere Kraft und Gesundheit ihres Schöpfers zu.«

In diesem Sinne ist Wagner »gesund«; denn sein bevorzugter formaler Baustein ist der Bar – »die urdeutsche Formbildung«, welche im Meistersang die verbindliche Form des Strophenbaues darstellt; in der musikalischen Formenlehre stellt sie sich als A-A-B-Form dar.[31] Hinter formaler Argumentation steht ideologisches Interesse: Lorenz – nationalsozialistischer Kämpfer der ersten Stunde und später in der musikalischen ›Rasse‹-'Forschung' engagiert – will Wagner nicht nur ob seiner Themen und seiner Dichtung als großen Deutschen herausstellen, sondern auch ob seiner kompositorischen Kraft. Und die ist umso größer, je ›absoluter‹ sie im Sinne der so verstandenen Sinfonik Beethovens und Bruckners ist.[32] Der von Hitler so geschätzte Topos von der »Vorsehung« paßt gut in diesen gedanklichen Zusammenhang: Wagner ist nicht – wie tendenziell italienische und französische Komponisten – bloß Illustrator, wie es das Hantieren mit Leitmotiven und das Komponieren am Text entlang es vordergründig nahelegen könnten; in seiner Musik offenbaren sich vielmehr überindividuelle und überzeitliche Strukturen, die von der ›Natur‹ schon immer »vorgesehen« waren und in bestimmten geschichtlichen Augenblicken in spezieller Weise zum Vorschein kommen.

Lorenz ist als Erklärer kompositorischer Zusammenhänge alles andere als dumm: Wer kompositorische Details in Wagners musikalischen Dramen klären möchte, greift immer wieder auf seine Beobachtungen zurück. Gleichwohl muß man sein analytisches Instrumentarium simpel nennen. Übergeordnete formale Kategorie ist die von Wagner in *Oper und Drama* so genannte »dichterisch-musikalische Periode«. Ohne sich lange bei einer Begriffsklärung aufzuhalten, bestimmt Lorenz auf höchst problematische Weise und im Einzelfall durchaus willkürlich lange Abschnitte in Wagners Musikdramen zu solchen dichterisch-musikalischen Perioden – im Extremfall ganze Szenen. Diese analysiert er nach den Kriterien »strophische Form«, »Bogenform«, »Barform«, »potenzierte« Bogen- und Barform. Bei alledem kommt heraus, wie »schön« – ein Lieblingswort Lorenz' – die Architektur in Wagners Musikdramen ausgebildet ist.

Kritik an Lorenz setzt – von der Unhaltbarkeit der ideologischen Grundannahmen einmal abgesehen – an zwei Punkten an: Zum einen kann man in so komplexen und umfangreichen Werken wie den Wagnerschen tendenziell alles an formaler Symmetrie finden, was man will. Es gibt Fälle, in denen Wagners Wille zu einer speziellen Formgestaltung offen zu Tage liegt: Der oben besprochene Rheintöchter-Gesang ist ein solches Beispiel; es gibt andere, in denen man über Wagners formale Absichten streiten kann, und endlich solche, wo die entsprechenden Versuche von Lorenz an den Haaren herbeigezogen scheinen oder im Detail geradezu falsch sind. Und das führt zum anderen Problempunkt: Wird ein Werk nicht vergewaltigt, wenn man es nach Kriterien untersucht, die für seinen Schöpfer nach allem, was wir wissen, nicht maßgeblich waren; verstellt man nicht den Zugang zu dem Spezifischen der Musik Wagners, wenn man die Wirksamkeit abstrakter Formgesetze betont? Dergleichen kann nur dazu dienen, das revolutionäre Moment in Wagners Kunstanschauung und -praxis zu mindern, ohne entscheidend neue Einblicke in den Schaffensprozeß zu geben.

Natürlich sind detaillierte Formanalysen sinnvoll und notwendig, sie sind in den letzten Jahren, Versäumnisse der älteren Wagnerforschung aufholend, u.a. von Carl Dahlhaus und Rudolf Stephan, die als erste Kritik an Lorenz' Vorgehensweise geübt haben,[33] auch von Egon Voss, Werner Breig, Stefan Kunze und Reinhold Brinkmann geliefert worden. Letzterer hat innerhalb einer intelligenten Studie über die Wanderer-Szene im 1. *Siegfried*-Akt deutlich gemacht, wie differenziert Wagner im

Detail ›formt‹, wie verschlungen handlungs- und textbedingte Überlegungen auf der einen, handwerklich-musikalische Entscheidungen auf der anderen Seite sind.[34] In diesem Sinne gleicht – worauf Wagner zu Recht stolz war – keine Szene der anderen, und vorschnelle Typenbildung führt nicht weiter. Es gibt Formverläufe von größter Einfachheit; es gibt andere von solcher Differenziertheit, daß man sie zwar beschreiben, aber kaum in formanalytischen Kategorien fassen kann. So unzweifelhaft es ist, daß sich viele Werkabschnitte anhand von Kategorien betrachten lassen, die aus der Beschäftigung mit genuin sinfonischer Musik des 19. Jahrhunderts gewonnen worden sind, so ersichtlich ist zugleich, daß man damit weder Wagner noch die Sinfoniker in ihren jeweiligen Intentionen gerecht wird.

Um in diesem Punkt weiterzukommen, greife ich einen Terminus auf, den Wagner im April 1871, zur Zeit der Komposition der *Götterdämmerung*, innerhalb seines Vortrags vor der Berliner Akademie der Künste *Über die Bestimmung der Oper* benutzt. Er erklärt zunächst noch einmal im Anschluß an die bereits in *Oper und Drama* geäußerten Gedanken, weshalb die aus Lied- und Tanzmelodik abgeleiteten »Formen der historisch entwickelten Musik« in seinen Augen zur »Quadratur einer konventionellen Tonsatzkonstruktion« führen müssen. Sodann stellt er sein ideales Bühnenkunstwerk als eine »durch die höchste künstlerische Besonnenheit fixierte mimisch-musikalische Improvisation von vollendetem dichterischen Werte« vor. Der »dichterische« Wert, d.h. die Botschaft, steht zuoberst. Darstellbar wird sie jedoch nur durch das Moment der »Improvisation«. Um deren Wesen näher zu bestimmen, spannt Wagner die Begriffe »mimisch« und »musikalisch« zusammen. Was mimische Improvisation bedeutet, läßt sich am Werk Shakespeares zeigen: Dieser geniale Dramatiker vermochte seine Stücke so zu schreiben und einzustudieren, daß Werk-Idee und improvisatorische Fähigkeiten der Mimen so weitgehend übereinstimmten, daß die »Unmittelbarkeit der Darstellung« in jeder Weise gewährleistet war. Der moderne dramatische Komponist hat die Aufgabe, solche Unmittelbarkeit nicht nur in »Miene und Gebärde« des Schauspielers, sondern auch im »lebendigen Ton« des Musikers erfahrbar zu machen.

Wagner, der in diesem Zusammenhang an die Klavierimprovisationen Beethovens erinnert, wünscht sich in seiner Musik so viel Offenheit, daß den Musikern – also vor allem wohl den Sängerinnen und Sängern, aber vielleicht auch den Instrumentalistinnen und Instrumentalisten – genug Raum bleibt, um den jeweiligen Part auf ihre Weise auszufüllen. Da in der Partitur freilich jeder Ton bis in die Artikulation hinein festgeschrieben ist, muß solche Offenheit mit »höchster künstlerischer Besonnenheit« *hergestellt*, d.h. komponiert werden – und dies im Sinne einer offenen Form, die nicht durch motivisches Material oder bestimmte Kompositionsprinzipien determiniert ist, vielmehr Raum zum Agieren läßt. Dafür zwei Beispiele noch einmal aus dem Beginn des *Rheingoldes:*

Das Vorspiel ist formal höchst übersichtlich angelegt: als eine im Sinne einer Steigerung angelegte Reihung von Viertakt-, auch Zweitaktgruppen. Zwar kalkuliert Wagner die Wirkung dieser Steigerung bis ins einzelne: Was einerseits »nur« auskomponierter Es-Dur-Dreiklang ist, ist andererseits ein in Instrumentation und Rhythmik/Metrik höchst kunstvoll gefügtes Gewebe, und allein optisch ist die Partitur ein kleines Meisterwerk zum Thema ›Ruhe in der Bewegung‹ oder ›Vielfalt in der Einheit‹. Doch zugleich wirkt die Musik wie improvisiert: improvisiert zu der Vorstellung eines unendlich tief und breit dahinfließenden Urgewässers, dessen Strömen mimetisch – Wagner sagt: »mimisch« – nachvollzogen wird. Während Bruckner am Beginn des Finales seiner – sicherlich unter dem Einfluß Wagners stehenden – *Romantischen Sinfonie* alle kompositorischen Register zieht, um nach höchster Kraftkonzentration in Takt 43 auf den Kulminationspunkt zu gelangen, bleibt Wagner vergleichsweise gelassen: Er führt nicht die Willensanstrengung des Komponisten vor, sondern das Walten der Natur, welcher man eigentlich nur zuzuschauen braucht.

Ähnliches läßt sich von der Einführung des Rheingold-Motivs ab Takt 516 sagen. Voraus geht eine längere, rein instrumentale Episode, während derer Alberich zwischen den Riffen des Rheinbettes umherstolpert, um in einer letzten verzweifelten Anstrengung eine der Rheintöchter zu erhaschen. Dazu erklingt eine gestische, das Auf und Ab des Kletterns und Strauchelns illustrierende Musik mit schnellen, meist chromatischen Läufen in den Streichern sowie verminderten Septakkorden und anderen dissonierenden Klängen in den Bläsern; die Harmonik gibt mehr bloßes Kolorit als feste Orientierung über die Tonart, in der man sich befindet. Mit Alberichs plötzlich herausgestoßener Verwünschung »Fing' eine diese Faust!« ist der Höhepunkt der Episode erreicht. Während sie danach im Diminuendo ausklingt, formen Baßtrompete und Pauke als neu eintretende Instrumente – piano, aber durchaus akzentuiert – ein tiefes G, das alsbald von Violinen und Harfe zu einem G-Dur-Akkord aufgestockt wird: Damit ist es, wie es die Vortragsbezeichnung ausdrücklich besagt, »gleichmäßig ruhig« geworden; und zugleich sind klare tonale Verhältnisse geschaffen, in die hinein das Horn die Rheingold-Fanfare in seiner natürlichen Tonart G-Dur bläst. Wenig später, nachdem aus den zunächst fast meditativ zu nennenden Dreiklangsbrechungen der Geigen ein auf acht Stimmen verteiltes Flirren geworden ist, ertönt das Rheingold-Motiv im strahlenden Glanz der C-Trompete.

Die Einführung des Rheingold-Motivs ist formal gut vorbereitet, man könnte von der Technik des Überblendens sprechen. Doch schon dieser Ausdruck macht deutlich, daß es nicht um Entwicklung – das A und O aller ›absolut‹ komponierten Musik – geht, sondern um Inszenierung. Und zu dieser Inszenierung gehört der Eindruck des Improvisatorischen: Der Vorgang, innerhalb dessen das zuvor diffus erscheinende Geschehen plötzliche Prägnanz erhält, soll nicht gemacht, sondern selbstverständlich wirken; es soll nicht einmal bewußt aufgenommen werden: Denn die Rheingold-Fanfare erklingt ja nicht um ihrer selbst willen und auch nicht in einem kompositorischen Kontext; sie soll vielmehr wie ein spotlight Aufmerksamkeit, Vorstellungskraft und gefühlsmäßige Anteilnahme der Hörer auf das ›Gold‹ als das alles in Bewegung setzende Element der Handlung konzentrieren.

Im *Rheingold* kommt Wagner noch mit verhältnismäßig wenigen Motiven aus; so könnte seine Freiheit zur kalkulierten Improvisation dort größer erscheinen als in der *Götterdämmerung*, auf der Fülle und Bedeutungsschwere der Leitmotive weit stärker lasten. Doch eine entsprechende Spekulation trifft nicht zu: Auch oder gerade gegen Ende des *Ringes* hat Wagner Gelegenheit, in jedem Augenblick aus einer Reihe zur Handlung passender Motive zu wählen und situationsgerecht zu kombinieren. Diese Kombination erfolgt freilich nicht im Sinne immanenter Logik, sondern nach den Erfordernissen des Dramas. »Sonderbar! erst beim Komponiren geht mir das eigentliche Wesen meiner Dichtung auf: überall entdecken sich mir Geheimnisse, die mir selbst bis dahin noch verborgen blieben« – so schreibt Wagner am 6. Dezember 1856 während der Komposition des 1. *Siegfried*-Aktes an Franz Liszt und macht damit zugleich deutlich, wie merklich seine musikalischen Einfälle an der Handlung orientiert und vom Augenblick bestimmt sind. Diese Freiheit des Augenblickes ist es, die auch in der Begriffsprägung »mimisch-musikalische Improvisation« mitschwingt.

So ist es nur konsequent, daß die Arbeit am *Ring* nicht mit der Niederschrift der Partitur beendet ist, sich vielmehr in den – reich dokumentierten – Bühnenproben fortgesetzt hat: Wagners musikalische Dramen erschließen sich nur in actu. Sie sind tönender Kosmos nicht in dem Sinne, daß sie sich wie ein bündiges, in sich stimmiges, in Noten kodiertes Werk der inneren Anschauung erschlössen: Sie wollen erzählt werden und erfahren sein. Und die Hörer erfassen nicht – wie sollte das bei der Länge der Werke auch möglich sein? – das Ganze; sie vernehmen – wie Kinder im Märchen – die einzelnen Episoden, die sich bei jedem zu einem anderen Ganzen fügen mögen. In diesem Sinne hat Friedrich Dieckmann nach einem Bayreuth-Besuch, Gedanken Thomas Manns aufgreifend, vom *Ring* als einem »symphonischen Roman« gesprochen, den man nur bröckchenweise genießen und verdauen könne – am besten individuell am Lautsprecher.[35] Einhundert Jahre zuvor, hatte schon Friedrich Nietzsche, in der Phase seiner Emanzipation von Wagner, in einer aus dem Frühjahr 1874 stammenden Aufzeichung deutlich gemacht, daß es bei diesem kein strukturelles Hören geben könne:

> »Das Aufhören der grossen rhythmischen Perioden, das Übrigbleiben der Taktphrasen, macht allerdings den Eindruck der Unendlichkeit, des Meers: aber es ist ein Kunstmittel, nicht das reguläre Gesetz, zu dem es Wagner stempeln möchte. Wir haschen zuerst darnach, suchen uns Perioden, werden immer wieder getäuscht, und endlich wirft man sich in die Wellen.«[36]

Über Form zu sprechen bedeutet nicht nur, die musikalische Syntax eines Werks systematisch zu untersuchen; bei einem Riesenwerk wie dem *Ring*, dessen Komposition sich über mehr als zwei Jahrzehnte erstreckt hat, liegt es vielmehr nahe, auch historisch vorzugehen und zu fragen: Ändert sich Wagners Formverständnis vom *Rheingold* bis zur *Götterdämmerung*? Wagner hat sich diese Frage selbst gestellt, entsprechende Vorgänge allerdings nicht seinem sich verändernden Bewußtsein als

Komponist zugeschrieben, sondern der Tendenz des Stoffes: Wie im *Rheingold* alles ›Natur‹ ist, muß auch die Musik einen naturhaften Charakter – Wagner spricht in dem oben zitierten *Epilogischen Bericht* von »plastischen Naturmotiven« – behalten; und insoweit die Handlungsketten »weitgegliederter« und die Charaktere differenzierter werden, muß auch die Musik eine »immer individuellere Entwicklung« nehmen. Das ist – beabsichtigt oder nicht – eine listige Deutung: Sie macht es schwierig zu entscheiden, ob die Tendenz vom Groben und Unbehauenen bis zum Hochartifiziellen und Bedeutungsüberladenen, die den Weg vom *Rheingold* zur *Götterdämmerung* kennzeichnet, über Wagners wachsende Sicherheit als Komponist, über die Dynamik des mythischen Themas oder – in dialektischer Verquickung – über beides etwas aussagt.

Wenn das *Rheingold*-Vorspiel mit dem tiefen Es der Kontrabässe einsetzt, möchte man zwar nicht sagen, Wagner habe sein ganzes Wissen über Musik vergessen; doch es ist, als setze er auf der Ebene eines ›zweiten Bewußtseins‹ ein, das nicht vom aktuellen Standard der Kompositionskunst, sondern den Erfordernissen des *Ring*-Dramas her agiert. Die anfängliche Naivität wäre als hohe Kunst der Reduktion auf das Elementare nur unzureichend beschrieben – so unbehauen oder gar stilistisch unsicher wirken manche Partien des *Rheingold*: Es hat den Anschein, als wäre Wagner zu einem Teil seines Wesens tatsächlich in die Rolle dessen gekrochen, der ganz von vorn anfangen muß und selbst noch nicht weiß, wie es weitergehen soll. Was fängt er, beispielsweise, mit einem so illustrativ geformten Motiv wie dem der Riesen an? Es kündigt, einfach gesagt, die im wahrsten Sinne des Wortes »Auftritte« von Fafner und Fasolt an; und das ist nicht genug, um nicht seinen Feinden Gelegenheit zu der spöttischen Feststellung zu geben, man brauche seine Leitmotiv-Technik nicht zu karikieren, denn sie karikiere sich selbst.

In der Götterdämmerung – um gleich dorthin zu springen – gibt es kaum noch eindimensional illustrative Musik. Vielleicht ließe sich vom *Trauermarsch* nach Siegfrieds Tod sagen, daß er – freilich dramaturgisch begründet – brutal in Szene gesetzt sei. Doch ansonsten ist alles mit höchster Kunst arrangiert. Die Harmonik, an *Tristan und Isolde* geschult, kennt kaum noch einfache Gänge: »Bei manchen Harmonien hat er etwas Angenehm-Widerstrebendes, wie beim Drehen eines Schlüssels in einem complicirten Schlosse« – so schreibt Friedrich Nietzsche, sicherlich auch die *Götterdämmerung* vor Augen und Ohren, in einem nachgelassenen Fragment vom Frühjahr 1874. Und kaum eine Note, die nicht motivisch, das heißt aus den Motiven der Ahnung und Erinnerung abgeleitet wäre! Bisweilen ist der Satz mit ihnen so überladen, daß man – von Wagner sicherlich beabsichtigt – die Details kaum mehr mitbekommt und sich nolens oder volens dem Gefühlseindruck überläßt; besonders deutlich ist dies in den gedankenschweren, ja bedeutungsschwangeren Orchester-Überleitungen zwischen den Szenen. Die Frische des *Rheingold*, die Verve der *Walküre*, die Farbigkeit des *Siegfried* – sie sind dahin: Alles ist verhangen, düster, grimmig, entstellt, verzerrt.

Wo Wagner noch illustrativ arbeitet, geschieht es nunmehr weniger zur Untermalung äußerer Vorgänge als zur Darstellung des seelischen Erlebnis-Hintergrundes in den langen Dialog-Partien. Dort setzt er – in einer weit moderner als im *Rheingold* anmutenden Technik, die auf den frühen Richard Strauss und den expressionistischen Opernstil des 20. Jahrhunderts vorausweist – das Orchester in Klangfarbe und Gebärde mit höchster Differenziertheit ein; oftmals genügt das nervöse Streicher-Tremolo auf einem einzigen Ton, um Gereiztheit oder Unheil zu signalisieren. In diesem Sinne hat sich Wagner mit der Komposition der *Götterdämmerung* sehr gequält: In den Grundzügen lag durch den Gang des Dramas, den Fundus an »Leitmotiven« und die spezifische fin-de-siècle-Stimmung fest, wie die Musik aussehen müsse; doch im einzelnen mußte er dem Anspruch, alle Details auf dem erreichten Niveau an Differenziertheit durchzuformen, Tag für Tag in angestrengter Routine-Arbeit neu gerecht werden.

Ein kleines Beispiel solcher Differenziertheit findet sich in der 4. Szene des 2. Aufzuges, wenn Siegfried bei seines Speeres Spitze schwört, er habe Brünnhilde bei der Werbung für Gunther keineswegs »Lust und Liebe abgezwungen«, und diese daraufhin Siegfrieds Eidesformel wütend aufgreift, um ihn des Meineides zu bezich-

Richard Wagner, *Götterdämmerung*, 2. Aufzug, 4. Szene, T. 1180-1191, nur Gesangstimme und Trompete

tigen: Brünnhilde übernimmt Siegfrieds Gesangsformel »Helle Wehr! heilige Waffe!«; indessen verändert Wagner zur Kennzeichnung ihrer außerordentlichen Leidenschaftlichkeit nicht nur den rhythmisch-metrischen Duktus des Gesangs; darüber hinaus läßt er die C-Trompete in jede kleine Phrase ihres Gesangs einfallen und sie wie ein Echo wiederholen – als ob Brünnhilde dem gerade Gesagten zusätzlichen Nachdruck verleihen wollte, während sie zugleich voller Erregung schon zur nächsten Phrase weitergeeilt ist. Solche Details lassen sich »strukturell« kaum fassen; sie sind nur als Wagners hohe Kunst zu verstehen, menschlichen Ausdruck mit den Mitteln der Musik zu verstärken, und belegen noch einmal, was mit »mimisch-musikalischer Improvisation« gemeint ist.

Mit dem Moment der Differenziertheit hängt das der Stilisierung zusammen. Die *Götterdämmerung* ist derjenige Teil des *Ringes*, welcher der Gattung der Oper am nächsten steht. Paul Bekker hat deutlich gemacht, daß Wagner seiner eigenen Dichtung zwanzig Jahre nach deren Entstehung notgedrungen ferner steht als zur Zeit des *Rheingold* und aus dieser Distanz heraus wie ein Komponist des eigenen Librettos agieren muß. Das paßt freilich zur letzten Phase der *Ring*-Handlung: »Sie zeigt keine aus eigenem Lebenszentrum sich bewegenden Gestalten, sondern rollenhaft gedachte Partien.« Bekker verweist auf das »Marionettenhafte der Gibichungen-Figuren« Gunther, Gutrune und Hagen und vergleicht die Musik zur Auftrittsrede des ersteren mit einem Menuett als »Gebärde der unfreien, willenlosen Naturen, die sich nicht anders als im vorbestimmten Rhythmus der formalen Periode Ausdruck schaffen können«;[37] in diesem Sinne tanzen sie in ihren Untergang.

Der *Ring* – Lebenswerk und Vermächtnis

»Wagner besitzt einen unersättlichen Trieb, Alles, was sich ... auf die Fortdauer seiner Kunst bezieht, mitzutheilen. Sein Werk, um mit Schopenhauer zu reden, als ein heiliges Depositum und die wahre Frucht seines Daseins, zum Eigenthum der Menschheit zu machen, es niederlegend für eine besser urtheilende Nachwelt, diess wurde ihm zum Zweck.«

So sieht es Friedrich Nietzsche in seiner 1876, im Jahr der ersten *Ring*-Aufführung, erschienenen Schrift *Richard Wagner in Bayreuth,* und man ahnt, daß sich hinter der öffentlichen Huldigung bereits erheblicher Groll verbirgt. Jedenfalls heißt es in nachgelassenen Fragmenten aus Sommer und Herbst des Vorjahres:

»Zukunft von den Bayreuther Sommern: Vereinigung aller wirklich lebenden Menschen: Künstler bringen ihre Kunst heran, Schriftsteller ihre Werke zum Vortrage, Reformatoren ihre neuen Ideen. Ein allgemeines Bad der Seelen soll es sein: dort erwacht der neue Genius, dort entfaltet sich ein Reich der Güte.«[38]

Nein – das ist es nicht, was Wagner in Bayreuth vorschwebt, auch wenn er 1849 in *Die Kunst und die Revolution* enthusiastisch auf die alten Griechen gewiesen hatte, denen »die Aufführung einer Tragödie eine religiöse Feier«, »der Ausdruck des Tiefsten und Edelsten des Volksbewußtseins« und eine wahrhaft »öffentliche Kunst« gewesen war. Wagner hat nun endlich *seine* Festspiele, und man kann die Beharrlichkeit, mit der er an der Realisierung seiner Idee über Jahrzehnte hinweg gearbeitet hat, nur einzigartig nennen. Den *Ring* innerhalb des Repertoire-Theaters mit seinem »wüsten durcheinander von allen genres und allen stylen« auszuführen, hält er, wie er Liszt am 22. Mai 1851 schreibt, von Anfang an für unmöglich. So verfolgt er unablässig, wenn auch in unterschiedlichen Versionen, die Festspiel-Idee, obgleich – oder vielleicht gerade weil – er als ins Exil Getriebener zunächst keinerlei Chancen auf eine schnelle Realisierung sieht. Doch o Wunder: Mit der Komposition des *Ringes* wachsen diese Möglichkeiten dank seines ›Wunder‹-Königs Ludwig II., der seit 1864 Hunderttausende in den *Ring* steckt: in Form von Gehaltszahlungen, Zuschüssen zum Bau des Festspielhauses, Abordnungen seiner Münchner Hofmusiker und weiterer Hilfe bei der Abdeckung der hohen Defizite.

Überschaut man Wagners Leben, so fragt man sich, wo er die Zeit und die Kraft hergenommen hat, um neben der Ausarbeitung der ja schon vom Umfang her gewaltigen Partituren unablässig für die Realisierung seines Festspiel-Traums schreibend, redend, reisend, werbend tätig zu sein. Denn so wertvoll die Hilfe Ludwigs II. auch gewesen sein mag: Was muß Wagner nicht alles selbst tun, um seinem Werk, von dem ja nur *Rheingold* und *Walküre* durch – gegen seinen Willen zustandegekommene – Vorausaufführungen öffentlich bekannt waren, so viel an Publizität zu verschaffen, daß das Projekt ›Bayreuther Festspiele‹ überhaupt lebensfähig werden kann! Mit Hilfe seiner »Getreuen« überzieht er Deutschland und Teile des Auslandes mit einem Netz von Richard-Wagner-Vereinen, die sein Werk fördern und durch den Kauf sogenannter »Patronatsscheine« nicht nur die Aufführungen von 1876 finanziell möglich machen, sondern zugleich Reste der idealistischen Konzeption sicherstellen sollen, nach der nicht der Erwerb einer profanen Eintrittskarte den Zugang zum Bühnenfestspiel garantiert, sondern die Zugehörigkeit zu einem Kreis Eingeweihter.

Es ist schon eine Ironie der Geschichte, daß Wagners Idee »griechischer Festspiele« von Vereinen getragen werden muß, die in ihrem Programm den deutsch-nationalen Gedanken obenan führen und in ihrem kleinbürgerlichen Gehabe von demjenigen der Turner-, Schützen- und Gesangsvereine im Zweifelsfall nur in Nuancen zu unterscheiden sind. Und es paßt zur Gründerzeit, daß Wagner für seine Festspiele einen zünftigen Verwaltungsrat mit einem leibhaftigen Bankier – Friedrich Feustel – als Mitglied wählen läßt. Daß dieser wackere, sicherlich vor allem auf das Image Bayreuths als Fremdenverkehrsort bedachte Mann sein Amt niederlegt, als Wagner die Bayreuther Feuerwehr unentgeltlich zur Probe zuläßt, gehört zu dem Menschlichen und Allzumenschlichen beim – um mit Friedrich Engels zu reden – »Narrenfest des Staatsmusikanten Wagner«, der alle Hände voll zu tun hat, um außer dem deutschen Kaiser und dem bayerischen König auch den Kaiser von Brasilien und so manches Mitglied der europäischen Aristokratie angemessen zu empfangen: Mag die öffentliche Meinung auch gespalten sein und die nach Umfang ganze

Bände füllende Presse (gelegentlich) spitz oder gehässig berichten, so steht doch außer Zweifel, daß Wagner es – jedenfalls äußerlich – geschafft hat, sein »Bayreuth« zu etablieren.

Im Vorfeld der Aufführungen vom August 1876 hat es Wagner freilich alles andere als nur mit Repräsentationspflichten zu tun, von denen ihn seine Gattin Cosima ohnehin nur allzu gern entlastet. Schon zwei Jahre vor der Aufführung finden Vorproben mit ausgewählten Sängerinnen und Sängern statt; und ebenso leidenschaftlich, wie Wagner alle Einzelheiten der musikalischen Realisation bestimmt, kümmert er sich um Bühnenbild, Kostüme und Regie. In der Endphase ist der 63 Jahre alte Maestro trotz eines schlimmen Zahngeschwürs, das ihn nach eigener Aussage »wie ein Nilpferd anschwellen« läßt, überall zu finden; er kümmert sich mit kaum enden wollender Energie um jede Einzelheit und muß dann doch Pannen wie diejenige erleben, daß der eigens aus England bestellte Drache Fafner ohne Mittelteil in Bayreuth eintrifft und deshalb seine Dienste als feuerspeiendes Ungeheuer nur eingeschränkt tun kann. Bei alledem versteht sich Wagner nicht als Hans Dampf in allen Gassen, sondern als praktizierender Künstler, der seine Theorie vom musikalischen Drama als »mimisch-musikalischer Improvisation« nun endlich in die Tat umsetzen kann. Es wäre falsch, nur auf die Detailarbeit zu schauen, deren Gelingen oder Mißlingen die nicht unmittelbar Beteiligten vielfach nach sportlichen Kriterien beurteilt haben: »Ich habe nicht geglaubt, daß Sie es zustandebringen würden«, soll Kaiser Wilhelm dementsprechend ausgerufen haben. Erstaunlich bleibt die Konzentration auf das Ganze des Werks, von der Thomas Mann 1931 in seinem Essay *Wagner und unsere Zeit sagt:*

»Der *Ring* bleibt mir der Inbegriff des Werkes. Wagner war, im Gegensatz zu Goethe, ein Mann des Werkes ganz und gar, ein Macht-, Welt- und Erfolgsmensch durch und durch.«[39]

Als Institution zur Darbietung beispielhafter und vom Opernalltag weggerückter Aufführungen haben die von Wagner begründeten Bühnenfestspiele gewiß ihre Bedeutung gehabt und behalten; die Festspiel-Idee hingegen muß als von vornherein gescheitert angesehen werden. Ob Wagner dies lieb war oder nicht: In Bayreuth feierten sich Adel und Bürgertum – und dies unter einem nationalistischen Vorzeichen, zu dem bekanntlich schon bald eine Menge nationalsozialistischer hinzugesetzt wurden; und heute bietet Bayreuth einen fast normalen Festspielbetrieb. Doch das sagt noch nichts aus über den *Ring* als »Inbegriff eines Werkes«. Dazu seien abschließend Gedanken geäußert, die vor allem von Friedrich Nietzsche ausgehen: Der in der Musik beschlagene, klavierspielende und komponierende Philosoph, welcher bei seiner ersten Begegnung mit Wagner im Herbst 1868 über Schopenhauer konversiert und seither auf den über 30 Jahre Älteren in Haß-Liebe fixiert ist, hat dessen Kunst – jenseits aller Exzentrik und Maßlosigkeit – so hellsichtig wahrgenommen, daß spätere Dichter und Denker wie Thomas Mann oder Theodor W. Adorno gerne konzediert haben, ihm die entscheidenden Züge ihres eigenen Wagner-Bildes zu verdanken.

Was Nietzsches Verhältnis zu Wagner betrifft, wäre es falsch, generell von einem Umschlagen der ursprünglichen Verehrung in tödlichen Haß zu sprechen. Das trifft zwar weitgehend auf Nietzsches persönliches Urteil über Wagner und auf den Ton seiner einschlägigen Veröffentlichungen zu. Grundsätzlicher gesehen, enthalten seine philosophischen und ästhetischen Gedanken – angefangen bei der 1872 unter dem Eindruck des Wagnerschen Musikdramas veröffentlichten *Geburt der Tragödie aus dem Geiste der Musik* – jedoch Momente von Faszination und Ekel durchaus nebeneinander, womit sie sich einer kurzschlüssig biographischen Erklärung legitimerweise entziehen.

An Wagner fasziniert die enorme Intelligenz, mit der er den Mythos seiner selbst schafft bzw. sich selbst zum Mythos macht. Er forscht bei den alten Griechen, in der nordischen Sage, in der Sprachphilosophie, er reflektiert philosophische Systeme und politische Syndrome – das alles, um – gut deutsch – Boden unter die Füße zu bekommen und präpariert zu sein für ein Werk, daß ihn versöhnt und identisch mit sich selbst machen soll: *Ich schaffe die Welt, darum bin ich in der Welt.* Und die Welt des *Ringes* ist nun keineswegs eine absonderliche oder banale, sondern eine mit ihrem Thema ›Liebe und Macht‹ sehr reale, doch zugleich so vielfältige, daß man aus dem Staunen über das, was in ihr steckt, nicht herauskommt. Man freut sich an dem Witz, mit dem George Bernard Shaw 1898 in *The Perfect Wagnerite* die *Rheingold*-Handlung mit dem Wortschatz des Antikapitalisten ›erklärt‹ hat; doch man vergißt leicht, daß dieser Witz fade wirken würde, wenn nicht Wagner seinen Text in genialer Intuition so vielschichtig formuliert hätte, daß eine solche Deutung – gleich anderen – trifft.

Und gleich dem Dramatiker ist der Komponist zu bewundern, der so lange und beharrlich mit der Musik und ihrer Form experimentiert, bis sie sich der Handlung bis in die feinsten Regungen der Psyche anverwandelt und diese zugleich ins Allgemeingültige, eben ins Mythische, hebt. Wagner ist ja nicht nur – en détail – der Entdecker neuer Klang- und Ausdrucksmöglichkeiten, und er läßt nicht nur die Musik dem Drama sich anschmiegen wie den Handschuh der Hand; ihm gelingt zugleich – en gros – die Wiederentdeckung der genuinen Macht der Musik im kalkulierten Zusammenwirken mit Gedanke, Wort und Ereignis. In Nietzsches nachgelassenen Fragmenten aus dem Sommer 1875 heißt es:

»Wagner erfindet nun, nach Beethoven, die Darstellung der verflochtenen Leidenschaften und braucht jetzt das sichtbare Drama zur Verdeutlichung, Wort und Gebärde. Er stellt Menschen gegenüber; er entwindet sich des Subjektiven der Leidenschaft, er stellt nicht mehr sich dar: oder zwar doch sich selbst, aber als Resonanz mehrerer leidenschaftlich handelnder Personen, deren Seelenleben in ihm nachlebt, in dem kunstvollen In- und Nebeneinander. Die Aufgabe ist so hoch, daß die Undeutlichkeit eine große Gefahr ist, und deshalb ist auf Deutlichkeit der Musiksprache Wagner's ganze Kraft gerichtet. Er hat erreicht, was noch nie einer erreicht hat: die allerstärkste und deutlichste Sprache des Gefühls. Alle frühere Musik erscheint steif, schwächlich, manierirt, ängstlich. Die unglaubliche Festigkeit und Bestimmung jede Gefühlsgrades ist bei ihm das Einzige.« Und weiter:

»Ein Riese, ein Höhlenwurm, Rheintöchter – das wäre alles für unsre ›Dichter‹ Lügnerei und läppische Tändelei: sie haben den Zauber nicht im Leibe, um die Natur zu beseelen und das Belebte in der Welt zu mehren! Es sei nur auf einen Augenblick – aber er [Alberich, der sich mit Hilfe seiner Tarnkappe in eine Kröte verwandelt] war diesen Augenblick verwandelt, und trug den Eindruck davon: man höre, wie die Kröte kriecht.«[40]

Wagner, so läßt sich Nietzsches Einsicht aufnehmen, erhebt die Musik einerseits in den Rang einer differenzierten Seelensprache, die sich im Kontext des Dramas intellektuell nachvollziehbar aufnehmen läßt. Doch damit läßt er die Musik nicht – wie ihm seine Gegner vorwerfen – zu einer modernen Sondersprache degenerieren: Denn andererseits macht er sie als Ursprache der Menschheit erlebbar, als tönendes Sein, Klang an sich, der die Aura der Dinge erscheinen läßt und sie dadurch über ihre äußere Erscheinung hinaus zu dem macht, was sie sind. Schon in der *Geburt der Tragödie* beschwört Nietzsche – Schopenhauer in der Spur Wagners folgend – Musik in ihrer »mythenschaffenden Kraft« als Ausdruck des »Weltwillens« und »eigentliche Idee der Welt«.

Im ›Leitmotiv‹ und im Umgang mit ihm spiegelt sich dieses doppelte Verständnis von Musik: Einerseits birgt das Leitmotiv archaisches, vorsprachliches Material, *Ausdruck an sich*. Andererseits entwickelt Wagner daraus eine Musiksprache von höchster Individualität. Thomas Mann – vor allem der jüngere – ist in diesem Sinne von Wagner, dessen Musikdramen zu hören er nicht genug bekommen konnte, höchst fasziniert gewesen. Die *Buddenbrooks*, die er 1901 als 26jähriger herausbrachte, greifen nicht nur im Blick auf die Handlung, in der »generationsweise ein Untergang dargestellt ist«,[41] das Thema des *Ringes* auf, sie übernehmen auch das Ineinander von archetypischen Verhaltensweisen der Menschen und ihrer unverwechselbaren Ausprägung im Individuum. Daß der Dichter in den *Buddenbrooks* – und anderswo – expressis verbis mit der Leitmotivtechnik arbeitet und die Musik Wagners geradezu wie ein Leitmotiv zum Inbegriff bürgerlicher décadence macht, darf in diesem Zusammenhang nicht unerwähnt bleiben, weil damit das Stichwort für die Überleitung zu Nietzsches bis heute gültiger Kritik an Wagner gefallen ist.

Dekadent ist in Nietzsches Augen bereits die philosophische Botschaft des *Ringes*; Siegfried, der freie und unwillkürliche Mensch, den auch er ersehnt, scheitert: Wagner läßt die Welt untergehen; und was er den Hörern am Ende der *Götterdämmerung* an Utopie oder Vision des Neuen mitgibt, wird in Nietzsches Augen fragwürdig, wenn man den *Ring* nicht für sich betrachtet, sondern – sicherlich nicht gegen Wagners eigene Auffassung – den sich anschließenden *Parsifal* als Krönung seines Denkens und Schaffens ansieht; denn da ist Wagner fast im Wortsinn zu Kreuze gekrochen: Der so mühsam dem elterlichen Pfarrhaus entronnene Philosoph des Lebens und der Selbstwerdung durch das Setzen neuer, unerhörter Werte kann nur mit Schrecken und Sarkasmus zur Kenntnis nehmen, wie Wagner seine Theologie des Verzichtes verkündet. Schon früh, in nachgelassenen Fragmenten aus dem Frühjahr 1874, fällt ihm zu Wagner ein:

»Er misst Staat Gesellschaft Tugend Volk, Alles an seiner Kunst: und in unbefriedigtem Zustande wünscht er, dass die Welt zu Grunde gehe.«[42]

Es ist einiges an der Vorstellung, daß aus dem Revolutionär Wagner, der einstmals Paris brennen sehen wollte, der Philosoph geworden sein könnte, der die Welt für immer dem Scheiterhaufen übergeben will: Und wenn sie schon untergeht, will er derjenige sein, der das inszeniert. Hier rächt sich Wagners genialer Rückgriff auf den Mythos: Er findet nicht mehr aus ihm heraus, merkt nicht, daß er inzwischen einen *modernen,* nämlich einen Untergangs-Mythos geschaffen hat, den sich die Bourgeoisie so genüßlich zu Gemüte führen kann, weil sie längst den Dingen ins Auge sieht: ›Ich mache Geld, bis meine Uhr abgelaufen ist – Verhängnis, nimm deinen Lauf‹.

»Das Märchen gibt uns Kunde von den frühesten Veranstaltungen, die die Menschheit getroffen hat, um den Alp, den der Mythos auf ihre Brust gelegt hatte, abzuschütteln. Es zeigt uns in der Gestalt des Dummen, wie die Menschheit sich gegen den Mythos ›dumm stellt‹; es zeigt uns in der Gestalt des jüngsten Bruders, wie ihre Chancen mit der Entfernung von der mythischen Urzeit wachsen; es zeigt uns in der Gestalt dessen, der auszog das Fürchten zu lernen, daß die Dinge durchschaubar sind, vor denen wir Furcht haben; es zeigt uns in Gestalt des Klugen, daß die Fragen, die der Mythos stellt, einfältig sind, wie die Frage der Sphinx es ist; es zeigt uns in der Gestalt der Tiere, die dem Märchenkinde zu Hilfe kommen, daß die Natur sich nicht nur dem Mythos pflichtig, sondern viel lieber um den Menschen geschart weiß.«[43]

Walter Benjamins Text, 1937 innerhalb des Essays *Der Erzähler* veröffentlicht, ist wie auf den Ring gemünzt: Dort ist es die Siegfried-Sphäre, die für Furchtlosigkeit gegenüber dem Mythos steht; und es ist offenbar kein Zufall, daß Wagner gerade diese Sphäre im Sinne des Märchens ausgestattet hat. So mag denn der junge Siegfried im Geist Nietzsches im *Ring* weiterleben, auch wenn ihm sein Schöpfer selbst das pomphafte Ende bereitet hat.

Fast noch dedizierter als an Wagners Philosophie übt Nietzsche Kritik an der Dekadenz seiner Musik. Was einerseits als Vorzug gepriesen wird, die »Deutlichkeit der Musiksprache«, schlägt andererseits schnell in einen Mangel um. Schon in der *Geburt der Tragödie* bezeichnet Nietzsche die »Tonmalerei« als »das Gegenstück zu der mythenschaffenden Kraft der wahren Musik«; und je länger je mehr wird ihm deutlich, daß Wagner, in *Der Fall Wagner* süffisant als »größter Miniaturist der Musik« bezeichnet, die Verdoppelung von Drama und Musik, d.h. solche kleinliche Tonmalerei betreibt. In den Fragmenten vom Frühjahr 1874 spricht er von den Leitmotiven als »Musikcitaten«, welche die Musik zu einem »Mittel des Ausdrucks« herabwürdigen. Zwar vermag Wagner, der »musikalische Meister«, seine Symbole »in der kunstvollsten Weise [zu] verflechten«: »Aber weil der eigentliche Zusammenhang und Plan jenseits und ausserhalb der Musik liegt, kann sie nicht organisch sein.«

Findet Nietzsche es einerseits »unbillig«, solche Maßstäbe an eine Komposition anzulegen, die ja ausdrücklich »wie die gemalte Allegorie« verstanden werden will, so fordert er doch im gleichen Zusammenhang – an Hanslick einerseits sich anlehnend, andererseits von seiner »reinen formalistischen Ton-Arabesken-Lehre« sich abgrenzend – »absolute Musik«: Wenn Wagners neue, auf Schopenhauer aufbauende Lehre darin besteht, daß die Musik das Allgemeine und das Drama das Spezielle sei, »so darf das Allgemeine ganz und gar nicht abhängig vom Beispiel sein, d.h. die absolute Musik ist im Recht, auch die Musik des Drama's muss absolute Musik sein«. Indessen:

»Man höre den zweiten Akt der *Götterdämmerung* ohne Drama: es ist verworrene Musik, wild wie ein schlechter Traum und so entsetzlich deutlich, als ob sie vor Tauben noch deutlich werden wollte.«

»An unkünstlerische Menschen sich wendend, mit allen Hülfsmitteln soll gewirkt werden, nicht auf Kunstwirkung, sondern auf Nervenwirkung ganz allgemein ist es abgesehen.«

»Wagner kann mit seiner Musik nicht erzählen, nicht beweisen, sondern überfallen, umwerfen, quälen, spannen, entsetzen – was seiner Ausbildung fehlt, hat er in sein Princip genommen. Die Stimmung ersetzt die Composition: er geht zu direkt zu Wege.«[44]

Da ist es gesagt – teilweise bereits vor der *Ring*-Aufführung von 1876, jedenfalls lange vor den späten Anti-Wagner-Pamphleten: Wagner ist Zauberkünstler der Musik – »Klingsor aller Klingsore«, wie es später in *Der Fall Wagner* heißen wird – in durchaus verwerflichem Sinne: Er redet die Leute besoffen. Dazu noch einmal böse Formulierungen aus dem Frühjahr 1878:

»Auch in der Musik giebt es eine Logik und eine Rhetorik als Stilgegensätze. Wagner wird Rhetor, wenn er ein Thema behandelt. – Tiefgehendes Misstrauen gegen seine musikalische Erfindung in der Dialectik.«[45]

Die zwei Seelen, die in Nietzsches Wagner-Brust wohnen, sind Ausdruck – sicherlich auch persönlich – enttäuschter Liebe: Nietzsche würde sich nur zu gern in die Wellen werfen, doch sie tragen ihn nicht. Ist sein Intellekt zu schwer; ist Wagners künstlerisches Gewissen zu leicht; ist das von Nietzsche gewünschte absolute Kunstwerk als das ganz Andere, Unverfügbare möglicherweise zwar »logisch« denkbar, aber nicht »rhetorisch« machbar; begehrt Nietzsche in späteren Jahren, wo er der Leichtigkeit einer »Musik des Südens« und dem Geist von Bizets *Carmen* huldigt, überhaupt noch ein Ideen-Kunstwerk im Sinne Wagners?

Es war Nietzsches Recht, und es macht seinen Rang aus, Widersprüche im Werk Wagners auf so grundsätzliche Weise benannt zu haben, daß die Diskussion noch hundert Jahre später von seinen – in ungezählten Notizen facettenreich dokumentierten – Überlegungen ausgehen kann. Freilich sind es Widersprüche, die nicht nur speziell in Wagner als Mensch und Künstler liegen, die vielmehr zwangsläufig auftreten, wo musikalische Kunst mit dem Anspruch auftritt, Ideenkunst zu sein. Musik, die sich selbst zum Gegenstand philosophischer Erörterung macht, ist anfechtbarer als solche, die auf ihre angeblich autonome Struktur verweist.

Wagner mag davon überzeugt gewesen sein, daß es nach ihm nicht ›weitergeht‹ –

jedenfalls hat er sich selten über Komponisten der nachfolgenden Generation geäußert. Diese selbst freilich sind mit dem ›Mythos Wagner‹ fertiggeworden und haben gezeigt, *daß* es weitergeht. Claude Debussy, zunächst begeisterter Wagnerianer und Bayreuth-Pilger, hat später die »brume wagnérienne« und die »profondeur allemande« (die Nebelschwaden Wagners und überhaupt den Tiefsinn der Deutschen) aus seinem Werk zu vertreiben gewußt: Musikgeschichte korrigiert sich selbst besser als – leider – politische Geschichte.

Essay

Parsifal, Hitler und *Das Drama des begabten Kindes*

Wolframs *Parzival*-Epos wird von jeder Generation neu entdeckt: Der von *tumpheit* durch *zwîvel* zur *stæte* führende Lebensweg des Helden ist hier so vielschichtig und detailfreudig erzählt, daß jeder das Seine findet – auch die Psychologie. Diese interessiert sich vor allem für die Jugendgeschichte Parzivals, der den Vater früh verloren und deshalb länger als gewöhnlich in einer primären Beziehung mit der Mutter gelebt hat: Irgendwann ist es Zeit, sich von dieser loszureißen, auf der Suche nach dem Vater zum Mann zu werden, geschlechtliche Lust von Kindesliebe unterscheiden zu lernen.

Wagner hat für seinen *Parsifal*, 1882 in Bayreuth uraufgeführt, die breite Überlieferung des mittelalterlichen Sagenkreises gründlich studiert und auf das in seinen Augen Wesentliche konzentriert, seinem Helden aber ein ganz neues Erscheinungsbild gegeben: Dieser ist kein sinnenfroher und weltoffener Ritter, der selbst als Gralskönig die Freuden der Liebe genießen darf, sondern ein nur seiner Sendung lebender, allem Irdischen entrückter Heiliger mit dem Wahlspruch: »Stark ist der Zauber des Begehrenden, doch stärker der des Entsagenden«.

Dem Parsifal des modernen *Bühnenweihfestspiels* begegnen wir sogleich auf der Gralsburg, deren Bewohner in einer prekären Situation sind: Gralskönig Amfortas ist auf einem Kreuzzug gegen das bedrohliche Zauberreich Klingsors den sinnlichen Verführungen Kundrys erlegen. Seither leidet er an einer schwärenden Brustwunde, die sein Leben zu einer einzigen Qual macht. Seine Ritter, die »in grausen Nöten den Leib sich quälen und ertöten«, sind jedoch auf den lebensspendenden Gral angewiesen, den nur der König eröffnen kann. Entzieht er sich dieser Aufgabe durch den Tod, so müssen alle zugrundegehen, am raschesten sein Vater Titurel, der schon in seinem Sarg liegt und seinen Sohn dringend mahnt, ihn nicht unversorgt durch die Gnade des Grals sterben zu lassen.

Vom alten Gurnemanz befragt, wie er heiße, woher er komme, wer sein Vater sei usw. weiß Parsifal keine Antwort: »Nichts weißt du, was ich dich frage: jetzt melde, was du weißt; denn etwas mußt du doch wissen!« – »Ich hab' eine Mutter; Herzeleide sie heißt.« Nomen est omen: Um sich in der Welt umzusehen, hat der Knabe die Mutter verlassen und ihr tödlichen Kummer bereitet.

Indem er mit dem Pfeil einen der heiligen Schwäne erlegt, macht er sich sogleich einer neuen »Sündentat« schuldig. »Gewiß, im Fluge treff' ich was fliegt«, ruft er in einfältigem Stolz – nicht ahnend, daß er seine Unbekümmertheit ganz anders, nämlich im Dienst der Erwachsenen nutzbar machen soll: Diese können von ihrem Fluch nur erlöst werden, wenn ihnen der *Eine* begegnet: »Durch Mitleid wissend – der reine Thor«. Parsifal soll seine Kindheit jenseits von Gut und Böse opfern, sich das Leid der anderen zu eigen machen und die entscheidende Frage nach dessen Ursache stellen. Als er die Sorgen der Erwachsenen nicht versteht und nur schweigend dasteht, jagt man ihn mit Schimpf von dannen – belastet mit dem Vorwurf abgrundtiefer Schuld: Er hat sich nicht nur als Tölpel erwiesen, sondern – unter dem Strich – seine Mutter »gemordet«, Titurels Tod in Kauf genommen, Amfortas und seine Gralsritter unerlöst gelassen und ein geheiligtes Tier erlegt.

Auf seiner anschließenden Irrfahrt durch die Welt begegnet er Kundry, dem in die Ursünde der Männerverführung verstrickten und darob unendliche Qualen leidenden Ur-Weib. Durch ihren Kuß mit den verführerischen Qualitäten sinnlicher Lust, zugleich aber mit der Erinnerung an die Qualen des Amfortas konfrontiert, wird Parsifal »welthellsichtig« und »wissend«: Er kennt nun die Macht der Verführung und weiß, daß sie nur durch die Kraft der Entsagung überwunden werden kann; konsequent widersteht er den Lockungen Kundrys und tilgt damit die Schuld des Amfortas, der ihnen einst erlegen war.

In seinem *Parsifal*-Film von 1982 zeigt Hans Jürgen Syberberg mit den ihm zur Verfügung stehenden filmischen Mitteln, daß Parsifals Begegnung mit Kundry in seinen Augen alles andere als seine Mannwerdung bedeutet: Fortan läßt er ihn von einem Mädchen (mit der Stimme eines Operntenors) darstellen: Die männliche Bühnenstimme ist nur Maske; dahinter steht ein Wesen, das sich allein durch Verleugnung der eigenen Geschlechtlichkeit zum Menschenretter stilisieren kann. Dadurch, daß Syberberg Wagners monumental vergrößerte Totenmaske als ›Landschaft‹ des Films erwählt, macht er zugleich deutlich, daß dieser Parsifal im wahrsten Sinne des Wortes eine »Kopfgeburt« ist.

Die zweite Hälfte im Leben Parsifals ist schnell beschrieben: Als der rein Gebliebene vermag er den bösen Zauberer Klingsor zu besiegen und die Lanze zurückzugewinnen, mit deren Hilfe er die Wunde des Amfortas schließen und ihn in Frieden sterben lassen kann. Er befreit die Gralsritter aus ihrer Bedrängnis, erlöst Kundry zum Tode und wird selbst Gralskönig.

Wagners *Parsifal* ist aus den unterschiedlichsten Perspektiven interpretiert worden: als christliches Erlösungsdrama, als Mysterienspiel der Weltverneinung, als Symbol der Reifung, als Thematisierung der Polarität von Eros und Thanatos, als Auseinandersetzung mit der androgynen Persönlichkeitsstruktur des Menschen usw. So bemerkenswert all diese Deutungen sind – sie wirken abstrakt angesichts der realen Brutalität, mit der Nationalisten und Nationalsozialisten *Parsifal* in den Dienst ihres »weltanschaulichen Kampfes« gestellt haben. Da geht es ganz konkret um die Durchsetzung der Ideologie vom Herrenmenschen und der Vorherrschaft der arischen Rasse. Im Namen Parsifals propagiert Paul Wislicenus, konservativer Historiker und dramatischer Schriftsteller, im *Berliner*

Tageblatt von 1906 die Wiederherstellung der Mannes- und Blutsreinheit: »Parsifal wird die heilige Lanze zurückholen und die Menschheit von der Amfortaswunde heilen. Oder in banaler Sprache: Mannesreinheit, wissend durch Mitleid, wird uns von dem Alb der Sinnenlust befreien.«

In dieser Gedankentradition hat sich Adolf Hitler in Gesprächen mit Hermann Rauschning ausführlich über Wagners *Parsifal* geäußert und die Ausrottung der Juden zu einer Mitleidstat auf den Spuren Parsifals gemacht:

»Nicht die christlich-Schopenhauersche Mitleidsreligion wird verherrlicht, sondern das reine, adelige Blut, das in seiner Reinheit zu hüten und zu verherrlichen sich die Brüderschaft der Wissenden zusammengefunden hat. Da leidet der König an einem unheilbaren Siechtum, dem verdorbenen Blut. Da wird der unwissende, aber reine Mensch in die Versuchung gestellt, sich in dem Zaubergarten Klingsors der Lust und dem Rausch der verdorbenen Zivilisation hinzugeben oder sich zu der Auslese von Rittern zu gesellen, die das Geheimnis des Lebens hüten, das reine Blut. Wir alle leiden an dem Siechtum des gemischten, verdorbenen Blutes. Wie können wir uns reinigen und sühnen? Merken Sie, daß das Mitleid, durch das man wissend wird, nur dem innerlich Verdorbenen, dem Zwiespältigen gilt. Und daß dieses Mitleid nur eine Handlung kennt, den Kranken sterben zu lassen. Das ewige Leben, das der Gral verleiht, gilt nur den wirklich Reinen, Adligen!«

»Mir sind die Gedankengänge Wagners aufs innigste vertraut«, fuhr Hitler nach den Aufzeichnungen Rauschnings lebhafter fort. »Ich kehre auf jeder Stufe meines Lebens zu ihm zurück. Nur ein neuer Adel kann uns die neue Kultur heraufführen. Streichen wir alles Dichterische ab, so zeigt sich, daß es nur in der fortgesetzten Anspannung eines dauernden Kampfes eine Auslese und Erneuerung gibt. Ein weltgeschichtlicher Scheidungsprozeß vollzieht sich. Wer im Kampf den Sinn des Lebens sieht, steigt allmählich die Stufen eines neuen Adels hinauf. Wer das abhängige Glück der Ruhe und Ordnung begehrt, der sinkt, welcher Abstammung er auch sein mag, zur geschichtslosen Masse herab. Die Masse aber ist dem Verfall und der Selbstauflösung ausgeliefert. In unserem weltrevolutionären Wendepunkt ist die Masse die Summe der absinkenden Kultur und ihrer sterbenden Vertreter. Man soll sie sterben lassen mitsamt ihren Königen wie Amfortas.« Hitler summte das Motiv: *Durch Mitleid wissend* – -.«

Vor diesem Hintergrund ist der zunächst unfaßbare Ausspruch des SS-Reichsführers Heinrich Himmler zu verstehen, der im Jahre 1943 vor seinen Obergruppenführern die von ihm organisierte Judenausrottung mit den Worten feiert: »Dies durchgehalten zu haben und dabei ... anständig geblieben zu sein, ist ein niemals geschriebenes und niemals zu schreibendes Ruhmesblatt unserer Geschichte«. Mit anderen Worten: Wer Menschen »verdorbenen Blutes« aus Mitleid »sterben läßt«, muß rein bleiben, darf dabei keine Lust verspüren.

Wie ist es möglich, daß sich Nationalsozialisten direkt oder indirekt auf Wagners Parsifal berufen konnten, der doch sein geistiges Führertum aus dem *Mitleiden* mit dem anderen, nicht aus dessen *Vernichtung* bezieht? Ein Moment ist beiden Sichtweisen gemeinsam: Die Vernunft der Natur wird dem Fanatismus des Geistes geopfert. Aus dem *Prinzip Leben*, das ohne unser Zutun in uns wirkt oder wirken könnte, wird das *Prinzip Abtöten*, für das immer neue Mechanismen erdacht und durchgesetzt werden müssen. In diesem Sinne geht es hier mehr als um das Thema ›Wagner und die Nationalsozialisten‹ – eine Verbindung, die vor allem die musikwissenschaftliche Zunft immer wieder in Rage bringt; es geht vielmehr um Auswüchse abendländischer Ideologie.

Die Psychologin und Kulturkritikerin Alice Miller sieht deren schreckliche Folgen vor allem in den zivilisatorischen Vorstellungen vom Kind am Werk – dem Kind *in uns* und den Kindern *unter uns*. *Parsifal* ist, um mit dem Titel ihres ersten, 1979 geschriebenen Buches zu reden, *Das Drama des begabten Kindes*, das früh hat lernen müssen, sich gegen die eigenen Gefühle abzuschirmen, um die Bedürfnisse seiner Eltern erspüren zu können. Die Ausbildung dieser von den Eltern gern gesehenen »Begabung« bezahlt das Kind mit »Selbstverlust«, als dessen Folge sich Depression oder Phantasien von Grandiosität einstellen. Für Alice Miller ist Hitler eines der schrecklichsten »begabten Kinder«: Der in einer mörderischen Kindheit erlittene Selbstverlust wurde durch Allmachts- und Reinheitsphantasien kompensiert, deren Umsetzung in ›Politik‹ die schlimmsten aller nur denkbaren Folgen gezeitigt hat.

Sehen wir Wagners *Bühnenweihfestspiel* einmal mit den Augen des Kindes! Parsifals Kindheit hat einen *einzigen* Sinn: Sie ist das notwendige Opfer, das die Erwachsenen Frieden finden läßt. Was nicht der Vorbereitung dieses Opfers dient, vielmehr kindlichen Eigen-Sinn zeigt, ist falsch oder sündhaft: Freiheitsdrang, Mutwille, Resistenz gegenüber Überforderungen. Es ist konsequent, daß Parsifal nicht nur um seine Kindheit, sondern auch um sein Mannestum betrogen wird: Die einmalige Erfahrung sinnlicher Lust, die ihm durch Kundry zuteil wird, ist ja nur die Folie für die daraus erwachsende Verzichtsbereitschaft zum Heil der Erwachsenen, auf die es allein ankommt. Aus dem sündigen Kind wird ohne Übergang der reine, starke Glaubensheld – die beste der unter diesen Bedingungen denkbaren Karrieren.

In einem von der Philosophie Schopenhauers ausgehenden, in den Cosima-Tagebüchern festgehaltenen Gespräch beschreibt Wagner seine Haltung zu der Triebhaftigkeit von Kindern mit den Worten: »Aber es ist entsetzlich, wie dieser Wille im beständigen Begehren ist; wenn das Kind vom Mutterleib sich entfernt, begehrt es mit der Heftigkeit, mit welcher Dschingis-Khan die Welt haben wollte.« – Wer das Begehren von Kindern mit dem Eroberungsdrang Dschingis-Khans vergleicht, braucht in der Tat einen Helden, der seine Triebe im Verzicht für andere sublimiert. Doch, wie gesagt, sitzen eifernder Idealismus und Barbarentum im gleichen Boot der Lebensverneinung, welche *Parsifal* wie ein Leitmotiv durchzieht.

Weder als Mensch noch als Künstler läßt sich Wagner auf *Parsifal* als *Drama des begabten Kindes* reduzieren. Auch der Komposition würde man nicht gerecht, hörte man nur Pathetisches, Zeremonielles, Starres und Abgestorbenes: Es gibt den *Parsifal* der warmen Töne und lebendigen Klänge. Und in den leidenschaftlichen Ausbrüchen Kundrys darf selbst Kreatürliches verlauten, wenn auch nur im Ausdruck der Not. Überhaupt ist Kundry nicht nur Verführerin, »Ur-Teufelin« und »Höllen-Rose«, sondern auch Parsifals *alter ego*: ein »seltsames

Tier«, eine »dumme« Person, die hemmungslos lacht, unbeherrscht schreit, »nie Gutes tut«, aber auch »nie lügt«. Verzerrt, aber kenntlich führt Kundry die kindlichen Persönlichkeitsanteile vor, die Parsifal bei der Erfüllung seiner Sendung hintangestellt, nicht aber endgültig zum Schweigen gebracht hat.

Davon unberührt bleibt die Beobachtung, daß Wagner auch und gerade in seinem Alterswerk die Polarität von Trieb und Geist zwar zu beschreiben, aber nicht in ihrer Produktivität zu erleben vermag. Das auf der schöpferischen Spannung beider Momente beruhende dionysische Prinzip läßt sich im *Parsifal* nicht nachweisen; dessen Hintergrund bildet eher der Kulturpessimismus Sigmund Freuds. *Parsifal* steht für den definitiven Abschied einer spätbürgerlichen Gesellschaft von der Vitalität ihrer Kinder, die zuvor in aller Unschuld die Einheit von Trieb und Geist verkörpert hatten. Er ist nicht Ursache, aber Symptom dafür, daß man in dieser Gesellschaft künftig immer offener dafür eintreten wird, tödliche Ideen ernster zu nehmen als lebende Kinder.[46]

Kapitel 5

Die Welt noch einmal: Bruckners und Mahlers sinfonischer Monumentalismus

Das Zeitalter Nietzsches: Abschied von Beethoven

Am Ende des 1. Kapitels habe ich Beethovens Werk mit Friedrich Schlegels 216. *Athenäums*-Fragment konfrontiert, in dem die Französische Revolution, Fichtes *Wissenschaftslehre* und Goethes *Wilhelm Meister* »die größten Tendenzen des Zeitalters« genannt werden. Was ist den Deutschen einhundert Jahre später – Wagner, Brahms und Bruckner sind gestorben, Mahler hat seine ersten Sinfonien komponiert – von solch optimistischer Sicht geblieben?

Im Deutschland der Gründerjahre ist die *Französische Revolution* allein noch in der Arbeiterbewegung ein ideeller Wert. Ein so herausragender Repräsentant des öffentlichen Musiklebens wie Hans von Bülow kann es sich erlauben, am 28. März 1892 die *Eroica*, die er zuvor einem Berliner Konzertpublikum geboten hat, in einer sich anschließenden Ansprache feierlich dem Fürsten von Bismarck als dem »Bruder Beethovens« neu zu widmen und damit zugleich ihren einstigen Kontext, den der französischen Revolution, zu löschen:

»Ich sage: in den neun Symphonien hat uns Beethoven seine Biographie gegeben, nicht die Geschichte seiner irdischen Privatmisere, aber die Geschichte seiner Ideale. Wir sehen wie sich aus diesen neun Symphonien die neun Szenen und drei Acte eines Dramas aufbauen. Der erste Act gipfelt in der heroischen Symphonie; ihr Ideal: der Held. Der zweite Act gipfelt in der Pastoralsymphonie: die Natur. Der dritte gipfelt in der neunten Symphonie: die Menschheit. Sehen wir uns diese Ideale einmal näher an, und nehmen wir das zweite zuerst: die Natur, so ist die ja kein Ideal, sondern, Gottlob eine Realität, die wir recht bald genießen werden, schon im Gegensatz zu den Großstadt-Miasmen [Ausdünstungen]. Die Menschheit ist ein eigen Ding; es haben sich viele den Kopf darüber zerbrochen und zwar unnützerweise. Die Menschheit ist doch eigentlich ein Abstractum, ein Phantom, und schließlich ist die Menschheit ein pantheistischer Popanz geworden, den uns ein deutscher Philosoph, leider von der Mitwelt nicht gekannt, von der Nachwelt vergessen, zertrümmert hat: dieser Philosoph war Max Stirner, gestorben 1856.
Ja, was ist denn diese Menschheit eigentlich? Woraus besteht sie denn schließlich anders als aus Kunz und Hinz, Peter und Paul, aus Gevatter Schneider und Gevatter Böttcher und Gevatter Michel? Also mit der Menschheit ist es ein schöner Traum, oder eigentlich ein wüster Traum, der seine bösen Früchte getragen. Er hat z. B. manche Worte des Wahns hervorgerufen, darunter die drei Worte des Wahns: liberté, égalité, fraternité, – einen bösen Irrtum,

denn mit dieser Devise ist nichts ausgerichtet worden wie wir sehen, höchstens das Gegentheil; sie sind carikirt und parodirt, aber niemals realisirt worden. Da könnte ich Ihnen eine andere Realität nennen, die idealisirt worden ist, so wenig süß und einschmeichelnd sie klingt, so nüchtern und prosaisch sie ist. Das ist gegenüber der Freiheit, Gleichheit und Brüderlichkeit die positive Devise: Infanterie, Cavallerie und Artillerie: Ja, meine Herren [die Konzertbesucherinnen werden nicht angesprochen], im Ernst: diese drei Worte sind nicht Worte des Glaubens sondern der Gewißheit.«[1]

Das ist nicht das Schnarren eines preußischen Offiziers mit beschränktem geistigem Horizont und auch nicht nur Ausdruck wichtigtuerischer Aktivität eines Exzentrikers und fanatischen Bismarck-Verehrers; es ist die Sprache der Zeit, von ihm ja sogar mit gebildeter Zunge gesprochen. Und hinter der Forschheit des Tones ahnt man Enttäuschung über den Verlust aller Ideale im wilhelminischen Zeitalter, ja Verzweiflung des einstigen Sozialisten Bülow, der unter dem Pseudonym »Solinger« das Arbeiter-*Bundeslied* seines Freundes Georg Herwegh vertont hatte. Und man spürt die insgeheime Scham darüber, sich nicht mehr wie Beethoven seelenverwandt mit einem universalen Genie wie Bonaparte fühlen zu können, sondern im Zeichen einer nationalistisch engstirnigen Großmachtspolitik mit der eisernen Brust des deutschen Kanzlers vorlieb nehmen zu müssen.

Derweilen sind in den Köpfen der Philosophen die Eckpfeiler der *Fichteschen Wissenschaftslehre* zertrümmert worden. Die Romantik hat sich zwar auf Fichte berufen, ihn aber im wahrsten Sinne des Wortes zu Ende gedacht: Das sich selbst setzende Ich läßt sich nicht, wie es der idealistische Denker postulierte, als ein absolutes hypostasieren, geht vielmehr als Folge unendlicher Reflexion im allgemeinen historischen Prozeß auf. Schon Novalis unterscheidet zwischen einem Bewußtsein der Dinge und dem, was im Grunde geschieht. Nach seiner kritischen Musterung durch Schopenhauer und Nietzsche muß das neuzeitliche *Subjekt* vollends hinter dem *Sein* zurücktreten. Für Nietzsche ist das »sogenannte Ich« nichts als »perspektivische Illusion«: »Irren wir nicht wie durch ein unendliches Nichts?« – so fragt er in der *Fröhlichen Wissenschaft*.[2]

Bleibt wenigstens das mit dem Anspruch auf Sinnhaftigkeit und Lebensfülle konzipierte Bildungsideal des *Wilhelm Meister?* Abgrundtief ist der Ekel tonangebender konservativer Kulturpessimisten um Paul de Lagarde und Julius Langbehn angesichts des von ihnen beobachteten geistigen, kulturellen und sittlichen Verfalls einer deutschen Nation, die ihre Ideale im Streben nach politischer Macht und wirtschaftlichem Wachstum verrät. Was sich Kultur nennt, so sieht es Langbehn, anonymer Autor der erstmals 1890 erschienenen und danach geradewegs zu einem Kultbuch der Kultur- und Kunsterziehungsbewegung avancierten Schrift *Rembrandt als Erzieher*, dient vor allem der Befriedigung seichten Massengeschmacks oder veräußerlichter Repräsentationswünsche; bestenfalls ist es Nahrung für überzüchtete Gehirne von Intellektuellen, die das Erfühlen und Erschauen der Dinge verlernt haben – eine Fähigkeit, die auf exemplarische Weise dem »Niederdeutschen« Rembrandt eigen gewesen ist. Nein – diese politische und geistige Landschaft eignet sich nicht für Wilhelm Meisters Lehr- und Wanderjahre, vermag keinen im Sinne Goethes universal und zugleich vernünftig ausgebildeten Bürger hervorzubringen!

Schließlich Hegel: Auch große Philosophen können irren – etwa in ihrer Überzeugung von der Existenz des Fortschritts. Nietzsche jedenfalls hält nichts von der grandiosen Vorstellung, auf der letzten Stufe der Geschichte des europäischen Geistes werde »das Geschehen der Welt … identisch mit dem Gedanken der Philosophie«, trete »der ›reine freie Wille‹ hervor, der sich selber will und weiß, was er will«.[3] Der Glaube an die Erkennbarkeit eines Zieles der Geschichte, so äußert er sich in der zweiten *Unzeitgemäßen Betrachtung*, ist allein »innerhalb der Hegelschen Hirnschalen durchsichtig und verständlich«; und er verhöhnt eine Anmaßung, derzufolge »für Hegel der Höhepunkt und der Endpunkt des Weltprozesses in seiner eigenen Berliner Existenz« zusammenfallen müßten.[4] Nur um nicht im Nihilismus zu versinken, konstruiert nach Nietzsches Überzeugung der Mensch den Sinn der Geschichte; damit aber trägt er, wie Wiebrecht Ries es formuliert, »mittlerweile zur manifesten Rechtfertigung eines zynischen Einverständnisses mit der Macht des Bestehenden« bei.[5] Dabei könnte das Bekenntnis zum Nihilismus nur eine Befreiung nach sich ziehen – die Befreiung von dem Zwang, an Werte glauben zu müssen, die keine sind:

»Was bedeutet Nihilismus? – daß die obersten Werthe sich entwerthen. Es fehlt das Ziel; es fehlt die Antwort auf das ›Warum?‹.
Der radikale Nihilismus ist die Überzeugung einer absoluten Unhaltbarkeit des Daseins, wenn es sich um die höchsten Werthe, die man anerkennt, handelt; hinzugerechnet die Einsicht, daß wir nicht das geringste Recht haben, ein Jenseits oder ein An-sich der Dinge anzusetzen, das ›göttlich‹, das leibhafte Moral sei.«[6]

Der Anspruch des Menschen, Lenker seiner Geschicke zu sein, kann nicht deutlich genug als grandiose Selbstüberschätzung entlarvt werden:

»In irgend einem abgelegnen Winkel des in zahllosen Sonnensystemen flimmernd ausgegossenen Weltalls gab es einmal ein Gestirn, auf dem kluge Thiere das Erkennen erfanden. Es war die hochmüthigste und verlogenste Minute der Weltgeschichte, aber doch nur eine Minute. Nach wenigen Athemzügen der Natur erstarrte das Gestirn, und die klugen Tiere mußten sterben.«[7]

Diese kurze Fabel steht am Ende der ersten von *Fünf Vorreden zu fünf ungeschriebenen Büchern*, die Nietzsche Ende 1872 unter dem Titel *Über das Pathos der Wahrheit* abschließt und Cosima Wagner, seiner Mittelsperson im Umgang mit Richard Wagner, übersendet. Im Christentum hatte sich der Mensch als klein, aber in Gott real geborgen erfahren. Im Idealismus, dessen Philosophieren nach Meinung Nietzsches freilich kaum mehr ist als Pfeifen im dunklen Wald, hatte er sich groß gedacht.

Nun muß er erleben, daß er in der Endlosigkeit des Kosmos ein Nichts ist, daß all seine Anstrengungen, sich als Subjekt und damit als etwas zu konstituieren, das – wörtlich genommen – unterhalb allen Wechsels und Wandels einen Wesenskern besitze, vergeblich sind. Mit dem Subjekt stirbt auch die Vorstellung eines persönlichen Gottes. »Gott ist tot« – so lautet Nietzsches berühmter Satz; seine Stelle nimmt der nur im Mythos zu fassende Gedanke vom ewigen Kreislauf der Dinge ein. In seinem Hauptwerk, *Also sprach Zarathustra*, läßt Nietzsche seinen Helden dafür das Bild vom Torweg finden:

»Zwei Wege kommen hier zusammen: die gieng noch Niemand zu Ende.
Diese lange Gasse zurück: die währt eine Ewigkeit. Und jene lange Gasse hinaus – das ist eine andre Ewigkeit.
Sie widersprechen sich, diese Wege; sie stossen sich gerade vor den Kopf: – und hier, an diesem Thorwege, ist es, wo sie zusammen kommen. Der Name des Thorwegs steht oben geschrieben: ›Augenblick‹ ... Und diese langsame Spinne, die im Mondscheine kriecht, und dieser Mondschein selber, und ich und du im Thorwege, zusammen flüsternd, von ewigen Dingen flüsternd – müssen wir nicht Alle schon dagewesen sein?
- und wiederkommen und in jener anderen Gasse laufen, hinaus, vor uns, in dieser langen schaurigen Gasse – müssen wir nicht ewig wiederkommen? -«[8]
»Alles geht, Alles kommt zurück; ewig rollt das Rad des Seins. Alles stirbt, Alles blüht wieder auf; ewig läuft das Jahr des Seins.«[9]

So verkünden es Zarathustra ihrerseits Adler und Schlange; und sie schaffen damit die Voraussetzung für seine große »Genesung« vom »Geist der Schwere«, wie ihn bisher Metaphysik, Moral und Religion repräsentiert haben. »Es ist nicht Bestimmung des Menschen, sich zu vervollkommnen, sondern zu leben«, formuliert Nietzsche in einem Aphorismus zur *Morgenröte*. »Leben« ist ein, wenn nicht der zentrale Begriff in der Philosophie Nietzsches; und der »Wille zur Macht«, in seiner Intention oft mißverstanden, ist nichts anderes als die – über den Horizont der menschlichen Existenz weit hinausgehende – Tendenz des Lebens, leben zu wollen. Dementsprechend ist Nietzsches »Übermensch« der »Besieger Gottes und des Nichts« – eine noch uneingelöste Definition des Menschen, dessen Grundtätigkeit im »Spiel des Schaffens« seiner selbst besteht.[10]

Ich stelle mir – ohne damit ein sozialgeschichtlich schlüssiges Modell errichten zu wollen – den gutbürgerlichen Teil der wilhelminischen Gesellschaft und damit das potentielle Publikum für Bruckners und Mahlers Monumentalsinfonien im Bild einer Pyramide vor. Deren Basis bildet die Masse der Industriellen, Kaufleute, Beamten und Militärpersonen, die um ihren Wohlstand und die Mehrung ihres Ansehens bemüht sind und in dieser Hinsicht im deutschen Reich Bismarcks und Wilhelms II. Morgenluft wittern: Da gibt es Aktiengesellschaften und Unternehmen zu gründen, den Beamtenstaat im Sinne preußischer Straffheit auszubauen und Deutschland als militärische Weltmacht zu etablieren.[11] In mittlerer Höhe befinden sich die konservativen, kulturpessimistischen Warner, die zwar kaum real ausscheren, jedoch den Verfall »innerer« Werte wie Traditionsbewußtsein, Gemeinsinn,

Natürlichkeit, Erlebnisfähigkeit, moralische Integrität usw. beklagen und zu individueller Umkehr aufrufen; ihre Mahnungen sind der Ausgangspunkt für die – keineswegs nur als konservativ einzuschätzenden – Reformanstrengungen unterschiedlicher Kultur-, Kunsterziehungs-, Jugend- und Gesundheitsbewegungen. In einer Nachbarschaft, die enger ist als von beiden selbst angenommen, sind die Vertreter der Bohème, des Irrationalismus, Symbolismus, Mystizismus und Occultismus zuhause: Sie wollen nicht zurück zu den ›alten‹ gesellschaftlichen Werten, suchen vielmehr – in Nischen, welche ihnen die Gesellschaft aus schlechtem Gewissen bereitwillig freihält – den durch die Zivilisation gestörten Kontakt zum Innern der Welt und zu den Tiefen der eigenen Seele. Von der Spitze der Pyramide aus schaut der Philosoph mit Namen Nietzsche verzweifelt und verächtlich auf das Treiben dieser Welt, die er weder real noch als Projekt welcher Reformen und Einsichten auch immer akzeptiert.

Nietzsche soll hier nicht zu einem Lehrmeister Bruckners oder Mahlers gemacht werden. Vor dem Hintergrund seines Denkens wird jedoch das Ausmaß der Sinnkrise deutlich, die das ausgehende 19. Jahrhundert bestimmt und Ursache dafür ist, daß man für Lösungen, die Bruckners und Mahlers Sinfonien anbieten, überhaupt empfänglich ist. In diesem Sinne ist die Botschaft Nietzsches für die Rezipienten dieser Sinfonik fast noch wichtiger als für deren Schöpfer. Lösung oder geradezu Erlösung soll die Kunst bringen. Bereits die Frühromantik kennt die Idee einer Kunstreligion; doch bleibt sie dort ästhetisch-literarisches Konzept. In Richard Wagners musikalischen Dramen ist sie merklich konkretisiert und bezüglich der Bayreuther Festspiele in den Kontext wirklicher Feiern gestellt, die Nietzsche – wie geschildert – vom Entwurf her faszinieren, in der Realität abstoßen. Wagner ist freilich viel zu viel Prediger und Schauspieler, als daß er Kunstpriester und reiner Künder sein könnte; im *Ring*, selbst noch im *Parsifal*, wird erzählt, argumentiert und suggeriert. Für die Anschauung des Absoluten, Erhabenen und Unaussprechlichen bietet allein die Gattung der Sinfonie das paradigmatische Modell: Sie macht Identifikationsangebote, ohne sich mit Hilfe einer Handlung oder eines Programms anzubiedern; sie spricht in semantischen Chiffren und vermittelt ihren Hörern damit den Eindruck, mehr zu sein als zu scheinen. *Die Welt noch einmal* – so lautet der hypertrophe Anspruch der Sinfonien Bruckners und Mahlers, beschreibbar in den Kategorien des Universalismus, Monumentalismus und Mystizismus.

Beide Komponisten denken in der Kategorie des *Universalen:* Sie wollen nicht Einfall für Einfall, Schritt für Schritt, Werk für Werk, Gattung für Gattung ein jeweils spezifisches Stück Welt rekonstruieren, sondern die Welt in einem großen Wurf als die eine große Sinfonie schaffen. Während man ein solches Selbstverständnis bei Bruckner aus der Art seines Schaffens und dem Wesen seiner Sinfonik interpretieren muß, kann man im Fall Mahlers auf unmißverständliche Äußerungen zurückgreifen. Anläßlich der Frage, welchen Wert die Verlautbarung eines Programmes zu seiner *Dritten* haben könnte, äußert er am 19. Dezember 1901 gegenüber

Alma Schindler ein Sendungsbewußtsein, das über die traditionelle Hochschätzung der schöpferischen Kräfte im Künstler weit hinausgeht:

»Ich bin nämlich überzeugt, wenn Gott aufgefordert würde, sein Programm zur ›Welt‹, die er geschaffen hat, zu geben, könnte er es ebensowenig.«

Angesichts der *Achten* schreibt er im August 1906 an den Dirigenten Willem Mengelberg:

»Denken Sie sich, daß das Universum zu tönen und zu klingen beginnt. Es sind nicht mehr menschl[iche] Stimmen, sondern Planeten und Sonnen, welche kreisen«.

Dazu paßt, daß Mahler den ersten Teil dieser seiner als »summum opus« apostrophierten Sinfonie mit dem mittelalterlichen Pfingsthymnus *Veni creator spiritus* bestreitet: Die Sinfonie wird geradezu ein Synonym für die Ausgießung des Schöpfergeistes. Daß er als Textgrundlage des zweiten Teils die Schlußszene aus dem 2. Teil von Goethes *Faust* wählt (»Alles Vergängliche ist nur ein Gleichnis; das Unzulängliche, hier wird's Ereignis; das Unbeschreibliche, hier wird's getan«), ist nur für die rationale Kritik Ausdruck eines beliebigen Umgangs mit ehrfurchtheischenden abendländischen Texten; Mahler selbst beschwört damit die *unio mystica,* die allein einen Blick auf den Seinsgrund erlaubt.

Hatten die Texte in Mahlers früheren Vokal-Sinfonien zum Teil eine konkret semantische Funktion, so sind sie hier nur noch Medium, durch das der Geist spricht, der weht, wo er will. Auch der Komponist selbst ist Medium: Über den Entstehungsprozeß der *Achten,* die im September 1910 als *Sinfonie der Tausend* mit gewaltigem Erfolg uraufgeführt wird, berichtet Mahler seinem späteren Biographen Richard Specht :

»...es ist gewiß das Größte, was ich gemacht habe. Ich habe auch vielleicht noch nie unter einem solchen Zwange gearbeitet; es war wie eine blitzartige Vision – so ist das ganze sofort vor meinen Augen gestanden und ich habe es nur aufzuschreiben gebraucht, so, als ob es mir diktiert worden wäre... Können Sie sich eine Sinfonie vorstellen, die von Anfang bis Ende durchgesungen wird? Bisher habe ich das Wort und die Menschenstimme immer nur ausdeutend, verkürzend als Stimmungsfaktor verwendet, um etwas, was rein sinfonisch nur in ungeheurer Breite auszudrücken gewesen wäre, mit der knappen Bestimmtheit zu sagen, die eben nur das Wort ermöglicht. Hier aber ist die Singstimme zugleich Instrument ... Es ist doch das Ei des Kolumbus, die ›Sinfonie an sich‹, in der das schönste Instrument, das es gibt, seiner Bestimmung zugeführt wird«.[12]

Zum Moment des Universalen gehört das des *Monumentalen.* Gewiß liegt es am zunehmenden Reichtum des Jahrhunderts, daß dieses sich immer größere Orchester erlauben und mit immer prächtigeren Konzertveranstaltungen auftrumpfen kann. Und es paßt zur Gründerzeit, daß auch Kunstfeiern, so sehr sie alles Profane und Innerweltliche vergessen machen wollen, mit Größe an sich imponieren wollen. Um die von dem Konzertagenten Emil Gutmann fast schon im modernen Sinne vermarktete und als *Sinfonie der Tausend* angekündigte *Achte* gibt es bei der

Uraufführung in der Münchner Musikfesthalle so viel Trubel, daß Mahler selbst sie im Brief an Bruno Walter vom Frühjahr 1910 als »fatale Münchner Barnum und Bailey-Aufführung« apostrophiert, ohne doch behaupten zu können, er stünde außerhalb dieses Rahmens, zu dessen Bestimmung er mit einer Aufführungsdauer von 90 Minuten und einer gewaltigen vokalen und instrumentalen Besetzung ja auch äußerlich beigetragen hat. Wie immer – mit der *Achten*, also nicht zuletzt mit dem Einsatz von Klangmassen, gelingt Mahler der Durchbruch beim Publikum. Richard Specht erinnert sich:

»Als die *Achte* in München zum erstenmal erklang – und auch jedesmal nachher – hat sie derart in siedenden Taumel, in ungemessene Trunkenheit der Begeisterung gerissen, wie kein anderes Mahlersches Werk und auch wie wenig andere zuvor. Wer Mahler dort oben stehen sah, wohl eine halbe Stunde lang umdrängt von lachenden und weinenden Männern und Frauen, die mit tränenüberströmten Wangen ihm ihren Dank entgegenriefen, und sah, wie er mit frohem Lächeln, mit einem Leuchten auf dem blassen Antlitz und mit einem tief in sich hinein- und zurückschauenden Blick auf die tücherwehenden, stammelnden, händeklatschenden Menschen unten im Saal hinabsah, der mußte das Gefühl haben, ihn auf dem Höhepunkt seiner Existenz und in der Stunde seines höchsten Triumphes zu sehen.«[13]

Man darf auf der anderen Seite nicht vergessen, daß zumal bei Bruckner die Vision von Monumentalität schon vorhanden ist, bevor er viel Hoffnung haben kann, daß seine Sinfonien einmal in ihrer ganzen Klangpracht erklingen und zum Repertoire aller großen europäischen Orchester gehören werden. Nein – wie in einem selbsterzeugten Sog zieht es die Musik zu jenen auch in ihrem Ausmaß unauslotbaren Klanggründen, in denen Gefühle besonders intensiv ausgelebt werden können. Es ist, als ob Musik, die ja vor allem durch Aufklärung und Klassik in rationale, zumindest sehr geregelte Bahnen gelenkt worden war, sich ihres Ursprungs im Rausch besänne und damit am Ende des Jahrhunderts die Führung unter den Künsten übernähme, die ihr ja bereits in der Frühromantik avisiert und dann noch einmal von Nietzsche zugesprochen worden war. Monumental ist diese sinfonische Kunst, weil sie – darin durchaus Erbin der Klassik – große Formen baut, anstatt nur in Klängen zu schwelgen: Anderenfalls hätte Bruckner nicht von der Orgelimprovisation zur Orchesterkomposition wechseln müssen: und Mahler hätte, anstatt Sinfonien zu schreiben, wie Liszt und Strauss Sinfonische Dichtungen komponieren können.

Monumentalität bedeutet jedoch nicht nur Größe, sondern auch Einzigartigkeit, die nichts neben sich duldet. Beethoven war es noch sinnvoll erschienen, seine *Fünfte* und *Sechste* als unterschiedliche Ausformungen der sinfonischen Idee in einem Konzert einander gegenüberzustellen; Bruckner und Mahler steigern, je länger sie komponieren, den Anspruch an ihre sinfonischen Werke dermaßen, daß sie sich, nebeneinander vorgestellt, gegenseitig entwerten würden. Den Höhepunkt stellt in diesem Sinne sicherlich die *Sinfonie der Tausend* dar.

Wenn innerhalb der Trias der Hypertrophien in Bruckners und Mahlers Sinfonik auch von *Mystizismus* die Rede sein kann, so sind damit nicht die Stellen mystischer Versunkenheit gemeint, die als eindrucksvolle Teilmomente immer wieder anzutreffen sind – herausgehoben im *Adagio* von Bruckners *Neunter* oder im Finale von Mahlers *Sechster*. Es geht vielmehr um eine Haltung, die nicht mystisch, sondern mystizistisch zu nennen ist, weil es allein um die Vorstellung mystischer Verhaltungsweisen gehen kann: Die mystische Schau als solche ist nicht darstellbar, schon gar nicht in dem bewegten, bis zur Aufdringlichkeit gebärdenreichen Auf und Ab einer Sinfonie. Die Kategorie des Mystizismus ist jedoch geeignet, den Gegensatz zur Sinfonik Beethovens herauszuarbeiten.

Für den Klassiker Beethoven war das Komponieren einer Sinfonie der Versuch, menschliche und gesellschaftliche Verhältnisse bewußt zu durchdringen, durch konsequente motivisch-thematische Arbeit zum finalen Sinn dieser Verhältnisse vorzustoßen. Sein philosophischer Gewährsmann ist Hegel, der bei der Eröffnung seiner Berliner Vorlesungen am 22. Oktober 1818 fordert:

»Der Mensch soll sich selbst ehren und sich des Höchsten würdig achten. Von der Größe und Macht des Geistes kann er nicht groß genug denken. Das verschlossene Wesen des Universums hat keine Kraft in sich, welche dem Muthe des Erkennens Widerstand leisten könnte, es muß sich vor ihm aufthun und seinen Reichthum und seine Tiefen ihm vor Augen legen und zum Genusse bringen.«[14]

Analog zum »lyrischen Ich« der Literatur ließe sich vom »sinfonischen Ich« der Musik sprechen – einer Institution, die den sinfonischen Prozeß vorantreibt und argumentativ für seine Sinnhaftigkeit einsteht. Dies geschieht – auf kompositorischer Ebene – mit den Mitteln konsequenter motivisch-thematischer Arbeit, die suggeriert, daß das Werk so und nicht anders aussehen könne und müsse. Das sinfonische Ich spinnt einen Gedankenfaden aus sich heraus auf ein selbst gestecktes Ziel hin: So läßt es in der *Eroica* das naturhaft unentwickelte Dreiklangs-Motiv des Anfangs zu dem tänzerisch freudigen Hymnus des Finales sich wandeln.

Dem entspricht – auf semantischer Ebene – die Vorstellung, daß es dem Komponisten möglich sei, in seinen Ideen-Kunstwerken als künstlerisches Subjekt Sinn gleichsam in Gestalt einer Ansprache vorzutragen und damit die Identität des Gewollten mit dem Möglichen zu beschwören. Mehr noch: Die Sinfonien von Beethoven bis Brahms nehmen die Hörer väterlich an der Hand, begleiten sie von Anfang bis Ende, leben vor, was der Mensch aus sich machen kann oder soll. Dabei ist die semantische Dimension keinesfalls im Sinne eines außermusikalischen »Programms« mißzuverstehen; ihr sind vielmehr alle Momente – kompositorische wie dichterische – zuzuordnen, die Plausibilität und Sinnhaftigkeit gewährleisten.

Seinen »Muth des Erkennens« stählt Beethoven unablässig an der Aufgabe, Form in Inhalt, Inhalt in Form umschlagen zu lassen und auf diese Weise Konkretes mit Allgemeinem, sinnlich Wahrnehmbares mit Geistigem, Handeln mit Denken zu einer unlösbaren Einheit zu verbinden. ›So und nicht anders‹ soll das Verfahren wirken, nach dem – beispielsweise – das Eingangsmotiv der *Fünften* behandelt wird: Dieses hat einerseits einen sinnlich erlebbaren, spezifischen semantischen Gehalt, ist andererseits als rein geistiges Potential von Energie Material für Formprozesse; es ist geradezu der Sinn der Sinfonie, beide Momente eines werden zu lassen, d.h. die »Welt«, subjektiv erlebbar auf der semantischen Ebene, und das allgemeine »Sein«, objektiv rekonstruierbar in formaler Logik, durch den Willensakt des Komponisten zur Deckung zu bringen.

Brahms hat noch einmal mit aller Macht versucht, in traditionellem Sinne an Beethovens Konzeption anzuknüpfen. Liszt und Wagner waren bemüht, sie mit neuer Intention weiterzuführen. Beide verzichten zwar nicht auf stimmige motivisch-thematische und formale Prozesse, ordnen sie aber einem Programm oder einer Handlung unter. In diesem Sinne sind Wagners musikalische Dramen zwar keine »absolute« Musik, wohl aber spricht aus ihnen ein »sinfonisches Ich«, das zum Nachvollzug seines Erlebens auch unabhängig von der Handlung einlädt. So lassen sich die einzelnen musikalischen Phrasen des *Tristan*-Vorspiels unmittelbar leibseelisch nachvollziehen – etwa als Gang des mehr oder weniger erregten, gepreßten oder ruhig fließenden Atems.

Eine Aufzeichnung Friedrich Nietzsches zu seinem unabgeschlossenen Entwurf *Die Wiederkunft des Gleichen* schägt eine Brücke zu Bruckner und Mahler, wie man sie sich besser gar nicht denken könnte:

»Das Ich – nicht zu verwechseln mit dem organischen Einheitsgefühle«.[15]

Um das Subjekt des sinfonischen Schaffensaktes bei Bruckner und Mahler näher zu bestimmen, erweist sich das Bild eines »sinfonischen Ichs« als unzureichend. Es erscheint freilich nicht sinnvoll, dem »sinfonischen Ich« ein anderes sinfonisches Subjekt definitorisch gegenüberzustellen; eindrücklicher ist die Vorstellung, daß es sich zunehmend auflöst: Es gibt nun nichts mehr zu erkennen und zu durchdringen; stattdessen gilt es zu schauen und Visionen mitzuteilen. Visionen aber sind nicht logisch und zielgerichtet; sie werden als Folge von Bildern empfangen, die sich wiederholen, ablösen, überlagern. Dabei können Zeit und Raum ihre logische Rationalität verlieren, ineinander verschwimmen. Keinesfalls läßt sich dies mit teleologischen Vorstellungen von der Zielgerichtetheit alles Seienden vereinbaren; besser paßt Nietzsches Anschauung vom ewigen Kreislauf aller Dinge.

Der dahinterstehende mystische Impuls ist für Bruckner, der von Nietzsche nichts wußte, in der Tradition des Katholizismus unmittelbar gegeben; Mahler kann auf Nietzsche selbst, zugleich auf die mystischen und irrationalen Unterströmungen in Idealismus, Romantik und *fin de siècle* zurückgreifen. Der Verweis auf mystische Erlebnis- und Verhaltenweisen ist wichtig, muß aber relativiert werden: Auch aus Bruckners und Mahlers Sinfonien spricht ja ein hohes Maß an differenzierter kompositorischer Arbeit; auch in ihnen präsentiert der Musiker sein Ego – vielleicht aufgeregter als je zuvor. Als ein Teilmoment, das ich einschränkend als Mystifikation von Kunst bezeichnet habe, ist mystische Weltsicht in den Sinfonien Bruckners und Mahlers allerdings durchaus aufzufinden.

Auf den ersten Blick scheinen sich mystische Gestimmtheit und der Wille zur

Gestaltung großer architektonischer Formen auszuschließen. Ein solcher Wille ist bei Bruckner und Mahler aber durchaus vorhanden:

Bruckner rührt weder an der überkommenen Viersätzigkeit der klassischen Sinfonie, noch am Charakter ihrer einzelnen Satztypen: Kopfsatz in Sonatenform, Adagio oder Andante, Scherzo, Schlußsatz mit ausgeprägter Finalwirkung. Mahler geht freier mit dieser Überlieferung um, beachtet aber deren Schemata bis zur *Siebten* in beträchtlichem Umfang. Beide Komponisten arbeiten wie selbstverständlich mit der Form des Sonatensatzes – der bis dahin – und vielleicht bis heute – einzigen, innerhalb derer sich ausgedehnte und verzweigte motivisch-thematische auch nichtspezialisierten Hörern sinnlich erfahrbar machen lassen.

Auf den zweiten Blick erkennt man jedoch das Ungewohnte und Neue im Umgang mit diesen Formen und Schemata. Form und Inhalt sind nicht länger zwei Seiten derselben Sache; vielmehr gibt es einen formalen und einen inhaltlichen Diskurs, die nicht deckungsgleich sein müssen. Das bedeutet nicht, daß die Form vom Inhalt in Dienst genommen würde, wie man dies vom musikalischen Drama oder von der sinfonischen Dichtung sagen könnte. Es heißt vielmehr, daß das idealistische Postulat, eins müsse im andern aufgehen, seine normative Kraft verliert. Die Frage ist nicht, ob man – wie geschehen – durch kluge Formanalysen belegen kann, wie wichtig für Bruckner und Mahler die motivisch-thematische Arbeit, wie originell ihr Umgang mit den Formteilen des Sonatensatzes und wie differenziert ihre Arbeit an der Struktur ist. Entscheidend ist, daß sich Form und Inhalt, sich aneinander abarbeitend, nicht länger auf ein objektivierbares Drittes beziehen können, sondern nur noch auf das Subjekt des Komponisten, der tendenziell die Begründung dafür schuldig bleibt, welche Form er zu welchem Inhalt fügt. Wir befinden uns hier – bei Bruckner noch kaum merklich, bei Mahler deutlich – an einem musikgeschichtlich wichtigen Punkt: Er führt, indem man eine Linie von Mahler zu Schönberg zieht, zunächst in die Atonalität, wo die Kategorien Form und Inhalt – zumal in ihrer Polarität – mit bewundernswerter Konsequenz eliminiert werden, danach in die Zwölftonkomposition, in der aus nackter Angst vor den Konsequenzen dieses Schrittes ein Rückfall in den status quo erfolgt.

Doch dieser alte Zustand ist nicht wieder herzustellen. Denn das Besondere der Sinfonik Bruckners und Mahlers darf in der Zwölftonmusik zumindest Schönbergs erklärtermaßen keine maßgebliche Rolle spielen: semantisch eindeutiges Material. Bei jenen besteht es aus Märschen, Ländlern, Chorälen, Hymnen, Liedern und anderen semantisch auffälligen Gedanken, die lieber Eigenleben entwickeln als sich in eine immanent logische Form einschmelzen lassen. Ähnliches gilt für Instrumentenklänge, die sich selbständig machen und ›an sich‹ wirken wollen. Schon bei Bruckner, mehr noch bei Mahler treten ›die‹ Oboe, ›die‹ Trompete, ›das‹ Horn wie in angestammten oder neu für die geschriebenen Rollen auf. Darüber hinaus gibt es – sicherlich nach dem Vorbild Beethovens und Schuberts, aber weit ausgeprägter – ausgedehnte Klangflächen, die keine andere Funktion zu haben scheinen, als sich auszubreiten. Höhepunkt einer solchen Entwicklung ist das Finale von Mahlers *Sechster.*

An solchen Vorgängen wird deutlich, was unter dem mystifizierenden Moment in der sinfonischen Kunst Bruckners und Mahlers zu verstehen ist: Die Komponisten, die ja durchaus ›wissen‹, wie man im Sinne Beethovens motivisch-thematisch arbeitet und von der Exposition über die Durchführung zur Reprise sich durchkämpft, scheinen dieses Wissen angesichts ihrer bildkräftigen Gesichte für entscheidende Momente zu verlieren oder doch zurückzustellen. Sie reagieren dann gleich Medien in Trance, produzieren Material von eindrucksvoller Prägnanz und Symbolkraft – ohne zu fragen, ob und wie es in den jeweiligen formalen Kontext paßt. Anstatt musikalische Syntax zu schaffen oder in traditonellem Sinne zu befolgen, bedienen sie sich ihrer.

An dieser Stelle wird die Differenz zwischen mystischem Verhalten und Mystifikation von Kunst deutlich. Über dem künstlerischen Individuum, das sich nicht länger als Sachwalter des »sinfonischen Ichs«, vielmehr als Organ einer Welt aus Tönen versteht, thront als höhere Instanz der Komponist, der aus den Äußerungen dieses Organs auswählt, sie formt und verständlich macht. In diesem Sinne gibt Kunst den Anspruch auf Identität auf und trifft gerade damit – vor allem in den Sinfonien Mahlers – einen Nerv der Zeit: Die Hörer wissen, daß es keine identische Kunst (mehr) geben kann, wollen jedoch nicht auf die Idee davon verzichten. Umso mehr feiern sie einen, der ihnen den darin liegenden Widerspruch auf so begeisternde Art vermittelt – einen großen Sinfoniker nämlich, der sein irrationales Erleben in einer Form zu äußern vermag, die jedem einzelnen das Gefühl vermitteln, für seine eigenen Irrationalismen unendliche Sympathie zu finden und mit ihnen an irgendeiner Stelle des großen Ganzen wohl aufgehoben zu sein.

Die Unschärfe des Wortes »irgendein« entspricht der geschichtlichen Situation: Vom höhnischen Blick Nietzsches verfolgt, fragt man besser nicht nach, wo dieses große Ganze liege, und folgt stattdessen bereitwillig der Maxime: je gewaltiger das Werk, desto größer das Staunen.

Von der Mystifikation der Irrationalität ist auch die Person des Künstlers nicht ausgenommen. Dieser übernimmt priesterliche Funktionen. Nicht zufällig bilden sich mit wachsender posthumer Berühmtheit Bruckners keine Vereine, sondern Gemeinden zur Pflege seiner Musik. Dem Schöpfer der *Sinfonie der Tausend* dankt Thomas Mann als einem Menschen, »in dem sich, wie ich zu erkennen glaube, der ernsteste und heiligste künstlerische Wille unserer Zeit verkörpert«.[16] Zugleich ist dieser Typus des Künstlers ein Mensch, der sich nur deshalb zu offenbaren wagt, weil er nicht weiß, was er tut: Das Auseinanderklaffen von Leben und Kunst registrieren die Zeitgenossen inzwischen eher mit Erleichterung als mit Bedauern. Auf Beethovens zeitweilige Verwahrlosung, selbst auf Schumanns psychischen Zusammenbruch hatte man, sofern nicht zu Klatsch und Wichtigtuerei neigend, eher mit Verschwiegenheit angesichts bedauerlicher und peinlicher Vorfälle reagiert. Über Bruckners zwangsneurotische Symptome, die ihn selbst gewiß sehr gequält haben, berichten seine Schüler und Biographen hingegen mit geradezu gelassener Heiterkeit und dem Tenor, das sei nun einmal ein ›komischer Heiliger‹ gewesen.

Im Fall Mahlers ist die entsprechende Entwicklung fortgeschritten: Komponist und Mitwelt werden sensibel für die Verschränkung von Neurose und Künstlertum. Josef Bohuslav Foerster, Mahlers Zeitgenosse, sieht in dessen Leben den schlagenden Beleg für Flauberts Ausspruch von der Geschichte der Kunst als Geschichte eines endlosen Martyriums.[17] Ähnlich hat man sich gewiß auch über andere Komponisten geäußert; doch dann standen meist materielle Not und mißliche Lebensumstände im Zentrum des Mitgefühls. Nunmehr dominiert die Vorstellung, daß der Komponist als solcher nicht nur Organ der Hoffnungen, sondern auch der Leiden seiner Zeit sei; gerade deshalb ist er ihr Sprachrohr.

Trotz aller Gemeinsamkeit zwischen Bruckner und Mahler ist das Wesentliche ihrer sinfonischen Sprache doch nur aus der Differenz erkennbar.

Die Erstarrung idealistischer Ästhetik in der Sinfonik Bruckners

Das mühselige Leben für die große Sendung

Am 19. Oktober 1891, nach der Fertigstellung der revidierten Fassung seiner *Achten*, schreibt Bruckner in einem vermutlich an den Universitätsprofessor Reinisch gerichteten Brief, er habe nunmehr seinen »Lebensberuf als Symphoniker« erkannt. Der damals Siebenundsechzigjährige ist unverändert zwischen Sendungsbewußtsein und Selbstzweifeln hin- und hergerissen. So depressiv er auf mangelndes oder ungünstiges Echo auf seine Werke reagiert, so wenig ist er willens, von dem einmal eingeschlagenen Weg abzugehen. Josef Kluger erinnert sich:

»Da traf ich ihn einst in seiner Wohnung, wie er gerade über einem Zeitungsblatt studierte. Es enthielt eine Kritik, die er nun schon zum so und sovieltenmal durchgelesen hatte. Auf das Blatt weisend, sagte er zu mir: ›Die wollen, daß ich anders schreibe. Ich könnt's ja auch, aber ich darf nicht. Unter Tausenden hat mich Gott begnadigt und dies Talent mir, gerade mir gegeben. Ihm muß ich einmal Rechenschaft ablegen.‹«[18]

Was ist das für ein Mensch, der so schwer zu seinem ›Lebensberuf‹ findet? 1824 als ältestes von zwölf Geschwistern, die ein ums andere Jahr zur Welt kommen, in dem Dorf Ansfelden bei Linz geboren, lernt Bruckner die ganze Armut einer vielköpfigen Dorflehrersfamilie kennen. Nach dem Tode des Vaters kommt er, noch zwölfjährig, als Internatszögling und Singknabe in das Kloster St. Florian. Vier Jahre später besteht er in Linz die Lehrerprüfung für Trivialschulen. Als Gehilfe in einer Dorfschule in der Umgebung von St. Florian hat er mit der Unterdrückung durch den vorgesetzten Lehrer, mit demütigender Abhängigkeit vom Pfarrer, mit Einsamkeit und Armut zu kämpfen. Die Mahlzeiten darf Bruckner nicht mit der Lehrersfamilie einnehmen, vielmehr ißt er mit »mit'n Mensch«, d.h. mit der Dienstmagd. So sieht der Tagesablauf des eben Siebzehnjährigen aus:

Morgens ab 4 Uhr (winters ab 5 Uhr): Tag-Anleuten, Mähen, Pfarrer-Ankleiden, Orgel-Schlag'n, Wein-Holen, Ministrieren, die Kleinen practiciren (d.h. Unterricht halten), viel Notenschreiben, Speisen-Gehen (d.h. mit dem Pfarrer zur letzten Ölung gehen). Nach der Schule: Heug'n', Dreschen, Erdäpfelgrab'n', Ackern. Abends: Gebet-Läuten, Huß-Ausläuten (ein Brauch aus der Hussiten-Zeit), bei Bedarf zum Tanz aufspielen.[19]

In kleinen Schritten steigt Bruckner in der Schulhierarchie auf. 1848 wechselt er als Lehrer und Stiftsorganist nach St. Florian über. Als er sich von dort aus um eine Organistenstelle in Olmütz bemüht und dies mit schlechtem Gewissen seinem vorgesetzten Prälaten kundtut, kommt es zu folgendem Dialog, währenddessen Bruckner dem geistlichen Herren zitternd und auf den Knien aus den Schuhen hilft:

»Was ..., zu die Czechen willst gehn? Ja, hast denn scho a Mal g'hört, daß a Czech an Deutsch'n was Guat's 'tan hat? Jetzt hilfst m'r aber auf der Stell d'Schuah ausziag'n! ... So, ... wirst jetzt no a Mal ohne mein Wiss'n was tuan?« – »Na, Euer Gnaden!«[20]

Bruckner erinnerte sich an diese Szene noch im Alter und beklagte gleichzeitig, daß man von ihm damals einerseits Kompositionen für den Kirchen- und Tafeldienst erbeten, ihn aber andererseits wie einen Knecht gehalten habe.

Mit seiner Berufung nach Linz im Jahre 1855 etabliert sich der einunddreißigjährige Bruckner auf einem Niveau, welches das seiner Herkunft und Ausbildung nach höchstmögliche darstellt. Das Anfängergehalt des Domorganisten ist zwar nicht sonderlich hoch, das Amt jedoch angesehen. Nachdem er auch Chormeister der Liedertafel *Frohsinn* geworden ist und nach langjährigen externen Studien bei Simon Sechter, der Wiener Kapazität im Kontrapunkt, vor einer erlesenen Kommission des Konservatoriums eine glanzvolle Prüfung in Harmonie, einfachem und mehrfachem Kontrapunkt, Kanon und Fuge abgelegt hat, kann er ans Heiraten denken. Für 300 geborgte Gulden renoviert er Wohnung samt Küche, um am 16. August 1866 – wohl nicht zum ersten Mal – um die Hand eines jungen Mädchens anzuhalten.

Sein schriftlicher Antrag gilt der siebzehnjährigen Fleischerstochter Josefine Lang, die ihn jedoch mit dem Hinweis auf ihre Jugend abweist. Eine goldene Uhr und ein in Samt gebundenes Gebetbuch mit Schließen, durch eine Botin überbracht, schickt sie zurück, einen Wachsstock und den Werbebrief, der dadurch der Nachwelt erhalten geblieben ist, behält sie. Bruckner verweigert wütend die Annahme der zurückgesandten Gegenstände.

Bis ins hohe Alter wird Bruckner sich in meist sehr junge Mädchen »verlieben« und ihnen in kürzester Frist, oft aus heiterem Himmel, Heiratsanträge machen. Immer wieder wird er Freunde und Schüler bitten, Bekanntschaften zu vermitteln, wird Fotographien und Geschenke überbringen lassen und bei seinen Werbungen größten Wert auf Anstand und Etikette legen, zugleich aber ausgesprochen linkisch vorgehen – als ob er die jeweilige Angelegenheit zwar mit echtem Feuer, aber ohne eine konkrete Vorstellung der Realisierung betreibe. Mit dem Phänomen, daß seine Anträge in der Regel abgewiesen werden, korrespondiert ein anderes: Die Berlinerin Ida Buhz, die einzige, die Bruckners Antrag so ernst nimmt, daß beide Seiten von einem Verlöbnis sprechen können, hält Bruckner seinerseits so lange u.a. mit der Forderung hin, sie möge zum Katholizismus übertreten, daß auch diese Werbung im Sande verläuft. Aus der Sicht der heutigen Psychologie ist der Vorgang unschwer zu erklären: Weil das bloße Begehren einer Frau Verwirrung und Schuldgefühle auslösen würde, flüchtet sich der sicherlich lebenslang mutterfixierte Bruckner bei jeder sinnlichen Aufwallung in die abstrakte Idee ›Heirat‹. Daß jedoch eine bürgerliche Ehe alles andere als seiner künstlerischen Sendung bekömmlich wäre, weiß er im Innern nur allzu gut.

Bruckners Verhalten wirkt weniger ungeschickt, wenn man es vor dem Hintergrund der spätfeudalistischen österreichischen Gesellschaft sieht, die es nicht abwegig findet, daß ein gestandener Bürger ein junges Mädchen heiraten will, freilich auch schon das Sprichwort kennt: »Wer den Schaden hat, braucht für den Spott nicht zu sorgen«. Die anderen großen deutschen Komponisten des 19. Jahrhunderts haben sich letztendlich nicht leichter mit der Frage getan, wie sich Einsamkeit als Lebensraum für künstlerisches Genie und Wunsch nach der Nähe einer Frau vereinen lassen.

Im Jahr 1867 erlebt Bruckner einen gravierenden psychischen Zusammenbruch. Am 19. Juni schreibt er aus Bad Kreuzen während einer dreimonatigen Wasserbehandlung an den Freund Rudolf Weinwurm:

»Seit meiner Abreise von Wien weißt Du nichts mehr von mir ... Es war nicht Faulheit – es war noch viel mehr!!! -; es war gänzliche Verkommenheit und Verlassenheit – gänzliche Entnervung u. Überreiztheit! Ich befand mich in dem schrecklichsten Zustande; Dir nur Dir gestehe ich's – schweige doch hierüber. Noch eine kleine Spanne Zeit, u. ich bin ein Opfer – bin verloren. Dr. Fadinger in Linz kündigte mir den Irrsinn als mögliche Folge schon an. Gott sei's gedankt! er hat mich noch errettet.«

August Göllerich berichtet nach unbekannter Quelle, Bruckner sei während seines Kuraufenthaltes außerordentlich scheu gewesen und habe unter Zählzwängen gelitten. Nach anderen Berichten wurde er von der Musik einer durchreisenden Musikantentruppe so gepeinigt, daß er in panischer Angst in die Einsamkeit flüchtete. Max Auer, der Göllerichs Bruckner-Biographie erweitert und abgeschlossen hat, spricht in diesem Zusammenhang von einer »furchtbaren Krise seines Lebens, die sich schon seit Jahren vorbereitete«;[21] in neuerer Literatur ist von »zyklothymer Depression« die Rede.[22]

Peter Gülke[23] hat im Anschluß an Norbert Nagler[24] vorgeschlagen, Bruckners Zusammenbruch schaffenspsychologisch als Folge der »Irritation Wagner« zu deuten. In der Tat scheinen Bruckner, der sich in dieser Zeit angesichts so meisterlicher Werke wie der Anfang 1866 fertiggestellten *Ersten* und der ein Jahr später sogar von der Wiener Hofkapelle im Beisein der kaiserlichen Majestäten aufgeführten d-moll-Messe durchaus als gestandener Komponist fühlen kann, ganz neue Welten aufgegangen zu sein, als er mit Kompositionen des damals als ›Zukunftsmusiker‹ apostrophierten Dreigestirns Berlioz-Liszt-Wagner konfrontiert wird. Doch das ist vielfach schon vor der psychischen Katastrophe des Jahres 1867 der Fall: Ab 1863 kann er in Linz *Tannhäuser*, *Holländer* und *Lohengrin* hören; im Juni 1865 leistet er dem öffentlichen Aufruf Wagners Folge, der Uraufführung von *Tristan und Isolde* in München beizuwohnen. Um die gleiche Zeit studiert er mit Ignaz Dorn, zweitem Kapellmeister am Linzer Theater und engagiertem Propagandisten der ›Neudeutschen‹, die *Faust*-Sinfonie von Liszt, die nach den Erinnerungen seines Schülers August Stradal zeitlebens das einzige Werk dieses Komponisten bleiben sollte, das Bruckner genau kannte;[25] und Ende 1866 hört er in Wien eine Aufführung von Berlioz' *La damnation de Faust* unter der Leitung des Komponisten. Anderen Werken von Berlioz bezeugt Bruckner auch in späteren Jahren großen Respekt, unter anderem dem *Te Deum*. Als er dieses in seiner Wiener Zeit – wie so oft gemeinsam mit seinem Schüler August Göllerich – von einem Stehplatz des Musikvereinssaals aus hört, stößt er freilich hervor: »Und kirchli' is' do' nöt!«[26]

Zu Wagner hat Bruckner übrigens ein sehr differenziertes Verhältnis. Er »versteht« Wagner, wie es Rudolf Stephan formuliert, indem er dessen Musik liebt.[27] Und unüberhörbar ist seine abgrundtiefe Wagner-Verehrung im Sinne von Zitaten, Anklängen und Nachahmungen bestimmter kompositorischer Praktiken in seine Sinfonien eingegangen – etwa in die erste Fassung der *Dritten*, die er ob ihrer *Ring*- und *Tristan*-Anspielungen selbst seine »Wagner-Sinfonie« nannte.

Doch Bruckners Liebe gilt nicht Wagner als einer Identifikationsfigur, in der er sich finden oder von der er sich abgrenzen müßte: Sie gilt dem großen Schamanen, der in die musikalische Kunst jenseits aller klassisch-romantischen Reinheit ein beschwörendes Moment bringt, dem sendungsbewußten Kunstpropheten, der unbeirrt seine »Wahrheiten« verkündet, dem gewitzten Psychologen, der kalkuliert, wie man seine Hörer vom ersten bis zum letzten Ton in Atem hält. Vor alledem schaudert Bruckner zwar zurück: Er will ja nichts anderes sein als der einfältige Seher, der auf den Fußspitzen stehend einen Blick auf die ewige Herrlichkeit werfen darf. Doch all dies zieht ihn zugleich magisch an: Er wäre ja, wenn er es sich nur zugestände, gar zu gern Luzifers, des dämonischen Lichtbringers Bruder.

In der Krise des Sommers 1867, deren Spuren von Freunden und Schülern weitgehend verwischt worden zu sein scheinen, könnten zwei Dinge zusammengetroffen sein. Zum einen muß Bruckner die niederschmetternde Erfahrung machen, daß alle gesellschaftliche und künstlerische Anerkennung, um derenwillen er sich von Jugend an Opfer über Opfer auferlegt hat, nicht mit der Erfahrung von Geborgenheit und Liebe belohnt werden, nach denen sich das wimmernde Kind in ihm unaufhörlich sehnt: Nicht einmal der trügerischere äußerliche Beweis, die Gründung einer Ehe, gelingt. Zum anderen erschrickt Bruckner über seine eigene künstlerische Potenz, die weit über das handwerkliche Können hinausgeht, welches sich der allzeit Prüfungssüchtige von den Wiener Musik-Koryphäen hat bestätigen lassen.

Es ist atemberaubend zu sehen, in welchem Maße Bruckner sich bereits in der *Ersten* in c-moll von 1865 als Sinfoniker sui generis entpuppt: Aus ihr spricht schon nahezu der ganze Bruckner. Wie viel oder wie wenig man auch immer Beethoven, Schubert, Wagner und Liszt als unterschiedliche Paten dieses Kindes »Sinfonie« ansehen mag – ersichtlich ist, daß in Bruckner ein Naturtalent, ein Originalgenie am Werk ist, welches – hierin seinem späteren Wiener Antipoden Brahms jenseits aller Fragen des guten Geschmacks sichtlich überlegen – dem Jahrhundert der Sinfonie neue Erlebnisformen und Dimensionen erschließt und mit seiner kompositorischen Phantasie ganze Räume füllt, anstatt nur einzelne Spuren zu verfolgen.

Nun ist es vorbei mit der Linearität motivisch-thematischer Arbeit, mit der Vorstellung eines kompositorischen Ichs, das den sinfonischen Prozeß konsequent steuert und an jeder Stelle Herr der Situation ist; auch die Hörer können nicht länger sicher sein, einen vielleicht abenteuerlichen, aber doch gesicherten Weg geleitet zu werden. Nein – bei Bruckner müssen sie hoch in die Lüfte; und der Komponist ist nicht etwa der Anführer ihres Fluges, sondern derjenige, der den wechselnden Winden und Strömungen – im extremen Toben und Säuseln, allmählichem Werden und Vergehen, jähem Richtungswechsel und plötzlichem Abbruch – von außen Energie gibt. Wenn Ernst Kurth von Bruckners »Fernstand« spricht, so mag das nicht nur besagen, daß der Komponist, »von der Welt losgelöst«, »aus seiner Zeit in seine Einsamkeit und Ewigkeit hineinversank«,[28] sondern auch, daß er sich seinerseits aus seinen Werken herauszieht und damit seine Hörer im Wechselbad der Gefühle sich selbst überläßt.

Die *Erste* zeigt solche Züge erst in – allerdings unverwechselbaren – Ansätzen. Von den für den späteren Bruckner typischen Merkmalen fehlen die choralartigen Passagen, die Generalpausen und weithin die rhythmisch-metrischen Stereotypen im Sinne eines – wie Wagner es nennt – »quadratischen« Komponierens. Das von Bruckner selbst als »keckes Beserl« bezeichnete Werk ist formal ungeregelter und zugleich phantasievoller als ihre Nachfolger – vor Einfällen quellend und nicht auf bestimmten musikalisch-rhetorischen Topoi insistierend. In diesem Sinne ist sie – darauf hat Ludwig Finscher hingewiesen – ein Stück »weltlicher« Musik.[29] Bruckner gibt sich noch keineswegs als der »religiöse Sinfoniker«, zu dem er sich im Laufe seines weiteren Schaffens zweifelsfrei stilisieren wird. Den ersten Schritt dazu tut er in der von ihm selbst sogenannten *Nullten* in d-moll, deren erste und einzige Fassung 1869 enstanden ist, also – entgegen traditioneller Forschungsmeinung – *nach* der *Ersten.*[30]

Die Beobachtungen an der *Ersten* führen zurück zu Bruckners Lebenskrise und ihrer Deutung als Folge nicht nur enttäuschter Glückserwartung, sondern auch des Erschreckens über die eigene Kreativität. Denn diese Kreativität kommt aus den Tiefen seiner Existenz, ist ungeregelt, unkontrolliert, also mit Zügen von Naturhaftigkeit ausgestattet, die zu unterdrücken Bruckner als Mensch und Bürger zu seinem Lebensprogramm hat machen müssen, um mit der Äußerung vitaler Wünsche nicht ständig aus der Rolle zu fallen. Die tiefe Krise, in die Bruckner alsbald stürzt, könnte als ungelöster Konflikt zwischen Kreativität und Anpassungszwängen begründet sein. Als Bruckner aus dem Alptraum seiner aktuellen Psychose erwacht, hat er einen wahrhaft genialen ›Kompromiß‹ gefunden: Er darf Sinfoniker sein und bleiben, übt aber eine ›freiwillige‹ Kontrolle über sein Genie aus: Der Ablauf ›seiner‹ Sinfonie wird weitgehend ritualisiert, und die ›Korrektheit‹ der Form streng beachtet.

Inhaltlich gesehen stabilisiert Bruckner sein Schaffen durch die Arbeit mit semantisch eindeutigen musikalischen Sinnträgern. Das sind zum einen die Erscheinungsformen umgangsmäßig praktizierter Musik wie ›Lied‹, ›Choral‹, ›Marsch‹, ›Trauermarsch‹ und ›Tanz‹, letzterer meist als Ländler. Es sind zum anderen bestimmte Ausdrucksqualitäten von Themen und musikalischen Prozessen, die man im Anschluß an die barocke Musiktheorie ›Figuren‹ nennen möchte: Zusammenfügungen von Quarte, Quinte und Oktave zur Darstellung des Erhabenen,[31] Seufzer-Figuren in Gestalt der herabfallenden kleinen Sekunde, langanhaltende Steigerungen als Darstellung wachsender Spannung. Eingeschränkt ist das Ausdrucksrepertoire insofern, als es nicht um die Zeichnung bestimmter Charaktere und ihrer Veränderungen geht, sondern um die Herstellung bestimmter Anmutungs-Qualitäten – eben der des Erhabenen, Mystischen, Feierlichen oder Sieghaften im Kontrast zu der des Drohenden, Angsterregenden oder Klagenden. Von einer stereotypen Verwendung dieses Ausdrucksrepertoires kann man sprechen, weil die einzelnen Topoi innerhalb der jeweiligen Sinfoniesätze ihren festen Platz haben. Das Zusammenspiel beider Momente bewirkt, daß man Bruckners Sinfonien als der Messe nachempfundene Zeremonien hat auffassen können, wenngleich Werke wie die »romantische« *Vierte* und – wie zu zeigen – die *Achte* sich einer solchen Deutung nur bedingt fügen.

Beide Momente stützen zugleich die Auffassung, Bruckner arbeite mit musikalischen Symbolen. Denn Symbole sind als solche nur dann wirksam, wenn sie deutlich, an Zahl überschaubar und immer in demselben Zusammenhang präsent sind, also durch Prägnanz und Kontinuität Sinn stiften. Unter dieser Prämisse ist das musikalische Symbol ein vortreffliches Mittel, um – wie der griechische Name sagt – zusammenzubringen, was wesensmäßig zusammengehört, aber auseinandergebrochen ist: das Zeichen und das Bezeichnete. Merkmal der säkularisierten, zur Autonomie tendierenden Kunst ist es ja, nur noch Zeichen zu sein, nichts mehr zu bezeichnen als sich selbst. Das führt den Künstler vor die Situation, über eine unendliche Anzahl von Möglichkeiten der Gestaltung zu verfügen und dabei auf sich allein verwiesen zu sein – als einsamen Schöpfer seiner selbst. Andere vor und nach Bruckner haben ob dieser Rolle die Augen geschlossen oder sind bedenklich geworden; Bruckner selbst scheint sie allzu deutlich gesehen und darüber geradewegs in Todesangst geraten zu sein. So sucht er Zuflucht in der »heilen« Welt der Symbole: Das Eintauchen in deren unangefochtene Ordnung soll den übermenschlichen Druck mindern, den er auf seinen Schultern spürt.

Doch die Welt der Symbole ist für die Kunst der Moderne untergegangen. Im letzten Drittel des 19. Jahrhunderts kann eine Sinfonie, die als autonomes Kunstwerk ernstgenommen werden will, nicht auf Symbole bauen, die ihrem Wesen nach in eine Meßfeier oder einen weltlichen Huldigungsakt gehören. Es ist ein Rückfall hinter die von Beethoven gesetzten Maßstäbe, Symbole wie Lied, Choral und Marsch oder Figuren wie das der Erhabenheit als symbolische Werte an sich in das eigene Werk einzubringen, anstatt sie durch motivisch thematische Arbeit als integrale Bestandteile eines autonomen Sinngefüges zu rechtfertigen. In der Tat erscheinen sie bei Bruckner oft wie aus einem früheren Dasein herbeizitiert und in ihrer Totenstarre verharrend.

Wieviel muß in Beethovens *Fünfter* gearbeitet werden, ehe der abschließende Siegesmarsch erklingen darf! Wie intensiv hat Brahms im Finale der *Ersten* darum gerungen, ein Ensemble von Symbolen wie ›Alphornruf‹, ›Choral‹ und ›Freudenhymnus‹ in seine sinfonische Gesamtkonzeption einzubringen; und gleichwohl muß beiden das Ergebnis so vorläufig erschienen sein, daß sie entsprechend suggestive Praktiken später zunehmend verschmäht haben!

In zugespitzter Formulierung möchte man sagen, daß der Sinfoniker Bruckner »Symbole« nicht heranzieht, sondern auf sie baut und sie, um im Bilde zu bleiben, tendenziell immer an derselben Stelle seines sinfonischen Gebäudes als Grundpfeiler einplant. Äußern Freunde oder Kritiker Bedenken gegenüber dem formalen Aufbau eines Werkes, so ändert Bruckner bezeichnenderweise nicht die Auswahl der Symbole und kaum ihre Stellung im Ganzen, sondern allein die Art ihres Zusammenbaus: Könnte es sein, daß er nicht ordentlich genug gearbeitet hat?

Der Eindruck des Mechanisch-Leblosen, Abgestorbenen, den Bruckners Sinfonik bei Autoren wie Armand Machabey,[32] Ugo Duse[33] und Norbert Nagler[34] hinterläßt, ist ein Indiz dafür, daß die Entpersönlichung, die Bruckner sich auferlegt hat, geglückt ist. Sie wird durch kompositorische Verfahren verstärkt, die man als Ausdruck von Zähl- und Kontrollzwängen deuten kann. Symptomatisch ist die Art und Weise, mit der Bruckner in den letzten Lebensjahren mit seinem »Beserl«, der *Ersten*, umgeht: Anläßlich deren Umarbeitung im Jahr 1890/91 glättet er, wo möglich, unregelmäßige Perioden zu acht- oder zwölftaktigen; Oktaven- und Quintparallelen merzt er geradezu fanatisch aus.

Eine nicht nachprüfbare mündliche Überlieferung besagt, daß Bruckner, wenn er für eines seiner Werke eine schlechte Presse erhalten hatte, noch einmal die Takte der einzelnen Perioden nachgezählt habe, um wenigstens sich selbst zu bestätigen, »richtig« komponiert zu haben. Die Überlieferung mag stimmen oder nicht – nachweisbar ist jedenfalls, daß Bruckner nicht nur bei seinen Überarbeitungen, sondern auch bei allen neu entstehenden Sinfonien fast zwanghaft auf regelmäßigen Satzbau geachtet und damit die ihm aus seiner Lehrzeit vertraute Praxis des Perioden-Auszählens ängstlich beflissen in kompositorischen Verfahren beibehalten hat, die an Niveau über alles Schulmäßige längst hinausgelangt sind. Zwar weist Peter Gülke mit Recht darauf hin, daß Bruckners Viertaktgruppen in sich durchaus asymmetrisch gebaut sein können;[35] und gewiß ist die rhythmisch-metrische Monotonie mancher Steigerung funktional sinnvoll. Doch zugleich läßt sich ein »Formalzwang«, den Manfred Wagner im Blick auf Bruckners Leben konstatiert hat, auch aus seinem Werk nicht wegdiskutieren;[36] und es ist kein Zufall, daß Gülke als Beispiel einer zwar quadratischen, doch zugleich sehr lebendigen Metrik den Anfang der *Neunten* wählt, also der letzten Sinfonie, die in der Tat in manchem jenseits alter Zwänge steht.

Verbindungen zwischen den Ebenen des Schaffens und der Lebensführung sind in einigen Punkten zu offensichtlich, als daß sie unerwähnt bleiben könnten, selbst wenn dadurch das Bild Bruckners als eines gestörten Menschen recht deutlich hervortritt. Ich beschränke mich dabei auf drei Komplexe, in denen der Parallelismus besonders auffällig ist: tendenzielle Nekrophilie, Zähl- und Kontrollzwang, fanatische Religionsausübung.

Als im Jahre 1868 der einbalsamierte Leichnam des in Mexiko erschossenen Kaisers Maximilian in Wien zu sehen ist, gerät Bruckner in helle Aufregung. Von Linz aus bittet er Freund Weinwurm inständig um telegraphische Nachricht über die näheren Umstände einer möglichen Besichtigung. Vor Grüften und Särgen vor allem hochgestellter Persönlichkeiten kann er sich, wie u. a. Max von Oberleithner berichtet,[37] stundenlang aufhalten. August Stradal berichtet ferner:

»Kam es zu einer Schwurgerichtsverhandlung mit einem Mörder oder zu einer Hinrichtung, konnte Bruckner schon Tage vorher vor Erregung nicht schlafen. Als z.B. der Prozeß gegen den berüchtigten Frauenmörder Hugo Schenk begann, ersuchte mich Bruckner flehentlich, ich möchte bei meinem Freunde, dem Staatsanwalt Gürtler von Kleeborn, intervenieren, daß Bruckner der Verhandlung beiwohnen dürfe und wenn möglich auch der Hinrichtung. Letzteres ihm auszureden, gelang mir endlich mit Mühe; aber zur Verhandlung mußte ich ihm Eintritt verschaffen. Ich führte also den Meister in den Schwurgerichtssaal, wo die schrecklichen Tragödien des Lebens ihren Abschluß finden. Bruckner war maßlos aufgeregt, frug mich, was der Angeklagte gesagt hatte, sprang öfters von der Bank auf, um den Mörder besser sehen zu können und störte die Ruhe, bis ein Justizsoldat zu uns kam und dem Meister Stillschweigen gebot.«[38]

Über Bruckners Zählzwang berichtet August Göllerich:

»Bruckner war während des Schuljahres an geistige Hochspannung der Arbeitsleistung so gewöhnt, daß er in Zeiten der Ausspannung und Ruhe in jene merkwürdigen Nervenstörungen verfiel, die ihn zur Zeit seiner schweren Nervenkrankheit im Jahre 1867 in Linz und Bad Kreuzen quälten. Die nervösen Störungen äußerten sich dann in anhaltender Betrachtung eines Gegenstandes, gleichgültig ob lebend oder leblos. So konnte er die längste Weile einen Stein, ein altes Bild, einen Punkt (diese hatten es ihm besonders angetan) betrachten, oder er verfiel in eine Art Zählwut, indem er die Fenster eines großen Gebäudes immer wieder abzählte, bis er sich mit einem plötzlichen Entschluß und dem Audruck, als habe er eine große Entdeckung gemacht – heurecka! – davon trennte. Er setzte dann seinen Weg befriedigt fort, um aber plötzlich, einem Zwang gehorchend, wieder umzukehren und die Betrachtung oder Zählung nochmals zu beginnen. Eine ganz besondere Vorliebe hatte er für Türme, die bestiegen und genau untersucht werden mußten, und vor allem für Turmspitzen.«[39]

Zum Zählzwang gesellt sich der Kontrollzwang. Friedrich Eckstein berichtet, wie es zuging, wenn er des abends als letzter Kompositionsschüler von Bruckner aufgefordert wurde, mit ihm ein Restaurant zu besuchen:

»Wenn wir gegen halb neun Uhr die Wohnung verließen, wurde der Meister stets von großer Erregung ergriffen, falls Frau Kathi nicht in der Wohnung zurückblieb. Er fürchtete seit dem Ringtheaterbrand immer Feuergefahr.
Der Eingang zu seiner Wohnung war eine Glastür, die Scheiben stark vergittert, innen mit dichten grünen Seidenvorhängen, an der Tür mehrere Sicherheitsschlösser. Wenn Bruckner beim Verlassen der Wohnung alles bereits aufs Genaueste bezüglich Feuersicherheit, Schlösser usw. untersucht hatte, und wir schon auf der Treppe zwischen 2. und 3. Stock angelangten, pflegte der Meister fast jedesmal wieder umzukehren und ich mußte mit, denn er war nicht ganz sicher, ob nicht doch irgendwo noch eine Kerze brannte, ob nicht im Herd Feuer war (schon seit Monaten hatte niemand Feuer gemacht) und ob nicht der Wasserleitungshahn offen geblieben sei. So wurde manchen Abend bei der schauderhaftesten Juli-Hitze wohl auch dreimal umgekehrt und jedesmal wurden alle Schlösser der Wohnung revidiert, geöffnet und schließlich die Wohnung wieder verlassen.«[40]

Auch die religiöse Praxis Bruckners ist bestimmt von Zwängen. August Stradal rückt sie – besonders im Blick auf die letzten Jahre – geradezu in die Nähe »religiösen Wahnsinns«.[41] Peinlich genau notiert Bruckner – beispielsweise unter dem 13. Oktober 1879 – in seinem Taschenkalender, daß er am »2. gültigen Jubiläumsfasttag« nur Nudeln in Milch, zwei Birnen, etwas Brot, und keineswegs Schweinefett genossen, daß er morgens zwei Rosenkränze, drei *Vater unser* und *Ave Maria*, ein *Salve Regina* und ein *Ehre sei dem Vater* gebetet habe. An Beichttagen gibt er seiner Haushälterin den Auftrag, keine Damen vorzulassen. Von Zweifeln, ob es erlaubt sei, am Beichttag einer Frau die bloße Hand zu geben, vermag ihn auch sein Beichtvater nicht zu befreien; lieber hält er für alle Fälle auf dem Klavier einen weißen Wollhandschuh bereit.[42]

In fast aufdringlicher Weise läßt er sich vom Bischof immer wieder Dispens für kleinere Übertretungen des Fastengebots – etwa auf Reisen – erteilen. Sein öffentliches Gebet fällt so laut aus, daß sich andere Gottesdienstteilnehmer wundern, wenn nicht beschweren. Keinen geringeren als den lieben Gott soll er sich der Überlieferung nach als Widmungsträger der *Neunten* gesucht haben, nachdem die *Siebte* einem König, Ludwig II., die *Achte* einem Kaiser, Franz Josef I., zugeeignet worden ist.

Ungeachtet seiner Absonderlichkeiten ist der in Wien sich etablierende und zunehmend als der Sinfoniker seiner Zeit verstandene Bruckner durchaus zielstrebig auf gesellschaftlichen Erfolg und Aufstieg bedacht. Als er zum 1. Oktober 1868 aufgrund einer energischen Fürsprache des Hofkapellmeisters Johann Herbeck seine neue Stellung als Professor am Wiener Konservatorium antreten kann, werden ihm als Entgelt für Orgel- und Theorieunterricht 800 Gulden jährlich vertraglich zugesichert. Dazu kommt die Aussicht auf Honorare aus Privatstunden. Auch wenn Bruckner sicherlich berechtigte Gründe hat, seine Wiener Stellung materiell zu verbessern, so kann man doch sein Sicherheitsbedürfnis kaum anders als übertrieben bezeichnen.

Einige Stationen dieser Wiener »Karriere« seien genannt:

1868: Gewährung eines einmaligen staatlichen Künstlerstipendiums zur Herstellung sinfonischer Werke.

1870: Gewährung eines weiteren Stipendiums. Berufung auf eine Hilfslehrerstelle für Klavier, Orgel und Theorie an der Lehrerinnen- und Lehrerbildungsanstalt St. Anna mit einem zusätzlichen Jahresgehalt von 450 Gulden (bis 1874).

1873: Ablehnung eines neuen Stipendien-Gesuches. Antrag auf Gewährung einer staatlichen Leibrente.

1874: Ablehnung dieses Antrages, stattdessen Gewährung eines einmaligen Künstlerstipendiums. Bewerbung um eine ehrenamtliche Lektorenstelle an der Universität.

1875: Berufung auf diese Stelle. Ernennung zum Vize-Archivar der Hofkapelle und zum substituierten Singlehrer der Hofkapellsängerknaben mit einem zusätzlichen Jahresgehalt von 300 Gulden.

1876: Ablehnung des Antrages, als außerordentlicher Professor mit fixem Gehalt an die Universität berufen zu werden.

1877: Ablehnung des Antrages, als Kapellmeister an die Kirche *Am Hof* berufen zu werden. Ablehnung des Antrages, an der Universität als Lektor mit fixem Gehalt angestellt zu werden. Ablehnung des Antrages, als Hilfskapellmeister oder Vizekapellmeister eingestellt zu werden. Gewährung einer mietfreien Wohnung.

1880: Gewährung einer Definitivstellung als Hoforganist mit einem Jahresgehalt von 800 Gulden unter Verrechnung mit den Bezügen als zweiter Archivar und Singlehrer. Gewährung eines fixen Jahreseinkommens in Höhe von 800 Gulden als Universitätslektor.

1886: Gewährung einer Personalzulage als Mitglied der Hofkapelle in Höhe von 300 Gulden. Verleihung des Franz-Josef-Ordens.

1890: Befreiung von den Amtspflichten am Konservatorium; Auszahlung der fälligen Pension. Gewährung einer Jahresrente in Höhe von 1000 Gulden auf Lebenszeit durch ein Consortium wohlhabender Freunde und Gönner. Gewährung einer jährlichen Ehrengabe in Höhe von 400 Gulden durch den oberösterreichischen Landtag.

1891: Ernennung zum Ehrendoktor der Universität. Damit findet ein Stoßseufzer Gehör, den man Bruckner immer aufs Neue in abendlicher Runde ausstoßen hört: »Wia kunnt' i' 's denn nur anstöll'n, daß i' Doktor wurd't?«[43] Als Reaktion auf die Verleihung der Ehrendoktor-Würde an Brahms durch die Universität Cambridge hatte auch Bruckner gemeint, aktiv werden zu müssen, jedoch zunächst eine Reihe von Fehlschlägen erlitten.

1894: Umwandlung des Lektorengehaltes in Höhe von 800 Gulden jährlich in eine Ehrengabe in Höhe von 1200 Gulden. Bewilligung einer Subvention in Höhe von 150 Gulden für das Jahr 1894 und eines Ehrensoldes in Höhe von 600 Gulden für das Jahr 1895 in Anerkennung der »Leistungen auf dem Gebiet der musikalischen Komposition« durch den Kultusminister. Damit erfüllt sich ein anderer Stoßseufzer Bruckners: »Wann si' do' für mi' a reiche Leut findat'n, die ma a jährliche Renten aussetzat'n, wia dem Beethoven!«[44]

1895: Gewährung der Vergünstigung, im kaiserlichen Schloß Belvedere frei wohnen zu können.

1896: Bei seinem Tode hinterläßt Bruckner 10.000 Gulden an Rücklagen, die er aus seinen laufenden Einkünften hat bilden können.

Die Mischung von religiöser Ergebung und bürgerlichem Auftrumpfen, Bußübungen und Karrierestreben, Sündenzerknirschung und Größenwahn scheint mir in Bruckners Schaffen ebenso eingegangen zu sein wie die Starrheit, mit der er beides auf jeweils ein- und dieselbe Weise verfolgt. Bruckners Sinfonien sind ja nicht nur als mystische Schau des Jenseitigen, kultische Feier, musikalisches Meßopfer, große Konfession in einem idealen, abstrakten Sinne zu deuten, wie dies innerhalb der älteren Bruckner-Rezeption durchgängig geschehen ist. Sie lassen sich zugleich als ein Stück realer Existenzbewältigung verstehen: Indem sich der Bruckner des »kecken Beserl« nach seinem psychischen Zusammenbruch tendenziell zum Mystagogen stilisiert, sein Schaffen ganz in den Dienst von Gott, Religion und Nation stellt, schafft er seiner Kreativität den notwendigen Legitimationsrahmen. Innerhalb dessen gibt es nun wiederum Momente an Freiheit und Unbekümmertheit, die – wie Peter Gülke meint – zu aller Zwanghaftigkeit querstehen:

»Überleitungen komponiert er nicht aus, sondern bricht ab und holt neu Atem; nirgends simuliert er, geschickt ›leimend‹, Kontinuität an Stellen, wo sie nicht aus der Selbstbewegung des thematischen Materials hervorgeht; ›Kunst des Übergangs‹ wie die des Idols Wagner kennt er nicht... So steht Bruckners großem Bestätigungsbedürfnis eine eigentümliche Gelassenheit gegenüber, mit der er andere Dinge wichtiger findet als seine Mitwelt, Brüche vorzeigt, sich in Sequenzen ergeht usw. und immer wieder die Notwendigkeit, einen stringenten Zusammenhang der musikalischen Ereignisse herzustellen, zu verschmähen scheint.«[45]

Solche Freiheit ist freilich für einen Komponisten wie Johannes Brahms bloße Narrenfreiheit. In diesem Sinne äußert er sich in seinen letzten Lebensjahren gegenüber Heinrich Groeber und Richard Specht:

»Alles ist bei ihm gemacht, Affektation, nichts Natur. Seine Frömmigkeit – das ist seine Sache, das geht mich nichts an. Aber diese Meßvelleitäten sind mir ekelhaft, ganz zuwider. Er hat keine Ahnung von einer musikalischen Folgerichtigkeit, keine Idee von einem geordneten musikalischen Aufbau.«[46]

»Bei Bruckner ... handelt es sich, wenigstens zunächst, gar nicht um die Werke, sondern um einen Schwindel, der in ein bis zwei Jahren tot und vergessen sein wird. Fassen sie es auf, wie Sie wollen: Bruckner verdankt seinen Ruhm ausschließlich mir, und ohne mich hätte kein Hahn nach ihm gekräht, aber dies geschah sehr gegen meinen Willen. Nietzsche hat einmal behauptet, daß ich nur durch einen Zufall berühmt geworden sei: ich sei von der Anti-Wagnerpartei als Gegenpapst nötig gebraucht worden. Das ist natürlich Unsinn; ich bin keiner, der dazu taugt, an die Spitze irgendeiner Partei gestellt zu werden, denn ich muß meinen Weg allein und in Frieden gehen und hab' ihn auch nie mit einem anderen gekreuzt. Aber mit Bruckner stimmt das. Nach Wagners Tode nämlich brauchte jetzt natürlicherweise seine Partei einen Papst, und sie hatten eben keinen Besseren als Bruckner. Glauben Sie denn, daß ein Mensch unter dieser unreifen Masse auch nur das geringste von diesen symphonischen Riesenschlangen begreift ...?«[47]

In der Wiener *Neuen Freien Presse* erscheint am 12. Oktober 1896 ein Nachruf auf Bruckner, der die damalige Stimmung gegenüber dem Verstorbenen vermutlich recht gut wiedergibt:

»Ein abschließendes Urtheil über Anton Bruckner als Componisten läßt sich im gegenwärtigen Augenblicke nicht leicht fällen. Seinen Orchester-Compositionen und insbesondere seinen Symphonien, in welchen die Technik des Wagner'schen Orchesters acceptirt erscheint, wohnt sicherlich ein genialer, ins Gigantische gehender Zug inne, und an Reichthum der Erfindung und technischer Kunst der Verarbeitung fehlt es Bruckner keineswegs. Leider erscheint damit nicht immer das edle künstlerische Ebenmaß und die Klarheit der Durchführung gepaart; speciell seinen Symphonien wird ein Hang zum Maßlosen und Verworrenen vorgeworfen, welcher eine Uebersicht sehr erschwert und einen vollkommenen künstlerischen Genuß nur selten aufkommen läßt.«[48]

Erst nach seinem Tode wird Bruckner zum Mystiker stilisiert. August Halm macht mit seinem 1914 erscheinenden Bruckner-Buch den Anfang. Er spricht von der Notwendigkeit, sich »philosophisch [zu] orientieren oder mythische Bilder [zu] wagen«, um »eine Musik von solcher Herkunft begreifen« zu können, und von Bruckners »heiliger Unwissenheit, jener berühmten Unbildung und Weltunkenntnis des grössten Kindes und zugleich männlichsten Helden«, der, »von aller Gewöhnlichkeit unbefleckt, abseits von Lust und Weisheit dieser Welt diente«.[49]

Das Moment des Mystischen bleibt im wesentlichen Setzung, ebenso bei anderen tonangebenden Bruckner-Forschern wie Ernst Kurth, der einen Zusammenhang zwischen Mystik und absoluter Musik herstellt, [50] oder Max Auer. Letzterer nennt Bruckner 1931 einen »Mystiker unter den neueren Meistern der Musik, einen Jakob Böhme, einen Angelus Silesius seiner Kunst« nennt:

»Wenn Bruckner komponiert, so ist dies Meditation, inneres Schauen, inneres Erschauern vor dem Urgrund allen Seins, das ihn emporführt bis zur Ekstase, zur Verzückung, zum Schauen Gottes, den er als den Urgrund aller Dinge und Vorgänge erkennt.«[51]

Auch ein so bedeutender Musikforscher wie Peter Gülke sieht Bruckner neuerdings – speziell im Blick auf die *Neunte* – in untergründiger Verwandtschaft mit dem Mystiker Jakob Böhme.[52] Walter Wiora hat das Mystische bei Bruckner mit den Kategorien des »Numinosen« und »Mysterium tremendum« konfrontiert[53], welche der Religionsphänomenologe Rudolf Otto in den Mittelpunkt seines Buches *Das Heilige* rückt.[54]

Wie oben schon angedeutet, halte ich die Einschätzung Bruckners als Mystiker ihrerseits für eine Mystifikation: Falls sich mystische überhaupt in künstlerische

Schau überführen lassen sollte, so kann dies nach allem, was Mystikerinnen und Mystiker über ihre Gesichte geäußert haben, wohl kaum etwas mit jener aufgeregten sinfonischen Gestik zu tun haben, die aus dem Werk Bruckners nun einmal nicht wegzudenken ist. Kunstvoll komponierte Phasen der Versunkenheit kennen bereits Bach, Beethoven und Wagner, und ich stehe nicht an, sie mystisch zu nennen. Gewiß nimmt dergleichen im Werk von Bruckner und Mahler zu. Doch es bleibt bei der Sehnsucht von Menschen, die Kinder ihrer Zeit sind – mit all deren Widersprüchen und den eigenen dazu.

Der Literaturwissenschaftler Jost Hermand behauptet in seinen *Studien zur Jahrhundertwende* von den im Todesjahr Bruckners erstmals ans Licht kommenden Dichtungen Rainer Maria Rilkes, sie seien alles andere als der Ausdruck von Mystik, welche »ja die Dingwelt gerade überspringen« wolle. Demgegenüber zähle bei Rilke gerade »das Vertrauen zu den künstlich mystifizierten ›Dingen‹ «, so daß »lediglich der Weg vom Ich zum Schein des Seienden nachvollzogen« werde.[55] Das erinnert an die Verdinglichung, die Bruckner seinen Symbolen widerfahren läßt. Für den Autor dieses Buches ist auch die Berufung auf Hermands Skepsis gegenüber der *fin-de-siècle*-Mentalität nicht der Weisheit letzter Schluß. Doch er kann, sicherlich anfechtbar, auch über die Musik Bruckners nur schreiben, wie er sie hört.

Mystiker oder Kind seiner Zeit? Bruckner aus dem Blickwinkel seiner *Achten*

Nicht nur das Bild Bruckners als eines über den Dingen stehenden Heiligen bedarf der Ergänzung; auch die – von mir selbst mitverbreitete – Rede von Bruckner als einem Komponisten, der in allen seinen Sinfonien ein und demselben Typus folge und die immer gleiche musikalische Messe zelebriere, bedarf der Gegenrede. Von nahem betrachtet, ist keine Sinfonie wie die andere; jede hat ihre spezielle Form und ihre besondere Semantik. Das gilt nicht zuletzt für die *Achte*, mit der Bruckner im öffentlichen Bewußtsein der definitive Durchbruch als Sinfoniker gelingt, nachdem ihm mit der Leipziger Uraufführung der *Siebten* unter Arthur Nikisch im Dezember 1884 die erste überregionale, allerdings nicht unumstrittene Anerkennung zuteil geworden ist.

Noch heute gilt die *Achte* – von der unvollendeten *Neunten* und ihrer Sonderstellung einmal abgesehen – als der Gipfel in Bruckners sinfonischem Schaffens. An der ersten Fassung arbeitet er zwischen 1884 und 1887. Als Hermann Levi, Wegbereiter der *Siebten*, dem abgeschlossenen Werk mit Zweifeln und Unverständnis begegnet, beginnt Bruckner sogleich mit einer Umarbeitung des Finale. Eine vollständige Zweitfassung entsteht allerdings erst in den Jahren 1889/90. Uraufgeführt wird die *Achte* im Dezember 1892 durch die Wiener Philharmoniker unter Leitung von Hans Richter; es ist das Ereignis für die von Eduard Hanslick abfällig so apostrophierte Bruckner-«Gemeinde«.

Kompositionsgeschichtlich gesehen, ist die *Achte* modern im Sinne Wagners und der Neudeutschen, in mancherlei Hinsicht altbacken im Umgang mit dem Handwerk. Ästhetisch betrachtet, kann man sie als einen Beitrag sowohl zur ›absoluten‹ als auch zur programmorientierten Musik werten. In semantischer Hinsicht läßt sie sich als religiöses und nationalistisches Werk deuten. Alle Momente laufen in der Vorstellung einer Monumentalsinfonie zusammen. Die Länge der Originalfassung ist mit etwa 80 Minuten gewiß ein Rekord; einmalig für die Zeit ist auch die Besetzung mit je 3 Holzbläsern und Trompeten, 8 Hörnern, davon 4 alternativ als Wagner-Tuben zu blasen, 3 Posaunen und Kontrabaßtuba, 4 Pauken und – womöglich dreifacher – Harfe. Ein solch monumentales Werk dauert nicht nur länger, es ist auch weitläufiger, verästelter und deshalb schwieriger zu hören. Auch aufwendige Instumentation macht eine Komposition – so wichtig dies ist – ja nicht nur lauter, erhöht vielmehr gleichfalls die Summe der Informationen, die der Hörer zu bewältigen hat.

Tonartliche Unbestimmtheit und chromatische Gewundenheit des ersten Themas haben ihr Vorbild in jenen »charakteristischen« Motiven, die wir von Berlioz, Liszt und Wagner her kennen. Constantin Floros hat auf die Ähnlichkeit dieses Themas, das in der Literatur gern als »dämonisch« bezeichnet wird,[56] mit der gleichfalls in c-moll stehenden Arie des Holländers (»Wenn alle Toten aufersteh'n«) hin

Anton Bruckner, Sinfonie Nr. 8, hrsg. von Leopold Nowak, 1. Satz, Anfang, Particell

gewiesen.[57] Man mag sich ferner der unheimlichen Stimmung zu Anfang des 2. *Siegfried*-Aufzugs entsinnen; und da außerdem der Beginn von Liszts *Faust*-Sinfonie am Horizont auftaucht, kann man in jeder Weise von neudeutschem Einfluß sprechen, den bereits die Zeitgenossen wahrgenommen haben. Bruckner selbst stellt sich im Brief an Hans von Wolzogen vom 23. Februar 1887 in eine Reihe mit der Trias der ›Zukunftsmusiker‹, wenn er schreibt:

»v. Bülow spricht schrecklich über mich; freilich auch über Berlioz, Liszt, und noch höher über Meister Wagner selbst – höchst traurig!«

Nicht nur in der Erfindung von Themen wie diesem ist Bruckner der Trias Berlioz-Liszt-Wagner nahe, sondern auch im Umgang mit ihnen. So gibt es, um nur ein Beispiel zu nennen, zu Beginn der Durchführung eine schon beim ersten Hören auffällige Stelle, an der Oboe und Klarinette die Umkehrung des Hauptthemas vortragen – freilich auf befremdliche Weise: Ihr mit dem F-Dur von Posaunen und Streichern schrill dissonierendes h ist nicht – wie sonst des öfteren bei Bruckner – durch die Stimmführung zu rechtfertigen, sondern ein langer Vorhalt, der dieses Hauptthema in eine fremdartige Umgebung setzt und in greller Beleuchtung erscheinen läßt. Dergleichen ist ganz und gar neudeutsch – fast ein Vorgriff auf Gustav Mahler.

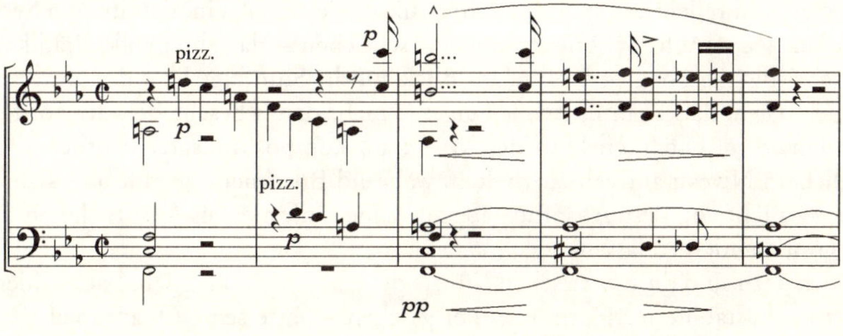

Anton Buckner, Sinfonie Nr. 8, 1. Satz, T. 167-171, Particell

Diese Stelle zeigt die Doppelgesichtigkeit Bruckners. Zum einen arbeitet er, Liszt und Wagner vergleichbar, mit dem Eingangsthema im Sinne unterschiedlicher Kolorierungen und Verwandlungen, die der Zeichung eines Charakters oder der Nachzeichnung einer Situation dienlich sind; Werner Korte spricht von »Mutationen« einer »Kernzeile« im Dienste »flexibler Mehrdeutigkeit und Umdeutbarkeit«.[58] Zum anderen dreht Bruckner sein Thema durch die barocke Mühle kontrapunktischer Künste, so daß Eduard Hanslick anläßlich der Uraufführung der *Achten* ein Urteil zu fällen sich bemüßigt fühlt, das bei aller Boshaftigkeit mit einiger Scharfsicht die Handlungen eines Komponisten beschreibt, der – ob seiner ›neudeutschen‹ Kühnheiten selbst zu Tode erschrocken – fast zwanghaft das alte Handwerk als Legitimation seiner Tätigkeit hervorkehrt. Der Kritiker sieht sein Opfer in der Abhängigkeit von den modernen Orchestertechniken Wagners, dessen Vorspiel zu *Tristan und Isolde* ihm bei Aufbau des ersten Satzes der *Achten* direkt Pate gestanden zu haben scheint; zugleich rügt er Bruckner als Spezialisten für »Rosalien« oder »Schusterflecken«, d.h. phantasielose Sequenzierungstechniken:

»Bruckner setzt mit einem kurzen chromatischen Motiv ein und wiederholt es auf immer höherer Tonstufe ins Endlose, bringt es vergrößert, verkleinert, in Gegenbewegung, so lange, bis wir von diesem monotonen Jammer trostlos niedergedrückt sind ... Charakteristisch auch für Bruckners neueste C-moll-Symphonie ist das unvermittelte Nebeneinander von trockener kontrapunktischer Schulweisheit und maßloser Exaltation. So zwischen Trunkenheit und Öde hin und her geschleudert, gelangen wir zu keinem sicheren Eindruck, zu keinem künstlerischen Behagen.«[59]

Im Gegensatz zu Hanslick wird man Bruckners »kontrapunktischen« Verfahren formbildende Kraft nicht absprechen, jedoch die Frage stellen, ob nicht mit ihrer Hilfe ein Sinn gestiftet werden soll, der fast eineinhalb Jahrhunderte nach dem Tode Johann Sebastian Bachs nicht nur nicht mehr herzustellen ist, sondern auch gar nicht der Sinn sein kann, welcher uns Bruckners Sinfonie erschlösse. Nach der Devise »Alles aus Einem« arbeitet der Sinfoniker Brahms um dieselbe Zeit viel stimmiger: Ohne die alten Praktiken jemals zu verschmähen, schmilzt er sie doch so entschlossen und reflektiert in ein System struktureller Logik ein, daß ihn ein Systemfanatiker wie Arnold Schönberg – wie beschrieben – das ehrenvolle Prädikat der Fortschrittlichkeit beilegen kann. Im Blick auf die Sinnfrage liegt der Unterschied letztlich darin, daß Brahms sich je länger je mehr damit bescheidet, die Forderung nach einem immanenten Sinn der Musik auf kompositionsgeschichtlich höchstmöglichem Niveau aufrechtzuerhalten, während Bruckner – gerade angesichts der *Achten* – nicht von dem Anspruch abgeht, seine Sinfonien als Ausdruck von Glanz und Gloria enden zu lassen.

Doch dazu sind die esoterischen Künste der Alten nicht tauglich. Bach – hier von Leibniz' ›prästabilierter Harmonie‹ her gesehen – hatte seine Quadrupelfugen geschrieben, um die Prinzipien jener grundlegenden Ordnung aufzuzeigen, die der göttlichen Schöpfung in allem eingeschrieben ist: Musik ist deshalb herrlich, weil sie diese Ordnung auszustrahlen vermag. Wenn Bruckner als Krönung des Finales der *Achten* die Hauptthemen aller vier Sätze zusammenführt, so soll dies nicht Ordnung aufscheinen lassen, sondern eine Ordnung herstellen, die, wenn sie schon in der Welt kaum mehr plausibel erlebt wird, wenigstens in der Musik erstrahlen soll. Zu solchem Glauben an die von Sinndefiziten erlösende Macht der Musik muß er seine Zuhörer freilich gewaltig animieren. Deshalb sind auch die kontrapunktischen Künste bei der Zusammenführung der Themen, deren Bruckner selbst sich mehrfach gerühmt hat, alles andere als subtil, vielmehr im Dienst der guten Sache geradezu plakativ: Nach dem Vorbild der gleichfalls in C-Dur stehenden Motivkombination im 3. Aufzug des *Siegfried* projiziert er, wie Werner Korte es formuliert, die zu diesem Zwecke kräftig zurechtgestutzten Themen in die C-Dur-Klangfläche.[60]

Anton Bruckner, Sinfonie Nr. 8, Finale, T. 697-702

Für Peter Gülke ist das Ergebnis vielleicht »kein unvergleichliches Meisterstück im kompositionstechnischen Sinn«, wertvoll aber »als Idee«.[61] Doch was heißt Idee? Die Idee der »autonomen Konzeption«, die Korte – hierin Repräsentant einer langen Tradition der Bruckner-Rezeption – emphatisch verficht? Kann ein immanenter Sinn darin liegen, daß die Themen aller Sätze im Finale unter weitgehendem Verlust ihrer Identität eher zusammengezwungen denn als etwas zusammengefügt werden, das von vornherein zusammengehörte? Zeigt sich hier nicht ein immanenter Logik unzugänglicher Überschuß an Engagement zugunsten eines Finales, das alle bis dahin komponierten Finali an zusammenfassender Wirkung überbieten soll – nicht weil die Gattung der Sinfonie dessen zu ihrer Vollendung bedürfte, sondern weil der Mensch immer mehr aufbieten muß, um seinen ›Ideen‹ von der anderen Welt in Tönen genügend Nachdruck zu verleihen?

Was der Mensch Bruckner aufbietet, ist keineswegs nur tönender Kosmos, es ist zugleich ein Programm. Das soll nicht von vornherein besagen, Bruckner habe mit der *Achten* ein Stück Programmusik komponiert, sondern zunächst nur, er habe ein Ideen-Kunstwerk vor Augen gehabt und in diesem Sinne planmäßig mit bestimmten Topoi, d.h. Ausdrucksschemata und Assoziationsgehalten gearbeitet. Wichtige Hinweise geben in dieser Hinsicht Vortragsbezeichnungen, welche

Bruckner weit häufiger und sprechender verwendet als der in dieser Hinsicht ja sehr zurückhaltende Brahms.

Nachdem in der vorausgegangenen *Siebten* nur das dem Andenken Wagners gewidmete *Adagio* mit *sehr feierlich und sehr langsam* überschrieben worden war, verwendet Bruckner die Bezeichnung *feierlich* in der *Achten* gleich in drei Sätzen: Sie steht, mit jeweils speziellen Zusätzen, über dem zweiten Teil des 1. Satzes sowie über dem 3. und 4. Satz. Spätestens in der *Achten* wird damit deutlich, daß für Bruckner die ganze Sinfonie Ausdruck einer Feier sein soll. Diese Vorstellung mag nicht auf die *Achte* beschränkt sein. Doch ist ein Unterschied, ob eine Sinfonie aus unbewußtem oder als selbstverständlich erachtetem Erleben heraus wie eine Messe zelebriert wird, oder ob der Hinweis auf eine ›Feier‹ ausdrücklich formuliert wird. Denn dann ergibt sich fast zwangsläufig die Frage nach näherer Bestimmung des feierlichen Moments.

In diesem Fall wird der Musikhistoriker schnell fündig, denn zum Inhalt der *Achten* hat Bruckner so detailliert Stellung genommen, daß man geradezu von programmatischen Aussagen sprechen kann. Ob er seine früheren Sinfonien weniger programmatisch aufgefaßt oder erst zur Zeit der *Achten* angesichts wachsender Berühmtheit den Mut gefunden hat, in Worten zu beschreiben, was bis dahin nur in Musik sagbar schien, sei dahingestellt. Jedenfalls sind die Äußerungen, die er schriftlich gegenüber dem Dirigenten Felix Weingartner und mündlich gegenüber vielen Schülern gemacht hat, bei aller Naivität durchaus stimmig. Ein wichtiges Zeugnis aus der Entstehungszeit stammt von August Stradal, dem Bruckner im Sommer 1886 während einer Eisenbahnfahrt von Bayreuth nach München von der Arbeit an der *Achten* berichtet:

»Bruckner wurde sehr gesprächig, erzählte von seiner achten Sinfonie, von der Totenglocke, welche am Schlusse des ersten Satzes imitiert wird, vom deutschen Michel, der im Scherzo tanzt, von den reitenden Kosaken bei der Zusammenkunft der Kaiser von Österreich und Rußland (Anfang des letzten Satzes) und von dem mächtigen Bläser-Thema, das die beiden Herrscher vorstellen soll.«[62]

Ein Brief an Weingartner, anläßlich einer geplanten Aufführung der Sinfonie in Mannheim am 27. Januar 1891 geschrieben, erweist, daß die von Stradal mitgeteilten Deutungen keineswegs als beiläufige Äußerungen verstanden werden dürfen:

»Nochmal bitte ich, wie klingt die achte? Im 1. Satze ist der Tromp. – und Cornisatz aus dem Rhythmus des Thema: die Todesverkündigung, die immer sporadisch stärker endlich sehr stark auftritt, am Schluß: die Ergebung.
Scherzo: Hpth.: Deutscher Michel genannt; in der 2. Abtheilung will der Kerl schlafen, u. träumerisch findet er sein Liedchen nicht; endlich klagend kehrt es selbes [statt fälschlich: selber] um.
Finale. Unser Kaiser bekam damals den Besuch des Czaren in Olmütz; daher Streicher: Ritt der Kosaken; Blech: Militärmusik; Trompeten: Fanfare, wie sich die Majestäten begegnen. Schließlich alle Themen; (komisch), wie bei Thannhäuser im 2. Akt der König kommend, so

als der deutsche Michel von seiner Reise kommt, ist alles schon im Glanze.
Im Finale ist auch der Totenmarsch u. dann (Blech) Verklärung.«

Durch andere Schüler und Zeitgenossen sind weitere Äußerungen überliefert. Zusammen ergeben so viele Hinweise, daß der Versuch von Constantin Floros, Bruckners Erläuterungen bestimmten Stellen der *Achten* zuzuordnen, als zumindest diskussionswürdig erscheinen darf.[63]

Über den 2. Satz, das Scherzo, äußert sich Bruckner gegenüber dem Freund Franz Wiesner mit den Worten:

»Der deutsche Michel ziagt dö Zipfelhaub'n über die Ohren, halt si' hin und sagt: ›haut's na zua, i' halt's schon aus!‹. ›Micherl möcht schlaf'n‹, doch hat er keine Ruh, er wird ›am Ohr gezupft‹ (a tempo vor N) bis er wieder erwacht und als ›Starrkopf‹ (Dickschädel) den Kampf mit den Widersachern aufnimmt und mit Keulenschlägen um sich haut ... ›Dem Micherl geht's recht schlecht! ... aber zum Schluß is' er do' obenauf!‹»[64]

Der »Micherl« tritt dann noch einmal im Finale auf, beim Treffen der hohen Herrschaften:

»Er wird von den Kosaken verfolgt. Er hat a mitred'n woll'n und is' schon bald g'fangen. Die Posaunen blasen eahm schon Trauer- Choräle. – Da schleicht er davon – da kraxelt er aufi – seng'n S, da sitzt er wieder ob'n in dö Flöt'n, auf der Heh, auf'n Mastbam'. ›Da schaut's'‹, sagt er und lacht's aus.«[65]

Bruckners Identifikation mit dem »deutschen Michel« ist während der Arbeit an der Sinfonie so stark, daß er – pars pro toto – von dem ganzen Werk liebevoll als von »seinem Michi« spricht. Damit man nicht auf die Idee komme, das Ganze sei nur eine flüchtige Gedankenspielerei, präzisiert er in einem Brief an Theodor Helm vom 26. März 1892:

»Der Michl ist der österreich. deutsche gemeint, und zwar nicht im Scherz.«

Über das 1. Thema des 3. Satzes, des mit über 26 Minuten Aufführungsdauer wohl längsten *Adagio* der Musikgeschichte, soll der Meister gesagt haben, da habe er »einem Mädchen tief in die Augen geblickt.«[66]

Von solchen Äußerungen, die in der Standard-Biographie von Göllerich und Auer ganz unbefangen mitgeteilt werden, sind die meisten Bruckner-Exegeten peinlich berührt worden. Rudolf Louis behauptet wahrheitswidrig, Bruckner sei zu seinen »kindlichen Versuchen programmatischer Erläuterungen« nachträglich gedrängt worden.[67] Für Ernst Kurth sind Bruckners Aussagen zum Finale der *Achten* im wesentlichen belangloses Gestammel, auch wenn er zugleich nicht davor zurückschreckt, in den »grauenvollen Rhythmen und jagenden Seelenstürmen« des Anfangs »das Asiatische« zu spüren.[68] Werner Korte konzediert zwar, daß Bruckner »von Bildvorstellungen ... bedrängt« gewesen sei, postuliert aber, er habe solche »mitgeführt«, ohne sich in seiner »autonom-handwerklichen Aufgabe« beirren zu lassen.[69] Carl Dahlhaus zweifelt nicht am philologischen Sachverhalt, bemüht indessen die Philosophie Schopenhauers und Nietzsches, um zwischen Erscheinungs- und Wesensform der Musik zu unterscheiden und die *Achte*, als »ästhetischen Gegenstand« betrachtet, zu einem Stück absoluter Musik machen zu können.[70]

Betrachtet man Bruckners Vorstellungen, wie die *Achte* »klingen« solle, mit Einfühlung, so lassen sich Ideen-Kreise wahrnehmen, die an Bedeutsamkeit über diejenige naiver Tonmalerei weit hinausgehen, schon von daher nicht versteckt zu werden brauchen und auch nicht versteckt werden dürfen. Es sind – über den allenthalben hörbaren allgemein religiösen Tonfall hinaus – vor allem drei Ideenkreise: die Drohung des Todes, das Heiligtum der Liebe und der Auftritt des deutschen Michel in der großen Politik. Sie schließen sich nicht zu einem »Programm« zusammen, machen indessen sehr wohl deutlich, was Bruckner im Kontext der Zeit bewegt.

Der Ideenkreis »Tod« beherrscht vor allem den 1. Satz. Im Brief an Weingartner spricht Bruckner von »Todesverkündigung« und »Ergebung«. Mit der Todesverkündigung ist das zehnmal unisono intonierte Signal der Hörner und Trompeten bei Buchstabe W gemeint. Bruckner weist darauf hin, daß es dem Rhythmus des Hauptthemas folge, und macht dadurch deutlich, daß schon aus diesem Hauptthema der Tod spreche – anfänglich freilich weniger unerbittlich und erhaben als düster und schauerlich. Wie drastisch die Bilder des drohenden Todes gewesen sein mögen, die Bruckner vor Augen gehabt hat, mag die verzerrte Version des Hauptthemas zu Anfang der Durchführung (siehe S. 393) belegen.

Die Bedrohung durch den Tod gehört augenscheinlich zu Bruckners existenziellen Erfahrungen. Daß er zeitlebens unter Vernichtungs- und Todesängsten gelitten hat, ist nach allem, was über sein Leben bekannt ist, wahrscheinlich. Aus dem Bericht seines Schülers Friedrich Eckstein, dem Bruckner die *Achte* »aus der Skizze« vorspielt, läßt sich erahnen, wieviel an bedrängendem seelischem Erleben Bruckner im Akt des Komponierens sagbar gemacht und im Sinne von »Ergebung« zu bewältigen versucht hat:

»Eines Abend zeigte mir der Meister den eben niedergeschriebenen Abgesang dieses großen Themas [des 1. Satzes]; und als er mir die Stelle vorspielte, wo Puls und Atem immer schwächer zu werden scheinen, da konnte ich wahrnehmen, wie Bruckners Antlitz sich veränderte, wie die Mundwinkel herabsanken und ein Erschauern über ihn hinwegzog. Indem er sich während des Spieles zu mir herüberneigte, sagte er kaum hörbar: »Das ist die Totenuhr, die schlägt jedem; die gibt nicht nach und schlägt, bis alles vorüber ist!«[71]

Bruckners Äußerung zum Thema des *Adagios*, da habe er einem Mädchen tief in die Augen geblickt, erscheint zunächst zu klischeehaft, um die Theorie zu stützen, programmatisches Thema des Satzes sei das Heiligtum der Liebe. Bemerkenswert ist indessen, daß Bruckner in diesen Satz als den einzigen aller seiner Sinfonien mit der Begründung »I hab' ma nöt helf'n könna!« Harfen einführt, obwohl er nach einem Bericht Friedrich Ecksteins prinzipiell der Meinung war: »A Harf'n g'hert in ka Sinfonie!«[72] Ein Blick auf das Werk des verehrten Meisters Wagner erklärt den Sonderfall, denn dort ist eine semantisch recht eindeutige Zuordnung der Harfe feststellbar: Diese steht vor allem für das anbetungs-, bewunderungswürdige oder zumindest faszinierende Wesen des Weibes und verbindet damit häufig – etwa im Falle der Senta, Elisabeth, Eva oder Walküre – die Vorstellung aufopfernder Liebe. Auch an die Eros-Thanatos-Mystik von *Tristan und Isolde* ist zu denken, da der Satz, wie Floros nachgewiesen hat, an entsprechenden Anspielungen reich ist. [73]

Eine unüberhörbare Rolle spielt auch Wagners *Siegfried:* Das im Rhythmus des Hauptthemas aus dem 1. Satz vorgetragene Unisono der vier Hörner auf dem Höhepunkt des Satzes hat Bruckner nach eigenem Zeugnis dem Siegfried-Motiv nachgestaltet; und dazu muß man wissen, daß er nicht nur den *Siegfried* als Teil der *Ring*-Tetralogie wertschätzte, sondern besonders von der Szene, in welcher der junge Held seiner Mutter gedenkt, immer wieder zu Tränen gerührt war. »Da bang sie mich geboren, warum aber starb sie da? Sterben die Menschenmütter an ihren Söhnen alle dahin? Traurig wäre das!« – so heißt es bei Wagner; und man denkt sogleich an den erstgeborenen Knaben Anton, dessen Mutter als ebenso fromm wie depressiv geschildert wird und zwar nicht bei seiner Geburt starb, ihm jedoch lebenslang Schuldgefühle gemacht und ein gespaltenes Frauenbild vermittelt haben mag, demzufolge es – mit den Worten Eveline A. Nikkels' – »einerseits die gute, keusche Frau gibt, die Maria Immaculata, andererseits die schlechte Frau, die Verführerin, die Hure«.[74]

Anton Bruckner, Sinfonie Nr. 8, 3. Satz, T. 202-205, Hörner

Wenn dem so wäre, so handelte das *Adagio* der *Achten* von der »Maria Immaculata«, und sein emphatischer Charakter ließe sich als Ausdruck einer Konfession verstehen, die zwar nicht unmittelbar Gott zum Adressaten hätte, wohl aber das Heiligste anriefe, das es für Bruckner auf Erden gab: die reine Liebe zur reinen Frau. Die Töne, in denen Bruckner hier spricht, gehören zu den innigsten, die er überhaupt jemals gefunden hat. Er verzichtet nicht nur über weite Strecken auf die generell so charakteristischen Wechselbäder zwischen Himmelhoch-Jauchzend und Zum-Tode-Betrübt; der Satz hat auch nicht jene Leichenstarre, die dem Hörer ansonsten in vielen – vor allem rhythmisch – stereotypen Passagen seiner Sinfonien begegnet: Der Gedanke an die Liebe, und sei sie noch so idealisiert, scheint den Komponisten und damit auch seine Musik zu erwärmen und zu beseelen.

Essay

Das Persönliche ist unwiderlegbar

Werke können gewinnen, indem man sie immer wieder hört. In diesem Sinne schätze ich die Musik Bachs, nicht diejenige Bruckners: Die Vorstellung, den Weg seiner *Sinfonie* ein um das andere Mal abschreiten und mit ihm die immer gleichen Plätze aufsuchen zu sollen, ermüdet mich. Nicht, daß man eine vertraute Richtung nicht täglich einschlagen könnte! Doch mit Bruckner geht man einen Kreuzweg, an dessen einzelnen Stationen er demonstrativ auf die Knie fällt und seine Begleiter auffordert, dasselbe zu tun.

Werke können gewinnen, indem man mit anderen über sie nachdenkt. Doch mit der Bruckner gewidmeten Literatur kann ich wenig anfangen – ob sie mir die Bildstöcke seines Kreuzwegs erklärt: hier von der flehenden Gebärde des Büßers, dort von dem himmlischen Licht der Gnade schwärmt; oder ob sie mir bedeutet, wie schematisch und konservativ resp. flexibel und revolutionär der Meister seine sinfonischen Gestalten aus den Gesteinsbrocken geformt habe, zu denen die Lava des Beethovenschen Sonatensatzes erstarrt ist.

Werke können gewinnen, indem man vergißt, was man über sie weiß. So geht es mir mit dem langsamen Satz der *Achten*. Wenn ich nicht herablassend registriere, was ich schon kenne, nicht besserwisserisch analysiere, wie naiv der Komponist seine Themenblöcke türmt, so bestaune ich dieses *Adagio* – das größte seit Beethovens *Neunter*, eine Sinfonie in der Sinfonie. Ein Mensch erzählt von seinen Gesichten. Es sind nicht die meinen; doch er erzählt mit großem Atem und in eindrücklichen Bildern. Ich muß nicht wissen, mit welchen Mitteln er meine Phantasie so lange zu fesseln vermag. Ich lausche und zolle Respekt.

Behält die von mir vorgeschlagene Deutung des Adagios ein Moment der Spekulation, so bieten Bruckners Äußerungen zum Scherzo und zum Finale der Achten eine Interpretationsbasis von beachtlicher Breite. Namentlich die Gestalt des Michels, den Bruckner geradewegs zum Patron der ganzen Sinfonie machte, verdient Interesse weit über den Sachverhalt hinaus, daß er in die Skizzen des Scherzos beim Auftauchen des »Michl«-Themas gelegentlich den Namen seines reichen Freundes und Mäzens Carl Almeroth eingetragen, diesen also als Michel angesehen hat. Zumindest läßt sich sagen, daß »Michl« ein Bild von Bruckner selbst ist: 1892, im Jahr der Erstaufführung der *Achten*, hat ihn sein offizieller Portraitist Ferry Bératon in einer scherzhaft, aber nicht karikaturistisch gemeinten Gelegenheitsarbeit als solchen gezeichnet: im Tiroler Kostüm, die Zipfelmütze auf dem Kopf und einem Felsbrocken in der Hand, um die anzüngelnde Schlangenbrut abzuwehren.

Nach den Erinnerungen Stradals war Bruckner über die Zeichnung mit dem Titel *Anton Bruckners Siegesallegorie* erbost;[75] indessen ändert dies nichts an der Vermutung, daß Bératon (der sich damals in den Details des Wiener Kulturlebens gut auskannte und großen Erfolg mit einem Stück für das Raimundtheater hatte) den Komponisten nicht grundlos als Michl dargestellt hat: Unter Freunden und Bekannten, zu denen auch Bératon gehört haben wird, hat Bruckner die Figur des Michl offenbar gern ins Gespräch gebracht, und dies vielleicht nicht nur im Blick auf die *Achte*, sondern auch politisierend.

Letzteres nähme nicht wunder angesichts der Tatsache, daß der gutherzige, aber verschlafene deutsche Michel innerhalb national- konservativer Kreise geradezu die Symbolfigur war, um die deutsch- österreichische Nation als diejenige darzustellen, die im Wettstreit der europäischen Mächte um die Weltherrschaft zu spät angetreten und deshalb ins Hintertreffen geraten sei. Indem man den Namen »Michel« von dem altdeutschen Wort für »stark«, »gewaltig«, »mächtig«, »riesenhaft« ableitete und sowohl Wotan als auch den Erzengel Michael als geistige Väter des deutschen Michel ausmachte, bekam dieser für die christlich-germanische Geschichtsideologie der nationalen Kräfte zusätzliche Symbolkraft.

Somit ist auch die Verwandlung des deutschen Michel in den Erzengel Michael, die Bruckner der Überlieferung nach in den Schlußtakten der *Achten* vorgenommen haben wollte, kein bloß individuelles Gedankenspiel: Zahlreiche Denkmäler, die damals zu Ehren der im Franzosenkrieg 1870/71 Gefallenen errichtet wurden, zeigen St. Michael (bzw. St. Georg) als strahlenden Sieger über fremdländisches Drachengezücht. Zu solchem gehörten bevorzugt die Juden. Auf einem kunstvoll gearbeiteten Steinkrug aus der Zeit der Jahrhundertwende findet sich zu dem entsprechenden Bild die Legende: »Der Michel liegt in Schlaf versunken, von Judenzeitungsfusel trunken«.[76] In den Burschenschaften gehörte ein Lied wie »Michel, wach auf« – gesungen auf die Weise von »Burschen heraus« – schon seit den Zeiten der 48er Revolution zum Repertoire. Im folgenden zitiere ich aus einem späteren, gleichfalls bekannten *Michel*-Lied, weil es sich konkreter mit der Biographie Bruckners in Verbindung bringen läßt:

Michel, horch, der Seewind pfeift,
auf, und spitz die Ohren.
Wer jetzt nicht ans Ruder greift,
hat das Spiel verloren.
Wer jetzt nicht sein Teil gewinnt,
wird es ewig missen...

Sieh die Nachbarn! Meer um Meer
sperren sie mit Ketten.
Michel schärf die alte Wehr,
rette, was zu retten!
Michel, bist du taub und blind?
Hurtig aus den Kissen!

Dieses Lied, hier nach der 1. Auflage des weit verbreiteten Schulliederbuchs *Frisch gesungen* von 1909 mitgeteilt, war in vielen Schulliederbüchern enthalten und wurde auf Schulfeiern zum Sedanstag oder Kaisers Geburtstag gesungen. Die Worte stammen von Gottfried Schwab, dem Vorsitzenden des militant nationalistischen *Alldeutschen Verbandes*; einen Chorsatz schuf nach Bruckners Tod dessen Freund Rudolf Weinwurm, inzwischen zum Universitätsmusikdirektor und Inspekteur innerhalb des staatlichen Bildungswesens in Wien aufgestiegen. Jahrzehnte zuvor hatten die beiden beim 1. Oberösterreichischen Sängerfest des Jahres 1865 in Linz mit ihren Kompositionen *Germania* und *Germanenzug* die beiden ersten Preise erhalten – Bruckner mit dem *Germanenzug*, seiner ersten gedruckten Komposition, zu seinem Ärger nur den zweiten.

Der *Germanenzug* erklang auch auf dem akademischen Festkommers, welcher anläßlich Bruckners Ehrenpromotion im Jahre 1891 unter Beteiligung von 3000 Menschen stattfand. Auf das Salamanderreiben zu Ehren Bruckners folgte übrigens das Lied »Der Gott, der Eisen wachsen ließ«. Daß Bruckner sich in solch burschenschaftlich-nationalistischer Atmosphäre bei dieser und bei anderen Gelegenheiten außerordentlich wohl fühlte, ist vielfach überliefert. Ein Jahr später, also im Jahr der Erstaufführung der *Achten*, komponierte er für das 1. Deutsch-akademische Sängerfest in Salzburg den Männerchor *Das deutsche Lied* auf die Worte:

> Wie durch's Bergtal dumpf grollt Donnergedröhn,
> wie der Sturmwind braust um waldige Höhn,
> wie der Meerflut tost an klippigem Strand,
> so schalle, so schmett're, die Feinde zu schrecken,
> die schlafferen Brüder vom Schlafe zu wecken,
> der deutsche Gesang durchs gefährdete Land ...[77]

Bei den Eingangsrhythmen, welche die Blechbläser »nicht schnell, feierlich« zu intonieren haben, kann man nicht umhin, an die markigen Marschryhthmen zu denken, die im Finale der *Achten* den Glanz beim Treffen der kaiserlichen Herrschaften charakterisieren.

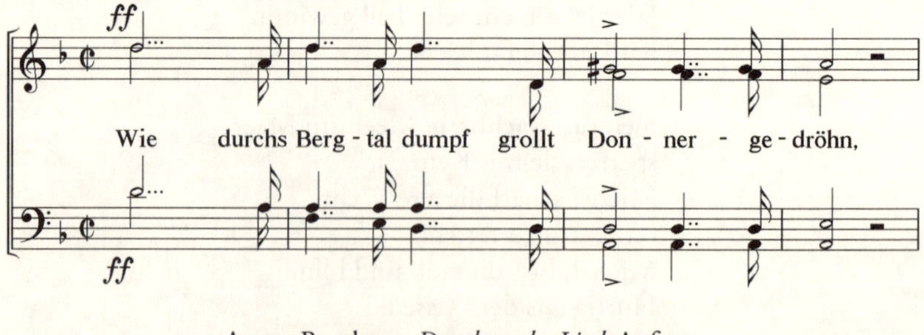

Anton Bruckner, *Das deutsche Lied*, Anfang

Im Zusammenhang mit der *Michel*-Thematik verlieren Bruckners Erläuterungen zum Finale einiges vom Odium bloßen Stammtischgeredes. Der Hinweis auf die Begegnung des österreichischen Kaisers mit dem russischen Zaren, welche tatsächlich im September 1884 in der Nähe von Brünn stattfand, mag zwar einerseits nur die Sensationslust des kleinen Mannes spiegeln, der seine Phantasie über den Lauf der Welt mit Berichten über Tun und Treiben der hohen Herrschaften befriedigt. Man kann sich Bruckner vorstellen, wie er, auf die Zeitung in seiner Hand weisend, über das aktuelle Tagesgeschehen räsonniert. Doch dahinter stehen, wie diffus auch immer, politische Wunschträume. Immerhin schildert Bruckner im Finale ja nicht nur unüberhörbar und semantisch eindeutig – im nachfolgenden Notenbeispiel mit geradezu ordinärem Geschmetter – den äußeren »Glanz« des Fürstentreffens, sondern bringt am Ende sein Michel-Thema ein: Michel kommt zwar spät, aber noch rechtzeitig zum Treffen der großen Herren, um dieses in der Schluß-Apotheose als Erzengel Michael geradezu zu beherrschen.

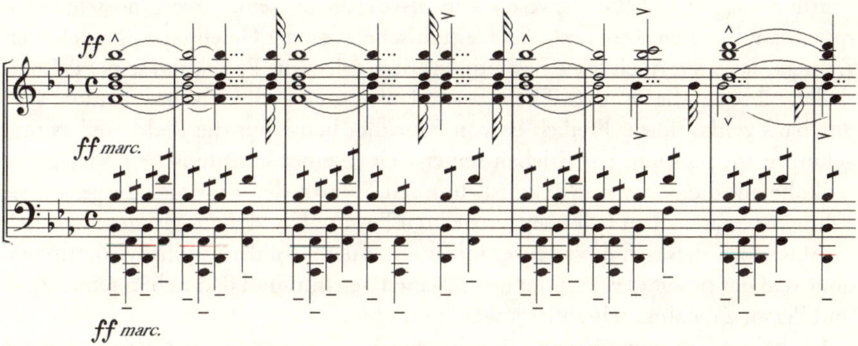

Anton Bruckner, Sinfonie Nr. 8, Finale, T. 183-190

Zum Glück lassen sich Bruckners Äußerungen zum Finale der *Achten* im Detail so unvollkommen mit dem kompositorischen Verlauf des Satzes in Verbindung bringen, daß man gar nicht in Versuchung gerät, dieses Finale etwa in die Nähe einer sinfonischen Dichtung zu rücken. Dergleichen ist nämlich von Bruckner gewiß nicht intendiert. Speziell die Übereinanderschichtung der Hauptgedanken aller vier Sätze hat ja vor allem den allgemeinen Sinn, das Thema *Finalsinfonie* noch einmal besonders grandios abzuhandeln - übrigens genau zu dem Zeitpunkt, an dem Brahms mit dem Passacaglia-Finale seiner *Vierten* einen weniger auftrumpfenden als fatalistischen Schlußpunkt hinter *seine* Bearbeitung dieses Themas setzt.

Die Differenz der *Achten* ist nicht diejenige zwischen Wesens- und Erscheinungsform, welche Dahlhaus bemüht, um das Werk für die Idee der absoluten Musik zu retten, sondern diejenige zwischen unterschiedlichen Diskursen, die unter Mitwirkung Bruckners über ein und dasselbe Werke geführt werden. Das ist nicht anders als im bereits ausführlich besprochenen *Prometheus* Franz Liszts, dem man »Brüche und Risse« wahrlich nicht mehr ankreiden muß als dem Bruckner der *Achten*.

Charakteristisch für Bruckners Sinfonie ist ja gerade, daß sie mit dem Erlösungsanspruch des Absoluten auftritt und zugleich die Zeichen der Zeit an sich trägt, daß sie mit Hans Ferdinand Redlich als Meßfeier[78] und mit Norbert Nagler[79] als »gründerzeitliche Monumentalsinfonie« betrachtet werden kann. Speziell die *Achte* ist eine Projektion von Phantasien des »deutschen Michl« Bruckner ins Grandiose. Das gilt im allgemeinen für die religiöse Sphäre: Was Bruckner hier an Stimmungen der Zerknirschung und Verlassenheit, der Weihe und Erhebung aufbietet, transzendiert sein nichtiges Ich als Christ und sein bescheidenes Amt als Organist. Es gilt im konkreten Fall jedoch fast noch mehr für die weltliche Sphäre: Bruckner-Michl spielt seine Beteiligung an der Weltherrschaft durch.

Michl – das ist der k.u.k. Bürger wie er leibt und lebt! Bruckners psychische Verstörtheit mag merklicher gewesen sein als die vieler seiner Zeitgenossen; doch spricht aus ihr ebenso ein besonders zeittypischer, von der Gesellschaft ›gezüchteter‹ Zwangscharakter. Auch seine Bewältigungsstrategien, die Projektion seiner existenziellen Nöte auf die ›großen‹ Themen von Leben und Tod, Liebe und Nation, sind durchaus zeitkonform. Freilich ist von Bruckner heute nur die Rede, weil es ihm gelungen ist, sein und das Erleben seiner Zeit in einer künstlerischen Sprache zu artikulieren, die *allgemein* genug ist, um den Hörern den Eindruck zu geben, sie nähmen an einer allem Irdischen entrückten Feier teil, und die zugleich semantisch so *konkret* ist, daß sich diese Hörer mit ihren inneren Bildern in ihr wiederfinden, ohne daß der Inhalt dieser Bilder im einzelnen benannt und dadurch in seiner Zeit- und Personenbedingtheit entlarvt werden müßte.

Ich halte es für einen Verlust an kritischer Wachheit gegenüber Musik, daß die zweifelnden oder ablehnenden Äußerungen, mit denen Bruckners Sinfonien zu seinen Lebzeiten bedacht wurden, angesichts der Vereinnahmung Bruckners als Klassiker heute kein Daseinsrecht mehr zu haben scheinen. Es ist ja nicht nur der Konkurrent Brahms gewesen, welcher aus Bruckners Sinfonien Äußerungen eines mit sich zerfallenen Individuums herausgehört hat. Wenn der Kunstphilosoph Konrad Fiedler im Brief vom 6. Januar 1885 an den Bildhauer Adolph von Hildebrand von Bruckners »zerfahrener und zerrissener« Musik,[80] der Kritiker Gustav Dömpke 1886 von der *Siebten* als dem Werk eines Betrunkenen[81] und Eduard Hanslick Anfang 1885 von dem Komponisten als einem genialen »Anarchisten« spricht,[82] so müssen sich darin nicht nur offene Borniertheit und versteckte Angst äußern, sondern vielleicht auch ein Instinkt dafür, daß sich hier jemand in der Tat selbst inszeniert hat, und dies auf Kosten anderer, indem er, anstatt sein eigenes Erleben offenzulegen, gleichsam für sich erleben läßt.

Man kann nicht daran vorbeigehen, daß die Nationalsozialisten nicht nur Beethoven und Wagner als die großen deutschen Komponisten auf den Schild gehoben haben, sondern als dritten im Bunde Anton Bruckner. Als Adolf Hitler am 6. Juni 1937 in der Regensburger Walhalla eine Bruckner-Büste enthüllt, berichten die Zeitungen darüber auf der ersten Seite. Bruckners Marmorbildnis ist »mit der Hakenkreuzfahne umkleidet, zum Zeichen, daß diese Büste die erste ist, die im Dritten Reich auf den Beschluß des Führers in dieser Ehrenhalle der großen Deutschen Aufstellung gefunden hat« – so heißt es im *Hakenkreuzbanner*, dem Kampfblatt der Nationalsozialisten.[83] Während des Weiheaktes erklingen eine *Feierliche Musik* aus der *Achten* und der *Germanenzug*. Hitler weiß, was er an Bruckner hat und weshalb er sich zum Schirmherrn der deutschen Brucknerfeste macht: In Bruckners Sinfonien wabert die »Vorsehung« in jener Absolutheit, in der sie nur der Deutsche in sich mächtig werden lassen kann. Da ist kein Raum für kleinliche Programmatik im Sinne illustrativer Musik, da weht der Geist, wo er will. Zugleich erweckt Bruckners Musik, zumal die *Achte*, ein handfestes, mit bestimmten »Weltanschauungen« verbundenes Assoziationsgemisch von religiöser Weihe, Schicksalhaftigkeit, Heldentum, militärischem Auftrumpfen, Siegesfeier usw. Das Zusammentreffen beider Momente nehmen die Nationalsozialisten nicht nur im Sinne zynischer Propaganda in Dienst: Zumindest die Gebildeten unter ihnen glauben, was sie sagen, und erleben damit nicht anders als ganze Generationen von Konzertbesuchern.

Hitler, der ein persönlicher Verehrer Bruckners ist und über ihn – etwa in seinen späten Monologen auf der Wolfsschanze – keineswegs dümmer spricht als andere Bildungsbürger,[84] braucht das Publikum in Bruckner-Konzerte nicht zu nötigen: Man kommt von selbst – inzwischen zunehmend aufgewühlt von einem Krieg, der mit Furcht und Hoffen, mit Ohnmachtsgefühlen und Großmannssucht erfüllt. Da soll ein Werk wie die *Achte* Augenblicke innerer Erhebung gewähren. Im Herbst 1939, kurz nach Kriegsausbruch, charakterisiert der Musikhistoriker Karl Laux die *Achte* als »Symphonie des deutschen Menschen« und zitiert seinen Kollegen Willibald Kähler mit den Worten:

»So, mit Heldenkraft, mit deutscher Beharrlichkeit und Zähigkeit, mit festem Gottvertrauen ausgerüstet, ist der Deutsche dazu berufen, über alle irdischen Hindernisse, die sich seinem edlen Streben in den Weg stellen, siegreich zu triumphieren!«[85]

Im düsteren Stalingrad-Jahr 1942, nach dessen Ende selbst Hitler keine klassische Musik mehr hören will, spricht Wilhelm Furtwängler von Bruckners »Willen zur Allgemeingültigkeit« als dem »Punkt, wo sein Schicksal an das unsere, wo unser Schicksal an ihn geknüpft erscheint«:

»Er arbeitete nicht für das Heute; er dachte in seiner Kunst nur an die Ewigkeit und schuf für die Ewigkeit.«[86]

Ist das Identifikation mit Bruckner als dem Mystiker, dem Gottsucher, dessen Musik die Menschen an sein besseres Selbst erinnert und jene übergreifende Sinnhaftigkeit vermittelt, welche die Zeit schuldig bleibt? Oder ist es die verzweifelte und zugleich selbstgefällige Bejahung der Todesverfallenheit, Gewaltfixiertheit und Machtbesessenheit tief im eigenen Innern? Soll durch Bruckner in das Licht von Heiligkeit getaucht werden, was mit wachen Sinnen nur als Aberwitz erlebt werden könnte?

In einem 1924 noch unter dem Eindruck des verloren gegangenen 1. Weltkriegs veröffentlichten Essay zu Ehren Ricarda Huchs geht Thomas Mann auf frühromantische Vorstellungen des »Träumers« Wackenroder von der »orakelmäßig-zweideutigen Dunkelheit« der Musik ein, um zugleich seinen »Lieblingsgedanken« von der gefährlichen Irrationalität der deutschen Musik zu verfolgen:

»Ist es nicht unsere, die *deutsche* Sache, von der da gehandelt wird? Ist dieser ›Träumer‹ nicht der Deutsche selbst, der, wie er aus Liebe zum Unbewußten nicht will, daß der Dichter ein Schriftsteller sei, so auch wieder der Musik vor der artikulierten Dichtung einen weiten Herzensvorrang gewährt – und dennoch dabei jene leise Gewissensangst nicht los wird? Jeder, dem es darum zu tun war, dem deutschen Wesen Form, Bewußtheit, helle Weltgültigkeit, *Vornehmheit* in der Welt zu verleihen, hat, und ob er sich noch so schmerzhaft ins eigene Fleisch dabei schnitt, das zweideutige Dunkelheitselement der Musik in Deutschland bekämpfen müssen. Ja, man müßte denjenigen hassen, aber man müßte ihm heimlich beipflichten, der es wagte, die Musik ein ›Hindernis deutscher Menschlichkeit‹ zu nennen.«[87]

Vielleicht müßte von der Bruckner-Deutung Furtwänglers heute nicht mehr die Rede sein, wenn dieser mit seinen Berliner Philharmonikern damals nicht nur die *Achte* und andere »Schicksalssinfonien« vor verwundeten deutschen Frontsoldaten aufgeführt, sondern sich wenigstens daran erinnert hätte, daß – beispielsweise – ein Vierteljahrhundert zuvor, am Ende des 1. Weltkriegs, ein inzwischen zum »entarteten Künstler« erklärter nicht-deutscher, so gar nicht dunkel komponierender Musiker namens Igor Strawinsky die *Geschichte vom Soldaten* geschrieben und darin wie ein rechter Anti-Bruckner dessen Visionen von *Großem Choral* und *Königsmarsch* kommentiert hatte! Es wäre schon etwas wert, wenn wenigstens *heute* in einer der Generalpausen eines Brucknerschen Sinfoniesatzes sein *Kleiner Choral* erklänge! Doch leider ist die Kunst der Collage im Bereich der Musik unterentwickelt und ohne Ansehen.

Bruckner soll nicht für die hier beschriebene Rezeption seines kompositorischen Werks verantwortlich gemacht werden. Man kann jedoch kritisch fragen, welche Eigenschaften dieses Werk haben mußte, damit es sich für solcherart Rezeption eignete. Die Antwort könnte in der Formulierung widersprüchlicher Momente bestehen, die Bruckners Sinfonik – darin durchaus zeitkonform – zum Inbegriff des Irrationalismus machen. Bruckner ist ein genialer Baumeister sinfonischer Dome; doch er weiß diese Dome nicht anders zu füllen als mit seiner eigenen Hörergemeinde, die seine Gesichte auf Treu und Glauben annehmen muß – als grandiose, geradezu kosmischen Maßstäben verpflichtete Projektion der eigenen manisch-depressiven Welterfahrung. Bruckners Werk ist voller Heils-Visionen, vermag aber ob seiner Todesverfallenheit Lust und Glück des Augenblicks kaum unmittelbar zu versinnlichen. So spiegelt es die Sehnsucht des kleinen Eigenen nach dem großen Anderen und lädt auf diese Weise dazu ein, sich durch sogenannte Weltanschauungen vereinnahmen zu lassen – darin demjenigen Beethovens oder Wagners zwar ähnlich, aber mit noch größerem Aufklärungsbedarf.

Darüber zu reden hieße, über den Bruckner *in uns* reden: Müssen wir seine Sinfonien als Ausdruck überzeitlich gültiger Kunst hören, oder können wir es uns erlauben, den spätabendländischen und zugleich alltäglichen Wahnsinn, der in ihnen zumindest mitkomponiert ist, als solchen wahrzunehmen? Sollen wir *Lösungen* übernehmen, oder genügt es, daß wir uns mit *Botschaften* auseinandersetzen? Im ersten Fall bleiben wir menschlich uns selbst fremd und künstlerisch auf die »großen« Werke fixiert; im zweiten Fall lernen wir uns in unserer Widersprüchlichkeit kennen und in unserer eigenen Produktivität schätzen.

Musikwissenschaft und -ästhetik wirken in dieser Hinsicht bisweilen rückständig. Die Botschaft eines Denkers wie Nietzsche wird vernünftigerweise aus verschiedenen Blickwinkeln betrachtet: mit Respekt oder gar Begeisterung angesichts der Höhenflüge eines wahrhaft freien Geistes und zugleich mit Distanz bezüglich der Tatsache, daß dieser Philosoph Antworten auf Fragen zu geben versucht hat, die ihn ja nicht an sich, sondern als Kind seiner Zeit bedrängt haben. Sind wir allzu sehr auf Nietzsches Antworten fixiert, so versperren wir uns möglicherweise den Zugang zu weiteren lebensnotwendigen Fragen. Was den Gedanken Nietzsches recht ist, sollte der Musik seines Zeitgenossen Bruckner billig sein; und vor diesem Horizont soll das eingangs begonnene Gedankenspiel über die Affinität nicht nur Mahlers sondern auch Bruckners zu Nietzsche als der überragenden geistigen Gestalt seines Zeitalters noch einmal aufgenommen werden.

Bruckner nimmt Anteil an Nietzsches existenzieller Grunderfahrung der Verlassenheit. Zwar ist Bruckner gläubiger Christ, der die Botschaft »Gott ist tot«, wenn sie zu ihm gedrungen wäre, mit Schaudern vernommen hätte. Doch auch für ihn ist das Ich, welches den Menschen – wie angefochten auch immer – bei seinem Durchgang durch die Welt leitete, im höchsten Maße gefährdet. Und als »sinfonisches Ich« wandelt es sich zum Organ, das Bruchstücke des großen Ganzen mitteilt.

Man kann Bruckners Sinfonien als Improvisationen über ein- und dasselbe archetypische Modell betrachten; sie suggerieren den Hörern, an einer Wiederkehr des immer Gleichen teilzuhaben, für Augenblicke in den Strom des Seins einzutauchen und dabei das eigene Ich zu vergessen. In diesem Sinne hat Adolf Nowak das Moment der »Wiederkehr« in Bruckners *Adagio* zum Anlaß genommen, um auf den *Zarathustra* hinzuweisen, den Nietzsche »seine Symphonie« nannte.[88] »Sing mir nun selber das Lied, des Name ist ›Noch einmal‹, des Sinn ist ›in alle Ewigkeit‹« – so lauten Worte Zarathustras, die dann Mahler in seiner *Dritten* ausdrücklich vertont hat. Die verloren gegangene Einheit und Ordnung des Ganzen wird in kosmischen Dimensionen widerhergestellt. Auch Bruckner findet Erlösung vom Ich, das fortan davon entlastet ist, den finalen »Sinn« der Welt ans Licht bringen zu müssen: An die Stelle konsequenter motivisch-thematischer Arbeit als Ausdruck der Vervollkommnung tritt die Heraufbeschwörung dessen, was schon immer da war. Und der es heraufbeschwört, ist tönendes Organ des Kosmos, stimmt in Zarathustras Lied »in alle Ewigkeit« ein. Damit nimmt Bruckner auch an Nietzsches enormer Hochschätzung der Kunst teil; dieser formuliert in einer späten Nachlaßaufzeichnung von 1885/86:

» ›Wie weit reicht die Kunst ins Innere der Welt? Und giebt es abseits vom ›Künstler‹ noch künstlerische Gewalten?‹ »Diese Frage war, wie man weiß, mein Ausgangspunkt: und ich sage Ja zu der zweiten Frage; und zur ersten ›die Welt selbst ist nichts als Kunst‹.«[89]

Nicht länger ist – wie bei Beethoven – Musik Philosophie; vielmehr ist Philosophie zur Musik geworden – einer Musik, die sich rationalen Erklärungen entzieht und Erlösungswerk ist, indem sie als einzige den kosmischen Sinn der Dinge erahnen läßt. Für Bruckner ist, so möchte man zugespitzt sagen, die Existenz seiner Sinfonie einziger Rechtfertigungsgrund für die Existenz seiner Welt.

Nietzsche hat Bruckners Musik mit größter Wahrscheinlichkeit nicht gekannt. Gleichwohl ist eine Parallele Nietzsche-Bruckner kein müßiges Gedankenspiel, denn sie verdeutlicht, woher Bruckner – zeit- und geistesgeschichtlich gesehen – kommt. Unter diesem Blickwinkel teilt er nicht nur die Erfahrung der Sinnkrise mit dem Philosophen, sondern auch die Tendenz zu mystischen und irrationalen Lösungen, so unterschiedlich solche bei beiden aussehen mögen. Nicht im Sinne Nietzsches ist freilich der religiös-nationale Grundtenor und der Hang zum Monumentalismus: In diesem Punkt ist Bruckner anders als sein philosophischer Zeitgenosse angepaßt und gesellschaftskonform – denn was hätte man damals besseres sein können als religiös und national? Beides zusammen mag vielleicht Spezifica der Bruckner-Rezeption in nationalistischen und nationalsozialistischen Kreisen erklären. Bruckner vermittelt die Ideen des Übermenschen an kleinere Geister, die über sich hinauswachsen wollen, von Thron und Altar, Nation und Religion aber nicht lassen können. Von Nietzsches Rigorismus her gesehen: *Wasch' mir den Pelz, aber mach' mich nicht naß!*

Triumph und Ende romantischer Ästhetik in der Sinfonik Mahlers

Entgrenzung der Form

Bruckner hat an der Kategorie des »schönen Stils« als des Gleichgewichts von Inhalt und Form festgehalten, ohne noch jenem emphatischen Freiheitserlebnis zugänglich zu sein, das solcherart identische Kunst im Zeitalter Schillers und Beethovens zu gewähren verhieß. Daß sich in seinen Sinfonien Inhalt und Form eigentümlich steif begegnen, liegt nicht daran, *daß* Bruckner mit semantisch klar umrissenen Inhalten arbeitet, sondern *wie* er es tut.

Auch Beethoven hatte ja immer wieder semantisch eindeutiges Material verwendet, es jedoch für jede Sinfonie neu ausgewählt und es auch auf jeweils neue Art bearbeitet. Bruckner setzt stattdessen dieselben Topoi in die jeweils gleichen Leerstellen seiner Sinfonien ein. Angesichts dieses Verfahrens kann man fragen, ob es überhaupt einer Sinfonie bedürfe, um Symbole wie Gesang, Gebet, Choral, Hymnus, Ländler oder Marsch Klang werden zu lassen – oder umgekehrt: ob denn ein Sonatensatz noch manövrierfähig sei, wenn er mit so viel semantischem Material beladen werde. Bruckner hat sich dieser Frage naiv oder trotzig verweigert: Er wagt nur etwas von sich preiszugeben, solange er sich auf dem sicheren Boden überkommener Formen wähnt. Gleichgültig gegenüber der philosophischen Dimension der klassischen Form-Ästhetik verläßt er sich gleichsam blind auf die Vorarbeit der Altvorderen, um sich in ihrem Schatten – von des Gedankens Blässe nicht angekränkelt – alsbald den eigenen Neigungen hinzugeben.

Mahler geht einen entscheidenden Schritt weiter. Auch er weiß kein besseres Medium als die Sinfonie, um zu sagen, was er sagen will, steht diesem Medium jedoch nicht wie ein skrupelhafter Nachgeborener gegenüber, sondern wie ein furchtloser, von keinem Erbe belasteter Wiederentdecker. Sinfonie ist für ihn mehr als die historische Gattung, zu welcher Beethoven sie gemacht hat: Sie ist für ihn – in einem emphatischen Ursinn des Begriffs – tönendes Universum. Beethovens sinfonisches Ich, das aus anstrengenden Klärungsprozessen und intensiven Auseinandersetzungen mit der Sonatenform gestärkt, oft als strahlender Sieger hervorgegangen ist, ist Geschichte geworden. Mahler vertraut nicht länger im idealistischen Sinne dem sich denkenden und reflektierenden Ich als einer Kontrollinstanz, die auch und gerade in künstlerischen Dingen über die widerstreitenden Meinungen in der Seele des Komponisten herrscht und letztendlich nur das Allgemeine und Objektivierbare als Ausdrucksform zuläßt. Das Ich des Künstlers steht nicht länger *über* dem Werk, es ist ein *Teil* des Werks. Wenn Mahler angesichts der *Achten* sagt, er habe gleichsam nur aufschreiben müssen, was ihm diktiert worden sei, redet er nicht nur in einem allgemeinen Sinne über künstlerische Inspiration, sondern gibt zu verstehen, daß nicht länger ein intelligibles »sinfonisches Ich« die Fäden in der Hand hält, daß sich der Künstler vielmehr als ein Organ versteht, das – mit Nietzsche zu sprechen – unter den verschiedenen Momenten der Realität vermittelt und ihm nur bedingt verfügbar ist.

Natürlich sind Mahlers Sinfonien deshalb nicht das Gestammel eines Mystikers – sie sind *Form.* Doch als Form müssen sie nichts beweisen, sondern lediglich plausibel sein. Das bedeutet nicht den Sieg des Inhalts über die Form, sondern die Auflösung einer Verbindung, die inzwischen von einer Neigungs- zu einer Zwangsgemeinschaft geworden ist. Unter diesen neuen Voraussetzungen müssen Form und Inhalt von Fall zu Fall prüfen, was sie miteinander zu tun haben: Es gibt kein übergeordnetes *Drittes.* Selbst nach langen Anstrengungen läßt sich weder die ideale Form für den speziellen Inhalt noch der ideale Inhalt für die spezielle Form finden.

Die Form hat – speziell in der Kunstmusik des Abendlandes – ein lange Tradition, die durch zunehmende Verselbständigung und Vergeistigung gekennzeichnet ist. Um im 19. Jahrhundert und im Bereich der Musik des deutschen Idealismus zu bleiben: Die Intensivierung kontrapunktischer und motivisch-thematischer Arbeit, die Individualisierung der Harmonik und die Modellierung der Formen, etwa der des Sonatensatzes, sind soweit fortgeschritten, daß man von einem hochdifferenzierten intellektuellen System sprechen kann. Mahler findet hier unendlich reichhaltiges und vielfältiges geschichtliches Material vor, das nicht ignoriert sein will und kann. Es charakterisiert die Spätphase einer Epoche, die man, grob gesagt, als die bürgerliche ansehen kann.

Man hat es der Musik an ihrer Wiege nicht gesungen, daß sie ein so hochstehendes und verzweigtes formales System aus sich heraustreiben würde, wie es am Ende des 19. Jahrhunderts zur Verfügung steht. Schließlich ist sie aus dem Schrei, dem Ruf, dem einfachen Gesang entstanden und nicht zuletzt durch ihr mimetisches Moment hervorgetreten: die Natur nachahmend, ohne Worte sprechend, Affekte und Charaktere darstellend. Ist dieses hochgezüchtete formale System noch geeignet, um Inhalte darzustellen, die auf menschlichen Grundbefindlichkeiten wie Freude und Trauer beruhen oder an einfache Ausdrucksformen wie Lied, Tanz, oder Marsch anknüpfen?

Bereits die harmoniesüchtige idealistische Ästhetik der Goethezeit hat gefordert, daß Inhalte solange zu bearbeiten seien, bis sie sich der Form fügten. Dementsprechend leistet Beethoven drei Sinfoniesätze lang formale Arbeit, um sich im Finale den ungehemmten Durchbruch erlauben zu können. (Man könnte vor diesem ästhetischen Hintergrund noch einmal über die Konzeption der *Neunten* nachdenken.) Die nachfolgenden Formalisten wie Hanslick gehen einen Schritt weiter: Aus Sorge um die schöne Form als Sinnbild des integren Menschen und der wohlgeordneten Gesellschaft wollen sie Inhalte erst gar nicht zulassen: Die Form ist der Inhalt; selbst gefühlsmäßiges Aufnehmen von Musik ist kein ästhetisches, sondern ein pathologisches. Wagner wählt einen Sonderweg jenseits dieser Form-Inhalt-Diskussion: Ob seine Kunst elementar oder hochdifferenziert, mehr formal oder mehr inhaltlich pointiert ist, ist nicht Ergebnis ästhetischer Grundsatzentscheidungen, sondern pragmatisch aus den jeweiligen Erfordernissen des musikalischen Dramas zu begründen.

So sehr sich Mahler für Wagner begeistert – seinen Spuren folgt er nicht: Er ist kein Musikdramatiker sondern Sinfoniker und sieht sich zwar nicht als Schüler, aber als Nachfolger Bruckners. Als solcher fällt er eine für die weitere Musikgeschichte folgenschwere Entscheidung: Die Differenziertheit der Formensprache bleibt erhalten, zugleich wird die elementare mimetische Kraft der Musik von ihren Fesseln befreit, und das alles geschieht nicht mit der illusionären Vorstellung, das künstlerische Subjekt könne diesen Widerspruch meistern, sondern in Ergebung in diesen geschichtlich gewachsenen Widerspruch.

Zu solcher Denkweise gehört ein ungeheurer Mut – es ist der Mut der radikalen Frühromantiker, die entgegen dem idealistischen Hauptstrom Einheit für undarstellbar hielten und in Formen, die sichtbar das Zeichen der Endlichkeit trugen, nach Unendlichkeit strebten. Was das Unendliche sei, muß hier im Blick auf die Frühromantiker nicht noch einmal erörtert werden; es läßt sich – eher metaphorisch als philosophisch stringent – an Mahler selbst demonstrieren: Musik, die längst den Weg in eine unendlich vielfältige, allerdings geschlossene Formenwelt angetreten hatte, öffnet sich nunmehr – tendenziell bis ins Unendliche – bisher ungelebten Inhalten, die aus den Tiefen der Seele und aus den Weiten des Kosmos stammen. Die Komponisten vor Mahler ließen an Inhalten nur zu, was durch die Form objektiviert werden konnte; diejenigen nach ihm tendierten – sofern sie an diesem Diskurs überhaupt kompetent teilzunehmen vermochten – dazu, die Spuren des Subjetiven zu eliminieren. Mahler begibt sich auf den Ozean, der zwischen den festen Kontinenten der Systeme liegt – einmal im Hochgefühl, von den Wogen getragen zu werden, ein anderes Mal wie ein Schiffbrüchiger sich kaum über Wasser haltend.

Wer so handelt, ist als Mensch verwundbar und als Künstler angreifbar: Eine Form, in die viel Subjektives gegossen wird, ist nicht kontrollierbar, kann zwar Tradition zitieren, sich aber nicht auf Tradition berufen. Die schon erwähnte Anekdote, derzufolge Bruckner, wenn wieder einmal eine seiner Sinfonien verrissen worden war, zu seiner Rechtfertigung die Regelmäßigkeit des Periodenbaues nachgezählt haben soll, hat zumindest eine innere Wahrheit: Ein Komponist, der sich nicht mehr auf Regeln – und seien es von ihm selbst geschaffene – berufen kann, ist unendlich einsam – viel einsamer übrigens als der Traditionalist Brahms mit seinem Wahlspruch »frei aber einsam«.

Arnold Schönberg hat gewußt, weshalb er zwar höchste Bewunderung für Mahler gehabt, sein eigentliches Vorbild aber in Brahms gesehen hat: Im Fall Mahlers muß er sich mit der »Banalität seiner Themen« auseinandersetzen, die ihm selbst so wenig geheuer ist, daß er sie einfach wegdiskutiert;[90] bei Brahms findet er im Verein mit emotionaler Verschlossenheit jenen Respekt vor formalen Traditionen, den er sich gewiß auch deshalb zu eigen macht, weil er sich selbst mit solchem Respekt behandelt sehen will. Hans Werner Henze hat im Jahre 1969 die systemstrengen Meister der Schönberg-Schule mit dem fahrenden Gesellen Mahler verglichen. Dieser habe zwar »wenig dazu getan, neue Systeme zu erfinden«,

> »doch er war ein Zeuge seiner Zeit; seine Darstellung von Frustration und Leid in einer unmißverständlichen und direkten Musiksprache scheint mir interessanter und wichtiger als die Resultate der Wiener Schule. Ich finde Mahler unaristokratisch, während alle drei Wiener [Schönberg, Berg und Webern] sehr viel Wert auf das Aristokratische ihres künstlerischen Verhaltens legten. Dieses ›Sich öffnen jeder Schmach‹, wie Werfel einmal sagte, findet sich doch nur bei Mahler.«[91]

Mahler hat in der Tat kein neues System erfunden. Seine Leistung ist jedoch, das System des Idealismus endgültig überwunden und dies offen – also nicht in der sublimen Weise Schumanns – dargetan zu haben. In diesem Sinne ist er *der* Romantiker unter den deutschen Komponisten – wie zwei Generationen zuvor Hector Berlioz unter den französischen. Etwas verbindlicher hat es unlängst Hans Heinrich Eggebrecht formuliert:

»Wenn man Romantik nicht epochal auf einige Jahrzehnte begrenzt, ... so kann vielleicht gesagt werden, daß Mahlers Musik als symphonische die romantischste ist«.[92]

Vom Inhalt her gesehen, läßt sich Mahlers Verhältnis zur Romantik gut an seiner Auseinandersetzung mit der *Wunderhorn*-Sphäre ablesen. Am 2. März 1905 schreibt er an Ludwig Karpath:

»Meines Wissens sind die Wunderhornlieder nur vereinzelt komponiert worden. Also ein kleiner Unterschied ist es schon, wenn ich bis zu meinem 40. Lebensjahre meine Texte – sofern ich sie nicht selbst verfaßte (und auch dann gehören sie in gewissem Sinne dazu) – ausschließlich aus dieser Sammlung gewählt habe. – Aber ich denke, die Priorität nach dieser Richtung aufrecht erhalten zu wollen, wäre müßig.
Etwas andres ist es, daß ich mit vollem Bewußtsein von Art und Ton dieser Poesie (die sich von jeder anderen Art ›Literaturpoesie‹ wesentlich unterscheidet und beinahe mehr Natur und Leben – also die Quellen aller Poesie – als Kunst genannt werden könnte) mich ihr sozusagen mit Haut und Haar [verschrieben habe].«

Knapper und besser, als Mahler dies hier selbst tut, läßt sich seine Welterfahrung gar nicht beschreiben. Die von Achim von Arnim und Clemens von Brentano in den Jahren 1806 bis 1808 herausgebene Sammlung »alter deutscher Lieder« mit dem Titel Des *Knaben Wunderhorn* hatte für Goethe den »unglaublichen Reiz«, welchen »der Anblick und die Erinnerung der Jugend für's Alter hat«.[93] Damit ist alles gesagt: In der Naturpoesie hoffen der angestrengte Geist und die überreizte Seele, beide der Zivilisation müde, zu sich zu kommen. Und weil es Naturpoesie ist, hat sie im Zeitalter Mahlers ebenso viel Wert wie in der Epoche Goethes. Mehr als das: Erst Mahler stellt die *Wunderhorn*-Lieder in ihren konsequent romantischen Kontext. Sie sind ja nicht, wie der Klassiker Goethe es nahelegt, als *Stärkung* fürs Gemüt gedacht, sondern als *Katalysator:* Ob fröhlich oder traurig, zart oder derb, kunstvoll oder einfältig, erzählend oder lyrisch – sie machen dem Menschen seinen Verlust, ja seine Verlorenheit deutlich. Deshalb sollen sie nicht, wie Goethe es sich in aller Behaglichkeit vorstellte, am Fenster und unterm Spiegel bei den Gesang- und Kochbüchern liegen, vielmehr wie eine brennende Wunde in jedem Augenblick daran erinnern, wonach es zu suchen gilt; sie sollen den Menschen in Tränen ausbrechen lassen im Gedenken an Glück und Glücksversagung. Da gibt es für den der Aufklärung auf Gedeih und Verderben ausgelieferten Menschen keine Lösung, schon gar keine Erlösung, sondern nur den Schauder vor dem, das einmal war und nicht wieder sein wird.

Dergleichen Lebensgefühl kann ein Komponist, und sei er noch so sensibel, niemals in einem kleinen, formal geschlossenen Lied ausdrücken: An Robert Schumann lobte Mahler, daß er im Genre des Klavierliedes Vollendetes geschaffen, zugleich aber von sich nichts verlangt habe, was über seine Grenzen hinausgegangen wäre.[94] Erst das kleine Universum einer Sinfonie vermag den von den Romantikern mitgedachten Kontext auszukomponieren: den Ekel vor der Welt und das kindliche Staunen angesichts ungeahnter Herrlichkeiten, das Hohe und Niedrige, höchste Zartheit und brutale Gewalt, das Ewige und kaum einen Augenblick Dauernde. Und das alles nicht im rationalen Nacheinander einer Oper, sondern in der irrationalen Gleichzeitigkeit eines musikalischen Traums, der die für das Wachbewußtsein geltenden Gesetze außer Kraft setzt.

Daß Mahler wegen persönlicher Probleme im Jahre 1910 Sigmund Freud konsultiert hat, müßte hier nicht erwähnt werden, wenn der ganze Vorgang nicht auch ein Licht auf Mahlers Sensibilität für das Unbewußte würfe: Freud-Biograph Ernest Jones weiß zu berichten, als Folge seiner Konsultation Freuds habe Mahler traumatische Kindheitserlebnisse dafür verantwortlich gemacht, daß »seine Musik bei den edelsten Stellen, gerade bei denen, die von den tiefsten Gefühlen inspiriert seien, nie die angestrebte Vollkommenheit erreichen könne, weil irgendeine vulgäre Melodie dazwischentrete und alles verderbe.«[95]

Angesichts so vieler Menschen, die mit Mahler die Neurose, nicht aber die Genialität teilen, erscheint es sinnvoll, Mahler gleichsam gegen sich selbst in Schutz zu nehmen und seine Erfahrungen auf ein kollektives Unbewußtes zurückzuführen, dessen Offenlegung er der in dieser Hinsicht noch verschlossenen Romantik – spät, für ihn freilich gerade zur rechten Zeit – abtrotzt. Mahlers Einsichten in sein persönliches Unbewußtes sind gleichwohl nicht unwichtig: Die reflektierte Distanz zu sich selbst, die sich hier zeigt, markiert den entscheidenden Unterschied zu seinem ›Vorgänger‹ Bruckner, der den Widerstreit des Heiligen und Banalen in sich nicht wahrzunehmen und deshalb auch nicht nach menschlichem Maß zu thematisieren vermag, sondern nur in der magischen Beschwörung des einen und der gewaltsamen Verdrängung des anderen.

Drei von Mahlers Sinfonien sind formal *Wunderhorn*-Sinfonien, da sie entsprechende Texte vertonen: die zweite, dritte und vierte. In Wahrheit sind alle Sinfonien *Wunderhorn*-Sinfonien, indem sie ein und demselben Lebensgefühl Ausdruck geben, auch wenn die düsteren Momente – von der nicht in diese Reihe passenden *Achten* abgesehen – in den späteren Sinfonien zunehmen. Die Frage, ob Mahler je weniger »absolut« komponiere, je mehr Raum er dem Gesang in seinen Sinfonien zubillige, geht an dem Kern der Sache völlig vorbei. Die wesentliche Vorentscheidung hat er viel früher getroffen: Entgegen klassischer und idealistischer Ästhetik rückt er nicht das Streben nach der schönen oder erhabenen Form ins Zentrum, sondern den Willen, die ihn bewegenden Inhalte mitzuteilen.

Diese Inhalte werden mit Hilfe eines semantisch leicht identifizierbaren Materials zur Sprache gebracht: Es ist vor allem die Naturpoesie der Romantik, deren Botschaften als Lied, Ländler, Marsch, Trauermarsch, Trompetensignal, Posthornweise, Herdengeläute erklingen. Wo diese Naturpoesie, die helle und dunkle Seiten des

Daseins beleuchtet und keinesfalls mit Idylle zu verwechseln ist, sich nicht in eindeutigen Genres wie den genannten äußert, bedient sie sich immerhin plastischer Motive und charakteristischer Instrumentenklänge im Sinne elementarer Naturlaute; in diesem Sinne ist das Fanfarenmotiv zu Anfang der *Dritten* als Weckruf oder Marschintonation nachzuvollziehen, ohne daß man wissen müßte, daß Mahler ihm in programmatischen Erläuterungen die Beischrift »Pan erwacht« zuwies.

Gustav Mahler, Sinfonie Nr. 3, 1. Satz, Anfang, Hörner

Wo Mahlers Motive eine schwierige Intervallstruktur haben, sind sie gleichwohl gestisch unmittelbarer verständlich – wie etwa die von Theodor W. Adorno so genannte »Angstfigur« aus dem 1. Satz der *Fünften.*[96]

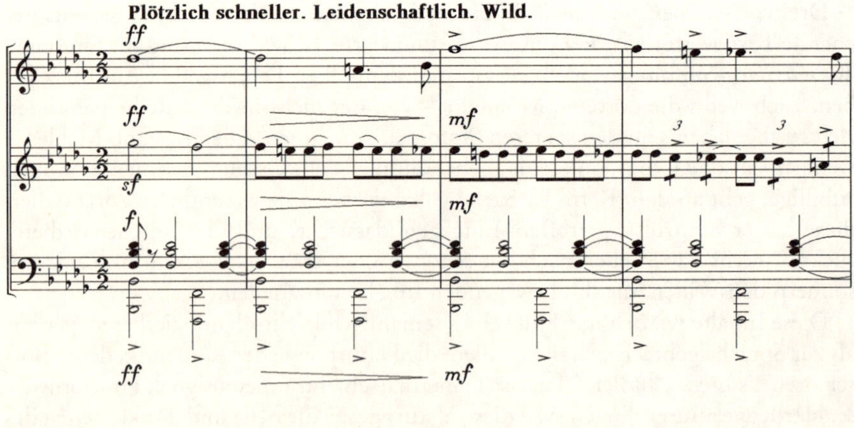

Gustav Mahler, Sinfonie Nr. 5, 1. Satz, T. 146-154

An dem letzten Beispiel wird deutlich, daß die Vorstellung, bei Mahlers Motivwahl habe die Naturpoesie Pate gestanden, nicht überdehnt werden darf. Zum einen unterwirft Mahler das gesamte Material einer spezifischen Formung, die es nurmehr zweite Natur sein läßt; zum anderen gehen vielfach ›Natur‹ und ›Geschichte‹ ineinander über. In welchem Außmaß Mahlers Ländler und Märsche, überhaupt seine charakteristischen Motive als archetypisch für musikalische Erfahrung schlechthin anzusehen und zu welchen Anteilen sie Ausdruck gesellschaftlicher Konvention sind und als solcher vom Komponisten geradezu bewußt eingesetzt werden, darf und soll offenbleiben: Es macht einen Teil der Irrationalität aus, mit der auch wir selbst solchen Phänomenen begegnen: Ein Trauermarsch kann elementare Todesvorstellungen auslösen und zugleich zivilisatorischen Umgang mit dem Tod suggerieren.

Weil Mahler von vornherein nur semantisch identifizierbares Material präsentiert, ist es, wie schon angedeutet, qualitativ kein Unterschied, ob – beispielsweise – im 3. Satz der *Zweiten* ein Ländler nur instrumental erklingt, während im anschließenden Finale ein Sterbechoral mit vollem Text gesungen wird: Beide Male handelt es sich um eine semantisch gut nachvollziehbare Situation.

In vergleichbarer Weise marginal ist die bis heute kontrovers diskutierte Frage, ob die programmatischen Äußerungen, die Mahler zu einzelnen frühen Sinfonien getan und später teilweise wieder zurückgezogen hat, »gültig« seien: Ebenso wie Skizzen, unterschiedlichen Fassungen und Daten zum biographischen Kontext sind sie nun einmal in der Welt – ob man sie nun mit den vollendeteren Engeln aus *Faust* als »Erdenrest, zu tragen peinlich«, ansieht oder mit wachem Blick auf ihr Potential prüft, die ästhetische Diskussion zu bereichern.

Daß Mahler selbst sich in diesem Punkt widersprüchlich verhalten hat, ist leicht zu verstehen: Vor allem am Anfang seiner Karriere ist der Sinfonienkomponist besorgt, die Hörer könnten seine Werke als illustrative oder genrehafte Musik mißverstehen – also überhören, daß es sich um anspruchsvolle Ideen- und Bekenntnismusik handele. Er zweifelt ferner daran, daß man das für sein Werk geradezu konstitutive Stilmittel der Ironie wahrnehme. Die »Programme« dienen deshalb etwa nicht dazu, Details zu erklären, sollen vielmehr den *Geist* der Werke verdeutlichen und die große Linie vorzeichnen, welcher es zu folgen gilt. Doch wie faßt ein Komponist in Worte, was er ja gerade in Musik ausdrücken will? Mehrfach ändert Mahler die Fassungen seiner programmatischen Hinweise, ohne sich im Endergebnis besser verstanden zu fühlen. Schließlich tut er den Schwur, sich nur noch in Tönen zu äußern.

Die Arbeit an der *Dritten* spiegelt diesen Vorgang exemplarisch. Schon früh ist Mahler klar, daß dieses Werk, wie er Friedrich Löhr am 29. August 1895 mitteilt, sein »persönliches Empfindungsleben (als, was die Dinge *mir* erzählen)« betonen und »die Stufenreihe der Wesen ausdrücken« soll – von den Blumen über die Tiere, Menschen und Engel zur Liebe; gleich Anfang wird der Sommer einziehen, von Mahler als Gott Dionysos und großer Pan näher bestimmt. An dieser seiner Konzeption feilt Mahler dann nicht allein kompositorisch, sondern auch verbal. Nach Vollendung der Sinfonie übermittelt er dem Musikkritiker Richard Batka am 18. November des folgenden Jahres eine Darstellung, die einer möglichen Abstempelung als Idyllen-Komponist entgegenwirken soll. Er formuliert nun allgemeiner und gerade deshalb sehr sprechend:

»Daß diese Natur alles in sich birgt, was an Schauerlichem, Großem und auch Lieblichem ist (eben das wollte ich in dem ganzen Werk in einer Art evolutionistischer Entwicklung zum Aussprechen bringen), davon erfährt natürlich niemand etwas. Mich berührt es ja immer seltsam, daß die meisten, wenn sie von ›Natur‹ sprechen, nur immer an Blumen, Vöglein, Waldesduft etc. denken. Den Gott Dionysos, den großen Pan kennt niemand. So: da haben Sie schon eine Art Programm – d.h. eine Probe, wie ich Musik mache. Sie ist immer und überall nur Naturlaut!«

Die späteren Sinfonien scheinen sich angesichts zunehmender Konzentration auf das jeweils Wesentliche ohnehin nicht für wortreiche Erklärungen zu eignen. Die *Sechste* ist von einer großen, auch im Finale nicht weichenden Düsternis, welche mit Bilderreichtum und Affektenvielfalt der früheren Sinfonien nichts mehr gemein hat. Die *Achte* setzt den Akzent eindeutig und unmittelbar nachvollziehbar auf das Erhabene und Mystische, während es sonst Mahlers Prinzip war, gerade die Begegnung von Endlichem und Unendlichem, Hohem und Niederem, Weihevollem und Groteskem zu thematisieren. Im gesamten späteren Werk wird die kompositorische Struktur dichter und komplexer; doch indem Mahler konstruiert, dekonstruiert er zugleich. Der Schlußsatz der *Neunten* – charakteristischer Weise ein *Adagio* – ist Ausdruck, ja Protokoll eines des Verlöschens; der Schluß ist geradezu »eine Komposition des Verstummens«.[97] Der *Wunderhorn*-Ton ist endgültig verhallt – Mahler hat den Schritt vom 19. ins 20. Jahrhundert getan.

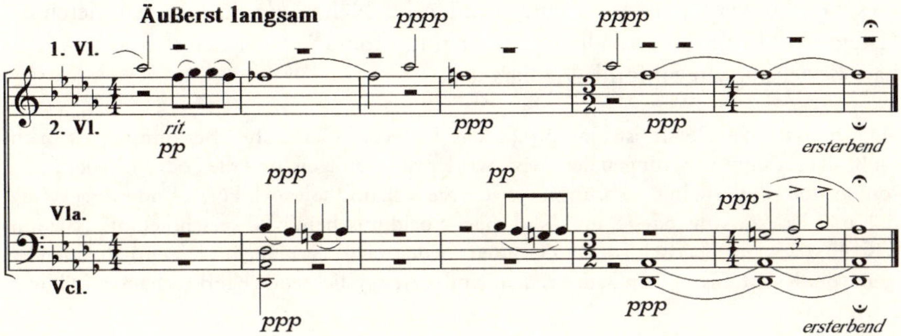

Gustav Mahler, Sinfonie Nr. 9, 4. Satz, Schluß

Der Ausdruck des Verlöschens gibt nicht nur dem letzten Satz aus Mahlers letzter vollendeter Sinfonie seinen Charakter; er symbolisiert zugleich das Ende des ›sinfonischen Ichs‹. Arnold Schönberg schreibt auf Grund erster Eindrücke über das Werk:

»Seine ›Neunte‹ ist höchst merkwürdig. In ihr spricht der Autor kaum mehr als Subjekt. Fast sieht es aus, als ob es für dieses noch einen verborgenen Autor gebe, der Mahler bloß als Sprachrohr benützt hat. Dieses Werk ist nicht mehr im Ich-Ton gehalten. Es bringt sozusagen objektive, fast leidenschaftslose Konstatierungen, von einer Schönheit, die nur dem bemerkbar wird, der auf animalische Wärme verzichten kann und sich in geistiger Kühle wohl fühlt.«[98]

Wer Mahler als Kronzeugen einer konsequent den deutschen Idealismus überwindenden, konsequent romantischen Musik aufrufen will, richtet wenig aus, wenn er bei den komponierten Texten, den programmatischen Erklärungen oder philosophischen Äußerungen ansetzt. Gewiß ist es nicht bedeutungslos, daß Mahler sich so ausdrücklich und reflektiert mit der *Wunderhorn*-Sphäre auseinandersetzt, sie also – im Gegensatz zu einzelnen verspäteten »Romantikern« – keineswegs nur naiv aufgreift. Doch allein deshalb muß man Mahler nicht mit der Romantik identifizieren. Er ist ja zugleich, wie Constantin Floros eingehend dargelegt hat, in der Literatur des deutschen Idealismus zuhause, speziell ein Goethe-Kenner und -Verehrer von hohen Graden.[99] Und was pansophische, kosmologische und mystische Ideen angeht, ist Mahler bei deren Rezeption weder auf die Frühromantik noch auf Goethe angewiesen: Seine eigene Zeit ist voll von solchen Vorstellungen. Das Romantische ist vielmehr nur im Verhältnis von Inhalt und Form, von Ausdruck und Konstruktion zu bestimmen. Was dies für die Musik bedeutet, läßt sich kaum ohne die Hilfe der romantischen Literaturtheorie darstellen, innerhalb derer die Idee einer »progressiven Universalpoesie« entfaltet worden ist. Nähere Bestimmungen bieten die Kategorien ›Ironie‹, ›musikalische ›Prosa‹ und ›Roman‹: Sie lassen sich in unmittelbare Beziehung zur Sinfonik Mahlers setzen.

»Die romantische Poesie ist eine progressive Universalpoesie. Ihre Bestimmung ist nicht bloß, alle getrennte Gattungen der Poesie wieder zu vereinigen, und die Poesie mit der Philosophie, und Rhetorik in Berührung zu setzen. Sie will, und soll auch Poesie und Prosa, Genialität und Kritik, Kunstpoesie, und Naturpoesie bald mischen, bald verschmelzen ... Sie umfaßt alles, was nur poetisch ist, vom größten wieder mehre Systeme in sich enthaltenden Systeme der Kunst, bis zu dem Seufzer, dem Kuß, den das dichtende Kind aushaucht in kunstlosen Gesang.«[100]

Friedrich Schlegels 116. Athenäums-Fragment, von Walter Benjamin ins Zentrum seiner Arbeit über den Begriff der *Kunstkritik in der deutschen Romantik* gerückt[101] und schon einmal (S. 138) erwähnt, steht wider die Gattungs- und Stilreinheit, die gleichwohl vor allem im Bereich der Musik bis zum Ende des Jahrhunderts im wesentlichen streng beachtet worden ist. Das gilt gerade für eine so wichtige Gattung wie die der Sinfonie, die in der Generation vor Mahler – bei Brahms und Bruckner – in durchaus traditionellem Sinne behandelt wird. Allein Liszt geht mit seinen *Dante-* und *Faust-*Sinfonien neue Wege, hält sich jedoch so stringent an jeweils eine literarische Idee, daß auch in diesen Kompositionen nicht zum Ausdruck kommen kann, was Schlegel unter progressiver Universalpoesie versteht: Kunst nicht als stimmiges und identisches Werk, sondern als gattungs- und stilüberschreitendes Projekt, das durch das reflektierende Subjekt weitergeschrieben wird, fortwährend Neues verarbeitet und in seinen Ansprüchen tendenziell grenzenlos ist.

Im Bereich der Musik gibt es für Schlegels Vorstellungen kein besseres Beispiel als Mahlers Sinfonien, die in der Tat unterschiedliche »Systeme« vereinen, ohne selbst System zu sein. Sie mischen Instrumentales und Vokales, verbinden heterogene Gattungen wie Lied und Sinfonie, konfrontieren Erhabenes mit Lächerlichem, gearbeitete Kunst mit einfachem Naturlaut. Das alles wird – im Gegensatz zu Wagners musikalischen Dramen – nicht in eine rational nachvollziehbare Ordnung, schon gar nicht – wie in Beethovens *Neunter* – in ein hierarchisches System gebracht: Der kunstlose Gesang des dichtenden Kindes ist, um mit Schlegel zu sprechen, ebenso wichtig wie das gewaltige System abendländischer Kompositionsgeschichte; und eine Zusammenstimmung findet nicht im Endlichen des Werks oder der Aufführung statt, sondern allein im Unendlichen, von dem es nur Ahnungen gibt.

Von der *Ironie* als formalem Gestaltungsmittel ist bereits im Kapitel über das romantische Lied ausführlich die Rede gewesen. Ironie zerstört die Illusion von Schönheit als geglückter Einheit von Inhalt und Form:

»Was am Strahl der Ironie zerfällt, ist allein die Illusion, unzerstörbar bleibt aber der Kern des Werkes, weil es nicht in der Exstase beruht, die zersetzt werden kann, sondern in der unantastbaren nüchternen prosaischen Gestalt«,[102] so schreibt Benjamin, und er zitiert in demselben Zusammenhang Erwin Kircher mit einer hellsichtigen Äußerung aus seiner 1906 erschienenen *Philosophie der Romantik*:

»Diese Romantiker wollten gerade das ›Romantische‹ von sich abhalten – wie man es damals und heute versteht.«

Zeigen sich bei Schubert, Schumann und Brahms gelegentlich Züge dieser Ironie, so ist Mahlers Sinfonik durch sie geradezu definiert: Doppelbödigkeit, Gebrochenheit und Diskontinuität sind ihre Wesensmerkmale schlechthin. Doch selbst – das schließt die Ironie ein – auf die Diskontinuität kann man sich nicht verlassen: Mahler kennt lange Passagen, ja ganze Sätze seligen Musizierens, deren Reiz in dem Zweifel besteht, was man ihm davon »glauben« kann und was nicht. Seine Musik ist zwar im Gestus sehr genau, hat also jene »prosaische Gestalt«, von der Benamin spricht, ist aber über die Darstellung dieses Werk-«Kerns« hinaus keiner Idee verpflichtet.

Daß Mahler ganz bewußt in den Kategorien der romantischen Ironie gedacht hat, legen seine Äußerungen über die *Erste* mit der Wendung gegen einen wohlwollenden, aber unverständigen Kritiker nahe:

»Der 3. Satz, den er so übermütig lustig findet, ist herzzerreißende, tragische Ironie und ist als Exposition und Vorbereitung zu dem plötzlichen Ausbruch der Verzweiflung des letzten Satzes (zu verstehen). Ein im Tiefsten verwundetes und gebrochenes Herz.«[103]

Diese Äußerung ist deshalb bemerkenswert, weil Mahler hier nicht nur die rhetorische Ironie anspricht, welche darin liegt, daß etwas anders gesagt wird, als es gemeint ist: Ein Trauermarsch auf den ihm als *Bruder Martin* (...schläfst du noch) bekannten volkstümlichen Kanon wird konfrontiert mit einer lustigen Weise, die laut Partitur »mit Parodie« gespielt werden soll. Das klingt vordergründig grotesk oder komisch und ist doch todtraurig gemeint. Romantische Ironie als formales Gestaltungsmoment wird daraus, weil diese groteske Form der Trauer konfrontiert wird mit dem erhabenen Schmerz des Finales: So berühren sich Endliches und Unendliches; in der Differenz der beiden Sätze wird ein Stück Wirklichkeit jenseits der reinen Idealität oder des bloßen Spottes sichtbar. Der Kritiker hat »idealistisch« gehört und nach den traditionellen Stilen und Genera des Schönen kategorisiert. Nach dieser Vorstellung war der eine Satz von groteskem Ausdruck und im niederen Stil gehalten, der andere von erhabenem Ausdruck und im hohen Stil gehalten. Die Möglichkeit einer Stilmischung im Sinne der Entgrenzung von Form und Inhalt liegt ihm fern.

Die progressive Universalpoesie öffnet sich tendenziell der *Prosa.* Das heißt zunächst, philosophisch gesehen, daß sie die Reflexion und Kritik ihrer selbst einschließt und in ihrer Progression unendlich ist. Poesie befreit zur Prosa, zur charakteristischen, ja unschönen Gestalt und bleibt doch das Ganze. Diesen Gedanken kann man, in Literatur wie in Musik, konkret auf die Syntax dieser Künste anwenden. Musikalische Prosa, die sich in asymmetrischer Phrasengliederung und unregelmäßiger Gewichtsabstufung zeigt, gibt es in der Tat schon in der Romantik – allerdings nicht in der deutschen, sondern in der französischen. Robert Schumann entdeckt sie, wenn auch nicht durchgängig, in der freien »ungebundenen Rede« von Berlioz' *Symphonie fantastique* und bemerkt hellsichtig, daß sich die Musik damit auf eine neue Kunstperiode hinbewege.[104]

Es ist legitim, mit Carl Dahlhaus von einer musikalischen Prosa Richard Wagners zu sprechen,[105] auch wenn der Komponist selbst, merklich von idealistischer Ästhetik beeinflußt, sich mit dem Terminus nicht befreundet hat. Indem »musikalische Prosa« bei Wagner jedoch vor allem als *Text*vertonung in der Tradition des Recitativo Accompagnato in Erscheinung tritt, verliert sie an ästhetischer Brisanz: Das prosaische Moment ist – von Wagner durchaus beabsichtigt – im idealen Ganzen des Gesamtkunstwerks aufgehoben. Erst bei Mahler erfüllt sich die frühromantische Vorstellung, derzufolge die Poesie aus sich heraustreten und zur Prosa werden müsse. Im ästhetischen wie im umgangssprachlichen Sinne entgrenzt sich das Poetische – immer wieder, aber weder regelhaft noch zwangsläufig – in Richtung des Prosaischen, das Geordnete und Zielstrebige in Richtung des sich frei Bewegenden. In diesem Sinne wird letztendlich das ganze Werk zu uneingrenzbarer Prosa.

Sinfonia war einst – zu Beginn des Generalbaßzeitalters – Inbegriff des harmonischen Zusammenstimmens gewesen. Man merkt dem Terminus den Stolz der Alten an, die Instrumente endlich so weit gebracht zu haben, sich dem Ideal des schönen, homogenen Klanges zu unterwerfen und den Eindruck von Geschlossenheit zu vermitteln. Bei Mahler geht die Entwicklung wieder in die umgekehrte Richtung: Seine Sinfonien sind nicht der Stimmigkeit verpflichtet, sondern lassen die einzelnen Stimmen sprechen. Das mögen Vokalstimmen sein – vor allem aber sind es Instrumente, die Mahler in einer bis dahin nicht gekannten Kompromißlosigkeit mit ihrer ihnen eigenen Idiomatik einsetzt. Zwar hat er in Bruckner ein wichtiges Vorbild; doch bei diesem ist zumindest noch der Anspruch vorhanden, die Charaktere der Instrumente und Klänge auf das große Ganze hin auszurichten – wie die Personen eines Dramas, die auch nur so viel von sich verraten, wie es für die Handlung nötig ist. Anders bei Mahler: Geradezu ungehemmt kommen die einzelnen Instrumente zu Wort – in langen Reden, eigen-sinnig, oft auch einander ins Wort fallend. Wenn etwa zu Anfang der Se*chsten* die Trompete mit ›ihrem‹ Kommentar zum gerade erklungenen Hauptmotiv in die bis dahin metrisch und melodisch tendenziell geordnete Struktur ebenso auffällig hineinplatzt wie sie alsbald wieder abbricht, so läßt sich dieser »Einwurf« satztechnisch und formästhetisch nur schwer legitimieren: Die Trompete läßt sich ihren Auftritt nicht vorschreiben, spricht wann und was sie will.

Gustav Mahler, Sinfonie Nr. 6, 1. Satz, T. 25-31

Sie erinnert weniger an die Person eines Dramas als die eines *Romans,* und in der Tat hat Mahlers Sinfonik dem Roman verwandte Strukturen. Nicht von ungefähr sind *Roman* und *Romantik* verwandte Wörter: Der Roman ist für die Romantik die Gattung der Gattungen. Ob seiner »äußerlichen Ungebundenheit« und Regellosigkeit kann der Roman, wie Benjamin es formuliert, »beliebig über sich reflektieren, in immer neuen Betrachtungen jede gegebene Bewußtseinsstufe von einem höheren Standort zurückspiegeln.«[106]

In einem guten Roman ist nichts beliebig, nichts bloßes Füllwerk; alles ist charakteristisch und zugleich zusammenstimmend. Zugleich aber fehlt der Zwang, alles einer Idee oder einem Gedanken unterordnen zu müssen. Der Roman kann über

Zeit und Raum frei verfügen; er bietet ungezählte Perspektiven. Seine Personen handeln frei, ›wissen‹ gar nicht, daß sie in den Gesichtskreis des Autors geraten sind, und werden von diesem dennoch unter demselben Fluchtpunkt gesehen. Die Konstruktion des Romans ist subjektiv: präzis in der Darstellung, jedoch nicht zu verallgemeinern in der Form.

In diesem Sinne haben Theodor W. Adorno und – an ihn anknüpfend – Hermann Danuser romanhafte Züge in Mahlers Musik beschrieben.[107] Die offene Form erlaubt es, Spannung zu erzeugen und aufrecht zu erhalten, ohne daß sich *strukturell* eins aus dem anderen mit zwingender Logik ergeben müßte. Im Erzählfluß greifen »poetisch-programmatische und musikalisch-tektonische Intentionen... ineinander«.[108] Am Beispiel der *Dritten* erläutert Danuser ausführlich Friedrich Schlegels Auffassung des Romans als einer »liberalen Form«, in die sich »die Lebensweisheit vor der Schulweisheit geflüchtet« habe.[109] Martin Zenck kommt in einer Adorno gewidmeten Arbeit auf anderen Wegen zu denselben Ergebnissen:

»Entgegen Beethoven und Webern belassen Mahlers Sinfonien Ausdruck und Konstruktion in einem unwillkürlichen und zunächst fast gewaltlosen Verhältnis. Ausdruck ist in ihnen nicht Resultat der Konstruktion oder durch lineare Logik gesichert, sondern tritt in einem Netzwerk von Ähnlichkeiten hervor, das auch Nicht-Identisches im Blick hat... Diese Ähnlichkeit aber, welche weder unter Zwang noch durch bloßen Zufall sich erzeugt, macht die Schwierigkeit aus, überhaupt über Mahlers Formgesetz zu schreiben. Die Ähnlichkeiten resultieren nicht aus einer ableitbaren Nähe zu einem gesetzten Thema, werden nicht einer ›finalen Form‹ geopfert, sondern treffen aufeinander in einem bestimmten Gesetz von Korrespondenz.«[110]

Paul Bekker, der hochbedeutende Musikdenker und Literarat des ersten Jahrhundertdrittels, von Adorno und seinen Schülern – nicht nur in puncto Mahler – je und dann mehr gelesen als gewürdigt, faßt am Beispiel des Kopfsatzes der *Dritten* zusammen:

»[Die] musikalisch formalen Denk- und Organisationsprozesse lösen sich fast unmerklich auf. An Stelle des Formorganismus mit gedanklich konstruktiv erfaßten Grundrissen tritt freifließende, durch plötzlichen Willensimpuls schaffende und zwingende Gestaltungskraft.«[111]

Sinfonische Traumzeit

Konsequent romantische Ästhetik lebt von negativen Setzungen – man sieht es noch an Adornos *Ästhetischer Theorie.* Wo entsprechende Theorien die Praxis bestimmen, entsteht Avantgarde-Musik: Musik *von* einer Avantgarde *für* eine Avantgarde. Mahlers Musik zählt nicht dazu. Sie ist die avancierteste ihrer Zeit und als solche zugleich die letzte, die das Publikum – mit Vorbehalt – der sogenannten »klassischen« zurechnet. Das wäre nicht möglich, wenn dieses Publikum in Mahlers Musik nur »Stillosigkeit«, »Desintegration«, »Dissoziation«, »Gebrochenheit«, »Zerfall« wahrnähme und mit Adorno, der diese Termini durchgängig verwendet, der Auffassung wäre, »ganze Komplexe« wollten »negativ genommen« werden: Man müsse sie »gleichsam gegen sie« hören«.[112]

Doch nicht nur dies ist in Mahlers Musik wahrzunehmen: Zugleich ist eine *Ordnung* spürbar, die nicht nur Ordnung zu sein vorgibt; ein *Sinn,* der nicht lediglich die Negation seiner selbst ist, ein *Trost,* der nicht allein als ein falscher gehört werden will. So glänzend und unübertroffen Adornos Mahler-Deutung ist, so ersichtlich stammt sie doch von einem – gebrannten – Kind der Aufklärung, das ein wesentliches Moment bei Mahler zwar benennt,[113] nicht aber wahrhaft gelten läßt: den *Traum* als Paradigma für künstlerisches Erleben. Mahler selbst weist in einem Brief vom 26. März 1896 gegenüber Max Marschalk auf Traumerfahrung hin:

»Ich weiß für mich, daß ich, solang ich mein Erlebnis in Worten zusammenfassen kann, gewiß keine Musik hierüber machen würde. Mein Bedürfnis, mich musikalisch – symphonisch auszusprechen, beginnt erst da, wo die dunklen Empfindungen walten, an der Pforte, die in die ›andere Welt‹ hineinführt; die Welt, in der die Dinge nicht mehr durch Zeit und Ort auseinanderfallen.«

Die Form-Inhalt-«Problematik« erscheint innerhalb der Kategorie *Traum* in einem ganz neuen Licht. Der Traum kennt jene eindrücklichen Bilder, wie sie Mahlers Sinfonien vorführen; er kennt auch den plötzlichen Wechsel von Stimmungen und Gefühlsqualitäten. Der Traum kennt das Nebeineinander von Hohem und Niedrigem, Pathetischem und Umgangssprachlichem; er vermittelt Erlebnisse unendlicher Einheit und Schönheit neben solchen der Zerrissenheit und es Grauens. Er hebt uns in die höchsten Höhen und läßt uns ins Bodenlose stürzen, duldet Triviales neben Erhabenem. Er wertet nicht und ist unwiderlegbar. Doch nicht auf das *inhaltliche* Moment kommt es hier an, sondern auf das *formale:* Der Traum hat Struktur, jedoch, wie Freud bereits in seiner im Jahre 1900 erschienenen *Traumdeutung* sagt, keine Mittel, um die logischen Relationen unter den Traumgedanken darzustellen. Freud weist auch darauf hin, daß der Diskurs über einen Traum niemals eindeutig sein kann; und die heutige Psycholgie geht, alte Traditionen der Traumdeutung aufgreifend, von dem Gedanken aus, daß der Träumende in jeder der Traumfiguren ein Stück von sich finde.

Vom Traum her gesehen, ist Mahlers Musik in Termini, die das Moment der Destruktion herausarbeiten sollen, nicht zu fassen. Besser spräche man von *Dekomposition* als einem Begriff, der zugleich eine notwendige Präzisierung der »Traum«-These erlaubt: Selbstverständlich ist Mahlers Musik nicht dem in Trance niedergeschriebenen Protokoll eines Traumes vergleichbar, sondern kunstvolle Komposition in der ganzen Bedeutungsschwere, welche dieses Wort in der abendländischen Musikgeschichte hat. Doch zugleich ist sie Dekomposition, indem sie den idealistischen Formenpanzer lockert. Das ermöglicht Aufatmen und wachsende Sensibilität dafür, daß es andere Möglichkeiten als die »klassischen« gibt, Inhalte zu fassen oder zu bändigen – eben die des Traumes, der ja durchaus gestalthaft ist.

Hier kommt noch einmal Nietzsche ins Spiel, der – wie hier in einem Fragment aus dem Nachlaß der achtziger Jahre – den bürgerlichen Begriff des Subjekts verabschiedet:

»Subjekt: das ist die Terminologie unsres Glaubens an eine Einheit unter allen den verschiedenen Momenten höchsten Realitätsgefühls ... ›Subjekt‹ ist eine Fiktion, als ob viele gleiche Zustände an uns die Wirkung eines Substrats wären: aber wir haben erst die ›Gleichheit‹ dieser Zustände geschaffen; das Gleich-setzen und Zurecht-machen derselben ist der Tatbestand, nicht die Gleichheit.«[114]

Mahlers sinfonische Traumzeit ließe sich als Verbindung zwischen idealistischer Ästhetik und Nietzsches Subjekt-Kritik verstehen: Die »Gleichheit der Zustände«, die herzustellen sich das idealistische Kunstwerk zur Aufgabe gemacht hat, schafft Mahler in der Tat nicht. Er führt jedoch eine Art Traum-Subjekt ein, das mit dem Anspruch auftritt, »Einheit unter allen den verschiedenen Momenten höchsten Realitätsgefühls« darstellen zu können – eine Herausforderung für Analytiker und Kritiker jeder couleur. Es wäre den Versuch wert, Mahlers Musiksprache einmal nicht aus gewohnter musikästhetischer und kompositionsgeschichtlicher Sicht, sondern unideologisch wie den Traum zu untersuchen: Anregungen könnte der Strukturalismus geben. Das bedeutete zwar Gefahr für die musikwissenschaftliche Zunft, deren formanalytisches Instrumentarium nicht mehr griffe, könnte aber den Weg freimachen für Fragen noch grundsätzlicherer Art: Was leisten oder verhehlen Analysen, die im traditionellen Kategoriensystem der Form-Inhalt-Dialektik hängenbleiben? Denn darin sind sich die feindlichen Brüder Idealismus und Romantik einig: Die *Form* bestimmt über das Kunstwerk – dieses sei identisch oder seine Differenz.

»Die Musik offenbart nicht das Wesen der Welt und ihren ›Willen‹, wie es Schopenhauer behauptet hat: ... die Musik offenbart nur die Herrn Musiker! Und sie wissen es selber nicht! – Und wie gut vielleicht, daß sie es nicht wissen!«[115]

Was wäre, wenn wir diese polemische Äußerung aus dem Nachlaß Nietzsches ins Positive wendeten und jedem Komponisten sein Wesen und folglich seine Form zubilligten! Vielleicht würden wir dann die großen Werke von Beethoven bis Mahler noch einmal mit neuen Ohren hören. Dieses Buch hat ihnen einmal mehr Gewalt angetan, immerhin aber gegen mancherlei Trägheit und Gleichgültigkeit des Hörens Recht geben wollen.

Essay

Melancholie

Lucas Cranachs auf 1533 datiertes Gemälde zeigt am rechten Bildrand eine junge Frau, die in sich gekehrt und mit gesenktem Blick an einem Stock schnitzt. Ob es sich um zauberisches oder um selbstvergessenes Tun handelt, muß offen bleiben; jedenfalls fehlt ihr die Wahrnehmung für die Knaben, welche den Raum

Lucas Cranach: Melancholie, Ölbild aus dem Jahre 1533

füllen: Zwei von ihnen machen mit Querpfeife und Trommel eine vermutlich ausgelassene Musik, zu der einige andere lebhaft tanzen; weitere Knaben liegen da, als ob sie urplötzlich in Schlaf versunken seien. Am Bildhorizont erscheint ein Zug dämonischer Wesen. Eine Eule – gemeinsam mit der Fledermaus Vertreterin des saturnischen Temperaments – trägt eine nackte Hexe, die in der Linken Schlangen, in der Rechten Kröten hält; eine weitere Hexe, auf einem Teufel reitend, umarmt einen Priester usw. Der ganze Zug befindet sich in einer Wolke, an deren Anfang das Greisenhaupt von Boreas, dem eisigen Windgott, sichtbar ist; aus seinem Munde kommt das Wort *Melancholia*. Boreas aber ist Saturn, der die Melancholie regierende Planeten-Gott, lichtarm, unrein, kalt, ein Herr der dunklen Erdentiefe, gefährlich und zugleich genialisch produktiv.

Die symbolische Darstellung von Melancholie umfaßt das ganze Bild, nicht nur die Erscheinung der Frau: Traurigkeit, Abwesenheit und äußerliche Starrheit werden besonders an ihrem Gegenbild deutlich, der Vitalität, welche die Knaben ausstrahlen. Auch sie sind selbstvergessen, ob sie nun aktiv tanzen oder passiv im Schlaf liegen; doch diese Selbstvergessenheit bedeutet keinen *Rückzug* aus dem Augenblick, sondern vollkommene *Hingabe* an ihn: Melancholie ist hier geradezu als Abwehr dieses besitzergreifenden Weltverständnisses definiert.

Was dem weltzugewandten Menschen der reale Augenblick, ist dem Melancholiker sein dunkles Inneres. Dort entwickeln die vitalen Lebensansprüche, die er nicht hat verwirklichen können oder wollen, ihre eigene Dynamik; dort entsteht ein explosives Gemisch von Enttäuschung, Wut und Rachegefühlen, vor dem der Melancholiker sein Bewußtsein versperren muß: Deshalb wirkt er so starr. Die Alten sahen in solchen abgespaltenen Triebregungen dämonische Kräfte, speziell den Einfluß Saturns am Werk; In diesem Sinne hat Cranach sie gleichsam aus dem Innern der melancholischen Frau hervorgeholt und auf die Zimmerwand projiziert.

Sein Bild ist möglicherweise als direkte Antwort auf Dürers *Melencolia I* zu verstehen, die mit humanistischem Pathos das akzeptable, nämlich genialische und kunstschöpferische Moment des melancholischen Temperaments vorführt. Cranach gehört demgegenüber zum Kreis Luthers, der Melancholie mit einem »Wurm im Gewissen« vergleicht, dessen sich ein guter Christ möglichst schnell zu entledigen hat. Deshalb bringt er Melancholie auch nicht, wie Dürer, mit der gestaltenden Kraft der Geometrie in Verbindung; nicht zufällig im niederen Stil malend, zeigt er vielmehr formal Disparates, inhaltlich Befremdliches und Grelles. Symptomatisch ist der Mangel an Beziehung unter den einzelnen Figurengruppen. *Die Welt als Narrenhaus* – dieser dem 16. Jahrhundert geläufige Topos wird von Cranach unter dem speziellen Thema der Melancholie konkretisiert.

Malerei kann sich Vielschichtigkeit und Disparatheit erlauben, weil das Sujet für Kundige auf den ersten Blick erkennbar ist. Musik hat sich damit seit jeher schwerer getan. Schon in ihrer Herkunft aus Lied und Tanz liegt begründet, daß sie geordnete Zeit repräsentieren, d. h. sinnvolles Nacheinander anstatt verwirrender Vielfalt in der Gleichzeitigkeit bieten soll. Das will nicht besagen, Letzteres habe die Komponisten nicht seit jeher gereizt; vielmehr ließe sich die Geschichte der freien Phantasie geradezu als Geschichte musikalischer Melancholiedarstellung schreiben: Johann Sebastian und Carl Philipp Emanuel Bach, Mozart, Beethoven, Schumann und Liszt scheinen von den Themen *Trauer* oder *Verlassenheit* besonders angeregt worden zu sein, das Verhältnis von *affectus* und *numerus,* Diskontinuität und strenger Formung, Regellosigkeit und untergründiger Ordnung, versteckter und offener Botschaft innerhalb der Gattung der Klavierphantasie zu reflektieren. Doch das alles tendiert eher zu dem hohen Stil von Dürers Melancholie-Darstellung, als zu dem niederen Stil von Cranach: Die zunächst theologisch, dann philosphisch und ästhetisch begründete Forderung nach der harmonischen Einheit von Inhalt und Form läßt Extravaganzen nur in Maßen zu.

Der musikgeschichtlich entscheidende Einschnitt liegt erst bei Mahler. Dieser äußert sich über das *Scherzo* aus der zweiten Sinfonie am 26. März 1896 gegenüber Max Marschalk mit den Worten:

»Wenn Sie dann aus diesem wehmütigen Traum [des vorausgegangenen *Andante moderato*] aufwachen, und in das wirre Leben zurückmüssen, so kann es Ihnen leicht geschehen, daß Ihnen dieses unaufhörlich bewegte, nie ruhende, nie verständliche Getriebe des Lebens *grauenhaft* wird, wie das Gewoge tanzender Gestalten in einem helle erleuchteten Ballsaal, in den Sie aus dunkler Nacht hineinblicken – aus so weiter *Entfernung*, daß sie die *Musik* hierzu *nicht* mehr hören! *Sinnlos* wird Ihnen da das Leben, und ein grauenhafter Spuk, aus dem sie vielleicht mit einem Schrei des Ekels auffahren!«

In ähnlichem Sinn und mit gelegentlich geradezu identischen Formulierungen hat sich Mahler über das *Scherzo* immer wieder geäußert; so spricht er von einem Menschen, »der sich und sein Glück verloren hat«, von einer »Welt wie im Hohlspiegel, verkehrt und wahnsinnig«, vom »Geist des Unglaubens, der Verneinung«, vom »Ekel vor allem Sein und Werden«. Bezeichnender Weise taucht die Musik zum *Scherzo* auch in einem der Lieder aus *Des Knaben Wunderhorn* auf: Es hat die Überschrift *Des Antonius zu Padua Fischpredigt* und glossiert mit »süßsaurem« Humor die Vergeblichkeit allen hehren Engagements: »Die Predigt hat g'fallen, Sie bleiben wie alle« – so endet der *Wunderhorn*-Text, der zugleich als Mahlers Kommentar zur Rolle des Künstlers in der Gesellschaft zu verstehen ist.

Das Lebensgefühl, welches aus den Äußerungen zum *Scherzo* spricht, steht *pars pro toto* für den ganzen Mahler. Allenthalben beklagt er seine Fremdheit in der Welt und seine Verschwisterung mit Einsamkeit und Trauer. »Gestern habe ich ein trauriges Weihnachtsfest gehabt, ich saß wieder einmal allein zu Hause, und sah aus meinem Fenster die ganze gegenüberliegende Häuserreihe voller Weihnachtsbäume und Lichter«, erzählt er am 25. Dezember 1886 dem Freund Friedrich Löhr. Emil Freund berichtet er einige Jahre später aus Hamburg: »Ich habe so viel in den letzten Wochen durchgemacht – ohne äußere erkennbare Veranlassung – es packt mich die Vergangenheit – alles, was ich verloren – die Gegenwart mit ihrer Einsamkeit – und alles mögliche – Du kennst an mir solche Stimmungen aus früheren Jahren – wenn mich früher solche Traurigkeit befiel inmitten meiner Freude...« Alma Mahler schreibt er im Jahre 1907: »Sind denn die Menschen aus einem andern Stoff als ich? Donnerwetter, man möchte sich da rein in das Dickicht zurückziehen und überhaupt nichts mehr von der Welt wissen«. In seine Rückert-Lieder nimmt er den Text auf:

> »Ich bin der Welt abhanden gekommen,
> mit der ich sonst viele Zeit verdorben,
> sie hat so lange nichts von mir vernommen,
> sie mag wohl glauben, ich sei gestorben!...«

Solches Leiden hat seine Wurzeln in der Romantik und verbindet sich mit Erfahrungen des *Fin de siècle*; insofern ist es nicht auf Mahler beschränkt. Neu ist indessen die Weise, auf welche die entsprechenden Erfahrungen kompositorisch produktiv gemacht werden: Endlich kann und darf Musik das Nicht-Identische darstellen. Mahlers *Scherzo* ist aus einzelnen semantischen Segmenten zusammengesetzt, die man – für sich betrachtet – als ›schöne Stellen‹ identifizieren könnte: gefällige Streicherklänge, Klarinetten-Gedudel, schmachtende Trompeten, festlicher Tusch. Das Ganze ist im Genre populärer Tanzmusik gehalten; die Klarinettenmelodie ab Takt 45 erinnert wohl nicht zufällig an das Trio im Scherzo von Bruckners *Vierter*, und ihre Variante in den Bratschen ab Takt 105 ist dem Vorspiel zu Bachs *Bauernkantate* zwar sicherlich nicht bewußt nachgebildet, jedoch im Gestus verwandt: In beiden Fällen geht es um das Klischee des routinierten »Aufspielens«. Freilich ist bei Mahler nichts mehr von der Biederkeit seiner ›Vorgänger‹ zu finden: Die Mischungen der Harmonien und Instrumentenklänge sind pikant; und bei aller Seriosität im Handwerklichen komponiert Mahler in einer Weise ›auf Wirkung‹, die man sonst nur vom neu aufgekommenen Genre der Unterhaltungsmusik kennt. Sieht man das Scherzo in diesem Kontext, so könnte man es in der Nachbarschaft etwa des *Rosenkavalier* ansiedeln; das gilt selbst noch für die skurril windungsreiche, »mit Humor« vorzutragende Partie der Es-Klarinette ab Takt 92.

Indessen gibt es einen anderen Kontext, der nichts von Gemütlichkeit wissen will, selbst nicht von der ironisch distanzierten des *Rosenkavaliers*. Da weht es einen kalt an, und man wird mit Störungen aller Art konfrontiert: Es gibt Wiederholungen bis hin zur Monotonie, Unterbrechungen, Überlappungen, falsche Anschlüsse, zudem dissonierende Klänge, die man nicht bloß als interessante Farbmischungen ansehen kann, die vielmehr wehtun. Wenn ab Takt 465 der lange »Schrei des Ekels« erklingt – dargestellt als eine Art musikalischer Brandung, in der b-moll an C zerschellt, öffnet sich das Tor zur neuen Musik: Nicht von ungefähr hat Luciano Berio das *Scherzo* als »Gefäß« für den dritten Satz seiner eigenen *Sinfonia* von 1968 gewählt, in dem er u.a. dunkle Beckett- und Joyce-Texte verarbeitet und unvermittelt die Zeile »Mein junges Leben hat ein End« in der deutschen Originalsprache einblendet.

Keineswegs darf man von Parodie auf Tanz- oder Unterhaltungsmusik sprechen. Das hieße nämlich, an den zu parodierenden Gegenstand von außen heranzugehen und tendenziell zwischen ›Original‹ und ›Bearbeitung‹ zu trennen, wie dies etwa Strawinsky in seiner *Pulcinella-Suite* tut. Der Komponist Mahler ist nicht der Zeitgenosse Mahler, welcher dem Treiben der Welt zwar verächtlich oder verzweifelt, jedoch als sich als autonom verstehendes Subjekt gegenübertritt. Er ist vielmehr mit dem komplexen Geschehen identifiziert, erlebt und beschwört dieses jedoch als ein Nicht-identisches: Er ist – um in seinem eigenen Bild zu bleiben – im Ballsaal und in der dunklen Nacht; er hat ein Ohr für die Schönheit der »sehr ausdrucksvoll gesungenen« Trompetenmelodie und den »Schrei des Ekels«. Seine Musik ist so komponiert, daß sie in beide Kontexte paßt, ohne daß diese zueinander passen. Sie ist die Summe oder Differenz von zwei Größen, die nicht mehr aber auch nicht weniger miteinander zu tun haben, als daß ihre Summe oder ihre Differenz die entscheidende künstlerische Größe ergibt.

Im Laufe des 19. Jahrhunderts hat Musik zunehmend die Fähigkeit gewonnen, neben dem Schönen das Charakteristische darzustellen, also vor allem das Befremdliche, Schreckliche und Häßliche. Doch – von wenigen Ansätzen bei Berlioz abgesehen – ist dies stets innerhalb einer Gesamtkonzeption geschehen, die weiterhin vom Ideal des Schönen und Stimmigen bestimmt war: Im *Ring* gibt es sowohl ›schöne‹ als auch ›schreckliche‹ Figuren; doch sie haben tendenziell ihren festen Platz im Drama – wie die Guten und Bösen im Märchen. Mahlers *Scherzo* gleicht eher Cranachs Melancholie-Bildnis, das alle Elemente dieses Temperaments herbeizitiert, sich aber nicht vereinen läßt: die hingebungsvoll Musizierenden und Tanzenden, die vor dem Leben sich abschließende Person und ihr mit schwarzer, aggressiver Phantasie gefülltes Inneres.

Doch wo bleibt der »Schrei des Ekels«? Dieser Gestus des Scherz*o* hat keine

Entsprechung in Cranachs *Melancholia*, würde zu ihr auch nicht passen: Der Schrei bedeutet eine Entladung angestauter Energie, die das melancholische Temperament gerade nicht freizugeben vermag! Er macht öffentlich, daß der Mensch Zerrissenheit und Entfremdung nicht länger seiner eigenen Unzulänglichkeit zuschreibt, sondern als Unrecht erlebt, das die Welt an ihm verübt. Seinen Protest herausschreiend, schlägt er die Tür nicht nur zum idealistischen, sondern auch zum romantischen Zeitalter hinter sich zu und erweist sich damit als verzweifelt trotziges Kind des Fin de siècle – oder gar schon als Sprachrohr des Expressionismus? Dann löste sich im *Scherzo* jener absolute Schrei, den gerade eben Edvard Munch im Bild fixiert hat.

In Mahlers kargem Hamburger Arbeitszimmer hingen zur Zeit der *Zweiten* drei Bilder wie drei Wegzeichen: eine anonyme *Fischpredigt*, Dürers *Melencolia* und Tizians *Konzert* mit der Darstellung eines verklärt blickenden, entfernt an Mahler selbst erinnernden Mönches. Hier ist es somit die bei den Humanisten als Ausdruck geisterfüllter Kontemplation hochgeschätzte »edle« Melancholie, die den von der Welt enttäuschten Sinn des Künstlers auf den Trost heiliger Tonkunst verweist. In solcher Konsequenz folgt in der *Zweiten* auf die *Fischpredigt* ein als *Urlicht* bezeichneter Zwischensatz, in dem die Bläser – »sehr feierlich, aber schlicht« – die Choralweise »Aufersteh'n, ja aufersteh'n wirst du, mein Staub, nach kurzer Ruh« intonieren. Der Zeitgenosse vernimmt es mit Respekt; doch was gälte ihm die ganze Sinfonie, ja Mahlers Gesamtwerk, wenn dort nicht immer wieder Unversöhntes, Nicht-Identisches zur Sprache käme?[116]

Epilog:

Die Musik des 19. Jahrhunderts in der Spannung zwischen Idealismus und Romantik

Über wenige Musiker sind in den letzten Jahrzehnten so viele kluge Äußerungen getan worden wie über Mahler. Die Musikwissenschaft hat alles daran gesetzt, das »Prinzip Mahler«, wie Hans Heinrich Eggebrecht es bezeichnenderweise nennt,[1] auf den Begriff zu bringen: Auf der einen Seite möchte sie Mahler als einen Komponisten vorstellen, der – um mit Theodor W. Adorno zu sprechen – den »Protest des mündig gewordnen Subjekts gegen jeden diesem heteronom vorgeordneten Sinn« in letztmöglicher Konsequenz artikuliert.[2] Auf der anderen Seite will sie diese alles Konventionelle hinter sich lassende, singuläre Verhaltensweise zum ›Stil‹ erheben und mit dem Rüstzeug traditioneller Analyseverfahren erklären, die sich doch bisher eher beim Nachweis des »Tautologischen« und »Stimmigen« bewährt haben.[3]

Zur Vermittlung dieses Widerspruches werden negative Kategorien wie »Stillosigkeit« oder Desintegration« eingeführt. Friedhelm Krummacher spricht angesichts des »Blumenstückes« aus der *Dritten* von »Zersetzung als Resultat«.[4] Bernd Sponheuer sieht – auf den Spuren Adornos – in Mahlers Spätwerk geradezu eine »Logik des *Zerfalls*« am Werk, welche eine »gleichsam vorkritisch, ontologisch: als unerschütterliche Substanz gedachte Logik des *Systems*« ersetze. Nach beider Auffassung verwendet Mahler geschichtliches Material im Sinne von »Zitat« und »Erinnerung«: Komposition wird zur Dekomposition oder – in semantischer Dimension – zum Ausdruck von »Abschied und Trauer«.[5]

Falls die »Logik des Zerfalls« als gleichsam spiegelverkehrte »Logik des Systems« verstanden werden sollte, wäre Skepsis am Platz: Eine mechanische Umwertung traditioneller ästhetischer Kategorien würde zwar dem Form- und Strukturanalytiker generelles Umdenken ersparen, dem irrationalen Moment in der Musik Mahlers aber nicht gerecht werden. Die Wurzeln dieser Irrationalität, die ästhetisches Kalkül nicht ausschließt, vielmehr unsere fragmentarische Erkenntnis vom Wesen der Dinge um die Dimension des Unsagbaren, Phantastischen und Nicht-Logischen bereichert, liegen in der Romantik; insofern bedeutet Mahlers Musik in der Tat Abschied – Abschied vom idealistischen Zeitalter. Dieser beginnt tendenziell lange vor Mahler, denn er trägt den Namen »Romantik«; Mahler vollzieht ihn jedoch definitiv. So gibt sein Werk den letzten Anstoß, Idealismus und Romantik in der Musik schärfer voneinander abzugrenzen, als dies bisher in der Literatur geschehen ist. Der nachfolgende Beitrag hierzu hat zugleich das Ziel, einige der in diesem Buch verfolgten Denkrichtungen noch einmal zu fixieren.

Nach Nicolai Hartmann, einem der Väter der philosophischen Idealismusforschung, ist die idealistische Metaphysik des Schönen von der Grundannahme bestimmt, daß allem Seienden eine »unbewußte Intelligenz« oder eine »absolute Vernunft« zugrundeliege.[6] Manfred Frank, der in den letzten Jahren die philosophische und ästhetische Differenz zwischen Idealismus und Romantik mit großer Trennschärfe herausgearbeitet hat, spricht außerdem von dem Postulat idealistischen Denkens, »die unendliche Fülle des Seienden [müsse] sich als Entwicklung Eines Prinzips darstellen lassen«.[7] Der Mensch ist nicht von vornherein im Stande, im Sinne der absoluten Vernunft oder des Einen Prinzips zu leben, steht vielmehr im Widerspruch zwischen dem, das er theoretisch für wahr hält, und dem, das er praktisch tut – um mit Kant zu sprechen: zwischen der reinen und der praktischen Vernunft. Diesen Abgrund schließt die Kunst: Sie vermittelt die Erfahrung, daß es kein Zwang sein muß, praktisch zu tun, was man theoretisch für richtig hält, daß es vielmehr Freiheit bedeutet. In der im Zusammenhang mit Beethovens *Neunter* schon erwähnten Vorrede zur *Braut von Messina* schreibt Schiller:

»Die wahre Kunst aber hat es nicht bloß auf ein vorübergehendes Spiel abgesehen, es ist ihr ernst damit, den Menschen nicht bloß in einen augenblicklichen Traum von Freiheit zu versetzen, sondern ihn wirklich und in der Tat frei zu machen, und dieses dadurch, daß sie eine Kraft in ihm erweckt, übt und ausbildet, die sinnliche Welt, die sonst nur als ein roher Stoff auf uns lastet, als eine blinde Macht auf uns drückt, in eine objektive Ferne zu rücken, in ein freies Werk unsers Geistes zu verwandeln, und das Materielle durch Ideen zu beherrschen. Und eben darum, weil die wahre Kunst etwas reelles und objektives will, so kann sie sich nicht bloß mit dem Schein der Wahrheit begnügen; auf der Wahrheit selbst, auf dem festen und tiefen Grunde der Natur errichtet sie ihr ideales Gebäude.«[8]

Aus solchen geradezu moralischen Maximen, die speziell für Beethovens Werk eine gar nicht zu überschätzende Bedeutung gehabt haben, lassen sich ästhetische Grundsätze ableiten, die im Detail zwar von jedem Autor anders formuliert werden, tendenziell aber viele Gemeinsamkeiten haben und hier katalogartig genannt werden sollen:[9] Kunst lebt von der Idee des Schönen und des Erhabenen. Das Kunstschöne orientiert sich am Naturschönen. Insofern verbindet es sich mit Vorstellungen des Organischen und Harmonischen. Kunst zielt auf Einheit, Vollkommenheit, Stimmigkeit, Konsequenz, Reinheit und Geschlossenheit. Sie versöhnt das Unendliche mit dem Endlichen, das Allgemeine mit dem Besonderen, das Ganze mit den Teilen, die Idee mit der Individualität. Die allgemeine Form der Kunst ist Ausgeglichenheit: nicht zu wenig, nicht zu viel. Das Gleichgewicht von Inhalt und Form ergibt den schönen Stil. Kriterium des Kunstwerks ist die geglückte Form; die Wahl der Inhalte muß deshalb auf solche beschränkt bleiben, welche sich der Form in notwendigem Maße fügen.

Die Leserinnen und Leser werden bemerken, daß dieser Katalog Kriterien nennt, nach denen man bis heute »klassische Schönheit« zu beurteilen pflegt, und daß er – bei herabgesetztem Anspruchsniveau – auch auf Trivialkunst anzuwenden ist. Indessen ist er alles andere als banal, löst vielmehr die barocken, regelstrengen Kunstlehren ab, befreit den Künstler insofern von einem schweren Joch und spricht ihm fast unermeßliche Würde und Verantwortung zu: Kunst steht für den Sinn des Weltganzen und das Glück des einzelnen. Der Mensch erschafft sich in der Kunst; formale Beschränkungen, die sie ihm auferlegt, sind nicht zu seinem Nachteil, lassen ihn vielmehr sein Maß und Ziel finden.

Die im Schoße des Idealismus entstehende, sich diesem aber zugleich entgegenstellende radikale Frühromantik tritt den erkenntnistheoretischen Voraussetzungen der idealistischen Ästhetik entgegen: Das höchste Sein überfordert die Möglichkeiten unseres Erkenntnisvermögens; das Absolute ist der Reflexion nicht zugänglich, Unendlichkeit im Endlichen nicht erfahrbar, Totalität nicht darstellbar. Vom Menschen behauptet die nur vermeintlich weltferne Romantik, er sei nicht ideal, identisch, harmonisch, sondern – nach Tieck – »nichts als Inkonsequenz und Widerspruch«[10]. Friedrich Schlegel meint, daß die »progreßiven Menschen« zwangsläufig den Fehler der »Verworrenheit«, »Inconsequenz« und »Charakterlosigkeit« haben müßten.[11]

Für die Kunst hat dies zweierlei Folgen. Einerseits wird sie gegenüber dem Idealismus noch einmal aufgewertet, indem sie in die Bresche springt, wo das Denken und die Begriffe zur Darstellung des Unendlichen im Endlichen, des Allgemeinen im Besonderen, des Ganzen in den Teilen nicht ausreichen: Vom Höchsten haben wir keine andere Anschauung als eine allegorische, und das ist eine künstlerische. Diese ist andererseits zwangsläufig begrenzt und nur in negativer Bestimmung »frei«, indem sie dem Ich die Selbstidentität verweigert und es ständig über seine Grenzen hinaustreibt. Das Absolute und Unendliche der Kunst ist nicht mehr und nicht weniger als eine »regulative Idee, ohne welche sich endliches Denken nicht als [das] Bruchstück und Stückwerk« zu begreifen vermöchte, das es ist. Die wesentlichen Kategorien, innerhalb derer romantische Kunst vorstellbar ist, sind die des Fragments, des Witzes und der Ironie als Ausdruck des »zerrissenen Selbst«.[12]

Diese konsequent romantische Ästhetik hat sich nicht durchgesetzt, ist vielmehr verschwiegen oder unterdrückt worden; Goethes Vergleich von »gesunder« Klassik und »kranker« Romantik hat gewiß einer allgemeinen Einschätzung Bahn gebrochen. Das zeigt sich um die Jahrhundertmitte in den allgemeinen ästhetischen Entwürfen etwa von Friedrich Theodor Vischer (1857) und Hermann Lotze (1868) ebenso wie in den speziell musikästhetischen Konzeptionen, die zwar nicht allesamt so formalistisch sind wie Eduard Hanslicks *Vom Musikalisch-Schönen* (1854), von der Hauptlinie des deutschen Idealismus jedoch nicht wesentlich abweichen. So erweisen beispielsweise die Arbeiten von August Wilhelm Ambros über *Die Grenzen der Musik und Poesie* (1856) und von Adolph Kullak über *Das Musikalisch-Schöne* (1858) Hanslick ihren Respekt, auch wenn sie die Rigidität seiner Positionen kritisieren.

Bis heute gibt es eine Tradition, Klassik und Romantik unter dem Oberbegriff des Idealismus zusammenzufassen. So spricht Peter Bürger in seiner 1983 erschienenen *Kritik der idealistischen Ästhetik* von der »Autonomieästhetik« als einem den beiden geistesgeschichtlichen Strömungen gemeinsamen Moment.[13] Das ist nicht ohne Berechtigung, wenn man von der Gegenwart her die das 19. Jahrhundert verbindenden Elemente zu bestimmen sucht; in diesem Sinne versteht sich auch der Untertitel dieses Buches. Bei der Betrachtung der Interna ist jedoch die von Manfred Frank und Karl Heinz Bohrer hervorgehobene *Differenz* zu beachten,[14] und dies umso mehr, als der Musikhistoriker das Wesen des Klassischen oder gar des Romantischen keineswegs innerhalb einer autonomieästhetischen Konzeption vom Schlage Hanslicks zureichend repräsentiert finden wird: Wie bereits dargestellt, kann die Frage nach der »Autonomie« des Kunstwerks überhaupt nur unter *der* Prämisse zentraler Diskussionspunkt werden, daß zuvor andere wesentliche Aspekte ausgeblendet worden sind – und sei es nur die an sich selbstverständliche Einsicht, daß die Werke über die ihnen theoretisch gesteckten Grenzen hinausschießen.

Sofern die klassische Ästhetik um die Jahrhundertmitte – nicht zuletzt unter den Einwirkungen der bürgerlichen Revolution von 1848/49 – Modifikationen erfährt, geschieht dies nicht in Hinwendung zur unbequemen, bizarren, vor allem dem großen Ganzen sich verschließenden Romantik, sondern im Blick auf die Zielsetzungen des modernen *Realismus,* der Kunst und Leben nicht auf dem hohen Niveau des Idealismus einander entgegensetzen, sondern mit pragmatischer Tendenz versöhnen will: Die Künstler sind dazu aufgerufen, ihren Teil zu einer Gesellschaft beizutragen, die tätig und rührig, aber alles andere als hybrid am politischen und ökonomischen Fortschritt arbeitet. Julian Schmidt, damals zusammen mit Gustav Freytag Herausgeber der für die Propagierung des Realismus einschlägigen Wochenzeitschrift *Die Grenzboten,* schreibt 1853 in seiner *Geschichte der Deutschen Literatur*:

»In unserer Kunst breitet sich mehr und mehr die Ueberzeugung aus, daß man den subjectiven Idealismus der frühern Zeit aufgeben und sich dem wirklichen, dem nationalen Leben zuwenden müsse ...
Die furchtbare Erschütterung des Jahres 1848 – furchtbar, weil sie mit unerbittlichem Ernst die schönsten Illusionen zerschlagen hat – wird heilsam auf die Nerven unserer Dichter wirken. Die Phrase hat sich selber widerlegt; sie kann das zaghafte Gewissen nicht mehr beruhigen ...
Wir finden die Symptome der Zukunft auch keineswegs in einzelnen großen Leistungen, sondern in der Massenliteratur, in der sich ein immer größerer Ernst und ein concretes Verständniß des Lebens ausspricht.«[15]

Franz Brendel, Schriftleiter der von Robert Schumann gegründeten *Neuen Zeitschrift für Musik*, Theoretiker und Propagandist der »neudeutschen« Komponistenschule und als solcher von seinen Gegnern dem linken, scheinprogressiven Lager zugeordnet, teilt die Verurteilung »einer nur im Gedanken existirenden Kunst« und unterstützt in einem im gleichen Jahr erschienenen Beitrag den »Drang nach voller Wirklichkeit«, wie er ihn in den Sinfonischen Dichtungen Liszts und in Wagners Konzeption des musikalischen Dramas wirksam sieht.[16] Diese seine Gewährsleute rühmt Brendel nicht vor dem Hintergrund einer ausdifferenzierten Musikästhetik, sondern wegen ihres generellen Zugriffs auf die Kunst: Anstatt sich an eine weltferne Subjektivität zu verlieren, greifen sie große Themen der Zeit auf, um sie in kraftvoller Allgemeinheit und im Verbund mit anderen Künsten darzustellen.

In diesem Sinne spricht auch Joachim Raff 1854 von einem »gesunden« und »der modernen Ästhetik entsprechenden Idealrealismus«, welcher »aus dem Nebelthale einer kränkelnden und affectionsvollen Subjectivität« herausgeführt und in Richard Wagner seine erste künstlerische »Darlegung« gefunden habe. Ein Kunstwerk wie das des *Lohengrin* »ist principiell die größtmögliche Erweiterung der Symphonie Beethoven's und Berlioz's«. Unter »Idealrealismus« versteht Raff, zum Zeitpunkt des Erscheinens seiner intelligenten Schrift Privatsekretär Liszts, später ein bekannter Komponist,

»die Setzung des Schönen in jener Einheit der concreten Idee mit der sinnlichen Erscheinung ..., wo die Berechtigung des Subjectes sich nicht mehr zur Beeinträchtigung des Objectes herbeiläßt, sondern vielmehr sich mit demselben ganz erfüllt und seine eigene Wesenheit zwar ebenfalls, aber nur insoweit an demselben zur Erscheinung bringt, als es Goethe schon in dem Ausspruche bezeichnet: *Die höchste und einzige Operation der Natur und Kunst ist die Gestaltung, und in der Gestaltung die Specification, damit ein Jedes ein Besonderes, ein Bedeutendes* (man nehme das Wort in dem Sinne als es Hegel interpretirt hat) *sei und bleibe*.«[17]

Obwohl Raff die Musik generell als »wesentlich romantisch subjective Kunst« würdigt und Schumann als »subjectiv romantischen Musiker« in der Nachfolge

Beethovens zu schätzen weiß,[18] geht er doch – wie die meisten seiner Zeitgenossen – über die so schwer zu integrierende Ästhetik der radikalen Romantik hinweg: Den Forderungen der Zeit entspricht es, den Idealismus der Weimarer Klassik mit den Gegenwartsforderungen nach einem realistischen Beitrag der Musik zu den allgemeinen Fragen der Gesellschaft zu verbinden; für die absoluten Zweifel und Sehnsüchte eines mit sich selbst zerfallenen Subjekts ist da kein Platz.

Wo ist das Romantische in der Musik des 19. Jahrhunderts anzusiedeln? Ist, zugespitzt gesagt, Mahler insofern der erste und letzte Romantiker, als er endlich die frühromantische Forderung ernst nimmt, Nicht-Identität zum formalen Kriterium der Kunst zu machen? Die Antwort auf diese Frage erfolgt zweckmäßig differenziert nach Gattungen.

Die *Sinfonie* des 19. Jahrhunderts ist das Kind des Idealismus. Ihr Haupttypus der Finalsinfonie ist ob seines letztendlich affirmativen Gestus radikaler Romantik wesensfremd. Zweifellos erfährt die Gattung unter dem Einfluß Schuberts, Webers, Spohrs, Schumanns und Mendelssohns romantische Einfärbungen: Die Sujets zeigen eine Tendenz zum Folkloristischen und Malerischen; das Musizieren wird entspannter, die Tonsprache liedhafter, die Harmonik reizsamer. Insgesamt findet jedoch kaum mehr als die Romantisierung einer Gattung statt, die sich in ihrer Substanz an der von Beethoven geschaffenen Tradition orientiert; Sinfonien schreiben heißt geradezu *qua definitione*: ›klassisch‹ komponieren. Bei Brahms und Bruckner kann man von Konservierung und Neuetablierung des sinfonischen Gedankens zugleich sprechen. Zwar läßt sich bezweifeln, daß beide Komponisten noch den Enthusiasmus Schillers teilen, mittels Kunst »das Materielle durch Ideen beherrschen« zu können; doch ihre Distanz zum Optimismus Beethovens macht sie als Sinfoniker noch nicht zu Romantikern, eher zu genialen, freilich von dem Gewicht der Erbschaft fast erschlagenen Nachgeborenen.

Ein Thema für sich ist die *Rezeption* sinfonischer Musik im 19. Jahrhundert. Für Richard Wagner hat bereits Beethovens Instrumentalmusik »das Reich der kühnsten Romantik erschlossen«.[19] Schon vor ihm hatte E. T. A. Hoffmann den Sinfoniker Beethoven als einen »rein romantischen Komponisten« bezeichnet; doch auch die Instrumentalwerke Mozarts und Haydns atmen in seinen Augen »romantischen Geist« – ganz zu schweigen von der alten, unvergänglichen Kirchenmusik.[20] Für die frühromantischen Musikdenker ist jede Musik, welche ihren Namen in einem emphatischen Sinne verdient, eine romantische; und Musik ist die romantische Kunst schlechthin. Solche Sichtweisen erweitern unseren ästhetischen Zugang zur Sinfonik des 19. Jahrhunderts, machen aber nicht bestimmte Perioden derselben zu romantischen.

Liszt löst sich in seinen Sinfonischen Dichtungen von den erstarrten Formen der traditionellen Sinfonie, handelt damit aber gleichwohl weniger im Sinne der deutschen Romantik als vor ihm Berlioz im Kontext der französischen: Zwar geben die Sinfonischen Dichtungen Anlaß zu der Frage, ob ihre Inhalte innerhalb der für sie geschaffenen Form adäquat darzustellen seien, und ob umgekehrt die Form ihre speziellen Inhalte wirklich zu fassen vermöchte. Solche Probleme taugen jedoch nicht als Indiz dafür, daß Liszt Romantik gegen Idealismus bewußt habe ausspielen wollen: Im Einklang mit dem letzteren möchte er – inhaltlich wie formal – stimmig und schlüssig komponieren und geradezu Beethovens Final-Siege fortsetzen, wenn auch mit anderen Mitteln. Zwar erzählt Liszt romanhaft, jedoch nicht – wie Berlioz – im Sinne des ironisch gebrochenen Romans, sondern gleichsam erfolgs- und zielorientiert. Dabei ist allerdings eine Verführung durch die Romantik im Spiel: sich auf Stoffe einzulassen, bei deren Bewältigung die Ideale formaler Schönheit, Selbstbezüglichkeit und Einheit ins Hintertreffen geraten könnten; so verschafft sich die Romantik durch die Hintertüre Eintritt in eine Gattung, die ihr Schöpfer eher als seinen eigenen, späten Beitrag zur Weimarer Klassik ansieht.

Die *Kammermusik* ist die am meisten traditionsverhaftete Gattung des 19. Jahrhunderts: Deutlicher noch als in der Sinfonie zeigt sich hier ein Zug zum Klassizismus, verknüpft mit einem elitären Verständnis von musikalischer Kunst. Während die der sinfonischen Gattung innewohnenden Tendenzen zu einer suggestiven, publikumswirksamen Tonsprache dafür sorgen, daß der traditionelle Rahmen immer wieder von eindrücklichen Bildern gesprengt, und damit die romantische Öffnung zum Unendlichen hin erlebbar wird, drückt sich in der Kammermusik das ›Absolute‹ eher in der säkularisierten Bedeutung des Begriffes aus: als Triumph formal stimmiger Arbeit, wie sie namentlich im Streichquartett das Ideal schlechthin ist.

Ganz anders sieht das angesichts des *Klavierliedes* aus. Daß an der Vorgabe der geschlossenen Form äußerlich kaum gerüttelt wird, gereicht der Romantik hier nicht zum Nachteil: Der Gegensatz zwischen der Endlichkeit der kleinen Liedstrophe und der Unendlichkeit der großen Gefühle ist der Gattung geradezu eingeschrieben. Was Schubert, Schumann und Brahms, aber auch Hugo Wolf an Windungen und Brechungen in jede einzelne Zeile hineinkomponieren, macht das Klavierlied zur romantischen Gattung schlechthin. Kein Zufall, daß die sinfonische Vollendung der Romantik in Mahler zu großen Teilen aus der Auseinandersetzung mit dem romantischen Lied erwächst.

Schließlich gibt es den *Klavierkomponisten* Schumann, der in seinen Opera 1 bis 29 – nebst einigen mit höherer Opuszahl geführten – unter Aufbietung aller geistigen und seelischen Kräfte die Quadratur des Kreises schafft: Seine hier *pars pro toto* genannten *Kreisleriana* kann man als aberwitziges, verrücktes Stück hören, jedoch auch – und wie oft geschieht dies heute in Konzertsälen! – als zwar komplexe, aber doch geschlossene Folge kleiner Charakterstücke wahrnehmen. Da ist wahrhaft subversive Romantik am Werk: Die Philister finden ihre in Form, Melodik, Metrik und Harmonik konkret nachweisbare Idealität der Form; die Davidsbündler lachen sich angesichts des Triebhaften, Unversöhnten und Kryptischen ins Fäustchen.

Neben Schumann hat sich auch Brahms wegen der »Subjektivität« seiner frühen Klaviermusik nebelhaftes und grüblerisches Komponieren vorwerfen lassen müssen;

beide sind dann zunehmend den Weg des von Joachim Raff so genannten »Idealrealismus« gegangen: hin zur Sinfonik, zum Oratorium und zum volkstümlichen Lied als zu Gattungen, die des Künstlers »konkretes Verständnis des Lebens« unter Beweis stellen. Brahms nimmt das Problem noch um eine ganze Dimension des Denkens ernster als Schumann: Er will nicht nur vordergründig seinen ›gesellschaftlichen‹ Pflichten nachkommen, sondern darüber hinaus ernsthaft nachweisen, daß mit dem idealistischen Erbe – trotz Enttäuschung und Trauer der Nachgeborenen – noch etwas anzufangen sei: Der Geist der Weimarer Klassik muß wachgehalten werden, auf daß er in besseren Zeiten seine volle Geltung wiedererlangen kann.

Unzweifelhaft existiert die deutsche romantische *Oper* – was anderes ist der *Freischütz* angesichts seiner Thematik, aber auch der Offenheit seiner Form, die als singspielhaft nur unzureichend erklärt wäre: Da weitet sich der Bühnenhorizont, um den Blick auf die Natur, den »frischen Wälderduft« freizugeben und »wunderbare Urempfindungen« zu ermöglichen, wie sie nur das »innig beschauliche Geistesleben« der Deutschen kennt. So jedenfalls sieht es Richard Wagner,[21] der von Weber als seinem »Erzeuger« spricht.[22] Vor allem bei Weber hat Wagner seine Alternative zum italienischen und französischen Opernwesen vorgezeichnet gefunden; ohne ihn hätte er seine von ihm selbst als *romantische Opern* bezeichneten Bühnenwerke vom *Fliegenden Holländer* bis zum *Lohengrin* nicht schreiben können. Doch wie steht es mit dem *Ring*, mit *Tristan und Isolde* und *Parsifal* – Werken, die Wagner unter der ausdrücklichen Prämisse »Ich schreibe keine Opern mehr« geschaffen hat?

Wagners *Musikalisches Drama* läßt sich nach den eindringlichen Darlegungen Stefan Kunzes unter vielen Aspekten als Kind der Romantik deuten:[23] Die Vorstellung einer Kunstreligion, die für die Konzeption eines musikalischen Gesamtkunstwerks den notwendigen Hintergrund gibt, ist durchaus romantischer Herkunft. Auch die Intensität, mit der Wagner im *Ring* aus dem nordisch-germanischen Mythos schöpft, ist vielfach romantisch aufgeladen; Friedrich Schlegels *Rede über die Mythologie* läßt sich geradezu als Ankündigung des musikalischen Dramas lesen: Der moderne Dichter, der »jedes Werk wie eine neue Schöpfung von vorn an aus Nichts« schaffen muß, bedarf einer »neuen Mythologie« als »eines mütterlichen Bodens, eines Himmels, einer lebendigen Luft«:

> »Die neue Mythologie muß ... aus der tiefsten Tiefe des Geistes herausgebildet werden; es muß das künstlichste aller Kunstwerke sein, denn es soll alle anderen umfassen, ein neues Bette und Gefäß für den alten ewigen Urquell der Poesie und selbst das unendliche Gedicht, welches die Keime aller andern Gedichte verhüllt.«[24]

Die Deutung des *Ringes* als eines romantischen Kunstwerks findet dort ihre Grenzen, wo Wagner missionarisch darangeht, Mensch und Gesellschaft wieder auf den richtigen Weg zu bringen – ein Impuls, in dem sich Aufklärung und Moralismus durchdringen. Das Bild, das der *Ring* von der Spezies Mensch zeichnet, macht dem Zeitalter von Karl Marx und Sigmund Freud alle Ehre:[25] Ausdrücklich fordert Wagner dazu auf, Ursachenforschung zu treiben – ein Gedanke, der freilich fortwährend an der Undurchdringlichkeit des Mythos, den er ergründen will, scheitert. Wagners Botschaft ist *sui generis*: Läßt sich bereits Beethovens Musik nicht aus der Philosophie des Idealismus ableiten, sondern nur als ein Teil derselben verstehen, so ist das Gesamtkunstwerk des *Ringes* – in einem emphatischen Sinn verstanden, also nicht als eine trockene Addition von Text, Musik und Szene – nicht einmal Teil einer idealistischen oder romantischen, sondern genuine Philosophie im Zeitalter Nietzsches.

Zur traditionellen Form-Inhalt-Dialektik steht Wagner quer: Indem er die Form so organisch und geschmeidig zu gestalten sucht, daß man sie über den Inhalten gar nicht mehr wahrnimmt, unterläuft er den idealistischen Anspruch des Künstlers, das Materielle durch Ideen zu beherrschen: Beides ist nicht voneinander zu trennen. Ein ›Leitmotiv‹ ist kein roher Stoff, der zu bearbeiten wäre, aber auch keine Idee, die es zu materialisieren gälte; es stellt sich als Form des Mythos dar. Das kann man nur akzeptieren oder zurückweisen, nicht aber im Sinne traditioneller Musikästhetik erklären.

Auch ›Kunst des Übergangs‹, ›unendliche Melodie‹ und die Tendenz zur Klangfarbenkomposition geben wenig Gelegenheit, sich an klassisch klaren Formen und ausgewogenen Proportionen zu erfreuen, stehen vielmehr romantischen Vorstellungen nahe. Der gänzliche Verzicht auf irrationale, fragmentarische und ironische gebrochene Formung zugunsten einer weitgehenden Unterwerfung kompositorischer Einfälle unter die Interessen des Dramas hat jedoch nichts mit phantastischer Romantik zu tun. So hat man Wagners Werk seit Eduard Krüger vermittelnd einer »realistischen Romantik« oder einem »romantischen Realismus« zugeordnet.[26] Diese Termini sind jedoch an dem Teilmoment Musik orientiert. Blickt man nicht auf dieses, sondern auf das intendierte Ganze des musikalischen Dramas, so ist Wagner ein legitimer Erbe idealistischer Ästhetik: Wie selbstverständlich hält er an der Vorstellung des organisch gefügten, formal geglückten, mit sich identischen Werks fest.

Das Ende des deutschen Idealismus markieren, musikgeschichtlich gesehen, drei Heroen: Von Brahms ist zu verkünden, man habe ihn *liegen gesehn, wie das Gesetz es befahl*. Wagner sieht man mit zweischneidigem Schwert die mythische Macht der Musik gegen den andrängenden Skeptizismus der Moderne verteidigen. Mahler, negativer Held, will die Ohnmacht des an der Welt verzweifelten Subjekts in moralische Macht verwandeln; in der *Dritten* zeigt er seine Seele – so sieht es Arnold Schönberg – »nackt, splitternackt«.[27] Keiner der drei errichtet, wie einst Beethoven, Tempel der Freiheit; alle arbeiten an Dämmen gegen die Angst vor dem Untergang des Vernunft-Kosmos. Die Dämme sind gebrochen; inzwischen baut jeder Künstler an seinem Schutzwall, und die Formulierung allgemeiner ästhetischer Maximen stößt auf Schwierigkeiten. So wäre die tendenziell verallgemeinernde Sichtweise dieses Buches der Kunst unserer Zeit nicht angemessen; zur kategorialen Deutung der Musik des 19. Jahrhunderts mag sie, so hofft es der Autor, beigetragen haben.

Anmerkungen

Die Literatur zur Musikgeschichte und Ästhetik des 19. Jahrhunderts umfaßt viele tausend Titel. In den folgenden Anmerkungen sind in der Regel nur Arbeiten aufgeführt, denen wörtliche Zitate oder wesentliche Anregungen entnommen wurden. Daß ein Buch wie dieses ohne die sachverständigen Äußerungen einer großen Zahl ungenannter Forscherinnen und Forscher nicht hätte geschrieben werden können, versteht sich von selbst, sei aber ausdrücklich und dankbar erwähnt.

Um den Anmerkungsapparat zu entlasten, sind Briefe Beethovens, Schuberts, Schumanns, Brahms', Liszts, Mendelssohns, Wagners, Bruckners und Mahlers in den ihnen jeweils gewidmeten Kapiteln nur unter dem Datum aufgeführt. Die neue, von S. Brandenburg herausgegebene Ausgabe der Beethoven-Briefe war zum Zeitpunkt der Drucklegung leider noch nicht erschienen, so daß mögliche Übertragungsfehler der alten Ausgaben übernommen werden mußten. Die Briefe Schuberts sind nach den von Otto Erich Deutsch herausgegebenen *Dokumenten seines Lebens* zitiert, diejenigen von Brahms und Liszt nach den alten Sammelausgaben, die von Wagner im wesentlichen nach der neuen Brief-Gesamtsausgabe. Mahlers Briefe liegen in guten Neueditionen vor. In allen anderen Fällen mußte der Autor auf zum Teil ältere, vermutlich nicht immer zuverlässige Einzelausgaben zurückgreifen; in Einzelfällen hat er Kopien der Originale eingesehen.

Kapitel 1

1 Beethoven-Haus Bonn, Sammlung Bodmer. - Beethovens Konversationshefte, Bd. 3, hrsg. v. Karl-Heinz Köhler u. Dagmar Beck, Leipzig 1983, S. 23.
2 August Wilhelm und Friedrich Schlegel, Athenaeum, Bd. 1, Berlin 1798 (Nachdruck Stuttgart 1960), S. 320.
3 Johann Wolfgang von Goethe, Briefe, Bd. 3, hrsg. v. Bodo Morawe, Hamburg 1965, S. 200.
4 Albert Leitzmann, Ludwig van Beethoven. Berichte der Zeitgenossen, Bd. 1, Leipzig 1921, S. 46.
5 Anton Schindler, Ludwig van Beethoven, Teil 1, 5. Auflage Münster 1927, S.241. - Zur nachfolgend erwähnten Widmung der Klaviersonate op. 101 vgl. ebda. S. 243.
6 Beide Zitate nach: Harry Goldschmidt, Um die Unsterbliche Geliebte, Leipzig 1977, S. 60.
7 Schindler, wie Anm. 5, S. 96.
8 Alexander Wheelock Thayer, Ludwig van Beethovens Leben, Bd. 1, 3. Auflage, Leipzig 1917, S. 267.
9 Johann Wolfgang von Goethe, Werke, hrsg. v. Erich Trunz, Bd. 9, Hamburg, 5. Aufl. 1964, S. 384 f.

10 Heinz Heimsoeth, Artikel ›Schopenhauer‹, in: Die Musik in Geschichte und Gegenwart, Bd. 12 (1965), Sp. 43.
11 Ernst Bloch, Das Prinzip Hoffnung, Bd. 3, Frankfurt a. M. 1959, S. 185 f.
12 August Halm, Beethoven, Berlin 1927, S. 79 u. 91.
13 Hans Mersmann, Musikhören, Wakendorf 1964, S. 264.
14 August Halm, Von zwei Kulturen der Musik, München 1920, S. 107.
15 Werner Hofmann (Hrsg.), Europa 1789. Aufklärung. Verklärung. Verfall. Katalog der Austellung in der Hamburger Kunsthalle. Köln 1989, S. 111 f.
16 Martin Warnke, Ein Motiv aus der politischen Ästetik, in: Jürgen Kocka (Hrsg.), Bürger und Bürgerlichkeit im 19. Jahrhundert, Göttingen 1987, S. 232.
17 Carl Dahlhaus, Ludwig van Beethoven und seine Zeit, Laaber 1987, S. 106.
18 Wolfgang Robert Griepenkerl, Das Musikfest oder die Beethovener, Braunschweig 1838.
19 Arnold Schmitz, Das romantische Beethovenbild, Berlin und Bonn 1927, S. 166. - Geck/Schleuning , wie Anm. 21, S. 56 f.
20 Carl Czerny, Erinnerungen aus meinem Leben, hrsg. v. Walter Kolneder, Straßburg u. Baden-Baden 1968, S. 43.
21 Martin Geck und Peter Schleuning, ›Geschrieben auf Bonaparte‹. Beethovens *Eroica*: Revolution, Reaktion, Rezeption, Reinbek 1989, S. 111ff.
22 Paul Bekker, Beethoven, Berlin 1911, S. 225 ff. - Harry Goldschmidt, Beethoven. Werkeinführungen, Leipzig 1975, S. 29 ff. - Constantin Floros, Beethovens Eroica und Prometheus-Musik. Sujet-Studien, Wilhelmshaven 1978.
23 Goethe, Werke, Bd. 10, Hamburg 3. Aufl. 1963, S. 49.
24 Claude V. Palisca, French Revolutionary Models for Beethoven‹s *Eroica* Funeral March, in: Music and Context, Harvard 1985, S. 198 ff.
25 Alexander Ringer, The Chasse as a Musical Topic of the 18th Century, Journal of the American Musicological Society 6, 1953, 158 f.
26 Zitiert nach Geck/Schleuning, wie Anm. 21, S. 132 f. Die im folgenden mitgeteilten Gedanken Schleunings nach demselben Buch.
27 Vgl. Ulrich Tadday, Die Anfänge des Musikfeuilletons, Stuttgart und Weimar 1993, S. 101ff. - Meine eigene Auflösung des Kürzels »E.W.« als Ernst Woldemar (vgl. Geck/Schleuning, wie Anm. 21, S. 228 u. 406) ist entsprechend zu revidieren.
28 Jean Paul, Sämtliche Werke, 3. Abteilung, Bd. 4, Berlin 1960, S. 308.
29 Zitiert nach Geck/Schleuning, wie Anm. 21, S. 205.
30 Schindler, wie Anm. 5, Teil 2, S. 221.
31 Alexander Wheelock Thayer, Ludwig van Beethovens Leben, Bd. 3, 3.-5. Auflage, Leipzig 1923, S. 125 f.
32 Peter Schleuning (Hrsg.), Warum wir von Beethoven erschüttert werden und andere Aufsätze über Musik, Frankfurt a. M. 1978, S. 67 ff.
33 Max Maria von Weber, Carl Maria von Weber. Ein Lebensbild, Bd. 3, Leipzig 1866, S. 259.
34 Goldschmidt, wie Anm. 22, S. 36.
35 Matthias Walz, Kontrastierende Werkpaare in Beethovens Symphonien, in: Archiv für Musikwissenschaft Jg. 46, 1989, S. 281 f.
36 Peter Gülke, Zur Neuausgabe der Sinfonie Nr. 5 von Ludwig van Beethoven. Werk und Edition, Leipzig 1978, S. 50; ders., Motive aus französischer Revolutionsmusik in Beethovens fünfter Sinfonie, in: Musik und Gesellschaft Jg. 1971, S. 639.

37 Schmitz, wie Anm. 19, S. 166f.
38 Robert Schumann, Gesammelte Schriften über Musik und Musiker, Bd. 2, 2. Aufl. Leipzig 1871, S. 51.
39 Hier zitiert nach Adolf Bernhard Marx, Ludwig van Beethoven. Leben und Schaffen, Bd. 2, 2. Aufl. Berlin 1863, S. 68.
40 Hans von Wolzogen, Erinnerungen an Richard Wagner, Leipzig 1888. S. 35f.
41 Paul Bekker, Die Sinfonie von Beethoven bis Mahler, Berlin 1918, S. 15.
42 Karl Mendelssohn Bartholdy, Goethe und Felix Mendelssohn Bartholdy, Leipzig 1871, S. 35f.
43 Gülke, wie Anm. 36, S. 56.
44 Peter Gülke, Zur Bestimmung des Sinfonischen bei Beethoven, in: Deutsches Jahrbuch der Musikwissenschaft für 1970, Jg. 15, Leipzig 1971, S. 91.
45 Nachweise bei Gülke, wie Anm. 36, S. 67.
46 Schindler, wie Anm. 5, Teil 1, S. 158.
47 Alfons Glück, Schillers Wallenstein, München 1976, S. 67. - Vgl. auch Dieter Borchmeyer, Macht und Melancholie. Schillers Wallenstein, Frankfurt a. M. 1988, S. 32.
48 Peter Sloterdijk, Kritik der zynischen Vernunft, Bd. 2, Frankfurt a. M. 1983, S. 677.
49 Goldschmidt, wie Anm. 22, S. 41 f.
50 Rudolf Bockholdt, Ludwig van Beethoven. VI. Symphonie F-Dur op. 68 (Meisterwerke der Musik, Heft 23), München 1981, S. 79.
51 Tadday, wie Anm. 27, S. 166ff.
52 Thayer, wie Anm. 31, S. 102.
53 Friedrich Schiller, Nationalausgabe der Werke, Bd. 20, Weimar 1962, S. 382.
54 Friedrich Schiller, Nationalausgabe der Werke, Bd. 22, Weimar 1958, S. 271 f.
55 Schindler, wie Anm. 5, Teil 2, S. 222.
56 Bockhold, wie Anm. 50, S. 11ff.
57 Albert Heim, Töne der Wasserfälle, Verhandlungen der schweizerischen naturforschenden Gesellschaft Bd. 56, 1873, S. 209-214.
58 Hans Pfitzner, Die neue Aesthetik der musikalischen Impotenz, München 1920, S. 134.
59 Adolph Sandberger, Ausgewählte Aufsätze zur Musikgeschichte II, München 1924, S. 177.
60 Karl Nef, Die neun Sinfonien Beethovens, Leipzig 1928, S. 182. - Bozidar Sirola, Haydn und Beethoven und ihre Stellung zur kroatischen Volksmusik, Beethoven-Zentenarfeier, Wien 1927, S. 114.
61 H. Szadrowsky, Die Musik und die tonerzeugenden Instrumente der Alpenbewohner, Jahrbuch des Schweizer Alpenclubs, Jg. 4, 1868-75, S. 306 u. 309.
62 Hubert Unverricht, Das Berg- und Gebirgsmilieu und seine musikalischen Stilmittel in der Oper des 19. Jahrhunderts, in: Heinz Becker (Hrsg.), Die »Couleur locale« in der Oper des 19. Jahrhunderts, Regensburg 1976, S. 108.
63 Pfitzner, wie Anm. 58.
64 Schiller, wie Anm. 53, S. 467.
65 Thayer, wie Anm. 31, S. 505 f.
66 Vgl. Helmut J. Schneider (Hrsg.), Deutsche Idyllentheorien im 18. Jahrhundert, Tübingen 1988, S. 53.

67 Vgl. zum Thema insgesamt: Carsten Zelle, Schönheit und Erhabenheit. Der Anfang doppelter Ästhetik bei Boileau, Dennis, Bodmer und Breitinger, in: Christine Pries (Hrsg.), Das Erhabene, Weinheim 1989, S. 55 ff.

68 Friedrich Schiller, Werke, Nationalausgabe Bd. 21, Weimar 1963, S. 43.

69 H.A. Korff, Geist der Goethezeit. Versuch einer ideellen Entwicklung der klassisch-romantischen Literaturgeschichte, Bd. 2, Leipzig 1930, S. 260 u. 233. Korff zitiert Schillers Werke, herausgegeben von Ludwig Bellermann, 2. Aufl., Bd. 7. S. 186.

70 Schiller, wie Anm. 53, S. 137; wie Anm. 68, S. 42 u. 45.

71 Goethes Briefe, Bd. 2, hrsg. v. Karl Robert Mandelkow, Hamburg 1967, S. 267.

72 Vgl. John H. Baron, A. W. Schlegel's Mystic Principle and the Music of Beethoven, in: Journal of Aesthetics and Art Criticism, Bd. 31, 1972/73, S. 531 ff. - Lotte Thaler, Organische Form in der Musiktheorie des 19. und beginnenden 20. Jahrhunderts, München und Salzburg 1984. - Lothar Schmidt, Organische Form in der Musik. Stationen eines Begriffs 1795-1850, Kassel und Basel 1990.

73 Friedrich Wilhelm Joseph Schelling, Werke, hrsg. v. Manfred Schröter, Bd. 2, München 1927, S. 627 f.

74 Richard Wagner, Sämtliche Schriften und Dichtungen, Bd. 3, 5. Aufl. Leipzig o. J., S. 94f.

75 Wolfgang Osthoff, Zum Vorstellungsgehalt des Allegretto in Beethovens 7. Symphonie, in: Archiv für Musikwissenschaft Bd. 34, 1977, S. 171ff.

76 Gülke,wie Anm. 44, S. 68.

77 Siegfried Wagner, Erinnerungen, Stuttgart 1923, S. 20. Nach den Cosima-Tagebüchern könnte es sich um das ›Allegretto‹ aus der *Achten* gehandelt haben, was jedoch letztendlich nichts zur Sache täte.

78 Thayer, wie Anm. 31, S. 302.

79 Hermann Kretzschmar, Führer durch den Konzertsaal, 1. Abteilung, Bd. 1, 4. Auflage Leipzig 1913, S. 234.

80 Walter Riezler; Beethoven, 10. Aufl., Zürich und Freiburg i. Br. 1936, S. 156.

81 Hans Mersmann, Beethoven. Die Synthese der Stile, Berlin o. J., S. 49.

82 Anthony Hopkins, The Nine Symphonies of Beethoven, London und Seattle 1981, S. 215.

83 Geck/Schleuning, wie Anm. 21, S. 154.

84 Schmitz, wie Anm. 19, S. 169 f.

85 Ludwig van Beethovens Konversationshefte, Bd. 3, hrsg. v. K. H. Köhler u. Dagmar Beck, Leipzig 1983, S. 350.

86 Schindler, wie Anm. 5,Teil 1, S. 194.

87 Thayer's life of Beethoven, revised and edited by Elliot Forbes, Princeton 1970, S. 559 ff. - Harald Kümmmerling, Beethovens Akademie am 8. und 12. Dezember 1813 und ihre Vorgeschichte, in: Bericht über den internationalen musikwissenschaftlichen Kongreß Bonn 1970, Kassel und Basel o. J., S. 486 f. - Schindler, wie Anm. 5, Bd. 1, S. 234ff.

88 Zu Schindlers Fälschungen vgl.: Zu Beethoven. Aufsätze und Dokumente, Bd. 2, hrsg. v. Harry Goldschmidt, Berlin 1984. Zu Mälzel vgl.: Henrike Leonhardt, Der Taktmesser. Johann Nepomuk Mälzel. Ein lückenhafter Lebenslauf, Hamburg 1990, S. 73 ff.

89 Arnold Schering, Humor, Heldentum, Tragik bei Beethoven, Kehl 1955, S. 14.

90 Alexander Ulibischeff, Beethoven, seine Kritiker und seine Ausleger, Leipzig 1859, S. 255.

91 Diether de la Motte, »scherzando« - für wen?, in: Bericht über den Internationalen Beethoven-Kongreß Berlin 1977, Leipzig 1978, S. 132.
92 Arnold Schering, wie Anm. 89, S. 26ff. - Ernst Laaff, Der musikalische Humor in Beethovens achter Symphonie, in: Archiv für Musikwissenschaft Jg. 19/20, 1962/63, S. 213 ff.
93 Zitiert nach: Leopold Schmidt, Beethoven, Werke und Leben, Berlin 1924, S. 215f.
94 Carl Dahlhaus, Bemerkungen zu Beethovens 8. Symphonie, Schweizerische Musikzeitung, Jg. 110, 1970, S. 209.
95 Constantin Floros, Gustav Mahler, Bd. 2, Wiesbaden 1977, S. 307.
96 Dahlhaus, wie Anm. 94, S. 206 u. 209.
97 Robert Schumann, Gesammelte Schriften über Musik und Musiker, Bd. 1, 2. Auflage, Leipzig 1871, S. 109.
98 Elisabeth Eleonore Bauer, Beethoven - unser musikalischer Jean Paul, in: Musikkonzepte 56, Beethoven. Analecta varia, München 1987, S. 83 ff.
99 Jean Paul, Vorschule der Ästhetik, hrsg. v. Norbert Miller, München, 2. Aufl. 1974, S. 129 und 132.
100 Vgl. Eduard Berend (Hrsg.), Jean Pauls Persönlichkeit in Berichten der Zeitgenossen, Berlin und Weimar 1956, S. 151.
101 Anton Schindler, Etwas über Beethovens 7. Sinfonie in A dur, in: Musikalische Nachrichten Jg. 1831, Nr. 2, S. 5 (= Beilage zur Wiener Theaterzeitung vom 5. April 1831).
102 Jean Paul, wie Anm. 99, S. 125 und 128.
103 Max Kommerell, Jean Paul, Frankfurt 1933, S. 268 f.
104 Schubert, Die Dokumente seines Lebens, hrsg. v. Otto Erich Deutsch, Kassel und Basel 1964, S. 45.
105 Zitiert nach: J. Brockmeier und Hans Werner Henze, Nur insofern etwas in sich selbst einen Widerspruch hat, bewegt es sich, hat Trieb und Tätigkeit, in: H. W. Henze (Hrsg.), Die Zeichen. Neue Aspekte der musikalischen Ästhetik II, Frankfurt a. M. 1981, S. 333.
106 Zitiert nach: Ludwig van Beethoven. Sinfonie Nr. 9 d-Moll, op. 125, hrsg. v. Dieter Rexroth, Mainz 1979, S. 327.
107 Alexander Wheelock Thayer, Ludwig van Beethovens Leben, Bd. 5, 2.-4. Auflage, Leipzig 1923, S. 93.
108 Maynard Solomon, Beethovens Tagebuch, hrsg. v. Sieghard Brandenburg, Mainz 1990, S. 39 und S. 3.
109 Beethovens Konversationshefte, Bd. 1, hrsg. v. Karl-Heinz Köhler und Grita Herre, Leipzig 1972, S. 235.
110 Solomon, wie Anm. 108, S. 95. Zu Beethovens Tagebuch-Vorlagen s. Solomon, S. 125 ff. - Das Zitat folgt hier dem originalen Wortlaut bei Immanuel Kant, Werke, hrsg. v. Ernst Cassirer und Artur Buchenau, Bd. 1, Berlin 1922, S. 337 u. 349.
111 Leitzmann,wie Anm. 4, S. 278 f.
112 Johann Elert Bode, Anleitung zur Kenntniß des gestirnten Himmels, 8. Auflage Berlin 1806, S. 665.
113 Tagebuch, Solomon, wie Anm. 108, S. 59.
114 Marie-Elisabeth Tellenbach, Beethoven und seine »unsterbliche Geliebte« Josephine Brunswick, Zürich 1983, S. 245.
115 Maynard Solomon, Beethoven. Biographie, deutsch München 1979.

116 Harry Goldschmidt, Um die Unsterbliche Geliebte. Eine Bestandsaufnahme, Leipzig 1977. - Tellenbach, wie Anm. 114.
117 Tellenbach, wie Anm. 114, S. 156 f.
118 Tellenbach, wie Anm. 114, S. 266.
119 Solomon, Beethovens Tagebuch, wie Anm. 108, S. 105 und 171, sowie ders., Beethoven. Biographie. Ausgabe Frankfurt a. M. 1987, S. 252f.
120 Vgl. Leitzmann, wie Anm. 4, S. 185.
121 Tellenbach, wie Anm. 114, S. 145.
122 Beethovens Konversationshefte, wie Anm. 109, Bd. 1, S. 209f.
123 Friedrich Kerst (Hrsg.), Die Erinnerungen an Beethoven, Bd. I, Stuttgart 1913, S. 263.
124 Gustav Nottebohm, Zweite Beethoveniana, Leipzig 1887, S. 189 ff. - Thayer, Bd. 5, wie Anm. 107, S. 27 f. - Hopkins, wie Anm. 82, S. 276. - Vgl. auch Sieghard Brandenburg, Die Skizzen zur Neunten Sinfonie, in: Harry Goldschmidt (Hrsg.), Zu Beethoven, Bd. 2, Berlin 1984, S. 88 ff.
125 Zitiert nach den Kopien der Autographe unter Berücksichtigung der Übertragung von Goldschmidt, wie Anm. 22, S. 66.
126 Bekker, wie Anm. 22, S. 274.
127 Gülke, wie Anm. 44, S. 78.
128 J. Brockmeier und Hans Werner Henze, wie Anm. 105, S. 343.
129 Dahlhaus, wie Anm. 17, S. 110.
130 Robert Schumann, Gesammelte Schriften über Musik und Musiker Bd. 1, 2. Aufl. Leipzig 1878, S. 38 u. 64.
131 Beethovens Konversationshefte, wie Anm. 109.
132 Martin Cooper, Beethoven. The Last Decade 1817-1827, Oxford und New York 1985, S. 286ff.
133 Donald Francis Tovey, Beethoven‹s Ninth Symphony in D-minor. An essay in musical analysis, Edinburgh 1927.
134 Rexroth, wie Anm. 106, S. 324.
135 Heinrich Schenker, Beethovens Neunte Sinfonie. Eine Darstellung des musikalischen Inhalts, Wien und Leipzig 1912, S. 201 u. 229. Ferner dort S. 196.
136 Otto Baensch, Aufbau und Sinn des Chorfinales in Beethovens neunter Symphonie, Berlin und Leipzig 1930, S. 28.
137 Lavignac, Histoire de la Musique, Paris 1913, Teil 1, S. 1586, hier zitiert nach Cooper, wie Anm. 132, S. 324.
138 Maynard Solomon, Beethoven and Schiller, in: Beethoven, Performers and Critics. The International Beethoven Congress Detroit 1977, Detroit 1980, S. 170.
139 Friedrich Schiller, Werke. Nationalausgabe, Bd. 10, Weimar 1980, S. 13.
140 Georg Wilhelm Friedrich Hegel, Sämtliche Werke, hrsg. v. Hermann Glockner, Bd. 19, 4. Auflage Stuttgart und Bad Cannstatt 1965, S. 96.
141 Friedrich Hölderlin, An unsre großen Dichter, in: Sämtliche Werke, hrsg. v. Friedrich Beißner, Frankfurt a. M. 1961, S. 191.
142 Richard Wagner, Sämtliche Briefe, hrsg. v. Hans-Joachim Bauer und Johannes Forner, Bd. 7, Leipzig 1988, S. 204.
143 Nef, wie Anm. 60, S. 301.
144 Thomas Mann, Doktor Faustus, Gesammelte Werke Bd. 6, Frankfurt a. M. 1960, S. 634. - Vgl. dazu allerdings Helmut Kiesel, Thomas Manns ›Doktor Faustus‹: Rekla-

mation der Heiterkeit, in: Deutsche Vierteljahrsschrift für Literaturwissenschaft und Geistesgeschichte, 1990, S. 726 ff.

145 Herbert Marcuse, Versuch über die Befreiung, Frankfurt a. M. 1969, S. 73.

146 Schindler, wie Anm. 5, Bd. 2, S. 55.

147 Theodor W. Adorno, Einleitung in die Musiksoziologie, in: Schriften, Bd. 14, Frankfurt a. M. 1973, S. 281 f.

148 Zitiert nach Stefan Kunze (Hrsg.), Ludwig van Beethoven. Die Werke im Spiegel seiner Zeit, Laaber 1987, S. 472f.

149 Wilhelm Dilthey, Das Erlebnis und die Dichtung, 13. Aufl. Stuttgart 1957, S. 89.

150 Brief an Breitkopf & Härtel vom 2. November 1809.

151 Ignaz Xaver von Seyfried, Beethovens Studien im Generalbasse, Wien 1832, Anhang S. 26, hier nach Baensch, wie Anm. 136, S. 51.

152 Friedrich Schiller, Nationalausgabe der Werke Bd. 35, Weimar 1964, S. 375.

153 Baensch, wie Anm. 136, S. 86 ff. - Friedrich Schelling, Werke, hrsg. v. Manfred Schröter, Bd. 4, München 1927, S. 746 und 737.

154 Schindler, wie Anm. 5, Teil 2, S. 51.

155 Bei dieser sehr gedrungenen Interpretation der im einzelnen oft dunklen Texte stütze ich mich auf Horst Fuhrmans, Schellings Philosophie der Weltalter, Düsseldorf 1954, S. 309ff.

156 Schelling, wie Anm. 153, S. 582.

157 Wilhelm Heinrich Wackenroder, Werke und Briefe, Heidelberg 1967, S. 254 f.

158 Vgl. Walther Nohl, Bücher-Notizen Beethovens aus Zeitungen und Zeitschriften, in: Neue Musik-Zeitung, Jg. 47, 1926, S. 122 ff. und 143ff.

159 Athenäum, wie Anm. 2, S. 232.

160 Zitiert nach: Martin Oesch (Hrsg.), Aus der Frühzeit des deutschen Idealismus. Texte zur Wissenschaftslehre Fichtes, Würzburg 1987, S. 18.

161 Athenäum, wie Anm. 2, S. 323 ff.

162 Vgl. Ulrich Schödlbauer, Kunsterfahrung als Weltverstehen. Die ästhetische Form von »Wilhelm Meisters Lehrjahre«, Heidelberg 1984; darin das Kapitel ›Lesarten der Organismus-Ästhetik‹, speziell S. 33.

163 Vgl. S.29 ff. dieses Kapitels. Die Zitate nach Geck/Schleuning, wie Anm. 21, S. 213.

Kapitel 2

1 Anton Schindler, Ludwig van Beethoven, 5. Auflage, Teil 2, Münster 1927, S. 136.

2 Otto Erich Deutsch, Schubert. Die Erinnerungen seiner Freunde, Leipzig, 1957, S. 109.

3 Robert Schumann, Gesammelte Schriften über Musik und Musiker, Bd. 2, 2. Aufl. Leipzig 1871, S. 182.

4 Ludwig Finscher, Zwischen absoluter und Programmusik, in: Christoph Heinrich Mahling (Hrsg.), Über Symphonien, Tutzing 1979, S. 112.

5 Josef Bohuslav Foerster, Der Pilger. Erinnerungen eines Musikers, Prag 1955, S. 408.

6 Die Musik in Geschichte und Gegenwart, Art. Robert Schumann, Bd. 12, Sp. 310.

7 Friedhelm Krummacher, Schwierigkeiten des ästhetischen Urteils über historische

Musik, in: Festschrift für Ernst Pepping, Berlin 1971, S. 257.

8 Eine Glückliche. Hedwig von Holstein in ihren Briefen und Tagebüchern, Leipzig 1901, S. 112 f.

9 Max Kalbeck, Johannes Brahms, Bd. 2,1, 2. Aufl. Berlin 1908, S. 18.

10 Kalbeck, Brahms, Bd. 3,1, 2. Aufl. Berlin 1912, S. 231.

11 Hugo Wolf, Musikalische Kritiken, Leipzig 1911, S. 109. - Richard Wagner, Gesammelte Schriften, Bd. 7, 5. Aufl. Leipzig o. J., S. 213 f.

12 Alexander von Zemlinsky, Brahms und die neuere Generation. Persönliche Erinnerungen, in: Musikblätter des Anbruch, 1922, S. 69 f.

13 Zitiert nach Peter Gülke, Brahms - Bruckner. Zwei Studien, Kassel und Basel 1989, S. 51f. Den Originalbeleg kann ich nicht nachweisen.

14 Carl Krebs (Hrsg.), Des jungen Kreislers Schatzkästlein. Aussprüche von Dichtern, Philosophen und Künstlern zusammengetragen durch Johannes Brahms, Berlin 1909, S. 143.

15 Kalbeck, Brahms, Bd. 2,1, 3. Aufl. Berlin 1921, S. 181 f.

16 Gustav Jenner, J. Brahms als Mensch, Lehrer und Künstler, Marburg 1905, S. 74.

17 Vgl. vor allem die Beiträge von Walther Dürr und Peter Gülke in: Franz Schubert. Jahre der Krise 1818-1823, Kassel 1985.

18 Harry Goldschmidt, Franz Schubert - Der erste Satz der großen C-Dur-Sinfonie, Beiträge zur Musikwissenschaft Jg. 21, 1979, S. 235 ff.

19 Martin Schoppe, Schumann im Spiegel der Tagesliteratur, Phil. Diss. Halle 1968, S. 70.

20 Zitiert nach Arnim Gebhardt, Robert Schumann als Symphoniker, Regensburg 1968, S. 13.

21 Kalbeck, Brahms, Bd. 1,1, 2. Aufl. Berlin 1908, S. 165.

22 Alfred von Ehrmann, Brahms - Weg, Werk und Welt, Leipzig 1933, S. 94.

23 W. A. Thomas San-Galli, Johannes Brahms, 5. Aufl. München 1922, S. 184.

24 Werner Korte, Bruckner und Brahms. Die spätromantische Lösung der autonomen Konzeption, Tutzing 1963, S. 115.

25 Gerd Rienäcker, Nachdenken über Brahms' Sinfonien, in: Musik und Gesellschaft, Jg. 33, 1983, S. 268.

26 Kalbeck, Brahms, Bd. 3,1, 2. Aufl. 1912, S. 252.

27 Cosima Wagner, Die Tagebücher, Bd. 2, München 1977. Eintragungen vom 10. September 1879, 27. Juni 1881, 22. Februar 1882, S. 407, 753 und 895.

28 August Halm, Beethoven, Berlin 1927, S. 55.

29 Kalbeck, Brahms, Bd. 3,2, Berlin1912; S. 449 f.

30 J. Brahms, Sinfonie Nr. 4, Einführung und Analyse von Christian Martin Schmidt, Mainz 1980, S. 237.

31 Zur weiteren Annäherung an die Thematik sei auf drei jeweils charakteristische Positionen beziehende Schriften verwiesen: Carl Dahlhaus, Die Idee der absoluten Musik, Kassel und München 1978, versteht sich als deren Verfechter. Jost Hermand, Konkretes Hören. Zum Inhalt der Instrumentalmusik, Berlin 1981, untersucht den ideologischen Hintergrund der Vorstellung, man könne Musik ›absolut‹ hören und stellt demgegenüber das Postulat eines »historisch-bewußten Hörens« auf. Constantin Floros, Musik als Botschaft, Wiesbaden 1989, betreibt - wie in vielen anderen seiner Schriften - konkrete Sujet-Forschung, sucht also nach Botschaften und Programmen vor allem in sinfonischen Werken des 19. und 20. Jahrhunderts.

32 Berthold Litzmann, Clara Schumann, Bd. 2, Leipzig 1905, S. 281 u. 284.
33 Vgl. Kalbeck, Brahms, Bd. 1,1, 2. Aufl. 1908, S. 98 u. 129 f.
34 Kalbeck, Brahms Bd. 2,1, 2. Aufl. Berlin 1908, S. 154. Weitere Belege für musikalische Anagramme bei Klaus Stahmer, Musikalische Formung in soziologischem Bezug, dargestellt an der instrumentalen Kammermusik von Johannes Brahms, Phil. Diss. Kiel 1968.
35 Die Musik in Geschichte und Gegenwart, Art. Absolute Musik (Walter Wiora), Bd. 1, Sp. 46.
36 Wilhelm Heinrich Wackenroder, Werke und Briefe, VIII. Töne, IX. Symphonien, Heidelberg, 1967, S. 245 u. 255.
37 Georg Friedrich Wilhelm Hegel, Vorlesungen über die Ästhetik, hrsg. von F. Bassenge, Frankfurt a. M. o. J., Bd. 2, S. 266 und 271.
38 Joseph Berglinger, in: W. H. Wackenroder, Phantasien über die Kunst, in: Ludwig Tieck (Hg.), Werke und Briefe, Heidelberg 1967, S. 204.
39 Richard Wagner, Gesammelte Schriften, hrsg. von Julius Kapp, Bd. 9, Leipzig o. J., S. 123.- Wagners Quelle war nicht zu eruieren.
40 Eduard Hanslick, Vom Musikalisch-Schönen, 21. Aufl. Wiesbaden 1989, S. 34 und 59; die nachfolgenden Zitate S. 131 f.
41 Vgl. die Zusammenstellung bei Stefan Kunze, Franz Schubert. Sinfonie h-moll. Unvollendete. München 1965 (Meisterwerke der Musik, Heft 1), S. 4.
42 Hans J. Fröhlich, Schubert, Reinbek 1988, S. 122 ff.
43 Manfred Karullus, in: Neue Zeitschrift für Musik, Jg. 144/1983, Heft 12, S. 4 ff.
44 Roland Barthes, Was singt mir, der ich höre in meinem Körper das Lied, deutsch von Peter Geble, Berlin 1979, S. 71. - Nicht dieser, aber der Anm. 56 genannte Essay über die *Kreisleriana* ist in anderer Übersetzung auch zugänglich in: Der entgegenkommende und der stumpfe Sinn, Frankfurt a. M. 1990.
45 Arnold Schering, Franz Schuberts Symphonie in h-moll (»Unvollendete«) und ihr Geheimnis, Würzburg 1938, S. 27ff.
46 Mechtild Fuchs, ›So pocht das Schicksal an die Pforte‹. Untersuchungen und Vorschläge zur Rezeption sinfonischer Musik des 19. Jahrhunderts, München u. Salzburg 1986, S. 159f.
47 Vgl. den Brief an Ignaz Moscheles vom 22. September 1837.
48 August Wilhelm und Friedrich Schlegel, Athenaeum, Bd. 1, Berlin 1798 (Nachdruck Dortmund 1989), S. 220 f.
49 Jean Paul, Vorschule der Ästhetik, hrsg. und kommentiert von Norbert Miller, 2. Aufl. München 1974, S. 30.
50 Vgl. den Brief an die Mutter vom 27. November 1833.
51 Robert Schumann, Gesammelte Schriften über Musik und Musiker, Bd. 1, 2. Aufl. Leipzig 1871, S. 83.
52 E. T. A. Hoffmann, ›Phantasiestücke in Callots Manier‹, Poetische Werke, Bd. 1, Berlin 1957, S. 42.
53 E. T. A. Hoffmann, ›Lebensansichten des Katers Murr‹, Poetische Werke, Bd. 9, Berlin 1960, S. 270 und 68 f.
54 Dieter Schnebel in: Robert Schumann I. Musikkonzepte, Sonderband, München 1981.
55 Neue Zeitschrift für Musik, Bd, 44, Jg. 1856, S. 60.
56 Barthes, Rasch, wie Anm. 44, S. 47 f. (Das Original ist 1975 erschienen unter dem

Titel Langue, discours, société.)

57 Friedrich Schlegel, Charakteristiken und Kritiken I (1796-1801), Gespräch über die Poesie, hrsg. v. Hans Eichner, Kritische Friedrich-Schlegel-Ausgabe, hrsg. v. Ernst Behler, Bd. 2, München, Paderborn, Wien 1967, S. 337.

58 Hans-Klaus Jungheinrich (Hrsg.), Was ist musikalische Bildung, Kassel u. a. 1984, S. 24.

59 Carl Kossmaly, Ueber Robert Schumanns' Claviercompositionen, Allgemeine Musikalische Zeitung, Leipzig 1844, Sp. 20.

60 Julius Schäffer, Romantik in der Musik, Neue Zeitschrift für Musik, Bd. 32, 7. Mai 1850, S. 191.

61 Richard Wagner, Gesammelte Schriften, hrsg. von Julius Kapp, Bd. 13, Leipzig o. J., S.46.

62 Constantin Floros, Studien zu Brahms' Klaviermusik, in: Brahms-Studien, Bd. 5, Hamburg 1983, S. 25 ff.

63 Vgl. Arnold Schönberg, Fundamentals of musical Composition, hrsg. v. Gerald Strang und Leonard Stein, London 1967, passim.

64 Vgl. Klaus K. Hübler, Die Kunst, ohne Einfälle zu komponieren. Dargestellt an Brahms‹ späten ›Intermezzi‹, in: Musik-Konzepte Bd. 65, München 1989, S. 24 ff.

65 Zitiert nach Georg Kinsky und Hans Halm, Das Werk Beethovens. Thematisch-bibliographisches Verzeichnis seiner sämtlichen vollendeten Kompositionen, München und Duisburg 1955, S. 294.

66 Arno Mitschka, Der Sonatensatz in den Werken von Johannes Brahms, Gütersloh 1961, S. 9 ff.

67 Walter Wiora, Die rheinisch-bergischen Melodien bei Zuccalmaglio und Brahms. Alte Liedweisen in romantischer Färbung, Bad Godesberg 1953, S. 38 f.

68 Gülke, wie Anm. 13, S. 38.

69 Roland Barthes, Über mich selbst, (deutsch) München 1978, S. 103.

70 Kalbeck, Brahms, Bd. 1,1, 2. Aufl. Berlin 1908, S. 166.

71 Albert Dietrich, Erinnerungen an Johannes Brahms, Leipzig 1898.

72 Zit. n. Berthold Litzmann, Clara Schumann, Bd. 3, Leipzig 1908, S. 17.

73 Clara Schumann, Tagebuch, zit.n. Litzmann, Bd. 2, wie Anm. 32, S. 281.

74 Constantin Floros, Brahms und Bruckner, Studien zur musikalischen Exegetik, Wiesbaden 1980, S. 146.

75 Gülke, wie Anm. 13, S. 39.

76 Zitiert nach Kalbeck, Brahms, Bd. 3,1, 2. Aufl. Berlin 1912, S. 12.

77 Rudolf von der Leyen, Johannes Brahms als Mensch und Freund, Düsseldorf und Leipzig 1905, S. 82.

78 Kalbeck, Brahms, Bd. 4,2, Berlin 1914, S. 441.

79 Briefe von und an Joseph Joachim, hrsg. v. Johannes Joachim u. Andreas Moser, Berlin 1911, S. 218.

80 Marie-Louise von Franz, Der ewige Jüngling, München 1987, S. 240 f.

81 Theodor W. Adorno, Gesammelte Schriften Bd. 7, Frankfurt a. M. 1970, S. 411.

82 Carl Dahlhaus, Zwischen Romantik und Moderne. Vier Studien zur Musikgeschichte des späteren 19. Jahrhunderts, München 1974, S. 57 f.

83 Kalbeck, Brahms, Bd. 1, 1, 2. Aufl. Berlin 1908; S. 153 f.

84 Walter Frisch, Brahms and the Principle of Developing Variation, Berkeley u. a. 1984, S. 56 ff.

85 Schönberg, wie Anm. 63, S. 62 u. 79 ff.

86 Ellwood Derr, Brahms op. 38: Ein Beitrag zur Kunst der Komposition mit entlehnten Stoffen, in: Brahms-Kongress Wien 1983, Tutzing 1988, S. 95 ff. Der Verfasser führt - nur in der Tendenz überzeugend - eine Fülle von Werken auf, die Brahms als unmittelbare »Quelle« für sein »Pasticcio« oder »Quodlibet« verwendet habe. - Gülke, wie Anm. 13, S. 44.

87 Ernst Bloch, Geist der Utopie, Bearbeitete Neuauflage der 2. Fassung von 1923, Frankfurt a. M. 1964, S. 82 und 83.

88 Theodor W. Adorno, Gesammelte Schriften Bd. 14, Frankfurt a. M. 1973, S. 246.

89 Kalbeck, Brahms, Bd. 1,1, 2. Aufl. Berlin 1908, S. 149.

90 Zit. n. Kalbeck, Brahms, Bd. 4,1, Berlin 1914, S. 204.

91 Ernst Herttrich, Johannes Brahms - Klaviertrio H-Dur Opus 8. Frühfassung und Spätfassung. Ein analytischer Vergleich, in: Musik. Edition. Interpretation. Gedenkschrift Günter Henle, hrsg. v. Martin Bente, München 1980, S. 223.

92 Klaus Hinrich Stahmer, Der eigenwillige Traditionalist - Das kammermusikalische Spätwerk von Johannes Brahms, in: Johannes Brahms, Leben und Werk, hrsg. v. Christiane Jacobsen, Wiesbaden 1983, S. 185.

93 Christian Martin Schmidt, Verfahren der motivisch-thematischen Vermittlung in der Musik von Johannes Brahms, dargestellt an der Klarinettensonate f-moll, op. 120,1, München 1971, S. 179.

94 Arnold Schönberg, Gesammelte Schriften Bd. 1, Frankfurt a. M. 1976, S. 144 . - Vgl. Hanns-Werner Heister, Angst und »absolute Musik«. Schönberg, Brahms und andere, in: Albrecht Dümling (Hrsg.), Verteidigung des musikalischen Fortschritts. Brahms und Schönberg, Berlin 1990, S. 77 ff.

95 Heinz Steinert, Adorno in Wien, Wien 1989, S. 113.

96 Theodor W. Adorno, Gesammelte Schriften Bd. 17, Frankfurt a. M. 1982, S. 200.

97 Friedrich Schlegel, Studien des klassischen Altertums, Historische und kritische Versuche über das klassische Altertum, I. Über das Studium der griechischen Poesie, hrsg. v. Ernst Behler, Kritische Friedrich-Schlegel-Ausgabe, Bd. 1, Paderborn, München,Wien 979, S. 228.

98 Stefan Kunze, Artikel Schubert, in: Riemann Musiklexikon, Ergänzungsband, Mainz 1975, S. 607.

99 Vgl. Heinrich Besseler, Bach und das Mittelalter, in: Bericht über die wissenschaftliche Bachtagung Leipzig 1950, Leipzig 1951, S. 129.

100 Robert Schumann, Gesammelte Schriften über Musik und Musiker, 2. Aufl. Leipzig 1871, Bd. 1, S. 271 und Bd. 2, S. 322.

101 Brief an Clara vom 24.2.1840, zitiert nach Berthold Litzmann, Clara Schumann, Bd. 1, 3. Aufl. Leipzig 1906, S. 407.

102 Thomas Mann, Gesammelte Werke, Bd. 10, Berlin 1960, S. 922.

103 Reinhold Brinkmann, Lied als individuelle Struktur. Ausgewählte Kommentare zu Schumanns ›Zwielicht‹, in: Werner Breig u.a. (Hrsg.), Analysen, Festschrift für H. H. Eggebrecht, Stuttgart 1984, S. 268. - Vgl. auch Dieter Schnebels Betrachtungen zu diesem Lied in: Denkbare Musik. Schriften 1952-1972, hrsg. v. Hans Rudolf Zeller, Köln 1972, S. 102 ff.

104 Ludwig Finscher, Lieder für eine Singstimme und Klavier, in: Christiane Jacobsen (Hrsg.), Johannes Brahms, Wiesbaden 1983, S. 143.

105 Schumann, wie Anm. 100, Bd. 1, S. 85.

106 Hans Heinrich Eggebrecht, Musik im Abendland. Prozesse und Stationen vom Mittelalter bis zur Gegenwart, München 1991, S. 595.
107 Manfred Frank, Einführung in die frühromantische Ästhetik, Frankfurt a. M. 1989, S. 390ff.
108 Eine Glückliche, wie Anm. 8, S. 113.
109 Burnett James, Brahms. A critical Study, New York u. Washington 1972, S. 29 f.
110 Thomas Boyer, Brahms as Count Peter of Provence: A psycho-sexual Interpretation of the Magelone Poetry, in: The Musical Quarterly, Jg. 66, 1980, S. 262 ff.
111 Die Musik in Geschichte und Gegenwart, Art. Romanze, Bd. 11, Sp. 852.
112 Friedrich Schlegel, Dichtungen. Lucinde, hrsg. v. Hans Eichner, Kritische Friedrich-Schlegel-Ausgabe, hrsg. v. Ernst Behler, München, Paderborn, Wien 1962, S. 82.
113 Zit. n. Frank, wie Anmerkung 107.
114 Zit. n. Frank, wie Anmerkung 107.
115 Kalbeck, Brahms, Bd. 1,2 , 2. Aufl. Berlin 1908, S. 433.
116 Brahms' Briefe an Hermann Deiters vom 29. Juni 1894.
117 Rudolf Köpke, Ludwig Tieck. Erinnerungen aus dem Leben des Dichters, Bd. 2, Leipzig 1855, S. 238 f.
118 Harry Goldschmidt, Franz Schubert. Ein Lebensbild, Berlin 1960, S. 155.
119 Wilhelm Heinrich Riehl, Musikalische Charakterköpfe, Bd. 3, Stuttgart 1878, S. 98 u. S. 124 f.
120 Schubert, Neue Ausgabe sämtlicher Werke, Lieder, Bd. 2, Teil a, hrsg. v. Walther Dürr, Kassel u. a. 1975, S. XV.
121 Deutsch, wie Anm. 2, S. 197.
122 Zum gesellschaftlichen Kontext der *Waldszenen* vgl. die den Akzent etwas anders als der Autor setzende, gleichwohl interessante Arbeit von Peter Jost, Robert Schumanns »Waldszenen«, Saarbrücken 1989.
123 Ulrich Mahlert, Fortschritt und Kunstlied. Späte Lieder Robert Schumanns im Licht liedästhetischer Diskussion ab 1848, München und Salzburg 1983, S. 141.
124 Bernd Sponheuer, Zur ästhetischen Dichotomie als Denkform in der ersten Hälfte des 19. Jahrhunderts. Eine historische Skizze am Beispiel Schumanns, Brendels und Hanslicks, Archiv für Musikwissenschaft Jg. 37, 1980, S. 1 ff.
125 In einer Rezension von neu erschienenen Klavierwerken aus dem Jahr 1835. In: Schumann, wie Anm.100, Bd.1, S. 331.
126 Richard Specht, Johannes Brahms, Hellerau 1928, S. 172.
127 Von der Leyen, wie Anm. 77, S. 29 f.
128 Kalbeck, Brahms, Bd. 4, 2, Berlin 1914, S. 486ff.
129 Bernhard Vogel, Johannes Brahms. Sein Lebensgang und eine Würdigung seiner Werke, Leipzig 1888, S. 18.
130 Theodor Billroth, Wer ist musikalisch? 2. Aufl. Berlin 1896, S. 177.
131 Vgl. Stahmer, wie Anm. 34, S. 32; die Berufs-Statistik S. 35.
132 Adorno, wie Anm. 88, S. 246.
133 Sigmund Freud, Briefe 1873-1939, hrsg. v. Ernst u. Lucie Freud, 3. Aufl. Frankfurt a. M. 1980, S. 56 f.
134 Friedrich Nietzsche, Der Fall Wagner, in: Werke, hrsg. v. Giorgio Colli u. Mazzino Montinari, Bd. VI, 3, Berlin 1969, S. 41.

Kapitel 3

1 Franz Liszt, Gesammelte Schriften, hrsg. v. Lina Ramann, Bd. 2, Leipzig 1881, S. 135. Dieses Zitat wie auch die folgenden aus den ›Gesammelten Schriften‹ werden in der dort gebotenen deutschen Übersetzung mitgeteilt, die nicht bis ins letzte zuverlässig ist.

2 Ludwig Börne, Sämtliche Schriften, hrsg. v. Inge u. Peter Rippmann, Bd. 3, Düsseldorf 1964, S. 520.

3 Peter Raabe, Franz Liszt, Bd. 1: Liszts Leben, Stuttgart und Berlin 1931, S. 205.

4 Léon Guichard, Liszt et la littérature française, in: Revue de Musicologie, Bd. 56, 197o, S. 3-34, hier S. 5. (Die Stelle ist oben ins Deutsche übersetzt.)

5 Liszt, wie Anm. 1, Bd. 2, S. 56.

6 Vorrede zu *Harmonies poétiques et religieuses*, in: Liszt Society Publications, Bd. 2, Mainz o. J., Original in Französisch.

7 Liszt, wie Anm. 1, Bd. 2, S. 7-14 u. 20 f.

8 Literatur zum Lyoner Aufstand: Robert J. Bezucha, The Lyon Uprising of 1834, Cambridge, Ma. 1974.

9 Liszt, wie Anm. 1, Bd. 2, S. 155 f. u. S. 157 f.

10 1834 als Entstehungsjahr für ›Lyon‹ ist wohl zu revidieren. Vgl. Alexander Main, Liszt's ›Lyon‹: Music and the Social Conscience, in: Nineteenth Century Music, Jg. 198o/81, S. 228-243.

11 Werner Oehlmann (Hrsg.), Reclams Klaviermusikführer, Bd. 2, Stuttgart 1967, S. 314 f.

12 Liszt, wie Anm. 1, Bd. 1, S. 132 u. S. 130.

13 Liszt, wie Anm. 1, Bd. 4, S. 49.

14 Vorwort zu Liszts Musikalischen Werken Bd. II, 4, hrsg. v. J. Vianna da Motta, Leipzig 1916.

15 Liszt, wie Anm. 1, Bd. 4. S. 69, dort auch das nächste Zitat.

16 Marie d'Agoult, Memoiren, deutsche Ausgabe, Bd. 2, Dresden 1928, S. 168. - Zum Verständnis wichtig ist ferner die Ausgabe: ›Franz Liszt. Briefe an die Gräfin d'Agoult‹, hrsg. v. Daniel Ollivier, Berlin 1933. An der Zuverlässigkeit aller genannten wie der französischen Ausgaben kann man zweifeln. Selbst die originalen Brief- und Tagebuchniederschriften von Liszt und Marie d‹Agoult weisen sicherlich einen hohen Grad an Stilisierung auf. Die vorhandenen Quellen und zugänglichen Versionen dürften aber auszureichen, um Grundzüge im Verhältnis von Liszt und Marie d'Agoult darzustellen.

17 Adelheid von Schorn, Zwei Menschenalter, 5. Aufl. Stuttgart, o. J., S. 349.

18 d'Agoult, wie Anm. 16, S. 56.

19 ebda., S. 182.

20 ebda., S. 191.

21 ebda., S. 175.

22 ebda., S. 174.

23 ebda., S. 79 f.

24 Edgar Istel, Elf ungedruckte Briefe Liszts an Schott in: Die Musik Jg. 5, Bd. 19, 1905/06, S. 46.

25 August Göllerich, Franz Liszt, Berlin 19o8, S. 119.

26 E.P. de Senancour, Oberman, deutsch von J. Peter Walser, Frankfurt a. M. 1982, S. 242. Die Ausgabe enthält eine vorzügliche Einführung des Übersetzers in den Roman.
27 Alle Zitate ebda., S. 243.
28 Istel, wie Anm. 24, S. 46.
29 Senancour, wie Anm. 26 , S. 124.
30 Signale für die Musikalische Welt, Jg. 12, Februar 1854, S. 41.
31 Senancour, wie Anm. 26, S. 241 f. u. S. 28.
32 Zitiert in der Übersetzung von Arnfried Edler: Virtuose und poetische Klaviermusik, in: Funkkolleg Musikgeschichte, Studieneinheit 17, Mainz 1988, S. 76. Dort eine gute Interpretation von Liszts ›Vallée d'Oberman‹. - Vgl. auch Norbert Miller, Musik als Sprache. Zur Vorgeschichte von Liszts Symphonischen Dichtungen, in: Carl Dahlhaus (Hrsg.), Beiträge zur musikalischen Hermeneutik, Regensburg 1975. Der umfangreiche Aufsatz ist ein wichtiger Beitrag zu Liszts ästhetischem Standort.
33 Liszt, wie Anm. 14.
34 Listzt, wie Anm. 1, Bd. 2, S. 130 f.
35 Franz Liszt als Lehrer. Tagebuchblätter von Auguste Boissier, nach Wolfgang Dömling, Franz Liszt, Laaber 1985, S. 255.
36 Liszt, wie Anm. 1, Bd. 4, S. 69.
37 ebda.
38 Liszt, Musikalische Werke, Bd. I, 1.3., Leipzig o.J., S. 2.
39 Heinz Heimsoeth, Artikel ›Schopenhauer‹, in: Die Musik in Geschichte und Gegenwart, Bd. 12 (1965), Sp. 43f.
40 Allgemeine Musikalische Zeitung, Leipzig, Jg. 31, 1829, Sp. 660.
41 Bernard Scharlitt, Franz Liszt an Maria von Kalergis, in: Die Musik, Bd. 11,1, 1911, S. 29.
42 Liszt, wie Anm. 1, Bd. 4, S. 139-141.
43 Raabe, wie Anm. 3, S. 197.
44 Liszt, wie Anm. 1, Bd. 1, S. 163.
45 Liszt, wie Anm. 1, Bd. 4, S. 53-56.
46 Richard Wagner, Sämtliche Briefe, Bd. VIII, Leipzig 1991, S. 76.
47 Zitiert nach: Die Musik in Geschichte und Gegenwart, Bd. 8, Kassel 196o, Sp. 983.
48 Ebda.
49 Liszt, wie Anm. 38, S. 1.
50 ebda.
51 Lina Ramann, Lisztiana, Mainz 1983, S. 101.
52 Detlef Altenburg, Eine Theorie der Musik der Zukunft, in: Liszt-Studien Bd. 1, Graz 1977, S. 18.
53 Thomas Kabisch, Außermusikalische Implikationen des musikalischen Materials. Zum Spätwerk Liszts, in: Musica 1985, S. 550.
54 Hugo Riemann, Geschichte der Musik seit Beethoven (1800-1900), Berlin und Stuttgart 1901, S. 442.
55 Carl Dahlhaus, Zur Kritik des ästhetischen Urteils. Über Liszts ›Prometheus‹, in: Die Musikforschung 23, 197o S. 411 ff.
56 Riemann, wie Anm. 54, S. 359 ff.
57 Brief an Mathilde Wesendonk vom 29.10. 1859, zitiert nach: Julius Kapp (Hrsg.), Richard Wagner an Mathilde und Otto Wesendonk. Tagebuchblätter und Briefe, Leipzig, o. J., S. 261.

58 Max Kalbeck, Johannes Brahms, Bd. I,2., 2. Aufl. Berlin 1908, S. 404.
59 Friedrich Herzfeld, Wilhelm Furtwängler, Leipzig 1941, S. 155.
60 Dahlhaus, wie Anm. 55, S. 417-19.
61 Carl Dahlhaus, Plädoyer für eine romantische Kategorie, in: Neue Zeitschrift für Musik, Jg. 130, 1969. Wieder abgedruckt in: Schönberg und andere. Gesammelte Aufsätze, Mainz 1978, S.277.
62 Dahlhaus, wie Anm. 54, S. 418.
63 Göllerich, wie Anm. 25, S. 11.
64 Vgl. Lothar Schmidt, Arabeske. Zu einigen Voraussetzungen und Konsequenzen von Eduard Hanslicks musikalischem Formbegriff, in: Archiv für Musikwissenschaft, Jg. 46, 1989, S. 91 ff.
65 Zitiert nach Ernst Behler, Derrida - Nietzsche, Nietzsche - Derrida, München usw. 1988, S. 158.
66 Dahlhaus, Thesen über engagierte Musik, in: Dahlhaus, Schönberg und andere, wie Anm. 61.
67 Ferdinand Hiller, Felix Mendelssohn-Bartholdy. Briefe und Erinnerungen, Köln 1874, S. 23
68 Felix Mendelssohn Bartholdy, Reisebriefe aus den Jahren 1830 bis 1832, hrsg. v. Paul Mendelssohn Bartholdy, Leipzig 1863, S. 324 f.
69 Heinrich Dorn, Musicalischer Bericht aus Riga, Ostern 1837 bis Ostern 1838, in: Neue Zeitschrift für Musik, Bd. 9, 1838, S. 24 ff.
70 Anonym, Flüchtige Bemerkungen eines unmusicalischen Musikfreundes nach der Aufführung des Oratoriums Paulus von Felix Mendelssohn-Bartholdy im grossen Palmsonntagskonzert zu Dresden am 8. April 1838, in: Caecilia Bd. 20, 1839, S. 135 f.
71 Faksimile in: Jack Werner, Mendelssohns ›Elijah‹. A Historical and Analytical Guide to the Oratorio, London 1965, S. 30.
72 Franz Brendel, Geschichte der Musik, 3. Auflage, Leipzig 1860, S. 502.
73 Richard Wagner, Die deutsche Oper, Gesammelte Schriften, hrsg.v. Julius Kapp, Bd. 7, Leipzig o. J., S. 10.
74 Richard Wagner, Das Kunstwerk der Zukunft, Gesammelte Schriften, hrsg. v. Julius Kapp, Bd. 10, Leipzig o. J., S. 108.
75 Robert Schumann, Gesammelte Schriften über Musik und Musiker, Bd. 2, 2. Auflage, Leipzig 1871, S. 195.
76 Wilhelm Heinrich Riehl, Bach und Mendelssohn aus dem socialen Gesichtspunkte, in: Musikalische Charakterköpfe. Ein kunstgeschichtliches Skizzenbuch, Stuttgart und Tübingen 1853, hier und im folgenden zitiert nach der 8. Auflage, Bd. 1, Stuttgart 1899, S. 84.
77 Sigrid Hinz (Hrsg.), Caspar David Friedrich in Briefen und Bekenntnissen, 2. Aufl., München und Berlin 1974, S. 15 u. 111.
78 Barbara Camilla Tucholski, Friedrich Wilhelm von Schadow 1789-1862. Künstlerische Konzeption und poetische Malerei, Phil. Diss. Bonn 1984, S. 296 u. 204.
79 Wilhelm von Schadow, Über die Anwendung des Nackten bei bildlichen Darstellungen, aus dem Nachlaß herausgegeben in: Jahresbericht der Staatlichen Kunstakademie Düsseldorf 1939, S. 77 f.
80 Anton Fahne (= Friedrich Freiherr von Üchtritz), Die Düsseldorfer Malerschule in den Jahren 1834, 1835 und 1836, Düsseldorf 1837, S. 144 u. S. 96,
81 Felix Mendelssohn Bartholdy, Briefe aus den Jahren 1833 bis 1847, hrsg.v. Paul Men-

delssohn Bartholdy u. Carl Mendelssohn Bartholdy, Leipzig 1863, S. 85 f.

82 Riehl, wie Anm. 76, S. 87.

83 Werner Busch, Die notwendige Arabeske. Wirklichkeitsaneignung und Stilisierung in der deutschen Kunst des 19. Jahrhunderts, Berlin 1985, S. 28.

84 Heinrich Heine, Lutetia, in: Sämtliche Schriften, hrsg. v. Klaus Briegleb, Bd. 5, München 1974, S. 400 u. S. 529.

85 Riehl, wie Anm. 76, S. 74.

86 Riehl, wie Anm. 76, S. 80 u. S. 78.

87 Karl Klingemann (Hrsg.), Felix Mendelssohn-Bartholdys Briefwechsel mit Legationsrat Karl Klingemann, Essen 1909, S. 189.

88 Julius Schubring, Briefwechsel zwischen Felix Mendelssohn Bartholdy und Julius Schubring, zugleich ein Beitrag zur Geschichte und Theorie des Oratoriums, Leipzig 1892, S. 6f.

89 Eric Werner, Mendelssohn. Leben und Werk in neuer Sicht, Zürich und Freiburg i. Br. 1980, S. 6o f.

90 Rainer Riehn, Das Eigene und das Fremde. Religion und Gesellschaft im Komponieren Mendelssohns, in: Felix Mendelssohn Bartholdy, Musik-Konzepte Bd. 14/15, München 198o, S. 136.

91 Martin Geck, Die Wiederentdeckung der Matthäuspassion im 19. Jahrhundert, Regensburg 1967, S. 32.

92 Klingemann, wie Anm. 87, S. 358 ff.

93 Die Familie Mendelssohn 1729-1847. Nach Briefen und Tagebüchern, hrsg. v. Sebastian Hensel, Bd. 1, 3. Auflage, Berlin 1882, S. 95.

94 Werner, wie Anm. 89, S. 252.

95 Schubring, wie Anm. 88, S. 211 ff.

96 Werner, wie Anm. 89, S. 498.- Vgl. auch Jack Werner, wie Anm. 71, S. 84 ff. und Riehn, wie Anm. 90, S. 14o f.

Kapitel 4

1 Friedrich Nietzsche, Werke in 3 Bänden, hrsg. v. Karl Schlechta, Bd. 3, 6. Aufl. München 1966, S. 832.

2 An solchen Forschungen und Exegesen seien aus der Flut der Literatur als exemplarisch genannt: Carl Dahlhaus, Richard Wagners Musikdramen, 2. Aufl. Zürich 1985. - Herbert Barth (Hrsg.), Bayreuther Dramaturgie. Der Ring des Nibelungen, Stuttgart und Zürich 1980.

3 Paul Bekker, Wagner. Das Leben im Werke, Berlin und Leipzig 1924, S. 551.

4 Marianne Kesting, Wagner/Meyerhold/Brecht oder Die Erfindung des »epischen« Theaters, in: Brecht-Jahrbuch 1977, S. 115.

5 Wolfgang Robert Griepenkerl, Das Musikfest oder die Beethovener', 2. Aufl. Braunschweig 1841, Vorwort.

6 Richard Wagner, Wagner, Sämtliche Werke, Bd. 29,I, Mainz 1976, S. 30.

7 Martin Gregor-Dellin, Richard Wagner, München und Zürich 1980, S. 254. - Weitere Literatur zum Thema: Jörg Heyne, Karl August Röckel. Neue Beiträge und For-

schungsergebnisse zu seinem Lebensbild und zu seinem Verhältnis zu Richard Wagner bis 1849, Phil. Diss. Halle 1978 (masch. schr.); Hans Gerhard Heymel, Die Entwicklung Richard Wagners bis 1851 als politischer Künstler und sein Kunstwerkbegriff als gesellschaftliche Utopie, Phil. Diss. Osnabrück 1981; Rainer Franke, Richard Wagners Zürcher Kunstschriften. Politische und ästhetische Entwürfe auf seinem Weg zum ›Ring des Nibelungen‹, Hamburg 1983; Manfred Kreckel, Richard Wagner und die französischen Frühsozialisten, Frankfurt a. M. 1986; Eckart Kröplin, Richard Wagner. Theatralisches Leben und lebendiges Theater, Leipzig 1989; Andrea Mork, Richard Wagner als politischer Schriftsteller, Frankfurt u. New York 1990. - Wichtige Quellentexte enhalten die Bände 29, 1-3 der *Sämtlichen Werke* Richard Wagners, Mainz 1976 ff., in Gestalt der dort mitgeteilten *Dokumente* zu Entstehung, Aufführung und Textgeschichte des *Ringes.*

8 Wagner, wie Anm. 6, S. 54.

9 Herbert Barth (Hrsg.), Bayreuther Dramaturgie. Der Ring des Nibelungen, Stuttgart und Zürich 1980, S. 381.

10 Peter Wapnewski, Der traurige Gott. Richard Wagner in seinen Helden, München 1978, S. 276.

11 Ludwig Feuerbach, Werke, hrsg. v. Erich Thies, Bd. 3, Frankfurt a. M. 1975, S. 304.

12 Theodor W. Adorno, Versuch über Wagner, in: Gesammelte Schriften Bd. 13, Frankfurt a. M. 1971, S. 23.

13 Bayreuther Dramaturgie, wie Anm. 9, S. 192.

14 Peter Wapnewski, Liebesstod und Götternot. Zum ›Tristan‹ und zum ›Ring des Nibelungen‹, Berlin 1988, S. 28.

15 Bayreuther Dramaturgie, wie Anm. 9, S. 195 f.

16 Zum Thema *Mythos* siehe: Stefan Kunze, Der Kunstbegriff Richard Wagners. Voraussetzungen und Folgerungen, Regensburg 1983.- Dieter Borchmeyer, das Theater Richard Wagners. Idee - Dichtung - Wirkung, Stuttgart 1982.- Ders. (Hrsg.), Wege des Mythos in die Moderne. Richard Wagner. »Der Ring des Nibelungen«, München 1987.

17 Max Wehrli, Literatur im deutschen Mittelalter, Stuttgart 1984, S. 196.

18 Carl Dahlhaus, Wagners Begriff der »dichterisch-musikalischen Periode«, in: Walter Salmen (Hrsg.), Beiträge zur Geschichte der Musikanschauung im 19. Jahrhundert, Regenburg 1965.

19 Vgl. zum Ganzen Klaus Kropfinger, Wagner und Beethoven, Regensburg 1975.

20 Die Grenzboten, Jg. 1854, Bd. 1, S. 126-128, 135.

21 Egon Voss, Richard Wagner. Eine Faust-Ouvertüre, München 1982, S. 11 f.

22 Erich Roeder, Felix Draeseke, Dresden 1932, S. 106.

23 Vgl. John Deathridge und Egon Voss, Wagnerforschung - Und weiter nichts?? Zur Einführung in das Wagner-Werk-Verzeichnis, in: Wagnerliteratur - Wagnerforschung, Mainz 1985, S. 187 f.

24 Eduard Hanslick, Die moderne Oper, Berlin 1875, S.310f.

25 Werner Breig, Der »Rheintöchtergesang« in Wagners »Rheingold«, in: Archiv für Musikwissenschaft, Jg. 37, 1980, S. 241 ff.

26 Carl Dahlhaus, Wagners Konzeption des musikalischen Dramas, Regensburg 1971, S. 60 ff.

27 Zu den Schmiedeliedern vgl. Peter Ackermann, Richard Wagners ›Ring des Nibelungen‹ und die Dialektik der Aufklärung, Tutzing 1981, S. 98 ff.

28 Vgl. zum Ganzen Hubert Kolland, Zur Semantik der Leitmotive in Richard Wagners *Ring des Nibelungen*, in: International Review of the Aesthetics and Sociology of Music, Jg.4, 1973, S. 197 ff.

29 Kropfinger, wie Anm.19.

30 August Halm, Von Grenzen und Ländern der Musik. Gesammelte Aufsätze, München 1916, S. 47 ff.

31 Alfred Lorenz, Der musikalische Aufbau des Bühnenfestspieles ›Der Ring des Nibelungen‹, 2. Aufl. Tutzing 1966, S. 2 f.

32 Alfred Lorenz, Worauf beruht die bekannte Wirkung der Durchführung im 1. ›Eroica‹-Satze, in: Neues Beethoven-Jahrbuch, Bd. 1, 1924, S. 183.

33 Vgl. Carl Dahlhaus, wie Anm. 18. - ders., Formprinzipien in Wagners »Ring des Nibelungen«, in: Heinz Becker (Hrsg.), Beiträge zur Geschichte der Oper, Regensburg 1969. - Rudolf Stephan, Gibt es ein Geheimnis der Form bei Richard Wagner?, in: Carl Dahlhaus (Hrsg.), Das Drama Richard Wagners als musikalisches Kunstwerk, Regensburg 1970.

34 Reinhold Brinkmann, »Drei der Fragen stell' ich mir frei«. Zur Wanderer-Szene im 1. Akt von Wagners *Siegfried*, in: Jahrbuch des Staatlichen Instituts für Musikforschung Preußischer Kulturbesitz, Jg. 1972, Berlin 1973, S. 120 ff.

35 Friedrich Dieckmann, Streifzüge. Aufsätze und Kritiken, Berlin und Weimar 1977, S. 71 f.

36 Friedrich Nietzsche, Werke, hrsg. von Giorgio Colli u. Mazzino Montinari, Nachgelassene Fragmente, Bd. 3,4, Berlin und New York 1978, S. 381.

37 Bekker, wie Anm. 3, S. 489 u. 495.

38 Nietzsche, Werke, Bd. 4,1, Berlin 1967, S. 70 u. S. 323.

39 Thomas Mann, Wagner und unsere Zeit. Aufsätze, Betrachtungen, Briefe, Frankfurt a. Main 1963, S. 60.

40 Nietzsche, wie Anm. 38, S. 274 f. u. S. 295

41 Ferdinand Lion, Thomas Mann. Leben und Werk, Zürich 1947, S. 28.

42 Nietzsche, wie Anm. 36, S. 373.

43 Walter Benjamin, Gesammelte Schriften, hrsg. v. Rolf Tiedemann und Hermann Schweppenhäuser, Bd. II, 2, Frankfurt a. M. 1977, S. 458.

44 Nietzsche, Werke Bd. 3, 4, S. 386 f. u. S. 384 f. u. Bd. 4, 3, S. 399 u. S. 350. - Zur speziellen Thematik: Franz-Peter Hudek, Die Tyrannei der Musik. Nietzsches Wertung des Wagnerschen Musikdramas, Würzburg 1989.

45 Nietzsche, Werke Bd. 4, 3, Berlin 1967, S. 355.

46 Eine ältere und ausführlichere Fassung dieses Essays erschien unter dem Titel *Parsifal: a betrayed childhood. Variations on a leitmotif by Alice Miller* in: Wagner, Bd. 9, Nr. 2, London 1988, S. 75-88. Dort ist die Herkunft aller Zitate nachgewiesen. - Die Gedanken von Egon Voss, Wagners ›Parsifal‹ - das Spiel von der Macht der Schuldgefühle, in: Richard Wagner. Parsifal. rororo Opernbuch Nr. 7809, Reinbek 1984, treffen sich zum Teil mit den meinen. - Die Arbeiten von Peter Canzler, Parsifal und das Mitleiden des Psychoanalytikers, in: Jahrbuch der Psychoanalyse, Bd. 21, 1987 sowie von Peter Zagermann, ›Parsifal‹ als das Drama der schöpferischen Sublimation, in: Eros und Thanatos, Darmstadt 1988, stehen exemplarisch für konträre Sichtweisen.

Kapitel 5

1 Hans von Bülow, Briefe und Schriften, hrsg. v. Marie von Bülow, Bd. 8, Leipzig 1908, S. 378 ff.
2 Friedrich Nietzsche, Die fröhliche Wissenschaft, Kritische Gesamtausgabe, hrsg. v. Giorgio Colli und Mazzino Montinari, Bd. 5,2, Berlin und New York 1973, S. 159.
3 Karl Löwith, Von Hegel zu Nietzsche. Der revolutionäre Bruch im Denken des 19. Jahrhunderts. Marx und Kierkegaard, 4. Aufl., Stuttgart 1958, S. 47.
4 Nietzsche, Unzeitgemäße Betrachtungen, Kritische Gesamtausgabe Bd. 3,1, 1972, S. 304.
5 Wiebrecht Ries, Nietzsche, 2. Aufl. Hamburg 1985, S. 33.
6 Nietzsche, Nachgelassene Fragmente, Kritische Gesamtausgabe, Bd. 8, 2, 1973, S. 14. - Nachgelassene Werke, Bd. 15, Leipzig 1912, S. 145.
7 Nietzsche, Nachgelassene Fragmente, Kritische Gesamtausgabe, Bd. 3, 2, 1973, S. 253 f.
8 Nietzsche, Nachgelassene Fragmente, Kritische Gesamtausgabe, Bd. 6,1, 1968, S. 195 f.
9 Nietzsche, Also sprach Zarathustra, ebda. S. 268.
10 die Zitatzusammenstellung nach Karl Jaspers, Nietzsche. Einführung in das Verständnis seines Philosophierens, Berlin und Leipzig 1936, S. 145.
11 Vgl. Peter Hampe, Sozioökonomische und psychische Hintergründe der bildungsbürgerlichen Imperialbegeisterung, in: Klaus Vondung (Hrsg.), Das wilhelminische Bildungsbürgertum, Göttingen 1976, S. 67 ff.
12 Zitiert nach Karl Heinz Füssls Vorwort zur Neuausgabe der 8. Sinfonie, Wien 1977.
13 Richard Specht, Gustav Mahler, 9. bis 12. Auflage, Berlin o. J.S. 267.
14 Georg Friedrich Wilhelm Hegel, Sämtliche Werke, hrsg. v. Hermann Glockner, Bd. 8, Stuttgart 1955, S. 36.
15 Nietzsche, Nachgelassene Fragmente, Kritische Gesamtausgabe; Bd. 5,2, 1973, S. 344.
16 Thomas Mann, Briefe 1889-1936, hrsg. v. Erika Mann, 2. Aufl., Frankfurt a. M. 1962, S. 88.
17 Josef Bohuslav Foerster, Der Pilger. Erinnerungen eines Musikers, Prag 1955, S. 350.
18 Josef Kluger, Schlichte Erinnerungen an Anton Bruckner, in: Jahrbuch des Stiftes Klosterneuburg, Bd. 3, Wien und Leipzig 1910, S. 120.
19 August Göllerich / Max Auer, Anton Bruckner. Ein Lebens- und Schaffensbild, Bd. I, Regensburg 1922, S. 76 und S. 164.
20 Göllerich, ebda., Bd. II, 1, Regensburg 1928, S. 188.
21 Göllerich, ebda., Bd. III, 1, Regensburg 1932, S. 399.
22 Zuletzt: Peter Ostwald, Anton Bruckner - musikalische Intelligenz und depressive Störung, in: Steffen Lieberwirth (Hrsg.), Kongreßbericht zum 5. Internationalen Gewandhaus-Symposion Anton Bruckner, Leipzig 1988, S. 48 ff.
23 Peter Gülke, Brahms - Bruckner, Kassel und Basel 1989, S. 101 f.
24 Norbert Nagler, Bruckners gründerzeitliche Monumentalsymphonie, in: Anton Bruckner, Musik-Konzepte Bd. 23/24, München 1982, S. 107.
25 August Stradal, Erinnerungen aus Bruckners letzter Zeit, in: Zeitschrift für Musik, Jg. 99, 1932, S. 973.

26 Göllerich, wie Anm. 19, Bd. IV, 2, Regensburg 1936, S. 142.

27 Rudolf Stephan, Bruckner - Wagner, in: Othmar Wessely (Hrsg.), Bruckner Symposion 1984, Linz 1986, S.64.

28 Ernst Kurth, Bruckner, Bd. 1, Berlin 1925, S. 13.

29 Ludwig Finscher, Zur Stellung der »Nullten« Symphonie in Bruckners Werk, in: Christoph-Hellmut Mahling (Hrsg.), Anton Bruckner. Studien zu Werk und Wirkung, Tutzing 1988, S. 72 ff.

30 Bo Marschner, Die chronologischen Probleme der »Nullten« Symphonie Bruckners, in: Bruckner-Jahrbuch 1987/88, Linz 1990, S. 53 ff.

31 Manfred Wagner, Der Quint-Oktavschritt als »Majestas«- Symbol bei Anton Bruckner, in: Kirchenmusikalisches Jahrbuch, Bd. 56, 1972, S. 97 ff.

32 Armand Machabey, La vie et l'oeuvre d'Anton Bruckner, Paris 1945, S. 203.

33 Ugo Duse, Bruckner e il suo caso, in: Musica e Cultura. Quattro diagnosi, Padua 1967, S. 26.

34 Norbert Nagler, Anton Bruckners gründerzeitliche Monumentalsinfonie, in: Musikkonzepte, wie Anm. 24, S. 117 f.

35 Peter Gülke, Über die Zeitgenossenschaft Bruckners, in: Bruckner-Symposion 1987, Linz 1989, S. 20.

36 Manfred Wagner, Zum Formalzwang im Leben Anton Bruckners, in: Österreichische Musikzeitschrift Jg. 29, 1974, S. 418 ff.

37 Max von Oberleithner, Meine Erinnerungen an Anton Bruckner, Regensburg 1933, S. 65.

38 Göllerich, wie Anm. 19, Bd. IV, 2, S. 569.

39 Göllerich, ebda., Bd. 2, S. 47.

40 Göllerich, wie Anm. 19, Bd. IV, 3, S. 17 f.

41 August Stradal, Erinnerungen aus Bruckners letzter Zeit, in: Zeitschrift für Musik Jg. 99, 1932, S. 1074.

42 Leopold M. Kanter, Die Frömmigkeit Anton Bruckners, in: Franz Grasberger (Hrsg.), Anton Bruckner in Wien, Dokumente und Studien Bd. 2, Graz 1980, S. 275 u. 260.

43 Göllerich, wie Anm. 19, Bd. IV, 2, S. 10.

44 Göllerich, ebda., Bd. IV, 3, Regensburg 1936, S. 54.

45 Peter Gülke, Der schwierige Jubilar. Zu Anton Bruckners 15o. Geburtstag, in: Musik und Gesellschaft, Bd. 24, 1974, S. 548.

46 Max Kalbeck, Johannes Brahms, Bd. 3,2, Berlin 1912, S. 409.

47 Richard Specht, Ein Gespräch mit Brahms, in: Die Zeit, Wien, 7. Mai 1903.

48 Zitiert nach: Manfred Wagner, Bruckner, München und Mainz 1983, S.312 f

49 August Halm, Die Symphonie Anton Bruckners, München 1914, S. 69 f.

50 Kurth, wie Anm. 28.

51 Max Auer, Anton Bruckner. Sein Leben und Werk, 16.-26. Tausend, Zürich, Leipzig und Wien 1947, S. 9.

52 Peter Gülke, Brahms. Bruckner, Kassel und Basel 1989, S. 75 ff.

53 Walter Wiora, Über den religiösen Gehalt in Bruckners Symphonien, in: Walter Wiora (Hrsg.), Religiöse Musik in nicht-liturgischen Werken von Beethoven und Reger, Regensburg 1978, S. 161 ff.

54 Rudolf Otto, Das Heilige. Über das Irrationale in der Idee des Göttlichen und sein Verhältnis zum Rationalen, Gotha und Stuttgart 1917.

55 Jost Hermand, Der Schein des schönen Lebens. Studien zur Jahrhundertwende,

Frankfurt a. M. 1972, S. 235.

56 Max Auer, Anton Bruckner. Sein Leben und Werk, Zürich, Leipzig und Wien 1931, S. 432.

57 Constantin Floros, Brahms und Bruckner. Studien zur musikalischen Exegetik, Wiesbaden 1980, S. 186 ff.

58 Werner Korte, Bruckner und Brahms. Die spätromantische Lösung der autonomen Konzeption, Tutzing 1963, S. 25.

59 Eduard Hanslick, Fünf Jahre Musik, 3. Auflage Berlin 1896, S. 190 f.

60 Korte, wie Anm. 58, S. 41.

61 Peter Gülke, Über die Zeitgenossenschaft Bruckners, in: Bruckner Symposion Linz 1987, Linz 1989, S. 18.

62 August Stradal, Eine Erinnerung an Anton Bruckner, in: Zeitschrift für Musik, Jg. 93, 1926, S. 506.

63 Floros, wie Anm. 57, S. 182 ff.

64 Göllerich, wie Anm.19, Bd. IV, 3, S. 16 f.

65 Göllerich, ebda., S. 20.

66 Göllerich, ebda., S. 19.

67 Rudolf Louis, Anton Bruckner, Berlin 1904, S. 8.

68 Kurth, wie Anm. 28, Bd. 2, S. 1082.

69 Korte, wie Anm. 58, S. 55.

70 Carl Dahlhaus, Bruckner und die Programmusik. Zum Finale der Achten Symphonie, in: Mahling (Hrsg.), wie Anm. 29, S. 28 ff.

71 Friedrich Eckstein, »Alte unnennbare Tage!«. Erinnerungen aus siebzig Lehr- und Wanderjahren, Wien, Leipzig, Zürich 1936, S. 144f.

72 Göllerich, wie Anm. 19, Bd. IV, 3, S. 19.

73 Floros, wie Anm. 57, S. 200.

74 Eveline A. Nikkels, Bruckner und ›die Frau‹: Traum und Wirklichkeit, in: Steffen Lieberwirth (Hrsg.), Kongreßbericht zum V. Internationalen Gewandhaus-Symposium. Anton Bruckner, Leipzig 1988, S. 43.

75 Stradal, wie Anm. 41, S. 859.

76 Christel Köhle-Hezinger und Adelhart Zoppelius, »Da ist der Michel aufgewacht und hat sie auf den Schub gebracht«. Zu zwei Zeugnissen antisemitischer »Volkskunst«, in: Zeitschrift für Volkskunde Bd. 84, 1988, S. 62.

77 Ausgabe von Victor Keldorfer, Wien 1911.

78 Hans Ferdinand Redlich, Das programmatische Element bei Bruckner, in: Franz Grasberger (Hrsg.), Bruckner-Studien, Wien 1964, S. 94-97.

79 Nagler wie Anm. 24.

80 Günther Jachmann (Hrsg.), Adolf von Hildebrands Briefwechsel mit Conrad Fiedler, Dresden o.J. (1927).

81 Göllerich, wie Anm. 19, Bd. IV, 2, S. 438.

82 Göllerich, ebda., S. 271.

83 Hakenkreuzbanner, Mannheim, 7. Juni 1937, S. 1f.

84 Werner Jochmann (Hrsg.), Adolf Hitler. Monologe im Führer-Hauptquartier 1941-44, Hamburg 1980, S. 198.

85 Karl Laux, Anton Bruckners ›Symphonie des deutschen Menschen‹, in: Allgemeine Musikzeitung, Jg. 66, 1939, S. 620.

86 Wilhelm Furtwängler, Johannes Brahms. Anton Bruckner, Leipzig 1942, S. 25 u. 39.

87 Thomas Mann, Zum sechzigsten Geburtstag Ricarda Huchs, in: Reden und Aufsätze, 2, Gesammelte Werke, Bd. 10, o. O. 1960, S. 434.
88 Adolf Nowak, Die Wiederkehr in Bruckners Adagio, in: Mahling (Hrsg.), wie Anm. 29, S. 167.
89 Nietzsche, Nachgelassene Fragmente, Kritische Gesamtausgabe Bd. 8, 1, 1974, S. 119.
90 Arnold Schönberg, Mahler, in: Stil und Gedanke, Leipzig 1989, S. 63f.
91 Hans Werner Henze, Musik und Politik. Schriften und Gespräche 1955-1984. Erweiterte Neuausgabe, München 1984, S. 142.
92 Hans Heinrich Eggebrecht, Musik im Abendland. Prozesse und Stationen vom Mittelalter bis zur Gegenwart, München 1991, S. 612.
93 Des Knaben Wunderhorn. Alte deutsche Lieder gesammelt von L. Achim von Arnim und Clemens Brentano, Vollständige Ausgabe in drei Bänden, Bd. 3, München 1984, S. 267.
94 Natalie Bauer-Lechner, Erinnerungen an Gustav Mahler, Wien 1923, S. 16.
95 Ernest Jones, Leben und Werk von Sigmund Freud, Bd. 2, Bern und Stuttgart 1962, S. 103.
96 Theodor W. Adorno, Mahler. Eine musikalische Physiognomik, Frankfurt a. M. 1963, S. 32.
97 Hans Heinrich Eggebrecht, Die Musik Gustav Mahlers, München und Zürich, 2. Auflage 1986, S. 252.
98 Schönberg, wie Anm. 90, S.81.
99 Constantin Floros, Gustav Mahler, Bd. 1: Die geistige Welt Gustav Mahlers in systematischer Darstellung, Wiesbaden 1977, S.39 ff.
100 August Wilhelm und Friedrich Schlegel, Athenaeum, Bd. 1, Berlin 1798 (Nachdruck Dortmund 1989), S. 220f.
101 Walter Benjamin, Gesammelte Schriften, hrsg. von Rolf Tiedemann und Hermann Schweppenhäuser, Bd. I,1, Frankfurt a. M. 1974, S. 88 ff.
102 ebda., S. 106 f.
103 Der Brief ist überliefert durch Richard Specht, Gustav Mahler, 9.-12. Auflage, Berlin o.J., S. 38.
104 Robert Schumann, Symphonie von H. Berlioz, in: Gesammelte Schriften über Musik und Musiker, Bd. 1, Leipzig, 3. Aufl., 1875, S. 73.
105 Carl Dahlhaus, Musikalische Prosa, in: Neue Zeitschrift für Musik, Jg. 125, 1964, S. 176 ff.
106 Benjamin, wie Anm. 101, S. 98.
107 Adorno, wie Anm. 96, vor allem S.85 ff.: *Roman.* - Hermann Danuser, Musikalische Prosa, Regensburg 1975, S. 87 ff.:*Konstruktion des Romans bei Gustav Mahler.*
108 Danuser, ebda., S. 95.
109 Hermann Danuser, Gustav Mahler und seine Zeit, Laaber 1991, S. 175.
110 Martin Zenck, Kunst als begriffslose Erkenntnis. Zum Kunstbegriff der ästhetischen Theorie Theodor W. Adornos. München 1977, S. 188 f.
111 Paul Bekker, Gustav Mahlers Sinfonien, Berlin 1921, S. 112.
112 Adorno, wie Anm. 96, S. 163.
113 ebda., z. B. S. 98.
114 Nietzsche, Werke, hrsg. von Karl Schlechta, Bd. 6, München und Wien 1980, S. 627.
115 Nietzsche, wie Anm. 89, S. 75 f.
116 Zu Cranachs *Melancholia:* Günter Bandmann, Melancholie und Musik. Ikonographi-

sche Studien, Köln und Opladen 1960. - Dieter Koepplin und Tilman Falk, Lukas Cranach. Gemälde, Zeichnungen, Druckgraphiken, Bd. 1, 2. Aufl. Basel und Stuttgart 1974. - Raymond Klibansky, Erwin Panofsky und Fritz Saxl, Saturn und Melancholie. Studien zur Geschichte der Naturphilosophie und Medizin, der Religion und der Kunst, (deutsch) Frankfurt a. M. 1990. - Zur Geschichte der *freien Fantasie* vgl. Peter Schleuning, Die Fantasie, 2 Bde., Köln 1971 (Das Musikwerk Nr. 42 u. 43). - Zum *Scherzo*: Eggebrecht, wie Anm. 97, S. 199-226. - Zum Bildschmuck in Mahlers Hamburger Arbeitszimmer vgl. Foerster, wie Anm. 17, S. 353. - Zu Berios *Sinfonia*: Peter Altmann, Sinfonia von Luciano Berio. Eine analytische Studie, Wien 1977.

Epilog

1 Hans Heinrich Eggebrecht, Die Musik Gustav Mahlers, 2. Aufl., München und Zürich 1986, S. 283.

2 Theodor W. Adorno, Einleitung in die Musiksoziologie. Zwölf theoretische Vorlesungen, Reinbek 1968, S. 222.

3 Theodor W. Adorno, Mahler. Eine musikalische Physiognomik, Frankfurt a. M. 1963, S. 24.

4 Friedhelm Krummacher, Gustav Mahlers III. Symphonie. Welt im Widerbild, Kassel usw. 1991, S. 92.

5 Bernd Sponheuer, Logik des Zerfalls. Untersuchungen zum Finalproblem in den Symphonien Gustav Mahlers, Tutzing 1978, S. 419 u. 453.

6 Nicolai Hartmann, Ästhetik, Berlin 1953, S. 23.

7 Manfred Frank, Einführung in die frühromantische Ästhetik, Frankfurt a. M. 1989, S. 314.

8 Friedrich Schiller, Werke. Nationalausgabe, Bd. 10, Weimar 1980, S. 8 f.

9 Vgl. dazu den Abschnitt *Stimmigkeit und Sinn* in: Theodor W. Adorno, Ästhetische Theorie, Gesammelte Schriften, Bd. 7, Frankfurt a. M. 1970, S. 205 ff.

10 Ludwig Tieck, Phantasus, Erster Theil, Schriften, Bd. 4, Berlin 1828, S. 92.

11 Friedrich Schlegel, Kritische Ausgabe seiner Werke, hrsg. v. Ernst Behler und anderen, München, Paderborn, Wien 1958 ff., Bd. 18, S. 24.

12 Manfred Frank, Allegorie, Witz, Fragment, Ironie. Friedrich Schlegel und die Idee des zerissenen Selbst, in: Willem van Reijen (Hrsg.), Allegorie und Melancholie, Frankfurt a. M. 1992, S. 126.

13 Peter Bürger, Zur Kritik der idealistischen Ästhetik, Frankfurt a. M. 1983, z. B. S. 10.

14 Karl Heinz Bohrer, Die Kritik der Romantik. Der Verdacht der Philosophie gegen die literarische Moderne, Frankfurt a. M., 1989.

15 Julian Schmidt, Geschichte der Deutschen Literatur im 19. Jahrhundert, Bd. 3, 2. Auflage Leipzig 1855, S. 378 ff.

16 Franz Brendel, Die bisherige Sonderkunst und das Kunstwerk der Zukunft, in: Neue Zeitschrift für Musik, Bd. 38, 1853, S. 134.

17 Joachim Raff, Die Wagnerfrage. Kritisch beleuchtet. Erster Theil, Braunschweig 1854, S. 272 f. u. S. 258.

18 Raff, ebda., S. 256 f. u. S. 271.
19 Richard Wagner, Über deutsches Musikwesen, Gesammelte Schriften, hrsg. v. Julius Kapp, Bd. 7, Leipzig o. J., S. 45.
20 Ernst Theodor Amadeus Hoffmann, Kreisleriana Nr. 4, Poetische Werke, Bd. 1, Berlin 1957, S. 45 f.
21 Richard Wagner, Der Freischütz in Paris, Gesammelte Schriften, wie Anm. 19, Bd. 8, S. 20.
22 Cosima Wagner, Die Tagebücher, ediert und kommentiert v. Martin Gregor-Dellin und Dietrich Mack, Bd. 2, München und Zürich 1977, S. 255.
23 Stefan Kunze, Der Kunstbegriff Richard Wagners. Voraussetzungen und Folgerungen, Regensburg 1983.
24 Schlegel, wie Anm. 11, Bd. 2, S. 312.
25 Vgl. Dieter Borchmeyer (Hrsg.), Wege des Mythos in die Moderne. Richard Wagner. ›Der Ring des Nibelungen‹. Eine Münchner Ringvorlesung, München 1987.
26 Eduard Krüger, System der Tonkunst, Leipzig 1866, S. 236.
27 Willi Reich, Arnold Schönberg oder Der konservative Revolutionär, München 1970, S. 53.

Namenregister

Abegg, Meta 143
Abegg, Pauline von 143
Adorno, Theodor W. 89, 92, 101, 163, 169, 174, 186, 209, 221, 254, 276, 306 f., 333, 346, 358, 399, 414, 422f., 427, 429 f., 434
Aischylos 73, 313, 366, 382
Albert von Sachsen-Coburg-Gotha 259, 327
Albrechtsberger, Johann Georg 2
Almeroth, Carl 400,
Ambros, August Wilhelm 195, 432
Angelus Silesius 390
Anna von Bretagne, Königin von Frankreich 178, 259
Arnim, Achim von 412
Arnim, Bettina von 124
Arnim, Gisela von 124 f.
Auber, Daniel François Esprit 287
Auer, Max 381, 390, 397

Bach, Carl Philipp Emanuel 127, 232, 426
Bach, Johann Sebastian 1, 2, 20, 48, 50, 55, 72, 102, 104, 106, 114, 118, 123, 127, 131, 137, 142, 148-150, 154, 166 f., 175, 177-180, 182 f., 214, 230, 232, 237, 257 f., 262, 266, 271 f., 274, 277 f., 324, 327, 391, 394, 400, 426 f.
Baensch, Otto 94 f.
Bakunin, Michail 295, 298, 301, 304
Barthes, Roland 134 f., 151, 161
Bartók, Béla 234
Batka, Richard 416, 429
Bauernfeld, Eduard von 203
Becker, Julius 260
Beckett, Samuel 428
Beethoven, Ludwig van 1-99, 100-110, 112-125, 127 f., 131-137, 142, 145, 151 f., 154-157, 163, 165-167, 169-171, 173, 178, 180, 194, 199, 200, 203, 210-212, 214, 219 f., 223 f., 231 f., 235, 237, 239, 240-242, 244, 248, 252, 253, 257, 274 f., 303, 321 f., 324, 327, 346 f., 349-351, 359, 368 f., 374-378, 383-385, 389, 391, 400, 404, 407-410, 418, 422, 424, 426, 430 f., 433-435, 437
Beethoven, Caspar Carl van 78
Beethoven, Johanna van 78
Beethoven, Karl van 78
Bekker, Paul 25, 40, 53, 81, 98, 292, 307, 356, 372, 422
Bendemann, Eduard 266 f.
Benjamin, Walter 193, 361, 418 f., 421, 433
Bératon, Ferry 400 f., 416
Berg, Alban 411, 428
Berio, Luciano 428
Berlioz, Hector 66, 92, 102, 105, 109 f., 143, 188, 215, 222 f., 236, 240-242, 246, 322, 325, 337, 341, 381 f., 392 f., 412, 420, 428, 433-435
Bernays, Martha 210, 223
Bethmann 224, 237
Billroth, Theodor 120, 131, 209, 222
Bismarck, Otto, Fürst von 207 f., 210, 220, 223, 368 f., 371, 379
Bloch, Ernst 11, 169
Boccherini, Luigi 49
Bockholdt, Rudolf 48
Bode, Johann Elert 74
Böhm, Joseph 71
Böhme, Jakob 390
Börne, Ludwig 204, 215
Böttger, Adolf 153
Bohrer, Karl Heinz 432
Boissier, Auguste 231, 244
Bonaparte, Napoleon I. 1 f., 15 f., 22, 26, 28 f., 40, 79, 131, 200, 210, 307, 369
Boulez, Pierre 137
Boyer, Thomas 194
Brahms, Johannes 9, 100, 103, 105-108, 115 f., 117-125, 130, 132, 136, 140, 150, 154-175, 177, 187, 193 f., 196-198, 199, 207-211, 212, 235, 247 f., 251-254, 272, 301, 305, 325, 368, 375 f., 383, 385, 388 f., 394, 396, 403 f., 411, 418 f., 434-437

Brauchle, Joseph Xaver 79
Breig, Werner 336, 350
Breitkopf & Härtel 35, 73, 140, 206
Brendel, Franz 204, 206, 242, 262, 303, 433
Brentano, Antonie 76
Brentano, Bettina 68
Brentano, Clemens von 412
Brinkmann, Reinhold 186, 350
Brockhaus, Friedrich 286 f.
Brockhaus, Heinrich 313
Brockmeier, Jens 82
Bruchmann, Franz von 201
Bruckner, Anton 9, 103, 113, 114, 117, 118, 124, 199, 209, 212, 251-253, 301, 350, 352, 368, 371 f., 374-413, 418, 420, 427, 434
Brunsvik, Josephine 8, 76-78
Brunsvik, Therese 77
Büchner, Georg 86
Bülow, Hans von 105, 116, 122, 226, 246, 368 f., 393
Bülow, Cosima von s. u. Wagner
Bürger, Peter 432
Buhz, Ida 380
Bulwer-Lytton, Edward 287
Burns, Robert 177
Bursy, Karl 68
Busch, Werner 271, 273
Byron, Lord George Gordon 214, 230, 240

Canetti, Elias 41
Chateaubriand, François René 214
Chéreau, Patrice 301
Cherubini, Luigi 22, 39
Chopin, Frédéric 138, 140, 143, 144, 209, 222 f., 234
Claudius, Matthias 178
Cochin d. J., Charles-Nicolas 13
Collin, Heinrich Joseph von 32, 37
Cooper, Martin 83
Corelli, Arcangelo 48
Cornelius, Peter 264, 268, 273, 313
Cranach, Lucas 424-426, 428
Cranz, August 154
Czerny, Carl 139

D'Agoult, Blandine 226
D'Agoult, Charles 224
D'Agoult, Marie, Gräfin 218, 221 f., 224-228, 230
Dahlhaus, Carl 21, 66, 82, 118, 152, 155, 165, 252-255, 319, 337, 350, 398, 403, 420
D'Alembert/Diderot 13
Damerat 15 f.
Danuser, Hermann 422
David, Félicien 215
David, Gerard 257
De la Motte, Diether 65
Debussy, Claude 363
Del Rio, Fanny 78
Delacroix, Eugène 223
Derr, Ellwood 169
Derrida, Jacques 254
Descartes, René 126
Desorgues, Joseph Théodore 87
Devrient, Eduard 296
Deym, Joseph, Graf 77
Dieckmann, Friedrich 353
Dietrich, Albert 124, 161
Dilthey, Wilhelm 51, 93
Dömpke, Gustav 404
Dorn, Heinrich 257
Dorn, Ignaz 382
Dräseke, Felix 327
Droysen, Gustav 313
Dschingis-Khan 366
Dürer, Albrecht 264, 426, 429
Dürr, Walther 109, 201
Dumas, Alexandre 223
Duse, Ugo 385
Dussek, Johann Ladislaus 64

Eckermann, Johann Peter 107, 262
Eckstein, Friedrich 387, 398
Eggebrecht, Hans Heinrich 193, 412, 429
Eichendorff, Joseph von 174-176, 184, 187, 262
Einstein, Albert 11
Engels, Friedrich 357
Erard, Pierre 256
Ertmann, Dorothea Cäcilia von 5
Esterházy, Johann Karl, Graf von 109
Ettmüller, Ludwig 313
Euripides 73

Fadinger, Dr. 381

Ferstl, Leopold von 201
Festa, Costanzo 178 f.
Feuerbach, Ludwig 296, 302 f., 308, 310
Feustel, Friedrich 357
Fichte, Johann Gottlieb 97-99, 152, 199, 226, 368 f.
Fiedler, Konrad 404
Field, John 138
Fink, Gottfried Wilhelm 204, 237
Finscher, Ludwig 103, 188, 383
Flaubert, Gustave 225, 379
Flechsig, Emil 176
Floros, Constantin 25, 66, 155, 161, 392, 397, 399, 417
Foerster, Josef Bohuslav 379
Fontane, Theodor 210
Fra Angelico 264, 346
Franck, Hermann 256, 292 f.
Frank, Manfred 193, 430, 432
Franz, Marie-Louise von 162
Franz Joseph I., Kaiser von Österreich 387
Franziskus 215
Frauer, Ludwig 313
Frege, Livia 205
Freiligrath, Ferdinand 204
Freud, Sigmund 133, 210, 367, 413, 423, 437
Freund, Emil 427
Freytag, Gustav 433
Fricken, Ernestine von 143
Friedrich, Caspar David 182 f., 202, 265
Friedrich I., Barbarossa 294
Frisch, Walter 165
Fröhlich, Hans J. 133
Fuchs, Mechtild 135
Fürst, Julius 266
Furtwängler, Wilhelm 252, 405 f.

Gabrieli, Giovanni 107
Gänsbacher, Joseph 125
Geibel, Emanuel 206
Gellert, Christian Fürchtegott 51
George, Stefan 69, 174
Geßner, Salomon 51
Gielen, Michael 90
Giesemann, Adolf 194
Giotto di Bondone 264
Glück, Alfons 43
Goethe, Johann Wolfgang von 4, 10, 24, 26, 29, 41, 54, 55 f., 69, 81, 93, 97-99, 124, 133, 148, 162, 206, 210, 239, 254, 262, 297, 358, 368, 370, 373, 412, 417, 432 f.
Göllerich, August 228, 381 f., 386, 397
Goldschmidt, Harry 25, 37, 44, 76, 113
Gossec, François Joseph 38, 61, 87
Gregor-Dellin, Martin 296
Griepenkerl, Wolfgang Robert 21, 293
Grimm, Jacob 312
Grimm, Julius Otto 170
Groeber, Heinrich 389
Gülke, Peter 38, 41 f., 59, 159, 161, 169, 381, 385 f., 389 f., 395
Gutmann, Emil 373

Händel, Georg Friedrich 48, 258, 262, 266, 269, 271, 274
Halévy, Jacques Fromental 287
Halm, August 11, 12, 349, 390
Hanslick, Eduard 3, 128, 129, 139, 207, 251, 254 f., 335, 336, 348, 362, 391, 393 f., 404, 410, 432
Hartmann, Nicolai 430
Hasenclever, Johann Peter 124
Hauff, Wilhelm 159
Haydn, Joseph 2, 10, 12, 19, 20, 21, 32, 45, 48, 55, 66, 68, 96, 100, 104, 109, 114, 125, 131, 199, 262, 324, 434
Hebbel, Friedrich 312 f.
Hegel, Georg Wilhelm Friedrich 43, 54, 88, 93, 94, 127, 129, 152, 204, 226, 254, 271, 273, 296, 303, 307, 370, 375, 433
Heim, Albert 48
Heine, Heinrich 181, 183, 187-190, 192, 204, 206, 215, 259-262, 273, 287, 303
Heinrich I., »der Vogler«, Herzog von Sachsen 293
Heister, Familie 124
Hellmesberger, Joseph 105
Helm, Theodor 397
Henschel, Georg 107
Hensel-Mendelssohn, Fanny 263, 275, 277, 279
Henselt, Adolph von 139
Henze, Hans Werner 82, 255, 411
Herbeck, Johann 387
Herder, Johann Gottfried 73, 93 f., 239, 242 f.

Hermand, Jost 391
Herodes 179
Herttrich, Ernst 170
Herwegh, Georg 204, 308, 369
Herzogenberg, Elisabeth von 122, 162
Hildebrand, Adolph von 404
Hildebrandt, Ferdinand Theodor 266
Hiller, Ferdinand 115, 118, 215, 256, 263
Himmler, Heinrich 365
Hindemith, Paul 234
Hirschmann, Eduard 133
Hitler, Adolf 350, 363, 365 f., 405
Hölderlin, Friedrich 89
Hoffmann, Ernst Theodor Amadeus 4, 68, 101, 144, 145, 155, 190, 230, 434
Hofmeister, Friedrich 35
Hohenlohe, Marie von 239
Holstein, Hedwig von 105
Holtzmann, Adolf 308
Holz, Karl 73
Homer 73, 133, 214, 240
Hopkins, Antony 80
Huch, Ricarda 406
Hugo, Victor 214, 223, 240, 248
Humboldt, Wilhelm von 152
Hummel, Johann Nepomuk 214

Inkermann, Otto 159

Jahn, Otto 323
Jean Paul (Jean Paul Richter) 30, 67, 68, 69, 101, 138, 143,
148 f., 154, 230
Jenner, Gustav 108
Jesus Christus 73, 268, 272, 278, 296 f.
Joachim, Joseph 115, 118, 124 f., 154, 161 f.
Jones, Ernest 413
Joyce, James 428
Jung, Carl Gustav 162

Kabisch, Thomas 244
Kähler, Willibald 405
Kalbeck, Max 124, 161, 165, 170, 196
Kalergis, Maria von 238
Kalkbrenner, Friedrich Wilhelm M. 139
Kanka, Johann von 79
Kanne, Friedrich August 73, 95
Kant, Immanuel 4, 15, 52, 73-75, 77, 82, 93, 94, 127, 129, 226, 430
Karpath, Ludwig 412
Karullus, Manfred 133
Kaulbach, Wilhelm von 271
Kesting, Marianne 292, 294
Kinsky, Ferdinand, Fürst 35
Kircher, Erwin 419
Kleist, Heinrich von 32
Kleuker, Johann Friedrich 74
Klingemann, Karl 257 f., 275
Klopstock, Friedrich Gottlieb 126
Kluger, Josef 379
Knecht, Justin Heinrich 45
Körner, Christian Gottfried 46
Körner, Theodor 200
Kommerell, Max 69
Korff, Hermann August 52
Korte, Werner 120, 393-395, 397
Koßmaly, Carl 117, 152
Kretzschmar, Hermann 60
Kreutzer, Adolphe 21
Kropfinger, Klaus 347
Krüger, Eduard 437
Krummacher, Friedhelm 104, 430
Krumpholtz, Wenzel 22
Kuhač, Franz Xaver 49
Kullak, Adolph 432
Kunze, Stefan 18, 176, 350, 436
Kupelwieser, Leopold 108
Kurth, Ernst 349, 383, 390, 397

Lachmann, Karl 312
Lacombe/Adrien aîné 38 f.
Lagarde, Paul de 369
Lamartine, Abbé Alphonse de 214, 216, 227, 295
Lamennais, Abbé de 215 f., 218, 227, 295
Lang, Josefine 380
Langbehn, Julius 369
Laux, Karl 405
Lehner, Fritz 199
Lenz, Wilhelm von 56, 66
Lessing, Carl Friedrich 266
Lessing, Gotthold Ephraim 93, 208
Levi, Hermann 301, 391
Leyen, Rudolf von der 162, 207
Lipinski, Carl Joseph 40
Lippmann, Edward A. 104
L'Isle, Rouget de 39

Liszt, Daniel 226
Liszt, Franz 25, 48, 59, 89, 102, 109 f., 116 f., 124, 129, 140, 152, 169, 183, 204, 206, 212-256, 257, 275, 279, 292, 306, 308, 318, 322, 325, 353, 357, 374, 376, 381-383, 392 f., 404, 418, 426, 433-435
Littrow, Joseph 75
Lobkowitz, Franz Joseph, Fürst 26, 28 f., 35, 44
Locke, John 214
Löhr, Friedrich 416, 427
Löwe, Carl 184
Lorenz, Alfred 336, 349 f.
Lortzing, Albert 263
Lotze, Hermann 432
Louis Ferdinand, Prinz von Preußen 28, 29
Louis, Rudolf 397
Ludwig II., König von Bayern 280, 298, 301 f., 357, 387,
Ludwig XVIII., König von Frankreich 79
Luther, Martin 207, 426

Machabey, Armand 385
Mähler, Joseph Willibrord 17
Mälzel, Johann Nepomuk, 62, 63, 64
Mahler, Alma 373, 427
Mahler, Gustav 9, 86, 103, 114, 124, 368, 371-379, 391, 393, 407, 408-430, 434 f., 437
Mahlert, Ulrich 206
Majewski, Hans-Martin 135
Mann, Thomas 89, 184, 353, 358, 360, 378, 406
Manzoni, Alessandro 262
Marcuse, Herbert 89
Marschalk, Max 423, 426
Marx, Karl 295, 437
Materna, Amalie 310
Mattheson, Johann 132
Matthisson, Friedrich 46
Maximilian Franz, Kurfürst von Köln 13
Maximilian, Kaiser von Österreich 386
Mayer, Hans 139, 296, 308, 312
Méhul, Etienne-Nicolas 27, 40
Mendelssohn, Moses 276
Mendelssohn Bartholdy, Abraham 275-277
Mendelssohn Bartholdy, Fanny s. u. Hensel-Mendelssohn
Mendelssohn Bartholdy, Felix 6, 41, 102, 104, 114 f., 138, 140, 153 f., 166, 209, 212, 256-279, 303-305, 434
Mendelssohn Bartholdy, Rebecca 266
Mengelberg, Willem 373
Méran, Catherine Adélaide 226
Mersmann, Hans 11, 60
Methfessel, Albert 200
Metternich, Clemens, Fürst 200, 205
Meyerbeer, Giacomo 63, 287, 303-305
Michaelis, Christian Friedrich 55
Miller, Alice 366
Mitschka, Arno 156
Moscheles, Ignaz 63, 139
Mozart, Wolfgang Amadeus 1, 5, 9, 10, 12, 15, 18, 19, 21, 50, 55, 72, 96, 100, 104, 106, 108 f., 118, 125, 127, 191, 214, 269 f., 303, 323 f., 426, 434
Mozart, Leopold 50
Müller, Wenzel 202
Müller, Wilhelm 176, 181, 183, 191, 194
Müller, Wilhelm Christian 79
Müllner, Adolf 73
Munch, Edvard 429
Musil, Robert 137

Nagler, Norbert 381, 385, 404
Napoleon I. s. u. Bonaparte
Neefe, Christian Gottlob 2, 13
Nef, Karl 49, 89
Nieder, Christoph 293
Niemann, Albert 304
Nietzsche, Friedrich 210, 280, 313, 353 f., 356, 358-362, 368-372, 374, 376, 378, 389, 398, 407 f., 423 f., 437
Nikisch, Arthur 391
Nikkel, Eveline A. 399
Nottebohm, Gustav 80
Novalis 193, 369
Nowak, Adolf 407
Nowak, Leopold 392

Oberleithner, Max von 386
Offenbach, Jacques 141
Onslow, André Georges Louis 139
Oppersdorff, Franz, Graf von 35, 38
Ortlepp, Ernst 142
Osthoff, Wolfgang 57 f.

Otto, Rudolf 390
Overbeck, Johann Friedrich 264, 273

Paganini, Niccolò 139, 140, 142, 143, 222 f.
Palestrina, Giovanni Pierluigi 269, 271
Palisca, Claude V. 27
Paulus 277
Pearson, George 135
Peitl, Josef 109
Pereira-Arnstein, Henriette von 259
Pfistermeister, Franz Seraph von 298
Pfitzner, Hans 48, 50
Pictet, Adolphe 218
Planer, Minna (spätere Wagner) 286, 301, 310
Platen, August von 201
Platon 73, 214
Pleyel, Ignaz 64
Plutarch 73
Pohl, Richard 207
Pollini, Francesco 139
Prévost, Benoît-Louis 13, 14
Proudhon, Pierre-Joseph 295

Radecke, Robert 230
Radvanayi, Geza 135
Raff, Joachim 243, 433, 436
Raffael 257, 264, 268
Ramann, Lina 215, 243
Rasumowsky, Andreas Kyrillowitsch, Graf 44
Rauschning, Hermann 365
Redlich, Hans Ferdinand 404
Reger, Max 103
Reichardt, Johann Friedrich 4, 96
Reinisch, Prof. 379
Rembrandt (Harmensz van Rijn) 370
Richter, Hans 391
Riehl, Wilhelm Heinrich 200, 264, 271, 274
Riehn, Rainer 276
Riemann, Hugo 80, 244, 246
Rienäcker, Gerd 120
Ries, Ferdinand 26 f., 45
Ries, Wiebrecht 370
Rilke, Rainer Maria 391
Ringer, Alexander 27
Rochlitz, Friedrich 29-31, 99
Röckel, August 282, 295-297, 301, 307-309
Romberg, Anton 63
Rossini, Gioacchino 109, 257, 273
Rottmann, Carl 229
Rousseau, Jean-Jacques 77
Rudolph, Erzherzog von Österreich 35
Rückert, Friedrich 204, 427

Saint-Cricq, Caroline de 221 f.
Saint-Simon, Comte de 215
Salieri, Antonio 2, 70
Sand, George 213
Sandberger, Adolf 49
Sayn-Wittgenstein, Carolyne, Fürstin von 222, 225 f., 238, 240
Schadow, Friedrich Wilhelm 124, 264-269, 271
Schäffer, Julius 154
Schelble, Johann Nepomuk 266
Schelling, Friedrich Wilhelm Joseph 55, 94, 95, 226
Schenk, Hugo 386
Schenk, Johann 2
Schenker, Heinrich 84 f.
Schering, Arnold 64, 133, 135
Schiller, Friedrich 7, 13, 46 f., 50, 52-54, 69, 71-73, 86-88, 90-94, 97 f., 133, 176, 222, 239, 322, 430, 434
Schindler, Alma s. u. Mahler
Schindler, Anton 5, 31, 43, 47, 62, 63, 68, 91, 95, 100
Schirmer, Johann Wilhelm 265 f.
Schlegel, Friedrich 2, 97, 98, 130, 138, 150, 152, 175, 184, 190, 193, 195 f., 254, 264, 368, 418, 422, 431, 436
Schlegel, August Wilhelm 54, 94, 190
Schleiermacher, Friedrich 277
Schlesinger, Maurice 304
Schleuning, Peter 25, 28, 36, 61
Schmidt, Carlo 301
Schmidt, Christian Martin 123, 171
Schmidt, Julian 433
Schmitz, Arnold 21, 39, 61
Schnebel, Dieter 145, 146
Schneider, Elogius 13
Schneider, Friedrich 262 f.
Schnorr von Carolsfeld, Julius 264
Schober, Franz von 201 f.

Schönberg, Arnold 90, 103, 155, 168, 172, 174, 188, 244, 254, 377, 394, 411, 417, 437
Schopenhauer, Arthur 11, 237, 308-310, 356, 358, 360, 362, 365 f., 369, 398, 424
Schott, Franz Philipp 228 f., 237
Schubart, Christian Friedrich Daniel 132
Schubert, Ferdinand 130
Schubert, Franz 58, 70 f., 100-102, 104, 106, 108-114, 116 f., 127, 130-137, 139, 142, 145, 163-167, 169, 171 f., 175-184, 186 f., 190-194, 197, 199, 200-203, 207 f., 211 f., 220, 223, 235, 237, 377, 383, 419, 434 f.
Schubring, Julius 275, 278
Schütz, Heinrich 2, 106, 107, 188
Schumann, Clara 102, 114, 117, 124, 140, 142, 144, 148 f., 151, 154, 161, 172, 230, 247, 254
Schumann, Robert 9, 35, 37, 40, 65, 67, 69, 82, 100-106, 109, 114-117, 124 f., 229 f., 132 f., 136, 137-157, 160 f., 163, 165 f., 169, 172 f., 175-177, 180, 184-194, 197, 203-209, 211-213, 223, 232, 235, 252, 257, 263 f., 274, 294, 303, 378, 412 f., 419 f., 426, 433-436
Schumann, Therese 153
Schwab, Gottfried 402
Schwabenitzky, Reinhard 135
Sechter, Simon 101, 380
Senancour, Etienne Pivert de 228 f., 240
Senfl, Ludwig 178
Senn, Johann Chrisostomus 200 f.
Seyfried, Ignaz Xaver von 94
Shakespeare, William 31, 86, 92, 133, 351
Shaw, George Bernard 359
Siebold, Agathe von 125, 162
Simrock, Clara 208
Simrock, Fritz 108, 162
Simrock, Nicolaus 7, 26
Sire, Simonine de 149
Skrjabin, Alexander 244, 246
Sloterdijk, Peter 43, 54
Sokrates 73
Solomon, Maynard 73, 76, 78, 87
Sophokles 73
Spaun, Joseph von 100, 176
Specht, Richard 207, 373 f., 389
Spinoza, Baruch 226
Spitta, Philipp 106
Spohr, Louis 63, 66, 82, 434
Sponheuer, Bernd 430
Stackelberg, Christoph von 77
Stadler, Maximilian 59
Stahmer, Klaus Hinrich 171, 209
Steinert, Heinz 174
Steinle, Eduard von 264, 273
Stephan, Rudolf 350, 382
Sterne, Laurence 69
Stich, Wenzel 27
Stirner, Max 368
Stockhausen, Elisabeth von 162
Stockhausen, Julius 194
Stockhausen, Karlheinz 137
Storm, Theodor 163
Stradal, August 382, 386 f., 396, 400
Strauss, Richard 252, 355, 374
Strawinsky, Igor 65, 406, 428
Street-Klindworth, Agnes 239
Stumpff, Johann Andreas 74
Sturm, Christoph Christian 51, 73
Swift, Jonathan 69
Syberberg, Hans Jürgen 364
Szadrowsky, Heinrich 49 f.

Tadday, Ulrich 30
Telemann, Georg Philipp 50
Tellenbach, Marie-Elisabeth 8, 76, 77, 78
Thalberg, Sigismund 139
Thibaut, Justus 269
Thomson, George 60
Tichatschek, Joseph 298
Tieck, Ludwig 96 f., 126-129, 143, 190 f., 193-196, 198, 431
Tiedge, Christian August 75
Tizian (Tiziano Vecellio) 429
Tovey, Donald Francis 83
Troxler, Ignaz Paul 95
Tschaikowsky, Peter Iljitsch 111

Üchtritz, Friedrich von 268 f.
Uhland, Ludwig 206
Uhlig, Theodor 299, 305-307, 319, 345, 348
Ulibischeff, Alexander 40, 56, 64

Veit, Philipp 264-266, 273

Victoria, Königin von England 259
Viganò, Salvatore 24
Vischer, Friedrich Theodor 432
Vocke, A. 7
Vogel, Bernhard 209
Voss, Egon 350

Wachter, Ferdinand 313
Wackenroder, Wilhelm Heinrich 96 f., 127, 128, 129, 193, 406
Wackernagel, Wilhelm 312
Wagner, Cosima 116, 226, 301, 313, 358, 366, 370
Wagner, Ernst 30
Wagner, Manfred 386
Wagner, Minna s. u. Planer
Wagner, Richard 9, 11, 15, 25, 40, 50, 55, 56, 59, 73, 80, 81, 83, 89, 102, 105, 106, 116, 117, 118, 121, 128, 129, 138, 139, 140, 154, 173, 199, 206, 208 f., 212, 224, 226, 235 f., 237, 239, 240-242, 245-247, 250 f., 256, 262, 274, 280-367, 368, 370, 372, 376, 381-383, 389-394, 396, 399, 404, 407, 410, 418, 420, 433 f., 436 f.
Wagner, Siegfried 59
Walter, Bruno 374
Walz, Matthias 37
Wapnewski, Peter 302, 311
Weber, Carl Maria von 4, 36, 120, 214, 434, 436
Weber, Gottfried 30
Webern, Anton 137, 411, 422
Wegeler, Franz Gerhard 54
Weigl, Joseph 50
Weingartner, Felix 396, 398
Weinwurm, Rudolf 381, 386, 402
Weitling, Wilhelm 296
Wellington, General 62
Werfel, Franz 411
Werner, Eric 277 f.
Werner, Zacharias 73
Wesendonk, Mathilde 301, 308, 310
Whistling, Karl Friedrich 204
Widmann, Christian Adolf 299
Widmann, Josef Victor 207
Wieck, Friedrich 102, 114, 139
Wieck, Clara s. u. Schumann
Wiesner, Franz 397
Wilhelm I., deutscher Kaiser 208, 280
Wilhelm II., deutscher Kaiser 207, 358, 371
Wiora, Walter 390
Wislicenus, Paul 364
Wolf, Hugo 105, 175, 177, 435
Wolff, Pierre 214
Wolfram von Eschenbach 288, 363
Wolzogen, Hans von 339, 393

Zelter, Friedrich 60, 265
Zemlinsky, Alexander 106
Zenck, Martin 422
Zmeskall, Nikolaus von 78
Zuccalmaglio, Anton Wilhelm Florentin von 158

Werkregister

Bach, Carl Philipp Emanuel
- Klavierphantasie »Carl Philipp Emanuel Bachs Empfindungen«: 232

Bach, Johann Sebastian
- Kantate BWV 54 »Widerstehe doch der Sünde«: 20
- Kantate BWV 60 » O Ewigkeit, Du Donnerwort«: 58
- Kantate BWV 149 »Man singet mit Freuden vom Sieg« 123
- Kantate BWV 150 »Nach dir, Herr, verlanget mich«: 123
- »Bauernkantate« BWV 212: 427
- Matthäuspassion BWV 244: 118, 182, 276, 277
- Johannespassion BWV 245: 104, 177, 271 f.
- Weihnachtsoratorium BWV 248: 48, 179 f.
- Das »Wohltemperierte Klavier« BWV 846-893: 102, 148-150, 182, 326
- Chromatische Fantasie und Fuge BWV 903: 72, 232
- Vierstimmige Choräle BWV 253-438: 102
- »Orgelbüchlein« BWV 599-644: 178
- Das »Musikalische Opfer« BWV 1079: 115
- Die Kunst der Fuge BWV 1080: 102, 166 f.

Beethoven, Ludwig van
- 1. Sinfonie C-Dur op. 21: 9, 19-21
- 2. Sinfonie D-Dur op. 36: 9, 21, 22, 36, 71
- 3. Sinfonie Es-Dur op. 55 »Eroica«: 1, 3, 9, 11, 21, 22-31, 35, 37, 38, 40, 41, 43, 49, 54, 59, 60, 61, 66, 72, 83, 87, 98, 99, 110, 115, 122, 127, 169, 241, 244, 250, 322, 327, 368, 375
- 4. Sinfonie B-Dur op. 60: 31, 35-38, 114
- 5. Sinfonie c-moll op. 67: 5, 9, 11, 31, 34-44, 48, 52-55, 57, 60, 67, 72, 81, 113, 119, 375, 385
- 6. Sinfonie F-Dur op. 68 »Pastorale«: 5, 10, 11, 30, 31, 37, 38, 42, 44-55, 60, 65, 66, 122, 368
- 7. Sinfonie A-Dur op. 92: 10, 42, 55-63, 66, 67, 69, 71, 83, 114, 178
- 8. Sinfonie F-Dur op. 93: 3, 10, 63-70, 71, 115
- 9. Sinfonie d-moll op. 125: 1, 9, 10, 11, 42, 47, 56, 60, 67, 71-73, 76, 80-99, 115, 118, 119, 121, 124, 128, 136, 241, 275, 322, 324, 368, 400, 410, 418
- Ballett op. 43 »Die Geschöpfe des Prometheus«: 23-26
- Ouverture zu »Coriolan« op. 62: 37, 121
- Ouverture zu »Egmont« op. 84: 9, 37, 121
- »Wellingtons Sieg oder Die Schlacht bei Vittoria« op. 91: 37, 62, 63
- 1. Klavierkonzert C-Dur op. 15: 21, 199
- 2. Klavierkonzert B-Dur op. 19: 9
- 3. Klavierkonzert c-moll op. 37: 9
- 4. Klavierkonzert G-Dur op. 58: 10
- Violinkonzert D-Dur op. 61: 10
- Streichquartette op. 18 »Lobkowitz-Quartette«:
- F-Dur op. 18, 1: 10
- Streichquartette op. 59 »Rasumowsky-Quartette«: 5, 56
- F-Dur op. 59, 1: 10
- e-moll op. 59, 2: 10
- C-Dur op. 59, 3: 20
- Streichquartett f-moll op. 95: 10
- Späte Streichquartette: 210, 324
- Es-Dur op. 127: 81
- B-Dur op. 130: 10
- a-moll op. 132: 10, 91
- Septett Es-Dur op. 20: 108
- Klaviertrio B-Dur op. 97 »Erzherzog-Trio«: 10

- Violoncellosonate A-Dur op. 69: 166
- Violoncellosonate D-Dur op. 102,2: 167
- Hornsonate F-Dur op. 17: 27
- Klaviersonate f- moll op. 2, 1: 9
- Klaviersonate c-moll op. 10, 1: 9
- Klaviersonate c-moll op. 13 »Pathétique«: 10
- Klaviersonate D-Dur op. 28: 1, 10, 31-33
- Klaviersonate d-moll op. 31, 2 »Der Sturm«: 12, 20, 22, 31, 91
- Klaviersonate Es-Dur op. 31, 3: 20
- Klaviersonate C-Dur op. 53 »Waldstein«: 10, 156
- Klaviersonate f-moll op. 57 »Appassionata«: 9, 31
- Klaviersonate Es-Dur op. 81a »Les Adieux«: 10, 77
- Klaviersonate e-moll op. 90: 10
- Klaviersonate A-Dur op. 101: 5
- Klaviersonate B-Dur op. 106 »Hammerklavier«: 10, 155 f., 224, 248
- Klaviersonate As-Dur op. 110: 8, 10, 77, 91
- Klaviersonate c-moll op. 111: 10, 81
- Bagatellen für Klavier: 10
- »Fidelio« op. 72: 9, 15, 18, 19, 26, 36, 58, 263
- »Leonoren«-Ouverturen: 37
- Nr. 1: 9
- Nr. 2: 18
- Nr. 3: 9
- »Bacchus« (geplante Oper): 84
- Messe C-Dur op. 86: 28
- Missa Solemnis D-Dur op. 123: 10
- Kantate op. 136 »Der glorreiche Augenblick«: 79
- Liederzyklus »An die ferne Geliebte« op. 98: 115, 151
- »Nimm sie hin denn, diese Lieder«: 165, 171, 232
- Sechs Lieder nach Gedichten von Chr. F. Gellert op. 48: 51
- Lied »An die Hoffnung« op. 32/94: 75
- »Abendlied unterm gestirnten Himmel« WoO 150: 75
- »Mälzel-Kanon« WoO 162: 63

Berio, Luciano
- Sinfonia: 428

Berlioz, Hector
- »Symphonie fantastique« op. 14: 92, 143, 188, 223, 420
- »Lélio ou Le Retour à la Vie«: 92
- »Harold Symphonie« (»Harold en Italie«) op. 16: 223
- »Te Deum« op. 22: 382
- »La Damnation de Faust« op. 24: 382

Bizet, Georges
- »Carmen«: 210, 362

Boccherini, Luigi
- Streichquintett op. 13, 6: 49

Brahms, Johannes
- 1. Sinfonie c-moll op. 68: 105, 118-122, 140, 163 f., 385
- 2. Sinfonie D-Dur op. 73: 105, 122
- 3. Sinfonie F-Dur op. 90: 122, 210
- 4. Sinfonie e-moll op. 98: 122-124, 171, 403
- »Akademische Festouverture« op. 80: 121, 208
- »Tragische Ouverture« op. 81: 121
- 1. Klavierkonzert d-moll op. 15: 117 f., 161, 171
- Streichquartette op. 51: 209
- Klaviertrio H-Dur op. 8: 163-165, 169-171
- Trio für Klavier, Violine und Natur horn Es-Dur op. 40: 161
- Klavierquartett g-moll op. 25: 105
- Klavierquartett c-moll op. 60: 125, 162
- Violoncellosonate op. 38: 165-169, 210
- Klarinettensonate f-moll op. 120, 1: 171, 248
- Klaviersonate C-Dur op. 1: 105, 154, 156-158, 248
- Klaviersonate fis-moll op. 2: 105
- Klaviersonate f-moll op. 5: 159-161
- Scherzo op. 4: 248
- »Variationen über ein Thema von Schumann« op. 9: 154
- Intermezzi op. 117: 162
- Intermezzo A-Dur op. 118, 2: 172
- Intermezzo h-moll op. 119,: 162

- »F.A.E.«-Sonate, 3. Satz: 124, 125
- »Ein Deutsches Requiem« op. 45: 161, 272
- »Triumphlied« op. 55: 208
- »Romanzen aus Ludwig Tiecks Magelone« op. 33: 187, 193-198
- Lieder op. 15: 174
- Lieder op. 107
- »Salamander«: 187
- »Maienkätzchen«: 187
- »Deutsche Volkslieder«: 158, 198
- »Verstohlen geht der Mond auf«: 158 f.
- »Vier ernste Gesänge« op. 121: 160, 162, 187

Bruckner, Anton
- 0. Sinfonie d-moll: 383
- 1. Sinfonie c-moll: 381, 382 f., 385
- 3. Sinfonie d-moll: 382
- 4. Sinfonie Es-Dur »Romantische«: 384, 427
- 7. Sinfonie E-Dur: 387, 391, 396
- 8. Sinfonie c-moll: 384, 387, 391-406
- 9. Sinfonie d-moll: 124, 375, 386, 387, 390, 391
- Messe d-moll: 381
- »Germanenzug«: 402, 405
- »Das deutsche Lied«: 402

Cherubini, Luigi
- »Hymne du Panthéon«: 40

Corelli, Arcangelo
- Concerti grossi: 48

Dietrich, Albert
- »F.A.E.«-Sonate, 1. Satz: 124, 125

Festa, Costanzo
- Motette »Quis dabit Oculis nostris«: 178 f.

Gossec, François Joseph
- Freiheitschor: 38
- »Le Triomphe de la République«, Revolutionsmarsch: 61

Händel, Georg Friedrich
- »Israel in Ägypten«, Oratorium: 266
- »Der Messias«, Oratorium: 48

Haydn, Joseph
- Sinfonie Nr. 94 »Mit dem Paukenschlag«: 66
- Sinfonie Nr. 101 »Die Uhr«: 66
- Sinfonie Nr. 104 »Londoner«: 114
- »Die Jahreszeiten«, Oratorium: 48, 262
- »Die Schöpfung«, Oratorium: 199, 262

Henze, Hans Werner
- El Cimarrón: 255

Hiller, Ferdinand
- »Die Zerstörung Jerusalems«, Oratorium: 263

Joachim, Joseph
- Komposition für Violine und Klavier op. 5: 125

Knecht, Justin Heinrich
- »Le Portrait musicale de la Nature«: 45

Kreutzer, Rodolphe
- »Ouverture de la Journée de Marathon«: 21

Lacombe/Adrien aîné
- Siegeshymne: 38, 39

L'Isle, Rouget de
- »Hymne dithyrambique«: 39

Liszt, Franz
- »Prometheus«: 236, 238 f., 242-247, 252-255, 404
- »Tasso«: 239
- »Mazeppa«: 248
- Berg-Sinfonie: 240
- Faust-Sinfonie: 227, 240 f., 243, 382, 393, 418
- Dante-Sinfonie: 227, 240, 418
- »Revolutions-Sinfonie« (geplant): 216, 240
- Klaviersonate h-moll: 231, 233, 245 f., 247-251
- »Harmonies poétiques et religieuses«: 216, 228, 232

- »Album d'un Voyageur« I (»Impres sions et Poésies«), später umgearbeitet zu »Les Années de Pèlerinage. Première Année: Suisse«: 221, 222 f., 227 f., 230, 231
- »Lyon«: 218-221, 222
- »Le Lac de Wallenstadt«/«Au Bord d'une Source«: 48, 222
- »Les Cloches de G(enève)«: 222
- »Vallée d'Oberman«: 183, 221, 222, 227-231, 232-237, 244, 248
- »La Chapelle de Guillaume Tell«: 221, 222
- »Psaume (de l'Église à Genève)«: 222 f.
- »Melodienblüten von den Alpen« (»Fleurs mélodiques des Alpes«, »Album d'un Voyageur« II): 223
- »Kuhreigen« (»Ranz de Vaches« aus »Album d'un Voyageur« III): 223
- »Legende von der heiligen Elisabeth«, Oratorium: 250, 256
- »Christus«, Oratorium: 256
- »Herbei, Herbei«, Arbeiterchor: 220

Lortzing, Albert
- »Zar und Zimmermann«: 263

Mahler, Gustav
- 1. Sinfonie D-Dur »Der Titan«: 419
- 2. Sinfonie c-moll: 413, 415, 426-429
- 3. Sinfonie d-moll: 372 f., 407, 413 f., 416, 422, 430, 437
- 4. Sinfonie G-Dur: 413
- 5. Sinfonie cis-moll: 374, 375, 414 f.
- 6. Sinfonie a-moll: 374, 375, 377, 416, 420 f.
- 7. Sinfonie e-moll: 377
- 8. Sinfonie Es-Dur »Sinfonie der Tausend«: 373 f., 378, 379, 409, 413, 416
- 9. Sinfonie D-Dur: 416 f.
- »Rückert-Lieder«: 427
- »Des Antonius zu Padua Fischpredigt« (aus »Des Knaben Wunderhorn«): 427

Méhul, Etienne-Nicolas
- Jagd-Sinfonie: 27
- 1. Sinfonie: 40

Mendelssohn Bartholdy, Felix
- Streichquartett f-moll op. 80: 279
- Klaviertrio d-moll op. 49: 102
- »Lieder ohne Worte«: 140
- »Paulus«, Oratorium op. 36: 257 f., 263, 277 f.
- »Elias«, Oratorium op. 70: 258 f., 263, 264, 267-275, 277 f.
- »Gruß«, Lied op. 19: 259-262

Meyerbeer, Giacomo
- »Der Prophet«: 305

Mozart, Wolfgang Amadeus
- Sinfonie Nr. 41 C-Dur KV 551 »Jupiter«: 169
- Klaviersonate a-moll KV 310: 72
- »Die Zauberflöte« KV 620: 18, 19, 269f., daraus:
- Terzett »Zum Ziele führt dich diese Bahn«: 269
- »Komm, lieber Mai« KV 596: 191

Müller, Wenzel
- »Wer niemals einen Rausch gehabt, der ist kein braver Mann«: 202

Offenbach, Jacques
- »Orpheus in der Unterwelt«: 141

Onslow, André Georges Louis
- Toccata op. 6: 139

Paganini, Niccolò
- »Capricen« op. 1: 139

Radecke, Robert
- »Erinnerungen an den Harz« für Kla vier: 230

Raff, Joachim
- »Dornröschen«: 243

Rossini, Gioacchino
- »Stabat Mater«: 273

Schneider, Friedrich
- »Das Weltgericht«, Oratorium: 263

Schönberg, Arnold
- »Ein Überlebender aus Warschau« op.

46: 90
- »Das Buch der Hängenden Gärten«, Lieder op. 15 : 174

Schubert, Franz
- 1. Sinfonie D-Dur D 82: 100
- 6. Sinfonie C-Dur D 589: 109
- Sinfonie D-Dur D 615: 109-111
- 7. Sinfonie h-moll D 759 »Unvollendete«: 111-113, 114, 130, 132, 133, 135 f., 182
- Sinfonie-Fragment D-Dur D 936a: 101, 114
- 8. Sinfonie C-Dur D 944: 113, 114, 115
- Oktett F-Dur D 803: 108
- Streichquartett a-moll D 804: 132
- Streichquartett d-moll D 810 »Der Tod und das Mädchen«: 132
- Streichquartett G-Dur D 887: 111
- Klaviersonate a-moll D 845: 101, 127
- 17 Ländler für Klavier D 366: 167
- Ländler Nr. 2 A-Dur: 167
- »Gretchen am Spinnrade« D 118: 178
- »Gebet während der Schlacht« D 171: 200
- »Der Tod und das Mädchen« D 531: 58, 132, 178 f.
- »Die Forelle« D 550: 179 f.
- »Abschied« D 578: 182
- »Grablied für die Mutter« D 616: 182
- »Der Unglückliche« D 713: 182
- »Die Allmacht« D 852: 113
- Lieder op. 23: 201
- »Selige Welt« D 743: 201
- »Schwanengesang« D 744: 201
- »Die Liebe hat gelogen« D 751: 201
- »Schatzgräbers Begehr« D 761: 201
- »Die schöne Müllerin«, Liederzyklus D 795: 132, 176, 187, 198, 202
- »Ich hört ein Bächlein rauschen« (»Wohin?«): 202
- »Die liebe Farbe«: 182
- »Die Winterreise«, Liederzyklus D 911: 181-184, 187, 191, 198, 202
- »Der Lindenbaum«: 181, 202
- »Frühlingstraum«: 191 f.
- »Einsamkeit«: 182
- »Die Post«: 181
- »Im Dorfe«: 203
- »Das Wirtshaus«: 178 f.
- »Der Leiermann«: 181, 183
- »Schwanengesang«, Liederzyklus D 957: 165, 178
- »Liebesbotschaft«: 178
- »In der Ferne«: 237
- »Am Meer«: 165
- »Der Doppelgänger«: 181-184

Schumann, Clara
- Lied »Er ist gekommen in Sturm und Regen«: 140

Schumann, Robert
- 1. Sinfonie B-Dur op. 38 »Frühlingssinfonie«: 114, 153
- 2. Sinfonie C-Dur op. 61: 103, 109, 114, 115
- 3. Sinfonie Es-Dur op. 97 »Rheinische«: 115, 116, 122, 153, 207
- 4. Sinfonie d-moll op. 120: 114, 115
- Streichquartette op. 41: 153
- Klavierquintett Es-Dur op. 44: 104
- Klavierquartett Es-Dur op. 47: 104
- »Fünf Stücke im Volkston« für Violoncello und Klavier op. 102: 205
- Klaviersonate op. 11: 138
- »Abegg-Variationen« op. 1: 143, 148
- Klavierzyklus op. 2 »Papillons«: 138, 144
- Intermezzo op. 4, 1: 150
- »Davidsbündlertänze« op. 6: 138, 142
- »Toccata« op. 7: 139-142
- »Carnaval« op. 9: 138, 143, 144, 148, 235
- »Kinderszenen« op. 15: 138, 139, 144, 148, 235
- »Der Dichter spricht«: 235
- Klavierzyklus op. 16 »Kreisleriana«: 102, 130, 138, 144, 145-149, 151 f., 164, 435
- Klavierfantasie C-Dur op. 17: 115, 150, 152, 232, 235
- »Arabeske« op. 18: 152
- »Faschingsschwank aus Wien« op. 26: 205
- Sechs Fugen über BACH op. 60: 103
- »Album für die Jugend« op. 68: 205

- Märsche op. 76: 204, 206
- »Waldszenen« op. 82: 205
- »F.A.E.«-Sonate, 2./4. Satz: 124, 125
- »Verzweifle nicht im Schmerzenstal«, Motette op. 93: 204
- »Der Rose Pilgerfahrt«, Kantate op. 112: 103
- »Szenen aus Goethes Faust«: 206
- »Drei Freiheitsgesänge« für Männerchor: 204
- »Myrthen«, Lieder op. 25: 177
- »Du bist wie eine Blume«: 206
- »Sonntags am Rhein« op. 36, 1: 177
- »An den Sonnenschein« op. 36, 4: 177, 206
- Eichendorff-Lieder op. 39: 176, 184
- »Mondnacht«: 176
- »Zwielicht«: 184-187
- »Dichterliebe« op. 48: 188, 192 f., 198
- Ein Jüngling liebt ein Mädchen«: 188-190
- »Wenn ich früh in den Garten geh« op. 51, 2: 177
- »Der arme Peter« op. 53, 3: 187
- »Lieder und Gesänge und Requiem für Mignon aus Goethes Wilhelm Meister« op. 98a: 206

Skrjabin, Alexander
- »Prométhée« op.60: 246

Strauß, Johann
- »Der Zigeunerbaron«: 140
- »Wer uns getraut«: 140

Strauss, Richard
- »Der Rosenkavalier«: 428

Strawinsky, Igor
- »Die Geschichte vom Soldaten«: 406
- Pulcinella-Suite: 428

Tschaikowsky, Peter Iljitsch
- 6. Sinfonie h-moll op. 75 »Pathétique«: 111

Wagner, Richard
- »Die Feen«: 286
- »Das Liebesverbot«: 286
- »Rienzi«: 287, 304 f.
- »Der fliegende Holländer«: 263, 288, 292, 339, 436
- »Tannhäuser«: 288, 292
- »Lohengrin«: 140, 245, 288 f., 292, 293, 313, 317, 322 f., 325, 331, 433, 436
- »Siegfrieds Tod«: 289 f., 292, 293, 296, 298, 300, 306 f.
- »Der Ring des Nibelungen«: 118, 247, 280-286, 290-296, 301, 304-319, 322-363, 372, 399, 436 f.
- »Vorabend: Das Rheingold«: 49, 281 f., 318, 323 f., 328-330, 332-337, 340-345, 347, 348, 349, 351-356, 357
- »Die Walküre«: 282, 310, 330 f., 334f., 345, 348, 354, 357
- »Siegfried«: 283-285, 310, 337-340, 344, 345 f., 348, 350 f., 353, 354, 393, 394, 399
- »Götterdämmerung«: 284 f., 289-291, 307, 309 f., 311, 312, 324, 329, 339, 340, 351, 353-356, 360
- »Tristan und Isolde«: 50, 224, 246, 284, 291, 310, 327 f., 349, 354, 376, 394, 399, 436
- »Die Meistersinger von Nürnberg«: 287, 291, 339, 349
- »Parsifal«: 173, 250, 291 f., 301, 310, 313, 349, 360, 362, 363-367, 372, 436
- Faust-Ouverture WWV 59: 81, 235 f., 240 f., 325
- »Siegfried-Idyll« WWV 103: 347
- »Eine Kapitulation« WWV 102: 208
- »Kaisermarsch« WWV 104: 208
- Polonaisen für Klavier WWV 23: 140

Weber, Carl Maria von
- »Der Freischütz«: 120 f., 263, 436

Weinwurm, Rudolf
- »Germania«: 402

Zemlinsky, Alexander
- Streichquintett: 106

Bildquellenverzeichnis

Archiv für Kunst und Geschichte, Berlin
Hamburger Kunsthalle, Hamburg
Historisches Museum, Wien
Städelsches Kunstmuseum und Städt. Galerie, Frankfurt/Main
Wallace Collection, London

Theater / Film

rowohlts monographien
Begründet von Kurt Kusenberg, herausgegeben von Wolfgang Müller und Uwe Naumann.

Ingmar Bergman
dargestellt von Eckhard Weise
(50366)

Luis Buñuel
dargestellt von Michael Schwarze
(50292)

Charlie Chaplin
dargestellt von Wolfram Tichy
(50219)

Walt Disney
dargestellt von Reinhold Reitberger
(50226)

Eleonora Duse
dargestellt von Doris Maurer
(50388)

Federico Fellini
dargestellt von Michael Töteberg
(455)

Gustaf Gründgens
dargestellt von Heinrich Goertz
(315)

Alfred Hitchcock
dargestellt von Bernhard Jendricke
(420)

Fritz Kortner
dargestellt von Peter Schütze
(531)

rowohlts monographien

Ernst Lubitsch
dargestellt von Herta-Elisabeth Renk
(50502)

Marilyn Monroe
dargestellt von Ruth-Esther Geiger
(50507)

Pier Paolo Pasolini
dargestellt von Otto Schweitzer
(50354)

Karl Valentin
dargestellt von Michael Schulte
(50144)

Mary Wigman
dargestellt von Gabriele Fritsch-Vivié
(50597)

Ein Gesamtverzeichnis der Reihe *rowohlts monographien* finden Sie in der *Rowohlt Revue*. Vierteljährlich neu. Kostenlos in Ihrer Buchhandlung.
Rowohlt im Internet:
www.rowohlt.de